Über dieses Buch

Eine Reise nach Schlesien in die alte Heimat lässt die Erinnerungen der Autorin Dorothea Koch-Thalmann an ihre Kindheit in Breslau und Wüstewaltersdorf wieder lebendig werden.
In literarischen Geschichten erzählt sie von ihrer glücklichen Kindheit vor dem Zweiten Weltkrieg in der dörflichen Idylle in Wüstewaltersdorf, in der das verantwortungsvolle Dasein für Menschen und Tiere und der lebendige Umgang mit der Natur für sie prägend gewesen sind, aber ebenso vom Großstadtleben in der traditionsreichen Stadt Breslau.
Der Krieg zerstörte die Idylle des Dorfes und den Stolz der alten Stadt.
Flucht aus Breslau, Unterkunft bei den Verwandten in beengten Verhältnissen und schlimme, unverständliche Ereignisse und Erfahrungen für sie machen das unbeschwerte Leben zunichte.
Aber doch sind es die Mütter, die versucht haben, in der Bedrohung durch Hunger, Not und Vertreibung mit ihrem Überlebenswillen, ihrer Liebe und ihrem Glauben Geborgenheit, geordnetes Leben und Unbeschwertheit immer wieder neu zu schaffen. Ihre Anstrengungen gingen oft genug bis an die eigenen Grenzen und Möglichkeiten.

Dorothea Koch-Thalmann, 1932 in Breslau/Schlesien geboren, aufgewachsen in Breslau und in Wüstewaltersdorf/ Eulengebirge. 1946 durch die Vertreibung verschlagen nach Siegen in Westfalen. Der Familientradition entsprechend Lehre und Gesellenprüfung im Herrenschneiderhandwerk, später Sekretärinnendiplom. 1964 Studium der evangelischen Gemeindepädagogik in Düsseldorf, seit 1967 tätig im kirchlichen Dienst. Seit 1977 verheiratet. Durch ihre Biografie und ihren Beruf ist sie zur Geschichten-Erzählerin und Geschichten-Schreiberin geworden.

Dorothea Koch-Thalmann

Mein Dorf
oder die Reise rückwärts

Die Deutsche Bibliothek – CIP-Einheitsaufnahme

Dorothea Koch-Thalmann: Mein Dorf oder die Reise rückwärts

Dortmund: Lessing, 2000
ISBN: 3-929931-09-5

© Copyright 2000: Ingrid Lessing Verlag
Wittbräucker Str. 417, 44267 Dortmund, Tel.: (0231) 46 23 35
Fax: (0231) 47 57 748, E-mail: info@lessing-verlag.de
Homepage: www.lessing-verlag.de

© Umschlaggestaltung: Sonja Weis
© Umschlagabbildung: Reinhard Koch

Layout: Dagmar Scheffermann

Das Werk einschließlich aller seinr Teile ist urheberrechtlich geschützt. Jede Verwertung außerhalb der engen Grenzen des Urheberrechtsgesetzes ist ohne Zustimmung des Verlages unzulässig und strafbar. Dies gilt insbesondere für Vervielfältigungen, Übersetzungen, Mikroverfilmungen und die Einspeicherung und Verarbeitung in elektronische Systeme.

Druck und Bindung: Druckerei Steinmeier, Nördlingen
Printed in Germany

ISBN: 3-929931-09-5

Land der Kindheit

Erzählen von einer Zeit, die schon ein Menschenalter zurückliegt: Erinnerungen, Erlebtes, das sich in Geschichten wieder vergegenwärtigt. Es gibt Zeiten, wie die Nachkriegszeit, die sich nicht vergessen lassen. Erst durch das Erzählen wird so manches wieder bewusst und vor dem Vergessen bewahrt, vor allem dann, wenn Erschreckendes und Ungewöhnliches nicht zur Ruhe kommen. Aber das Gedächtnis braucht beides: geschichtliche Wahrheit und geistige Distanz. Vor dem Erzählenkönnen liegt oft ein langsames Aufschreiben und Sich-Vergewissern.

In dem Buch, das so entstanden ist, hat Dorothea Koch-Thalmann eine Überfülle von Eindrücken und Erlebnissen festgehalten. Die Perspektive des jungen Mädchens und der rückblickenden älteren Frau vermischen sich. Es kommt zu einem gewissen literarischen Ausgestalten der realen Vorgänge, zu einem stimmungshaften Schildern von Zuständen und Vorgängen, als sollte das Leben zu einem Roman werden. Vertreibung – die Realität verdrängt alles Romanhafte. Eine Welt des Unrechts, die damals durch den Krieg aufgekommen war, zeigt sich als Menschenschicksal, als Familienschicksal.

Klage um die verlorene Heimat Schlesien? Sicherlich auch, aber kaum Anklage. Das erfahrene und erzählte Leid hat seine eigene Sprache. Es wird nicht einfach, den Vorkommnissen folgend, erzählt. Man spürt, zum Vorteil des Erzählten, dass die damaligen Leiter des Düsseldorfer Literaturbüros, Lore Schaumann und Rolf-Rafael Schröer, am Anfang Rat gebend zur Seite gestanden haben. Dazu gehört das Denken in Erzählabschnitten, die Simulation von Gesprächen: So wird es schon gewesen sein. Das Aufsuchen und Wiedersehen der Wohnorte und Stätten der Kindheit macht das Erzählen reichhaltig, steigert die Reflexion.

Viel Schreibarbeit, viel Mühe und auch Freude am Prozess des Nachdenkens, ebenso viel Liebe zu Schlesien, der Heimat der Kindheit. Das Schreiben ist ein Dienst für die Autorin selbst, und für alle, die diesen Umkreis kennen und lieben, keine politische Auseinandersetzung. Der erzählerische Rahmen bleibt im Menschlichen. Wer Ähnliches erlebt hat, kann sich bereichert und bestätigt fühlen, kann angeregt sein, das eigene Erinnern zu erweitern. Wer nicht in dieser geschichtlichen Situation gestanden hat, den mag solch eine vom Krieg heimgesuchte Alltagswelt nachdenklich stimmen. Wer noch zu jung war und in den nachfolgenden glücklicheren Zeiten leben konnte, der dürfte Respekt vor einer Generation gewinnen, die so vieles an Schicksal zu überstehen hatte. Die Ehrlichkeit des Erzählens macht das Buch glaubwürdig, aus der Perspektive einer einzelnen Person.

Dank für die vielen beschriebenen Blätter: Erleben und Nacherleben im Schreiben – das vermittelt dieses Buch.

Prof. Dr. Wilhelm Gössmann

Für

Mutter Auguste† • Vater Georg† • Tante Martha† • Tante Liesel† • Trudel d.Gr.
Werner† • Usch† • Reinhard • Lore • Christtraut • Hans† • Dietrich
Uschi • Werner • Helga • Eva • Martin
Claudia • Bernhard • Lorenz
Trudel† • Ottchen • Rüdiger • Reinhard
Heinz • Liesel • Irene
Rosel • Jürgen • Ulrike • Carsten
Eberhard • Marianne • Thomas • Tobias
Lore O.
Irene • Lieselotte • Rosemarie
Joascha • Robert
Carola • Angela
Gisela • Susanne • Marita
Elke • Stella • Arne
Peter† • Hildburg • Almuth
Rosemarie† • Barbara • Annette • Christian
Ruth • Gerda
Gottfried • Bärbel
Bärbel† • Hans • Jörg • Jens
Melanie • Ira
Ludwig • Magdalene
Margret • Oskar • Rilke • Uwe • Hans
Dagmar • Sebastian • Gerd
Renate • Erich • Astrid • Carsten • Regine • Anika
Margret • Jörg • Thilo
Ingeborg • Heinrich • Silke • Tim • Nils
Lars • Niko • Christian
Ben • Sara • Manu • Tobias
Mirco • Jan
Niklas
Kirsten • Hendrik
Katja
Tobias • Daniel
Heike • Juval • Olga • Roman • Mathias • Katja • Torsten • Jens • Marie-Luise
Lukas • Oliver • Nils • Erika • Philipp-Kwaku
Lana • Tassilo • Sara • Franziska • Alex • Nils
Julius • Hanna

Mein Dorf oder die Reise rückwärts

Dieses Buch widme ich meinen Eltern und Geschwistern, Tante Martha und Tante Liesel, den Kindern meiner Geschwister und Verwandten sowie den Kindern meiner Freunde und allen Kindern, die ich kennen gelernt habe oder noch kennen lernen werde.

Ich habe dieses Buch für die Kinder geschrieben. Ich habe es nicht geschrieben, um meiner Heimat ein Denkmal zu setzen. In der Mitte meines Lebens sah ich das Dorf Wüstewaltersdorf und Breslau, die Stadt meiner Kindheit wieder.

Zu Hause angekommen öffnete ich die Schublade »Erinnerung«, und weiße Papierseiten füllten sich mit Schrift. Bilder tauchten in mir auf und wollten geordnet werden. »Die Reise rückwärts« begann. Ich musste anschauen, was gewesen war. Diese Jahre zwischen 1932 und 1947, meine Kindheit, waren schlimme Jahre. Es waren traurige Jahre für ein Kind. Es waren Jahre, in denen Kinder mehr das Weinen lernten als das Lachen. Noch heute werden Kriege in aller Welt Kindern zugemutet, ganz selbstverständlich. Daran sind wir nicht unschuldig, auch wenn wir oft genug sagen, es sei alles nicht so schlimm oder so schlimm gewesen, was wir uns auch immer wieder von Politikern bestätigen lassen. Um unsere Ruhe zu haben? Besser wäre es, ihnen zu sagen, dass wir wollen, was sie tun sollen. Besser wäre es, ihnen entgegenzuschreien, wovor wir Angst haben und nicht wollen, dass es geschieht. Es ist schon genug für uns, Familientragödien, Krankheiten, Verkehrsunfälle und Naturkatastrophen zu bewältigen. Es ist nicht nötig, Hass zu säen, den kalten Krieg auszurufen und den heißen vorzubereiten.

Ich habe nachgedacht über Familienbeziehungen, in denen ich aufwuchs, die so eng und nah waren, wie es in einem Dorf nur möglich war. Staunend habe ich gesehen, wie Frauen und Männer immer wieder die Kraft aufbrachten, neu aufzubauen. Vor allem aber auch, wie die Mütter immer wieder versuchten, uns Kindern und Familien, trotz der vielen Notsituationen, Unbeschwertheit und geordnetes Leben zu verschaffen. Schöner wäre es gewesen, wenn sie es ohne Not und Angst hätten tun dürfen. Ich, dieses Kind damals, habe gesehen und erlebt und habe es heute aufgeschrieben. Es ist für die Kinder aufgeschrieben, aber es ist kein Kinderbuch. Wer es liest, mag sich mit mir erinnern und darüber nachdenken, um zu klären, was gewesen ist.

Nach einem kurzen Überblick über meine frühe Kindheit erzähle ich über die Vorkriegsjahre in Breslau, die Kriegszeit in Breslau und in dem Dorf Wüstewaltersdorf im Eulengebirge. Dort erlebte ich das Kriegsende, den Einmarsch der russischen Armee und die Übereignung Schlesiens in polnische Verwaltung. Die Vertreibung nach Westdeutschland und das Einleben in einer zwar deutschen, aber doch fremden Umgebung in Siegen/Westfalen waren weitere Stationen auf meinem Lebensweg. Vorangestellt habe ich einen Reisebericht über eine Polenreise.

Dorothea Koch-Thalmann

Inhalt

Herbstzeitlose, Strohblumen und Stiefmütterchen	15
Der Kieselstein	31
Bilder und Häuser	35
Meerrettich und Holzschuhe	36
Truthahn, Lauseschwein und nackte Kätzchen	40
Die Fußbank	43
Stromern und wandern – Das Rohr	45
Silberstollen	50
Sauerkraut, türkischer Honig und ein Laden voller Uhren	53
Gewitter und Hochwasser	60
Die Ausstellung	63
Blumen	64
Kriegszeit	65
Der Schweineeimer	67
Die Handtasche	69
Unruhige Zeiten in Dorf und Stadt	71
Die Stadt an der Oder – Breslau	72
Ohlestrandbad	77
»Du sollst Gott mehr gehorchen«	79
Waldenburg	84
Das Weinglas	87
Planwagen und Anspanndienst	93
Schule, Wolle zupfen, Rübensaft kochen und Wurst machen	98
Gretel	104
Himmelschlüssel	107
Steine klauben	109
Der Stollen	111
Die braune Kaffeekanne	112
Gerüchte	115
Die blauen Schuhe	115
Das Fahrrad	118
Die Tür	123
Die Treppe	125
Der Brief	128
Die Tränenden Herzen	129
Flüchtlinge raus oder – Das Fotoalbum	132
Die Franzosen	134
Herbert	135

Eine Geschichte von Pferden und Kühen	140
Die Kutsche	142
Der Kommunist	142
Ernte	144
Brennnesseln	145
Die wilde Jagd	146
Wurzeln und Baum	147
Die wilde Jagd oder – Die Schreckensbrück	151
Der Schweinestall	155
Der Bruch	157
Krank und vogelfrei und weiße Armbinden	158
Klematis	160
Rosa und Grau	162
Mutters Hände	164
Lärm	166
Kariert	168
Chlep – Brot	170
Überlegungen	170
Mehl und Körner	173
Arbeit	183
Schule	185
Stricken	190
Der Kinderwagen oder – Die verlorenen Handschuhe	193
Der gestohlene Weihnachtsbaum	199
Weihnachten	204
Pferdefleisch	209
Der breite und der schmale Weg	213
Der Schneesturm	217
Fasching	220
Schneeglöckchen	222
Nie rozumiem	224
Die Hosengertrud	233
Nach Sibirien?	235
Drei Rucksäcke	240
»Ein feste Burg ist unser Gott«	244
Das Gewitter	250
Das blaue Kleid	253
Die Unterhose	255
Kirchweihfest	259

Ochsenzunge	264
Kirschen	268
Abschied	270
Die Falkenbaude	271
Meine Stärke	276
Brot – Brot – Brot	279
Die Mohrrüben	282
Der Apfelbaum	284
Die Postkarte	286
Ham and Egg	288
Es ist so schön hier	289
Der Karren und Vierer-Kleeblatt	292
Kontrolle oder – Die Hölle	299
Läusepulver	304
Der Hering	307
Die Porta Westfalica und die Heilsarmee	309
Wassersuppe und Latrine	314
»Arme Ritter«	316
Das Sofa	319
Alltag in der Fremde	324
Trümmerblumen und Fallschirmseide	329
November	331
Der rote Halbmond	333
Gottes Kinder	337
Christrosen	340
Weihnachtslichter 1946	344
Eiszapfen und Buttermilch	347
Das Gelobte Land	352
Die weißen Kleider	355
Das weiße Kleid	357
1. Mai 1950 oder die Auferstehung	360

Herbstzeitlose, Strohblumen und Stiefmütterchen
(Bericht einer Reise nach Polen im Oktober 1980)

Im Frühjahr stand fest, wir, der Neander-Chor aus Düsseldorf, würden nach Polen fahren, genauer gesagt nach Schlesien, Ober- und Ostoberschlesien. Das bedeutete, dass ich zwar die Konzerte in den dortigen evangelischen Gemeinden mitsingen würde, aber für mich persönlich war diese Fahrt vor allem die Gelegenheit, nach 35 Jahren meine Heimat wiederzusehen. Ich freute mich auch auf das Singen und Musikaufführen, das Wiedersehen mit bekannten oder das Kennenlernen bisher fremder Menschen.

Innerlich stellte ich mich darauf ein, was wohl auf mich zukommen würde. Es beschäftigte mich sehr, denn alte Bilder tauchten auf. Ich war erstaunt, wie längst Vergessenes (oder Verdrängtes?) vorstellig wurde. Als es endlich losging, befand ich mich in einem eigenartigen Spannungszustand.

Freitag: In der sehr frühen herbstlichen Morgendämmerung fuhren zwei Busse Richtung Osten. Als es Tag wurde, sahen wir herbstlich abgeerntetes Land, braune und grüne Felder, je nach Art der Bestellung, staunten, wie schön Westdeutschland ist. Dann kam die Grenze zur DDR. Die Bollwerke des »eisernen Vorhangs« standen vor uns, die nicht unfreundlichen DDR-Beamten durchforschten Gesichter und Gepäckraum. Oft schon erlebt und doch wieder das kleine Zittern, diesmal um ein Musikinstrument, das als Geschenk in Polen bleiben sollte. Dann endlich freie Fahrt durch die DDR. Kilometerlange Felder, abgeerntet, zum Teil auch kahl, und die westdeutschen Augen fragten: Bringt ihr wirklich mit eurer Kolchosenwirtschaft bessere Ernten ein? Trotzdem, liebliche Landschaft flog an uns vorbei, der Spreewald glänzte in allen Herbstfarben und an den Straßen standen Leute mit großen Körben, die Pilze verkaufen wollten. Uns lief das Wasser im Munde zusammen.

Dann die polnische Grenze, im Dunkeln, wieder Warten, das kleine Zittern und schließlich »Gute Fahrt«, und warum eigentlich nicht.

Die alte Autobahn, der Bus holperte über die Schwellen. Hin und wieder tauchte am Straßenrand ein parkender Lastwagen auf. Kaum zu sehen in der Finsternis und für die eiligen Busse ein Gefahrenmoment, da es keinen Seitenstreifen gab. Sogar Radfahrer huschten zu unserem Entsetzen wie Gespenster an uns vorbei. Hin und wieder tauchten schwach erleuchtete Häuser und Ortschaften aus der Dunkelheit auf, langsam wurde es heller. Straßen kreuzen sich, Straßenlaternen sind zu erkennen und das Ortseingangsschild von Wroclaw (Breslau). Das hell erleuchtete Hotel »Novotel« wird schließlich sichtbar. Fürs erste sind wir am Ziel. Warme Gastlichkeit und reichliches Essen erwarten uns. Morgen also werde ich die Stadt meiner Kindheit anschauen können.

Samstag: Stadtrundfahrt durch Breslau/Wroclaw mit Stadtführer steht im Programm. Das bedeutet drei Stunden Zeit bis zum Mittagessen, denn später geht es weiter nach Sosnowiec. Eigentlich würde ich gerne zu Fuß gehen, Hand in Hand mit meinem Mann. Nun sitzen wir, wegen der knappen Zeit, doch im Bus.

Zunächst erkenne ich nichts, denn die Südstadt ist total zerstört worden und neue Hochhauswohnhäuser stehen jetzt da, wo sich damals schöne alte Stadthäuser befanden. Aber dann sehe ich die alten Bäume vom Teichäckernplatz und schon fährt der Bus durch die Eisenbahnunterführung, biegt rechts in die Gartenstraße und der Hauptbahnhof liegt vor uns. Links geht es in die Taschenstraße und ich rufe: »In der kleinen Straße hier habe ich gewohnt!« Alles reckt die Hälse. Meine Schule, der »Kanonenhof« steht noch. Na so was, dieses Haus der Ängste hat den Krieg überstanden. Die Liebigshöhe, davor der Stadtgraben, huscht vorbei. Der junge polnische Reiseleiter drückt mir das Mikrofon in die Hand und sagt: »Übernehmen Sie doch die Stadtrundfahrt und erklären uns alles. Sie kennen sich hier besser aus als ich.« Sehr glücklich macht mich das, denn ich hatte Angst, er würde viel Falsches über diese gequälte Stadt erzählen und ich könnte mich nicht wehren, weil ich ja nur ein Gast in dieser Stadt bin. So erzähle ich den Leuten vom Chor von dem, was ich wiederfinde, was ich wiedersehe. Ich staune über mich, dass die Kinderaugen damals so gut hingesehen haben, dass ich mich zurechtfinde. Beim Dom auf der Dominsel steigen wir aus. Eine Dame empfängt uns, sie wird die Führung durch die Stadt leiten. Ich will nicht hören, was sie sagt, ich will nur schauen, das Pflaster unter meinen Sohlen fühlen und prüfen, ob ich mir in der Erinnerung etwas vorgemacht habe. War es wirklich so, einiges großartig, einiges klein und kleinlich. Ja, ich habe mir nichts vorgemacht, die Atmosphäre ist noch da. Besser gesagt: Die Atmosphäre ist wieder da. Die Polen haben aufgebaut, gut aufgebaut. Manches fehlt, große Plätze, wo früher Häuser standen. Im Dom sitze ich still in der Bank. Hier also war der Platz, wo das Kind lernte, was es bedeutet, katholisch zu sein. Ein Ort der Mystik. Gedämpftes Licht fällt auf die Vielzahl der Kunstwerke. Es scheint, als sei vieles erhalten geblieben. Das »rote Licht« leuchtet am Hochaltar, der »Leib Christi« ist anwesend. Im Hauptportal hängen Bilder von der Zerstörung. Wer wusste eigentlich so genau, wie es früher aussah? Sehr ausführlich wird erklärt, und wie ich glaube, geschichtlich auch richtig. Darüber bin ich befriedigt. Ebenso auch später in der Kirche »Maria auf dem Sande«. Die Oder teilt die Dominsel von der Sandinsel. Sie ist ein ruhiges Gewässer geworden, früher floss sie munterer dahin. Schon als wir über die Lessingbrücke fahren, kommt es mir vor, als wäre sie versandet, die Ufer sind verwildert und ungepflegt. Von der Sandbrücke aus sehe ich den Komplex der Zentralmarkthalle liegen. Der rote Backsteinbau scheint das Inferno überstanden zu haben. Wir müssen zurück zum Bus. Mein Blick schweift noch einmal zur Kreuzkirche hinüber, die nicht zerstört wurde. Daneben kann man jetzt, da die Häuser nicht mehr aufgebaut wurden, die Ägidienkirche sehen. Breslaus, Wroclaws älteste Kirche. Hier soll im Jahre 900 eine slawische Burg gestanden haben. Später ließen sich Handelsleute nieder, denn hier verlief die Bernsteinstraße zur Ostsee hin. Bernstein, Salz, Tuch- und Leinenwaren wurden gehandelt. In der Ohle gerbten die Gerber das Leder. Die Straße hieß die Weißgerberohle, am Eingang der Straße gab's eine echte Mühle, in der Mehl gemahlen wurde. Davon ist allerdings heute nichts mehr zu sehen. Die Handelsleute sollen Deutsche gewesen sein und Österreicher. Sie bauten die Stadt, sie machten sie reich. Die Piastenherzöge wollten keine Polen sein, so wie die Ostoberschlesier heute keine Polen, keine Deutschen, keine Österreicher sein wollen. Fragt man sie danach, was sie seien, sagen sie »Schlesier«. »Slazak« heißt das auf polnisch. Ach ja, wollten wir doch alle nur Menschen sein!

Der Bus rollt zur Jahrhunderthalle im Scheitniger Park. Gebaut wurde sie 1913 zur Jahrhundertfeier der Völkerschlacht zu Leipzig. Der Völkerbund schwor »Frieden« für alle Völker. Zumindest für alle Völker in Europa. Was ist daraus geworden?

Dann fahren wir zum Ring. Kaum zu glauben, es ist so, wie es damals war. Nun werde ich eigene Wege gehen. Mein Mund steht nicht mehr still. Alles, was ich noch weiß, erzähle ich meinem Mann. Im Rathaus, unten in dem kleinen Kiosk, stoßen wir auf eine alte Breslauerin, die hier geblieben ist. In Hundsfeld hat sie gelebt, sie wäre lieber im Westen, denn es ist nicht mehr wie früher. Alle müssen polnisch sprechen. Sie hat es sehr schwer gelernt. Ich glaube es ihr. Früher war uns die polnische Sprache so fremd wie einem Westdeutschen die französische Sprache, wenn er sie nicht in der Schule gelernt hat. »Früher«, sagt sie, »konnte man hier alles kaufen, heute wird sogar das Fleisch wieder rationiert«. Ob ich ihr für deutsches Geld eine Bernsteinkette abkaufen würde, fragt sie. »Wie viel?«, frage ich. Es berührt mich so eigenartig. Immer schon wollte ich eine Kette aus Bernstein besitzen. Sie legt sie in meine Hand. »Hübsch nicht?« Fünf DM möchte sie haben. Ich staune, sicher ist sie mindestens fünfzig DM wert. Meine Hand schließt sich, und ich gebe ihr zehn Deutsche Mark. Draußen schau' ich an der Rathausfront entlang und hoch. Meine Augen wandern über den gotischen Zierrat zur Sonnenuhr. Die Staup-Säule, an der im Mittelalter die »zänkischen und schwatzhaften« Frauen »gestäupt« wurden, ist verschwunden. Aber über dem Eingang zum Schweidnitzer Keller schlägt immer noch die Frau mit dem »Latschen« nach ihrem Mann. Erstaunlich war ja auch, dass das »Klößel« (die Kanonenkugel aus dem Dreißigjährigen Krieg), angebracht auf dem Klostertor beim Dom, noch fest auf dem Dachfirst saß. Das »Klößeltor« wurde es deshalb genannt. Gutmütiger, schmunzelnder Humor war in der Stadt zu Hause. Heute empfinde ich eher Schwerfälligkeit und Schwermut, trotz des pulsenden Lebens auf den Straßen. Wir gehen hinüber zur Maria-Magdalenen-Kirche. Mit prickelnder Erwartung drücken wir die Klinke zum Hauptportal herab – tatsächlich, sie öffnet sich. Dann stehe ich in dem schlanken, dreischiffigen, hohen gotischen Kirchraum. Nüchtern und klar, jetzt wohl verstärkt durch die nicht mehr bunten Fenster, wirkt diese dreischiffige ehemals evangelische Kirche. Hier wurde ich evangelisch getauft, hierher gingen meine Eltern und die Familie zum Gottesdienst. Am Heilig-Abend-Gottesdienst standen rechts und links vom Altar riesige Bäume, bis zur Spitze mit Kerzen besteckt. Hier in diesem hohen Raum holten wir uns die Weihnachtsfreude. Manchmal hatte es geschneit, wenn der Gottesdienst zu Ende war. Kaum zu glauben, dass diese Kirche aus den Trümmerresten wieder erstanden ist. Die Uhr zeigte halb zwölf, Eile tat not. Aber ich musste noch den Weg zur Ernststraße antreten, musste noch die Schweidnitzer Straße hinuntergehen, vorbei am Opernhaus, über den

Schlossplatz. Das Schloss ist nicht mehr da, so wie auch Preußens Ruhm und Gloria nicht mehr besungen wird. Das Kaiser-Wilhelm-Denkmal, der Ort vieler kindlicher Spiele, war auch der Zerstörung zum Opfer gefallen. Aber die Normaluhr, tatsächlich, sie steht am alten Platz. Hatten sich meine älteren Geschwister nicht dort zum ersten Stelldichein mit ihren Freunden getroffen? Ich muss lachen, ja, dann brachten sie die Auserwählten eines schönen Tages nach Hause mit. Verlegen saß man im Wohnzimmer und ich betrachtete sie eifersüchtig. Weiter, am ehemaligen Kaufhaus »Wertheim«, auch »Awag« genannt, vorbei zum Tauentzienplatz. Wie mag der Platz jetzt heißen? Keine Zeit zum Nachsehen, die Tauentzienstraße hat ja jetzt auch einen anderen Namen. Graf Tauentzien gibt's auch nicht mehr, samt seinem breiten Sockel. Nur die Stiefmütterchenrabatten blühen noch, blühen wieder, wie damals. Die Straßenflucht ist mir bekannt, wie oft sind die kleinen Füße hier entlang gegangen. Schon zum Kindergarten in der »Schafgott'schen« Villa, dem evangelischen Gemeindehaus. Hübsch anzusehen, roter Backstein mit weiß verzierten Giebeln und Türmchen. Am Zaun die Forsythienbüsche sind auch noch da. Jedes Jahr neu waren sie für mich das Zeichen des Frühlings, nachdem die hohen Schneewälle in den Straßen weggeschmolzen waren. Jetzt werde ich um die Ecke gehen, die Teichstraße entlang. Es sind ja nur einige Schritte zum Haus Ernststraße 2. Das große Eckhaus mit dem weißen Dachsims blieb stehen, während davor einige Häuser fehlen. Menschen gehen an uns vorbei. Manche sehen mich neugierig an, als ich den kleinen Fotoapparat aus der Tasche ziehe. Der Verkehr flutet stärker durch diese einstmals ziemlich stille Wohnstraße. Ich schaue am Haus hinauf zum dritten Stock. Dort ist der Balkon, den Mutter Jahr für Jahr in ein Sommerblumenparadies verwandelte. An sehr warmen Sommerabenden saßen wir draußen zum Abendbrot. Über unseren Köpfen hinweg schwärmten die Schwalben und lärmten wie kleine Gassenjungen. Ob sie jetzt auch wieder kommen? Ich wende mich zur Haustür und zögere. Sie ist offen, der Blick fällt auf die Steintreppe und wandert an den Wänden empor zu den kleinen Reliefbildern mit den Engelputten und den Blumengirlanden. Wie oft saß hier das kleine Mädchen auf den Stufen in der Sonne, schlug den Kreisel und schwang das Springseil. »Spielt jemand mit?«, höre ich mich in Erinnerung rufen. »Wir könnten ein bisschen die heißen Füße kühlen an der ›Wasserplumpe‹ auf der anderen Straßenseite«. Schon ging die Spritzerei los. Der Kutscher vom Bierwagen will Wasser holen für seine Pferde. Er schimpft von der »Wünschelburg« (Gasthaus) her über die kindliche Planscherei.

Ich gehe nun die Treppe hinauf, bis vor unsere ehemalige Wohnung. Die Treppe quietscht wie damals, aber die Frau, die mir begegnet, sagt nicht »Guten Tag«, sondern »Dzien dobry«. Oben bleibe ich ein wenig stehen. In der Nachbarwohnung geht die Tür auf. Der Blick fällt an der alten Frau in der Tür vorbei ins Zimmer. Dort bläht sich eine weiße Gardine an dem hohen Fenster. Damals, fällt mir ein, ging mir einmal an der Stelle, wo ich jetzt stehe, der Putzeimer kaputt und das Wasser ergoss sich die Treppe hinunter. Doppelte Arbeit, fast zuviel für eine Zehnjährige. Da fällt mir noch ein: Meine Brüder gingen hier auch hinunter, als sie in den Krieg zogen. Der eine mit Lederkoffer und Leder-Kulturtasche, weil er Offizier werden wollte, der andere mit Pappkoffer und Zigarrenkiste fürs Nähzeug, die ich mit viel Liebe mit hellblauem Papier beklebte. Der eine Bruder kam nicht wieder, der andere kehrte erst 1950 zurück. Herzweh, Stolz und Glück für eine kleine Schwester. Ich sehe, die großen Glastüren von damals sind durch schmucklose Wände und kleinere Wohnungstüren ersetzt. Wieder wegzugehen ist gut, denn unten wartet ja mein Mann, und Treppe putzen muss ich jetzt in Düsseldorf. Langsam gehe ich nach unten. Wir gehen die Straße hinab, vorbei an der Bäckerei. Menschen stehen nach Brot und Backwaren an. Eine ziemliche Schlange, wie damals im Krieg. Der Milchladen, wo es sonntags Schlagsahne und frische Erdbeeren gab, ist nicht mehr da. Dann liegt der Hauptbahnhof wieder vor uns. Gerne hätte ich geschaut, ob es den Bahnsteig fünf noch gibt, von dem wir in die Ferien ins Eulengebirge fuhren. An der Ecke sind jetzt Ampeln angebracht. Wir müssen die Straßenbahn vorbeilassen. Waren sie damals nicht schön gelb? Braune, ein wenig rostig aussehende Vehikel rattern an uns vorbei. Aber drüben auf dem Droschkenplatz von damals wachsen wieder junge Bäume. Die Menschen stehen geduldig hintereinander auf dem Bürgersteig und warten auf ein Taxi. Wir haben es auf einmal sehr eilig und möchten nach westdeutscher Manier ein Taxi herbeiwinken. Wir merken, das geht hier nicht. Ein wenig beschämt stellen wir uns in die Reihe.

Das Taxi fährt zum »Novotel«, und später rollen die Busse zur Stadt hinaus auf die Autobahn in Richtung Oberschlesien. Das also war Breslau. Immer noch steht in meinem Pass, geboren in »Breslau«. Aber in dem Pass der Kinder, die heute hier leben, steht »Wroclaw«. Mögen sie diese alte Stadt lieb gewinnen, so wie ich, die ich jetzt weiß, dass es damit zusammenhängt, hier geboren zu sein und so zu sein, wie ich bin. Es ist nur ein wenig schwer zu verstehen, dass es so ist, wie es ist.

Dann dehnt sich die weite schlesische Ebene rechts und links der Straße. Nicht eintönig, sondern eher lieblich, immer wieder durchbrochen von »kleinen« Wäldern oder Baumgruppen. Die Dörfer oder Häuser der ehemals großen Gutshöfe schmiegen sich in die Landschaft. Erst beim Näherkommen sieht man, dass vieles zu Ruinen verfällt und einiges gepflegt ist. Dort, wo die Industrie beginnt, im Raume Oppeln, wird der Himmel dunkel vom Dunst. Die Ortschaften sehen schmutziger aus und schließlich, als das Bergbaugebiet beginnt, riecht es nach Steinkohle und Chemie, ähnlich wie im Ruhrgebiet bis noch vor wenigen Jahren. Auch sonst sieht es wie im »Ruhrpott« aus. Wir merken, hier schlägt das Herz der polnischen Industrie. Hier arbeiten die Menschen hart, hier kämpfen sie auch um den gerechten Lohn und wehren sich gegen die russische Ausbeutung. Wir fahren über sehr gute und sehr schlechte Straßen, aber schließlich finden wir das große, neue Hotel »Novotel« in Sosnowiec. Die Koffer werden gebracht, und jeder bekommt sein Zimmer, das Essen wartet schon. Als wir sitzen, kommt eine Delegation vom Chor in Wisla, um uns zu begrüßen. Blumen werden überreicht und herzliche Worte gewechselt. Man wartet auf uns und freut sich, dass wir gekommen sind. »Auf morgen also in Cieszyn (Teschen)!«

So ist der Sonntag gekommen. Früh aufstehen heißt es, um nochmals ein einhalb Stunden unterwegs zu sein. Pünktlich um zehn Uhr beginnt dort der Gottesdienst, wir schaffen es gerade. Dort wird auch Eva, unsere Verwandte, auf uns warten. Ja, die kleine Frau vor der Kirche wird es sein und wir laufen aufeinander zu. Dann jubelt die Orgel, die schöne große Barockkirche ist gut gefüllt. Wir nehmen im Chorraum vor dem Altar Platz. Die Gemeinde singt. Der Kirchenraum füllt sich mit dem vollen, sehr melodischen Gesang der Gemeinde. Wir staunen, dass Gemeindegesang so viel Musik bedeuten kann. »Erschallet ihr Lieder, erklinget ihr Saiten ... Gott will sich die Seelen zu Tempeln bereiten«, so antworten wir mit der Kantate 172 von J. S. Bach. Später fordern wir die Gemeinde auf, Gott zu preisen mit der Kantate 137 »Lobe den Herren, den mächtigen König der Ehren«. Die Gemeinde möchte sich gar nicht trennen, wir müssen noch einmal singen. So soll es dann auch an den folgenden Tagen werden. Immer wieder feuchte Augen, grüßen, winken. Schon hier beginnen wir zu ahnen, was in den Menschen vorgehen mag.

Teschen ist auch eine geteilte Stadt. Der Rundgang durch die Stadt beweist es. Vorbei am tschechisch-polnischen Schlagbaum hinauf zur Burgruine. Von dort hat man einen schönen Blick auf die Olsa, den Fluss, der die beiden Stadtteile voneinander trennt. Rechts und links grüßen die bewaldeten Berge. Teschen liegt in den Beskiden. Das Mittagessen wird in einem Gasthaus eingenommen, dem man noch bessere Zeiten ansieht. Die ganze Stadt macht den Eindruck einer etwas vernachlässigten, etwas vergessenen österreichischen Kleinstadt, aus der der Fürst ausgezogen ist. Überhaupt, in diesem Landstrich ist der ehemals österreichische Einfluss am Baustil und auch zum Teil an den Menschen noch zu erkennen. Die Kellnerinnen bedienen uns mit viel Schwung, sie sind aber innerlich scheinbar sehr aufgeregt, denn beim Abräumen klirrt zweimal das Geschirr auf den Boden. Wir erstarren einerseits im Mitgefühl, andererseits sind wir über die Aufregung, die wir anscheinend verbreiten, sehr belustigt.

Der Nachmittag ist dem Wiedersehen mit dem Chor von Wisla gewidmet, der ja im letzten Herbst in Düsseldorf zu Gast war. Zuerst findet in der Kirche das Konzert statt. Die Kirche ist brechend voll. Hier begrüßt uns auch, wie in Cieszyn, der Ortspfarrer und der Pfarrer aus »Bielsko-Biala« (Bielitz), der unser ständiger Reisebegleiter ist. Die Bachkantaten erklingen. »Erschallet ihr Lieder« ist der Aufruf, dann klingt es breit und ruhig »Gott, der Herr, ist Sonn und Schild, er wird kein Gutes mangeln lassen den Frommen«, und dafür sind wir, die Gemeinde, zum Lob aufgerufen: »Lobe den Herren, den mächtigen König der Ehren!« »Erhalt uns in der Wahrheit, gib ewigliche Freiheit«, bitten wir. Auf einmal wird mir bewusst, wie wichtig und notwendig für dieses Land diese Sätze sind und wie gut es ist, mit diesen Liedern die Verständigung aufzunehmen über all das Leid und die Not hinaus, die die Menschen beider Völker sich angetan haben. Hier ist der Schnittpunkt, wo Menschen wieder zueinander finden können, über ideologische, sprachliche und Schicksalsgrenzen hinweg. Daheim sooft beim Proben belächelt, erklingt zum Schluss des Konzertes die polnische Kantate »Za rece bierz mnie Panie« über das Kirchenlied »So nimm denn meine Hände«. Professor Drozd, der frühere Leiter des Chores in Wisla, singt die Solopartie. Erstaunen zeigen die Gesichter der Zuhörer: Die Deutschen singen polnisch. Hastig greifen viele nach dem Taschentuch. Hier ist diese Musik zu Hause, das Lächeln darüber ist uns vergangen. Klatschen möchten die Menschen, aber sie sind gut erzogene Christen, das Klatschen hört schnell auf. Dann wird noch ein Geschenk überreicht. Antependien für Altar und Kanzel. Sie werden sich jetzt immer daran erinnern, dass wir hier waren.

Im Gemeindehaus werden wir fürstlich empfangen: Berge von Kuchen und belegten Broten, dazu Kaffee und Tee, türmen sich auf den weißgedeckten Tischen. Immer wieder werden wir zum Zulangen aufgefordert. Reden werden gehalten, Volkslieder gesungen. Schließlich werden die kleinen Geschenke überreicht. Wir können nicht so gut häkeln wie die Wislaer Frauen, die uns eine Rosette zum Anstecken häkelten, aber etwas Handgemachtes haben wir auch bereit. Eine Anstecknadel, auf der der Trompetenengel der Neanderkirche zu sehen ist, und ein Linoldruck von der Neanderkirche, handgeschnitten und handgerollt. Viel Freude löst das Verteilen aus. Hände werden geschüttelt, Bekannte vom vorigen Jahr werden begrüßt. Verständigen kann man sich auch mit wenigen Worten. Einladungen werden ausgetauscht und schließlich müssen wir Abschied nehmen. Im Bus wird kräftig gesungen, die Freude macht sich Luft. Meine Freundin Bärbel und Eva, meine Verwandte, mein Mann Dietrich und ich bleiben zurück, verabschiedet von der Reiseleitung mit den Worten, gut auf uns aufzupassen und pünktlich zum Konzert in Katowice (Kattowitz) wieder da zu sein. Ich möchte das Dorf, wo meine Eltern herstammen, wiedersehen. Eva hat ein Taxi bestellt, aber zunächst müssen wir bei ihr übernachten.

Montag: Um fünf Uhr in der Frühe ist es soweit. Wir steigen ein und fahren über Ratibor, Neiße, Glatz nach Neurode (Nova-Ruda) und weiter nach Walim (Wüstewaltersdorf) im Eulengebirge. Das Wetter ist nebelig und diesig. Kaum ist etwas von der herrlichen Berglandschaft zu sehen. Nur hin und wieder öffnet sich der Nebel. Die kleinen Städte wirken zum Teil grau in grau. Allerdings machen die schönen geschlossenen Ortsbilder einen guten, wenn auch etwas vergessenen Eindruck auf mich. In einem Waldstück machen wir eine kleine Pause. Wir sind schon hoch am Kamm der Berge, bald müssten wir in Nova Ruda sein. Die Luft ist herbstlich würzig. Die kleine Wiese am Wald, an der der Weg entlang ins Tal läuft, ist sehr frisch grün, fast sommerlich. Ich bleibe staunend stehen. Blumen blühen, zart blaurosa sind die Blüten, Herbstzeitlose in einer Fülle, wie ich sie noch nie gesehen habe. Ich kann nicht anders, ich laufe in die Wiese hinein und pflücke mir einen großen Strauß. Die Kinderheimat begrüßt mich mit Blumen, das macht mich froh. Die Herbstzeitlosen haben lange gehalten ... Die Fahrt geht weiter, endlich geht auch der Nebel weg. Für zwei Stunden liegt nun die Sonne über dem Land. Wir fahren die kleine Straße hinauf. Die Bäume glänzen in allen Herbstfarben. Die Bergkuppen grüßen mit dem schönen dunklen Fichtenwald. Dann kommen die ersten Häuser, die ich wiedererkenne. Hier wohnte der, dort jener. Gesichter tauchen in mir auf. Wie waren ihre Namen? Ehe die Fahrt wieder ins Tal geht und damit ins Dorf Walim hinein, wandert mein Blick noch einmal über diese schöne, schon fast alpin anmutende Landschaft, das Eulengebirge. Wie heißt es eigentlich jetzt? Schnell muss ich meinem Mann von Wanderungen erzählen, vom Brotschmuggeln im Jahr 1945, vom Skifahren und Hosenzerreißen beim Schlittenfahren. Dann liegt die Kirche vor uns. Dieser schöne große Kirchenbau, als evangelische Kirche von Langhans gebaut. Die alte Dorflinde ist noch da. Daneben war der Textilladen, wo man Leinen und Damast kaufen konnte, Textilien, die in der Weberei im Dorf hergestellt wurden. Die Häuser der Verwandten tauchen auf und schließlich halten wir vor Großvaters Haus. Es ist noch da, allerdings in sehr bedenklichem Zustand, wohl kaum zu reparieren. Daneben fehlen zwei Häuser, sie sind wohl abgebrannt. Ich stehe vor dem Haus und schaue in den Bach. Es ist so still, der Bach rauscht wie immer und damals. Es ist gut, das zu hören. Die kleine Treppe hinunter ist nicht mehr da, wo ich als Kind vor mich hinträumte und den Bachstelzen zusah, wie sie in der Sonne über die großen runden Steine hüpften. Hochwasser hat die Treppe weggeschwemmt. Die Werkstatt ist leer wie das ganze Haus. Neben dem Haus fließt wie eh und je der kleine Wiesenbach. Ich bücke mich, schaue in das klare Wasser, und meine Hand greift nach einem Kieselstein, den ich später in die Tasche stecke. Hier hat sich der andere Teil meiner Kindheit abgespielt, die Ferienheimat. Die Landschaft ist noch da. Wie oft habe ich später im Urlaub nach solchen Flecken Ausschau gehalten und war sehr glücklich, wenn ich Ähnliches fand. Ich habe mich also auch hier nicht getäuscht. Eigentlich ist es gut für den Menschen, wenn er weiß, wo er herkommt, wo die Wurzeln ihren ersten Saft her bekamen. So wende ich mich ab, der Fotoapparat hat einiges gespeichert. Sollte ich wiederkommen? Wir gehen das Dorf hinauf. Der Bauernhof meiner Tante ist vom Hochwasser verwüstet. Sie haben den Garten aufgerissen, wohl um Leitungen zu legen. Auf der Wiese daneben ist eine große Schule gebaut worden. Die Himmelschlüssel werden dort also nicht mehr blühen. Im Weitergehen merken wir, wie der Nebel sich wieder senkt. Wie graue Putzwolle legt er sich zwischen die Häuser, vor denen ich hin und wieder verweile und an die Menschen denke, die mir die Tür öffneten und freundliche Worte für das Kind hatten. Niemand ist mehr hier. In alle Winde hat sie die Vertreibung zerstreut. Heute wohnen hier Menschen, die ebenfalls vom Russen vertrieben, in der Gegend von Lemberg ihre Heimat verloren. Sie sind nicht sicher, ob sie hier bleiben werden. Das Leben in den Bergen ist beschwerlicher als im Flachland. Viel Landwirtschaft sieht man nicht mehr. Die Felder sind zum Teil versteppt. So wird der Eindruck, auf der Alm zu sein, noch verstärkt. Mich macht das irgendwie traurig. Das Dorf hat etwas Feindseliges an sich. Als gönnten sie es mir nicht, dass ich mit meinem Mann hier entlanggehe. Die Glocken der Kirche läuten zu Mittag, aus den Häusern treten Menschen und betrachten uns neugierig. Vielleicht denken sie, wieder solche Ausländer, die mit einem Auto hier herumgucken kommen.

Von meinen Geschwistern weiß ich, dass hier auch freundliche Leute wohnen, die sich auch ein wenig freuen, dass Westdeutsche Interesse haben und ihre alte Heimat besuchen. Im Gasthaus neben der Kirche möchten wir essen, aber es gibt noch nichts. Die Zeit drängt. Ein Blick noch in die Kirche. Den Taufengel, der freischwebend in der Kirche hing, haben sie in eine Ecke gestellt. Fast rührend sieht das aus, wie er dort seine Flügel ausspannt und eher bittend die Taufschale zur Gemeinde hinhält. Neben der Großmutter in der Kirche sitzend, hatte ich genug damit zu tun, mich im Gottesdienst mit ihm zu beschäftigen. Ich hörte sogar sein Flügelrauschen. Als wir fort mussten, rannten wir damals 1946 im Mai noch einmal in die Kirche zum Gottesdienst. Weinen erfüllte den hohen, hellen Raum. Jemand an der Orgel intonierte »Ein feste Burg ist unser Gott«. Leise und zaghaft und später kräftiger sangen die Leute mit. Dann wandten sie sich um und gingen. Ein Treck nach dem anderen, gescheucht von den polnischen Milizsoldaten, wanderte zum Dorf hinaus. Wohin die Reise ging, war nicht bekannt. Nach Sibirien oder in den Westen? Beides war möglich.

Auf uns wartete vor der Kirche das Taxi. Wir standen auf der Straße, mein Mann fror und ich war stumm und zu steif, um zu weinen. Sollte ich noch einmal hierher kommen, Zeit mitbringen und vielleicht alles bei Sonne ansehen? In diesem Augenblick wusste ich es nicht. Die Zukunft würde es zeigen.

Meine Freundin, die still alles mit angesehen hatte, wurde nun unruhig, als die Fahrt nach Schweidnitz, Swidnica, ging. Zunächst fanden wir dort ein gastliches Haus, in dem wir »Bigoz«, das polnische Nationalessen, zu essen bekamen. Auch das Bier schmeckte sehr gut. Der Regen strömte, als wir durch »Sarau« (Zarow) fuhren und dann in »Lasan« (Lazany) ankamen. Bärbel schaute sich um, das Haus, in dem sie gelebt hatte, war etwas umgebaut worden, der Garten sah anders aus. Still stand sie davor. Ein Lächeln huschte über ihr Gesicht, der hintere Garteneingang war noch da. »Hier haben wir uns heimlich von unseren Freunden verabschiedet«, sagte sie und »jetzt möchte ich noch schnell durchs Dorf gehen«. Der Regen rann, aber sie ging, ohne Schirm, mit festen Schritten davon. Als sie wieder einstieg, sagte sie: »Das Pflaster vorm Gasthaus ist noch da, mein Bruder wollte es wissen. Also ich komme noch mal her. Es ist so schön hier.« Dann rollte das Auto auch schon auf die nahegelegene Autobahn, und schließlich hielten wir fünf Minuten vor Konzertbeginn an der evangelischen Kirche in Kattowitz an. Ganz benommen von allem, inzwischen waren wir 750 km gefahren, gingen wir mit langsamen Schritten durch den Mittelgang zum Chor. In der Hand hielt ich die Herbstzeitlosen, sie dufteten ein bisschen bitter.

»In te Domine speravi, non confundar in aeternum. In iustitia tua libera me«. »In dich, Herr, habe ich gehofft, du bist meine Gerechtigkeit, mein Schutz«, so klang es durch die Kirche. Die Vespermesse von Gesualdo. Das war gut zu singen nach diesem Tag. Die alten, alten Juden wussten, wo neue Hoffnung zu finden ist, Gerechtigkeit für alles Unheil und Schutz in Not und Verzweiflung. Wir wussten, dass die anderen Chormitglieder in Auschwitz gewesen waren. Ihre Gesichter waren bedrückt. »Erschallet ihr Lieder« konnten wir heute nicht singen, aber »Gott der Herr ist Sonn' und Schild«, trotz allem, was Menschen sich einander antun, das trägt, das hält in Tod und Leben. »Denn er will uns ferner schützen, ob die Feinde Pfeile spitzen und ein Lästerhund gleich bellt«. Auch hier ist die Kirche überfüllt zu einer Zeit, die noch nicht Feierabend bedeutet. Draußen pulst der Abendverkehr an der Kirche vorbei. »Za rece bierz mnie Panie« – »Führe mich«, gleich wie ein Schwur klingt das. Taschentücher wischen verstohlen durch die Gesichter, unterdrücktes Klatschen macht sich breit. Viele junge Menschen sind hier in der Kirche. Was mag in ihnen vorgehen? Am Ausgang fragt mich ein junger Mann, freundlich lächelnd: »Du Profi?« Ich, lachend, erstaunt über die Frage: »Nein, richtiger Laie.« Wir lachen beide und winken einander zu.

Dienstag: Konzert in Skoczow, so stand es im Programm. Wir beschlossen, schon morgens hinzufahren. Wir wollten ein Musikinstrument, von einer westdeutschen befreundeten Gemeinde gestiftet, abliefern. Im Pfarrhaus große Freude darüber. Wir werden bewirtet mit Kaffee und Kuchen. Sie sprechen sehr gut deutsch. An Themen zur Unterhaltung ist kein Mangel. Wir stellen fest, dass wir uns viel mehr mit den Menschen vor Ort unterhalten und nicht so schnell nach den Konzerten zum Hotel zurückfahren sollten. Die Menschen brauchen das Gespräch. Und dann erfahren wir, dass das Beisammensein nach dem Konzert abgeblasen ist. Das bedauern wir sehr. Auch in diesem Konzert, vielleicht noch stärker, stellt sich eine gute Atmosphäre ein. Viele Wislaer sind noch einmal gekommen, auch Eva, bei der wir zu Mittag gegessen haben. Der Pfarrer begrüßt uns auf deutsch, eine schöne Geste, die uns wohl tut. Blumen werden überreicht, zurückgereicht, weitergereicht. Wir haben das Gefühl, uns sehr privat beschenkt zu haben. Noch vor dem Abfahren stehen Gemeinde und Chor in Gruppen in der Kirche und unterhalten sich. Ein Chormitglied aus Wisla steckt mir zum Abschied eine Schallplatte unter den Arm. Ehe ich mich richtig bedanken kann, ist er verschwunden. Sie sind traurig, weil wir schon fahren müssen, und bringen uns Äpfel und Kuchen in den Bus. Winken, Taschentücher wischen Tränen fort. Dann sind die Busse in der Dunkelheit untergetaucht. An der Straßenbrücke schimmert die Weichsel.

Mittwoch: Wir fahren sehr früh mit den Bussen ab, weil wir eine Rundreise unternehmen wollen. Der Pfarrer von Bielsko-Biala fährt mit uns in die Beskiden, die die Stadt umgeben und die nach Süden hin höher werden. Wir fahren durch Dörfer, in denen Frauen mit Krügen und Eimern das Wasser von Brunnen holen, die an der Straße liegen. Zum Teil sieht das ganz malerisch aus. Die Häuser sind ried- oder strohgedeckt. Nach den Orten, die den starken Einfluss durch die wachsende Industrie zeigen, sind diese Orte sehr ländlich und anmutig. Die Straße steigt steiler an und schließlich sind wir im Wintersportgebiet in Szczyrk. Hier steigen wir aus und machen eine kleine Wanderung. Das tut gut, denn wir sind alle gut ernährt worden, und die Lungen können die frische Bergluft gut gebrauchen. Die Rückfahrt geht über Wisla und Ustron, beides Luftkurorte. Wir sehen viele Erholungsheime in modernem Baustil am Berghang liegen. Bei den Michowitzer Schwestern halten wir an und besichtigen das neu erbaute Altersheim und die Kirche. Hier werden von den Diözesen Cieszyn und Katowice der Ev. Kirche Tagungen abgehalten. Diese evangelische Kirche gehört zu den Kirchen des »Augsburger Bekenntnisses«. Überall haben wir Spruchbänder gesehen, die an den Jahrestag der »confessio augustana« erinnern. Beim Abschied wird uns aus dem

Garten der Anstalt eine große Tüte mit Möhren gereicht. Ein Kreis von Leuten sitzt dort unter den Bäumen und arbeitet an einem riesigen Haufen Möhren. Lachen, Winken hin und her. Im Bus werden die Möhren gleich geschrappt und »vermümmelt«.

Abends treffen wir dann vor und nach dem Konzert mit dem Kirchenchor von Bielsko zusammen. Es wird gesungen, und wir haben Zeit zur Unterhaltung. Das Konzert selbst wird in der schönen, sehr gut gefüllten Kirche zum musikalischen Höhepunkt. Die Aufnahmetechnik und die Mikrofone sind gut installiert. Wir freuen uns schon, dass wir die Musik zu Hause hören können. Hin und wieder sehe ich in den Kirchen kleine Kassettenrekorder. Hoffentlich haben sie die Musik gut aufgenommen. Erstaunlich ist auch, dass die Kirchen alle gut gepflegt sind. Sie sind wohl hier, wo alles sehr schwer zu bekommen ist, so etwas wie die gute Stube der Gemeinde. Hier geht man gern zur Kirche. In dem unruhigen, weithin vom Staat gelenkten Leben tut es gut, so scheint mir, sich auszuruhen und durch Gesang und Predigt neue oder andere Energie zu sammeln.

Als wir an dem Abend in unser Hotel zurückkehren, steht ein Flügel in der Halle. Das polnische Fernsehen hat ihn stehen gelassen nach Dreharbeiten. Nach dem Essen wird von den Musikern spontan Musik gemacht. Die Solisten singen kleine Arien und eine leichte, frohe Stimmung breitet sich in der Hotelhalle aus. Schließlich wird noch ein erst jetzt verratener Geburtstag gefeiert. Der Chor singt Trink- und Volkslieder. Dabei haben wir wohl den Bogen überspannt, denn durch sehr lautes Einstellen von Unterhaltungsmusik aus dem Kassettenrekorder wird uns bedeutet, dass unser Singen nicht unbedingt erwünscht ist. Wir lassen uns aber nicht beeindrucken, wir sind höflich und hören auf. Aber die Gespräche untereinander gehen weiter. Es scheint, dass alle irgendwie neue Perspektiven gewonnen haben, Einsichten für das eigene Leben. Neues bietet sich auch an in den Beziehungen untereinander, Freundschaften werden geschlossen. Es erstaunt und beglückt zugleich, dass dies möglich ist. Zu Hause ist immer zu wenig Zeit. Ein Kennenlernen zwischen Musikern und Chormitgliedern ist so gut wie unmöglich. Hier hat man auf einmal Zeit dazu. Auch unsere jungen polnischen Reiseleiter lernen uns bzw. wir sie besser kennen. Pjotre muss seinen ganzen deutschen Sprachschatz aufbieten, um all die Fragen nach der Wirtschaft und der Politik in Polen zu beantworten, und dies nicht nur als Laie. Er ist Wirtschaftsstudent. Mischa spielt hingebungsvoll Schach. In Katowice hat er sich die teuren Cordhosen und den Pullover zerrissen. Verschämt bittet er uns um Hilfe. Natürlich, brauner Faden und Nadel waren im Reisegepäck. Henriette und ich müssen ertragen, dass wir, während wir so gut wie möglich »kunststopfen«, gutmütig gehänselt werden. »Ja, ja, eine gute Art der Völkerverständigung, das habt ihr euch fein ausgedacht!« Als wir fertig sind, freut sich Mischa; die Hosen sind gerettet. »Könnten Sie nicht auf die andere Seite auch noch so eine schöne Verzierung machen?«

Donnerstag: Die meisten machen eine Fahrt entweder nach Katowice oder nach Krakau. Auf dem Programm steht für den Nachmittag das letzte Konzert in Pless (Pszczyna). Pless, der Name lässt uns aufhorchen. Hieß nicht ein Zweig der Grafen

Fürstenstein in Schlesien so? Die Sonne scheint und wir vermuten, dass es dort schön sein wird. Also mieten wir ein Taxi und fahren schon mittags hin. Wir werden nicht enttäuscht. Bei fast sommerlichen Temperaturen schlendern wir durch den Schlosspark, der mit seinen uralten Bäumen und stillen Weihern in herbstlicher Farbenpracht glüht. Das Schloss, der Park, der ganze Ort in seiner Zuordnung zum Schloss bieten eine Fülle von Fotomotiven. Allerdings vermitteln uns diese Eindrücke auch etwas von der Geschichte dieses Ortes. Feudalherrschaft von sozial und zum Teil unsozial eingestellten Fürsten, über eine Bevölkerung, die einerseits deutsch-österreichischer Abstammung war, andererseits aber auch polnischer Herkunft ist. Über das Leiden der Menschen nach Kriegsende berichtet mir der Küster im Anschluss an das Konzert. Hier ist wohl auch der Grund zu suchen, warum uns die Leute sehr zurückhaltend begegnen. Erst als nach Ende der Musik Abschiedsreden gehalten, Blumen überreicht und Wünsche für die Zukunft ausgetauscht werden, sind die Gesichter offener geworden. Während des Konzertes stehe ich am linken Flügel des Chores und habe so den Blick frei zum Chor hin und in die Kirche hinein. Die Kirche wirkt eher wie ein Barocktheater: Der Raum ist ein mit vielen Kristalllüstern ausgeleuchtetes Oval, der Chorraum ist mit seinen barocken Verzierungen am Altar in gleißendes Licht getaucht, von der Orgelbalustrade über dem Altar hängen Efeuranken herab. Das gibt dem Ganzen etwas naiv Liebliches. Das Hauptportal der Kirche ist während der Musik offen geblieben. Der Pastor hatte wohl Angst, es könnten zu wenig Leute kommen. Aber die Kirche ist gut gefüllt, auch auf beiden Emporen sitzen die Leute. Durch die offene Kirchentür dringt nun die Musik nach draußen und ist sicherlich auf dem weiten, schönen Marktplatz gut zu hören. So ergibt sich an der Kirchentür ein ständiges Kommen und Gehen. Kinder, Frauen mit Einkaufstaschen, Männer in blauer Arbeitskleidung kommen herein und verweilen. Zum Teil schlagen sie das Kreuz, knien nieder und gehen schließlich wieder.»Lobe den Herren«, fordert der Chor auf, »Gott, der Herr, ist Sonn und Schild«, das ist eine Predigt für sich, »er wird kein Gutes mangeln lassen den Frommen«, und schließlich »So nimm denn meine Hände und führe mich« («Za rece bierz mnie Panie«), das Bekenntnis von Menschen, die über alles Trennende hinweg mit diesem Herrn im Bunde sein wollen.

Die Kirchentür ist offen, alle können es hören, Licht und Musik erfüllen den Raum. Ist das nicht das Bild vom Tisch des Herrn, zu dem alle Völker eingeladen sind, ohne Not, Krieg und Schmerz, an dem die Gottesspeise genossen wird? Jetzt schon hier, »Denn sie sollen das Leben und volles Genüge haben«.

Es wird spät an diesem Abend zum Nachhausefahren. In der Kirche und davor auf dem Platz stehen wir noch lange und unterhalten uns mit der Gemeinde. Es ist heute sehr milde, der Mond steht über dem Marktplatz. In seinem Licht leuchten die weißen Blusen der Sängerinnen. Mühsam klingt das Deutsch der Männer und Frauen und langsam kommen die Antworten auf unsere Fragen. »Tut es Ihnen weh, die deutsche Musik zu hören?« Zögernd: »Nein, es ist alles zu lange her, wir leben nun einmal hier. Schade ist es nur, dass wir so wenig deutsche Literatur lesen können.« »Stört es Sie nicht, dass es hier überall so fürchterlich nach Steinkohle stinkt?« Die Antwort kann ich kaum verstehen, sie ist zu leise. »Ich wäre lieber im Westen, so wie meine Schwester. Aber jetzt bin ich alt.« Es ist ein eigenartiger Gegensatz, der sich bei diesen Gesprächen auftut. Einerseits haben wir den Eindruck, dass die polnische Regierung zum Beispiel mit dem Verbot, Deutsch zu sprechen und Deutsch in der Schule zu lernen, endgültig das Deutschtum in diesem Raum ausmerzen will. Andererseits lässt sie seit dem Grundlagenvertrag von 1970 mit dem deutschen Angebot zur Wiedergutmachung und zur Wirtschaftshilfe zu, wenn auch zögernd, dass die Menschen von ihrer Vergangenheit reden dürfen und sich nicht mehr zu schämen brauchen, dass sie einstmals Deutsche waren oder der deutschen Sprache mächtig sind.

Hat Joseph von Eichendorff hier nicht seinen »Taugenichts« geschrieben? Ich sollte ihn noch einmal lesen, nehme ich mir vor.

Freitag: Im milden, warmen Sonnenlicht, das die vorbeifliegende Landschaft aufleuchten lässt, fahren wir mit den Bussen nach Krakau. Die Landschaft ist abwechslungsreich. Hier Industriegebiet, dort Wälder, Seen, die Buckel der Beskiden kommen in Sicht. Dann hält der Bus in dieser altehrwürdigen Stadt. Hier ist wohl der Krieg vorbeigezogen, ohne auch nur einen Stein zu verletzen. Eine sehr temperamentvolle Dame begrüßt uns und beginnt die Stadtführung am Königstor. Die ganze Altstadt ist mit einer gut erhaltenen Stadtbefestigung umgeben, die durch Grünanlagen ergänzt wird. So wirken die Anlagen eher romantisch als trutzig, obwohl den Mauern zuzutrauen ist, dass sie schützen können. Sie erklärt, dass die polnischen Könige von diesem Tor aus ihren Weg nahmen zur Schlosskirche im »Wawel«, der Königsburg. Zum ersten Mal wird mir bewusst, wie zerrissen dieses Land durch die Geschichte ging. Russen, Österreicher und wir Deutsche haben immer wieder verstanden, dieses Land auseinanderzureißen und für die eigenen Interessen nutzbar zu machen. Kein Wunder also, dass die Menschen seit Jahrhunderten schon trotz ihres Temperamentes, ihres Sinnes für Schönheit und Gleichmaß in Kunst und handwerklichem Können schwermütig wirken. Auffällig ist hier auch, wie geschmackvoll die Frauen angezogen sind, trotz der minderen Qualität der Textilien.

Wir gehen also die Königsstraße zum Marktplatz. Hier entlang wurden auch die Könige getragen. Die Häuser zeigen mit ihren schönen, stilvollen Fassaden trotz ihrer schlechten Verfassung, dass diese einmal ein reicheres Bürgertum gebaut haben muss. Dann öffnet sich der Blick zur Marienkirche und über den Marktplatz zu den Tuchhallen. Die Marienkirche beherbergt einen Flügelaltar vom Meister Veit Stoss. Er zeigt die Krönung Mariens. Uns erscheint es so, als schauten die Menschen auf dem Mittelteil des Flügelaltars auf das Kreuz Christi, das aber nicht zu sehen ist. Sie wenden ihr Gesicht voll der Gemeinde zu. Die Intensität des Gesichtsausdruckes ist so direkt, dass wir uns angeschaut fühlen. Was wollte der Meister damit wohl ausdrücken?

Wir wandern durch die Straßen zur Königsburg hinauf und erleben all die Pracht, die vielen Kunstwerke, die Gemälde, die dort ausgestellt sind, und damit auch das Auf und Nieder der polnischen Geschichte zeigen. Am Eingang zum

Wawel steht das Reiterstandbild eines polnischen Königs. Er schwenkt den Hut und streckt dem Besucher seinen Arm entgegen, so als wollte er sagen: »Dzien dobry«, »sei uns willkommen!«

Von der Balustrade der Burg haben wir einen sehr schönen Blick hinunter zur Weichsel. Dort steht auch der »feuerspeiende Drache«, der nur Feuer speit, wenn eine Jungfrau vorübergeht. Vom Turm aus hat man einen sehr schönen Blick über die Stadt, vor allem, da die Sonne über allem liegt. Im Turm hängt auch die Riesenglocke, deren Klöppel man anfassen und sich etwas wünschen kann, zum Beispiel, dass man innerhalb des nächsten halben Jahres heiraten möchte. Es soll in Erfüllung gehen. Der Klöppel ist schon ganz blank ... Dann geht es durch die lebhafte, verkehrsreiche Stadt zurück. Hin und wieder sieht man schöne alte Häuser, die eingerüstet sind. Die Stadtführerin erklärt, dass die Meisterrestauratoren alle im Westen arbeiten und dass hier im Lande nur die Kunststudenten arbeiten. Nach dem Essen gehen wir nochmals zum Marktplatz, die berühmten Tuchhallen ansehen. In der einzigen, langgestreckten, riesigen Halle befinden sich an den Seiten lauter kleine Läden. Sie sehen aus, als wenn sie aus einer Holzwand herausgeschnitzt wären. Schmiedeeiserne Leuchten erhellen den Raum. Mittelalterlich mutet das an. Wir erstehen eine große Leinendecke mit 12 Servietten. Sie kostet 900 Zloty, aber für uns ist das ein Wert von 18 DM. Unsere Währungen stehen in gar keinem Verhältnis, das sieht man hierbei. Für uns ist alles sagenhaft billig. Für die Polen reicht der Verdienst gerade so, um das notwendige Leben zu bestreiten.

Vor den Tuchhallen stehen noch Tische und Stühle zum Kaffeetrinken. Wir lassen es uns schmecken und genießen den Blick zur Marienkirche. Da, plötzlich geht oben ein Fenster auf und noch eines. Der Türmer bläst mit einer Trompete die volle Stunde. Dies ist ein alter Brauch. Wer hinaufschaut und winkt und sieht, dass er zurückwinkt, wird Glück haben. Wir winken, wir haben Glück, ihn gesehen zu haben. Später lassen wir es uns gut gehen im Rathauskeller bei Honigwein. Süß und vollmundig rinnt er durch die Kehle. »Noch einmal so einen Becher« und die Kellnerin in ihrer schönen alten Tracht bringt einen zweiten. Margret, meine Chorschwester, schiebt mir über die schwere Eichenholztischplatte frische Walnüsse zu. Trinken und Walnüsse knacken, das gehört hier zusammen. Wer mag hier schon alles gesessen haben? Beim Aufstehen wissen wir, was wir getrunken haben. In wohliger Stimmung gehen wir zwei, mein Mann und ich, über den Marktplatz, es ist jetzt ganz dunkel. Ein paar Marktfrauen mit ihren fast leeren Blumenkörben und Eimern erinnern daran, dass vormittags hier ein emsiges Treiben, Feilschen und Kaufen im Gange war. Ein paar Tauben flattern aufgescheucht davon. Vor einem Stand bleiben wir stehen und greifen nach einem Bund Strohblumen. Die alte Frau ist gerade dabei, ein paar Stiefmütterchen zu einem Strauß zusammenzubinden. Ihr Gesicht ist durch das milchige Licht einer Karbid-Laterne angestrahlt. Leute stehen um sie herum, suchen und wählen zwischen den restlichen Blumensträußen. Sicher sind es Berufstätige, die eilig nach Hause wollen. Das Ganze hat etwas Rührendes. Für einen Moment ist die Zeit für mich stehen geblieben. Ich schaue in das faltige, freundliche Gesicht der alten Frau, höre die lebhafte Stille dieses weiten Platzes und bemerke den Mond, der durch die Zweige des Baumes glänzt. Wir sehen uns an und spüren etwas von der Gelassenheit, die hier zu Hause zu sein scheint. Die Gelassenheit, die den Menschen eigen ist, die bereit sind, das Leben zu erleben und so zu leben, wie es im Augenblick zu leben richtig erscheint. Sich nicht drängeln zu lassen, sich nicht hetzen lassen, das müsste doch möglich sein ...

Samstag: Wir fahren heim und sind nach diesen reichen Tagen zufrieden darüber.

Jetzt nun, da ich diesen Bericht schreibe, kommt es mir vor, als hätte ich durch ein »Guckloch« geschaut in eine Welt, die einmal zu mir gehört hat, von der ich wusste, dass sie sich verändert hat und die ich nun neu erlebt habe. Aber eben wie durch ein »Guckloch« immerhin ... Ich verstehe jetzt etwas mehr davon, was Lech Walesa will. Ich kann nur wünschen, dass es ihm gelingt, zum Wohle der Menschen des polnischen Volkes. Wie sagte der Papst jetzt bei seinem Besuch? »Lasst euch nicht aus der Fassung bringen!«

Nach solch einer Reise »rumort« es im Kopf und in der Seele. Die Schriftsteller vom Literatur-Büro Nordrhein-Westfalen Lore Schaumann und Rolf-Rafael Schroer sowie die Teilnehmer des Literaturkreises der Ev. Stadtakademie in Düsseldorf ermunterten mich, als ich den Reisebericht vorlas, mehr aufzuschreiben, nachzugraben, mich zu erinnern, was ich als Kind in Schlesien erlebt hatte. Es ist wichtig zu wissen, was damals in Schlesien geschah! Auf meinem Tisch lag der vom Wasser blankgescheuerte Kieselstein. Da begann ich das Schreiben. Die beiden Schriftsteller begleiteten mich und drängten mich immer weiter in das Erleben meiner Kindheit und frühen Jugend. Mein sehr herzlicher Dank sei ihnen hier aufgeschrieben. An dieser Stelle möchte ich auch meinem Mann Dietrich Dank sagen für alle Ermutigung und Begleitung beim Schreiben.

Der Kieselstein

Die Holzbrücke über den Bach ist ja nicht mehr da, über die damals immer die schweren Leiterwagen und Kutschen holperten, für die Großvater neue Wagenräder machte. Stellmachern nannte man das. Wie lange ist das her? 50 Jahre, 60 oder 70? Ja, sicherlich. Dietrich, mein Mann, und Bärbel, meine Freundin, waren schon zum Wagen zurückgegangen.

Ich wende mich um und springe über den kleinen Wiesenbach, der neben dem Haus vom Berg herunterkommt. Das Springen ist noch in meinen Füßen. Früher war der Bach eine kleine Grenze zwischen den Grundstücken. Meist lag nur ein kleines Brett darüber. Ich sprang immer darüber weg, wenn ich zu Wielands in den Puppenschuppen wollte. Wie war das? »Kommst du rüber?«, riefen die Kinder. Natürlich, auch wenn meine Geschwister verächtlich guckten, denn sie mochten die Wielandskinder nicht. Der Schuppen war angefüllt mit Kindermöbeln, auf denen alle Arten von Puppen saßen. Der Schuppen ist weg, das Haus ist weg. Grüne Wiese deckt alles bis zum Bahndamm hin zu. Ich bücke mich zu dem murmelnden Wässerchen, ich kauere mich hin, mein Finger rührt in dem klaren Wasser und streicht über einen Kieselstein. Es ist so still, der kleine Bach murmelt. Unter den Büschen dort rinnt er in den großen Bach, der das Haus schon immer von der Landstraße trennte. Hinter dem Haus den Hang hinauf sehe ich noch die Schienen der »Elektrischen«. Kommt sie nicht gerade den Berg heraufgefahren, mit ihrem hohen Signal »Wie, wie, wie, wie ...«? Die Sonne wärmt mir den Rücken, ich stütze die Arme auf die Knie und denke nach. So still war es hier nur manchmal, sonntags oder mittags, wenn die Maschinen in Großvaters Werkstatt stillstanden.

Seit vielen Jahren ist es hier jetzt schon so still, denn das Haus der Großeltern ist eingestürzt. Das steile Dach ist eingefallen. Der Schornstein ragt wie ein drohender Zeigefinger in die Luft. Die Räume innen sind leer und verwahrlost. Die Natur ließ um so mehr Grünes um die Ruine wachsen. Die Lindenbäume erscheinen uralt. Sanft und gnädig wird der Verfall zugedeckt. Trotzdem ist es einfach schön hier.

War der Platz vor dem Haus früher nicht größer? Ja, muss wohl, denn da ging die Treppe in den Bach hinunter, mein Stammplatz. Dann lag da noch meistens ein großer Stapel frischer und sauber geschnittener Bretter. Leiter- und Kastenwagen, je nachdem standen dort, und gegenüber war das Holzlager. Ein ziemlich großer offener Schuppen. Rechts davon das Haus. Eine Schar Hühner lief davor herum, die ich entweder jagte oder fütterte. Links neben der Haustür unter den Fenstern der Werkstatt stand die Bank. Meist lag dort die Mieze in der Sonne. Abends saßen die Großeltern dort. Manchmal kam jemand noch auf ein Schwätzchen vorbei, Frauen holten die Milch oder es gab noch Geschäftliches zu besprechen. Im Winter wurde die Bank weggeräumt. Dann lehnten dort die Skibretter für den Langlauf, die der Großvater selber machte und die man bei ihm leihen oder kaufen konnte. Rechts von der Haustür waren die Fenster von der Küche. Auf den Fensterbrettern standen Blumenkästen. Die Petunien wuchsen so hoch, dass man nicht in die Fenster hineinsehen konnte. Zur Haustür hinauf führten zwei Stufen. Wenn man die Haustür öffnete, knarrte sie ein wenig. Aber meist hörte man es nicht, weil die Maschinen in der Werkstatt alle Tage Krach machten und die Männer ihren Lärm dazu. Es roch nach Holz, nach frisch gesägtem, das gerade durch die Säge lief, um zu Brettern oder Blöcken geschnitten zu werden. An anderer Stelle waren die Tische, an denen die Radnaben, Speichen und Radteile gehobelt und geschnitzt wurden. Überall Sägemehl, das abends zusammengefegt wurde in ganz große Körbe. Neben der Säge war auch solch eine Saugmaschine, die mit ihrem Trichter die Sägespäne von der Säge absaugte. Die Bauern holten die Sägespäne zum Wurst- und Schinkenräuchern. Meist wurde ich rausgejagt aus der Werkstatt, denn Kinder hatten dort nichts verloren.

Gegenüber lag die Küche. Hinter der Tür stand der große Kachelofen mit Herdplatte. Davor eine Ofenbank. Hier roch das Holz wieder anders. Es war trocken und manchmal auch schon ein wenig rauchig. Vor dem Fenster in der Ecke eine Eckbank und davor der große Esstisch. Aus dem Schrank holte die Großmuttel die hellbraunen Teller, und dann wurde geschmaust. Vielleicht selbstgebutterte Butter und Frühkartoffeln mit Quark. Selbstgemacht auch dieser.

Wenn man durch den Flur geradeaus ging, kam man durch eine Tür in den Kuhstall und von dort wieder aus dem Haus heraus in den Garten. Meist war dort eine Kuh anzutreffen. Die Hühner und die Gänse wohnten da, und oben drüber war der Heuboden. Links von der Tür zum Stall ging es die Treppe hinauf zu den Schlafkammern. Sie waren alle mit Holz verschalt. In dem großen Bett mit dem dicken Federbett versank ich wie die Prinzessin auf der Erbse. Im Sommer war es dort oben zu warm. Auf dem Boden in der Ecke neben dem Kleiderschrank lagen ausgebreitet auf einem Leinentuch die letzten Äpfel und das sonnendurchwärmte Holz knisterte und knackte. Dem Stadtkind war das ein wenig unheimlich. Aber wenn es draußen dunkel und still wurde, kamen die anderen die knarrende Treppe herauf und ich konnte friedlich schlafen, bis morgens der Hahn krähte und all der geschäftige Lärm vor dem Haus wieder in Gang kam. Schnell im Nachthemd die Treppe hinunter und in die Stube geschlüpft. Manchmal war sie leer und ich konnte in Ruhe all die wunderschönen Sachen im Glasschrank bewundern. Im obersten Fach standen die weißen Teller und Schüsseln für sonntags. Im Fach darunter das mit Blumendekor verzierte Kaffeeporzellan. Dann kam das Fach mit dem bunten böhmischen Glas. Ganz früher musste ich mich auf die Zehen stellen, um alles zu betrachten. Blaue Milchglasbecher, dunkelblaue Vasen, ein Stapel Glastellerchen, die als Kuchenteller verwendet wurden. Ein Saftkrug und schließlich vorne aus hellblauem Milchglas die Henne. Was mag darin sein? Die Stube war leer, der Schlüssel steckte in der Schranktür. Mein Herz klopfte, meine Hand streckte sich aus und öffnete die Tür. Sie klemmte ein bisschen. So, jetzt konnte ich endlich die Spitze anfühlen, die von der Großmuttel wohl selber gehäkelt worden war, und dann die Henne vor mir. Glas ... Mutter hatte es verboten. Ich könnte doch beide Hände nehmen, was sollte dann schon passieren? Ich wagte es. Behutsam hob ich die Henne hoch. In der Schale darunter lagen viele Groschen und Knöpfe aus Glas, die Perlmuttknöpfe funkelten ein bisschen, und Hosenknöpfe. Hier versteckte also die Großmuttel die Milchgroschen, die ihr die Leute gaben, wenn sie Milch kauften. Was hatte ich eigentlich erwartet? Sicherlich Schokoladentaler, die immer in einem Säckchen im Weihnachtspaket steckten. Enttäuscht verschloss ich wieder alles. Aber im nächsten Jahr spielte ich dasselbe Spiel. Das Fenster stand offen und die weißen Mullgardinen blähten sich. Dort stand die Nähmaschine, an der Wand daneben die Kommode und das Sofa mit den bunten Kissen darauf. Ich kuschelte mich in eine Ecke und die Augen wanderten an den Schnörkeln am Sofarand vorbei zu den Bildern an den Wänden und zum Tisch, auf dem ein Blumenstrauß stand. Der Kachelofen in der Ecke, er war nicht im Dienst. Draußen schien die Sonne und ein paar Fliegen summten in der Stube herum.

Die bunt gemalte Uhr mit den Messinggewichten tickte. Mit einem leisen Ton wanderte der große Zeiger weiter. Ich konnte darauf warten.

Die Tür ging auf und die Großmuttel rief mich zum Frühstück. Ich liebte sie sehr. Ich wollte sie nie betrüben. Sie war eine kleine Frau, während der Großvater sehr groß war. Das dünne, graue Haar war fest am Kopf herum gekämmt und hinten zu einem kleinen Nest zusammengesteckt. In dem faltigen Gesicht wohnten zwei klar blaue Augen und standen, wenn sie lachten, in reizendem Kontrast zu den runden goldenen Ohrringen. Überhaupt war sie eigentlich immer freundlich und zu allerlei Schnickschnack aufgelegt und voller Geschichten. Dann war ihr Gesicht ganz hell und die großen Augen strahlten. Ich kniete vor ihr und legte meine Arme in ihren Schoß. Meist hatte sie eine große Blaudruckschürze über ihrem langen, dunklen Rock. Die Flanellbluse, je nach Gelegenheit bunt oder einfarbig gemustert, war oben am Stehkragen mit Stoffkräuseln oder Spitze verziert. Dort steckten auch die kleinen Broschen, die ich so gerne mochte. Mit ihren von der Gicht verkrümmten Händen strich sie mir über den Kopf und sagte: »Kleines Dorle«. Ich atmete ihren Körperduft, ein Gemisch von Franzbranntwein, Lindenblüten und Kernseife. Es störte mich nicht. Ich war zufrieden.

Das Aufstehen vom Stuhl fiel ihr sicher schwer, denn sie stützte sich dabei auf einen Krückstock. Das Gehen wurde mit den Jahren immer langsamer und schwerfälliger. Gestorben ist sie sechs Jahre nach dem Großvater.

Obwohl ich noch heute das Gefühl habe, dass der Großvater das ganze Haus ausgefüllt hat und ich ihn gekannt haben muss, ersteht seine Persönlichkeit eigentlich mehr aus den Erzählungen meiner Geschwister und den paar Fotos, die von ihm existieren. Groß und breitschultrig muss er gewesen sein. Die großen festen Hände konnten sehr gut mit Werkzeug und Holz umgehen. Im Dorf war er geachtet, wenn auch manchmal ein bisschen verschrien, weil er den Leuten hin und wieder eine Lektion verpasste. Dann schmunzelte er hinter seinem Hängebart und die großen blauen Augen wurden zu Strichen, umrahmt von vielen Krähenfüßen. Die Stirn war voller Falten und sehr hoch. Darüber lag braunes Haar. Als erwachsener Mann war er ins Dorf gekommen, denn sein Vater, der in Peterswaldau lebte, hatte ihm, dem Wilhelm Schreier, das Haus gekauft und richtete ihm die Werkstatt ein. Der Vater hatte die Mutter nicht geheiratet, wollte sie aber versorgt wissen. Wenn meine Mutter mit uns Kindern in die Ferien kam, holte er uns mit Pferd und

Wagen an der Bahnstation ab. Wenn die »Elektrische« mit ihrem lang andauernden »Wie, wie, wie« im Niederdorf zu hören war, schwang er sich auf den Kutschbock, denn dann war es Zeit zum Abholen. Überhaupt ließ er es sich nicht nehmen, vor allem meine Geschwister sonntags durch das Gebirge zu kutschen. Dabei ging es sicher fröhlich zu. Irgendwo an einer Baude wurde Halt gemacht und es gab Buttermilch zu trinken.

Eigens zu unserer Verfügung hatte er einen kleinen Leiterwagen gebaut, in dem ich manchmal, gezogen von meinem Bruder, spazieren fahren durfte. Oder meine Geschwister fuhren damit in wilder Fahrt die etwas steileren Feldwege vom Berg herunter. Da ist wohl auch mal ein Rad zersprungen, aber keiner von den dreien wollte es gewesen sein.

Im Dorf gab es Leute, die selbst kein Schwein zum Schlachten hatten. Sie holten dann bei den Bauern oder beim Großvater Wurstsuppe oder Sülze. Es wird erzählt, er habe den Leuten, die die Sülze bezahlen konnten, aber nicht wollten, statt Fleisch Knochen in die Schüssel getan.

Ein anderes Mal legte er den Leuten Steine in den Wagen, wenn sie sich für ein »Vergelt's Gott« sein Abfallholz holten. Sie dachten dann wohl, der Wagen sei vom Holz so schwer, wenn sie über die Brücke holperten. Geizige Leute waren ihm nicht angenehm.

Aber er war auch streng, vor allem zu den Seinigen in der Familie. Bescheidenheit bis hin zum Verzicht erschienen ihm als Tugenden, die vor allem für junge Leute nützlich wären. Die Cousine und Pflegeschwester meiner Mutter hat dies ertragen müssen und oft darüber Tränen vergossen. War seine eigene Kindheit nicht auch sehr karg gewesen?

Sonntags kam Besuch ins Haus. Wenn das Wetter schön war, wurde die Kaffeetafel draußen vor dem Haus gedeckt. Großmuttel hatte dann ein großes Blech Streuselkuchen gebacken. In langen Streifen lag er aufgeschichtet auf einem Goldrandteller und duftete nach frischer Butter. Dunkel erinnere ich mich an fröhliche, gesellige Gespräche um den Tisch herum, an Tassenklirren und an das breite Lachen des Großvaters. Ich, der Moritz, so nannten mich meine Geschwister, ging dann schon wieder auf Streifzug. An den Bach, unten auf die letzte Stufe oder zu den Blaubeeren hinter dem Haus am Bahndamm hinauf. Sind nicht schon ein paar Äpfel reif? Wo waren bloß die kleinen Katzen, ich musste sie suchen. Der Wollfaden zum Spielen mit ihnen steckte in der Schürzentasche. Im Garten warteten noch die Johannisbeeren auf mich. Eigentlich könnte ich mir auch eine Mohrrübe aus dem Garten holen. Vom Dorf hörte ich das Abendläuten, da war es wohl Zeit, sich wieder einmal im Haus zu zeigen.

Bilder reihen sich in meinem Kopf, an die ich niemals mehr gedacht habe, aber sie sind in mir, so wie die kleinen Ringe auf dem Wässerchen, vor dem ich jetzt sitze und schließlich den Kieselstein in die Hand nehme und in die Tasche schiebe. Durch ihn werde ich mich zu Hause wieder an all das erinnern, was mir in den wenigen Minuten des Wiedersehens an Erinnerungen durch den Kopf schwirrt. Eine glückliche Kinderzeit nennt man das wohl.

Bilder und Häuser

Ich gehe zurück zur Straße und bleibe vor einem anderen Haus stehen.

In meines Vaters Zimmer in Siegen hängt ein Bild von einem schönen alten Steinhaus. Große Fenster und ein tiefhängendes Dach, die Fenster sind weiß gestrichen und leuchten auf der dunklen Hauswand, mittendrin die braune Haustür. Davor ein schmaler Streifen Garten, der das Haus von der Straße trennt. Ich habe ein Foto gemacht von dem Haus und ich stelle fest, dass sich das Haus von außen nicht verändert hat.

Dazu fällt mir ein anderes Bild ein. In die Hochzeitszeitung meiner Eltern hat Tante Ella einen stattlichen Mann gemalt mit einem Käppchen auf dem Kopf und mit einer Pfeife im Mund, angetan mit einer langen Lederschürze. An der einen Hand hält er fünf Kinder und an der anderen vier Kinder, das sind im Ganzen neun, vier Jungen und fünf Mädchen. Dieser Mann war mein Urgroßvater, der Gerbermeister Neumann. Mein Vater kam oft zu ihm in den Ferien, dabei lernte er vom Großvater, wie man mit Fellen und Leder umgeht. Hinter dem Haus war eine große Wiese und ein Bach, in dem die Felle gewaschen und gegerbt wurden. Für meinen Vater, den Schneidermeister, war das schon wichtig, denn er musste oft Mäntel und Jacken mit Pelz besetzen.

Mit den neun Kindern muss es laut und lustig zugegangen sein. Die Anna, die Marie, die Luise und die Auguste waren bis ins hohe Alter unzertrennlich, obwohl sie das Leben weit auseinandergerissen hat.

Die Anna, meine Großmutter, erzählte von Festen, von Mädchenstreichen und allerlei Traurigem. Einmal sind sie zu einer Beerdigung gegangen. Sie meinten, es sei höflich, herzhaft zu weinen, aber sie konnten es nicht. Da nahmen sie vorsorglich Zwiebeln mit und rieben sich damit heimlich die Augen ein, da ging das Weinen gleich besser.

Die Urgroßmutter stammte aus einem Bauernhaus oben im Dorf. Von ihr weiß ich nicht viel. Im Familienalbum klebt ein Bild mit einem lieben Oma-Gesicht und ein paar großen, wachen Augen.

Aber ein anderes Bild fällt mir noch ein, schon fast verblasst hängt es in einem Wohnzimmer in Brasilien. Der Urgroßvater sitzt an seinem kleinen Schreibtisch am Fenster, gestützt auf die Lehne seines Sessels, ganz in sonntäglicher Positur. Auf dem Kopf das runde Samtkäppchen und in einem Mundwinkel hängt eine schöne geschwungene Pfeife mit einem Deckel auf dem Pfeifenkopf.

Dieser Urgroßvater war ein gar gestrenger Mann. Er verheiratete seine Tochter Anna nach Breslau, weil der Andreas Koch doch so eine »gute Partie« war! Handwerksmeister und Ladengeschäft, gut angezogen mit einem weißen, steifen Kragen, gepflegtem Schnurrbart »nach des Kaisers Art« und Spazierstöckchen. Die Anna, meine Großmutter, hat ihn in der Hochzeitsnacht nicht ins Schlafzimmer gelassen, er musste die berühmte Nacht vor der Tür verbringen. Aber ihre drei Kinder hat sie sehr lieb gehabt, das hat sie mir als alte Frau erzählt.

Dieser Urgroßvater hat auch seinen ältesten Sohn eigenhändig nach Bremen auf ein Schiff nach Amerika gebracht, weil er ihn wegen seines Jähzornes bestrafen wollte. In einem Streit war der Sohn mit dem Messer auf den Vater losgegangen, das konnte ihm dieser nicht verzeihen.

Die anderen Kinder verstreuten sich über das ganze deutsche Land. Die Antonie zog nach Eisenberg in Thüringen, die Marie heiratete einen Gastwirt in Landeck, die Luise zog nach Bottrop und heiratete einen Nachfahren der Hugenotten, die Auguste heiratete ihren Chronometermacher in Hamburg und nahm gleich Bruder Julius mit, den Hermann zog es nach Berlin. Nur der jüngste, der Paul, blieb zu Hause und lernte Uhrmachermeister. Mit seiner Emma kaufte er im Oberdorf ein schönes Haus und richtete eine Uhrmacherei ein. Der Laden war für mich das größte Erlebnis: Die vielen Uhren an den Wänden und die vielen schönen Schmucksachen in den Vitrinen, am Tisch vor dem Fenster der Onkel mit seinem Vergrößerungsglas vor dem Auge, das Geheimnisvollste, was ich mir denken konnte.

Das Neumann-Gerber-Haus kam in andere Hände, aber ich sah es in jeder Ferienzeit, stand doch das Elternhaus meiner Mutter eben an jenem Bach, an der Straße im Niederdorf.

Meine Eltern lernten sich schon als Kinder kennen. So wie Vaters Vater eine gute Partie für seine Frau war, so war der Georg Koch wiederum die »gute Partie« für meine Mutter, die Auguste Schreier. Das konnte man auch in der Hochzeitszeitung nachlesen.

Nicht weit von diesen Häusern auf der rechten Straßenseite lag das »Deutsche Haus«, ein gediegenes Gasthaus mit »Fremdenzimmern«, die im Sommer wie im Winter gerne von »Sommerfrischlern« oder »Skihasen« bewohnt wurden.

Die Hanke-Friedel war Mutters Freundin und »Kränzelschwester«. Sie hat mir mal erzählt, dass Mutter sehr aufmerksam war. Denn als alle ihren Geburtstag vergessen hatten, weil die Gastwirtschaft so viel Arbeit machte, hatte Mutter ihr einen Strauß Veilchen gebracht. Das habe sie nie vergessen.

Meerrettich und Holzschuhe

Neugierig wandern meine Augen und meine Füße weiter zum Bauernhof meiner Tante Martha Fischer. Wenige Schritte von der Straße liegt ein großer Erdhaufen, die beiden Steinsäulen, die einst den Garteneingang abgrenzten, liegen halb zerstört auf dem Erdhaufen. Ich klettere hinauf. Der Garten ist verwüstet, die Fenster sind öde, der Hof leer, im Stall fehlen die Fenster und Türen. Das Hochwasser hat hier gewütet. Hatten die Polen vergessen, den Bach zu regulieren? Ja, woher sollten sie wissen, wie viel Mühe es gekostet hat, diesen kleinen Bach, der im Sommer so lieblich durch die Felder floss, jedes Frühjahr nach der Schneeschmelze neu zu regulieren und zu befestigen. Die nach uns kamen, wollten nur besitzen. Mich fror. Aber man konnte das Haus wieder aufrichten, hatte es nicht schon einige Jahrhunderte überdauert?

Vor vielen Jahren wurde in der großen Küche des Hauses Leinen gewogen. Davon erzählte der große, handgeschmiedete Haken an der frühgotischen Decke, dort wo sich die Bögen des Gewölbes kreuzten. Daran hing die Leinenwaage. Die Weber aus dem Dorf kamen mit ihrer handgewebten Ware, sie wurde gewogen und nach dem Gewicht bezahlt. Oben im Giebel war der Speicher, dort wurde das Leinen gelagert.

Es gab sogar ein Buch über das Haus, das von dem Treiben in der Leinenwaage und ihren vielen Stuben im Obergeschoss und dem holzgetäfelten, kleinen Saal erzählte und natürlich ebenso von den Menschen, die im Haus aus und ein gingen. Der letzte Besitzer hieß »Böer«. Hier in diesem Haus wurde gelebt, gefeiert, gehandelt, die Lebensexistenz der Weberleute hing mit diesem Hause zusammen. Missernten, teure Zeiten und wohl auch der Alkohol waren schuld daran, dass der Besitz schließlich an den Fabrikherrn fiel, der später die große maschinelle Weberei oben im Dorf betrieb.

Stall und Scheune wurden gebaut, und mein Onkel war der letzte Bauer, der das zum Hof gehörende Land bebaute und mit seiner Frau, meiner Tante, für das Vieh, für Pferde, Kühe, Ochsen, Schweine, Schafe, Ziegen, Hühner, Enten, Gänse, Tauben, Kaninchen, Katzen und Hunde sorgte.

Ich sah auf meine Schuhspitzen, die sich in die frische, braune Erde gebohrt hatten.

In Ordnung konnten sie es wohl bringen, das Haus, aber es würde dann anders sein, nicht mehr so wie damals, als ich als Heranwachsende das Haus und die Bewohner erlebte.

Damals ... Die Erde roch herb, so wie im Herbst Erde riecht. In den Fliederbüschen hingen noch ein paar welke Blätter, die Bäume leuchteten noch golden. Golden? – Auch meine Kindheit hier in diesem Dorf? Ich horche in mich hinein: Trauer, ja, aber doch ein gutes, starkes Gefühl gibt mir Mut zu fragen: Wie war es damals?

Auf dem Wohnzimmertisch in Breslau stand Tage vor der Abfahrt in die großen Ferien der braune Koffer auf dem Tisch mit den runden, gelben Holzleisten. Er musste allerlei aushalten, der braune Koffer. Sechs Wochen dauerten die Ferien und es musste allerlei an Kleidern und Wäsche verstaut werden. Mutter nahm fast ihre Brille nicht mehr von der Nase, denn wenn sie nicht in der Küche war, so nähte sie an irgendwelchen neuen Sommersachen für mich und meine Schwester. Bis schließlich alles im Koffer verschwand, er wurde zugemacht und zum Bahnsteig fünf am Hauptbahnhof geschleppt. Am Abteil stand »Dritter Klasse« und »Reisende mit Traglasten«. Vater musste wieder nach Hause gehen, für ihn gab es keine sechs Wochen Ferien in Wüstewaltersdorf im Eulengebirge, so sehr auch er an seinem Heimatdorf hing. Als der Zug anfuhr, winkte er, und wir, Mutter, meine Schwester, manchmal auch noch meine beiden großen Brüder und ich, hingen aus dem Fenster und winkten zurück, bis er kleiner und kleiner wurde. Schließlich verschwanden auch die Vorstadthäuser, weites Land dehnte sich zu beiden Seiten der Fenster. Korn und Weizen wurden schon gelb, bald war Erntezeit. Der »Zobten«

mit seinen Bergen kam in Sicht. Ging die Fahrt bis jetzt ziemlich glatt und hielt der Zug nicht so häufig, so begann er jetzt zu holpern und zu rumpeln. Schweidnitz, die Hälfte der Fahrt war überstanden. Mutter packte die Butterbrote aus und wir ließen es uns schmecken. Immerhin, eine Stunde mussten wir noch warten, bis es in Hausdorf umsteigen hieß. Der braune Koffer wurde aus dem Bummelzug heraus in die »Elektrische« gehievt. Jetzt waren wir richtig in den Bergen. Hinter Schweidnitz hatte der Zug geächzt und gestöhnt, in den Kurven gequietscht, denn das flache Land war zunehmend bergiger geworden.

Die Elektrische dagegen war es gewohnt, durch die Berge zu fahren. Sie war ein munteres Mobil mit großen Fenstern, die wir hin und wieder öffnen durften, denn dann kam die gute, frische Waldluft in das Abteil. Wir zählten die Stationen: Hausdorf, Neugericht, Niederdorf, Wüstewaltersdorf. Die Elektrische hatte es wieder einmal geschafft, flink hatte sie den Höhenunterschied von 300 auf 600 m überwunden. Wir standen am Fenster, der Dorfbach kam in Sicht, Großvaters Haus, das ganze Tal mit dem Dorf lag vor uns. Um sechs Uhr waren wir aufgestanden und mit dem ersten Zug losgefahren. Jetzt ging es auf Mittag zu. Wer würde uns abholen? Als wir aus dem Zug auf den Bahnsteig sprangen, sahen wir schon den kleinen Handwagen stehen, das »Leiterwoanla«, und unsere Cousine daneben mit ihren goldenen Kräusellocken, dem runden Gesicht mit den roten Backen und den blauen Augen. »Guten Tag, derheeme!«, sagte sie lachend. Der Rock von ihrem blauen Dirndlkleid flatterte ein bisschen im Fahrtwind, weil die Elektrische wieder abfuhr. Dann hoben wir mit vereinten Kräften den Koffer auf den Leiterwagen und schoben ihn gemeinsam nach Hause. Auf dem Bahnsteig hatten sich die Leute verlaufen, Mutter hatte schon die ersten Bekannten gegrüßt und die Leute grüßten und lamentierten im vertrauten »Schlesisch« zurück: »Guk a mol an, die Gustel is wieder do! Die Madel sein aber schunt gruß. Kumma die Junga ooch noch? Joa, joa, die Ernte kimmt bale! Hoffentlich hoabter a poar schiene Toage hier uba!«

Ein dicker Mann mit Pfeife im breiten, lachenden Mund, einem bunten »Tüchel« um den Hals geknotet und grünen Cordhosen tätschelte mir im Gesicht herum. Es war der »Piefel Koalle« (Karl Piefel), ein Bauer aus Großvaters Nachbarschaft.

Nach all dem Hin und Her holperte der Handwagen durchs Dorf, am Bach entlang, und schließlich wurde der Koffer vor dem Gartentor abgesetzt und über den kleinen Weg, vorbei an der Milchbank, wo die Milchkannen in der Sonne glänzten, ins Haus getragen. Über die Gartenmauer guckten auf der einen Seite die Johannisbeersträucher, schwarze und rote, und auf der anderen Seite die großen grünen, glänzenden Blätter vom Meerrettich. Die alte, schwere Haustür knarrte, und drinnen im halbdunklen Flur kläffte uns der Hund entgegen. Tante Martha rief: »Sei still, Terri!«, und zu uns: »Da seid ihr ja!« Einen Moment lang fühlte ich die blaue Leinenschürze in meinem Gesicht, die braunen Arme umspannten mich, eine raue Hand fuhr mir liebevoll über das Haar und das herbe, braune, von Wind und Wetter fest gegerbte Gesicht und der feste Mund glitten über meine Stirn. Alle Jahre dasselbe Spiel, wir standen uns gegenüber. Sie betrachtete mich prüfend:

»Biste gewachsen? Lange Beene haste, wo willste noch hin?« Immer wieder dieselben gemischten Gefühle. Ich mochte diese Frau gerne, sie liebte mich auf ihre Weise, aber sie war anders als meine Mutter. Mutter war auch stark und konsequent, aber sie war warm und weich. Ihr braunes Haar lag weicher um den Kopf herum als Tante Marthas Haare. Diese waren fest und glatt um den Kopf gekämmt und hinten zu einem kleinen Knoten zusammengedreht. Sie waren schon früh grau geworden und rochen undefinierbar nach Heu, nach Stroh, nach den Tieren, mit denen sie täglich umging. Eigentlich auch nach Milch und Butter. Sie hatte gerade eben eine Milchkanne abgestellt, und unter der Bank im Flur schlichen die Katzen um ihre Milchschüssel und miauten, Milch wollten sie haben. Das also war für mich Mutters Schwester, eigentlich richtiger ihre Cousine, mit der Mutter ihre Kindheit teilte, im Hause der Großeltern Schreier. Hinter ihr kam Onkel Alfred durch die Hintertür hereingepoltert mit seinen schweren Holzschuhen, die sie alle im Stall trugen und die dann vor der Küchentür ausgezogen wurden. »Nu, do seid er ja, alles gutt?« Damit waren wir im Haus aufgenommen, die Ferien konnten beginnen, der Koffer verschwand im »Stübchen« und wurde ausgepackt. Vom Stall klang durch die Hintertür das Muhen und Kettengerassel der Tiere, die Ziege meckerte, die Hühner gackerten. Ich atmete mit gemischten Gefühlen die Luft dieses Hauses, die für mich einerseits nach Wiese, Tieren und Sonne roch und die sich wie ein warmer Schwamm um mich legte, aber doch auch wiederum etwas abenteuerlich Ungewisses an sich hatte, so dass ich so etwas wie eine unbestimmbare kleine Angst verspürte.

Langsam und bedächtig zog ich die Stadtschuhe aus. Vom Binden hatten sich drei etwas rötliche Striemen über meine Füße gezogen. Weiß wie Käse sahen die Füße aus. Die Dorfkinder würden wieder lachen über das Stadtmädchen. Deshalb musste ich schnellstens wieder lernen, barfuß zu laufen, denn dann würden die Füße bald nicht mehr so käsig sein.

Mutter hatte inzwischen in der kleinen Stube den Koffer ausgepackt und aus der Küche wurde gerufen: »Assa kumma!« Es duftete nach warmem Essen und die Eisentöpfe auf der Herdplatte des braunen Kachelofens dampften. Der große Tisch mit seiner weißgescheuerten Platte war gedeckt mit einfachen weißen Keramiktellern. Es gab Kartoffelklöße, gekochtes Rindfleisch mit »Kriensoße« (Meerrettich) und Blattsalat. Die Holzschuhe polterten über den gefliesten Flur, die Tür ging auf und alle, die zur Zeit auf dem Hofe arbeiteten, kamen herein. Vorsorglich hatte ich mir schon einen Platz auf der Bank an der Wand gesichert. So konnte ich sie alle beobachten, wie sie in die Küche kamen und sich an den Tisch setzten. Außer Onkel, Tante und Cousine war da noch die »große Trudel«, der alte Krüger, der Walter, in späteren Jahren der französische Kriegsgefangene Maurice-George und zur Erntezeit ein paar Frauen und Männer aus dem Dorf, die ich nicht kannte.

Die Schüsseln gingen hin und her und das Gespräch drehte sich um die Arbeit am Nachmittag. Hin und wieder wollten sie etwas von mir, meiner Schwester oder meiner Mutter wissen. Natürlich wurde Dialekt gesprochen, den ich wohl verstand, aber meine Sprache war ja Hochdeutsch, und mir schien, als wenn ich es hier nicht so recht gebrauchen konnte, weil sie immer über mich lachten, wenn ich den Mund auftat, um zu antworten. Meist blieb ich deshalb ziemlich einsilbig, starrte auf meinen Teller und sorgte dafür, dass alles verschwand, was Tante Martha vor mir aufgebaut hatte, »weil das Madel doch so dünn und käsig wär«. Trotzdem beguckte ich alle heimlich.

Also der Walter hatte immer noch so rote Backen und so abstehende Ohren, so einen rundlichen Rücken und so große Füße. Freundlich guckte er mich an mit seinen wasserblauen Augen unter dem schütteren, blonden Haar. Aber auch in diesem Jahr hatte sich meine Meinung von ihm nicht geändert. Ich würde ihn nicht heiraten, auch wenn er noch so gut mit Ochsen und Pferden umgehen konnte. Meiner Schwester würde ich es auch abraten, sie war einfach zu hübsch für ihn. Der alte Krüger ließ immer seinen Hängebart in den Teller tunken, das fand ich nicht sehr appetitlich, aber eigentlich war er immer nett zu mir, wenn er draußen die Sense schliff und Futter holte für die Tiere. Ich durfte dann auf dem zweirädrigen Karren oben auf dem Grünfutter sitzend nach Hause fahren. Maurice-George, der Franzose, hörte still zu, was der »Chef« ihm gerade in breitem Schlesisch erklärte, welches Feld mit welchem Gespann bearbeitet werden müsste und was somit alles zu geschehen hätte. Schlank, mit schmalem Gesicht, dunklen Augen und dunklem, leicht gewelltem Haar war er für mich der Inbegriff für Frankreich. Ich mochte ihn, obwohl er doch ein »Gefangener« war, aus dem Krieg mit Frankreich. Richtig Hochdeutsch zu sprechen hat er nie gelernt. Er sprach »Schlesisch« mit französischem Akzent und Charme. Trotzdem war er für mich auch kein erstrebenswerter Mann, weil er mir erzählt hatte, dass er seiner Frau immer den Kinderwagen schieben würde, wenn sie spazieren gingen.

Dann saß da noch die große Trudel, Onkel Alfreds Schwester, sehr schlank und knochig die Figur, das schmale Gesicht eingerahmt von blondem, krausem Haar, das hinten zu einer kleinen Rolle zusammengesteckt war, die Nase ziemlich groß und die Augen tiefliegend. Wie so oft dachte ich, warum hat sie keinen Busen, so wie die anderen Frauen und warum muss sie immer dieses alte, blaue Kopftuch tragen, das sie nur am Sonntag mit einem Hut vertauschte, je nach Jahreszeit. Sie war so etwas wie eine alte Freundin. So wartete ich sehnlichst darauf, dass sie vom Tisch aufstand und mir zurief: »Kimmste miete ei a Stoall?«

Truthahn, Lauseschwein und nackte Kätzchen

Im Hof war alles beim alten. Die runden Pflastersteine glänzten in der Sonne, im Schweinestall grunzte es zufrieden. Die Tauben saßen schläfrig gurrend auf dem Dach, vor dem Schlag. Auf dem Brennholzhaufen hockten ein paar braune und weiße Hennen. Die Hähne pickten auf dem Boden herum, aus den Ställen zog warmer Mistgeruch in meine Nase und die Pferde scharrten in den Boxen. Die Kühe waren auf der Weide, die würde ich erst abends sehen, wenn sie zum Melken nach Hause kamen. In der Scheune stand ein Fuder Heu zum Abladen. Ob sie mich wieder zum Einstampfen rufen würden? Ein raues, lustiges Geschäft, das ich je nach Heuart ganz gerne tat. Wiesenheu war weich, Kleeheu war rau und tat auf der Haut weh. Man musste in der Box herumspringen und tüchtig stampfen, damit recht viel Heu in die Box ging. Die Männer machten sich dann den Spaß, mich mit Heu zuzudecken, so dass ich umfiel und fast keine Luft bekam. Die grünen kurzen Hosen oder das blaue Dirndlkleid waren anschließend reif für die Wäsche und ich selber für die Badewanne.

Au weh, da war ja auch noch die Herde Gänse, eine unliebsame Tierart. Immer hatten sie es auf mich abgesehen. So wie sie mich sahen, rannten sie zischend hinter mir her und bissen mich in mein Hinterteil. Das war sehr schmerzhaft und Mutter musste die Tränen trocknen. Später, als meine Zöpfe länger und dicker waren und ich selber größer, verpasste ich ihnen Ohrfeigen. Aber ich merkte bald, dass die Gänseriche so wütend waren, weil sie ihre Kinder beschützen wollten. Währenddessen watschelten die Gänse mit ihren gelben und grauen Gösselchen zum Bach hin. Abends, wenn es Futter gab, stürmten sie mit ihren großen, ausgebreiteten Flügeln zurück und die Kleinen wuselten schnatternd hinterher. Terri, der Foxterrier, lag vor der Stalltür, das Knurren hatte er aufgegeben, ich durfte mich zu ihm setzen und ihm die Ohren kraulen.

Die Männer kamen aus dem Haus, spannten an und fuhren zum Hof hinaus. Der Truthahn rief seine Puten. Er bekam dabei einen roten Kopf und auch unter dem Schnabel schwoll alles rot an. Während er die Flügel spreizte und der Schwanz zu einem Rad auseinanderging, schlug der Kopf hin und her mit seinem »roten Gebaumel«. Sein Rufen hörte sich an wie »Dagauda, Dagauda, Dagauda«. Eilig kamen die Puten herbeigerannt. Ich aber flüchtete vor ihm. Liebenswerter waren dagegen seine Kinder. Diese braun-schwarzen, unbeholfenen Küken auf langen, stelzigen Beinen waren so hungrig nach Zärtlichkeit wie kleine Katzen. Konnte ich eines fangen, saß es ruhig in meinem Schoß und ich konnte es kraulen. Zum Lohn brachte ich es in die inzwischen leere Küche und setzte es auf die abgeräumte Tischplatte, auf der die Fliegen spazieren gingen. Das war ein Fest für das Putenkind und für mich ein Vergnügen zuzusehen, wie es über den Tisch lief und die Fliegen fing. Der Hals streckte sich vor, die dünnen, langen Beinchen gespreizt, pickte der Schnabel nach der Fliege. Im Nu war der Tisch abgeräumt. Aber das konnte ich nur machen, wenn wirklich niemand zu Hause war.

Der Truthahn war manchmal so temperamentvoll, dass ihm der heimatliche Hof nicht genügte. Er spazierte im Dorf umher und von Ferne hörte man sein »Dagauda«. Dann bekam ich eine Peitsche in die Hand und den Auftrag, ihn zu suchen und nach Hause zu bringen. Wütend über diesen viel belachten Auftrag machte ich mich davon und fand ihn zum Beispiel im Niederdorf an der Tschirn-Mühle. Dort waren meist viele Leute im Laden, die mich beobachten konnten und über das Mädchen lachten, das peitscheschwingend den widerspenstigen Truthahn die Dorfstraße hinauftrieb. Mordgedanken kreisten in meinem Kopf herum. Zu gerne würde ich zuschauen, wenn ihm der Kopf abgeschlagen wurde. Als es dann einmal soweit war, konnte ich doch nicht zuschauen, sondern suchte panikartig das Weite.

Im Schweinestall gab es ein paar neue Ferkel. Eines hatte hinter den Ohren, dort wo die borstigen Haare besonders dick wuchsen, einen kleinen schwarzen Fleck, der sich als Läusenest entpuppte. Tante Martha war wütend auf den Züchter, der ihr das Lauseschwein verkauft hatte. Aber weil es so ein munteres Tier war, musste es, nachdem alle Mittel nichts halfen, eine Petroleum-Kur über sich ergehen lassen. Eines Morgens, nachdem das Ferkel mit der Flasche gefüttert worden waren, wurde es mit Petroleum »eingecremt«. Da ich das Füttern mit der Flasche lustig fand, durfte ich helfen, hatte aber nicht bedacht, dass ich in die Kur einbezogen werden sollte. Das Lauseschwein stank fürchterlich und sollte ausdünsten. Deshalb durfte es im Hof herumlaufen und ich sollte aufpassen, dass es nicht weglief. Na ja, wie passt man auf ein kleines Schwein auf, das »sich selbst nicht riechen kann« und am liebsten vor sich selbst wegläuft? Es kam, was kommen musste. Wie von Hornissen gestochen stob es davon, zum Hof hinaus, über die Straße, bog rechts ab, verschwand quiekend und grunzend über die Straße, bog rechts ab, verschwand quiekend und grunzend unter den Büschen am Bach. Ich nahm meine Beine in die Hand und stürmte hinterher. Aber ich kam zu spät. Gerade als ich mich bückte, um ebenfalls unter den Büschen hindurchzukriechen, hörte ich ein erbärmliches Aufquieken. Das Schweinchen war in den Bach gestürzt. Fassungslos stand ich am Bachufer, das an dieser Stelle ziemlich steil und gerade gemauert war. So überlegte ich, auch wenn ich zwar mutig und halsbrecherisch versuchen würde hinabzusteigen, um es zu holen, würde ich das nasse, zappelnde Etwas nicht halten können. So rannte ich geschwind zurück ins Haus und holte die Tante. Begeistert war sie nicht von mir und ließ es mich auch wissen. Dann rannte sie an mir vorbei zum Bach und stieg selbst hinab. Das Wasser war zum Glück nicht hoch, es war ja Sommer, aber es gab einiges zu kraxeln, bis sie das quiekende Tierchen fest in ihren Armen hatte. Der Aufstieg war eine Rosskur und ich stand zitternd am Ufer, auch sehr betrübt über mich, dass ich nicht in der Lage gewesen war, besser auf das Lauseschwein aufzupassen. Der Petroleumgestank hatte sich natürlich inzwischen auch über die Kleider meiner Tante ausgebreitet.

Die sanitären Anlagen des Hauses waren die Waschküche, versehen mit einem riesigen Waschkessel und zusätzlich ausgerüstet mit einer weißen Badewanne und zwei Plumpsklos auf dem Hof, zwecks Jauchedüngung für die Wiesen. Die weiße Badewanne, voll mit warmem Wasser, heilte alle Schäden, die vom Heuwenden, Heustampfen, von Petroleum und Stallausmisten entstanden waren. Das Plumpsklo war für mich zur Lebenszeit des weißen Leghornhahnes ein Ort des Grauens. Sobald ich die Tür öffnete um wegzugehen, kam der weiße Hahn angerannt, um mir flügelschlagend und nach mir hackend Angst und Schrecken einzujagen. Hatte er doch die Gewohnheit, dies regelmäßig und in Gesichtshöhe zu veranstalten. Manchmal stand Maurice-George, der Franzose, lachend und kopfschüttelnd im Hof und befreite die kleine »Mademoiselle«. Ich habe den Hahn überlebt, das war meine Rache.

Eines Tages kam ich ins Haus zurück. Vor der Küchentür weinte die Katze. Erstaunt öffnete ich ihr die Tür. Wieder einmal waren alle aus dem Haus, um irgendeiner Beschäftigung nachzugehen. Ich war allein. Die Katze verkroch sich unter dem Herd in dieser »Höhle«, wo das Holz zum Feueranmachen lag. Dort stand eine Pappkiste mit einem sauberen Lappen. Die Katze hatte heute komisches Gebaren an sich. Winselnd kreiste sie in der Kiste umher, zupfte den Lappen zurecht und legte sich schließlich mit gespreizten Hinterpfoten hin. Ich holte mir die Fußbank und setzte mich neugierig dazu. Was war bloß mit der Katze los? Gespannt sah ich in die Kiste, mir war ganz warm geworden. Plötzlich ging ein Zucken durch die Katze. Unter dem Schwanz quoll eine braune Masse hervor. Schließlich sah ich, dass es ein kleines Kätzchen war. Nackt und gräulich mit geschlossenen Augen kringelte es sich auf dem Lappen. Noch drei solcher nackten Tierchen kamen zum Vorschein. Die Katze war Mutter geworden. Staunend saß ich vor dem Wunder. So ging also eine Katzengeburt vor sich. Irgendwie war mir ganz schlecht geworden vor Aufregung. Jetzt begann Mutter Katze auch noch, die ganze Geschichte, die neben den Kätzchen lag, aufzufressen. Sie hatte keine Ruhe, bis alles sauber aufgeleckt war. Auch die Katzenkinder wurden kräftig abgeleckt, bis sie einigermaßen trocken und ansehnlich waren.

Die Kätzchen hatten inzwischen »Selbstbedienung« versucht. Sie wuselten so lange im Fell der Mutter umher, bis sie die kleinen milchspendenden Zitzen gefunden hatten. Erschöpft streckte die Katze sich aus und schloss die Augen.

Von mir nahm sie überhaupt keine Notiz. Ich hatte ja auch regungslos dem Wunder vor meinen Augen zugeschaut. Noch immer saß ich, den Kopf auf meine Hände gestützt, still und mit großen Augen auf meiner Fußbank. Kaum zu glauben, jetzt fingen die Kleinen auch noch in ganz hohen Tönen an zu maunzen. Muttern begann, sie wieder zu belecken und ringelte sich um sie herum, bis von den Kindern fast nichts mehr zu sehen war. Da schämte ich mich plötzlich, weil ich so neugierig war. Leise stand ich auf, ich wollte die kleine Familie nicht mehr stören.

Die Fußbank

Eine Fußbank ist für kleine Leute ein wunderbares Möbelstück. Mit ihr konnte ich alles erreichen, was nur in Tischhöhe zu finden und zu sehen war. Der Großvater hatte sie gemacht. Sie stand in Vaters Geschäftszimmer unter dem Stehpult. Dorthin zog ich mich zurück, wenn mir die Welt zu unverständlich wurde oder der Umgang mit den Eltern und den drei großen Geschwistern zu anstrengend gewesen war. Ich sah dann den Fischen zu in dem Aquarium vor dem großen Spiegel oder träumte vor mich hin, eingehüllt von den Stimmen, die von der Werkstatt zu mir herüberklangen. Hatte ich mich dann erholt, kroch ich hervor, nahm die Fußbank unter den Arm und schleppte sie in die Küche, um auf den Tisch zu schauen oder zum Küchenfenster, um auf die Bank vor dem Fenster zu steigen und in den Hof zu sehen oder die Kinder der Nachbarn in der angrenzenden Wohnung zu beobachten. Manchmal saß auch der jüngste Sohn auf seiner Fensterbank, dann öffnete ich das Fenster, was eigentlich verboten war, und wir unterhielten uns und warfen mit Puffreis. Wir freuten uns, wenn wir getroffen hatten, und die kleinen, bunten Dinger verschwanden in unserem Mund. Überhaupt, die Fußbank, sie verschaffte mir auch Zugang zur Zuckerdose, die im Küchenschrank stand. Manchmal lief ich zum Balkon, stellte die Fußbank an die Steinbalustrade und schaute auf die Straße. Die Balustrade war sehr breit, Mutter hatte sie mit Kästen, in denen allerlei Blumen üppig blühten, bestellt. Von hier aus konnte ich mich auch mit meiner Schulfreundin unterhalten, die im Nachbarhaus zwei Stockwerke tiefer wohnte. Erschien sie an ihrem Erkerfenster, wurde schnell eine Verabredung getroffen zum Herunterkommen auf die Straße oder zum Herüber- oder Hinüberkommen. Stadtkinder müssen sich zu helfen wissen, um zu dem ihnen gemäßen Zeitvertreib zu kommen.

Auch in den Ferien war die Fußbank von Nutzen. In einer Schlafstube des Bauernhauses, in der ich in den Ferien mit meiner Schwester schlief, standen auf einem kleinen Tisch neben dem Kachelofen große, braune Steinguttöpfe. In den hinteren wurde Rübensirup aufbewahrt, in den vorderen war süße Sahne, die sauer werden sollte, um gebuttert zu werden. Süße Sahne gestippt und abgeleckt vom Finger ist eine besondere Delikatesse, auch dazu verhalf mir die Fußbank. Ich musste nur die Sahneschicht nach dem Attentat ein wenig glatt streichen, damit diese Untat nicht bemerkt wurde.

Manchmal wurde ich auch zum Buttern beordert. Dann kam die saure Sahne in das kleine Butterfass. Ich musste den Schwengel so lange drehen, bis sich die Butter von der Buttermilch schied. Auch hierzu war zunächst die Fußbank nötig, denn das Butterfass stand für mich etwas zu hoch. Oh dieses Wunder, wenn ich den Deckel öffnete und an der Unterseite die ersten goldgelben Butterklumpen erschienen! Nichts zerlief so süß auf meiner Zunge wie solch ein Butterklümpchen.

Die Fußbank wanderte auch mit in den Garten. Am Gartenmäuerchen wuchsen die schwarzen Johannisbeeren. Bequem konnte ich sie erreichen, in der Sonne sitzen und die schwarzen Beeren mit der Zunge zerdrücken. Dabei betrachtete ich einen Regenwurm, der sich durch das Gras schlängelte oder einen Schmetterling, der sich auf eine Blume setzte. Mein Frieden wurde nur gestört, wenn eine Hummel mit ihrem dunklen Gebrummel an mir vorbeitaumelte oder eine Biene. Mein ganzer Körper war vor Schreck wie gelähmt, das Herz klopfte, bis ich merkte, dass alles schon längst vorüber war.

Rote Johannisbeeren gab es unten am Bach im Garten. Dort wuchsen die Sträucher vom Gartenland weg fast in das Bachbett hinein. Schob ich die Fußbank unter die Sträucher, war von mir nichts mehr zu sehen. Die Sträucher standen um mich herum wie ein Wald. Hier war es fast noch interessanter als im Vorgarten in der Sonne. Zu meinen Füßen plätscherte und raunte der kleine Bach, der unterhalb des Gartens in den großen Dorfbach mündete. Die roten, säuerlichen Beeren hingen mir fast in den Mund, ich brauchte nur die Zunge nach ihnen auszustrecken. Meine Gedanken wurden eine träge Masse, das Grün des Gartens schimmerte vor meinen Augen in verschiedenen Schattierungen. Ich wusste nicht, waren das eine Bohnen, das andere Erbsen, deren Schoten schon prall im Licht glänzten? In der Schürzentasche hatte nachher schon eine Handvoll Platz. Blitzte nicht schon eine Mohrrübe aus dem feinen Kraut hervor? Ich würde es untersuchen. Am Rande blühten die Ringelblumen in Massen. Ihr herber Duft mischte sich mit all den anderen Düften, durchsetzt mit dem etwas fauligen Wasser- und Erdgeruch. Ich blinzelte aus halb geschlossenen Augen und alles verschwamm zu einer grün-goldenen Hölle, die vom Sonnenlicht durchwärmt wurde.

Die linken Steine im Bach lagen auch schon wieder in der Sonne, während die rechten noch im Schatten der Sträucher lagen. Unterhalb, wo ein Bach in den anderen floss, standen große Sträucher. Blauer Flieder und weißer Jasmin. Die Großmutter hatte gesagt, das seien »Tutabluma« (Totenblumen), man dürfe sie nicht abbrechen. Sie blühten, wenn der Flieder längst verblüht war. Manchmal blühten sie noch, wenn schon Ferien waren. Ihr schwerer, süßer Duft nebelte mich zusätzlich ein, und betrachtete ich die reinen, weißen Blütenkelche mit den zarten gelben Staubgefäßen, so konnte ich es nicht begreifen, dass sie etwas mit dem Tod zu tun haben sollten. Für mich waren es Märchenblumen. Sie dufteten nach »Tausend und einer Nacht«, nach der kleinen, unglücklichen Meerjungfrau, nach der Schwester von den wilden Schwänen, nach allem, was ich nicht verstand, nach dem Parfüm, das meine große Schwester gebrauchte, wenn sie ein hübsches Kleid anzog, die Haare kämmte und mit der Cousine tuschelte, wenn die beiden lachend aus dem Haus verschwanden, zu einem Vergnügen, das sicherlich so schwer und süß war, wie der Duft von Jasmin.

Tod, was war das? Die Großmutter war schon gestorben, aber Mutter hatte gesagt, sie hätte viele Schmerzen gehabt, weil sie sich nach einer Erkältung eine Lungenentzündung zugezogen hatte.

Wie war der Tod? Schwer und süß, so wie ich mich abends ausstreckte im Bett, um zu schlafen, mit Mutters liebevollem Gesicht über mir, wenn die Zunge zum Beten fast zu schwer war und ich das Gebet zäh und fast verkehrt daherflüsterte?

Ich konnte es nicht verstehen, aber die Blüten waren schön und die Sträucher, wenn sie über und über mit diesen weißen Blütensternen übersät waren, eher lustig als traurig.

Später als ich größer war und meine Zöpfe länger und dicker, vergaß ich all diese Gedanken und auch die Fußbank.

Stromern und wandern – Das Rohr

Der Bach plätscherte und murmelte neben dem Haus entlang. Er grenzte das Hofgrundstück mit dem Fahrweg von der Wiese ab. Er lief zwischen dem Stallgebäude und dem villenähnlichen Wohnhaus daneben unterirdisch hindurch. Er kam vom Berg, durchfloss einen kleinen, mit alten Linden und Weiden bestandenen Teich und wurde hinter den Häusern in ein ausgebautes Bett gebannt, ehe er durch dieses unterirdische Rohr floss. Das meterhohe Rohr war nicht ganz gerade, sondern machte in der Mitte einen kleinen Knick. Im Sommer war wenig Wasser in dem Bach, und das Bachbett bildete mit den großen runden Steinen Wasserlöcher, in denen bequem Enten schwimmen konnten. Lustig war das, wenn die kleinen gelben Entchen oder gelben Gänschen hinter den Alten herrannten, mit viel Geschnatter in das Bachbett purzelten und endlich im Wasser waren.

Auch für mich waren hier angenehme Plätze, wenn die Juli- oder Augustsonne es gar zu gut meinte. Ich konnte im Wasser plantschen, mit den Steinen neue Bassins bauen, für das Gänse- und Entenvolk bessere Treppen legen oder das Ufer befestigen, damit die Wiese nicht zu nass würde, wenn wieder mehr Wasser im Bachbett floss. Manchmal rutschte ein Stein weg, auf dem ich gerade stand, dann war die kurze, grüne Hose nass. Aber nach anfänglichem Schreck spielte es bald keine Rolle mehr. Manchmal kamen andere Kinder zu Besuch, Heinz und Annchen aus Falkenberg, von Onkel Alfreds Schwester die Kinder. Annchen war zart und zerbrechlich und immer hübsch angezogen, besonders sonntags. Aber der Bach hatte auch für sie an heißen Tagen seine Anziehungskraft. Annchen saß dann auf einem Stein am Rand und hielt höchstens die Füße ins Wasser. Heinz war so groß wie ich. Seine Frechheit blitzte ihm aus seinen wasserblauen Augen und kam wohl von seinen krausen Haaren her, so meinte ich. »Krauses Haar, krauser Verstand«, so sagten die alten Leute. Erst mal wurden Steine ins Wasser geworfen, so jedem vor die Füße, damit das Wasser gleich bis ins Gesicht spritzte. Damit war dann auch die Vorderseite des anderen schon ein wenig nass. Wurde das Spiel etwas intensiver, rann das Wasser nicht nur die nackten Beine entlang, sondern kühlte auch schon durch die Hosenbeine den Podex. Steine werfen genügte nun nicht mehr. Das Wasser wurde mit den Händen geschöpft und schnellstens in Richtung des Gegners geworfen. So bekamen dann auch Hemd und Haare das Wasser zu spüren.

Heinz hatte natürlich kräftiger gespritzt, so dass ich eher einer bemoosten und zerzausten Seenixe glich als einem, besonders sonntags, sauber gekleideten Mädchen. Heinz grinste, seinem Hemd und seiner Hose hatten meine Versuche nur große, nasse Flecken beschert. Annchen war schreiend davongelaufen. Tapfer war ich eigentlich auch nicht, aber ich wehrte mich, so gut ich konnte.

Dann kam die große Kraftprobe. »Kriechste mit durchs Rohr? Da drin gibt's scheene Steine!« »Nee, mach ich nich, bin nass.« »Haste Angst?« »Nee, nee, hab keene Lust.« »Ach Lust, feige biste.« In meinem Kopf ging alles durcheinander. Die Großen waren da auch schon durchgekrochen. Meine Schwester war ganz schön nass und dreckig geworden. Aber dann hatten sie geprahlt, es sei nicht schlimm. Bloß an dem Knick sei es ganz dunkel, da müsse man aufpassen. Dann sähe man bald wieder den Lichtschein von der anderen Seite. »Willste nich? Dann geh ich alleene und dann erzähl ich drinne, dass du feige bist!« Schaudernd ging's mir im Kopf herum: einmal muss es sein. Ist ja auch fast kein Wasser drin, so tröstete ich mich.

Der Hof lag still in der nachmittäglichen Sonne. Die großen Leute saßen wohl am Kaffeetisch, zu hören war von ihnen nichts. Wenn ich nun in dem Rohr stecken bliebe, würde mich Mutter finden? Der Heinz holte mich bestimmt nicht raus. Vielleicht blieben wir alle beide drinstecken und mussten verhungern. Das waren ja Aussichten! Aber Reinhard und Trautel waren doch auch schon durchgekrochen und die waren wirklich viel größer. Oh je, mir wurde ganz schwül. Heinz war schon mal zu dem Rohranfang hinabgeklettert. Das war ganz einfach, man brauchte ja nur im Bachbett aufwärts durch die Steine zu klettern. Wo das Rohr anfing, lag der Feldweg, über den immer die Wagen rollten. Also stabil genug war das Rohr, und es war auch trocken. Nur in der Mitte kam ein lebhaftes Rinnsal gelaufen. Nass war ich ja sowieso. Also los! »Gehste erst?« »Ja.« Heinz machte den Rücken krumm, streckte seitwärts die Arme und begann, sich in die Dunkelheit vorzutasten. Jetzt ich. War ich denn größer als er? Ich musste mich mehr bücken. Erst ging es ganz gut. Das Licht kam ja von hinten und man konnte ganz gut sehen. Aber es klang so komisch hohl. Wir hatten zwar Sandaletten an, aber jeder Schritt war zu hören. Die runden Wände waren, je weiter wir vordrangen, nass und glitschig. Nun wurde es ganz dunkel. Heinz atmete und keuchte vorwärts. Das hörte sich ganz unheimlich an. Nun patschten wir doch durchs Wasser. Hier, kurz vor dem Knick, hatte sich eine große Wasserlache gebildet. Wie groß konnten wir nicht sehen, aber die Füße samt Schuhen verschwanden darin. Mir war es heiß. Der Rücken schmerzte und die langen Beine mussten mit, damit die Füße einen neuen Schritt machen konnten. Das würde ich nicht so schnell wiederholen, dieses Abenteuer, das schwor ich mir. So, nun der Knick. »Kannste schon was sehen?« »Nee, ich muss ja mal erst rum. So einfach is das nich!« Er schniefte und hustete und raunzte, sein Atem keuchte. Eben hatte ich noch seine Füße gespürt. Es war aber auch unheimlich dunkel. Außer dem Wassergeplätscher war nichts zu hören. Wir mussten direkt unter dem Haus sein. Hoffentlich wird es bald hell. Ja, vor mir sah ich, wie Heinz gekrümmt um die Ecke kroch. Ein ganz blasser Lichtschimmer fiel zwischen seinen Beinen durch. Er richtete sich auf und lief schnell dem Lichtschein entgegen, der von draußen hereinfiel. Ich war wohl doch größer als er, denn für mich war die Reise mühsam bis zum Schluss. Aber dann hatte ich es geschafft. Ich stand im Bachbett, hier lag es tief und war an den Seiten mit großen Steinen hochgemauert. Die Beine zitterten. Aber ich war froh, die Sonne schien noch. »Erster!« Na klar, dachte ich. »Bist ja auch vor mir!« Grinsend zerrte er mich auf den Bachrand hinauf. Unser Aussehen hatte sich nicht zum Besseren verändert, obwohl wir uns noch einigermaßen fanden. Das Gesicht hatte noch ein paar schwarze Striche abgekriegt und die Hände und Beine sahen entsprechend aus. »Wo haste denn die schönen Steine?« fragte ich. »Och, sind gar keene drinne, hab ich nur so gesagt.« So ein frecher Kerl! Aber ich hatte es geschafft. Jetzt konnten sie mich nicht mehr feige nennen, auch die Großen nicht. Das erfüllte mich mit Stolz, ich war kein Baby mehr. Der Heinz interessierte mich nicht mehr in diesem Augenblick. Er war ja auch schon weggelaufen. Bedächtig ging ich durch den Stall über den Hof ins Haus. Muttern sah mich mit gemischten Gefühlen an. Ich sagte nichts, ich schielte nur nach dem Gesicht meiner Schwester. Freundlich und anerkennend, so schien es mir, sah sie mich an. Das genügte mir.

 Meine Entdeckungsreisen setzte ich im Laufe der Ferien fort. Den Bach hinaufzugehen, an den gestutzten Linden vorbei, war immer wieder reizvoll. Links stieg der Berg an bis zum Mäuerchen an der Grundstücksgrenze. Alte Obstbäume mit verknöcherten Stämmen standen dort und ein paar junge, hinzugepflanzte Pflaumenbäume mit blauen späten und gelben frühen Früchten, die herrlich schmeckten. Aber die Bäume waren jung und alle wollten etwas von der Ernte haben. Große Ermahnung: keine gelben Pflaumen nehmen! Manche hatten auch schon zarte rötliche Flecken, die waren reif. So im Vorbeigehen eine in die Tasche stecken, war sicher noch kein Diebstahl. Im Scheitniger Park in Breslau standen auch solche Bäume, da durfte man auch keine nehmen. Dort wurde der Obstgarten sogar gesperrt, wenn das Obst reif war. Immer alles nur ansehen und liegen lassen, das ist auf die Dauer zu schwer, auch für die tapferste Seele.

Der Sommerwind wehte und die Bäume rauschten. Drüben auf der anderen Seite des Baches wurde die Wiese gemäht. Rauschend fuhr die Sense durch das hohe Gras und schön in Reih und Glied fielen die Grasschwaden nieder. Es roch nach Klee und schon ein bisschen nach Heu. Der alte Krüger machte seine Sache gut, er arbeitete stetig. Bald musste das Gras auseinandergeschüttelt werden zum Trocknen. Die kleine Wiese wurde immer noch mit der Hand gemäht, sonst wurde es schon mit der Mähmaschine und dem Pferdegespann gemacht. Die warf dann gleichzeitig das Gras auseinander. Aber manche Wiesen im Tal und an den Berghängen waren trotzdem zu steil, hier mussten dann die Männer wieder mit ihren Sensen ran. Morgens in aller Frühe saßen sie am Weg unter der alten, großen Linde und dengelten die Sensen. In der stillen Morgenstunde hörte sich das wie eine flirrende Musik an.

Ich ging weiter am Bach hinauf bis zum Teich. Hier unter den großen, alten Bäumen war es schattig und kühl. Ich streckte mich im Gras aus und kaute voller Genuss die gelbe Pflaume. Der Teich begann zuzuwachsen. Schade für die Kröten und grünen Frösche, denen ich so gerne zusah, wie sie durch den Morast hüpften. Hier war ich schon ein ganz schönes Stück vom Haus entfernt. In den Bäumen lärmten ein paar Vögel und die Zweige der Weiden hingen wie dichte Vorhänge in sanftem Grün bis an den Rand des Teiches herunter. Vor mir stand auch noch eine Gruppe Haselnusssträucher, die fast wie eine Gartenlaube im Kreis gewachsen waren. Drinnen war ein kleiner Platz, vielleicht hatte hier mal eine Bank gestanden.

Oberhalb des Teiches gab es nur noch einen sehr schmalen Fußweg. Hier hatte der Bach kaum noch ein Bett. Er gluckste zum Teil in der Wiese und ich musste aufpassen, dass ich nicht in dem hohen Gras ins tiefe Wasser trat. Hier wurden auch die Wiesen flach und das Land weitete sich bis oben zur Landstraße, die unterhalb des Berges entlang lief. Auf der letzten kleinen Anhöhe stand das Mausoleum, eine kleine weiße Kapelle mit einem kleinen Türmchen und einem Glöckchen. Läuten konnte man es wohl nur von innen mit einem Seil. Obwohl es heller Tag war und die Sonne heiß auf meine Arme brannte, lief mir hier immer so eine kleine Gänsehaut über den Körper. Rings um die Kapelle waren kleine runde Fenster zu ebener Erde. Normalerweise konnte man nichts sehen, weil sie niemand putzte. Aber irgend jemand hatte einen Stein in eines der Fenster geworfen. Ich kniete mich hin und beugte mich vor. Durch das zerbrochene Fenster sah ich in einen dunklen Raum. Darin konnte ich weiße Holzsärge stehen sehen. Wer mochte wohl hier beerdigt worden sein? Nicht in der Erde, so wie die Großeltern auf dem Dorffriedhof. An manchem Sarg lehnte ein vertrockneter Kranz und die Luft roch muffig und feucht. Sicher einmal in den Ferien zog es mich hierher, dann aber rannte ich schnell wieder zurück. Es hatte mich genug gegruselt. Im Dorf läuteten die Glocken. Es war Mittag, gleich würden sie alle wieder um den Tisch sitzen. Ich musste mich beeilen. Prüfend sah mich Mutter an. »Na, wo bist du denn heute wieder rumgestromert?« Ich behielt es lieber für mich.

Am liebsten ging ich aber mit Muttern wandern. Da hatte ich sie ganz für mich oder zumindest waren nur meine Schwester und die Cousine und Tante Martha dabei.

Mutter und ich gingen nach Heinrichau, zu Nendzas, Tante Liesel, eine Cousine von Mutter, wohnte dort mit ihrem Mann und ihren zwei Töchtern, sie besaßen einen kleinen Bauernhof. Wir wanderten hintern Haus den Bach entlang, am Teich und Mausoleum vorbei bis zur Landstraße oben am Berghang. Die Straße war schmal, Autos begegneten uns kaum, manchmal kam ein Ochsengespann mit einem Erntewagen oder einem Fuder Mist vorbei, manchmal auch ein Pferdefuhrwerk mit Leuten oder auch nur mit Milchkannen. Mutter nahm mich an die Hand, die sich immer etwas rau anfühlte und schritt kräftig aus. Eine gute Stunde mussten wir auf dieser Straße, die allmählich anstieg, entlang wandern. Ich wollte öfter stehen bleiben, aber das duldete sie nicht. Nur, wenn ein besonders schöner Schmetterling vor uns hergaukelte, verfolgten wir ihn, bis er sich auf einer Blume am Straßenrand niederließ und wir seine schön gezeichneten Flügel sehen konnten. Rechts von der Straße stieg der bewaldete Berghang an und links fiel der Wiesenhang sanft bis zum Bach ab. Dort unten blühten die Glatzer Rosen oder auch Trollblumen genannt. Große, goldgelbe, runde Blüten, ähnlich der Sumpfdotterblume, aber viel schöner. Sie standen unter Naturschutz. Deshalb durfte ich keine pflücken, nur ansehen. Das bedeutete, einen kleinen Abstecher von der Straße machen und die Blumen bewundern. Das tat Mutter auch gern.

Um so stetiger setzten wir dann unseren Weg fort und unterhielten uns über das, was es so zu sehen gab. Sie kannte viele Blumen und Kräuter, nannte die Bäume mit Namen, und sahen wir Vögel oder kleine Tiere, so wusste sie auch diese zu benennen. »Mutter, was macht man mit Pfefferminze?« »Man kocht Tee für den Magen«, »Kamille?«, »Tee für die Nase, wenn man Schnupfen hat.« »Himmelschlüssel sind giftig. Steck nicht alles in den Mund, vor allem nichts, was du nicht kennst«, riet sie mir. Husch, husch, da verschwand ein Eichhörnchen. Bald hatten wir die Anhöhe überschritten, vor uns lag wie in einer großen Mulde das kleine Dorf Heinrichau. Wir verließen die Straße, die noch einen Bogen machte, und gingen über einen Wiesenweg den Abhang hinab. Schade, jetzt würde sie sich wieder mit den Großen unterhalten und ich musste die kleinen Cousinen neu kennen lernen. Aber morgen oder übermorgen gingen wir zwei den Weg wieder zurück, da gab es sicher wieder etwas zu erzählen oder zu lachen. Mutter und ich, ach, ich liebte sie sehr.

Silberstollen

Einmal in den Ferien ging es zur hohen Eule, entweder bis ganz hinauf oder zu einem der vielen Plätze, wo es Blaubeeren gab. Jedenfalls musste ich sehr früh aufstehen. Die große Küche lag dann noch im frühen Dämmerlicht. Aus den Ställen hörte man ein gleichmäßiges Rauschen, das Vieh wurde gefüttert und gemolken.

Ich setzte mich an den Tisch. Durch das Fenster sah ich auf den gegenüberliegenden Uhlenberg, dessen bewaldete Kuppe vom ersten Morgenlicht rötlich angestrahlt wurde. Nur kurz wurde die Stille durchbrochen von der Elektrischen, die pfeifend ins Tal strebte. Dann lag wieder satte Ruhe über allem.

Während ich meine Haferflockensuppe löffelte, die es jeden Morgen aus dem großen Topf vom Ofen gab, schaute ich zur Uhr hin, deren Pendel, wie mir schien, auch ganz träge hin und her pendelte. Mutter mahnte schon, aber mit der Suppe stand ich immer auf Kriegsfuß. Sie schmeckte ganz gut, aber sie war so dick, selbst viel Milch konnte da nicht viel ändern. Die Uhr tickte und tickte, und nun war der große Zeiger auf die Zwölf gewandert. Krächzend setzte sich das Schlagwerk in Gang und tönte siebenmal. Der alte »Seeger« (die alte Pendeluhr) hatte wieder einmal eine Stunde abgetickt.

Tante Martha hatte ihre »Tracht« an, ein grünes Dirndlkleid mit breiten bunten Streifen im Rocksaum. Mutter trug ein helles, buntes Baumwollkleid und die Mädchen weiße Blusen mit Puffärmeln und bunte Trägerröcke. So mochte ich sie alle am liebsten.

Die Großen hatten sich die Rucksäcke aufgeschnallt und los ging es. »Zum Abendläuten sein mir wieder do!«, riefen wir den Männern zu, während wir aus dem Hof auf den Feldweg zugingen. Die Sonne war noch nicht ganz hinter dem Mausoleum hochgekommen. Nur die ersten Strahlen lagen flach über den dampfenden Wiesen. Es roch nach Heu und doch auch wieder nach frischem Gras und Blumen. Der Feldweg bog nach links ab, rechts wurde er etwas breiter und dort standen die ersten Häuser vom Höhnweg, an dessen Ende die Tante Liesel wohnte. Der Weg stieg bergauf bis zur Straße hin, die rechts wieder zum Dorf führte und links durch die Siedlung Wilhelmstal in die Berge. Dort, wo wir auf die Straße traten, um sie zu überqueren, stand die weiße Scheune, ein weißer Fachwerkbau. Weiter rechts lag auf der linken Seite die schwarze Scheune, die zum Hof gehörte. Schwarz war sie, weil das Holz, aus dem sie bestand, schwarz gestrichen war. Im Frühling war sie unter den schneeweißblühenden Kirschbäumen verborgen. Jetzt aber mussten die Kirschen schon reif sein, schwarze und rote. Die Jungen würden es untersuchen. Vielleicht könnte ich mitgehen und bei der Ernte helfen. Aber meistens blieb es dann dabei, dass sie oben saßen und ich unten wartete, bis sie eine Handvoll fallen ließen für mich.

Der Weg verlief jetzt ziemlich bergauf, wir gingen am Waldsaum entlang und das ganze Dorf lag zu unseren Füßen. Diesen Berg nannten sie den »Nitschkaberg«. Wir blieben eine Weile stehen, denn es war uns ganz schön warm geworden. Die Großen unterhielten sich über das Getreide. An diesem Berghang waren die größten Felder des Hofes. Das Korn bewegte sich im Morgenwind. Es stand gut, die Ähren waren groß. Es sah aus wie Wellen, goldgelb schon. Bald würden die Männer kommen mit ihren Sensen, dann hörte das Tengeln den ganzen Tag fast nicht auf und das ganze Tal war davon erfüllt. Das Korn würde zu Puppen zusammengestellt. Wehe, man bekam damit zu tun, die Grannen stachen so in die Haut, dass sie dann brannte wie von Brennnesseln verbrannt. Ein bei den Dorfkindern beliebter, von mir aber nicht geliebter Sport bestand darin, barfuß über so ein Stoppelfeld zu laufen. Schließlich würden dann auch wieder die großen Leiterwagen mit dem getrockneten Getreide zur Dreschmaschine in die Scheune fahren. Aber jetzt fuhren erst die Heufuder mit den Ochsengespannen davor zur schwarzen Scheune. Zwölf Kühe fraßen wohl eine Menge den langen Winter hindurch.

Schön sauber angeordnet lagen die Häuser im Tal, in der Mitte der Dorfbach und längs der Straße die rundkugeligen Bäume. Da, wo die Häuser am dichtesten standen, ragte der graue Turm der katholischen Kirche in den Himmel. Sie war klein, für mich war sie eigentlich gar keine richtige Kirche. Kirchen mussten mindestens so groß sein wie unsere »Evangelische«. Die stand etwas weiter oben im Dorf. Ihr Turm war so breit und gemütlich und die Spitze baute sich rundlich nach oben bis zum Kreuz. Sie lag da wie eine Glucke. Dahinter kamen dann schon die ersten kantigen Dächer der Fabrikgebäude zum Vorschein. Aber es war ja Sonntag, die Glocken der katholischen Kirche läuteten schon zum Frühgottesdienst. Alles atmete Ruhe, Frieden und Behaglichkeit aus.

Wir wandten uns nach links und gingen in den Wald hinein, an einem kleinen mit Buschwerk bestandenen Felsstück vorbei. Unter dem Buschwerk konnte ich den Eingang zu einer Höhle erkennen. Er war schon fast von herabgefallenen Steinen zugeschüttet und vom Buschwerk zugewachsen. Das war der Eingang zum Silberstollen. Vor vielen, vielen Jahren hatten die Leute hier nach Silber gegraben, wohl auch welches gefunden, aber der Abbau hatte sich nicht gelohnt. Mindestens zwei, drei Stunden hieß es jetzt bergauf steigen. Zunächst ging es allmählich, dann immer steiler hinauf. Erst wechselte sich der Wald, der mit Laubbäumen bestanden war, noch mit Feldern und Wiesen ab, dann ging es in den Hochwald hinein. Große, schlanke Fichten ließen die Sonnenstrahlen hin und wieder hindurch. Im Laubwald hatten die Vögel noch gesungen, hier oben wurde es stiller und der Waldboden war weich und dunkel. Hin und wieder flitzte ein Eichhörnchen am Baum hoch. Dann freuten wir uns an den lustigen Tierchen mit ihren flauschigen Schwänzen. Aber sie ließen sich nicht locken wie im Scheitniger Park, wo sie den Leuten vor die Füße und auf den Arm sprangen, um die hingehaltene Nuss zu erbeuten. Hier an der Eule war die Natur groß und wild für mich. Rehe und Hirsche soll es auch geben. Na ja, die würden wir wohl durch unser Lachen und Schwatzen verjagen.

Der Wald öffnete sich zu einer großen Lichtung, und dort war so ein Platz, wo alles dicht von »Blaubeersträucheln« bestanden war. Waren wir hergekommen, um zu sammeln, so wurde jetzt zunächst eine Pause eingelegt. Tante Martha prüfte, ob es sich lohnen würde, hier mit dem Blaubeersammeln zu beginnen oder ob wir einen anderen Platz suchen müssten.

Aus dem Rucksack waren inzwischen Butterbrotpakete zum Vorschein gekommen. Jeder bekam eine »Schnitte« in die Hand und einen Apfel. Aus Tante Marthas Rucksack kam die große, blaue Milchkanne zum Vorschein. Außen blau, innen weiß emailliert, mit einem Tragehenkel versehen. Außerdem noch kleine Emailletöpfchen zum Sammeln. Für mich war auch eines dabei. Wenn es vollgesammelt war, wurde es in die große Kanne ausgeschüttet. Hatte Tante Martha den Platz als sich lohnend befunden, konnte die Jagd nach den schwarzen Beeren beginnen. So schwirrten die Frauensleut über den Platz aus. Ich blieb in Mutters Nähe. Ich ließ mich zunächst mal an Sträuchern nieder, die sehr dick mit Beeren behangen waren. Das Töpfchen stellte ich daneben, da stand es gut. Um meine Ehre zu retten, bei eventuellen Nachfragen, ließ ich hin und wieder einige Beeren in den Topf fallen, die anderen verschwanden in meinem Mund. Außer dem Pflücken gab es auch noch andere interessante Sachen zu beobachten. Träge kroch ein großer, schwarzer Käfer über den Boden. Ich wusste, das war ein Mistkäfer. Marienkäfer liefen über die Blätter. Wie viele Punkte hatten sie? Das Sonnenlicht flirrte über die grünschwarze Herrlichkeit. Hin und wieder knackte es, wenn sich jemand bewegte, um sich einem anderen Strauch zuzuwenden, oder ich hörte die großen Mädchen schwatzen und lachen. Mutter ging ruhig und stetig durch die Sträucher und ihre Hände griffen rasch nach den Beeren. Lag die Sonne auf ihren braunen Haaren, so blitzte es hin und wieder. Hatte sie Gold im Haar? Richtete sie sich auf, so hatte sie ihr Töpfchen voll. Dann stiefelte sie zur Milchkanne und schüttete es aus. Die Beeren kollerten in die Kanne und man konnte am Klang hören, wie sie voller und voller wurde. Von etwas weiter her rief Tante Martha nach mir und wollte wissen, wie viel ich schon gesammelt hätte. »Och, anderthalb voll«, rief ich zurück. Die Mädchen, diese dummen Ziegen, wollten nicht mehr mit Lachen aufhören, selbst Mutter lachte übers ganze Gesicht. »Dann beeil dich nur«, rief's zurück. Was hatte ich denn nun wieder gesagt? Es stimmte doch, mein Topf war inzwischen dreiviertel voll.

Wie gesagt, manchmal gingen wir auch bis zur Eule hinauf. 1000 m sollte sie hoch sein. Ich hatte keine rechte Vorstellung, wie hoch das war. Ich fand nur das letzte Stück Weg sehr beschwerlich, weil es so steil war. Der Atem ging schwer, die Schritte wurden langsam, auch bei den Großen. Mutter hatte sogar Schweißtropfen auf ihrer Stirn, die sie mit ihrem Taschentuch abtrocknete. Das war eigentlich selten. Vater dagegen schwitzte mehr, war er mal mit von der Partie. Dann rutschte sein Hut in den Nacken, seine Backen waren gerötet und sein weißes Taschentuch, viermal so groß wie meines, war dauernd beschäftigt, das Wasser von Gesicht und Nacken zu beseitigen. Diese schwitzenden Großen waren mir unangenehm. Warum zogen die Männer auch so viel dickes Zeug an. Da hatte ich es in meinen roten oder blauen Dirndlkleidern besser. Selbst Blaubeerflecke fielen darin nicht sehr auf. Endlich lichtete sich der Wald und wir traten auf den Platz, der auf der Spitze des Berges lag. In der Mitte stand der Bismarckturm, ein graues Gemäuer, in dem man über eine Treppe hinaufsteigen konnte auf eine Aussichtsplattform. Von dort oben hatte man eine schöne Aussicht über die verschiedenen Gebirgsketten der Sudeten und auch in die schlesische Tiefebene mit ihren weiten Feldern. Schön schattiert zur Sommerszeit in Grün und Gold und auch schon braun, denn »unten im Land« begann die Ernte eher. Was hatte ich in Heimatkunde gelernt? »Die Kornkammer Deutschlands«, na schön, reich waren die da unten bestimmt, denn sonst wären die Felder nicht so groß. Dort, wo es am Horizont dunstig wurde, lag Breslau. Wenn man Glück hatte, konnte man sogar die Oder blitzen sehen, und aus den Dunstschwaden kam ein Flugzeug zum Vorschein. Um den Turm herum gab es mit Gras bewachsene Plätze zum Lagern und auch aus rohen Balken und Brettern gezimmerte lange Tische und Bänke zum Sitzen, um das mitgebrachte Essen aufzufuttern. Manchmal waren zur Ferienzeit ganze Gruppen hier oben, da war ziemlicher Betrieb. Jemand hatte eine Gitarre mit, und es wurden Lieder gesungen.

Am frühen Nachmittag begann dann der Abstieg. Zurück durch den hohen Wald, auf einem anderen Weg, der schneller hinabführte. Die Großen machten kleine Schritte und gingen ziemlich gleichmäßig. So konnten sie den steilen Abstieg gut meistern. Meine langen Beine konnten keine kleinen Schritte machen. Schon früher ermüdet als die Großen, kam ich schließlich im unteren Abschnitt ins Rennen und rannte schließlich das letzte Stück in einem durch. Ich konnte mich einfach nicht mehr halten. Das war immer eine ziemlich leidige Geschichte, wenn ich dann schließlich weinend loslief. Unten war dann alles schnell vergessen und ich freute mich schon auf die Blaubeermilch, die es bestimmt zum Abendessen geben würde.

Sauerkraut, türkischer Honig und ein Laden voller Uhren

»Gie ocke amoal eia Loaden und hull finf Fund Sauerkraut«, bat mich Tante Martha. Also, ich sollte fünf Pfund Sauerkraut holen aus dem schräg gegenüberliegenden kleinen Laden.

»Nimmst a Kürbel mit und hier is Geld«, ich nahm den Henkelkorb und das Geld und rannte los. Ich musste die Dorfstraße überqueren und ein Stück auf der rechten Straßenseite weitergehen. Dann kam ein großes Wohnhaus, in dem unten der kleine Lebensmittelladen lag. Ich klinkte die Tür auf. »Klingeling«, machte die Türglocke. Innen ging es eine Stufe tiefer, in das etwas dämmrige Ladeninnere, das nur von dem Licht erhellt wurde, das durch das kleine Schaufenster fiel. Ah ja, da stand ja die große Sauerkrauttonne. Ich trat zum Ladentisch, hinter dem mich eine kleine, freundliche Frau anlächelte. Das Gesicht war runzelig, die Kleider dunkel. Wie alt sie wohl war? Sicher sehr alt. Ich glaub, sie hieß Anna. »Na, was mechste denn?« »Fünf Pfund Sauerkraut«, sagte ich. Sie holte einen großen Bogen Pergamentpapier und schlurfte zur Sauerkrauttonne. Mit einer flachen Holzgabel raffte sie eine große Menge Sauerkraut auf das Papier, dann schlurfte sie zurück und legte alles auf die Waage. Die Waage hatte zwei blank geputzte Messingschalen. In die eine kam das Sauerkraut, in die andere kamen die Gewichte. In der Mitte mussten die zwei Zungen sich gerade gegenüberstehen, dann war die Ware richtig abgewogen. Während Anna damit beschäftigt war, ließ ich meine Augen schweifen. Neben der Sauerkrauttonne befand sich eine Tonne mit Salz. Auf einer kleinen Bank standen kleinere Säcke, wohl aus Jute, die oben aufgerollt waren. Ich sah Erbsen, weiße Bohnen, Linsen. Hinten an der Wand stand ein Schrank mit lauter kleinen Schubladen, und unten waren große, die konnte man so kippen. Ich wusste, dort war Zucker, Mehl und Grieß drin. Es wurde mittels einer Schüppe in Papiertüten geschaufelt und dann gewogen. Auf dem Ladentisch in dem großen Glasbehälter glänzten verführerisch die braunen Bohnen des Bohnenkaffees. Von der Decke hing ein Metallring, der halb mit Erbswürsten und halb mit Zichorienstangen behängt war. Auf dem Regal reihten sich Päckchen mit Haferflocken, Stärkemehl, Kathreiners Kaffee und vieles mehr. Meine besondere Aufmerksamkeit galt allerdings noch den großen Glaskruken auf dem Ladentisch. Dort waren die verschiedensten Sorten von bunten Bonbons drin, Himbeerbonbons, welche aus Malz, aus Lakritz, bunte aus Zucker, Pfefferminzküchlein, Kokosflocken, Lakritzstangen, Schokoladenplätzchen, Veilchen kandiert. Schließlich stand da noch ein Glas mit türkischem Honig, an dem mein Blick hängen blieb. Anna hatte inzwischen das Sauerkraut gut verpackt in den Korb gelegt und sah meinen verlangenden Blick. Lächelnd öffnete sie die Glaskruke und holte einen Brocken heraus. Ich schob inzwischen das Geld über den Tisch und sie gab mir den Brocken. »Lass dirs schmecken«. »Danke«, sagte ich mit glänzenden Augen. Der braune Kasten, die Kasse, machte »Kling«, sie öffnete die Schublade und legte das Geld hinein. Ich packte meinen Henkelkorb und im Vorbeigehen bemerkte ich noch den Kartoffelsack und einen Korb mit Äpfeln. Komisch, dachte ich, wer kauft denn hier Kartoffeln? Als die Tür ins Schloss gefallen war, hatte ich nur noch Augen für die weiße Masse in meiner Hand, die durchsetzt war von Nüssen und grünlichen Früchten. Drüben am Bach suchte ich mir erst ein Plätzchen, um in aller Ruhe meine sehr süße Herrlichkeit zu verdrücken. Dann schleppte ich den Korb nach Hause.

Manchmal sagte meine Mutter: »Heute gehen wir ins Dorf.« Ich sollte ein sauberes Kleid anziehen und auch sie zog sich frisch an. Selbst Schuhe und Strümpfe mussten sein, den Barfüßen war das gar nicht recht. Dann gingen wir die Dorfstraße hinauf. Sie war mit großen, grauen Pflastersteinen gepflastert, der kleine Bürgersteig daneben mit hellen Platten belegt. Der Bach an der linken Seite war gezäunt mit weiß angestrichenen Steinpfosten. Große und kleine Wohnhäuser, behäbige Bauernhäuser, alle hatten kleine Vorgärten, in denen die Blumen bunt durcheinander wuchsen oder sich aus Kästen vor den Fenstern rankten. Auf der linken Seite hinter dem Bach lagen einige Villen, verborgen unter großen, alten Bäumen. Man konnte nur über kleine Brücken zu ihnen gelangen. Schließlich machte die Straße einen kleinen Knick. Hier konnte man sie verlassen und »schmal« zur Dorfmitte hinaufgehen. Das war ein schöner Weg am rauschenden Bach entlang. Er lief an sehr alten Häusern vorbei, später unter großen Bäumen, bis man schließlich oben im Dorf am »Hacketeich« wieder auf die Straße zurückkam.

Ging man aber geradeaus, so lag links von der Straße das »Titzehäusel«, ein weißes Haus mit einem tief herabgezogenen schwarzen Dach. Im Frühjahr blühte ein großer Kirschbaum davor und ebenso streckte dort ein Apfelbaum seine weißen Blütenzweige in den Himmel. Jetzt blühten in satter Farbe Sommerblumen vor dem Haus. Vom Gartentor führte ein mit großen Steinplatten belegter Weg zum Haus. Feine weiße Gardinen blähten sich hinter den offenstehenden Fenstern des Wohnzimmers. Tante Liesel war nicht zu Hause. Die Haustür öffnete sich diesmal nicht. Ich betrachtete die blaue Klematis, die sich neben der Haustür an der Mauer hochrankte. Die großen, blauen Blüten stammten sicher auch aus der Welt der Märchen. Tante Liesel war verheiratet mit Onkel Erwin und hatte zwei Kinder, ein Mädchen namens Rosel und einen Jungen namens Eberhard.

Die Straße wurde eng zwischen zwei gegenüberliegenden Häusern, links roch es aus dem Laden des Bittner-Bäckers nach frischem Brot. Dann öffnete sich die Straße wieder, rechts zum Bahnhofsvorplatz hin. Links lag das Gasthaus »Zur Hohen Eule«. Ein bisschen weiter lag der »Thiel-Laden«. Hier konnte Mutter nicht vorbeigehen, ohne einzutreten. Auf großen Regalen hinter dem weißen Ladentisch lagen große Stoffballen in allen möglichen Farben. Überwiegend Baumwollstoffe für Dirndlkleider, Tischwäsche und Gardinen. Auch Spitzen konnte man hier kaufen. Die »Thiels« kauften die Stoffe oben in der Weberei, bei »Webski-Hartmann-Wiesen«. Das war eine Fabrik, in der inzwischen maschinell Leinen und Damast für Bettwäsche und Baumwolle für Kleiderstoffe gewebt wurden. Die Verkäuferin holte mit viel Schwung einen Stoffballen vom Regal und breitete ihn vor Mutter aus. Sie prüfte und überlegte, griff in den Stoff hinein und ließ sich noch andere Stoffe zeigen. Das war mir alles zu langweilig, obwohl ich auch mit den Fingern an dem Stoff rumstippte. Weißer Damast fühlte sich glatt an und schimmerte, vor allem wenn große Muster, Blumen, zum Beispiel Margeriten, Chrysanthemen oder Maiglöckchen hineingewebt waren. Maiglöckchen mochte ich am liebsten. Streifendamast gab es auch, den fand ich nicht so schön. Mutter hatte endlich etwas gefunden, der Stoff wurde mit der Elle abgemessen und zusammengefaltet und schließlich eingepackt und bezahlt. Wir traten wieder hinaus auf die Straße. Der Garten des »Hausdorf-Hauses« kam in Sicht. Das Fachwerk war sehr schön weiß gestrichen, die Holzbalken waren wie immer sehr schwarz. Hier wohnten auch Verwandte, das wusste ich, aber besucht haben wir sie nie. Die Urgroßmutter sollte aus dem Haus stammen.

Ein Stück weiter gegenüber der katholischen Kirche lag ein großes, graues Haus. Hier wohnten Onkel Paul und Tante Emma. Unten links waren ein Fenster und ein Schaufenster. Darinnen waren Uhren zu sehen und allerlei Schmuck. Onkel Paul war Uhrmachermeister. Den Laden betreten konnte man nur vom Hausflur aus. Mutter und ich gingen über die Straße und traten in das Haus ein. Wir schauten in den Laden. Der Onkel saß gebückt vor seinem Werktisch am Fenster. Vor dem einen Auge das »Guckglas«. Es diente wohl zur Vergrößerung der winzig kleinen Uhrenteile. Als die Türglocke ging, hob er den Kopf und sah uns entgegen. Mit seiner tiefen Stimme hieß er uns herzlich willkommen. Ich schaute ihn an, das

Guckglas hatte er nicht abgenommen. Ich sollte ihm die Hand geben, das mochte ich nicht. Dieses Guckglas, wenn er es doch ablegen würde! Das eine Auge wurde dadurch vergrößert und das war mir zu unheimlich. Ich fürchtete mich vor dem sonst so freundlichen Mann. »Du wirst doch keene Angst vor mir haben?« Er lachte mir zu, dabei verzog sich sein Mund hinter dem steingrauen Bart zu einem breiten Lachen. Er zwinkerte mich an, schob das Guckglas auf die Stirn und meinte: »Is es asu besser?« Langsam kam auch wieder Leben in mich, ich reichte ihm die Hand. Er nahm sie und hielt sie fest in seiner warmen Hand. »Dumme Liese«, lächelte er. Dann holte er etwas aus der Schublade und schenkte es mir. Eine Kinderuhr am Gummiband oder ein Kettchen, mit einem silbernen Anhänger und einem kleinen gelben Küken drauf. Darauf war ich besonders stolz. Onkel Paul war der jüngste Bruder meiner Großmutter, dabei war er doch schon so alt! Komisch, aber ich mochte ihn. Lustig konnte er sein. Einmal war er Schützenkönig geworden. Da durfte ich umsonst Karussell fahren und kam mir richtig wichtig vor.

Während er sich mit Mutter unterhielt, sah ich mich im Laden um. Es roch unbestimmbar nach Holz und Maschinenöl.

Dieser Werktisch war schon das Besehen wert. An einer Seite standen lauter kleine Schalen und Kästchen mit allen möglichen Rädchen, Schräubchen und Teilchen, die er für die Uhren brauchte. Auf der Arbeitsplatte lag das Handwerkszeug. Pinzetten, Scherchen, Vergrößerungsgläser, Hämmerchen, Schraubenzieher, alles blank und zierlich. Auf einem kleinen Tischchen befand sich die gerade zu reparierende Uhr. Über dem Tisch hing eine große grüne Lampe, die abends, wenn das Tageslicht vom vor dem Werktisch liegenden Fenster nicht mehr genügte, viel Licht gab. Schrecklich stellte ich es mir vor, wenn so ein Teilchen herunterfiel. Wurde der Laden ausgefegt, untersuchte Onkel Paul den Schmutz auf dem Kehrblech sehr genau auf solche Teilchen.

An den Wänden hinten alle Arten von Uhren. Kleine und große Kuckucksuhren, die fand ich am schönsten. Jede rief anders »Kuckuck«. Es tickte und rasselte, wenn die Gewichte hochrutschten. Vor dem Ladentisch stand eine Reihe Standuhren. Schlugen sie die Stunde an, war es wie Glockenmusik. Dann gab es noch weiße Küchenuhren, Tischuhren mit verschnörkeltem Holzgehäuse oder »goldene«, unter einem Glasgehäuse mit dieser Kugelunruhe, die immer gleichmäßig hin und her ging, Wecker in allen Sorten, große mit schriller Glocke und kleine Taschenwecker. Im Wandschrank blitzten Silberleuchter und Silberplatten. Des Schauens war für mich kein Ende.

Der ganze Raum war angefüllt mit dem verschiedensten Uhrenticken und es schien, als seien die Wände alle in Bewegung durch die hin und her schwingenden Pendel, und das Messing und all die kleinen Verzierungen blitzten, je nachdem, wie das Licht auf sie fiel.

Ja und die vielen großen und kleinen Kuckucksvögel, die zum Vorschein kamen, wenn die Türchen oben im Giebel der Uhren aufgingen. Onkel Paul zog mit lächelndem Gesicht noch ein paar für mich auf, damit ich die Vögel sehen konnte.

Die Glasvitrinen auf dem Ladentisch bargen auch allerlei Herrlichkeiten. Taschenuhren, aufklappbar, schön verziert oder auch einfache, daneben die passenden Ketten dazu. Damen- und Herrenarmbanduhren, goldene und silberne und Schmuck, goldene und silberne Ketten, Anhänger mit und ohne Steine, Bernsteinketten, Ringe, Armbänder und Ohrringe. Es glitzerte und gleißte. Die Vitrinen waren besonders geheimnisvoll, weil ich noch nicht so richtig reinsehen konnte. Später wurde es besser. Ich sah immer nur, wie ein kleiner Samtteppich ausgerollt wurde, und dann öffnete Onkel Paul die Vitrine und zeigte das gewünschte Stück. Dann entspann sich eine lange Unterredung mit viel Hin und Her, bis er schließlich das erstandene Stück in ein weichgepolstertes Kästchen legte. Onkel Paul verstand sein Handwerk. Ich war richtig stolz, dass er mein Onkel war. Manchmal kaufte Mutter auch etwas oder brachte eine Uhr zum Reparieren. Dann entspann sich auch so ein geschäftliches Gespräch zwischen den beiden.

Wenn es gar zu lange im Laden dauerte, ging die Tür auf zur Wohnung und Tante Emma kam in den Laden und fragte: »Wullt ihr heute goarnich rieberkumma?« Ihr helles Gesicht lächelte dabei. Hübsch sah sie immer aus mit ihren schneeweißen, rund um das Gesicht angebauschten Haaren und den goldenen Ohrringen. Ihr schmaler Mund war rot und immer ein wenig feucht, das gab ihr etwas Jugendliches, obwohl die runden Bäckchen schon etwas welk aussahen. Sie trug lange, in sich gemusterte Kleider, der Rock schön gefältelt und oben hoch geschlossen mit einem Spitzchen im Halsausschnitt. Richtig vornehm sah sie aus. Oh ja, ich hatte ja schon längst darauf gewartet, in die Wohnstube zu kommen und auf dem Plüschsofa zu sitzen. Tante Emma holte schnell etwas zum Trinken oder zum Knabbern aus dem Schrank und dann ging das Plaudern los. Über alles Mögliche unterhielten sie sich. Ich betrachtete inzwischen das Muster der Häkeldecke auf dem Tisch, die Bilder an der Wand, zum Teil Fotografien von Leuten, die ich nicht kannte. Die Männer standen steif neben einem Blumentischchen oder stützten den Arm darauf, wenn vor ihnen auf dem Stuhl eine Frau saß, die in der Hand lässig ein Spitzentaschentuch hielt. Unter dem langen Rock guckte gerade noch eine Schuhspitze hervor. Sehr ernst schauten sie in die Gegend. Ob die überhaupt lachen konnten? Dann hing da noch ein großes Bild mit lauter Soldaten drauf. Sie hatten alle dicke Schnurrbärte, Schildmützen und an den langen Mänteln dicke Knöpfe. Also, das waren ja solche Bärte, wie Onkel Paul ihn hatte. Das sind Soldaten aus dem Ersten Weltkrieg, wurde mir auf meine Frage geantwortet. Weltkrieg, da sprachen sie immer mit ernstem Gesicht. Aber jetzt war doch kein Krieg! Trotzdem machten sie ernste Gesichter oder seufzten ein bisschen und nickten sich zu. Aber worum es ging, hatte ich nicht begriffen. Inzwischen interessierte mich das Radio in der Ecke. Schade, dass sie es nicht anschalteten. Aber zu Hause machten sie es ja auch nur an, wenn sie zusammensaßen, um zuzuhören. Selbst am Sonntag durfte ich die Märchenstunde nicht hören, wenn Besuch da war. Aber dieses hier war etwas größer als unseres.

Die Großen standen auf, wir verabschiedeten uns und gingen durch die Küche in den Flur. Diese weiße Küche von Tante Emma war ein Schmuckstück. Alles stand immer an seinem Platz, als wenn hier nie gekocht würde. Alles blitzte und glänzte. Aber einmal zeigte sie uns mit trüber Miene einen schwarzen Fleck an der Decke, da war ihr eine Flasche mit Blaubeeren geplatzt und hochgegangen. Das sah schlimm aus, fand ich, und bedauerte es aufrichtig.

Oben im Haus wohnte der Arzt des Dorfes. Deshalb begegneten uns im Flur oft bekannte und unbekannte Leute, die zu ihm in die Praxis wollten. Hinter dem Haus floss der Dorfbach. Das Haus war nie ganz still, weil man immer das Wasserrauschen des Baches hörte.

Wir gingen weiter das Dorf hinauf, am Kaufhaus Lachmann und an der dicken alten Linde mit der Rundbank vorbei. Das Kaufhaus Lachmann war für mich ein herrlicher Kramladen, wo es alles zu kaufen gab, was im Haus gebraucht wurde. In den Regalen türmte sich die Ware. Vor den Ladentischen standen irgendwelche Küchen-, Haus- oder Gartengeräte. So ein Laden war nicht nur für das Dorf wichtig, sondern für die anderen Dörfer in der Umgebung ebenso. Waldenburg, die Kreisstadt, lag damals ziemlich weit weg.

Wir wollten noch zum Friedhof. Die Straße teilte sich in die Fahrstraße und einen Fußweg zwischen blühenden Vorgärten, beim Tischler und Schuster vorbei. Schließlich kamen wir zur evangelischen Kirche. Breit, aus hellem Sandstein gebaut, lag sie in der Sonne. Vom Hauptportal aus konnte ich am Turm hinaufsehen und oben unterhalb der runden Turmspitze die große Uhr erkennen. Hinter den runden Turmfenstern hingen die Glocken, die werktags den Mittag und den Abend einläuteten und am Sonntag zum Gottesdienst riefen.

Ich wusste, innen war sie ganz weiß, das wurde noch verstärkt durch das Licht, das ungehindert durch die großen Bogenfenster fallen konnte. Über dem Altar befand sich ein großes, dunkles Bild. Es stellte die Begegnung der Emmausjünger mit Jesus dar. Darüber war die Kanzel. Dort, wo die Bankreihen begannen, hing von der Decke der Taufengel. Sonntag würden wir auf Großvaters Platz sitzen, so wie früher mit der Großmuttel, auf der Bank mit dem schön verzierten Namensschild aus Emaille. Da hatte ich viel Zeit, das Bild und den Engel zu betrachten. Die Orgel rauschte auf und begleitete den Gesang der Gemeinde. Manchmal kam ein Organist aus Waldenburg, der spielte besonders schön. Er hatte Verwandte im Dorf, und wenn er mit einem Buch unter dem Arm etwas selbstvergessen durch die Flur spazierte, sagten die Leute, der Gerhard ist wieder mal da. Also, die Kirche soll Langhans gebaut haben. Einer, der auch in Berlin viel gebaut hat. Darauf war ich stolz.

Rechts lag der Hacketeich, es war gar kein Teich mehr, irgendwann wurde er zugeschüttet, zu einem großen Platz, auf dem im Herbst die Karussells und Buden standen. Gegenüber der Kirche das Pfarrhaus und die alte Schule links. Hinter der Kirche ein Wohnhaus und die ersten Hallen der alten Fabrik. Ein Stück weiter schließlich ging es links zum Friedhof hinauf. Ein stiller Ort mit alten Bäumen und vielen Gräbern.

Mutter trat zum Grab der Großeltern und blieb eine Weile still stehen. Woran mochte sie denken? Die Großmuttel hatten sie in Schnee und Eis hier neben den

Großvater gelegt. Das Grab war ein großes Rechteck, das über und über mit Immergrün bewachsen war, und seine blauen Blüten standen in schönem Kontrast zu den leuchtend roten Begonien. Ich setzte mich auf die Steinfassung und schaute zu, wie Mutter hier und da Unkraut herauszupfte. Das Nachbargrab betrachtete ich immer mit besonderer Aufmerksamkeit. Es sah hübsch aus. Über und über wucherten darauf Walderdbeeren. Groß und rot leuchteten sie unter dem grünen Blättergewirr sehr aufreizend hervor. Mutter war meinen Blicken gefolgt, und ehe sie wegging, um Wasser zum Gießen zu holen, ermahnte sie mich: »Pflück keine Erdbeeren, von Gräbern nimmt man nichts!« Ich saß allein, die Beeren vor Augen, ich streckte die Hand aus und schon waren die ersten Beeren darin und im Mund verschwunden. Süß zerliefen sie auf meiner Zunge. Als Mutter zurückkam, betrachtete sie mich aufmerksam, aber sie sagte nichts. Welch ein Glück für mich! Aber diese kleine Erfrischung hatte gut getan, denn der Heimweg durch das mittägliche Dorf war beschwerlich für mich. Verschwitzt und müde kamen wir schließlich wieder im Haus an. Schuhe und Strümpfe flogen schnellstens in die Ecke. In der Küche stand auf dem Tisch ein Krug mit Buttermilch, die schmeckte dann besonders gut.

Später als ich größer war und die Zöpfe länger und dicker, ging ich allein ins Dorf. Entweder musste ich etwas einkaufen, dazu nahm ich die Beuteltasche mit den Holzringen mit, oder ich »stromerte« allein durchs Dorf und stattete kleine Besuche bei den Verwandten ab. Nach solchen Streifzügen sah Mutter mich prüfend an und fragte, wo ich gewesen sei. Aber ich gab nur einsilbige Antworten. Was sollte ich denn auch erzählen? Dass ich beim Martin-Schmied zugesehen hatte, wie ein Pferd beschlagen wurde? Oder dass ich bei der Tante Liesel hinterm Haus gewesen war und am Küchenfenster mit ihr geplaudert und sie mir eine Leckerei gegeben hatte? Oder dass ich zu Tusche spaziert war, um zu sehen, wie es jetzt bei Großvaters Haus aussah? Dann sagte Mutter manchmal: »Morgen gehste mit mir aufs Feld, wenn ich die Vesper rausbringe.« Wenn die Ernte auf Hochtouren lief, wurde jede Hand gebraucht. Dann half Mutter in Haus und Garten und trug den Vesperkorb mit Brot, Butter und Käse oder Speck und die Kaffeekanne zu den Ernteleuten. Das war dann eine kleine Wanderung, je nachdem, wo geerntet wurde. Meistens gab es ja ein großes Hallo, wenn wir dort ankamen. Die Männer stellten die Sensen weg, die Frauen schüttelten das Stroh von den Kleidern und banden die verrutschten Kopftücher neu. Alle setzten sich dann an den Feldrain. Das Brot war schnell aufgeschnitten, Butter und Bauchspeck darauf verteilt. Das Brot hatte Tante Martha am Tage vorher oder in aller Frühe selbst gebacken. Fast war es noch zu weich, aber es schmeckte kräftig und die Zähne hatten etwas zum Beißen. Die Kaffeekanne kreiste und die bunten Emailletöpfe füllten sich mit dem köstlichen braunen Trank. Die Ernte machte durstig. Die Männer frotzelten an den Mädchen herum, lachend antworteten sie schlagfertig. Allzu lange durfte die »Vesper« nicht dauern, doch ich mochte diese Viertelstunde gerne, wenn sie alle in lockerer Runde da saßen. Das Kauen, Schmatzen und Trinken, Scherzen und sich mal eben lang Ausstrecken machte mir die Menschen auf dem Hofe vertrauter. Selbst der »Chef«, Onkel Alfred, hatte für mich, »das Madel«, dann freundliche Worte und sein schmaler Mund verzog sich zu einem breiten Lachen, wenn er einen Schwank aus dem Dorf erzählte. Meistens verstand ich nur die Hälfte, denn er sprach nicht nur schlesisch, sondern er nuschelte auch noch so durch die Zähne. Zwischendrin schnitt er mit seinem Taschenmesser noch ein Stück Speck ab und schob es in den Mund. Dann gingen sie alle wieder an ihre Arbeit. Gegen Abend schirrten die Männer die Pferde wieder an und dann ging es mit dem Wagen nach Hause. Die großen Räder des Leiterwagens holperten über die Feldwege und die Bretter des Wagenbodens rappelten unter dem Hinterteil. Besser war es dann, wenn ein Kartoffelkorb im Wagen lag. Wenn ich den Korb umdrehte, konnte ich darauf sitzen. Wehe, wenn ich damit umfiel, dann lachten sie alle. Aber Tante Martha schenkte mir abends ein großes Stück Schokolade, wenn ich alleine »Vesper getragen« hatte.

Gewitter und Hochwasser

Manchmal war der Sommer schwül und heiß. Den ganzen Tag ärgerten uns die Fliegen, das Vieh war unruhig und dicke Wolken zogen über den Himmel. Die Sonne stach und die Leute sagten: »Es gibt sicher bald ein Gewitter!« Sollte in solchen Tagen Korn, Weizen oder Hafer von den Feldern geholt werden, so wurde um so emsiger und verbissener gearbeitet. Fuder auf Fuder wurde beladen und schwankte hoch aufgebaut zu Tal und in die Scheune. Dort wurde erst mal abgeladen und gespeichert. Später dann rann das Korn durch die Dreschmaschine und die reifen Körner schieden sich vom Stroh, das hinten in dicken Bündeln von der Raufe fiel.

Der Hof war staubig von der Trockenheit und loses Stroh wurde vom aufkommenden Wind hin und her getragen. Die Hühner plusterten sich, aufgeregt rannten die Hähne hin und her. Die Tauben gurrten laut vor ihrem Schlag. Die Hennen hoben die Köpfe, schauten mit ihren schwarzen Knopfaugen nach oben und ließen ihren langgezogenen Ton »Puuuuut, Puuuuut« hören. Die Enten und Gänse kamen flügelschlagend in den Hof zurück, die Puten rannten eilig und schwankend auf ihren hohen Beinen daher, die Perlhühner schlugen aufgeregt mit ihren Köpfen hin und her und ließen ebenfalls so einen hohen Gurrton hören. Das ganze Federvieh drängelte zum Stall und verschwand so schnell wie möglich durch das Hühnerloch in der Tür.

Über den Feldweg kamen die Kühe, schwerfällig und doch drängend, ängstlich muhend, von der Trudel und vom Walter mit einem Stecken getrieben zurück zum Stall.

Inzwischen hatte sich der Himmel verdunkelt, eine seltsame Stille trat ein. Das letzte Getreidefuder schwankte in die Scheune. Plötzlich zuckten gelbe Blitze über den Himmel, der Donner krachte hinterher und sein Echo kam aus den Bergen zurück. Eigentlich wollte ich warten im Hof, bis der Regen kam. Aber alle rannten schnell aus Scheune und Stall ins Haus. Die Ziegen meckerten und die Kälber gaben ängstlich Antwort. Ich rannte in die Schlafstube, mein Herz pochte, eigentlich wollte ich mich lieber zur Mutter retten, aber ich wollte auch das große Schauspiel der Natur sehen. Zitternd stand ich am Fenster, immer wieder zuckten Blitze durch den gelb-schwarzen Himmel, der Donner krachte. Da brach der Regen los. Als wenn sich verschlossene Schleusen öffneten, rann das Wasser an den Scheiben herab, wurde wie von Peitschen getrieben über die Wiese und den Feldweg in langen Wasserfahnen in den Hof gejagt. Die Berge, fast nicht mehr zu sehen, die Bäume zerzaust und sich biegend, tobte das Wetter über das Tal hin. Langsam beruhigte sich das Toben, die Blitze ließen nach und zuckten nur noch in Abständen leuchtend über den Himmel. Jetzt hielt ich es am Fenster nicht mehr aus. Leise, damit sie es in der Küche nicht hörten, lief ich zur Hintertür hinaus in den Regen. Ich hob das Gesicht und streckte es dem Himmel entgegen. Das Wasser rann mir über Stirn und Augen. Ich streckte die Arme aus und ließ auch sie vom Regen kühlen. Die verschwitzte, warme Haut kühlte ab und ein wunderbares Gefühl von Frische und Freude durchzog meinen Körper. Ich öffnete die Augen, ich war völlig nass. Es machte nichts, ich reckte mich.

Alles war mein, das Tal, der Himmel, das Raunen im und um das Haus, die Menschen, die Tiere, ich ahnte, das war Leben, mein Leben.

Nicht immer ging das Gewitter so schnell vorüber, ohne Schaden anzurichten. Manchmal schlug der Blitz auch ein, dann läuteten die Glocken im Dorf und die Feuerwehr fuhr kurze Zeit später mit ihrem »Tatütata« durchs Dorf. Einmal sah ich auch von meinem Fensterplatz aus, wie in einem solchen Unwetter oben am Berg der Wind die weiße Fachwerkscheune zerstörte. Zunächst lief peitschender Regen wie eine weiße Wand die Straße entlang, die Scheune stand wohl im Weg, die weiße Wand hüllte sie einfach ein. Plötzlich hob sich das Gebäude, wie von Geisterhand angerührt in die Luft. Ich starrte, innerhalb von Sekunden brach das Ganze in sich zusammen und damit auch die Scheune. Stroh wehte durch die fallenden Trümmer und Balken. Im Lichte der letzten zuckenden Blitze sah ich, wie die Wände und Balken zu einem riesigen Trümmerhaufen zusammensanken. Nur noch der Sockel des Gebäudes blieb übrig. Mutter sagte, das ist eine Windhose.

Einmal hatte der Regen nicht aufgehört, nach dem Gewitter hatte es die ganze Nacht und den ganzen Tag weitergeregnet. Der Regen tat zwar Feld und Flur gut, doch durch die sehr lange Trockenheit war der Boden so ausgetrocknet, dass er nicht so schnell das ganze Wasser aufsaugen konnte. Onkel Alfred lief öfter hinter den Stall zum kleinen Bach. Stetig war das Wasser im Bach gestiegen und wälzte sich wie eine schwarze Masse dahin. Es schleppte abgebrochene Äste und ganze Rasenstücke mit sich. Vor dem Rohreingang staute sich alles. Mit Schaufeln versuchten die Männer, das Rohr von all dem Unrat zu befreien, damit das Wasser besser abfließen konnte. Aber es wollte nichts helfen. Plötzlich, als der Regen stärker geworden war, lief der Bach über. Um die Männer herum bildete sich ein großer See, der sich einen Abfluss suchte. Er ergoss sich in das nach vorne offene Bassin des Misthaufens, schwappte zurück und lief zur Hintertür in den Stall hinein. Die Männer arbeiteten wie verzweifelt, aber es wollte nicht aufhören. Die Frauen kamen herbeigerannt, sie öffneten die vorderen Stalltüren. Im Nu war der Stall voll Wasser. Die Tiere wurden unruhig. Vor allem die Kälber standen im Wasser. Schnell, schnell mussten sie losgemacht und in die Scheune gebracht werden. Das Wasser war wie ein kleiner, reißender Strom. Er riss die Holzbohlen mit, auf denen die Kälber standen, halb zu den Stalltüren hinaus. Das Wasser ergoss sich über den Hof, erreichte die Hintertür des Hauses, schwappte in den Hausflur hinein, rann hindurch und vorne zur Haustür wieder heraus, den Gartenweg hinab auf die Straße. Der Regen rann und rann, unermesslich. Der Dorfbach war schon in Straßenhöhe zu sehen, voller Schrecken sahen wir das sich ausbreitende Chaos. Schließlich überwanden wir die Lähmung, holten alle erreichbaren Ruten- und Stubenbesen und kehrten im Hausflur die Keller- und Stubentüren frei, damit das Wasser nicht noch in Keller und Stuben floss. Die Männer kümmerten sich im Stall um die Tiere und begannen, im vorderen Bachbett den Ausfluss zu vergrößern, damit das Wasser schneller durch das untere Bachbett abfließen konnte. Das hatte schließlich Erfolg. Das Wasser floss langsamer. Wir konnten es gezielter durchs Haus fegen und schließlich hörte es auf, über den Bachrand zu treten.

Wir hatten das Schlimmste überstanden. Aber wie sah der Stall aus, wie der Hausflur? In Körben wurde der ganze angeschwemmte Unrat aus dem Stall getragen. Im Hof hatte sich das Wasser zwischen den Steinen ein kleines Bett gegraben. Die weißen Fliesen im Hausflur waren überhaupt nur noch am Rande zu sehen, alles andere war mit einer schwarzen Erdschicht überzogen. Ich wurde gelobt, weil ich das Wasser mit meinem Besen von der Kellertür abgehalten hatte, nur wenig war unten durch über die Treppe hinabgeflossen. Aufs neue wurde jetzt Wasser geschleppt, um alles wieder sauber zu machen. Besorgt schauten wir zwar zur Straße und hofften, dass die Straßenbrücke über den Dorfbach das Wasser aushalten würde. Brodelnd war es schon auf Straßenhöhe gestiegen. Überall im Dorf hörte man das schlürfende und scharrende Geräusch der Schaufeln. Es hatte überall durch das Hochwasser Schaden gegeben.

Endlich, spät abends ließ auch der Regen nach. Der Hausflur war wieder sauber, er sah aus, als wenn er nur, wie alle Sonnabende sonst auch, für den Sonntag gescheuert worden wäre. Die Gärten sahen zwar wüst aus, aber, so sagten alle: »Es ist noch mal gut gegangen!«

Die Ausstellung

Diesen anderen Teil meiner Kindheit zu beschreiben, macht mir Angst. Er umfasst die Kriegsjahre. Ich weiß, dass ich auch diese Zeit beschreiben muss, denn ein Idyll zu beschreiben, ist wohl lohnenswert, aber alle, die damals Kinder waren, haben das Idyll der Kindheit verlassen müssen und sind in ein unfassbares Zeitgeschehen gestoßen worden. Auch ich wollte mich lange Zeit aus Enttäuschung, Schmerz, Wut, Leiden nicht erinnern. Aber es geht nicht, es ist ein Teil meines Lebens, zu dem ich zu stehen habe. Was ich dabei empfinde, möchte ich in einem kleinen Erlebnis ausdrücken, in das ich eigentlich widerwillig hineingeschickt wurde.

Vor einiger Zeit fand in Düsseldorf eine Ausstellung statt, in der Bilder von KZ-Häftlingen gezeigt wurden. Jemand hatte davon erzählt und mir nahegelegt, doch diese Ausstellung zu besuchen. Ich wollte sie nicht sehen, alles sträubte sich in mir dagegen. Ich wollte das Grauen nicht sehen. Dieses Grauen hatte damals in meiner Kindheit in meiner Seele Fuß gefasst und ich hatte es mühselig zur Ruhe gebracht. Ich hatte viel und lange daran gearbeitet, die Gefühllosigkeit an einer Stelle in meiner Seele zu überwinden, da sie mich traurig machte und manchmal lebensuntüchtig. Dieses langjährige Kapitel von Leiden und Tod in meinem Leben sollte abgeschlossen sein. Schließlich ging ich doch hin, an einem Tag, an dem ich mich stark fühlte. Ich sah tapfer in die zum Teil schönen, aber vom Leid durchtränkten Gesichter, die fein und weich mit Bleistift gezeichnet waren. Ich las Kinderbriefe. In meinem Körper begann sich ein Brennen breit zu machen. Die Beine wurden schwer und ich schleppte mich an den Bildern vorbei. Als ich mich auf halber Höhe einer größeren Wand zuwandte, sah ich auf dem Fußboden in der Mitte des Raumes eine große Landkarte liegen. Ich ging hin und erkannte Polen. Auf dem ganzen Land waren die Orte besonders gekennzeichnet, in denen durch uns Deutsche Arbeitslager, Vernichtungslager eingerichtet worden waren. Um genauer sehen zu können, kniete ich mich auf den Boden vor die Karte. Ängstlich und doch gespannt liefen meine Augen besonders über das ehemalige Gebiet von Schlesien. Ich stippte sogar mit dem Finger auf die Orte, um sie besser erkennen zu können, denn sie tragen inzwischen polnische Namen. In jähem Entsetzen hielt mein Finger auf dem Namen »Walim«, so hieß jetzt »mein Dorf«, an. Es trug das Kennzeichen für ein Vernichtungslager. Bilder rasten durch meinen Kopf, Fragen stürmten auf mich ein. Mein ganzer Körper brannte. Ich weiß nicht, wie lange ich da gekniet habe, mit dem Finger auf dem Ortsnamen. Schließlich rannen mir die Tränen die Backen herunter. Ein unbeschreibliches Gefühl von Scham, Ekel, Abscheu, Wut durchrann mich. Am liebsten wäre ich nicht mehr aufgestanden, der Raum über mir war sowieso riesengroß geworden, so als wolle er mich erdrücken. Schwerfällig stand ich auf, das also war die Wahrheit über alles, was ich aus Kindertagen an Unverstandenem mit mir herumtrug. Nicht nur in Auschwitz, Dachau oder sonst wo waren diese Untaten der Menschenvernichtung geschehen, sondern auch mitten in meiner geliebten Kinderheimat. Taumelnd verließ ich die Kunsthalle.

Ich will versuchen, nachvollziehbar zu machen, was ich damals als ein Kind, das gerade das Leben zu begreifen begann, gesehen und erlebt habe. Ich möchte es aufschreiben, weil ich das Dorf, wie am Anfang geschildert, jetzt wiedergesehen habe. Ich möchte es aufschreiben, damit wir »Großen« endlich einmal beginnen darüber nachzudenken, wie wir unseren Kindern immer wieder mit diesen traurigen und schrecklichen Erlebnissen das Gewöhnen zumuten, an ein Leben, das angefüllt ist mit Schrecknissen, die sich Menschen gegenseitig antun. Das Gewöhnen, das zur Gewohnheit wird, weil wir von Krieg und Menschenleiden hören, zu dem die Resignation und das Schulterschütteln gehört »Wir können ja doch nichts tun!« Wir gewöhnen uns und sehen nicht, wie sich auch unsere Kinder an Angst und Schrecken gewöhnen und wie sie schließlich ihr Leben in Lähmung und Resignation, in Sucht oder Trauer, offen oder verdeckt, zubringen.

Blumen

In diesem Jahr 1939 waren die Ferien für mich wie immer zu Ende gegangen mit all den schönen Erlebnissen. Es war wie jedes Jahr gewesen. Die Schule hatte wieder begonnen. Noch waren die Tage hell und die Septembersonne schien warm in die Straßen der Stadt. Aber auf einmal war Krieg. Die Großen machten ernste Gesichter, saßen abends vor dem Radio und hörten gespannt auf die Nachrichten. Krieg, was war das? Hatten sie nicht immer vom Ersten Weltkrieg gesprochen? Das war doch noch gar nicht so lange her. Vater hatte ihn erlebt: Soldaten ziehen in den Krieg. Es wird geschossen, mit Kanonen und Gewehren. Männer wurden zur Wehrmacht eingezogen. Jetzt war es wieder so!

Am Bahnhof war auf einmal kein Durchkommen mehr. Ganze Züge mit Soldaten fuhren nach Osten, nach Polen. Deutschland hatte Polen den Krieg erklärt.

Nach der Schule vor dem Haus spielten wir Kinder »Deutschland erklärt Polen den Krieg«. Später sagten wir »und England, Frankreich, Russland«, »eins, zwei, drei wir kommen!« Wer nicht zur Gruppe »Deutschland« gehörte, musste weglaufen, um sich auf den vorher ausgemachten Freiplätzen in Sicherheit zu bringen. Ohne zu überlegen oder überhaupt zu ahnen, was wir da taten, spielten wir völlig naiv dieses Spiel. »Schiffe versenken« war auch solch ein spannendes Spiel. Allerdings konnte man dieses im Zimmer mit Bleistift und Kästchenpapier spielen. Nur Mutter hielt nichts von diesen Spielen, obwohl sie gerne spielte und mich schon früh in die Geheimnisse von Dame und Mühle und Halma eingeführt hatte. Wenn wir zwei sonntags alleine waren, war das unsere liebste Beschäftigung.

Hoffentlich war der Krieg bald aus. Ende September schien es fast so. Der Polenfeldzug war zu Ende. Polen, das Land an unserer Grenze, war jetzt auch so etwas wie Deutschland, es gehörte uns jetzt jedenfalls. Darauf konnten wir doch eigentlich stolz sein, meinte ich.

Eines Tages hieß es: »Sie kommen zurück.« Sie, das waren die Soldaten, die in Polen gekämpft hatten. Auf den Straßen wurde es laut. Mutter sagte: »Komm, wir gehen mal gucken.« Unten auf der Straße liefen die Leute eilig in eine Richtung nach Süden. Ich glaube, am Südpark auf der großen Straße kamen die Soldaten in die Stadt gezogen. An den Straßenrändern standen in dicken Trauben die Menschen und jubelten den Soldaten zu. Am Anfang fuhren einige Autos vorbei, da saßen die Offiziere drin. Ich konnte Silberschnüre erkennen und Schildmützen über undurchdringlichen Gesichtern. Danach wechselten sich Fußtruppen, Pferdewagen, Geschützwagen mit gesenkter Kanone, Panzerwagen mit Maschinengewehren und Mannschaftswagen ab, auf denen Soldaten saßen. Manche lachten und manche verzogen keine Miene unter den grauen und grünen Mützen. Sie sahen müde aus. Vor allem die Fußtrupps, Infanterie nannte man sie, wirkten auf mich wie eine graue Masse. Aber alle Menschen um uns herum jubelten, streckten die Arme aus und beglückwünschten laut die Soldaten. Viele Frauen hatten Blumenkörbe am Arm und warfen die Blumen den Soldaten zu. Die Glocken läuteten und es war eigentlich ein sehr fröhlicher Lärm in der Straße. Ich begann auch zu rufen und zu winken. Ich hob herabgefallene Blumen auf und wollte sie den Soldaten zuwerfen. Da sah ich in Mutters Gesicht. Es war so blass. Erstaunt sah ich sie an. »Du wirfst keine Blumen«, sagte sie sehr streng und bestimmt. Ich sah auf meine Blumen, die ich aufgehoben hatte, hübsche Blumen waren es. Bunte Federastern wie bei meinem Geburtstag, Dahlien, stimmte schon, viel zu schade zum Werfen. Ich behielt sie in der Hand, die Fröhlichkeit, die so ansteckend auf mich gewirkt hatte, war verflogen. Irgendwie meinte sie es anders. Ich sah mich um, immer noch flogen die Blumen, riefen und winkten die Leute. Mutter sagte:»Lass uns hier weggehen und die Blumen lass auch liegen.« Aber das konnte ich nicht. Sie würden von den Leuten zertreten werden und das mochte ich nicht leiden. Ich sammelte sowieso immer die Blumen auf, die andere Leute wegwarfen, wenn sie in ihren Händen welk geworden waren. Fest schlossen sich meine Finger um die gesammelten Blumen. Mutter lächelte und ließ mich gewähren. Dann nahm sie mich an die Hand und schweigend gingen wir durch die belebten Straßen nach Hause, vorbei an fähnchenschwingenden und sich laut zurufenden Menschen.

Kriegszeit

Aber der Krieg war nicht zu Ende, er hatte erst begonnen. Im Winter wurde er im Westen weitergeführt. Das Frühjahr kam und mein ältester Bruder Werner zog fort nach Kiel. Er wollte bei der Marine Offizier werden und gleichzeitig den Ingenieurberuf erlernen, den er später auch ausüben konnte. Ich wurde getröstet, er käme ja wieder, zunächst auf Urlaub, und bald sei der Krieg sowieso vorbei. Er kam auch einige Male auf Urlaub und erzählte mir allerlei Lustiges, sang mit mir Seemannslieder, die bei mir die Sehnsucht nach der weiten Welt weckten, erzählte mir von Schiffen und vom Meer, und wie schön es sei, auf einem Schiff durch die See zu fahren. Von Norwegen erzählte er mir, er habe das in allen Farben flammende Nordlicht gesehen. Er war lieb, lustig und ernst und sah aus wie ein

Mann, in seiner blauen Uniform mit der Tellermütze und den langen Bändern. Aus dem großen Bruder war ein ernster Mann geworden. 1944 kam er zum letzten Mal, er war Offizier geworden. Schön sah er aus in seiner blauen Leutnantsuniform, der Schildmütze und den goldenen Knöpfen. Aber dann kam er nicht mehr wieder.

Ein Jahr nach Werner, es muss kurz vor den großen Ferien gewesen sein, wurde auch mein zweiter Bruder eingezogen. Reinhard musste als Rekrut der Wehrmacht zur Ausbildung nach Nürnberg. Ich holte den Atlas und suchte die Stadt. Also in Süddeutschland. Das war sehr, sehr weit. Alle kleinen Händel, die wir hin und wieder hatten, weil ich nicht so wollte, wie er es gern gehabt hätte, waren vergessen. Dumpf spürte ich, dass Abschiednehmen eine traurige Sache ist. Vor allem, wenn es so ungewiss war, ob ich ihn wirklich wiedersehen würde. In der Zeitung standen jeden Tag große Todesanzeigen. »Gefallen in Frankreich« stand darunter, oder es wurde auch ein anderes Land genannt. »Für das Vaterland«, stand noch dabei. Was meinten sie damit? War das etwas anderes, als wenn jemand starb, weil er alt war? Ich musste nachdenken. Ich setzte mich auf meine Fußbank unter Vaters Pult. Nein, nein, die beiden mussten wiederkommen, sie gehörten doch zu meinem Leben. Wer sollte denn Mutter die Kohlen aus dem Keller holen und die schweren Wäschekörbe heben helfen? Vielleicht würden sie lange nicht mehr fröhlich zur Tür hinausstürmen, um mit dem Fahrrad zum Rudern ins Bootshaus an die Oder zu fahren. Vielleicht würden sie lange abends nicht mehr am Tisch sitzen und lesen oder Freunde da haben, die mit mir allerlei Schnickschnack machten. Es war nicht auszuhalten.

Ich schlich in die Stube, um zuzusehen, wie Reinhard den Koffer packte. In einer kleinen Zigarrenschachtel hatte ihm Mutter Nähzeug eingepackt. Ich fand, die Schachtel sei nicht hübsch. Heimlich nahm ich sie fort. Ich kramte aus meiner Büchertasche das Heftchen mit den Klebeblättern. Welche Farbe wäre am schönsten? Ich blätterte und blieb schließlich bei einem kräftigen, hellen Blau. Mit der Schere schnitt ich das Blatt zurecht und klebte es sorgfältig auf den Deckel. Blau, das gefiel mir immer sehr gut. Wie die blauen Blumen und der blaue Himmel, wenn ich auf der Wiese lag und dahinträumte. Auch die blauen Hemden von den Jungen sah ich gerne. Ebenso die blauen Vasen in Großmutters Glasschrank. Die blaue Schachtel würde ihm bestimmt auch gefallen. Ich war erleichtert, ich hatte ihm etwas sehr Persönliches, etwas ganz von mir geschenkt. Das Kästchen schob ich ihm verschämt in den Koffer. Er hatte es bemerkt. Er sah mich an und ich ihn. »Danke, kleine Kröte.« Er wollte besonders tapfer sein. Keiner sollte ihn auf den Bahnhof zum Zug geleiten. Vater ging wohl doch mit. Es war so still, als sich die Tür geschlossen hatte. Mutter, meine Schwester und ich saßen traurig in der Wohnstube. Mutter hatte rote Augen, ihr Herz war gewiss so schwer wie meines. Nun waren sie beide fort. Gesehen haben sie sich nicht mehr. Der eine kam auf Urlaub, gerade als der andere fortgegangen war. Feldpostbriefe kamen von beiden an. Ich hatte inzwischen das Schreiben gelernt und mit großen staksigen Buchstaben schrieb ich an sie. Nach Frankreich, nach Russland, an die Nordseeküste. Die Anschrift war durch Zahlen ersetzt, die »Feldpostnummer«

genannt wurde. Eigentlich konnte man nie richtig wissen, wo sie gerade waren. Manchmal hörten wir lange nichts von ihnen. Dann hatte Mutter ein sehr müdes Gesicht und sie trank Kaffee. Aber dass es ihr so schwer war, verbarg sie vor mir.

Wie immer wurde im Sommer der Koffer gepackt und die Ferienreise angetreten. Allerdings waren wir auf der Rückreise immer schwer bepackt, Tante Martha hatte uns vielerlei Esswaren zugesteckt. Mit der Länge des Krieges waren die Lebensmittel knapp geworden. Nur in den Ferien konnten wir so essen, wie wir es immer gewohnt gewesen waren. Überhaupt, auf dem Hof und im Dorf hatte sich eigentlich nichts verändert, das war beruhigend bei all den schlimmen Nachrichten, die durch das Radio kamen. Im Dorf war es so, wie es sein musste. In der Woche all die Arbeit in Haus, Feld und Garten, sonntags die Ruhe, Besuche hin und her, der Kirchgang.

Ich war größer geworden, kräftiger und wurde mehr und mehr zu kleinen Hilfsarbeiten herangezogen. Ich half, die Kälber zu füttern, ich ging mit zum Heuwenden, zum Getreidewerfen und zum Kühehüten. Beerensammeln war eine ernste Beschäftigung geworden, ich musste meinen Teil dazu beitragen, dass recht viele Beeren in die große Kanne wanderten. Ich holte Holz aus dem Schuppen und versuchte auch, mit der Axt Holz zu scheiteln. Buttern mit dem kleinen Butterfass war in den Ferien fester Bestandteil meiner Pflichten. Außer dem Tisch decken und Salat putzen. Die Frauen mussten jetzt viel mehr Männerarbeit tun. Nur lange schlafen durfte ich. Mutter saß an der Nähmaschine, besserte Wäsche aus und nähte neue Kleider oder veränderte die alten. Alles war knapp geworden. Die Geschäfte waren leer, entweder gab es nur auf »Bezugsschein« etwas zum Anziehen zu kaufen, oder jeder musste sich mit seinen eigenen Mitteln helfen.

Der Schweineeimer

Eines Morgens, als ich in die Küche kam, standen einige Männer darin herum. Sie unterhielten sich mit gesenkten Köpfen und sehr leise. Sie sprachen nicht Deutsch. Haare hatten sie auch keine. Sie verströmten einen widerlichen Geruch. An ihren Jacken trugen sie ein Zeichen. »Ost« konnte ich lesen. Ich rannte zur Mutter. »Was sind das für Männer draußen in der Küche?« »Nicht so laut«, beschwichtigte sie mich. »Das sind Ostarbeiter. Onkel Alfred hat sie aus dem Lager geholt, damit sie bei der Ernte helfen sollen. Ich weiß nicht, ich glaube sie kommen aus der Ukraine. Sie sollen hier arbeiten.« Also keine Kriegsgefangenen, dachte ich. Auch keine Juden, diese traurigen Leute, die in Breslau mit hochgeschlagenem Mantelkragen und dem gelben Stern auf der Brust herumliefen und mir morgens auf dem Schulweg begegneten. »Mutter, wo wohnen sie?« »Ich weiß nicht genau, oben am Uhlenberg oder dahinter im Wald ist ein Lager mit Hütten, dort leben sie.« »Was machen sie da?« Mutters sonst so ruhiges Gesicht sah bedrückt und gequält aus. »Ach Dorle, ich weiß es nicht, ich glaube, sie sollen einen Stollen graben in den Wolfsberg.« Na ja, einen Stollen graben, vielleicht bauen sie da wieder eine neue Straße. Ich war ganz zufrieden mit der Auskunft. Ich ging zurück in die Küche. Sie standen immer noch da, nein, eigentlich nicht. Sie hockten um den großen Holzeimer, in den alle Küchenabfälle geschüttet wurden, um damit die Schweine zu füttern. Tante Martha hatte wohl schon einen großen Topf Kartoffeln gekocht und die kleinen Kartoffeln in den Eimer geschüttet. Sie holten sich die Kartoffeln aus dem Eimer und verschlangen sie.

Wie erstarrt blieb ich stehen und schaute zu. Da ging die Tür auf und Tante Martha kam herein, mit einem großen runden Brot und einem Glas mit eingekochtem Fleisch. Entsetzt sah sie auf die Männer. »Nein, nein!«, rief sie und schüttelte den Kopf. »Nicht da essen, hier am Tisch, setzen und essen.« Sie zeigte auf den großen Küchentisch, auf den sie Brot und das Fleischglas abgesetzt hatte. Sie winkte die Männer herbei, die sich zögernd auf der Bank und den Stühlen niederließen. Die Hände hielten sie unter dem Tisch, die Köpfe geneigt. Tante Martha lief geschäftig hin und her, holte die großen Tassen aus dem Schrank und eine Kanne mit Buttermilch. Dann nahm sie das Brotmesser und hobelte Schnitte um Schnitte vom Brot herunter, bis nichts mehr übrig blieb. Sie öffnete das Fleischglas und ging und holte ein zweites. Es war ganz still in der Küche, nur das Wasser kochte im Wasserkessel auf der Herdplatte und die Fliegen summten. Draußen schien die Sonne. Ich wusste, wir sollten gleich aufs Feld gehen. »Na, das hier essen«, ermunterte sie die Männer und zeigte auf die geschnittenen Brote. Da endlich machten sich die Männer ans Werk. Gierig schlangen sie die Schnitten und das Fleisch in sich hinein und tranken die Buttermilch dazu. Tante Martha wandte sich ab. So rau, wie ich sie noch nie hatte sprechen hören, raunzte sie mich an: »Geh raus Madel, das is nischte nichts für dich hier.« Ich ging zum Haus raus in den Garten. Ich sah auf die Blumen, sie sahen so grau aus, aber die Sonne schien doch. Später sah ich öfter kleine Trupps von solchen Männern. Sie hatten immer die gleichen hellen Jacken und Hosen an und keine Haare auf dem Kopf. Trupps von Kriegsgefangenen hatte ich inzwischen auch schon oft gesehen. Elend sahen sie alle aus und sie wurden von Soldaten bewacht. Welche sahen nun besser oder schlechter aus? Ich konnte es nicht unterscheiden. Aber der Maurice-George, der Franzose, wohnte doch sogar bei uns im Haus. Er hatte die kleine Stube hinter der Backstube. Also, der war doch frei, nicht so frei wie wir, weil er nicht nach Hause durfte. Aber er konnte sich doch mit den anderen Franzosen im Dorf treffen, sonntags, wenn es nachmittags sowieso nichts zu tun gab. Lustige Kerle waren es, und ich hörte gerne, wenn sie im Hof französisch schwadronierten. Manchmal neckten sie mich und machten einen Spaß mit mir. Aber diese hier? Gefangen sein und frei sein? Na klar, wir hatten ja ihr Land erobert und die Engländer und die Amerikaner kamen mit ihren Bombern und zerstörten unsere Städte. Noch waren sie nicht bis zu uns gekommen, aber in Berlin, und das war gar nicht so weit weg von Schlesien. Den Gefangenen ging es doch eigentlich ganz gut hier. Aber dass sie von dem Schweineeimer gegessen hatten, wollte mir nicht in den Kopf. Hatten sie was verbrochen und bekamen deshalb kein Essen? Ich wollte Onkel Alfred fragen, der würde es wissen. Während ich mich mit der großen Trudel auf den Weg machte aufs Feld, ging mir ein Lied im Kopf herum, welches wir bei den Jungmädeln sangen, wenn wir marschierten. »Unser Herrgott zürnt uns nicht, dass wir wolln Freie sein!« Aber tief drinnen spürte ich dumpf, dass das irgendwie alles nicht zueinander passen wollte. Als ich schließlich den Mut hatte, Onkel Alfred zu fragen, herrschte er mich an: »Luß mich ei Ruhe mit dar tumma Frogerei, ich hoab keene Zeit nich.« Später sollte ich doch mehr erfahren.

Die Handtasche

Der großen Trudel half ich gerne, sie zog mich nicht mit allerlei dummen Sprüchen auf, sie lachte auch nicht über mich. Sie zeigte mir, wie man schnell und stetig Heu wendete, wie man dabei den Rechen halten musste, wie man flink die Haferschwaden auf die andere Seite zum Trocknen warf und wie das Gras für das Heu auseinandergewirbelt werden musste. Auch das Rübeneinzeln lernte ich, ebenso einen schweren Korb mit Setzkartoffeln tragen und die Kartoffeln in gleichmäßigen Abständen in die Furche legen. Sie zeigte mir, wie man den Kuhstall ausmisten musste, wie man die Pferde berührt, wenn sie gefüttert werden sollten. Auch konnte sie mit der Mistgabel ein Fuder Mist mit kräftigem Schwung auf den Kastenwagen setzen, sodass alles fest saß und nichts unterwegs herunterfallen konnte. Auch dabei half ich ihr. Machten wir Pause, so fragte sie mich nach der Stadt und was ich in der Schule gelernt hatte. Sie erzählte mir von ihrem Vater, dass er so alt und knauserig wäre und dass sie eigentlich nur noch um der Mutter Willen sonntags nach Falkenberg ging. Ihre Mutter war eine kleine, zierliche Frau mit einem zarten Gesicht. Der große hagere, schwere Mann passte eigentlich gar nicht zu ihr, fand ich, und gab der Trudel und ihrer Beschwerde recht.

Einmal waren wir auch wieder auf einem ziemlich weit entfernten Feld, um etwas zu ordnen oder zu holen. Als wir Pause machten und am Feldrain saßen, sprachen wir vom Krieg. Sie fragte nach meinen Brüdern und ob ich ihnen schriebe. Plötzlich wurde sie ganz still und sah mich aus ihren tiefliegenden Augen prüfend an. Ihr Kopftuch saß verrutscht auf ihren krausen, aber streng zusammengebundenen Haaren, ihre Finger ringelten aufgeregt einen Strohhalm von einer Hand zur anderen. »Was hast du?«, fragte ich sie. »Och nischte«, meinte sie. »Doch, du hast was, erzähl's mir doch«, drängelte ich sie. »Ach, das verstieste ja doch nich, da biste noch zu kleene.« Ich stand auf. »Ich bin immer die Größte, in der Schule, bei den Jungmädeln, was willste eigentlich«, rühmte ich mich. Da brach es aus ihr raus: »Ach weeste, sie ham mich sterilisiert«, sie weinte, sie wischte mit ihrer Hand in den Augen umher, aber die Tränen wollten nicht aufhören zu laufen. Der ganze Körper zuckte. Ich sah zum erstenmal richtig ihre Hände. Sie waren lang und schlank und die Haut war eigentlich weiß. Sie waren nur so rissig und ungepflegt, na ja, bei der Arbeit konnte man keine Hände haben so wie meine Schwester in ihrem Zeichenbüro. Da hatte ich ja schon fast kräftigere Hände. Sie weinte immer noch. Ich war ganz erschüttert, wieder so was Unverständliches. »Was ist das, ste- ri- li- siert?« Dunkel erinnerte ich mich, dass Mutter das manchmal sagte, wenn sie Obst einkochte. Aber hier, das musste was anderes sein, etwas war mit der Trudel selbst geschehen. »Nu sag doch schon, ich weiß nicht, was das ist«, drängte ich sie. »Nu joa, ich derf keene Kinder kriegen, das hamm se mir weggemacht.« Dann schluchzte sie und sagte ganz leise: »Die denken, ich krieg vielleicht kranke Kinder, das dürfte beim Hitler nich sein. Weeste, ich tät ja gor keene Kinder haben wulln, aber asu wos mit eim zu macha, doas is schlimm.« »Wie haben sie denn das gemacht?«, fragte ich sie. »Och ich weeß es nich. Ich musste halt nach Waldenburg ins Krankenhaus fahren. Die Mutter hoatte mir son Wisch gebrocht, den musste ich do vorzeign. Dann haben se mich nackig ausgezogn und gebadet und dann ham se mir die Haare hier vorne abgeschnitten. Ich musste mich auf son Tisch legen und bekam ne Spritze. Mehr weeß ich nich. Schlecht woarsch mirs nochher. Aber ich sollte glei ufstehn und nach Hause fahrn. Mit tut heute noch der Bauch weh. Se wern woll da unten was mit den Eierstöcken gemacht hoaben. Wo ich doch sowieso keen Mannsbild aongucke. Die könn mer alle gestohln bleibn.« Aus dem verweinten Gesicht schauten ihre Augen jetzt wütend in die Gegend. »Weeste, dass die das einfach mit einem macha kennen. Ich kunnte mich überhaupt nich wehrn nich. Die Schweine!«

Keine Kinder mehr kriegen, ging es mir durch den Kopf. Warum denn das? Ich verstand es nicht. Ich fühlte nur, sie war um etwas betrogen worden, was nur ihr alleine gehörte und was zu ihr gehörte. Da hatten sich andere in ihr Leben eingemischt. Das verstand ich. Das fand ich unheimlich gemein. Wer machte denn so was? Na ja, diese Männer mit den braunen Hemden, die SA, denen konnte man schon so was zutrauen. Mir fiel die Inge Schwabe ein, in meiner Jungmädelgruppe, über die lachten sie auch immer, weil sie so dick und schwabbelig war und nicht turnen konnte. Da musste sie immer extra was vorturnen, damit alle über sie lachen konnten. Das fand ich auch gemein und hab es auch mal der Gruppe gesagt. Ob sie von mir auch mal so was verlangten? Ich konnte ja noch keine Kinder kriegen, aber wer weiß, vielleicht fanden sie auch etwas an mir, was ihnen nicht gefiel und was ich dann wegmachen lassen musste.

Ich ging zur Trudel hin und streichelte ihre Hände. Diese Hände, die vielleicht besser etwas Anderes tun könnten als diese harte Arbeit in Stall und Feld. »Das tut mir leid«, hörte ich mich sagen und sah sie an. Sie war doch eine Frau, auch wenn sie keinen Busen hatte so wie die andern, dafür war sie schlank. Es konnten doch nicht alle Frauen so aussehen, wie man sie jetzt überall in den Zeitungen sah: groß, blond, blauäugig, mit vollem rotem Mund, lachend.

Sie stand auf, schob den Strohhalm zwischen die Zähne, strich das Dirndlkleid glatt und sagte: »Kumm wir macha weiter, glei is Obend.«

Sonntag sah ich sie dann wie immer, in ihrem bunten Sommerkleid, darüber den hellen Staubmantel und auf dem Kopf das kleine Hütchen mit den Blumen dran. Sie nahm etwas ungelenk ihre Handtasche in die Hand und winkte mir zu. »Ich gie zur Mutter no Folkaberg. Am Obend kum ich wieder, machs gutt.« »Du auch«, rief ich zurück.

Unruhige Zeiten in Dorf und Stadt

Auch dieser Sommer war ausgeglüht, bald würde es Herbst sein. Im Dorf hatte sich nichts geändert oder nur weniges, wenigstens für mich. Ich wusste, es war Krieg. Im Radio wurde immer der »Wehrmachtsbericht« durchgegeben und hin und wieder kamen »Sondermeldungen«, wo die »Front« jetzt stand und was alles erobert und erbeutet worden war. Aber es war auch im Dorf unruhiger geworden. Nicht nur, dass diese »Ostarbeiter« in kleinen Trupps, bewacht, durchs Dorf marschierten, sondern da gab es auch noch Soldaten, die keine Soldaten waren. Sie hatten gelbe Uniformen an und »Schiffchen« auf dem Kopf und sie gehörten zur Organisation »Todt«. »Mutter, was sind das für Soldaten?« »Bausoldaten, du weißt doch, hinten am Wolfsberg graben sie einen Stollen, da soll eine unterirdische Fabrik gebaut werden.« »Eine Fabrik in den Berg?« »Ja, aber so genau weiß ich das auch nicht. Die Leute munkeln es. Weil doch so viele Fabriken durch die Bomben zerstört worden sind. I.G.-Farben gibt's im Westen auch, und da im Ruhrgebiet die Fabriken alle kaputt sind, wolln se halt jetzt unterirdisch bauen.« Ja, ja I.G.-Farben, das musste eine besonders wichtige Fabrik sein, so wie Borsig, wo meine Schwester technische Zeichnerin war. Sie musste Sprengköpfe für die Rüstung zeichnen. Bomben und Granaten mussten sein, damit wir den Krieg gewinnen konnten. Alles musste dafür geopfert werden. Die Engländer und die Amerikaner und die Russen, alle waren unsere Feinde. Wir mussten sie besiegen. Davon wurde ja auch immer beim Gruppennachmittag bei den Jungmädeln gesprochen: Wir sollten tapfer sein und dem Führer keine Schande machen, in der Schule »gut« sein, damit wir, wenn der Krieg vorbei wäre, beim Wiederaufbau helfen könnten. Manche Frauen wurden »kriegsverpflichtet«, sie mussten irgendwohin fahren und dort arbeiten. So wie die Usch, Werners Freundin. Sie musste ganz plötzlich von Breslau weg nach Oberschlesien, weil sie Laborantin bei I.G.-Farben war. Aber es musste wohl alles so sein. ›Wenn der Krieg vorbei ist, dann geht es wieder besser‹, dachte ich, dachten alle. Dann kommen die Jungen wieder nach Hause, dann feiern wir Hochzeit, weil der Werner gesagt hat, er will die Usch heiraten. Wunderbar war das, ich freute mich darauf, obwohl ich doch auch eifersüchtig war auf die Usch. Kam der Werner auf Urlaub, so tobte er nicht mehr so viel mit mir herum, sondern die Usch kam zu uns in die Wohnung, oder die beiden gingen fort. Manchmal saßen sie auf dem Sofa und küssten sich, dann schickten sie mich aus der Stube. Das fand ich gar nicht nett. Wozu hatte man eigentlich Brüder? Weil sie alle fort waren, dachte ich oft an sie, wenn ich auf meinen heimlichen Plätzen in Haus und Garten saß. Mutter hatte mich ermahnt, nicht mehr so weit alleine vom Haus wegzugehen. Man könnte nicht wissen, wo jetzt soviel Fremde im Dorf wären. Also vorsichtig sollte ich sein und nicht so neugierig, hatte der Onkel Alfred gesagt. Überall stand ich rum und hörte zu, wenn ich nicht gerade etwas machen sollte. Aber was sollte ich denn tun? Bei den Jungmädeln hatten sie doch gesagt, wir sollten zuhören, was die Großen so reden würden. Nicht nur das, ich wollte verstehen, was vorging. Wissen wollte ich, wie die Welt und alles, was passiert, zusammenhing.

Neuerdings kamen auch immer wieder fremde Leute auf den Hof, die wollten Milch und Eier kaufen und Kartoffeln. Sie sprachen anders als wir im Dorf, wenn sie nicht gerade so Hochdeutsch sprachen wie wir zu Hause in Breslau. Das waren Berliner, Hamburger und Süddeutsche. Sie waren »ausgebombt«. Die Wohnungen waren von Bomben zerstört und man hatte sie nach Schlesien gebracht, weil die Engländer und Amerikaner mit ihren Bombengeschwadern hier noch nicht hingekommen waren. All die Zimmer, die im Sommer von den »Sommerfrischlern« aus der Stadt gemietet worden waren, besetzte man mit »Bombengeschädigten«. Außerdem nahmen die Dorfbewohner Verwandte aus dem Westen auf. Hier war ja noch nichts zerstört. Nur manchmal gab es Fliegeralarm, wenn ein Bombengeschwader sich verirrt hatte. Allerdings, bis Dresden waren sie schon mal gekommen, aber so richtig kaputt war noch nichts. Bloß in Berlin, da sah es wohl schon schlimm aus. Gar nicht vorzustellen war das! Ich wollte nicht daran denken. Lustig fand ich es, wenn die Frauen zum Milchholen kamen und im Flur ein »Geschnatter« in den verschiedenen Dialekten anfing. Tante Martha sprach Schlesisch und dachte gar nicht daran, Hochdeutsch zu sprechen. Und dann war da der Unterschied in den Kleidern. Die Frauen waren immer so ein bisschen elegant angezogen, mit Stöckelschuhen, und geschminkt waren sie auch meist. »Die wat sich amol die Beene brecha, wenn se mol uffa Barg giet«, frotzelten die Männer hinterher. Da schwor ich mir, ich würde keine Stöckelschuhe tragen. Meine Schwester war eigentlich immer hübsch angezogen, aber so verrückt wie die war sie nicht. Mutter hatte Spangenschuhe, aber keine mit »Stöckeln«. Aber die »Fischern« (Tante Martha) war beliebt bei den »Stadtfrauen«. Während sie im Flur an der Milchkanne stand und die Milch verkaufte, erzählten ihr die Frauen manches und sie hörte zu. Ihr braunes, gegerbtes Gesicht war ganz offen, und ging solch ein Redeschwall über sie weg, so nickte sie eifrig mit dem Kopfe und sagte immer »Joa, joa, es is asu«. Onkel Alfred sagte dann, weil das Abendbrot verspätet auf den Tisch kam: »Hobter a wieder rumgemaart« (rumerzählt).

Die Stadt an der Oder – Breslau

Auch die Stadt war jetzt voll Menschen. In der Schule sagten sie, dass Breslau jetzt eine Mill. Einwohner hätte, das waren 400 000 mehr als sonst.

Schon in der Eisenbahn waren so viele Menschen, dass man kaum einen Platz zum Sitzen bekam. Ich musste aufstehen, wenn Soldaten oder alte Leute einstiegen. Meist saß ich auf dem Koffer im Gang. Auch andere Leute saßen auf ihren Sachen oder standen sogar. Es war oft kein Durchkommen mehr. Ein Glück, dass in Breslau Endstation war, da mussten sowieso alle raus. Jetzt, wo die großen Ferien zu Ende waren, war es besonders schlimm, Urlauber und Soldaten mit Feldgepäck. Die ein bisschen verdreckt waren, mit Bärten und zerknitterter Uniform, kamen von der Front, und die, die wieder raus zur Front im Osten fuhren, waren sauber, ohne

Bart, die Uniform in Ordnung. Auch der Hauptbahnhof ein einziges Getümmel von Menschen mit unheimlich viel Gepäck. Wir waren froh, als wir zu Hause ankamen. Die Wohnung war warm und in der Stadt war es schwül und drückend, das empfanden wir immer besonders stark nach den Wochen in der frischen Bergluft.

Der Winter kam mit Eis und Schnee. Einige Schulen wurden wegen Kohlenmangel geschlossen und der Unterricht wurde vor- und nachmittags abgehalten. Gab es gar keine Kohlen, so mussten die Schulen geschlossen werden. Schön war das eigentlich auch nicht. Sonntags ging ich gehorsam in den Kindergottesdienst zur Stadtmission, obwohl ich diese ausgestorbene Straße im Judenviertel nicht gerne entlangging und es manchmal zu Hause dicke Auseinandersetzungen mit Vater gab, wenn die Gruppenführerin von den Jungmädeln sonntags morgens zum »Antreten« befohlen hatte, ich aber in den Kindergottesdienst gehen sollte. Im Herbst und im Winter lagen die Straßen dort hinterm Sonnenplatz noch ausgestorbener als sonst da. Die vielen Geschäfte waren leer, die Schaufenster zerschlagen und mit Holzbrettern vernagelt. Keine Menschenseele begegnete mir, wenn ich nicht andere Kinder traf, die auch zur Stadtmission wollten. Dumpf und bedrückend stieg jedes Mal wieder das Gefühl in mir auf, das ich vor ein paar Jahren bekommen hatte, als ich eines Abends Mutter fragte, was das denn draußen für ein Krach sei. Es hörte sich wie Feuerwerk an. Mutter hatte an meinem Bett gesessen, weil ich krank war. »Der Krach kommt aus dem Judenviertel. Die Synagoge brennt, sie machen alles kaputt«, sagte sie und fügte dann leise hinzu: »Ob uns das Gott je verzeiht?« Wer waren sie, dachte ich noch, dann hatte das Fieber seinen heißen Schleier wieder über mich gebreitet und ich spürte nur Mutters kühle Hand, die mir einen neuen Umschlag um die Brust legte. Aber dass es nichts Gutes war, was da geschah, das muss ich wohl begriffen haben. Andererseits, hatten die Juden nicht den Herrn Jesus umgebracht? So wurde es doch Ostern immer erzählt. Aber das war doch vor 2000 Jahren?

Lieber ging ich mit Mutter zum Frühgottesdienst oder zum Orgelkonzert. Sonntags in aller Frühe stand Mutter auf und machte sich fertig, während wir noch schliefen. Vater hatte wieder die halbe Nacht gearbeitet, es gab ja weder Gesellen noch Lehrlinge, alle waren an der »Front«. Wurde ich doch wach, so bettelte ich, ob sie mich nicht mitnehmen wollte, was meist auch geschah. Leise, leise gingen wir aus der Wohnung, die Treppe hinab und durch die stillen Straßen. Die Stadt schlief noch. Der Himmel hing tief, wie ein großes Federbett. Wir kreuzten Straßen und Plätze, bis wir schließlich in der Christophoruskirche ankamen, und der Gottesdienst mit Orgelspiel begann. Hier war es wie im Dorf, allerdings der Raum dämmriger, und wenn ich noch nicht ganz wach war, kuschelte ich mich in Mutters Seite und ließ den Gottesdienst über mich wegwogen, wie eine Welle, die mich durch Gemeindegesang, die Gebete, des Pfarrers Reden und die Orgelmusik geborgen hindurchtrug. Danach konnte der Sonntag beginnen, das Frühstück schmecken.

Überhaupt, Orgelmusik war Mutters heimliche Liebe. Sonntagabends ging sie in die Elisabethkirche. Ich durfte mit. Warm verpackt, denn die Kirche war eiskalt und dunkel, die Straßen ohne Licht, die Fenster in den Häusern verdunkelt mit schwarzem Papier. Selbst der Hausflur war nur sehr schwach erleuchtet. Kein Lichtschein durfte nach draußen dringen. In der Kirche waren an den Bänken Fußleuchten angebracht, damit man sehen konnte. Wir stiegen meistens auf die Empore hinauf und setzten uns in eine Kirchenbank, die eine sehr hohe, geschnitzte Rückenlehne hatte. In den Verzierungen und Rosetten wanderten gerne meine Finger umher. Mutter legte den Arm um mich, damit es wärmer war, und dann rauschte und brauste die Orgel los. Der hohe Raum der Kirche füllte sich mit Tönen und es war, als wären sie aus den Pfeifen herausgetreten, um in der Kirche herumzuspazieren und sich mit allen Schnörkeln, Putten, Blumen und Girlanden zu unterhalten, die meine Augen in dem schwachen Lichtschein, der von der Orgelbank her kam, sehen konnten. Die hellen Gewölbe schwangen sich hoch hinauf und das viele Schnitzwerk an Altar und Orgel glänzte in roten und mattgoldenen Farbschattierungen. Manche Tongebilde waren auch sanft und melodisch, tänzerisch oder sehr getragen, dann breitete sich Ruhe aus. Ich spürte Mutters warmen Körper und so etwas Unerschütterliches breitete sich in mir aus. Sehr glücklich gingen wir zwei dann wieder nach Hause.

Oder Sonntagnachmittag. »Wir fahren in den Scheitniger Park, heute ist wieder Orgelkonzert in der Jahrhunderthalle. Wir können spazieren gehen und anschließend das Konzert in die Halle besuchen.« Mit diesen Worten machte Vater allen Beratungen ein Ende, wohin wir an diesem sonnigen Nachmittag »ausfliegen« wollten.

Wir liefen zur Straßenbahninsel am Hauptbahnhof und warteten mit vielen anderen Leuten auf die Linie 11. Kreischend und knarrend kam sie über die Weichen der Gartenstraße angedonnert. Oh je, war die voll. Die Leute drängelten sich raus und rein. Schließlich waren wir auch drin. Mutter hielt sich den Hut fest, Vater hatte ihn schon auf »Sturm« im Nacken sitzen. Er zerrte noch an seiner hellen Sommerjacke und mich hatte er fest an seiner großen Hand. Meine Schwester war auch gerade noch reingekommen, da klingelte der Schaffner »Abfahren« und schon bog die Bahn in die Taschenstraße ein. Unterwegs wurde es ein bisschen leerer. Mutter und ich bekamen sogar einen Sitzplatz, Vater stützte sich auf seinen Spazierstock und hielt sich am Griff fest. Sonntags war er immer guter Laune. Seine grau-braunen Augen verfolgten aufmerksam die Fahrt der Bahn, der helle Filzhut war wieder gerade gerückt, aus dem weißen, steifen Kragen guckte eine breit geknotete, rotweiß-grau-gestreifte Krawatte hervor. Die hellgraue Weste, die hellgraue Hose und darüber die hellgraue »Lüsterjacke« standen ihm gut. An der linken Hand trug er einen goldenen Ring mit einem viereckigen, roten Stein. Ich war ganz zufrieden mit meinem Vater, wenn er auch im Alltag oft sehr streng war und ich es nicht ganz verstand, warum er oft so hart war, mit mir und den Geschwistern schimpfte und von uns strikten Gehorsam verlangte. Die Brüder und auch meine Schwester mussten sich allerlei ausdenken, um zu Erlebnissen zu kommen, die Vater nie erlaubt hätte. Mir saß er ewig wegen der Schule im Nacken. Wenn am Hosenbein unterhalb der Hosentasche sich der Stoff ein bisschen beulte, hatte er die Mundharmonika eingesteckt. Die Bahn rumpelte über die Kaiserbrücke auf den Scheitniger Stern zu. Jetzt war es nicht mehr weit. Schließlich rief der Schaffner »Endhaltestelle, alles aussteigen.« Bald hatten sich die Menschen verlaufen und auch wir bogen in den Scheitniger Park ein. Zum Rosengarten oder zum Dahliengarten, der japanische Garten war nur im Frühling eine Attraktion. Die Obstgärten waren sicher schon gesperrt, sie waren nur zur Obstblüte zu bewundern. Aber die Rosen! Zu ihnen gingen wir nach einem Rundgang durch den Park. Wir machten es uns auf einer Bank bequem und Vater spielte ein bisschen Mundharmonika. Wir mochten das gar nicht so gerne, weil die Leute immer guckten.

Hier im Park war ein ständiges Kommen und Gehen. Auch bei den Rosen spazierten viele Leute, blieben stehen und betrachteten die verschiedenen Sorten. Die Blumen standen auf schön angelegten Beeten, mit Namensschildern versehen. Wenn man darüber hinsah, war ich von dem Farbenspiel in der Sonne und den Düften fasziniert. Eine Rose schöner als die andere. Mir fiel es ein bissel schwer, so schön gesittet im Sonntagskleid und weißen Kniestrümpfen, neben den Eltern herzugehen. »Gehn wir jetzt zum Konzert?« »Ja, ja, es fängt bald an«, sagte Vater. Wir durchquerten den japanischen Garten, der zu dieser Zeit nicht so sehr besucht war. Aber es machte trotzdem Spaß, über die kleinen Brücken zu trippeln oder über die Holzstege zu laufen, die aus in das Wasser gerammten Holzplanken bestanden. Das Wassergras wucherte meterhoch, bizarre Nadelbäume standen auf kurzgeschorenem Rasen. Am Wegrand standen japanische Lampen, die früher abends ein mattes, buntes Licht auf den Boden warfen. Jetzt aber blieben sie dunkel. Riesige Azaleenbüsche und Rhododendronbüsche wechselten. Auf dem kleinen See waren die ersten Seerosen aufgeblüht. Wir traten aus dem halbschattigen Garten auf den steinernen Weg der Pergola. Unser Blick fiel über den See hinüber zu der Terrassengaststätte, von der leise Tanzmusik zu hören war. Geschäftig liefen die Kellner hin und her, um den Leuten Kaffee und Kuchen zu bringen. Sie jonglierten alles auf großen Tabletts durch die Menschenmenge und brachten es an die Tische. Wir hatten zu Hause Kaffee getrunken. Mutters Kuchen schmeckte jeden Sonntag wieder gut. Vier Personen Kaffee und Kuchen, das war Geldverschwendung! Sehnsüchtig sah ich im Vorbeigehen zu den Tischen, Eis hätte mir ja schon genügt. Inzwischen wurde die Menge der Leute dichter. Alles strömte zur Jahrhunderthalle hin. Am Ende der Pergola lag der riesige, runde Kuppelbau vor uns. Vater hatte Eintrittskarten geholt. Wir gingen durch das Foyer. Vor mir öffnete sich ein weiter, sehr heller Raum. Durch die vielen Fenster in der Kuppel fiel das Licht herein. Die Ränge ordneten sich im weiten Rund, nur unten in der Mitte war viel Platz. Mir gegenüber lag der helle, silbrigglänzende Prospekt der einen Orgel. Davor gut zu erkennen, ein wenig frei im Raum stehend, das Pult und die Orgelbank, auf der der Spieler schon Platz genommen hatte. Ehrfürchtig stieg ich die Stiegen zum Rang empor und sah auf die andere Orgel, die oberhalb der Empore auf der Rückwand angebracht war. So viele Pfeifen, große und kleine und winzige. Kaum hatten wir Platz genommen, brauste die Musik los. »Anton Bruckner« hatte auf dem Plakat draußen gestanden. Der Mensch da unten an dem Pult war sehr klein, aber er bewegte sich hin und her und entlockte beiden Instrumenten die herrlichsten Töne. Sie schwangen durch den hellen Raum, erfüllten ihn. Ich schwamm auf ihnen wie auf einem Meer und ließ mich forttragen. Ich sah Farben, Licht und bizarre Landschaften. »Walhalla«, das Land, in dem alles hehr und herrlich war. War der letzte Ton verklungen, stand ich benommen auf und ging an Vaters Hand wieder hinaus.

Schön fand ich es, wenn wir an der Oder auf dem Damm langwanderten. Der Himmel war so groß und auf dem Strom fuhren die Lastkähne zur Ostsee hinunter und nach Oberschlesien hinauf. Manchmal fuhren wir auch mit dem Dampfer nach Margaret oder zu den Kaffeegärten nach Morgenau. »In Morgenau, da ist der Himmel blau, da tanzt der Ziegenbock mit seiner Frau.«

An der Anlegestelle drängten und drängelten die Menschen, um ja einen Platz auf dem weißen Dampfer mit dem großen, schwarzen Schornstein zu bekommen. Fest an Mutters Hand, wurde ich durch die Masse »gezottelt«, umgeben von Lachen und einem Schwall von Worten, den verschiedensten Parfüm- und Schweißdüften, die aus den Kleiderausschnitten mancher dickbusiger Damen quollen. Oder war es der Duft des ersten Heus, der von den Oderwiesen herüberzog? Oder war es Vaters Zigarre, die sich in all die Gerüche einmischte? Wo fanden wir einen Platz? Mutter wusste schon, wo es mich hinzog. Zum Schaufelrad, hier auf einer der schmalen Holzbänke sitzend, konnte ich zusehen, wie das große Rad das Wasser zermahlte und die Maschinen antrieb. Erst ein großer Rundlauf des Rades, das Wasser rauschte auf, Möwen, die in großen Schwärmen den Dampfer umschwärmten, kreischten in spitzen Schreien zu dem lauten »Tut-Tut« des Dampfers. Dann wurde das Tuckern des Motors lauter, aus dem Schornstein quoll eine dicke Rauchwolke und der Dampfer legte ab. Die vielen Leute hatten tatsächlich alle Platz gefunden und saßen auf den blanken Holzbänken. Ein blauer Himmel und eine strahlende Sonne standen über dem grellen, fröhlichen Bild. Die Frauen, in bunten Kleidern, manche trugen Strohhüte mit Blumen verziert. Jungs in kurzen Hosen, Mädchen mit Zöpfen so wie ich, mit weißen Söckchen und Faltenröcken oder kurzen Haaren mit einer rosa Schleife am Scheitel. Die Herren in hellen Anzügen, manche mit Spazierstöcken in der Hand und einem hellen Strohhut auf dem Kopf. Diese »Kreissägen« konnte ich eigentlich nicht leiden und war froh, dass Vater nur einen hellen Filzhut trug. In all meine Betrachtungen hinein mischten sich die Klänge der Ziehharmonika, die von einem Mann mit Schnauzbart und blauer Schiebermütze hin- und hergezogen und geschwenkt wurde. Lustig sah das aus, vor allem, wenn er dann noch dazu sang. Der Mund unter dem Schnurrbart wurde breit, die Augen lachten. Ich legte die Arme auf die Brüstung des Dampfers, warm schien die Sonne, der Boden unter mir schwankte von den Stößen der Maschine, das Wasser rauschte und das Schaufelrad drehte sich in gleichmäßigem Rhythmus. Es roch nach Schmieröl und auch vom Wasser zog ein stinkender Geruch in meine Nase. Ruderboote und Paddelboote, ein paar Segelboote zogen an uns vorbei. Ich winkte und manche winkten zurück. Die Ufer wurden grüner und flacher. Die Schleppkähne tuteten, leise wehte der Wind, die Möwen begleiteten uns noch eine Weile und wollten irgendwelche Leckerbissen zugeworfen bekommen, die sie dann im Sturzflug erhaschten. Enten schwammen nahe vorbei, auch sie wollten etwas erhaschen.

Schließlich war Morgenau erreicht. Schnell verliefen sich die vielen Leute. Die meisten strebten den Kaffeegärten zu, in denen dann wieder das Gerangel um einen grünen Gartentisch losging. Kellner in schwarzen Hosen und weißen Jacken, über dem Arm ein weißes Handtuch gehängt, schleppten große Tabletts, beladen mit gläsernen Biertöpfen oder mit dicken, weißen Kaffeetassen und eben solchen Kaffeekannen. Es war schon eine Kunst, aus diesen Tassen zu trinken. Sie waren schwer, und setzte ich sie an den Mund, störte mich der dicke Rand und meine Finger konnten kaum die Tasse an dem dicken Griff festhalten. So kam auch schon mal ein Kakaofleck auf das schöne Sonntagskleid und wurde mit einem Seufzer von Mutter bedacht.

Nach Margaret war die Reise etwas länger, dafür war hier die Landschaft weiter und stiller. Die Ufer der Oder waren hier sehr flach und es gab kleine Mulden, in denen man ungestört sitzen konnte, den Strom betrachten, mit den Füßen im Wasser herumplatschen, eine Decke ausbreiten und das mitgebrachte Picknick verschleckern. Spielte Vater dann auf der Mundharmonika, war die Welt unter dem weiten Himmel eine Schale zum Ausruhen und ein wohliges Gefühl breitete sich über mir aus. Ganz ohne Schrecken ging allerdings diese Reise nie ab. In Margaret hatten die Bauern unwahrscheinlich viele Gänse. Ganze Scharen empfingen uns schon an der Dampferanlegestelle und begleiteten die Leute auf dem Oderdamm mit ihrem ohrenbetäubenden Geschnatter. Manche waren sehr angriffslustig und liefen mit Zischen hinter uns her und versuchten, uns in das Hinterteil zu zwicken. Davor hatte ich besondere Angst. Aber Vater und Mutter lachten über mich, scheuchten sie fort und wanderten stromaufwärts. Dann fand ich es schön, wenn Vater die Mundharmonika hervorholte und spielte. Oder wir wanderten durch den Osswitzer Wald, da konnte er nach Herzenslust spielen. Da gab es auch nicht so viele Leute.

Ohlestrandbad

In manchem Jahr war es in der Wohnung sehr heiß, wenn die Sommersonne es besonders gut meinte und vom wolkenlosen Himmel herunterbrannte. Die Stadt glich einem Backofen, den man nicht abkühlen konnte. Abends klingelten die »fliegenden Eisverkäufer« durch die Straßen. Die Wurstwagen hatten dann »Saure-Gurken-Zeit«. Ihr Rufen »warme Wurst« war zwar zu hören, aber kaufen kam kaum jemand. Später, im Krieg, gab es das auch nicht mehr. In der Dämmerung wurden die Straßen still und nur die Schwalben schwärmten im Sturzflug durch die Straßenflucht. Mutter stellte dann den kleinen Tisch auf den Balkon hinaus, legte eine bunte Decke auf und trug auf einem Tablett das Abendbrot aus der Küche zum Balkon. Am schönsten war es, wenn es Tomatenbrot mit Zwiebeln gab. Dazu tranken wir kalten Lindenblütentee. Die Geschwister holten die kleinen Holzschemel aus der Küche, und gerade weil es dann um den Tisch herum sehr eng war, fand ich es besonders gemütlich. Die Petunien, die Mutter im Frühjahr in die Balkonkästen gepflanzt hatte, blühten in weiß, rosa und rot und dufteten um die Wette mit den bunten Wicken und den blutroten Pelargonien. Mutter zauberte jedes Jahr neu einen kleinen Garten vor unsere Fenster. Manchmal blieben wir draußen sitzen, bis es finster war. Es wurde erzählt oder gespielt. Meistens Halma, Mutter war darin Meisterin, und wenn die Brüder und meine Schwester sonntags oder abends ihre eigenen Wege gingen, sagte Mutter »Komm, wir spielen«. Vater rauchte und wir saßen dann vor dem Halmabrett oder wir spielten schnell einmal Mühle oder Dame. »Fang den Hut« oder »Mensch ärgere dich nicht« waren Spiele für die ganze Familie, leider kam das immer seltener vor, im Winter oder später, wenn die Brüder von der Front auf Urlaub kamen. Mit ihren Freunden spielten sie »Schach« und ich stand dann daneben und schaute zu, zum Mitspielen war ich noch zu jung. Mit Vater ging ich manchmal ins Ohlestrandbad. Er packte dann an so einem heißen Sonntagmorgen oder an einem warmen Abend in der Woche unsere Badesachen in seine Aktentasche, und los gings. Mutter kam nur selten mit, sie hatte Angst vor dem Sonnenbrand, den sie regelmäßig bekam, wenn sie einmal mit von der Partie war. »Bist du fertig?«, fragte Vater. Mutter brachte noch zwei Äpfel als Reiseproviant und dann marschierten wir von der Ernststraße bis zur Taschenstraße und dort entlang bis zur Tauentzienstraße. Diese führte immer geradeaus. Ich glaube eine Stunde lang, dann hatten wir die Stadt hinter uns. Das letzte Stück war es auch noch ziemlich heiß, aber die Hitze flimmerte mir nicht mehr so vor den Augen herum, der Wind wehte ein bißchen und die Pappelbäume rauschten. Später in die Stadt zurück war es schlimmer, das letzte Stück musste Vater mich hinter sich herziehen, weil ich immer müder wurde durch die Hitze um mich herum. Aber das Strandbad ließ alle Müdigkeit vergessen, wenn es in Sicht kam. Vater löste die Eintrittskarten und dann gings in die Umkleidekabine. Viel hatte ich sowieso nicht an und der grüne Badeanzug war schnell übergestreift. Vater hing die Sachen auf einen Bügel, der in der Mitte einen langen Stab hatte, mit dem er von der Badefrau auf eine hohe Leiste gehängt wurde. Wir bekamen eine Metallmarke, die wir nicht verlieren durften. Zunächst liefen wir über kurzgeschorenen, grünen Rasen und dahinter begann in ziemlicher Breite gelber Sandstrand. Vater breitete die mitgebrachte Decke aus und wir verspeisten erst mal den Apfel. Vater hatte seine schwarze Badehose an, die mir irgendwie nie so richtig gefallen wollte, denn wenn er aus dem Wasser kam, kringelte und klebte sie ihm um Bauch und Beine und er zog daran herum. Warum hatte er nicht so eine blaue Wollbadehose mit kurzen Beinen wie die Jungs? Fragte ich ihn danach, sagte er dann: »Meine gefällt mir ganz gut.« Nachdem wir uns etwas erholt hatten, gingen wir Hand in Hand ins Wasser. Vater achtete darauf, dass ich mich langsam abkühlte. Er selbst vollzog diese Handlung voller Bedachtsamkeit. Die Füße wurden erst im Wasser geschüttelt, dann ging er Schritt für Schritt tiefer und kühlte Beine, Bauch und Gesicht ab. Er sagte noch »Geh nicht zu tief rein, ich komm gleich zurück«, winkte mir zu und mit kräftigen Stößen seiner Arme und nicht zu überhörbarem Schnaufen schwamm er davon. Ich sah ihm nach, wie er sich durch die Menschen wand, die im Wasser herumschwammen, lachten, prusteten oder ruhig ihre Bahn schwammen. Ich konnte noch nicht schwimmen, aber das Wasser hatte für mich eine große Anziehungskraft. Ich probierte, wie weit ich hineingehen konnte. Dort, wo das Wasser mir bis zur Achselhöhle ging, blieb ich stehen und legte die Arme auf den Wasserspiegel und versuchte mit einem Bein auf dem sandigen Untergrund ein paar Schwimmbewegungen. Das Wasser glitzerte in der Sonne, es war kaum kühl, ich spürte den leisen Druck der Wellen, die das Wasser der Ohle stromabwärts der Oder zutrieben. Am Strand tummelten sich die Kinder mit Eimer und Schaufel, sie gruben Löcher und füllten sie mit Wasser. Sie warfen mit Sand herum oder bauten kleine Burgen. Manche spielten mit einem Ball. Ich setzte mich in das flache Wasser und spielte mit dem Sand herum. Vater kam zurück und holte mich. Er wollte mir Schwimmen beibringen, aber es klappte nicht. Eine Weile tat ich, wie er es wollte. Er streckte die Arme aus und ich legte mich darauf. Dann lief er langsam in das Wasser hinein bis zu den Holzplanken, die das Badegebiet von dem Fluss abgrenzten. Dann hielt ich mich selbst an den Planken fest und strampelte nach Herzenslust mit den Beinen, dass das Wasser schäumte. Regelmäßig folgte dann die andere Übung, ich sollte Rückenschwimmen lernen. Er legte mir die Hände unter den Rücken und ich sollte Schwimmbewegungen machen. Einerseits war es ein beruhigendes Gefühl, seine großen Hände unter dem Rücken zu spüren, aber das Gefühl, so wie er meinte, »Das Wasser trägt dich doch«, wollte und wollte sich nicht einstellen. »Na ja«, meinte er dann, »du wirst es schon noch lernen«. Eine Weile panschten wir noch im Wasser herum, dann war es Zeit zum Nachhausegehen. Mutter hatte sicher schon was Gutes zum Essen gemacht.

»Du sollst Gott mehr gehorchen ...«

In diesen Kriegsjahren gingen die Eltern sonntags sehr regelmäßig zum Gottesdienst, entweder zur Magdalenen-Kirche oder zur Elisabeth-Kirche. Mutter zog es vor allem in die Bernhardinen-Kirche, dort wurden Universitätsgottesdienste abgehalten, das heißt, die Professoren der Universität predigten dort. Aber in welcher Kirche auch immer, die Gottesdienste waren sehr gut besucht, die Menschen drängten in die Kirchen. Obwohl ich im Kindergottesdienst mehr verstand und dort auch mitreden konnte, ging ich doch lieber mit in den »Hauptgottesdienst«. Ich verstand zwar von der Predigt nicht viel, aber ich fand es einfach schön, die sonntäglich gekleideten Menschen zu sehen, ihre ernsten Gesichter zu betrachten und in der Kirchenbank zu sitzen. Der Gang des Gottesdienstes war ein Auf und Nieder von Tönen und Worten, die zwischen dem Altar und der Gemeinde hin- und hergingen. Der Altar befand sich sehr weit vorne in den hohen Kirchenschiffen und wurde überstrahlt von den großen bunten Kirchenfenstern. Vieles konnte ich von der Liturgie schon mitsprechen und die Lieder in Mutters großem Gesangbuch lesen und mitsingen.

Einmal sollte der Gottesdienst ganz anders verlaufen. Die Magdalenen-Kirche war voll besetzt, der Gang des Gottesdienstes wie immer. Der Pfarrer hatte sehr lebendig, fast erregt, seine Predigt gehalten. Der kleine, grauhaarige Mann bewegte sich sehr lebhaft auf der Kanzel hin und her. Schließlich sagte er laut und vernehmlich »Amen« und kniete in der Kanzel nieder. Da, was war das, erschienen hinter ihm nicht zwei Köpfe mit braunen Schildmützen? Der Pfarrer wandte sich um. Es gab einen Wortwechsel, von dem wir nichts verstehen konnten. Jedenfalls hob er den Arm und zeigte nach unten, er hatte wohl die Männer zurückgewiesen. Unten gab es noch einen Wortwechsel. Ein Raunen ging durch die Kirche, aber keiner wagte etwas zu tun. Schließlich gingen die Männer mit dem Pfarrer durch den Mittelgang aus der Kirche hinaus. Die Orgel begann zu spielen und die Gemeinde fiel mit dem angezeigten Lied mit Gesang ein. Alle standen auf. Aber es war alles so schnell gegangen, dass wir gar nicht begriffen hatten, was da eigentlich geschehen war. »Mutter, Vater, was war das?«, fragte ich draußen, als wir aus der dämmrigen Kirche in das volle Tageslicht getreten waren. »Sie haben ihn von der Kanzel geholt«, sagten sie beide tonlos. Eine Weile standen die Leute noch vor der Kirche, aber dann zerstreuten sie sich schnell und auch wir gingen eilig nach Hause.

Was hatte der Pfarrer nur gesagt? Etwas Verbotenes? Was war verboten zu sagen? Die Eltern versuchten, es mir zu erklären. »Der Pfarrer muss in seiner Predigt davon sprechen, wenn Menschen Unrechtes tun. Das hat er getan. Wenn nun auch im Staat und in der Politik Unrecht geschieht, so müssen die Pfarrer auch darüber reden.« Das hat der Pfarrer getan, aber sie wollen es nicht hören. Deshalb haben sie ihn geholt. Er gehört der »Bekennenden Kirche« an. »Wir auch?« »Ja, wir gehören zur Gemeinde.«

Unrecht, war der Nationalsozialismus Unrecht? Die anderen hatten doch mit uns Krieg gemacht. Ich fand es schön, in die Gruppe zu gehen. Ich war ein »Jungmädel«. Ich war ein deutsches Mädel und deutsche Mädel gingen in den BDM, das war nun mal so, obwohl ich auch gerne zur Jungschar ins evangelische Gemeindehaus gegangen war und bis zum Schluss Mitglied gewesen bin. Fräulein Zippel ist immer lustig gewesen, sie hatte mit uns gespielt und gesungen und kleine Geschenke mit uns gebastelt. Dabei hat sie uns Kindern immer geholfen. Zu Weihnachten gab es ein Weihnachtsspiel und die Eltern wurden eingeladen. Die einzige Not, die ich hatte, war, ich wollte einen Engel spielen, mit Goldhaaren und langem weißen Gewand, aber ich war zu groß. Da hatte es Tränen gegeben. Schließlich durfte ich ihn doch spielen. Ich musste vor der Krippe knien und da merkte ich, dass ich wohl doch besser zum Hirten gepasst hätte. Ja, dann war die Jungschar »verboten« worden. Im Gemeindehaus in der Tauentzienstraße durften sich Kinder und junge Leute nicht mehr treffen. Die »Jugendertüchtigung« wurde allein vom Staat durchgeführt. Na ja, die Gruppenführerin war ein junges Mädchen, die wir alle sehr nett fanden, und singen und basteln standen auch auf dem Programm, wenn wir uns trafen, »Antreten« hieß das. An einem Nachmittag in der Woche zog ich die Uniform an, dunkelblauen Rock, weiße Bluse, blaue Jacke und ging zu meiner Schule. Im Hof trafen sich dann die Gruppen. Wir mussten uns in Reih und Glied aufstellen. Die Gruppenführerin sagte unsere Parole und dann gingen wir im Gleichschritt in unseren Gruppenraum, in ein Klassenzimmer der Schule. Wenn wir uns sonntags trafen zum Aufmarsch am Ring, marschierten wir singend aus dem Schulhof hinaus. Bald kamen aus anderen Straßen ähnliche kleine Kolonnen, die sich dann wieder aufreihten, bis wir in langem Zug durch die Hauptstraßen zogen und auf dem Ring (der große Platz vor dem Rathaus) in Blöcken aufmarschierten und schließlich stehenblieben. Dann wurden Reden gehalten, von irgendwelchen Jungvolkführern, BDM-Führerinnen oder auch SA-Leuten in brauner Uniform. Neben uns im Block standen die Pimpfe, die Jungen vom Jungvolk. Sie hatten schwarze, kurze Hosen und braune Hemden an. Die größeren Jungen und Mädchen trugen um den Hemdkragen auch noch das Dreiecktuch und den Knoten; sie waren schon aufgenommen in die HJ (Hitlerjugend) oder den BDM (Bund deutscher Mädchen). Manchmal war das Ganze sehr erhebend, wenn sie so alle in den großen Blocks standen, dann die Hand hoben und »Sieg Heil« riefen. Dabei sollten wir an den Führer Adolf Hitler denken! Ich dachte an meine Brüder, denen wünschte ich besonders »Sieg Heil«. Andererseits fühlte ich mich in dieser Masse auch ziemlich verloren und alleine. Da ich sehr groß war, musste ich immer weit vorne marschieren, denn es ging genau nach Größe und die Mädchen um mich herum kannte ich nicht. Sprechen war verboten. Die Reden wurden mit Lautsprecher übertragen. Sie hallten über den Ring, große Worte, mit denen ich nichts anzufangen wusste. Dumpf ließ ich es über mich ergehen und war ganz froh, wenn wir wieder nach Hause marschierten. Aber ich war auch stolz, dass ich schon »dabei« sein konnte.

Vor allem beim Büchsensammeln war ich mit heißem Herzen dabei. Es wurde für das »Winterhilfswerk« gesammelt. Ein schönes Erlebnis, wenn die große Büchse schwerer und schwerer wurde, sodass ich sie mit beiden Händen halten musste. Zu zweien gingen wir die Straße entlang, klapperten mit der Büchse – die erste Mark musste von uns selbst sein – und riefen: »Bitte, eine Spende für das Winterhilfswerk«, dabei lachten wir die Leute an und hielten die Büchse vor sie hin. Manchmal gab es auch Anstecknadeln oder Blumen, zum Beispiel zum Muttertag, zu verkaufen. Voller Stolz wurde dann nach dem Geldzählen geprahlt, wie viel wir gesammelt hatten.

Für das »Winterhilfswerk« wurde nicht nur gesammelt, sondern auch gebastelt. Wir sammelten altes Spielzeug und besserten und putzten es auf. Mir hatte es besonders ein bunter »Kikerikihahn« angetan. Er war aus Holz und ehemals bunt bemalt. Die Farben waren abgeblättert und die Rädchen verbogen. Man konnte ihn nämlich an einer Schnur hinter sich herziehen. Meine ganze Aufmerksamkeit verwandte ich auf seine »Wiederherstellung« und malte mit Pinsel und Farbe sauber seine bunten Federn nach. Ich gab ihm neue schwarze Augen und auch der Kamm sollte wieder schön rot leuchten. Bei den Rädern war die Arbeit schon etwas schwieriger. Ich musste die Zange zur Hand nehmen. Na ja, nachdem ich mich mehr in die Finger gekniffen hatte, als dass die Räder gerade geworden wären, hatte ich es doch schließlich geschafft und der Hahn prangte in voller Schönheit. Er sollte in gute Hände kommen, das wünschte ich mir sehr. Auf dem Schlossplatz wurde kurz vor Weihnachten ein Markt abgehalten. In unserem Spielzeugstand bekam das Prachtstück einen schönen Platz, damit war ich sehr zufrieden. Im Ganzen fand ich aber diesen Weihnachtsmarkt ziemlich ärmlich und farblos. Überall nur diese Plakate, die auch am Bahnhof und an den großen Häusern hingen, mit der Aufschrift »Der Sieg ist unser« usw. Der große Weihnachtsbaum hatte keine Lichter und war so mit künstlichem Schnee bestäubt. Ein Karussell lief. Die Musik passte gar nicht zu Weihnachten. Aber »Tüppelmarkt« gab's ja nicht mehr, weil Krieg war.

Der Tüppelmarkt wurde auf dem Neumarkt abgehalten. In der Adventszeit standen dort viele Buden. Fiel Schnee, so versanken sie darin oder es bildeten sich kleine Schneewälle um sie herum. Alles war mit Kerzen und bunten Lampen geschmückt. In der Mitte des Marktplatzes befand sich der große Brunnen mit dem Standbild des »Heiligen Nepomuk«, genannt »Gabeljürgen«. In der Hand hielt er eine dreizinkige Fischgabel. Daneben stand der riesige Weihnachtsbaum mit vielen, vielen elektrischen Lichtern. Ein fröhliches Treiben fand zwischen den Buden statt, in denen Pfefferkuchen, allerlei Zuckerkram, Bratäpfel oder knallrote Zuckeräpfel und gebrannte Mandeln verkauft wurden. Und immer wieder dazwischen die Buden mit dem braunen Bunzlauer Keramikgeschirr. Sauerkrauttöpfe in allen Größen, auch zum Gurkeneinlegen geeignet, Milchtöpfe, Teller und Tassen, Schüsseln in allen Formen und sogar Puppengeschirr gab es dort, ein Kaffeeservice in weiß mit blauen Kringeln darauf. Ich besaß solch eins für meine Puppenküche. Männer mit Leierkästen schoben sich durch die Menschenmenge, unermüdlich drehten die Männer die Orgel und all die bekannten Weihnachtslieder tönten vielfach über den Platz. Vom vielen Laufen, Schauen und Stehen waren die Füße wohl kalt geworden, aber ich merkte es nicht so sehr, wenn ich mit Mutter die Herrlichkeiten ansehen konnte. Manches wurde gekauft, um damit den Geschirrbestand in der Küche wieder aufzubessern. Zu Hause angekommen, klopften wir uns den Schnee und ein paar Strohhalme vom Mantel ab, die beim Wühlen in den Buden – das Geschirr war in viel Stroh verpackt worden – an uns hängen geblieben waren. Mutter machte heißen Kakao und goss ihn in die neuen »Tüppel« (Töpfchen), so nannten wir die großen, braunen oder schön bemalten Frühstückstassen. Die kalten Hände um die Tüppel gelegt, kehrte das Leben wieder in die erstarrten Hände zurück.

Dann kam Weihnachten. Die Tage waren immer kürzer geworden, nachmittags um vier Uhr war es schon dunkel. Die Verdunklungsrollos wurden deshalb schon sehr früh heruntergezogen. An Heiligabend ging das Raten los, würde es noch schneien, wenn der Winter einmal spät kam. Meistens war es dann auch so. Am Nachmittag wurde in der Stube der Baum geputzt. Waren die Jungen zu Hause, im Krieg war es aber nur einer von beiden oder auch keiner, so ging es dabei hoch her, denn alles wurde nach genauen Vorstellungen und den entsprechenden Schönheitsidealen ausgeführt. Ich hatte dabei wenig zu tun, denn meine Ansichten über einen Weihnachtsbaum wurden zwar wohlwollend zur Kenntnis, aber natürlich nicht ernst genommen. Ich durfte das Lametta anreichen. In den Weihnachtstagen danach arbeitete ich ihn dann nach meinem eigenen Geschmack ein wenig um, das stieß zwar auf Missfallen seitens meiner Geschwister, aber ich hatte dann meine Wünsche doch durchgesetzt.

Im Anschluss an diese große Arbeit brachte Mutter einen Korb voll frischer Semmeln und ein Stück Butter in die Stube und wir stärkten uns für den Kirchgang. Die riesigen Tannenbäume am Altar, der Geruch von vertropftem Kerzenwachs, die brausende Orgelmusik, der Chor- und Gemeindegesang »O du fröhliche ...« brachten erst die rechte Weihnachtsstimmung, und dazu gehörte auch der Heimweg durch die dunkle Stadt. Während wir in der Kirche saßen, bereitete Mutter das Abendessen vor. Es würde wieder einige Stunden dauern, Mutter hatte gut vorgesorgt. Sie stand schon seit dem frühen Morgen mit hochrotem Gesicht vor dem Ofen in der Küche.

Dank Tante Martha waren auch die Weihnachtstage im Krieg nicht so ganz armselig für uns. Den Karpfen gab es als »Weihnachtszuteilung«, Rauchfleisch befand sich im Paket, desgleichen frische Butter, Backobst und Mohn. Sauerkraut hatten wir selber im Topf im Keller. So war der Speisezettel noch recht ansehnlich. Meistens gab es erst den Karpfen, gekocht, mit brauner Butter begossen, es folgten Rauchfleisch mit Backobstsoße, Sauerkraut und Kartoffelklöße (Schlesisches Himmelreich). Diesen Gang ließ ich aber regelmäßig an mir vorbeigehen, er war für mich ein Graus. Karpfen aß ich gerne, auch die Weißwürste und die Wiener, die darauf folgten. Den Abschluss bildeten die Mohnklöße, ein Auflauf aus gequetschtem Mohn, Rosinen und Mandeln, geschichteten Semmeln und mit heißer Milch übergossen. Das schmeckte so schön süß und matschig und die Rosinen und Mandeln wollten gut gekaut sein, bis sie ihren schönen Geschmack im Mund verteilten. Eigentlich war ich schon wohlig müde von dieser Arbeit, alles im Magen zu verstauen. Aber es war so friedlich, wenn alle um den großen Tisch in der Stube saßen und Mutter mit dampfenden Schüsseln aus der Küche kam und sie auf dem Tisch absetzte. Später wurde die Weihnachtsgeschichte vorgelesen, Lieder gesungen und schließlich brannten die Kerzen, das Glöckchen klingelte. Voller Erwartung verließ ich die Fußbank, um zu sehen, was da auf dem Tisch aufgebaut war. Meistens waren es praktische Sachen, die ich brauchte und hin und wieder ein Spiel, eine Kette mit Anhänger oder Puppenkleider, die Mutter selbst genäht oder gehäkelt hatte. Einmal wurde mir vor der Tür ein neues Kleid angezogen und meine Schwester bestand darauf, mir dabei die Augen zuzubinden, was mir gar nicht gefiel. Ich hatte auch an die anderen gedacht und mein Taschengeld geplündert. Kleine Sachen hübsch verpackt, legte ich den Großen auf ihren Platz. Traurig war das alles für mich nie gewesen, trotz aller Widersprüche, die zwischen dem, was ich bei den Jungmädeln in der Gruppenstunde gehört hatte oder in der Schule über den Sinn des Weihnachtsfestes gesagt bekam und dem Krieg mit seinen Traurigkeiten. Für mich war Jesus geboren im Stall zu Bethlehem, und während die Großen noch bei den brennenden Kerzen saßen, ließ ich meinen kleinen, weiß angemalten Holzengel, den Werner mir mal mit der Laubsäge ausgesägt hatte, bei der Krippe spazieren gehen und meine Augen und meine Gefühle unterhielten sich mit den Hirten und all den Figuren aus der Weihnachtsgeschichte, die da vor der winzigen Krippe aufgebaut worden waren. Die Welt war für mich in Ordnung, auch wenn ich manchmal den Kopf in Mutters Schoß legte, weil sie verweinte Augen hatte.

Das Frühjahr kam, die Sonne schien so stark in die Fenster, dass alle Schneekrusten auf dem Fensterbrett und auf dem Balkon dahinschmolzen und in vielen Rinnsalen fortliefen. Die Schneewälle in den Straßen wurden kleiner und kleiner, bis diese frei und wieder trocken waren. Eines Tages wurden wir in der Schule in die Aula gerufen. Der Direktor erklärte uns, dass die Schulen geschlossen werden sollten, wegen der zu erwartenden Luftangriffe. Wir schrieben inzwischen das Jahr 1944. Es wurde uns gesagt, dass die Klassen mit allen Kindern in Heime verlegt werden sollten, die in einer gewissen Entfernung von der Stadt lagen. Die Eltern könnten uns dort besuchen, aber wir dürften nicht mehr in die Stadt zurück. Dies alles sei zu unserem Schutz, der in der Stadt nicht mehr gewährleistet sei. Wir Kinder seien das höchste Gut im Volk und wir müssten auf jeden Fall geschützt sein. Damit konnte ich natürlich nichts, aber auch gar nichts anfangen. Von zu Hause fort? Alleine? Ich stürmte nach Hause. Sprudelnd brachte ich die Neuigkeit aus mir hervor. Mutter überlegte, »Nein, nein, das machen wir nicht. Du kannst nach Wüstewaltersdorf gehen, da bist du genauso sicher. Aber warte, ich hab' in Waldenburg eine Freundin, die Hanke-Friedel, die lebt in ihrem Haus alleine, weil ihr Mann gestorben ist. Die können wir fragen.« Bald kam die Antwort, ich durfte zu ihr kommen.

Waldenburg

Schweren Herzens wurde der Koffer gepackt, nun nicht für die Ferien, sondern für eine Zeit, die unbestimmbar war. Eigentlich unverständlich, denn Luftangriffe hatte es bisher noch nicht gegeben, bis auf »kleinere nächtliche Besuche« durch russische Kampfflugzeuge, die über der Stadt »Christbäume« und einige Sprengbomben abgeworfen hatten. Sicher, verängstigt waren wir, denn Fliegeralarm gab es bei uns auch, wenn in Berlin die Bomben fielen. Dann saßen wir stundenlang im Keller, aber schließlich kam doch immer wieder »Entwarnung«.

Die Fahrt ging vom Freiburger Bahnhof ab. Meine neue Heimat wurde nun das hübsche Haus am Idaschacht mit dem großen Garten und Tante Friedel meine mütterliche Freundin, der ich bald mein volles Vertrauen entgegenbrachte. Sie war die Schwester des Gastwirts vom »Deutschen Haus« in Wüstewaltersdorf und somit Mutters ehemalige Nachbarin, ehe die Mädchen heirateten. Das Jahr 1944 verlebte ich sehr friedlich in diesem schönen, großen Einfamilienhaus. Ich lernte viel Neues kennen, ging zur Schule und war auch eine gelehrige Schülerin, wenn ich Tante Friedel im Haushalt half. Ich hatte ein Zimmer für mich ganz alleine, was ich wunderbar fand. Geordnet und ruhig nahmen die Tage ihren Lauf. In der Schule fand ich neue Freundinnen, mit denen ich allerlei lustigen Spektakel machen konnte. Es fehlte mir an nichts.

Zu Hause war immer etwas los gewesen, die Familie war ja groß, dazu kam Vaters Betrieb. Hier war ich mit Tante Friedel allein, das heißt, sie hatte zwar noch einen Untermieter, der auch mit der Zeit richtig zu unserer kleinen Familie gehörte. Er hieß Boris und war von Beruf Diplom-Ingenieur bei I.G.-Farben. Er stammte aus Weiß-Russland, seine Sprache war etwas schwerfällig, aber er sprach gut Deutsch. Einige Häuser weiter wohnte sein Freund Nikolajew. Während er ein verschlossener Mensch war, mit dem ich nicht viel anzufangen wusste, war Boris für mich ein angenehmer Mensch, den ich bald ins Herz geschlossen hatte. Über einem, hellen offenen Gesicht saßen gutgeschnittene mittelblonde Haare, der volle Mund war von einem Bärtchen verdeckt und mit seinen großen blauen Augen sah er freundlich lächelnd die Menschen an. Kam er abends nach Hause, klopfte er höflich an die Tür, um sich die Tageszeitung zu leihen. Meistens sagte dann Tante Friedel: »Kommen Sie doch herein und setzen Sie sich zu uns.« Jeden Abend dasselbe Spiel. Schüchtern stand er in der Tür und wurde ganz rot im Gesicht und sagte: »Ja, danke.« Umständlich und ein bisschen steif setzte er sich. Aber bald war die Schüchternheit verschwunden und die Unterhaltung wurde lebhaft. Im Sommer hatte Tante Friedel Beeren und Pudding für ihn oder frischen Saft oder sonst irgendeine Schleckerei. Sie sagte dann: »Er ist so weit fort von zu Hause, wir müssen ihn ein bissel verwöhnen.«

Einmal erzählte er, dass seine Mutter sicher sehr traurig sei, da sie ja durch den Krieg nichts mehr von ihm hörte. Ich glaube, er stammte aus Kiew. Dort studierte er auch. Die Deutschen hatten dort ein Zweigwerk von I.G.-Farben aufgebaut und er hatte dort schon unter deutscher Leitung gearbeitet. Sie waren zu Hause sehr arm und die Eltern taten alles, damit er studieren konnte. Als dann der Krieg kam, musste er mit der deutschen Werksleitung weggehen oder fliehen. Seine Mutter, klein mit einem Kopftuch, hatte weinend in der Tür gestanden und ihm nachgesehen. Dies könne er nie vergessen. Dabei wurden seine sonst so fröhlichen Augen traurig. Sein Vater sei stolz auf ihn gewesen, aber irgendwie gefiel es den Eltern doch nicht so ganz, dass er sich so an die Deutschen angeschlossen hatte. Seinem Freund, dem Nikolajew, sei es ähnlich gegangen. Aber sie seien ja jung und hätten Hoffnung.

Die Unterhaltung mit uns verhalf ihm dazu, immer besser Deutsch zu sprechen. Hin und wieder mussten wir ihn zwar verbessern, wenn er etwas falsch sagte. Das war ihm sehr peinlich und seine Bäckchen färbten sich dann rot bis zu den Ohren. Mir machte diese Gesichtsveränderung immer Spaß und ich betrachtete ihn dann unverhohlen aufmerksam. Einmal hatte er in der Zeitung gelesen, dass Deutschland jetzt gegen England die V-Waffen einsetzte. Er war ganz aufgeregt und sagte: »Frau Elis, die Deutschen haben die englische Küste beschießen!« Für einen Moment sahen Tante Friedel und ich uns an, dann brachen wir in schallendes Gelächter aus und konnten uns fast nicht mehr beruhigen. Boris wurde immer verschämter und sein Gesicht immer röter. »Was habe ich falsch gesagt?« Wir erklärten es ihm. Jetzt war das Lachen auf seiner Seite. Wir waren richtig müde geworden vom vielen Lachen. Aber eigentlich war es richtig gemein von uns, und so entschuldigten wir uns auch bei ihm.

Im Sommer, als die Abende lang und hell waren, half er im Garten oder er ging ins Wohnzimmer und spielte Klavier. Mein Zimmer lag genau über dem Wohnzimmer. Das waren besonders schöne Stunden. Da ich einen weiten Schulweg hatte, durfte ich nicht so spät ins Bett gehen. Wenn ich maulte, sagte Boris: »Geh nur, ich spiel Klavier.« Dann konnte ich schnell ins Bett schlüpfen. Mit offenen Augen lag ich in meinem Bett, draußen war es ganz still. Nur hin und wieder hörte man Gesprächsfetzen und Lachen aus den umliegenden Gärten. Das Fenster stand offen, die langen, weißen Gardinen blähten sich ein bisschen, es duftete nach der Rosenhecke vor dem Haus und den grünen Reseden, die unscheinbar zwischen den Sommerblumen auf dem Beet blühten. Ein Weilchen musste ich warten, dann begann er unten zu spielen. Zuerst ruhig und leise, so als traute er sich nicht in die Tasten zu greifen, dann klang es immer wärmer und voller, bis sich der Raum von der Musik füllte und schließlich bis zu mir ins Zimmer drang. Silbrig fließend, auf- und abwogend, mit kleinen Pausen dazwischen lief die Musik über mich hin, trug mich in eine Welt von Süße und Traurigkeit, Wohlgefühl und Wärme. Ich gab mich willig hin, bis mir die Augen zufielen. Manchmal spielte er auch sonntags, dann stand ich neben dem Klavier und schaute auf seine Hände, die feingliedrig und doch kräftig in die Tasten griffen. Das meiste spielte er auswendig. Sein Gesicht war verschlossen, ich konnte ihn nicht ansprechen. Hörte er auf, so saß er noch eine Weile da, als lauschte er den Tönen nach. Ich fragte ihn: »Was spielen Sie da?« »Chopin, Chopin, Chopin«, er sah mich an und seufzte.

Für mich war er ein Fremder, der mir nicht fremd blieb. Ein Russe, ein Mensch, mein Freund? Nur manchmal dachte ich darüber nach. 1945 floh er mit seinem Freund in den Westen.

Hin und wieder hatten wir Besuch von einer alten Freundin, Frau Wachsmann. Schlohweißes Haar rahmte ein feines Gesicht mit hellen Augen ein. Die etwas singende Stimme passte gut zu der schlanken, grazilen Gestalt. Sie war Tänzerin und hatte am Markt in Waldenburg eine Tanzschule. Sie war immer lustig und vergnügt, trotz ihres Alters. Sie wusste so viel zu erzählen, dass ich nie den Eindruck hatte, einer alten Dame gegenüber zu sitzen.

Tante Friedel besuchte sie auch, wenn wir in der Stadt etwas zu tun hatten. Am Marktplatz unter den Arkaden wohnte sie. Über eine steile, dunkle Treppe gelangten wir in ihre Wohnung, die für mich wie ein Museum wirkte. Die Zimmer waren mit dunklen Mahagonimöbeln und grünen Polstermöbeln eingerichtet. Vasen, Decken, kleine Figuren und Schalen standen zur Zierde an ihrem Platz und machten die Räume lebhaft und wohnlich. Es roch nach Sauberkeit und Frische. Wenn es irgend möglich war, entwischte ich den beiden Damen und lief in das Schulzimmer. Ein großer, heller Raum, der Holzboden spiegelglatt gebohnert. Unter der Wachsschicht war die schöne braune Holzmaserung zu sehen. Es roch nach Wachs, manchmal auch nach welken Blumen. Vor den Fenstern stand ein schwarzer Flügel, an der langen Wand eine Reihe von kleinen, runden Hockern und an der anderen Wand ein Geländer. Ich setzte mich auf eines der kleinen Stühlchen und stellte mir vor, wie hier die Tänzer und Tänzerinnen auf dem spiegelblanken Boden hin und her tanzten. Das musste herrlich sein, dazu die Musik, die jemand auf dem Flügel machte. Ich träumte von duftigen, hellbunten Tanzkleidern und leichten Schuhen oder auch von kleinen und großen Ballerinen, die mit ihren Ballettschuhen an dem Geländer standen und Spitzentanz übten. Wachte ich aus meinen Träumereien wieder auf, weil sie mich riefen, dachte ich: »Für mich ist Tanzen wohl nichts.« Ich seufzte dann ein bisschen in mich hinein. Ich fühlte mich immer schwerfällig und plump. Mein Bruder hatte immer gesagt: »Dicke Knie hat sie und rotzfrech ist sie.« Ich fühlte mich eher meiner kleinen Babypuppe mit den dicken, ausgestopften Beinchen verbunden, von der mein Bruder sagte: »Die Puppe mit den Elefantenpöt.«

Trotzdem, Tanzen musste was Herrliches sein, Musik hören und sich dazu bewegen. Manchmal, wenn ich alleine war, machte ich das Radio an, in der Hoffnung, sie spielten Tanzmusik. Dann schloss ich die Augen und drehte und wendete mich und vergaß meine dicken Knie.

Das Weinglas

Kurz vor Weihnachten 1944 fiel unglaublich viel Schnee. Der Winter wurde kalt und hart. Der Krieg hatte Formen angenommen, die Angst machten. Rückschläge auf Rückschläge folgten und unsäglich viele Tote und Verwundete waren zu beklagen. All die übermenschliche Arbeit der Frauen zu Hause konnte das alles nicht verbessern, was Zerstörung und das Kriegsgeschehen angerichtet hatten. Schon längst hatten wir Bedenken, ob wohl die Päckchen und Briefe, die wir alle regelmäßig an die Jungs schickten, überhaupt angekommen waren, denn in den Nachrichten wurde inzwischen bekannt gegeben, dass sich die deutschen Truppen auf dem Rückzug befänden, um die Landesgrenzen gut und fest zu verteidigen. Wir hielten den Atem an, der »Totale Krieg« wurde ausgerufen, es musste noch mehr gespart, verzichtet und gearbeitet werden. Die Lebensmittel waren sehr knapp. Vom Werner hatten wir lange nichts mehr gehört. Es hieß, ganze Marineeinheiten seien zur Landverteidigung bei der Invasion an der holländisch-belgischen Küste eingesetzt worden. Die V-Waffen sollten zwar die Entspannung bringen, denn mit ihnen wurden die englischen Küstenstädte bombardiert und hatten wohl auch auf der Insel beträchtlichen Schaden angerichtet, so würden auch die Engländer bald geschwächt sein.

Mutter hielt es für richtiger, wenn ich das Fest zu Hause feiern würde. So brachte mich Tante Friedel zum Zug nach Breslau, schweren Herzens, aber Mutter hatte geschrieben, auch wenn etwas passieren sollte in diesen Tagen, so war es wohl gleichgültig, wo ich mich befand. So erlebte ich überfüllte Züge, voll mit Menschen, die vor den Bomben flohen. Verwundete Soldaten, verschmutzt mit

Armbinden oder verbundenen Köpfen, an Krücken humpelnd. Dazwischen auch zuversichtliche Menschen, die es nahmen, wie es kam. Aber über allem lag es wie eine Lähmung. Hatte der Tag noch eine Ordnung, so wurden die Menschen ihr gerecht. War diese Ordnung zerstört, so suchten die Menschen Schutz und Hilfe, und diese war mehr oder weniger bei uns in Schlesien noch zu finden. Viele konnten trotz aller Wirrnis hier wieder einmal eine Nacht lang durchschlafen, ohne in irgendwelche Keller stürzen zu müssen oder durch brennende Straßen zu flüchten. Die Kinder konnten zur Schule gehen, mehr oder weniger regelmäßig. Auch wenn sich jetzt in Breslau und in Waldenburg der Fliegeralarm häufte, und wir sogar am Tage von der Schule aus in den Bunker laufen mussten. Oft sahen wir am Himmel die Geschwader ziehen. Aber sie flogen in großen Höhen und es war nicht zu vermuten, dass sie nochmals herunterkommen würden. Ihre Bombenlast war schon abgeladen, entweder an der immer näher kommenden Front oder in den mitteldeutschen Städten. »Am Golf von Biscaya ...« sangen wir Schulkinder, wenn wir im wenig beleuchteten Bunker auf schmalen Holzbänken saßen und dem Wasser zusahen, das an den Felswänden herunterrann und unter den Bänken als kleiner Bach dahinfloss. Der Bunker war nämlich als Stollen in den Berg getrieben.

Meine Schwester wurde mit anderen zusammen zum Ausheben von Schützengräben verpflichtet. Sonntags fuhren sie mit Lastwagen an die Grenze. Völlig erschöpft von der schweren, ungewohnten Arbeit kam sie abends wieder. Sie wurde krank davon, es war Rheumatismus, der ihre Beine lähmte.

Nun sollte es wieder Weihnachten werden. Konnten wir noch feiern? Mutter beschloss, es sollte sein wie immer, jedenfalls der Familientradition nach; Kirchgang, Abendessen, Bescherung und Weihnachtsbaum. Wir hatten noch einige Kerzen vom vergangenen Jahr übrig behalten. Meine Schwester kam auf die Idee, sie mit dem Messer durchzuschneiden, und wenn wir sie nicht all zu lange brennen lassen würden, könnten wir sie an Silvester noch mal anzünden.

Es muss am Tag vor Weihnachten gewesen sein. Wir saßen in der Küche beim Mittagessen, da hörten wir die Wohnungstür gehen. Wir schauten uns an, wer hatte einen Schlüssel zu unserer Wohnung? Schritte kamen durch den Flur, die Tür öffnete sich und Werners Gesicht schaute herein. Großes Hallo, »Wo kommst du her?« »Komm setz dich.« Fast wollte er sich nicht setzen. Groß und schlank, das feine Gesicht noch schmaler und ernster als beim letzten Urlaub, die Offiziersuniform dunkelblau und sehr gepflegt – so stand mein Bruder in der Küche. Ich glaube, Mutter gab ihm schnell etwas zu trinken. Er müsse gleich wieder weg, er habe sich von einer Veranstaltung in der Jahrhunderthalle fortgestohlen. Sie seien mit dem Flugzeug gekommen, weil der Führer alle Offiziere sehen und sprechen wollte. Wenn es rauskäme, würde er »an die Wand gestellt«, aber er wollte uns sehen, er hätte es tun müssen. Wo er denn jetzt eigentlich sei, wollten wir wissen. Ja, in Holland, wo, dürfe er nicht sagen. Es sei ein gefährliches Leben. Viele der Kameraden seien schon von Partisanen erschossen worden. Schiffe gäbe es nicht mehr, die »Invasion«. Wir nickten, wir hatten die Nachrichten gehört. Ob der Krieg noch zu gewinnen sei? Er wisse es nicht. Die V-Waffen wären wohl schon zu spät gekommen. Ob wir wohl was vom Reinhard wüssten? Nein, lange nichts gehört. Mutter hatte wieder die roten Augen. Mir fiel auf, dass sie im Gesicht sehr schmal geworden war. Die braunen Haare lagen sehr fest um ihren Kopf, keine Welle und auch kein lustiger Kringel, wie sonst, wollte sich daraus lösen. Auch Vater sah schlecht aus. Ich wusste, er hatte Magengeschwüre. Sie hatten ihn schon nachts in den Keller getragen, wenn Fliegeralarm war und er gerade gebrochen hatte. Wir schwiegen lange. »Und Usch?«, fragte er. »Wir wollen doch im Mai Verlobung feiern, habt ihr schon gespart?« »Ja, ich habe schon einigen Vorrat im Keller, wir müssen halt sehen, ob es reicht«, sagte Mutter ganz lebhaft. »Ach, wenn nur der Winter wieder vorbei wäre, dann ist vieles leichter, aber der Krieg hört nicht auf und alles geht zuschanden.« Wieder tiefes Schweigen. »Ursulas Vater ist sehr krank, er hat Zucker. Usch und Ruthel gehen viel ins Krankenhaus, um ihn zu besuchen. Aber in der Woche ist sie in Öls.« »Ja, ja, ich weiß, die Post geht immer sehr lange.« »Was heißt ›OU‹ auf deinen Briefen?« »Ortsunterkunft.« »Was ist das?« »Darf ich nicht sagen, wir sind halt an Land, nicht mehr auf dem Schiff.«

So ging es eine Weile hin und her. Er stand auf. Er lief ganz kurz durch die Zimmer. Dann zog er den Mantel gerade, den er gar nicht ausgezogen hatte. »Ich muss jetzt gehen«, sagte er und sah uns an. Wir waren ihm in den Flur gefolgt. Mutter strich ihm eine Fussel vom Kragen und sah ihn an. Schnell gab er ihr einen Kuss. Vater reichte ihm die Hand. Es schien, als wenn die Hände sich gar nicht wieder loslassen wollten. Mutters und Vaters Augen waren so groß und es war so still zwischen uns. Meine Schwester bekam einen Puff und ein Küsschen. Ich musste fast lachen, weil ich es immer komisch fand, wenn sich die Geschwister küssten. Dann sah er mich an mit seinen blauen Augen, dabei setzte er schon die blaue Mütze mit dem blanken Schild und der silbernen Kordel wieder auf. Er hielt mich an den Schultern. »Mach's gut Moritz, und bleib tapfer! Wie groß du schon bist.« Küsste er mich? Ich weiß es nicht mehr, mein ganzer Körper war starr. Wie durch einen Schleier hindurch sah ich, wie er stramm stand, die Hand an die Mütze legte, salutierte, die Lederhandschuhe anzog, für einen kurzen Moment unschlüssig aufsah, aber dann doch sehr schnell die Flurtür öffnete, hinaustrat und sie ins Schloss zog. Während wir noch im Flur standen, hörten wir ihn mit eiligen Schritten und in seiner gewohnten Weise die Treppe hinablaufen. Dann fiel unten die Haustür ins Schloss, die ein wenig knarrte. Dann war es ganz still. Wir setzten das Mittagessen fort, aber keiner sprach ein Wort. Jeder hing seinen Gedanken nach. Morgen war Weihnachten. Tapfer wurde alles vorbereitet, wie immer. Ich war bekümmert, auch wenn der Abschied mich immer noch beschäftigte. Mutter hatte sogar Streuselkuchen gebacken und wir durften an Heilig Abend schon welchen zum Kaffee essen, weil es keine Semmeln mehr gab. Vom Fliegeralarm blieben wir verschont. Aber wir wussten, die Front war schon in Polen, und heimlich kroch die Angst in uns hoch, ob denn wohl die Grenze vor dem Russen noch zu halten sei. Aber darüber gesprochen wurde wohl nicht. Die Tage nach Weihnachten gingen schnell vorbei.

Silvester: Am anderen Morgen schrieben wir das Jahr 1945, dann dauerte der

Krieg schon fünf Jahre, es war nicht auszudenken. Wir schauten in die Kerzen, die bis zum letzten Krümel ausgebrannt waren. Wir knipsten auch dann noch nicht sofort das Licht an, denn die letzten Funken glühten noch und es roch nach warmem Wachs und angesengten Tannennadeln. Mutter war leise aufgestanden, um aus der Küche einen Topf mit Punsch zu holen. Rotweinpunsch. Auf dem Tisch stand ein Körbchen mit den letzten Pfefferkuchen, Mutter hatte sie schon an Weihnachten vor uns versteckt. Die Weingläser standen bereit, denn gleich war es 24 Uhr, das neue Jahr wollten wir mit einem Glas Punsch begrüßen. Überhaupt, wo Mutter den Rotwein hergezaubert hatte, ist ihr Geheimnis geblieben. Auf dem Tisch stand eine Lampe. Die Jungen hatten sie einmal selbst gemacht. Der Schirm hatte Blumen- und Tiermotive, die mit der Laubsäge aus Holzplatten ausgesägt worden waren, hübsch bespannt mit orangefarbener Seide. Sie warf ein warmes Licht über den Tisch. Alle hatten inzwischen ein Glas Punsch in der Hand und es wurde noch kurz beraten, ob ich auch schon Punsch trinken dürfte. Mutter nickte, »Ausnahmsweise, weil heute Silvester ist.« Die Wohnzimmeruhr begann zu schlagen, wir zählten in Gedanken mit. Vor Aufregung zitternd nahm ich das Glas in die Hand, dabei muss ich wohl an den Fuß der Lampe gestoßen sein. Plötzlich zerbrach das Glas und der rote Punsch ergoss sich über die weiße Damasttischdecke. Zwölf Schläge waren verhallt. Ich sah nichts und hörte nichts, was um mich geschah. Ich starrte auf den dunkelroten Fleck auf dem weißen Tischtuch. Wie Blut, dachte ich. Jemand sagte, »Der schöne Punsch! Konntest du nicht aufpassen?« Mutter nahm Tischtuch und Glasscherben weg und legte die Tagesdecke auf. Ich musste den roten Fleck nicht mehr sehen. Ich konnte mich mit Pfefferkuchen trösten. Ich zog mich in die Sofaecke zurück und die anderen, Mutter, Vater und meine Schwester, tranken ihren Punsch aus. Dann legten wir uns schlafen.

Ein paar Tage später fuhr ich zurück nach Waldenburg, die Schule hatte wieder begonnen.

Aber so recht ging es nicht mehr weiter mit der Schule. Oft wurden wir wieder nach Hause geschickt, weil es zu kalt war oder weil wieder Fliegeralarm erwartet wurde. Zum Nachhausegehen nahm ich mir viel Zeit. In der Stadt gab es viel zu sehen. Ganze Kolonnen, Flüchtlingstrecks, fuhren durch die Stadt. Das sollten Ungarndeutsche sein, die sich vor der herannahenden Front gerettet hatten. Leiterwagen und Kutschen waren mit Pferden und Ochsen bespannt und unter den Zeltplanen schauten Kisten und Kasten hervor. Einmal sah ich eine geschnitzte Wiege, hinten mit Stricken fest angebunden, damit sie nicht herunterfallen konnte, und drinnen schrie ein Baby. Zu sehen war es nicht, so fest war es eingewickelt. Die Frauen saßen auf den Wagen oder in den Kutschen und die Männer liefen daneben her und führten die Tiere. Aus irgendeiner Kiste gackerten Hühner, und manchmal war auch hinten an den Wagen eine Kuh angebunden, der man die Strapazen des langen Marsches ansah. Die Frauen hatten lange schwarze Röcke an und dicke Tücher um den Kopf gebunden. Sie sprachen Deutsch mit fremdem Akzent. Die Männer trugen auf dem Kopf große, schwarze Hüte. Hübsch sahen sie aus. Aber wo sie hin sollten, wusste wohl so recht keiner. Sie waren losgefahren durch die Tschechoslowakei hindurch und bergauf in die Sudeten. Ob wir auch noch flüchten mussten? Wohin? Deutschland war von Feinden eingekreist. Die Flüchtlinge erzählten furchtbare Dinge.

Bei Tante Friedel im Haus war es friedlich. Ich ging nachmittags sogar noch mit der Hannelore, die aus Ludwigshafen wegen der Bomben hierher evakuiert worden war, und der Tochter von Kohlheims zum Schlittenfahren rauf zum Schillerberg. Wild, voll jugendlicher Lust tobten wir mit dem Sportschlitten über die verschneiten Hänge. Einmal verloren sie mich. Ich purzelte in eine tiefe Schneewehe. Als ich aufstand, waren sie schon im Tal, und meine schöne blaue Skihose hatte ein großes Loch. Oh weh! Mühselig steckten wir es mit zwei Sicherheitsnadeln zusammen. Tante Friedel lachte, da fiel mir ein Stein vom Herzen. Was sollten wir auch machen? Aus Breslau kam keine Post mehr. Ich begann mich zu ängstigen. Die Russen hatten Ende Januar die deutsche Grenze überschritten, in Oberschlesien wurde gekämpft. Schon hörten wir, IG-Farben in Öls sei zu Schutt und Asche bombadiert. Aus Oberschlesien kam jetzt ebenfalls ein Flüchtlingsstrom in die Berge gerollt. Breslau war zur Festung erklärt worden und alle Männer bis zu 70 Jahren und Jungen im Alter von 15 Jahren bekamen einen Gestellungsbefehl für den »Volkssturm«. Auch aus unserer Nachbarschaft mussten die Männer gehen. Sie hatten eine Kurzausbildung mitgemacht, bei der sie das Schießen lernten. Ausgerüstet wurden sie mit alten, erbeuteten Gewehren, die sie selbst »schussfähig« machen sollten. Eines Morgens, wir standen bei Eiseskälte im tief verschneiten Garten, um das ungewöhnlich, fast dunkelrot glühende Morgenrot zu beobachten, sahen wir einen Trupp die Straße hinab marschieren. Selbst mir schienen sie zu wenig und lächerlich primitiv ausgerüstet zu sein. Die Leute munkelten, dass wir wohl den Krieg verlieren würden. Manche hörten heimlich den englischen Sender. Dieser war zum Teil so laut, dass er das deutsche Programm störte.

Warum bekam ich nur keine Post mehr von Zuhause?

Jeden Tag rannte ich dem Briefträger entgegen. Wieder nichts dabei. Er schüttelte schon immer den Kopf und sah mich ganz traurig an. Der Winter war hart und sehr kalt, es war, als wenn die Russen ihren sibirischen Winter vor sich herschicken würden.

Eines Tages, als ich gerade wieder nach dem Briefträger Ausschau hielt, ich stand hinter dem Glasfenster der Haustür, klinkte eine kleine, pummelig verpackte Gestalt mit heruntergezogener Mantelkapuze die Gartentür auf. Zuerst erkannte ich sie nicht. Dann sah ich, es war meine Schwester. Ich riss die Haustür auf und wir sanken uns in die Arme. Vier Wochen hatte ich gewartet. »Wir haben aber geschrieben«, verteidigte sie sich. Als sie in der Küche saß und die nassen Sachen ausgezogen hatte, erzählte sie. »Es ging alles Hals über Kopf.« Abends sei sie noch zu Nachbarn gegangen, um dort etwas zu holen, weil Fliegeralarm gewesen sei. Da hatte sie gemerkt, dass keiner da war, darüber sei sie sehr verwundert gewesen. Als sie dann alle zum Keller gegangen wären, seien nur wenige Leute die Treppe heruntergekommen. Da hätte eine Frau ganz laut gerufen: »Sie sind alle fort, geflüchtet aus der Stadt.« Entsetzt hatten sie sich angesehen. Ja, ja, in den Borsig-

Werken in Hundsfeld wäre schon vor Tagen begonnen worden, die Werkseingänge zu verbarrikadieren und mit Sandsäcken zu schützen. Am Feierabend hätten sie leise gesagt: »Als ob das noch helfen würde!« Laut durfte man es ja nicht sagen. Da waren sie wieder zu sich in die Wohnungen gegangen, um zu packen und auch der Großmutter beim Packen zu helfen. Vater hatte tags zuvor auch schon einen Gestellungsbefehl zum Volkssturm bekommen, es aber alles noch nicht so ernst genommen. Er wollte noch abwarten, auch war er ja nicht gesund.

Um fünf Uhr in der Frühe waren sie dann hochbepackt zum Hauptbahnhof gelaufen. Da wäre ihnen erst bewusst geworden, was los sei. Ganz Breslau war auf den Beinen und überall hingen Plakate, auf denen zu lesen stand, die Zivilbevölkerung solle schnellstens die Stadt verlassen. Pausenlos fuhren Personenzüge ab und trafen einigermaßen leer wieder ein. Die meisten fuhren nach Dresden. Usch und Ruthel, unsere künftigen Schwägerinnen, waren schon am Sonnabend mit ihrer Mutter zu Verwandten nach Dresden gefahren, weil sie sowieso nicht dableiben wollten, nachdem der Vater gestorben und die Mutter auch krank war. Sie hatten sich noch verabschiedet und viel geweint und die Adresse hinterlassen, wo sie in Dresden zu finden wären.

Atemlos erzählte meine Schwester weiter: Schließlich sind sie doch noch in einen Zug reingekommen, der in Richtung Schweidnitz fuhr, und schließlich in Wüstewaltersdorf angekommen. Der Vater war alleine in Breslau zurückgeblieben. Sie sollte mich holen, bevor die Russen kämen, damit ich dann bei der Familie wäre. Sie blieb ein paar Tage da. Sie war nicht mit dem Zug gekommen, sondern gelaufen. Nur hin und wieder hatte sie jemand unterwegs mit dem Auto oder mit dem Fuhrwerk mitgenommen. 25 km gelaufen, von Wüstewaltersdorf nach Waldenburg, um mich zu holen! Ich staunte sie an. Das war sehr lieb von ihr. Ob wir zurück mit dem Zug fahren konnten, war ungewiss. Wir wollten es versuchen. Ich packte meine Siebensachen und wieder mal hieß es, Abschied nehmen. Mir fiel es sehr schwer, ich hatte die Tante Friedel ins Herz geschlossen. Auch für sie war es nicht einfach, blieb sie doch wieder alleine zurück in ihrem Haus. Sie sagte zwar, sie sei es doch gewöhnt, alleine zu sein, aber ihr Gesicht sah müde aus und die sonst gepflegten blonden Haare hingen strähnig um den Kopf herum. Wir wollten sie mitnehmen, da das Dorf ja auch ihre Heimat war, aber sie wollte nicht. Sie schneuzte und schneuzte mit dem Taschentuch die Nase, sie hatte wohl einen Schnupfen, den ich nicht bemerkt hatte. Sie half uns mit meinen Sachen zum Bahnhof, und als wir tatsächlich noch einen Zug nach Charlottenbrunn bekamen und uns auch mit viel Mühe in ein Abteil drängeln konnten, blieb sie winkend auf dem Bahnsteig zurück. »Mei Töchterle«, hatte sie gesagt und mir dabei über die Haare gestrichen. Ich wollte gar nicht ihre Tochter sein, aber ich verstand schon, sie hatte mich liebgewonnen.

Nach Stunden, aber für die augenblicklichen Verhältnisse schnell genug, kamen wir schließlich in Wüstewaltersdorf an. Mutter schloss mich in ihre Arme. »Und Vater?« »Den haben sie ziehen lassen, denk nur, aber er ist sehr krank. Wir haben ihn beim Onkel Paul untergebracht, dort kann er ruhiger liegen und gesund werden.« Morgen gleich wollte ich ihn besuchen. Der Hof war ganz verändert. So viele Menschen hatte ich hier überhaupt noch nicht gesehen. Neben, hinter und selbst im Hof standen große Planwagen, Flüchtlinge aus der Ebene aus Striegau von einem Rittergut, auch Rumäniendeutsche, die ähnlich aussahen wie die in Waldenburg. Die Scheune barst vor Tieren, die auf der Tenne im Stroh standen. Pferde und Kühe, ich weiß schon nicht mehr, was da alles rumwuselte und sich vor dem kalten Winter schützen wollte. Ich staunte, abends wurde in der großen Küche mit ganz großen Weidenkörben Stroh hereingeschleppt und auf dem Boden ausgebreitet. Die Flüchtlinge legten sich mit ihren Betten und Decken darauf zur Nachtruhe nieder. Nun ja, der große Kachelofen ging ja in der Nacht nicht aus, da war es wärmer als in meiner Schlafkammer, die ich mit meiner Schwester teilte. Aber immerhin hatten wir eine Wärmflasche zum Anwärmen, die rollte ich nachts im Bett umher und kuschelte die Füße daran. Zufrieden streckte ich mich aus, was auch immer passieren würde, ich war wieder im Dorf und bei meiner Familie.

Planwagen und Anspanndienst

Das ganze Dorf war voller Menschen. Die Männer des Dorfes mussten mit den Pferdegespannen Anspanndienst leisten, so hatte es der Bürgermeister befohlen. Die Flüchtlingstrecks kamen bei der Schnee- und Eisglätte auf den Straßen nicht vorwärts, vor allem über die ziemlich steile Anhöhe der »Siebenkurfürsten«. Die Straße lief da in Kurven den Berg hinauf, sie kam von Reichenbach durch Steinseifersdorf und stieg hinter Kaschbach steil an. Oben auf der Höhe lag die »Siebenkurfürstenbaude«, ein ziemlich großes, hotelartiges Gebäude, das winters die Skiläufer und im Sommer die Wanderer aufnahm. Für einen geringen Betrag konnten sie dort in den großen Schlafräumen übernachten. Die Gasträume waren urig eingerichtet. Große Holztische mit Bänken drum herum luden zu einer herzhaften Mahlzeit ein. Abends wurde Zither gespielt, gesungen und getanzt. Meine Geschwister blieben auch gern dort, wenn sie zum Skilaufen auf den Berg gestiegen waren. Jetzt wohnten schon Bombengeschädigte aus dem Westen drin und welche, die vor der russischen Front geflohen waren. Dort sollten die Bauern mit ihren Pferden hingehen und den Flüchtlingen mit ihren viel zu schwer beladenen Planwagen über die Höhe helfen. Entweder mussten die erschöpften Zugtiere ausgewechselt werden oder die Bauernpferde wurden einfach davor gespannt. Ins Tal herab ging es dann wieder alleine und die nächsten Trecks wurden hochgezogen. Viele treckten in die Tschechoslowakei, weil sie nicht alle in den Bergdörfern bleiben konnten. Das Fahren und Trecken wollte in diesen Wochen des Januar/Februar kein Ende nehmen. Manche blieben auch voller Erschöpfung liegen und mussten aufgenommen und gepflegt werden. Alle Höfe im Dorf waren vollgestopft mit den Leiterwagen, Kutschen und Planwagen der Flüchtlinge.

Aber noch andere Anspanndienste mussten die Bauern leisten und diese wohl schon sehr lange. Eines Nachmittags saßen Onkel Alfred und der Tierarzt in der

Küche und tranken Kaffee. Der Tierarzt hatte beim Kalben einer Kuh geholfen und nun gönnten sich die Männer eine Pause. Ich saß in der Stube am Tisch und las, die Tür stand offen. Scheinbar hatten sie mich nicht bemerkt, sonst hätten sie wohl nicht so laut gesprochen. Auf einmal musste ich zuhören, das interessierte mich. Onkel Alfred sagte etwa so: »Se wern wull noch oalle starba«, sie stöhnten und eine Weile war es ganz still. »Die Suppe werd immer dinner, erscht gestern musste ich foahrn. Nu ja, de Martha schmeßt immer een Korb gekochte Kartuffeln nei, oaber das macht doas Woasser o nie fetter.« Wieder hörte ich sie stöhnen. »Und dann das Leichafoarn, weeste, s'ies Krieg gell, oaber su en Elend. Is doch kloar, doas die derfriern. De Papieranzüge, do kenn se doch glei nackich lofen. Also weeste, die starba wie die Fliega.« Stöhnen. »Uba uffm Friedhofe giehn die Laternla nimmer aus.« Stille. »Willste noch a wing (wenig) Koaffee?« »Jo, aber egentlich is mer der Appetit verganga, weeste, doas wees mer ja alls goarnich. Was sogste do? Die Leicha wern uf Koastawoan geschmissa?« »Joa, ei der Nacht missa mir donuf zum Uhlaberg, ei doas Loager. Aber weeste, (dabei wurde er sehr lebhaft) ich bin mit a poar vu da Pauern beim Bürgermeester gewäst. Mir hom eine Eingabe gemocht. Sie solln das furchtbare Loager auflösn. De aale Fabrike stieht doch leer. No jo, die letzte Wuche hom se se dann do nei getoan, aber do isses jo ooch kalt.« Schweigen, Stöhnen. »Krank sein die und dann die schwere Arbet ei damm Stollen. Nee, nee, ich verstieh doas nich mehr. Een Ristungsbetrieb baut die Todt. So een Schwachsinn. Weeste und wie die sich anstelln. Da hoat mir doch neulich eener gesoat, er wird gegen mich Anzeige erstatten, ich wär nich treu. Blus weil ich im Summer a poar gehullt hoab fer die Ernte und die Martha was zum Essen gemacht hot. Sie könnten mich einfach ufhänga, hoat der Kerl gesoagt.« »Och weeste, da mach der ock keene Gedanka, der Krieg ies suwiesu baale vorbei.« »Jo, jo, was macha mir blußig mit der viela Menscha. Der Goebbels, der Schweinehund.« Scheinbar nickten sie sich zu, sie scharrten mit den Füßen, dann rückten die Stühle, sie standen auf und schlurften in ihren schweren Filzstiefeln zur Tür hinaus. Ich saß am Tisch, wie erstarrt, ich wagte mich nicht zu bewegen. Die Buchstaben in dem Schulbuch verschwammen vor meinen Augen. Was hatten die da gesagt? »Papieranzüge« und »sterben wie die Fliegen«. Ach, vielleicht hatte ich ja wieder nicht alles verstanden, wie so oft, weil der Dialekt mir nicht ganz geläufig war. Ich würde meine Schwester fragen, in letzter Zeit verstanden wir uns viel besser. Ich hatte ihr erzählt, dass die Tante Friedel mich mit ins Kino genommen hatte, ein Film für »über 18«. »Da biste reingekommen?«, staunte sie. Dann hatten wir über den Film gesprochen. Er handelte von einer Familie, deren Leben und Haus durch die Bomben in Trümmer ging. Das hatte mich sehr erschüttert. Sie hatte sehr aufmerksam zugehört, vielleicht wusste sie auch schon etwas über »das Lager«. Also, das mussten ja die »Ostarbeiter« sein, fiel mir ein.

Abends, nach dem Abendbrot, bot ich an, ihr zu helfen, wenn sie die auf dem Ofen gewärmten Steinhägerkruken als Wärmflaschen in die Betten schob. Da konnten wir in den Schlafstuben miteinander reden, auch wenn es da finster und kalt war. Erstaunt sah sie mich an, denn sonst hatte ich mich um diesen Dienst nie gerissen. »Ja«, sagte sie, »im Herbst, als ich hier war, sollte ich auch zum Friedhof, das Grab von den Großeltern eindecken. Da bin ich oben bei den Massengräbern gewesen. Das müssen riesige Gruben gewesen sein. Onkel Alfred hat gesagt, sie müssen sie selber ausschachten.« »Was?« Ich konnte es mir nicht vorstellen. »Zeigste mirs mal? Und das Lager, geh'n wir da mal hin?« »Das darf man nicht.« »Warum? Der Onkel Alfred hat doch gesagt, die wären da nicht mehr.« Wir schwiegen, vor dem Fenster glitzerte der kalte Schnee und aus dem Fliederbüschen stäubte es ein bisschen. Wir hatten uns ganz eng aneinandergelehnt, weil es so kalt in der Stube war, die halben Außenfenster waren zugefroren. Die inneren nicht, aber die Schlafstuben wurden nie geheizt, obwohl so schöne grüne Kachelöfen drin standen. Na ja, die Betten waren ja dick und mit so einer Steinkruke, die voller heißem Sand war, konnten wir uns nicht beklagen. »Stell dir vor, du müsstest jetzt in Holzwolle liegen, draußen in so 'ner primitiven Hütte«, fing sie wieder an. »Was, Holzwolle? Du willst doch nich sagen, dass die in Holzwolle liegen. Keine Decken? Kein Stroh?« Jetzt wurde mir endgültig kalt. »Nein, hat der Onkel Alfred auch gesagt. In den Hütten wäre nichts als Holzwolle und wenn sie vom Wolfsberg kommen, müssen sie in diese »Nissenhütten«, so nennt man sie, hineinkriechen.« »Aber das sind doch Menschen! Haben die keine Mutter oder überhaupt? Woher kommen die eigentlich?« »Ach so richtig weiß ich das auch nicht. Aus Russland oder Ostpolen, da sind sie wohl gefangen genommen und dann hierher geholt worden.« »Mutter hat im Sommer gesagt, sie sollen einen Stollen graben.« »Ja, es wird gemunkelt, es wird dort oben eine neue Waffe gebaut, mit der wir den Krieg gewinnen. Ich glaub nicht mehr dran. Weißte, als ich voriges Jahr im Sommer Augsburg gesehen hab, nach dem Luftangriff, hab' ich gedacht, das wird nicht mehr gut. Aber die Jungs sind ja so von allem überzeugt.« »Der Gerd auch?« »Ja, ja, der auch«, sie seufzte. Ganz zart legte ich meine Hand auf ihre. Vielleicht hatte sie es gar nicht gemerkt, sie hörte mir gar nicht mehr zu. »Komm, drüben denken sie, wir hätten uns hingelegt«, raffte sie sich auf. »Weißte, Sonntag sagen wir, wir wollten in die Kirche und zum Vater, und dann gehen wir mal hin.« »O ja, gute Idee.«

In der Küche blendete uns das Licht und verstohlen setzten wir uns auf die Ofenbank und verrieten nicht, wo wir so lange gewesen waren.

Übrigens roch es in der Küche wieder nach Karamellbonbons. Die rumänischen Frauen standen an der Herdplatte und rührten in ihren kleinen, braunen Töpfchen. Sie passten genau auf, denn auf einmal nahmen sie das Töpfchen vom Herd und rannten zum Tisch. Dort löffelten sie die Masse in kleine Häufchen auf den Tisch zum Kaltwerden. Der Zucker kandierte in dem Töpfchen und passte man nicht auf, so wurde er steinhart. Ich glaube, Butter musste auch dazu genommen werden. Waren die Bonbons kalt, so konnte man sich eines vom Tisch holen. Die Männer nahmen die Pfeife aus dem Mund und schoben eines in den Mund. Sie kauten und rauchten. Die Frauen schäkerten und erzählten. Ich fand sie lustig mit ihren langen schwarzen Wollröcken, mit dicker Blusenweste und weißer Leinenbluse darunter. Auf dem Kopf trugen sie ein gesticktes Käppchen und hinten waren lange Bänder dran. Die Männer waren immer schwarz gekleidet. Sie trugen enge Hosen, enge Jacken, weiße, vorne gefältelte Hemden und auch so schwarze Samtkäppchen. Alle saßen um den Tisch rum, die Frauen boten ihre Bonbons an, und wenn der Tierarzt da war, erzählte er Witze. Alles lachte. Meine Schwester und die Cousine neckten und ärgerten den Tierarzt. Da wurde er »fuchtig« und wollte sie packen und küssen. Das wollten sie nicht und pufften ihn. Im Ofen prasselte das Feuer, es war eine warme, fröhliche Stimmung um uns her. Mutter und Tante Martha lächelten zu der Ausgelassenheit ihrer Töchter, Onkel Alfred grinste. Die Rumänen erzählten oft von zu Hause und manchmal tanzten die Frauen durch die Küche und wir belachten ihre weichen Stoffschuhe, die wie feine Hausschuhe aussahen. Sie besaßen keine Lederschuhe, sie sagten, der Winter sei in Rumänien nicht so kalt, und wenn, dann blieben sie im Haus. Sie liefen auch draußen damit herum, allerdings hatten sie dicke, weiße Wollstrümpfe an, selbstgestrickt. Dass die keine Lederschuhe besaßen, wollte mir nicht in den Kopf. Die Männer hatten ja wenigstens so lange, schwarze Schaftstiefel an. Sie sahen eigentlich immer aus, als wenn sie gleich zur Kirche wollten. Onkel Alfred sagte dann manchmal, wenn es so heiß herging, zu Mutter: »Gustel, schick ock das Madel eis Bette, das hier is doch nischte fer se. Sie hoat sowieso immer zu lange Ohrn.« Das machte mich wütend. Ich sollte allein in die dunkle Kammer und hier wurde gelacht, das sollte ich nicht hören, bloß weil ich die Kleinste war, nein, die Jüngste. Meine Schwester war gar nicht mehr viel größer, ich hatte ja im Sommer schon ihre abgelegten Kleider getragen. Aber schließlich wurde doch das Stroh ausgebreitet und die Winternacht deckte Haus und Stall zu. Ich musste vor dem Einschlafen noch an »die da oben denken«, in Holzwolle, in Papieranzügen. Mein Herz schlug, ich starrte in die Finsternis. Meine Schwester war wohl schon eingeschlafen, ich hörte ihre gleichmäßigen Atemzüge.

Endlich kam der Sonntag. Mutter hatte nichts dagegen, wir sollten nur gehen. Vor allem zum Vater, der immer noch nicht aufstehen konnte, so hatten ihn die Tage in Breslau ohne Diätessen krank gemacht. Beim Volkssturm hatte es Suppe mit Salzbohnen gegeben, da hatte er wieder Blut gebrochen. Sie sagten, sie könnten ihn nicht brauchen, er solle zu seiner Familie fahren. Da hatte er die Betten zusammengepackt, in der Wohnung das Licht gelöscht, eine Weile im dunklen Flur gestanden und ist dann gegangen. Tatsächlich war noch ein Zug gefahren, obwohl im Norden der Stadt schon gekämpft wurde und die Granaten in die Häuser einschlugen. Er verließ die Festung Breslau. Die Krankheit hatte ihn für uns gerettet.

In der Kirche beim Gottesdienst war ich gar nicht richtig bei der Sache. Die Bänke waren voll besetzt, wir konnten gar nicht auf Großmutters Platz sitzen. Viele Flüchtlinge waren in die Kirche gekommen. Es wurde auch ein Flüchtlingskind getauft. Dazu hatten sie den Taufengel von der Decke gezogen und die Schale in seinen Händen mit Wasser gefüllt. Er schwang ein wenig hin und her, als die Eltern mit dem Kind und der Pastor davor standen. Den Eltern sah man es an, dass sie viele Strapazen hinter sich hatten und die Zukunft ungewiss war. Der Pastor sprach irgendwas von Hoffnung, die sie nicht verlieren dürften, weil doch Gott auch noch da wäre, das sollten sie nicht vergessen. Und die da oben, dachte ich, gab's für die keine Hoffnung? Die waren doch auch wo zu Hause. Warum brachten sich die Menschen gegenseitig um? Gott hatte sie doch geschaffen. Aber, na ja, Jesus hatten sie auch umgebracht, obwohl er doch so viel Gutes getan hatte. Da, die Emmausjünger auf dem Bild, die wussten es doch auch, die hatten sich doch auch mit ihm unterhalten und waren mitgegangen. Komisch, wie wohl Jesus richtig ausgesehen haben mag. Oben war zwischen den Jüngern nur eine helle Gestalt zu sehen. Darunter auf dem Altar stand das Kreuz. Aber da war er ja nur als der Gemarterte dargestellt und alle Kreuze in den Kirchen sahen ähnlich aus. Wie mag er denn richtig ausgesehen haben? Ob das überhaupt noch jemand wusste? Jedenfalls nicht so wie am Kreuz. »Geboren von der Jungfrau Maria, gelitten unter Pontius Pilatus, gekreuzigt, gestorben ...«, hörte ich mich sagen. Aber zwischen Geborenwerden und Leiden liegt doch das Leben. Ja, dazwischen lagen die Geschichten vom Heilen und von den Wundern. Leiden, von Menschen verachtet, gequält, weil? Ach, das ist ja nicht auszuhalten. Ich sah vor mich hin auf den Boden. Gleich würden wir zum Uhlenberg gehen. »Vater unser im Himmel.« Schließlich war die Kirche aus und wir stiefelten los. Es war ein sonniger Wintertag. Ganz leicht war es nicht, auf dem verschneiten Feldweg voranzukommen. Meine Schwester kannte den Weg, weil wir hier oben schon auf dem Feld geholfen hatten. Fischers hatten hier oben Felder. Sie waren sehr steil, aber das Land war fruchtbar. Oben im Wald blühten im Sommer die kleinen Frauenschuhorchideen. Wir stapften um den Wald herum auf die andere Seite des Berges. Tatsächlich, da sahen wir den Zaun, hoher Maschendraht oben, mit sehr hohem Stacheldraht zusätzlich verzäunt. Zunächst waren die Hütten in dem tiefen Schnee gar nicht richtig zu sehen. Erst als wir uns näher herangearbeitet hatten, konnten wir einiges erkennen. Jetzt konnte ich sehen, wie »Nissenhütten« aussahen. Runde, niedrige Häuschen mit einem Dach drauf, das in der Mitte nach oben spitz zulief. Keine Fenster, nur vorne eine runde Öffnung, ohne Tür. Hütte an Hütte auf einem ziemlich großen Gelände. Sie waren noch nicht mal aus Holz, so wie die Baracken. Dort, wo der grüne Anstrich abbröckelte, kam Draht zum Vorschein. »Pappmaché«. Stabile Pappkartons ging es mir durch den Kopf. Wir starrten durch den Zaun zu den Hütten, die jetzt verlassen dalagen. Allzu lange konnte das nicht her sein, denn an geschützten Stellen war der Schnee zertreten und Holzwolle lag herum. Auch aus den runden Öffnungen hing noch Holzwolle heraus. Hinten auf der anderen Seite sahen wir noch eine Holzbaracke, dort klapperten die Holzläden an den Fenstern. Da wohnten wohl die Wachposten. »Stell dir vor, du müsstest hier hausen.« »Im Sommer?« »Ach im Sommer, jetzt!« »Komm schon, der Vater wartet auf uns. Es gibt auch gleich Mittagessen.« »Und wann gehen wir zur Fabrik und auf den Friedhof?« »Vielleicht heute Nachmittag.« »Bestimmt?« »Ja, ganz bestimmt.«

»Da seid ihr ja. Wollt ihr bei uns essen? Es ist gleich fertig«, sagte die Großmutter, Vaters Mutter, die ebenfalls bei Onkel Paul Aufnahme gefunden hatte. Schließlich war er ja ihr Bruder. Das passte uns gut, dann konnten wir später unseren heimlichen Gang fortsetzen. Denn so schnell würden wir nicht wieder zum Friedhof kommen, in dieser Kälte. Vater ging es ein bisschen besser. Er durfte schon Mehlsuppe essen, aber er sah schlecht aus. Die Backen waren eingefallen und die Hände weiß. Die Unterhaltung ging hin und her. Dann sagten wir, dass wir gehen wollten. »Schon?«, fragte Vater. Wir kämen morgen wieder und Mutter wollte ja auch noch kommen. Sie half jetzt viel auf dem Hof und in der Küche der Tante Martha. Vor allem musste jetzt auch in verschiedenen Tischrunden gegessen werden, alle vom Hof und die Flüchtlinge hatten nicht am Tisch Platz. Auf dem Ofen war sowieso ein Topfgewirr. Der eine kochte dies, der andere jenes. So musste man sich abwechseln und einrichten. Wir verabschiedeten uns, zogen die Mäntel an, wickelten den Wollschal um den Hals, dass nur noch die Nase herausguckte, die Mütze wurde in die Stirn gezogen, und raus ging es. Die Dorfstraße hinauf, wieder an der Kirche vorbei. Wir blieben aber auf der anderen Straßenseite, damit wir besser zur Fabrik sehen konnten. Die Tore waren geschlossen, es war nichts zu sehen. Nur aus der Halle hörte man Stimmengewirr. Irgendwie mussten wir es aber doch sehen können! Die Häuser auf der anderen Bachseite lagen ein wenig auf einer Anhöhe. So kehrten wir wieder um und gingen über die Brücke und am Zaun der Häuser entlang. Jetzt hatten wir bessere Einsicht. Die eine Tür der Halle stand offen und davor ein Kastenwagen mit solchen Kübeln drauf. Da war wohl die Wassersuppe drin gewesen, denn durch die Tür konnten wir erkennen, wie einige Männer rumstanden mit Blechschüsselchen in der Hand und löffelten. Tatsächlich, sie hatten alle so helle, steife Anzüge an, die vom Körper abstanden. Die waren also aus Papier. Braunes Packpapier, wie wir es zum Paketpacken verwendeten. Wir hatten genug gesehen. Es war also wahr, was der Onkel Alfred gesagt hatte. »Sterben wie die Fliegen«, das glaubte ich jetzt. Verstört sahen wir uns an. »Wenn wir den Krieg verlieren und die Russen machen das auch mit uns ...«, sagte meine Schwester auf dem Weg zum Friedhof. Sich damit zu beschäftigen, war für mich fast nicht möglich. Das waren Aussichten, die ich gar nicht erst an mich heranließ. Unrecht war das, was da geschah! Auf dem Friedhof standen wir schließlich vor den Massengräbern. Sie waren oben auf dem neuen Teil eingerichtet. Drei Reihen konnte ich erkennen, die sich durch den Schnee hindurch abgesetzt hatten. In der unteren Reihe war die Erde noch frisch und mischte sich mit dem Schnee. Menschen »zweiter Klasse«, gab es das wirklich? Ich schaute auf die Gräberreihen all derer, die in diesem Dorf gestorben waren. Auch neue Steine waren darunter. Manchmal stand nachträglich eingraviert »Gefallen an der Ostfront« und der Name. Waren wir Menschen erster Klasse? Diesen Tag habe ich fast nicht begriffen, aber vergessen konnte ich ihn nicht.

Schule, Wolle zupfen, Rübensaft kochen und Wurst machen

Neben all diesen Erlebnissen und all der Ungewissheit über die nächste Zeit gab es keinen Grund für mich, nicht mehr in die Schule zu gehen. Eines Morgens hatte Mutter sich mit mir auf den Weg gemacht zur »Hauptschule«. Sie lag am Anfang der Straße, die nach Zedlitzheide führte. Das war ein Ortsteil vom Dorf. Wir hatten uns vorher bei der Tante Liesel Rat geholt und sie meinte, wir sollten uns doch bei der Frau Christoph melden. Rosel, meine Cousine, ging auch bei ihr in die Klasse. Ich freute mich, da brauchte ich nicht alleine zu gehen, sondern war schon ein bisschen bekannt mit jemand. Ein komisches Gefühl, im Dorf zur Schule zu gehen, aber wenn Breslau vom Krieg zerstört war, musste ich wohl noch eine lange Zeit hier zu Schule gehen. Kein Mensch wusste, wie dies alles noch werden würde. Hauptschule nannte man die Mittelschule. Allerdings war sie so konzipiert, dass die Kinder bei guten Leistungen anschließend noch zum Gymnasium überwechseln konnten. Ich würde das sicher nicht tun, ich wollte ja Hühnerzüchterin werden, da brauchte man kein Abitur. Dann würde ich einen Bauern heiraten, mit einem schönen großen Haus. Helfen wollte ich schon auf dem Hof, aber nicht so schwer arbeiten wie die Tante Martha. Ich würde gerne ein schönes Wohnzimmer haben, mit blank polierten Möbeln und Teppichen und überall warm müsste es sein. Im Schrank hätte ich gerne viel Wäsche und für mich hübsche Kleider, Rosenthal-Porzellan und in der Küche karierte Gardinen an den Fenstern, einen großen Garten mit einer Sitzecke aus Flieder-, Jasmin- und Goldregenbüschen und einem Nussbaum, Kirsch- und Apfelbäumen.

Kinder? Das wusste ich noch nicht. Eigentlich lieber keine. Die Zeiten waren so dunkel und schwer. Konnte man dann noch Kinder kriegen?

Wir stapften durch den Schnee, der auf der Straße schon spiegelglatt getreten war. Hin und wieder war Asche gestreut, da konnten wir mit unseren gummibesohlten, hohen Schuhen besser laufen. Der Atem hing uns an diesem trüben Wintermorgen wie ein weißes Fähnchen vor dem Gesicht. Im Dorf war schon Betrieb und vor allem vor der Schule drängelten sich Kinder und Erwachsene. Wir waren nicht die einzigen, die sich hier ganz neu zum Unterricht anmeldeten. Rosel winkte uns zu, sie verschwand schon in ihrer Klasse. Also mit ihr zusammen in die Klasse gehen, das ging wohl nicht. Ein anderes kleines Klassenzimmer wurde geöffnet und all die neuen Kinder, Jungen und Mädchen, konnten sich auf die Bänke setzen. Ziemlich eng war das. Schließlich ging die Tür auf und eine etwas vollschlanke, aber sehr freundlich dreinschauende Dame trat ein. Sie fragte nach Namen und Zeugnis, und als die Formalitäten erledigt waren, konnten die Eltern wieder gehen, der Unterricht begann. Mit den anderen Flüchtlingskindern wollte ich nicht soviel zu tun haben, deshalb hatte ich ihr schon gleich erzählt, dass die Rosel meine Cousine sei. Sie lächelte, sie verstand wohl, dass ich damit sagen wollte, dass ich zwar nicht ins Dorf gehörte, aber eigentlich doch. Ich war ja auch hier zu Hause. Ich hörte ihr gerne zu. Ihre warme, freundliche Stimme strömte Ruhe aus. Die Unruhe in der Klasse war schnell verflogen und Aufmerksamkeit breitete sich aus. In den letzten Jahren hatte ich so allerlei Lehrer erlebt. Vor allem ältere Damen, »Fräulein« nannte man sie. Manchmal machten sie auf mich den Eindruck, als wenn sie immer nur in der Schule wären, sie wirkten so »staubig«. Strenge Kleider, strenges Gesicht mit Brille. Nur der Lehrer Mücke in Breslau machte eine Ausnahme, aber der hatte ja auch selbst Kinder. Kam er morgens in die Klasse, so sang er mit uns erst mal ein Lied. Als wir Berliner Mädchen in der

Klasse hatten, sang er mit uns »Es war in Schöneberg im Monat Mai«. Keinen Schlager habe ich jemals so perfekt gesungen wie diesen. Oder die Frau Rodaschew, eine Siebenbürgenerin, die uns in Waldenburg Englisch beibringen sollte. Sie war jung und lustig und ich lernte gerne Englisch bei ihr.

In diese Reihe von meinen liebsten Lehrern gehörte bald auch Frau Christoph. Ich lernte für sie, nicht für mich. Keiner brauchte mich anzuhalten, Schulaufgaben zu machen. Das war ein Glück, denn das Leben auf dem Hof war ja sehr unruhig geworden. Manchmal machte ich auch bei der Rosel die Hausaufgaben. Mutter war froh, dass ich so fleißig war.

Aber helfen musste ich trotzdem, zum Beispiel abtrocknen. Dieser Abwasch! Mutter stand mit rotem Gesicht vor einer großen Zinkwanne, die auf einen Schemel gestellt wurde. Geschirrspülen für 16 Personen war keine Seltenheit. Tassen und Teller, das ging ja noch. Aber die großen schwarzen Eisentöpfe und Fleischpfannen, die hatten es in sich. Vormittags mussten dann auch die Milchkannen, die aus der Molkerei kamen, geschrubbt werden und die Zentrifuge. Alles musste peinlich sauber sein, damit die Milch nicht sauer wurde. Ich sollte immer gut aufpassen, denn, so meinte Tante Martha, im Frühjahr, wenn die Großen wieder aufs Feld mussten, könnte ich doch das Abspülen übernehmen. So war es dann auch. In der Küche war es still und ich war mit meinem Geschirrberg und den Milchkannen alleine. Fast wäre ich daran verzweifelt.

Die Tage waren schon länger geworden, aber nachmittags saßen wir immer noch im Stübchen vor einem Berg Schafwolle. Die Schafe waren geschoren worden, und ehe die Wolle gesponnen werden konnte, musste sie »gezupft« werden. Sie saß fest auf den Körpern der Tiere und hing nach der Schur wie ein dickes Vlies fest zusammen. Heureste mussten auch herausgezupft werden. Alle Frauensleut saßen um den Tisch herum und »zupften«. Die lockere Wolle wurde anschließend in Säcke gestopft und in die Spinnerei gebracht. Vom Garn ließen sich schöne warme Socken stricken. Eigentlich ganz gemütlich, wenn der Kachelofen seine Wärme ausstrahlte, die Mütter mit der Brille auf der Nase da saßen und zupften und die Mädchen mit mir »rumpflaumten«. Es roch nach trockenem Holz und nach Talg und Schaf, ein warmer Geruch, der mich irgendwie reizte. War der Berg vom Tisch verschwunden, holte Tante Martha Äpfel und schälte sie, vor allem für »kaufaule« Leute, wir bissen lieber so hinein. Aber die Gespräche wollten nicht mehr so recht in Fluss kommen. Ausgelassenheit war das Recht der Mädchen, aber es schien, als verlernten sie es mehr und mehr. Es wurde viel über den Krieg gesprochen. Wir lebten im »totalen« Krieg. Ich hatte es selbst im Radio gehört. Goebbels hatte es geschrieen: »Wollt ihr den totalen Krieg?« Aus einer vieltausendstimmigen Menge hatte es zurückgerufen: »Ja!«. »Bis zum bitteren Ende«, hatte es geheißen, dieses Ende war wohl nicht mehr weit. Mehr und mehr kamen jetzt auch schon kleine Trupps von Soldaten, die erzählten, wie es unten im Land »heiß herging«. Die Flüchtlingstrecks nahmen kein Ende. Breslau war Festung geworden, das hieß, um die Stadt herum lag der Feind, die Stadt war eingeschlossen. Nachts, wenn es ganz still war, hörte man ein Grollen und Rollen.

War die Front schon so nahe?

Am Tag schien die Sonne schon wärmer. Ich saß mit der großen Trudel im Hof, dick verpackt in eine alte Decke und schabte Zuckerrüben. Vorher wurden sie in einer Trommelmaschine gewaschen. Die Maschine stand am Bach und wir trugen in Eimern das geschöpfte Wasser aus dem Bach in die Maschine. Ein ganzer Korb hatte darin Platz. Dann drehten wir gemeinsam den Schwengel und die Rüben kollerten in der Trommel hin und her und säuberten sich von der Erde. Ein spitzes, scharfes Messer brauchte man zum Schaben, denn die Rüben sollten schön weiß und sauber sein, ehe sie in der Schnitzelmaschine zu kleinen Schnitzeln zerkleinert und dann im Waschkessel gekocht wurden. Der schöne, dunkelbraune Saft kochte nach dem Auspressen in großen Pfannen auf dem Herd zu einer süßen, braunen Masse zusammen und wurde in große Steintöpfe gefüllt. Eine Schnitte selbstgebackenes Brot und Rübensirup darauf war jeden Morgen wieder meine Wonne. Honig konnte nicht besser schmecken. Was tat es schon, wenn mir der Rücken weh tat, von der für mich viel zu schweren Arbeit?

Schließlich schmolz der Schnee. Er rutschte von den Dächern und fiel mit dumpfem Krachen in die Gärten. In vielen Rinnsalen floss das Tauwasser über die Wege. Der Hof verwandelte sich im Nu in eine Seenplatte, aus dem die runden Pflastersteine in der Sonne silbrig herausguckten. Der Hahn rief mehrmals am Morgen sein »Kikeriki«, er plusterte sich auf und stolzierte mit geschwollenem Kamm umher, die Hühner eilten pflichtgetreu hinter ihm her. Dabei erwischte er eines von ihnen, pickte es auf den Rücken, das Huhn zeterte, aber geduldig ließ es sich dann doch herbei, dem Hahn willfährig zu sein. Er »stieg« flügelschlagend und zeternd auf seinen Rücken und gab ihm zu verstehen, dass seine Männlichkeit alleine ihr zu Mutterfreuden verhelfen würde. So hatte ich es im Lebenskundeunterricht gelernt. Bald würden die Hühner, wenn der Hahn seinem männlichen Drange folgend, alle Hennen bewegt und gezaust hatte, ergeben auf ihren Eiern sitzen, und wenn das erste Grün an den Bäumen erschien, würden sie ihre gelben, putzigen »Schieperle« spazieren führen. Den Gänsen erging es ähnlich. Der Hühnerhof war in Aufruhr. Der Bach war mächtig vom Schmelzwasser angeschwollen und musste beobachtet werden.

Die meisten Flüchtlingstrecks waren weitergezogen. Die Front rückte immer näher. Die Leute im Dorf begannen die Köpfe zu schütteln, wohin sollten denn die Menschenmassen ziehen? Sie wollten versuchen, in die Tschechoslowakei zu kommen, dort hofften sie, die Amerikaner zu treffen. Die Wagenkolonnen wälzten sich die Straße entlang durch das Dorf, über den Dorfbach hinaus ins Glatzer Gebiet, dann war die Grenze nicht mehr weit. Vereinzelt kamen auch Soldaten. Sie erzählten viel Schlimmes, wie die russischen Soldaten in den eroberten Dörfern hausen würden. Sie sagten: »Das überlebt ihr nicht. Und sie kommen auch noch hier herauf. Geht fort.« Wohin sollten wir gehen? Der Bürgermeister hat dann wohl die Wogen der Angst und des Aufruhrs beschwichtigt. »Wir halten aus, wir tun unsere Pflicht, bis zuletzt, wir bleiben«, so waren die Parolen.

Indessen galt es, noch ein Schwein zu schlachten. Besser war es, das Fleisch im

Keller auf Vorrat zu haben als im Stall. Wer weiß, ob wir es nicht auf der Flucht noch brauchen würden. Ich freute mich, endlich war ich auch einmal dabei. Sonst musste ich immer zu Hause bleiben, wenn die anderen aus der Familie zum Schlachtfest fuhren. Ich wollte alles genau »mitkriegen«. Allerdings gab es da ein Problem. Wenn Tante Martha mit dem Futter für die Schweine in den Stall ging, sprach sie immer mit den Tieren. Sie guckten dann mit ihren kleinen, blauen Äuglein zu ihr hoch aus ihrem Gatter, als hätten sie verstanden und fingen an zu grunzen und zu quieken. Es war eigentlich eine richtige Unterhaltung. Wurde das Schwein jetzt geschlachtet, war es mit der Unterhaltung vorbei. Irgendwie tat mir das arme Schwein leid. Als ich nun am Morgen aufstand, war in der Küche schon alles vorbereitet. Große Wannen standen da. Auf dem Ofen brodelte kochendes Wasser. Auf den Tischen standen große Schüsseln, Bretter und scharfe Messer. Der Hof lag wie ausgestorben. Ich konnte das gar nicht verstehen. »Mutter, wo sind sie alle?« »Tante Martha und Onkel Alfred sind spazieren gegangen«, sie lachte. »Warum? Sie wollten doch das Schwein schlachten?« »Ha, also die können das nicht sehen. Der Schlachter muss das alleine machen. Da hilft ihm niemand dabei.« »Ach so«, ich war erleichtert, »Und Du?« »Ich hab auf die Küche aufgepasst. Du hast ja alles verschlafen, es ist ja schon alles vorbei. Die Männer sind noch im Stall und füttern und melken.« »Mutter, wie schlachtet man ein Schwein?« »Ach, es geht eigentlich ganz schnell. Es bekommt einen Schlag auf eine Stelle am Kopf, wo es sehr empfindlich ist. Der Schlachtermeister macht das so schnell, dass das Schwein gar nicht viel merkt.« »Wirklich, es tut ihm nicht weh?« »Nein, ach Dorle, wenn alle Schweine am Leben blieben, hätten wir nichts zu essen. Das ist halt so.« »Aber die Tante Martha ist doch immer so lieb zu den Schweinen, sie spricht mit ihnen und bürstet sie.« »Nu ja, warum soll sie das nicht tun? Sie spricht doch auch mit den Katzen und allen anderen Tieren. Sie antworten auch, wenn auch auf ihre Weise.« »Ja, ja«, antwortete ich schon ganz gedankenverloren, während ich meine Haferflockensuppe löffelte. Ich musste an das kleine Schwein denken, das war ja noch im Stall. Wie ein Baby hatte sie es gehätschelt. Also, für mich stand es fest, die Tiere waren Tante Marthas Freude, auch wenn sie sie schlachten musste. Schließlich lebten sie ja auch wie wir. Vielleicht hatte es ja auch was mit Geld zu tun.

Ich zog die Strickjacke an und ging langsam aus der Küche, durch den Flur auf den Hof. Aus dem Stall hörte ich Stimmen und die dumpfen Laute vom Raufen und Kauen der Tiere. Als ich zur Tür hinaustrat, sah ich das Schwein. Es hing mit den Hinterpfoten an der Leiter, die an die Hauswand gelehnt war. Die Unterseite war aufgeschlitzt, die Eingeweide waren schon herausgenommen. Eigentlich alles schön sauber anzusehen. Unten auf dem Boden ein paar Tropfen Blut. In der großen Wanne daneben lagen sauber die Lunge und was so sonst noch dazugehört. Der Schlachter lachte mich an. »Na, Mädel hoaste noch nie a tutes Schwein gesahn?« Ich sagte nichts, sondern machte kehrt. Mutter hatte schon gerufen und gemahnt, ich solle zur Schule gehen. Gehorsam zog ich mich an und trottete ins Dorf zur Schule. Unterwegs bemerkte ich so ein komisches Gefühl in der Magengegend, so als hätte ich schon zuviel gegessen.

Als ich wieder aus der Schule zurückkam, war der Hof voller Leben. Aus dem Waschküchenfenster zog eine dicke Dampfwolke und es duftete nach gekochtem Fleisch. Jetzt war es also soweit. Endlich konnte ich Wellfleisch essen und Wurstsuppe trinken. Die Geschwister hatten immer geprahlt, was sie alles verdrückt hätten und wie prima es geschmeckt hätte. Tante Martha stand mit hochrotem Gesicht am Kessel und holte ein Stück Fleisch heraus. Es roch auch noch nach Rauch, das kam wohl aus der Räucherkammer. Frische Sägespäne auf dem Boden deuteten darauf hin, dass in der Kammer schon der Rauchbrand schwelte, damit der Speck und der Schinken geräuchert werden konnten. Das ganze Haus war voll »Getümmel«, ich kam mir richtig überflüssig vor. In der Küche standen der Schlachter und sein Geselle vor großen Wannen und mengten mit bloßen Armen in einer rosabräunlichen Masse herum. Sie hatten blau-weiß-gestreifte Jacken an und weiße, derbe Schürzen vorgebunden. Über dieser Schürze befand sich noch eine Gummischürze. Auf dem Kopf hatten sie kleine, weiße Mützchen. Auch sie waren ganz rot im Gesicht. Sie sahen selber wie Schweinchen aus, ging es mir durch den Kopf. Es war warm, eigentlich schon heiß. Die Gesichter sahen nicht nur rot, sondern auch verschwitzt aus. Es wurde laut gelacht. Auf dem Tisch stand eine Flasche, war wohl Schnaps drin, und ein paar Pinnchen aus dem Glasschrank daneben. Ich setzte mich auf die kleine Bank in der Ecke und schaute zu. Sie beachteten mich auch gar nicht, mir war das eben recht. Mutter stand am Herd an der großen, eisernen Fleischpfanne und wendete einen Braten. Den anderen in der kleinen Pfanne begoss sie mit Fett. Dann beugte sie sich zur Ofentür und sah nach dem Feuer. Ihr Gesicht glühte, aber es war durch den Feuerschein noch röter. Sie schob einige Scheite Holz ins Feuer und schloss die Ofentür wieder. Oh je, auch sie war von dem ganzen Betrieb gefangen. Na ja, sie musste ja wohl auf das Fleisch aufpassen, damit es nicht verbrannte. Die Tür ging auf und Tante Martha und die Trudel kamen mit großen Schüsseln Wellfleisch herein. Sie stellten sie auf den Tisch, daneben auch eine Kanne aus Steingut mit Wurstsuppe. Die erste Lage Wurst hatte inzwischen gekocht. Mutter rief mich an den Tisch. Jetzt war es also so weit. Wellfleisch und Wurstsuppe konnte ich jetzt haben, soviel ich wollte. Alle ließen sich am Tisch nieder. Neben den Schüsseln mit Fleisch lagen noch zwei runde Brote. Jeder konnte sich Brot und Fleisch abschneiden und essen. Alle schmatzten und die Backen bewegten sich, als wenn sie schon lange nichts mehr gehabt hätten. Mutter legte mir Fleisch und Brot auf den Teller und goss mir Suppe in die Tasse. »Nu lang schon zu, kalt schmeckt es nicht«, hörte ich sie sagen. Aber der Druck in meinem Magen war noch stärker geworden, fast lustlos nahm ich das Brot und schob ein Stück Fleisch in den Mund. Nicht schlecht, aber so fett alles, so fett. Ich sah auf, alle hatten sie so fettige Hände, der Tisch war fettig, die Gesichter verschwitzt, die Kopftücher der Frauen saßen schief. Jetzt griffen sie nach den Pinnchen, Onkel Alfred schüttete ein. »Prosit, Prosit«, riefen sie durcheinander und noch manches andere, was ich nicht verstand. Schlürfend und schmatzend schluckten sie den Schnaps und stöhnten »Och, das war gutt.« Sie lachten wieder. Ich sah auf meinen Teller und auf meine Hände, sie waren inzwischen auch fettig geworden. Sie hänselten mich und drängelten mich, »Schmeckt dirs nich? Biste nie gewöhnt woas? Bist ja asu stille?« Ich sagte nichts, in meinem Bauch und in meinem Magen lagen inzwischen Steine. Der ganze Körper war zum Bersten angefüllt. Ich schob den Teller weg, der Geruch vom warmen Fleisch begann mich zu ekeln. Langsam krochen die Steine auch bis in den Hals hinauf. Ich nahm das Brot und floh aus der Küche. Raus hier, während des Laufens bemerkte ich, wie sich mir der Magen umdrehte. Ich lief über den Hof, um den Stall herum, ein Stück den Bach hinauf. Ich blieb stehen und öffnete den Mund und alles, was ich da so im Magen hatte, ergoss sich in den Bach und das Wasser nahm Wellfleisch, Wurstsuppe, Haferflockenbrei und Brot mit sich fort. Ach, tat das gut! Die frische Luft, das Wasserrauschen und die kühle Stille hier draußen. Hinter dem Stall lag ein Holzstoß. Ich machte es mir darauf bequem und langsam wurde es mir besser. Der Druck und die Steine waren verschwunden. Ich bemerkte erst jetzt, dass ich den Rest der Brotschnitte noch in der Hand hielt. Ganz vorsichtig steckte ich ein Stückchen in den Mund, kaute lange, schluckte und wartete ab, wie es sich im Magen anfühlte. Ganz gut, ich war gerettet. Stückchen für Stückchen aß ich das derbe Brot, biss mit Vergnügen auf den Roggenkörnern herum, die teilweise noch nicht ganz zermahlen in das Brot gerutscht waren. Tante Martha konnte eigentlich so ziemlich alles und es geriet ihr auch alles, selbst dieses herzhafte Brot. Morgen vielleicht würde sie wieder backen. Ob sie wohl schon fertig waren mit dem Wurstmachen und Braten? Ich beschloss, mir noch lange die Zeit zu vertreiben, dann war sicher, dass das Fest, das Schweineschlachten vorbei war. So war's dann auch, als ich in die Küche kam. Die Frauen waren bereits beim Abwaschen. Meine Schwester scheuerte gerade mit einer Wurzelbürste den Tisch und Mutter sah mich prüfend an. »Hastes überstanden?«, fragte sie lächelnd. »Magste noch ein Wurstbrot mit frischer Leberwurst?« Ich wusste nicht so recht. Aber als sie mir ein Brot zurechtmachte und mir eine Tasse mit dampfendem Malzkaffee dazustellte und sich zu mir setzte, begann ich zu essen und es schmeckte mir herrlich.

Gretel

Tante Martha hatte mich gebeten, die Hühnertränke sauber zu machen. Ich stand im Hof mit einem Eimer Wasser und einer Bürste und schrubbte die braune Steinguttränke. Onkel Alfred stand mit ein paar fremden Männern vor der Stalltür. Sie redeten aufgeregt hin und her. Ein paar Wortfetzen verstand ich »Wir müssen weiter, aber das Fohlen macht es nicht mit. Wenn Sie es nicht nehmen, müssen wir es töten.« »Bleibt sowiesu nich am Läben, mir ham ju keene Stutenmilch.« »Ach vielleicht kriegen sie es durch, es ist kräftig.« So ging es hin und her. Onkel Alfred drehte sich um und rief mich: »Madel, kum amol har«. Ich ließ Eimer und Bürste fallen und ging zu ihm. Er nahm seine Schiebermütze vom Kopf, kratzte sich am Kopf und sah mich an. »Hör amol her, die Männer do hom a kleenes Fohlen, das wulln se hier lohn. Sie müssa weiter und kenns nich mietenahma. Willstes füttern? Musste aber zeitig uffstiehn, das Pfardel will zeitig woas zu frassa.« Die Männer sahen mich erwartungsvoll an. »Weißt du, wir können es nicht mitnehmen. Die Mutter zieht den Wagen, da hat sie sowieso bald keine Milch mehr und laufen kann es nicht so schnell.« »Ja, also wenn ich das kann«, sagte ich langsam und ganz verblüfft, dass der Onkel mir so was zutraute. »Nu joa, die Martha werd dersch schunt zeiga, wies des macha musst.« »Also, ich kann mich do nich drum kimmern, das muss klappen.« Ich nickte, klar. Ein kleines Pferd pflegen, ich ganz allein. Die Männer drehten ihre Mützen in den Händen. »Dann wärn wirs gleich bringen.« Damit liefen sie vom Hof. Zurück kamen sie bald mit einem braunen, staksigen Pferdchen mit langen Beinen und einer weichen, weichen Schnute. Es spitzte die Ohren und sah mich mit großen, braunen Augen an. Ich nahm es am Halsband und führte es in den Pferdestall. Dort hatte der Onkel schon Stroh in eine Ecke geschüttet. Wir banden es mit einem Strick am Stallpfosten fest. Der Mann rieb sich an den Augen, strich mit der Hand über das Fell des Tieres, drehte sich um und ging. Ich war allein mit dem kleinen Tier. Es schnupperte an mir herum. Ich gab ihm die Milch zu trinken, die der Mann noch mitgebracht hatte, wohl die letzte von der Mutterstute. Als es ausgesoffen hatte, legte es sich in das Stroh. Aber plötzlich, ich wollte schon aus dem Stall gehen, stand es wieder auf und begann kläglich zu wiehern. Es spitzte die Ohren, so als wolle es hören, ob die Mutter antwortet. Aber es kam keine Antwort. Ich ging wieder zu ihm und begann es zu streicheln. Das braune Fell war weich und kraus, so als hätte es eine Dauerwelle. Die Ohren waren flauschig und der Schwanz hatte Ringellocken, als wenn sie mit der Brennschere hineinonduliert wären. Die Männer hatten doch gesagt, es hieße »Gretel«. Ich fand, das passte sehr gut zu dem Fohlen. Wenn es auf den Beinen stand, reichte es mit seinem Rücken gerade an meine Hüfte und es konnte mir die Schnuppe in die Schürzentasche stecken. Die großen Pferde drehten sich um, spitzten die Ohren und sahen auf ihren kleinen Kollegen da in der Ecke. Gretel wollte zu ihnen, sie dachte wohl, ihre Mutter sei dabei. Sie riss an ihrem Strick und wollte fort. Aber die Pferde hätten sie getreten. Sie schnaubten sowieso schon wie wild. Mir war auf einmal ein bissel Angst, ob das wohl gut ging? Die Tür öffnete sich und Tante Martha kam rein. »Ach du je, do hom wir ja woas«, staunte sie. Ihre Stirn zog sie kraus »Und das ohne Stutenmilch. Nee, nee.« »Warum können wir denn keine Kuhmilch geben?«, fragte ich sie. »Die Stutenmilch ist doppelt so fettig. Sie hot och eene andere Säure. Doas konn ich nie noachmacha. Nu joa, wir wärn halt gequetschta Hoafer nahma und kocha. Du werscht ihn durch a Sieb drücka und do warn wa ju sahn, ob das Pfardel doas frisst.«

Gretel und die Pferde hatten sich inzwischen beruhigt. Wir löschten das Licht und gingen über den dunklen Hof. In der Ferne grollte und donnerte es. Angst kam in mir auf. Eilig schob ich meine Hand in die von Tante Martha. Sie fühlte sich sehr rau an, aber sie hielt mich fest, bis wir im Hausflur waren und die Hintertür geschlossen hatten.

Gewissenhaft, so gut ich es verstand und unter Tante Marthas Aufsicht, kochte ich nun jeden Tag für das Fohlen Haferschleim und gab ihm davon zu trinken. Es dauerte nicht lange, da kannte es mich. Es wieherte schon, wenn ich mit dem kleinen Milcheimer über den Hof kam und »Gretel« rief. Hatte ich es gefüttert, machte ich es los und es trabte artig neben mir her. Ich nahm es sogar mit in die Küche. »Also, das gieht aber nich, das Pfard bleit draußa, mer kenn doch nie alle Tiere och noch ei die Stube nahma«, lamentierte der Hausherr. »Vielleicht willstes noch mit eis Bette nahma«, aber er blinzelte mich an und lächelte. Das war wohl eine Auszeichnung, weil ich das Pferdchen gut pflegte. Es tollte am Tag im Hof umher oder es stand an der Hintertür und wartete auf mich. Kam ich dann endlich, tollten wir den Feldweg entlang und über die Wiese. Die ersten grünen Spitzen waren schon zu sehen, aber die Erde war noch zu feucht. Das machte nichts, auch wenn ich ziemlich »lehmig« an den Schuhen wieder nach Hause kam. Trafen wir unterwegs Leute, drängte es sich ganz nahe an mich heran, ich musste den Arm um seinen Hals legen und beruhigend auf es einreden. Streicheln durften die anderen es auch nicht, dann schüttelte es sich. Bei mir hielt es still wie eine Schnurre-Katze. Oft saß ich im Hof und erzählte ihm etwas. Mit seiner weichen Schnute zuppelte es an allem herum und manchmal verschwand auch ein Strohhalm darin. Aber meistens ließ es alles wieder fallen. Es war ja auch gerade erst vier Wochen alt. Das waren schöne Tage für mich. Die Frühlingssonne schien schon warm und ich vergaß alle Ängste. Kaum, dass ich richtig schlief. Ich wollte gut aufpassen, dass ihm nichts passierte. Zuerst war es auch so, als wollte es mir gelingen. Aber eines Morgens kam ich in den Stall; da kam es mir so vor, als wenn es mich nicht so fröhlich begrüßte wie sonst. Was war los? Aufmerksam betrachtete ich es, während es an meinen Fingern saugend, den Haferschleim »aussuppte«. Da sah ich es auf einmal. Mitten auf dem Rücken, wo das Fell einen Scheitel hatte, saß ein heller Fleck. Ich stippte mit dem Finger darauf. Es fühlte sich schleimig an, wie »Nasenrotze«, dachte ich. Ich wischte es mit dem Taschentuch fort. Wurde es krank? Ich erschrak. Nein, das durfte nicht sein! Es war doch gestern noch ganz munter gewesen. Wer weiß, was das war, sicher nichts Schlimmes. Bald war das auch vergessen. Es tobte wie sonst mit mir über die Wiese und trabte brav neben mir her. Es ging auch schon alleine um den Stall herum oder galoppierte in die Scheune, wenn das Tor offen war. Alle hatten ihren Spaß an dem fröhlichen Tierchen. Aber gehorchen tat es nur mir. Wenn ich »Gretel« rief, kam es angesaust, dann musste ich es erst mal kraulen, um die Ohren herum, den Rücken entlang, den Hals klopfen. Es schien, als hätte es geschwitzt. Ich holte einen trockenen Lappen und eine weiche Bürste und rieb es trocken. Es hielt ganz still, offenbar gefiel ihm die Behandlung.

Aber jeden Morgen neu stand jetzt auf dem Scheitel der gelbe Schleim. Onkel Alfred hatte es längst gemerkt. Ich konnte es nicht mehr verheimlichen. »Reibs trocken. Aber es wird wohl nich besser wärn.« »Was ist das?«, fragte ich. »Es hat wohl die Knochenweiche, weils eben keene Muttermilch kriegt, wärn die Knochen weich.« Also doch krank. Wir kochten Tee, Wermut und Kamille, glaube ich. Ein Teil kam in den Haferschleim, und mit dem anderen tupfte ich behutsam den

Eiterschleim vom Rücken. Abends wurde es in eine Decke gewickelt, damit es nachts nicht fror. Ich wollte es nicht glauben, traurig schlich ich immer wieder in den Stall. Es hatte viel geregnet und wir konnten es nicht wie sonst draußen rumlaufen lassen.

Eines Morgens, als ich in den Stall kam, lag es da. Es wollte aufstehen, als es mich sah, aber die Hinterbeine rutschten immer wieder weg. Das ganze Fell war übersät mit den gelben Eiterpusteln. Ich sah ein, es hatte alles nichts geholfen. Den Haferschleim wollte es auch nicht so recht. Ich holte den Lappen und rieb es trocken. Es ließ es sich gefallen. Schließlich legte es den Kopf schwer in meinen Schoß. Ich saß ganz still und streichelte es zart. »Musst du doch sterben, weil deine Mutter fort ist?« Ich sah, dass auch in den Augenwinkeln unter den langen Wimpern schon der Eiter saß. Der Atem ging kurz und fiebrig. Meine Augen verschwammen in Tränen, die schließlich die Backen herunterrollten. Ich ließ sie laufen und rührte mich nicht. Ich weiß nicht, wie lange wir so beieinander waren, das Pferdchen und ich. Die Tür ging auf und Onkel Alfred kam herein. »Joa, joa, is wull nischte mehr zu macha. Madel, wir wärns doch tut macha missa.« Er ging hinaus und kam mit dem George und einer Decke zurück. Sie deckten es zu. Der George hatte eine Schaufel bei sich. »Pauer, die Grube is fertig«, sagte er leise mit französischem Akzent zum Onkel. »Der Soldat wird schießen, das wird das beste sein. Wer weiß, woas mir noch erläben wärn«, er seufzte. Sie wickelten es fest ein und trugen es fort. Erst lief ich hinterher. Aber der Onkel meinte: »Bleib bluß hier, mit deim Geflenne hilfste uns nich.« Ich blieb auf dem Weg stehen und sah ihnen nach. Dann ging ich langsam über den Hof zum Haus. Ich blieb stehen und horchte. Mir war ganz elend. Mit der Hand wischte und wischte ich die Tränen ab, aber sie wollten nicht aufhören. Da plötzlich, ein kleiner dumpfer Knall. Ganz nahe, und doch weg von mir. Der Schuss, sie hatten es erschossen, mein Pferdchen. Es konnte nicht gesund werden. Besser so, hatte der Onkel gesagt, und wer weiß, was noch kommt. War das ein Trost? Leise schlich ich mich durch die Türen in mein Bett. Regungslos vergrub ich mich in die Kissen.

Himmelschlüssel

Karfreitag und Ostern waren keine Feste in diesem Jahr. Die Marter wartete wohl auf uns, dumpf spürten wir alle, dass grausame Zeiten bevorstanden. Nachrichten und Gerüchte schwirrten nur so, ich hörte und sah genug, obwohl Mutter eifrig darauf bedacht war, vieles von mir fern zu halten. Vater war einigermaßen gesund geworden und wohnte nun mit Mutter zusammen im Stübchen. Ob er je wieder richtig arbeiten konnte? Aber er war bei uns und nicht in dem Kessel von Breslau, in dem furchtbaren Geschehen, in dem diese Stadt wohl unterging. Das Dröhnen in der Luft war alltäglich geworden.

Und trotzdem gab es Streuselkuchen. Am Ostermorgen stand er auf dem weißgescheuerten Küchentisch, sorgsam geschichtet auf den weißen, mit bunten

Blumen bemalten Porzellantellern. Im Brotkorb daneben lag der Rosinenkuchen, ohne Rosinen, aber mit Butter darauf, ein Frühstück, das alles sonst vergessen ließ. Bis zum Kirchgang war noch Zeit, ich wusste nicht so recht, was ich noch tun sollte. Ich zog schon mal den Mantel an und ging über den Hof zum Bach. Mal sehn, ob oben auf der Eule immer noch Schnee lag. Er schimmerte durch den schwarzen Wald, zwar grau, aber doch noch zu sehen. Aber die Luft war mild und der Feldweg endlich auch trocken. Was war das? Die ganze Wiese, noch sehr zart im ersten Grün, hatte lauter gelbe Flecken bekommen. Ich lief zur Wiese und ein wenig in sie hinein, da blühten die Himmelschlüssel. Staunend stand ich vor dem Wunder. Gestern war hier doch noch alles grau-grün gewesen! Ich bückte mich, auf langen Stängeln saßen die zartgelben Blütenglöckchen. Leicht, als wollten sie den Ostermorgen einläuten, bewegten sie sich im Morgenwind, und ein ganz feiner, süßer Duft zog in meine Nase. Entzückt sah ich über die Wiese hin, überall standen sie beisammen und der Wind strich darüber hin. Nach dem Mittagessen wollte ich durch die Wiese spazieren und das Wunder richtig in Augenschein nehmen. Im Dorf begannen die Glocken zu läuten, die ersten sonntäglich gekleideten Leute, mit sehr ernsten Gesichtern, kamen die Straße herauf, auch meine Leute kamen aus dem Haus und wir gingen ins Dorf hinauf zur Kirche.

Nach dem Gottesdienst standen die Leute vor der Kirche umher und tauschten die neuesten Nachrichten aus. »Die Front ist schon hinter dem Zopten.« »Dann wird es bald hier losgehen«, schnappte ich auf. Was wird hier losgehen? Schreckliche Bilder vom Krieg fielen mir wieder ein. Hier Krieg, hier in den Wäldern, in den Bergen, die Russen?

Noch anderes hörte ich: »Die Ostarbeiter sind furt, die Fabrike is leer.« »Bei Nacht und Nebel!« »Joa, uba ufm Wolfsberg is ooch ganz stille.« »Woas de nich soagst, keen Maschinenlärm?« »Nee, nee, tiefe Stille!« »Die Todt soll fort sein, dos Barackenlager ist leer.« »Im Kosta uff der Gemeende stieht en Anschloog, dos mer Meebel kofen kenn, vo da Baracken.« »Iech hoab mersch amol oagesahn; schiene Sacha. Alles helles Hulz.« »Ma koann ooch aus dam Stollen Bauhulz hulln!« »Jo, die Pauern foarn mit em Leiterwoane und hulln sichs.«

Meine Schwester zupfte mich am Ärmel, »Kommste mit?« »Wohin denn?« »Wir wollen gleich mit ein paar anderen zu den »Siebenkurfürsten« laufen. Da gibt's 'ne Stelle, von der kann man in die Ebene sehen.« Ich kam mit. Meine Schwester, meine Cousine und andere trotteten schweigend den Berg hinauf, durch den Wald immer bergan. Das Wetter passte zu unserer dumpfen Stimmung. Schwere Wolken hingen am Himmel, von der Sonne war nichts zu sehen. Im Wald roch es noch feucht und faulig, der Schnee war vom Weg abgeschmolzen, aber im Wald lagen noch Inseln von Altschnee. Je höher wir kamen, desto besser konnten wir das dumpfe Grollen und Lärmen hören. Kanonendonner, Flugzeugbrausen und Maschinengewehrfeuer waren hier oben besser zu unterscheiden. Endlich öffnete sich der Wald und wir standen an der Aussichtsstelle. Ganz frei war sie nicht, die Fichtenschonung war schon ziemlich hoch gewachsen. Wir schauten lange hinunter. Schwarzer Nebel zog über die Ebene hin. Dort, wo wir Breslau vermuteten, war er am dichtesten. Der Himmel war darüber sehr grau und sehr hoch. Das Land konnte man gut erkennen. Braune und grüne Äcker schieden sich voneinander oder waren grau zerrissen. Da war wohl die Front, oder da war sie schon gewesen. Ein Mann hatte ein Fernglas. Ich durfte auch durchsehen. Da erkannte ich, wie es in den Ortschaften brannte oder wie von Einschlägen neue Feuer aufflackerten. Mich schauderte. Wo waren die neuen Waffen, die uns befreien sollten? Wurden wir hier nun überrollt? Wo standen die Engländer und Amerikaner, wenn die Russen uns schon fast verschluckt hatten? Den Nachrichten im Radio glaubte niemand mehr, dort wurden nur noch Phrasen verbreitet.

Schweigend wanderten wir zurück. Wir wussten, allzu lange konnte es nicht mehr dauern. Aber wie würde es sein?

Am Nachmittag ging ich die Himmelschlüssel ansehen. Mutter hatte gesagt, so schön und so zahlreich hätten sie lange nicht geblüht. Ich schritt bedächtig durch die Wiese. Am Rand des Baches war noch ein großer, brauner Fleck zu sehen, dort hatten sie die »Gretel« verscharrt. Grau-silbrig und gelb schimmerten die Weidenkätzchen, der Bach gluckste und rauschte. Hinter dem Teich in der Kuhle setzte ich mich eine Weile hin auf einen Stein und dachte nach. Es war Frühling, den ich so sehr liebte. Ob die Leberblümchen an der Liebigshöhe wohl blühten? Unsere Wohnung? Alles kaputt? Und hier? Würden sie mit ihren Kanonen alles zerschießen, alles verderben. Warum? In der Kuhle blühten die Himmelschlüssel besonders dicht, meine Hände griffen nach ihnen und sorgsam brach ich hier und da einige ab, damit es nicht auffiel. Aber ein paar wollte ich Mutter und Vater mitbringen. Als ich wieder zurück am Feldweg war, hatte ich doch einen ganz schönen Strauß in der Hand. Allen, denen ich im Haus begegnete, hielt ich ihn unter die Nase, »Riech mal.« Sie rochen alle daran und lächelten und keiner schimpfte mit mir.

Steine klauben

Aber das Leben und die Arbeit gingen ihren gewohnten Gang. Alles war in Aufruhr und doch mussten die Tiere gefüttert und gepflegt und die Frühjahrsarbeit getan werden. Sah man über die Felder hin, so fielen die vielen Steine auf, die wie gesät über der zartgrünen Wintersaat lagen. Die Schneeschmelze hatte sie wohl mitgebracht. Auf den Wiesen hoben sich unzählige Maulwurfshügel.

In aller Frühe nahmen die Frauen kleine Weidenkörbe und Eisenrechen auf die Schulter, und los ging es über die Wiesen. Hier wurden die Maulwurfshügel gerade geebnet und die Steine aufgelesen in die Körbe. War der Korb voll, so schleppten wir ihn zum Wegrand und schütteten ihn aus. Ganze Steinwälle hatten sich im Laufe der Zeit dort gebildet. Holunderbüsche wuchsen da, und wo die Wälle besonders alt waren, hatten sich Preiselbeeren, Augentrost, Johanniskraut, Fette Henne, Steinwurz, Thymian (Quendel), Pfefferminze, verschiedene Steingewächse, kleine Rosenbüsche und allerlei kleine Blumen niedergelassen. Im Sommer huschten Eidechsen hin und her und ich musste besonders still sitzen, damit ich die scheuen

Tierchen auch sehen konnte. Das Rechen und Steineklauben war eine harte Arbeit. Jede Hand war wichtig, gerade auch im Krieg, so musste ich mit meinen 12 Jahren mitgehen und mich bücken. Schön war dabei, dass ich mich mit Tante Martha über allerlei unterhalten konnte. Sie zeigte mir Kräuter oder Insekten, und warum sie wichtig wären und man sie nicht ausrotten dürfte. War die Sonne draußen, so setzten wir uns zur Pause am Feldweg nieder und ließen uns das mitgebrachte Vesperbrot schmecken. Tante Martha hatte es in ein kariertes Tuch gewickelt in der Jackentasche stecken. Dann sah sie über das Feld hin und sprach von der Saat und der Ernte, wie sie dieses Jahr ausfallen würde, je nachdem wie schwer der Winter gewesen war. Der herbe Duft der Erde zog uns in die Nase, der sich mit dem Duft vom ersten Grün vermischte. Die Schuhe wurden immer lehmiger und hin und wieder musste man die Erde abstreifen, dann ging die Arbeit, das Bücken, das Rechen, das Steineschleppen weiter. Der Rücken schmerzte, die Beine wollten am Abend eines solchen Tages nicht mehr so richtig den müden Körper nach Hause tragen.

Diesen Arbeiten folgten aber bald andere. Mit einem Korb Kartoffeln am Arm über das Feld gehen, hinter dem Pflug her, der eine Furche grub, und da hinein warf ich Kartoffel um Kartoffel, die dann mit dem Fuß eingetreten wurde. Ich musste aufpassen, dass ich mit den anderen Frauen mitkam. Später folgte das Distelnstechen und das Rübeneinzeln. Mit einem Eisenstab, der unten in zwei Zacken auseinander ging, stach man dicht an der Distel in die Erde und konnte sie so samt der Wurzel herausziehen. Dies machte ich lieber mit Handschuhen, aber das war eigentlich verpönt. Mutige Hände griffen so tief am Stängel, dass die Distel nicht stechen konnte.

Der Rübensamen wurde mittels einer kleinen Maschine in die Erde gesenkt. Ging er dann auf, saßen kleine Büsche auf der Furche, die mit den Händen geeinzelt und in Reih und Glied in die Furche gepflanzt werden mussten. Auch hier durfte man nicht lange verweilen, die flinksten Hände waren zuerst mit der Furche fertig. Wehe, ich hatte es nicht geschafft! Dann lachten sie mich aus. »Haste wieder was gefunden zum Begucken?«, frotzelten sie gutmütig an mir herum. Ja, ja, die Erde war voller Lebewesen und ich hatte keine Zeit sie zu betrachten. Also weiter, wie weit war's zum Ende der Furche am Ende des Feldes? Manche Felder waren klein und steil am Berghang. Manche ebener, dafür unglaublich groß, so groß, dass sie kein Ende nehmen wollten. Aber Mutter hatte gesagt: »Wir müssen halt hier arbeiten und helfen, dafür bekommen wir auch zu essen.« Klar, ich wollte ja auch, spielen konnte ich sowieso nicht mehr. Die Puppen waren alle in Breslau geblieben, auch die Puppenstube, und zum Lesen war ich immer zu müde.

Lustiger war es dann schon, mit Heinz und den Trakehner-Fohlen über die Wiese zu rennen. Heinz sollte sie »einfahren«, so nannte man das, wenn junge Pferde lernen sollten, das Geschirr zu tragen. Sie waren zuerst ungebärdig und mochten das Zaumzeug am Kopf nicht leiden. Auch im Gespann zu gehen, wollte ihnen nicht gefallen. Aber es waren gutmütige Tiere, die uns nie wegliefen. Wir mussten halt nur manchmal schnell hinter ihnen her, wenn sie einen Zuruf falsch verstanden hatten. Ich trug die Peitsche, und Heinz hatte die Pferde an der langen Leine. Manchmal standen sie auch still und wollten sich nicht vom Fleck rühren. Sie warfen die Köpfe hoch, schüttelten die schwarze Mähne und schnaubten. Angst durfte man nicht haben. Heinz beruhigte sie dann und klopfte ihnen den Hals und wir redeten ihnen gut zu. Allmählich lernten sie dann zu gehen und ließen sich willig an einen Wagen spannen. Die Peitsche haben wir eigentlich nie gebraucht.

Aber Tante Martha wusste es wohl zu schätzen, dass ich mitarbeitete. Sie sagte einmal: »Nu Madel, do brauchste amol keen Landjahr mehr zu machen, doas huste jitze schunt hinter dir. Verleicht werschte amoal Bäuerin.« Sie zwinkerte mir zu. Da war ich ganz stolz auf mich.

Der Stollen

In diesen Tagen gingen viele Gerüchte um, von denen man nicht sagen konnte, ob sie stimmten. Bis irgendjemand auf die Idee kam, das Verbreitete zu prüfen. So war es auch mit dem Lager und der »Organisation Todt«. Es hieß: Die »Todt-Leute« sind fort, das Lager ist leer. Oben am Wolfsberg stehen die Maschinen still, es steht alles offen, man kann überall hinein. Wer sich was holen will, Holz oder wer weiß was, kann's holen. Auch die Möbel aus den Büros kann man kriegen. Schöne helle Möbel. Wir dachten, nicht schlecht, so für den Anfang solche Möbel zu haben. In Breslau ist sowieso alles kaputt. Wo sollten wir hin? Vielleicht konnten wir im Dorf bleiben. Tag für Tag fuhren schließlich die Leiter- und Kastenwagen zum Wolfsberg, und was zu gebrauchen war, wurde abgeholt. Ob die Leute von der »Gemeinde«, also die Verwaltung, da vielleicht etwas zu verbieten hatten, weiß ich nicht mehr.

Eines Morgens jedenfalls wurde auch bei uns der Leiterwagen mit den Fohlen bespannt und Trudel, Heinz und der Maurice fuhren zum Wolfsberg. Ich war mit von der Partie. Die neue Straße aus dem Dorf hinaus war noch ziemlich vereist und oben lag auch noch einiger Schnee. Die vielen Wagen hatten den Schnee so richtig in den Boden eingewalzt. Tatsächlich, die hohen Gittertore standen offen. Bis vor kurzem durfte hier noch niemand aus dem Dorf hin. Überall standen Schilder. »Sperrgebiet« stand darauf zu lesen. Ein größeres Gebiet besetzt mit Baracken, kleine Fabrikhallen oder Lagerhallen waren zu sehen. Berge von Material, Holz, Schienen, ich weiß nicht mehr, was alles noch, türmten sich vor dem Stolleneingang. Gleise liefen in den Stollen hinein, ein paar umgestürzte Kipploren und Materialwagen standen und lagen herum. Heinz hatte die Pferde mit dem Wagen an den Stollen herangeführt und wir begannen Holz aufzuladen, vor allem Bretter und Bohlen. Das war wunderbares Baumaterial. Dann liefen wir noch neugierig in den Stollen hinein. Hinter dem an sich schon ziemlich großen Eingang öffnete sich ein weiter Raum. Abgestützt mit vielen Holzbohlen lief er in den Berg hinein. Wir staunten, das hatten wir noch nicht gesehen. Hier hatten also die Ostarbeiter arbeiten müssen. Hier also sollten oder wurden die »neuen Waffen« gemacht, die uns

Deutschen zum Sieg verhelfen sollten. Ein ganzer Rüstungsbetrieb unter der Erde. Uns graute, »Los, wir wolln fahrn. Bloß weg hier«, rief Heinz. »Hüh«, er schnippte ein bissel mit der Peitsche. Die Pferde spürten die Zügel und zogen den Wagen an. Das Holz rutschte hin und her und der Wagen polterte zur Straße zurück. Erst ging es ganz gut mit dem schweren »Fuder«. Als sich aber die Straße bergab neigte, mussten die Bremsen an den Hinterrädern angezogen werden, die Last war doch etwas zu groß geraten, die Pferde hatten auf der eisglatten Straße große Mühe, den Wagen zu halten. Heinz zog die Zügel an und begann den Pferden gut zuzureden. Trudel und der George stützten das Holz an der Seite ab, indem sie sich mit zwei Heugabeln von der Seite dagegen stemmten. Ich hatte meine liebe Not, auf dem Eis richtige Schritte zu machen. Es war einfach zu glatt, das merkten wir erst jetzt richtig. Allen stand der Schweiß auf der Stirn, obwohl es ziemlich kalt war. Die Pferde schnaubten. Plötzlich, was war das? Sie warfen ihre großen Köpfe hoch, die Schwänze hoben sich, sie taten einen Satz. Heinz musste in Sekundenschnelle die Leine loslassen, sonst wäre er an einen Lichtmast geschleudert worden. Die Pferde rasten die Straße hinunter und rissen den Leiterwagen einfach hinter sich her. Das Holz kam ins Schwanken, vieles splitterte, fiel runter. Im Nu war die Straße übersät mit geborstenem Holz. Ein einziges Donnern, Splittern, Schnauben war zu hören. Wir standen zitternd am Straßenrand, die Pferde, der Wagen waren durch die Kurve nicht mehr zu sehen. Die Männer liefen hinter her. Wir begannen das Holz wegzuräumen, damit nachfahrende Wagen nicht auch noch verunglückten. Schließlich kamen wir auch im Dorf an der Brücke an. Dort stand das ganze Unglücksgespann. Die Pferde troffen von Schweiß, der Schaum tropfte ihnen aus den Mäulern, sie zitterten noch. Es hatte ihnen also zu lange gedauert, der »Tanz auf dem Eis«. Waren auch Räder gebrochen? Ich weiß es nicht mehr. Wir versuchten, mit den Trümmern nach Hause zu kommen, und waren froh, dass nichts Schlimmeres passiert war.

Die braune Kaffeekanne

Sie stand immer auf dem Herd, gefüllt mit Malzkaffee. Im Krieg allerdings bestand er aus selbstgebrannter Gerste. Dies war auch eine Beschäftigung, die mir anvertraut worden war. Ich ging auf den Hausboden und holte einen Topf voll Gerste aus einem Sack. Überhaupt standen dort oben eine ganze Reihe von Säcken. In dem einen war Weizen, in den anderen Roggen oder Gerste. Papiersäcke waren da gefüllt mit Rübensamen. Säcke mit geschältem und ungeschältem Hafer. Vom Giebelfenster aus hatte man dort oben einen weiten Blick. Ich stand gerne dort und schaute in die Runde. »Wo bleibst du denn?«, riefen Mutter oder Tante Martha von unten. Den Topf und das Gerstebrennen hatte ich vergessen vor lauter Fenstergucken. Vor allem konnte man von hier aus auch die Fenster von Heinkes im Nachbarhaus sehen und was sie gerade in ihrem Garten machten. Dieser war von einer Hecke eingegrenzt, und nur von hier aus konnte man durch die Zweige der riesigen alten Linde hindurch sehen, die vor dem Haus am Feldweg stand.

Eilig nahm ich den Topf und lief die Treppen hinab zur Küche. Im Ofen brannte ein starkes Holzfeuer und Tante Martha hatte schon die Gerstenmühle bereitgestellt. Das war ein Eisentopf, dessen Deckel mit einem Schwengel versehen war, den man drehen musste wie bei einer Kaffeemühle. Unter dem Deckel saßen zwei Flügel, die die Gerste um und um wendeten, wenn der Schwengel gedreht wurde. Die Gerste kam in den Topf und ich musste drehen, damit die Gerste gleichmäßig geröstet wurde. Langweilig und heiß war das. Manchmal interessierte mich etwas anderes in der Küche oder draußen auf der Straße. Dann lief ich eine Weile weg. Aber der Gerste tat das nicht gut, ich konnte sie gerade noch vor dem Schwarzwerden retten. Manchmal war sie auch schon etwas angesengt, dann gab's Schelte. Der Kaffee schmeckte dann bitter, vor allem der sonst würzige Duft der röstenden Gerste wurde zum brenzligscharfen Geruch und ließ sich nicht so schnell vertreiben. So wurden meine Sünden im wahrsten Sinne »ruchbar«. Schließlich musste ich auch die geröstete Gerste in der Kaffeemühle mahlen. Schubfach um Schubfach schüttete ich das Gerstenmehl in die Kaffeedose.

Morgens wurde dann damit der Kaffee gekocht und in die braune Kaffeekanne abgeschüttet. Jeder, der Durst hatte, konnte sich dort aus der Kanne vom Ofen ein Töpfchen voll holen.

An einem grauen Morgen, ich hatte gerade gefrühstückt, wurde es sehr laut auf der Straße. Ich lief zum Fenster und sah graue Autos vorüberfahren. Es waren lauter Militärwagen, Personenwagen und Lastwagen Was hatte das zu bedeuten? Jemand kam in die Küche und sagte: »Es ist soweit, der Rückzug hat begonnen! Das ist die Armee von General Schoerner, die hat also kapituliert.« Plötzlich klopfte es an der Haustür. Onkel Alfred ging hin, um zu öffnen. Das schwere Schloss quietschte und die Tür knarrte. Ein paar unverständliche Worte fielen, dann stand ein Soldat in der Tür. Er trug keine Mütze, seine Uniform war schmutzig und verknautscht. Einen Mantel trug er auch nicht. »Was zu trinken?«, fragte er. »Ja, komm se rein«, forderten wir ihn auf. Ich sollte einen Topf aus dem Schrank holen und Tante Martha goss aus der braunen Kaffeekanne ein. Er saß da und schlürfte gierig den Kaffee. »Ihr müsst weg«, sagte er, »die Russen werden bald da sein.« Er nickte mit dem Kopf zum Fenster hin, »die da draußen wissen, was los ist. Wenn die hier vorbei sind, kommen die Russen, und das ist furchtbar.« Seine Augen gingen unruhig hin und her, auch die Hände konnte er nicht still halten. Der ganze Kerl bestand aus Unruhe, das Gesicht hatte einen gehetzten Ausdruck. Für Augenblicke war es ganz still in der Küche, nur sein Schlurfen des heißen Kaffees war zu hören und der »Seeger«, die bunte Küchenuhr mit den Eisengewichten, tickte.

Draußen wurde es lauter. Wir sahen jetzt auch Landser vorbeimarschieren. Wir Mädchen liefen hinaus. Andere Leute hatten sich auch schon an der Straße eingefunden. Wir standen eine Weile und starrten sie an. Elend, heruntergekommen, die Gesichter schmal und hart sahen sie uns unter ihren Mützen und zum Teil unter Stahlhelmen hervor an. Die Lastautos saßen voller Soldaten, viele verwundet, die schmutzigweißen Binden sahen unter Mantelärmeln, Mützen und Stiefeln hervor.

Manche Arme waren auch geschient. Gewehre umgehängt, Maschinenpistolen. Geschütze, Panzerwagen rollten an uns vorbei. »Habt ihr was zu trinken?« Da kam Leben in uns. Wir rannten ins Haus. Tante Martha und Mutter hatten schon die großen Eisentöpfe auf dem Herd zurechtgerückt und Wasser zum Kochen gebracht, um Kaffee zu kochen. »Nehmt mal schnell erst diese Kanne, gleich gibt's neuen Kaffee.« Kaffeetöpfchen im Korb, eine Kanne in der Hand und noch eine Henkelkanne am Arm liefen wir wieder hinaus. Die Töpfe hinaufgereicht und wieder runtergereicht. Kein Stehenbleiben, der Zug fuhr und fuhr. Ich wurde reingeschickt. »Mehr Kaffee!«, »Ja, ja, hol die Melkkanne!«. Ich holte sie von der Milchbank. So zehn Liter fasste die blanke Aluminiumkanne. »Und ein Schöpfmaß dazu, raus damit.« Wir schleppten die volle Kanne auf die Straße. »Wasser«, riefen sie, »für die Feldflasche«. Da schleppten die Männer die großen Milchkannen mit Wasser herbei und füllten die Feldflaschen. Plötzlich stoppte der Zug. »Warum seid ihr noch hier?«, fragten die Soldaten. »Kommt mit, wir wollen in die Tschechei zum Ami, wir wollen nicht dem Russen in die Hände fallen, beim Ami is besser.« »Wie sieht's im Land aus?« »Alles kaputt, alles voll Russen.« »Mädel seht euch vor.« »Wär besser, ihr wärt weg.« »Alle noch im Dorf?« »Ja, keiner is weg, nur die Flüchtlinge sind weitergezogen.« »Seid ihr wahnsinnig, hier könnt ihr nicht bleiben.« »Doch, wir werden nicht weggehen. Unsere Leiterwagen sind zu schwer. Es ist egal, wie wir verrecken. Wir können auch zu Hause sterben. Der Krieg ist sowieso verloren. Breslau ist gefallen. Wo sollen wir denn hin?« »Ihr werdet schon sehen!« »Oben auf dem Kamm liegt noch Schnee.« »Die Tschechen sind auch nicht gut.« »Der Hitler sitzt in Berlin in der Patsche, dort soll auch schon alles kaputt sein. Der Westen ist überrannt. Dresden, ja, ja!« »Also wir werden ja sehen.« Der Zug setzte sich wieder in Bewegung. Die Kaffeekanne und die Töpfe kreisten. Eine in der Küche kocht neuen Kaffee. Raus und rein, den ganzen Tag. Einmal kommt meine Schwester raus und sagt: »Der Soldat drin will gar nicht gehen. Er bat um ein Fußbad. Da hab ich die Schüssel geholt und heißes Wasser rein. Er hatte auch um den einen Fuß eine Binde. Aber er scheint gar nicht zur Armee zu gehören. Ich sah zufällig, dass seine Achselklappen leer sind. Sieht so aus, als wenn er bei der SS war. Er ist unheimlich in seiner Unruhe und den stieren Augen.« Dann hatten wir ihn vergessen. Als wir wieder in die Küche kamen, war er verschwunden. Wohl durch die Hintertür. ›Wo mögen die Jungs sein?‹, geht es mir durch den Kopf. Ob ihnen auch jemand was zu trinken gibt? Aber es bleiben nur Gedankenfetzen, die Gegenwart macht uns stumpf, angstvoll, mechanisch wird das Alltägliche abgehandelt. Das Vieh wird gefüttert, weil es sonst brüllt. Ich sehe auch, dass ein paar Taschen gepackt werden, so als wollten wir in den Luftschutzkeller. Es passiert alles unschlüssig und verstohlen. Wir wissen genau, es ist zu Ende, es hat alles gar keinen Zweck mehr. Wir sitzen in der Falle, die anderen haben es schon hinter sich. Tot oder im Elend auf der Straße, gefangen, ausgeraubt oder in Sicherheit? Aber wo? Wo ist Sicherheit? Im Hof machen sich die Männer am großen Leiterwagen zu schaffen. Sie haben ein großes Holzdach gebaut. Die Tage rinnen lähmend dahin. Im Dorf ist es unheimlich still geworden, nachdem die

Armee durchgezogen ist. Nur das Schießen und das unheimliche Dröhnen ist in der Luft. Das Radio bringt die Nachricht, dass Hitler tot ist. General Dönitz hat die Regierung übernommen. Wir sitzen um den Tisch und beraten, was zu tun sei. Aber im Dorf sind sie überwiegend der Meinung, dass es keinen Treck geben wird.

Gerüchte

Gerüchte kreisen. Jemand hat erzählt, es sei ein Mann aus Dresden gekommen. Völlig verstört sei er gewesen. In irgendeinem Loch hat er den schrecklichen Luftangriff überlebt, dann habe er nur noch weg gewollt. Unterwegs sei er nicht vorwärts gekommen. Aber jemand hätte ihm erzählt, die Amerikaner wollten über Berlin hinaus kämpfen und die Russen verjagen. Sie ständen schon in der Tschechei und vor Dresden. Aber wer will das richtig wissen? Das wäre natürlich das Beste.

Die blauen Schuhe

Die Lähmung ist nicht mehr zu ertragen! Es muss etwas getan werden! Wenn wir schon nicht fliehen, dann müssen wir noch ein paar Sachen in Sicherheit bringen! Die Soldaten haben gesagt, dass die Russen plündern, zerschlagen, zerstören und die Häuser von Schutt und Scherben bersten, wenn sie nicht noch zerschossen und in Trümmer gehen werden. Wahre Orgien von Zerstörungswut sollen sie in den abgelegeneren Dörfern veranstalten. Anschließend jagen sie alles in die Luft. Uns wundert das nicht. Aber gerade deshalb sollten wir etwas von unserem Hab und Gut in Sicherheit bringen.

Zum Beispiel Schmuck. Mutter holt allen Schmuck, von ihrer Mutter Ererbtes und einige Sachen von meiner Schwester zusammen. Uhren auch, Vaters Taschenuhr, Armbanduhren. Dann überlegen wir ein Versteck. Mutter näht alles in eine Art Damenbinde ein. Sie nimmt alten, verwaschenen Parchent und faltet den Stoff zusammen. Zwischen die Lagen kommt der Schmuck. Dann wird das Ganze in einen alten Lederlappen gewickelt. »Wo wollt ihr das verstecken?«, frage ich. »Du brauchst es nicht zu wissen«, rät meine Schwester. Aber dann kann sie mich doch brauchen. »Du gehst auf die Straße vor dem Steinzaun und guckst dich um, ob jemand kommt.« Ich lege die Hände auf den Rücken und spaziere draußen umher. Es kommt niemand vorbei, sonst hätte ich angefangen ein Liedchen zu pfeifen. Das hatten wir abgemacht. Währenddessen hat meine Schwester im Garten an der Mauer einen losen Stein herausgezogen und das Päckchen hineingelegt. Der Stein hat das Loch wieder verschlossen. Es war nichts Auffälliges zu sehen. Selbst die Gräser und Blümchen, die aus der Mauer herauswuchsen, waren nicht geknickt. Dieses Versteck mit den kleinen Kostbarkeiten hat allen Plünderungen standgehalten.

Währenddessen wurden in den Schlafzimmern einige Holzkisten, die mit Teerpappe ausgeschlagen waren, mit wichtigen Sachen, Wäsche und Kleidungsstücken, Silbersachen gefüllt und die Truhen gut verschlossen. Onkel Alfred hatte sich dafür ein besonderes Versteck ausgedacht, den großen Misthaufen hinter dem Kuhstall. Soviel ich weiß, hatte Mutter ihre Wäschetruhe auf dem Dachboden hinter einem Haufen Wagenrädern, Maschinenteilen und Getreidesäcken stehen. Sie wollte ihre Sachen nicht in den Mist stecken. Sie hatte eine eigene Art von Standhaftigkeit. Eigensinnig weigerte sie sich, ihre goldenen Ohrringe, die sie von ihrer Mutter geerbt hatte, abzulegen. Sie machte nicht viele Worte darum.

Es ist der 7. Mai. Tante Martha hat die Brille aufgesetzt, das Kalenderblatt abgerissen und eine Weile gelesen. Sie sagt nichts. Was wird kommen? Aus dem Dorf besucht uns jemand und erzählt, dass der Bürgermeister die weiße Fahne hissen will, damit das Dorf nicht zerstört wird. Kein Mensch weiß, wann die Russen kommen. In Heinrichau, Michelsdorf und bei der Zuckermühle sollen sie schon sein. Das ist eine reichliche Stunde zu Fuß. Einzelne versprengte Soldaten kommen aus den Wäldern, kreuzen die Straße und verschwinden wieder. Dann wird erzählt, gesagt, wir sollten die weiße Fahne nicht raushängen, die deutschen Soldaten würden alle erschießen, die das tun würden. Den Bürgermeister hätten sie Verräter genannt. Die einen meinen, er sei schon tot, die anderen sagen, noch nicht, er hätte die Fahne wieder eingezogen. Es kommen Parolen, man solle keine Gewehre im Haus haben, keinen Alkohol. Im Stall sollte das Vieh nicht angebunden sein, Wasser zum Löschen bereitgestellt werden und was weiß ich noch mehr. Nicht mehr auf die Straße gehen! Die Hitlerfahnen soll man verbrennen. Einige Familien, die hitlertreu sind, wollen sich umbringen, sickert es durch. Wir gehen umher, schauen uns an, sitzen, stehen auf, sprechen und schweigen, die Spannung ist unerträglich, und doch ist alles fast gleichgültig geworden. Irgendjemand meint, »Wir sollten ein paar gute Schuhe verstecken.« »Oder sollen wir vielleicht doch den Leiterwagen zurechtmachen?« Mutter sagt: »Das hat doch keinen Sinn mehr.« Aber die Männer machen sich am frühen Nachmittag doch noch daran, das schwere Holzdach auf den Wagen zu setzen. Der Geschützlärm wird immer drohender. Schwere Artillerie vermischt mit Maschinengewehrfeuer dröhnt um das Haus. Am frühen Morgen sind die Kisten im Misthaufen verschwunden. Die Männer haben geschaufelt wie die Wilden. Jetzt wollen wir doch noch ein paar Schuhe verstecken. Mutter hat im Keller unter der Treppe Platz geschaffen. Einen ganzen Haufen Zuckerrüben hat sie in Windeseile mit mir beiseite geräumt. Dann sagt sie: »Geh, hol einen Holzkorb und sammle die guten Schuhe ein. Du weißt schon, sie stehen unter der Ofenbank in der Küche!« In der Küche ist zur Zeit niemand, den ich fragen könnte. So beginne ich mein Werk. Schnell, schnell greifen meine Hände nach den Schuhen, ohne zu überlegen. Ich freue mich richtig, dass anschließend die Bank leer und aufgeräumt aussieht. Da fallen mir noch meine blauen Sonntagsschuhe ein. Ich laufe in die Schlafstube und hole sie unterm Bett hervor. Mit einem Schürzenzipfel streiche ich über sie hin. Hübsch sind sie, ich habe sie gut gepflegt. Im Ganzen sind sie blau, aber oben sind sie mit rotem Leder und einem feinem Lochmuster verziert. Die Schnürsenkel haben rote Lederbommeln. Dann lege ich sie zu den anderen in den Korb.

Schnell, schnell mit dem Korb in den Keller. Ganz schön schwer ist er geworden. Durch die offene Hintertür sehe ich die Männer, die sich an dem Leiterwagen zu schaffen machen. Sie haben gerade das schwere Holzdach aufgerichtet. Da plötzlich ein ohrenbetäubender Schlag. Der Hof ist für Sekunden in helles Licht getaucht. Der Korb fällt hin. Der Luftdruck verschlägt mir den Atem. Dreck und Erde spritzt über den Hof hin. Das Holzdach ist wohl den Männern aus den Händen geglitten. Es hängt halb vom Wagen herunter. Hinter dem Wagenrad guckt ein Holzlatschen heraus. Fast mechanisch greife ich Korb und Schuhe und flitze die Treppe hinab. Das Dröhnen geht draußen weiter. Da hat es wohl neben dem Haus eingeschlagen. Später betrachten wir den ziemlich großen Granattrichter. Nur gut, nicht in das Haus. Mutter reißt mir den Korb aus der Hand und schüttet ihn auf den freien Platz. So schnell wir können, raffen und schaffen wir die Zuckerrüben zurück über die Schuhe hinweg. Der Schweiß steht uns auf der Stirne, der Atem fliegt. Schließlich sind wir fertig. Nichts mehr zu sehen, als eben ein Zuckerrübenhaufen. Sorgfältig schieben wir noch ein Brett davor, damit der Haufen nicht umfallen kann. Dann gehen wir schweratmend wieder nach oben. Es ist Abend geworden. Wir sehen zum Fenster hinaus und sehen drüben über der Bahn einen Trupp Soldaten verschwinden. Das Schießen und schließlich auch Schreien dringt zu uns herein. Was aber eigentlich passiert war, ist nicht auszumachen. Die Straße liegt wie ausgestorben. Die Mütter haben das Abendbrot auf den Tisch gebracht. Alle sitzen um den Tisch, aber niemand rührt etwas an. »Wir hoam das Dach wieder neber das Haus getoan. Es hat ja alles keen Zweck mehr.« Da sitzen wir nun, und sehen uns an und warten auf das Ende. Vater und Mutter, meine Schwester, meine Cousine, Onkel und Tante, die große Trudel, der Walter, Martel und Hanne, die Flüchtlingsfrauen mit ihrem kleinen Sohn, die Schwiegereltern, die aus Oberschlesien geflüchtet sind, und Paul und Maurice-George, die Franzosen. Paul ein halber Deutscher, der aus dem Elsass stammt und George aus der Normandie. »Was wird mit Euch?«, fragt der Onkel die beiden. Paul grinst unter seinen schwarzen Locken hervor. »Machen Sie sich keine Sorgen, ich werde die Frauen nicht im Stich lassen.« Die Martel strahlt. »Ja, ich hab gesagt, er könnte gehen, wo sowieso alles sinnlos ist, aber er will nicht«, zögernd fügt sie hinzu: »Er will mit uns später nach Hause, wenn es geht. Vielleicht können wir unsern Hof in Liegnitz noch mal aufbauen. Hannes Mann, mein Bruder, wäre ihm sicher dankbar.« »Is gutt, ihr könnt solange bei uns bleiben, wie ihr wullt«, sagt der Onkel. »Ja und du, George?« Staunend stellen wir fest, dass er sich ja eigentlich freuen müsste, wenn die Russen kommen, dann ist er doch frei. »Ach Chef«, fängt er zögernd an, »wo soll ich denn jetze hin. Ich bin hier derheeme. Ich war euch noch halfa, die Ernte eibringa und vielleicht gie ich dann nach Frankreich.« Es ist ganz still, obwohl wir wieder alle lächeln müssen, weil sein Schlesisch mit französischem Akzent so ulkig klingt. Vor allem Vater amüsiert sich, »Daheeme«, hat er gesagt. Aber irgendwie würgt mich was im Hals. »Ihr Madel zieht euch ock woarm an und

117

verschamariert euch a bissel, damit ma nie glei sieht, wie alt ihr seid. Bindt euch ock a dunkels Tichel im. Ma konn jo nie wissa.« Was meint er wohl, denke ich. Ach so, die Russen fallen über die Frauen her, das habe ich auch schon gehört. Vergewaltigen! In mein dumpfes Grübeln, höre ich auf einmal jemand sagen: »Wo sind denn meine Schuhe?« Alle schauen unter die Ofenbank. Mutter und ich sehen uns an. »Was? Hast du alle Schuhe genommen?« »Ja«, sage ich kleinlaut, »alle«. »Aber ich sagte doch, nur die guten!« Ich bin ganz entsetzt, das habe ich nicht richtig überlegt. Einer bückt sich und sagt schließlich, »Unglaublich, keiner hat Schuhe, do wern wer wull die Russen in Strümpfen und Holzlatschen begrüßen müssen.« Paul fängt an zu lachen. »Das ist ein toller Streich von dir.« Mit süßsaurer Miene lachen schließlich die anderen mit. »Aber ich habe ja selbst keine Schuhe«, stelle ich erstaunt fest. »Soll ich sie holen?« »Nu is es eben asu, doas gieht jetze nich mehr.« Wir sitzen und warten auf etwas, was wir uns nicht vorstellen können. Irgendwo explodieren Granaten. Aber um unser Haus selbst ist es ruhig. Um Mitternacht schweigen die Waffen. Wir sind ganz erstaunt. Irgendwie erfahren wir, dass Deutschland kapituliert hat, dass der Waffenstillstand eingetreten ist. Der 8. Mai 1945 bricht an.

Das Fahrrad

Im Dorf wird es laut. Auf der Straße rennen Leute, rollen schwere Autos, fremde Sprachlaute dringen zu uns herein. Wir sitzen im Dunkeln, das Licht war irgendwann ausgegangen. Auf dem Tisch steht auf einem kleinen Teller festgeklebt für alle Fälle ein Kerzenstummel. Wir haben ihn erst angezündet, als es draußen an den Türen Lärm gibt. Fremde Leute, Gewehrkolben krachen an die Tür. Die Männer gehen hinaus und öffnen. Der Flur ist mit einem Mal voll dunkler Gestalten, Russen. Wir stehen da und starren sie an. Sie reden unverständlich und wild auf uns ein. Schließlich winkt sie der Onkel auf den Hof hinaus. Wir stehen immer noch wie angewurzelt im Flur. Da wird die Haustür aufgerissen und herein stürmt ein schlanker, junger Kerl. Die Russenmütze sitzt ihm etwas nach hinten gerutscht auf dem Kopf, der lange schwere Mantel steht offen. Grinsend sieht er meiner Schwester ins Gesicht. Da fängt die Tante Martha an zu lachen. »Du Uri? Ja? Ich holen dir.« Sie geht in die Schlafstube und kommt mit ihrer goldenen Uhr zurück. Im Kerzenlicht blitzt das Gold, sie hält sie ihm unter die Nase. Klein und rund, weißes Zifferblatt mit feinen Zeigern, die Räder und die Rückseite fein ziseliert, oben die Schraube und die Öse, sie hat sie immer um den Hals getragen an einer Kette. »Gutte Uhr.« Er nimmt sie, er strahlt, sie lächelt. Als er sie in die Tasche schiebt, rutscht sein Ärmel hoch. Was sehe ich? Der ganze Unterarm sitzt voller Armbanduhren. Ich traue meinen Augen nicht. Während ich ihre Geistesgegenwart noch bestaune, hat sie ihn auch schon zur Tür wieder hinausgedrängelt. Sie dreht sich um. Sie hat ein verschmitztes Lächeln auf ihrem Gesicht. »Sie ist schon lange kaputt, hoffentlich merkt ersch nich glei!« Auf dem Hof ist es wieder still. »Schnell ihr Madel, jetzt müsst ihr erst mal verschwinden. Wer weiß, wir sind hier so an der Straße, was noch alles für Volk reinkimmt.«

So leise wie möglich öffnet der Onkel die Hintertür. Wir drängen auf den Hof. Es ist schwarze Nacht. Man kann den anderen kaum sehen. Die Männer gehen über den Hof und suchen alles ab. Kein Mensch ist zu sehen. Geräuschlos bewegen wir uns über den Hof.

Dieser Hof, Tag und Nacht ging ich selbstverständlich vom Haus zum Stall, zur Scheune, von Stall und Scheune zurück zum Hof. Höchstens wenn es dunkel und im Stall das Licht aus ist, gruselt es mich in der Dunkelheit. Oben am Himmel funkeln die Sterne, die Milchstraße in kalter Pracht. Ich kann die anderen kaum sehen, nur die Körper spüre ich und die Hand meiner Schwester. Mein Herz klopft bis zum Hals hinauf. Von der Straße hören wir Motorengeräusch, jagende Schritte, Schüsse vereinzelt, Türen schlagen, johlende Stimmen mit fremdem Klang, Pferdegetrappel. Schreien und weinen da nicht Frauen – raues Gelächter – Kindergeschrei? Die Nacht ist nicht still, nein das ganze Tal ist voll von diesem Lärmgewirr, wie ein Hexenkessel. Es läuft mir in die Ohren, bleibt darin hängen, mein Körper rauscht. Was passiert da um uns herum? Waffenstillstand? Die Männer nehmen uns zwischen sich ... »Schnell in die Scheune, ins Heu«, heißt es. Sie öffnen still das kleine Scheunentor und schieben uns, die Trudel, die Trautel, die Martel und mich, nacheinander hinein.

So leise wie möglich klettern wir die Treppe hinauf in das Obergeschoss der Scheune. Im Giebel liegt noch eine Menge Heu. Zwei von den Männern helfen uns, eine Bahn zu räumen und wir wühlen uns bis zur Wand zum Giebelfenster durch. Dort bleiben wir erst mal sitzen, hocken, liegen. Hinter uns räumen die Männer das Heu wieder zurecht, bis von dem Ganzen nichts mehr zu sehen ist. Wir sind so erschöpft, voll Angst wagen wir nicht mehr, uns zu bewegen, bis der Morgen ein wenig Helligkeit durch das Fenster schickt. Draußen hören wir Lärm, Krach, Schießen, das Vieh brüllt. Die Angst schüttelt uns aufs neue, weil wir nicht wissen, was vorgeht. Das Heu reizt mich zum Husten und die drei Mädchen haben Angst, wir könnten durch mein Husten entdeckt werden. Sie halten mir den Mund zu und ich versuche tapfer den Husten zu verschlucken. Es geht kaum. Erst als es noch heller geworden ist, versuchen wir im Heu etwas Platz zu schaffen. Ich bekomme mehr Luft und der Husten lässt schließlich nach.

Aber zum Fenster trauen wir uns nicht. Da sitzt auch noch Heu davor. Am Rahmen ist ein wenig Mörtel rausgebröckelt. Ich knie mich davor und bohre mit dem Finger noch mehr Mörtel heraus. Schließlich kann ich durch ein kleines Loch gucken. Die Mädchen schimpfen erst mit mir. Aber da kommt für mich frische Luft durch. Ich atme tief. Der Druck auf meiner Brust lässt nach. »Siehste was?« Die Sonne ist aufgegangen, klarblauer Himmel. Ich kann den Feldweg entlang sehen. Da steht ein russischer Panzer, an der Ecke, wo es den Berg hinaufgeht. Aber er ist wohl nicht den Weg entlanggekommen, sondern quer durch das Feld. Tiefe braune Spuren von den Stahlbändern, mitten in der jungen, grünen Saat, da müssen viele Panzer lang gefahren sein. Braune Gestalten, im Hof schreit wieder alles durcheinander. Unter uns im Pferdestall wiehern und stampfen die Pferde, Kettengerassel. Ich schaue wieder durch das Loch. Jetzt erst sehe ich, die Wiese ist saftig grün, und überall wie von Zauberhand hingesät blühen tausend und abertausend Maiblumen. Ja es ist Mai, der Winter ist vorbei. Aber die schwarzen Streifen in dem Feld und der Panzer. Plötzlich, was sehe ich da? Ich drücke mir fast die Nase platt. Es sieht zu komisch aus. Die Jutta, das kleine Haflinger Pferd, kommt den Weg entlanggestürmt. Der helle Schwanz halb aufgerichtet, die Mähne flattert, den Kopf möchte sie höher aufrichten, aber das gelingt nicht so recht, weil unten an der Leine, die am Zaumzeug befestigt ist, ein zerbeultes Fahrrad hängt. Sie zottelt es neben sich her, so gut und so schnell sie kann. Sie schnaubt und der Schaum fliegt ihr aus dem Maul. Hell wiehernd hält sie im Hof an. Wir hören Gelächter. Onkel Alfreds Stimme »Jutta«. Er klatscht dem Pferd wohl den Hals. Das war wie ein Spuk. Erst jetzt erkenne ich oben auf dem Weg eine Gestalt, die sich ein bissel den Mantel abklopft und zum Hof herschaut. Wohl ein Russe. Was hat er mit dem Pferd gemacht?

Endlich wird es auf dem Hof ruhiger. Wir hören die Stimmen aus dem Stall, sie füttern wohl die Tiere. Wie spät mag es sein?

Plötzlich ruft es: »Hallo, wo seid ihr?« Erst sind wir ganz still, die Stimme ist leise und auch durch das Heu nicht zu erkennen. Meine Schwester schiebt sich etwas vor, sie erkennt Tante Marthas Stimme. »Hier«, rufen wir. Das Heu bewegt sich. Ein Fuß, eine Hand, schließlich wühlt sich die ganze Tante durchs Heu und kommt zum Vorschein. In der einen Hand den Korb zum Vespertragen, in der anderen die braune Kaffeekanne. »Hier Frühstück«. Wir machen uns gierig darüber her. Das Heu fusselt um uns her, wir sehen aus wie lebendige Heuhaufen. Dann erzählt sie, was vorgefallen ist. Gerade, als wir im Heu versteckt waren, sind neue Russen durch das Haus gerannt. Ja, den Lärm haben wir gehört. Dann sind die Frauen auf die Idee gekommen, den Tisch in der Küche neu zu decken. Sauberes Geschirr, heißer Kaffee, Brot, Fleischkonserven, dann haben sie die russischen Soldaten eingeladen zum Frühstück. Wir schütteln die Köpfe. »Diese Horden, ihnen auch noch was zu essen geben?« Tante Martha guckt uns böse an. »Warum nicht? Die Tiere sind noch im Stall. Im Dorf solln sie ganz anders gehaust haben, was man so hört. Im ›Deutschen Haus‹ habn sie im Keller Schnaps gefunden und gesoffen. So sind sie dann bei uns reingekommen. Gut, dass ihr weg seid. Die Gustel stieht am Tische und schneit Brut, und die Kerle wulln sich nich setza. Dann wulln se, wir solln voressen.« »Warum?«, frage ich. »Du, biste tumm, die denka, das Assa wär vergiftet.« »Ja doch, keine schlechte Idee.« »Und was war mit der Jutta?« Sie lacht. »Do kom so a junger Schnösel, muss woll a Offizier gewäsen sein. Unter der Mütze kamen blonde Haare raus. Hübsch und frech. Er ging ei a Stoll und kom mit der Jutta raus. Er war mitn Foahrroad ufn Hof gefoarn. Joa und do hoatt ar de Jutta oan die Lenkstange gebunda, sich uffs Road gesatzt und wullde lusfoarn. Nu jo, die Jutta wullde nich, sie schlug vorne und hinten aus. Der Kerl woar ju stoark, er blieb a Stückel ufm Road sitza und fuhr los. Aber die Jutta ging huch, und platsch da loag ar, ufm Wäge. Das Fard woar furt, immer doas Road hingerhar. Erscht blieb se stiehn und wullts oabschitteln, nu joa, aber dann koam se zerickkegestirmt. Ich hoab su lacha missa. Der Alfred hots Fardel wieder neigeton.«

Wir lachten ein bissel. Und jetzt, was wird mit uns? »Ihr müßt schon noch a wing hier blein. Die Männer sagn, es wär besser, ihr wärt heute nich mehr im Haus. Die Steffi, wisster, doas Polenmadel von da Flüchtlingen is drinne, sie gieht mit der Russakerlen eis Bette. Sie meent, ihr machts nischte, de Schlüpfer kennt se schunt wegschmeißa.« Die Mädchen sehen sich an. Ich frage lieber nicht. Sie geht mit ihnen ins Bett? Was denn, für uns etwa? Ich hatte immer wieder gehört, dass das die Russen mit den Frauen tun, wenn sie Orte erobert haben. Regungslos saß ich und dachte daran, dass ich neulich wieder geblutet hatte. Es war mir schwer gewesen, es der Mutter zu erklären. Sie hatte mich prüfend angesehen und hatte gesagt: »Nun ja, jetzt wirst du eben eine Frau. Das kommt jetzt immer wieder. Ich werde für dich Binden nähen.« Mir gefiel das gar nicht. Der Körper tat mir weh und ich konnte nicht mehr so laufen und unbeschwert sein. Aus Büchern wusste ich, wie das alles vor sich ging, mit dem Kinderkriegen. Wirr und dunkel ging mir das alles jetzt durch den Kopf. Aber fragen konnte ich die Mädel auch nicht. Sie sahen ja auch so verängstigt aus. Was machen die Russen mit der Steffi? Ich hatte sie immer heimlich bewundert. Sie war für meine Begriffe bildhübsch. Mit meinen langen Beinen und den dicken Knien kam ich mir ihr gegenüber immer plump vor. Sie hatte langes, schwarzes Haar, dunkle Augen und einen vollen, roten Mund, so als ob sie immer geschminkt wäre. Ihre Figur war schlank und doch rundlich, sie wiegte sich so ein bisschen, wenn sie ging. Das Polnisch sang sie so, während die deutschen Brocken immer rau klangen bei ihr. Der Onkel hatte gesagt, sie sei ein »Deibel«, sie tät den Männern den Kopf verdrehen. Dunkel spürte ich, was das war. Aber eines stand fest, die Russen waren Bestien! Also, ja aber hier oben konnten wir auch nicht dauernd bleiben. »Die Männer wärn schon was finda. Wenns erscht richtig ruhig is, hulln mer euch.« Sie sammelte das Geschirr wieder in den Korb und kroch wieder zurück durchs Heu. Später ging der Lärm draußen von neuem los. Wir lagen wieder flach im Heu und blieben sehr ruhig. Auf der Treppe hörten wir schwere Schritte und später das Wischen und Raufen, als wenn Heu geräumt wird. Aber unsere neue Angst war unbegründet. Sie hatten wohl für den Abend schon Heu in den Schacht getan.

In der Mittagszeit wurde es endlich still draußen. Nach einiger Zeit kam der Onkel und holte uns. Als wir auf der Tenne standen, meinte er: »Also wir duchten, es wär besser, wenn ihr euch aufm Holzboden verstecka tätet. Hier könnt ihr nich blein. Es ist zwar schon ein Zug zum Durfe naus, aber uba eim Durfe giets noch schlimm zu. Viele sein besuffa. Wir wärn jetze die Leiter anlegen und en Packen Hoaferstruh nuff bugsieren und ihr kummt dann enzeln und klettert nuff.« Auch das noch! Der Holzboden war neben dem Taubenschlag über dem Schweinestall. Man musste die Leiter anlegen und hochklettern. Hinter der kleinen Holztür war ein schräger Dachboden, in dem im Winter das gehackte Holz lag. Jetzt war er leer, das Holz war verbraucht. Dort wollten sie uns verstecken. Keine schöne Aussicht.

Ruhig mussten wir dort auch sein. Denn wenn die Tauben erst merkten, dass dort Menschen waren, blieben sie womöglich nicht mehr im Schlag. Dieser war durch eine Holzwand vom Boden abgetrennt. Am Hofeingang standen zwei Männer Wache. Eine nach der anderen kletterten wir blitzschnell hinauf. Staubig und dreckig war's da, Holz lag noch rum. So gut es ging, breiteten wir das Stroh aus. Ein Packen Decken wurde noch hinter uns her gestopft. Dann ging die Tür wieder zu. Nach dieser Anstrengung mussten wir uns erst mal hinlegen und ausruhen. Die Männer standen im Hof und unterhielten sich und beobachteten den Feldweg, von dem aus man volle Einsicht auf den Hof hatte. Plötzlich kam eine Frau über den Hof gerannt. Wir konnten sie durch das Loch in der Tür sehen, es war die junge Frau von nebenan. Sie redete auf die Männer ein. Sie sah unordentlich und zerzaust aus. Die Männer wiegten die Köpfe, dann wurde plötzlich die Leiter angelegt und sie kam zu uns herauf. Wir rückten zusammen. Es wurde eng. Sie legte sich lang hin und die Tränen liefen ihr über die Backen. Sprechen mochte sie nicht. Wir konnten uns schon denken, was geschehen war. Sie, die Russen, waren ja überall, kein Haus war verschont. Zum Glück zerstörten sie die Häuser nicht, der Krieg war vorbei.

Wir wagten uns nicht zu rühren. Aber es blieb alles still. Irgendwann schoben Hände einen Topf Suppe zu uns herein. Schnell wurde die Leiter wieder fortgenommen. Gegen Abend muss es gewesen sein, da rannte jemand zur Hintertür heraus, laut weinend und schreiend. Wir versuchten alle etwas zu sehen. Es war die Steffi. Sie schrie und tanzte und warf die Arme in die Luft. Die Haare hingen ihr wirr um den Kopf, die Kleider schienen wie zerrissen. Ein Bild des Grauens. So rannte sie über den Hof und verschwand. Wohin? Was war passiert? Ich hab es nie erfahren. Uns war klar, wir mussten hier oben bleiben, sollten wir nicht auch Schreckliches erleben. Die Alten standen unten und sprachen zu uns nach oben, ohne die Köpfe zu heben. »Ihr müsst auch die Nacht oben bleiben. Es ist besser so.« Das war Mutters Stimme. »Wir bleiben ja wach, und wenn was ist, helfen wir euch.« Wir waren vernünftig. Es war heiß da oben und stickig. Es roch nach altem, trockenem Holz und nach Taubenmist. Abends kühlte es jedoch rasch ab und wurde kalt. Als es dunkel war, schoben die Hände Kopfkissen, Mäntel und Decken durch die Tür. Die Tauben gurrten, sie waren brav, sie verrieten uns nicht. Wir waren still und redeten nur das Nötigste. Ich war so erschöpft, ich schlief schnell ein. Der nächste Tag war nicht anders als der erste. Über allem schien die Sonne, die Maiblumen blühten, der Bach rauschte. Ein wunderbarer Frühlingstag. Durst quälte uns. Aber verhängnisvoller waren die menschlichen Bedürfnisse! Wir mussten natürlich zum Klo. Ein alter brauner Topf half uns. Sein Transport von oben nach unten war schwierig, und schließlich zerbrach er noch im letzten Augenblick. Da mussten wir doch lachen in all dieser Angst, denn der hilfreiche Mensch, der ihn in Empfang genommen hatte, war mit seinem Inhalt bekannt geworden. Schließlich gaben wir tagsüber das Versteck auf, aber nachts blieb es noch einige Zeit unsere Zuflucht. Das Haus lag an der Straße und viele Truppenzüge russischen Militärs marschierten durchs Dorf, bis wir schließlich eine feste Besatzung bekamen, russische Kommandantur nannte man das. Sie hatte ihren Sitz »auf der Gemeinde«, im Bürgerhaus oben im Dorf beim Bahnhof. Von dort kamen auch Anweisungen, wie wir uns verhalten sollten. Es hieß, die Leute müssten in den Häusern bleiben, wenn die Truppen durchs Dorf zogen. Angstvoll hockte ich am Küchenfenster, halb verdeckt, damit mich von draußen niemand erkennen konnte. Wilde Gesellen waren das, auf kleinen Pferdchen kamen sie geritten. Mongolen? Kirkisen? Ich hatte ein Buch über »Dschingis Khan« gelesen. Mir fiel der »Mongolensturm« ein. So sahen sie also aus. Krieg machen, Krieg führen, rauben, plündern, Menschen quälen. Jetzt wogte das Inferno über uns weg, das Grauen, dem wir so gerne entgangen wären. Der Krieg war verloren. Die »Bolschewiken« hatten die Herrschaft angetreten. Die Großen erzählten hinter vorgehaltener Hand allerlei Gräuel aus dem Dorf. Oben am Wolfsberg hatten sie ganze Familien in ihren Häusern umgebracht. Im Euledorf und in der Kaschbach soll es grauenhaft zugegangen sein. Wenn sie die Ringe von den Frauenhänden nicht schnell genug abgekriegt haben, sollen sie die Finger gleich mit abgeschnitten haben. Ohrringe haben sie aus den Ohren gerissen. Warum haben sie den Schmuck nicht vorher abgemacht? Die Russen jagten das Vieh aus den Ställen. Ganze Viehherden trieben die Soldaten vor sich her. Liefen neugierige Jungen auf der Straße umher, so nahmen sie sie mit als Hütejungen.

Die Tür

Aber die Nächte waren und blieben den ganzen Sommer über unruhig und voller Ängste. Immer wieder zogen kleine Trupps durchs Dorf, die die Häuser überfielen und Menschen quälten. Vor allem die Frauen. Gewöhnten wir uns an den Zustand? Oder fanden wir es besser, doch im Dunkeln in die Schlafstuben zu gehen, um den Schlaf zu suchen? Die Sachen zum Anziehen lagen griffbereit am Fußende. Gab es dann in der Nacht Unruhe und Radau, mussten wir schnell irgendwohin verschwinden. Die Männer versuchten dann, die Haustür so lange geschlossen zu halten, bis wir Frauen und Mädchen versteckt waren.

Meist waren es betrunkene Soldaten, die ich weiß nicht was suchten. Die Gewehrkolben schlugen an die Tür und russische Wortfetzen und das immer wiederkehrende »Dawai-Dawai« klingen mir noch in den Ohren. In diesen Nächten habe ich Orte des Hauses kennen gelernt, in die ich mich bei aller Abenteuerlust selbst tags nicht verkrochen hätte. Es war ein warmer Frühsommer. In Kleidern zu schlafen ging nicht. Eines Nachts wurde die Räucherkammer unsere Zuflucht, in die ich in aller Eile von Tante Martha geschoben wurde. Sie kroch mit hinein in die dunkle Höhle, die nach Speck und Räucherwürsten stank. Erst, als wir zitternd und dicht aneinandergepresst die Eisentür von innen zuhielten, merkte ich, dass auch sie, wie ich, nur das Unterhemd am Körper hatte. Als es draußen still war, trauten wir uns wieder hervor. Völlig verrußt sahen wir uns lächelnd an, sonst versteckten wir uns auch im Keller hinter den Kartoffelkisten oder unter dem Bett.

Einmal hatten meine Schwester und ich alles verschlafen. Die Frauen waren längst aus den Betten und irgendwohin verschwunden, da wurde meine Schwester erst wach von dem Lärm im Flur. Mich bekam sie nur mit aller Gewalt wach. Wir wussten nicht, wo wir uns verstecken sollten. Vor dem Schlafzimmerfenster sahen wir eine schwarze Kutsche stehen und Pferde davor. Die Schweine quiekten, die Männer schimpften, die Russen schrieen. Wo sollten wir hin? Hinter der Schlafstube von Onkel und Tante lag das Milchgewölbe. Ein halber Keller, in dem es immer kühl war. Hier wurden alle Vorräte, die leicht verdarben, und die vollen Milchkannen abgestellt. Die Tür war eine normale Stubentür. Es blieb nichts anderes übrig, als dort hineinzuschlüpfen. Erst versuchten wir durch das kleine, sehr hoch oben gelegene Fenster zu sehen, was auf dem Hof vor sich ging. Plötzlich wurde es auch in den Zimmern laut. Wir sahen uns an. Die Angst vor dem, was auf uns zukam, steckte uns in den Gliedern. Meine Schwester nahm mich bei der Hand. Sie war eiskalt, kälter als es in dem Gewölbe war. Ich selbst wurde total steif. Sie zerrte mich hinter die Tür. Ich verstand. Wir pressten uns ganz eng und flach an die Wand, in der Hoffnung, dass, wenn die Tür aufging, sie uns nicht gleich entdeckten. Illusion, unsere bloßen, hellen Füße hätten uns sicher gleich verraten. Vor der Tür wurde es laut. Wir erkannten in dem Stimmengewirr Mutters Stimme. Die Schranktüren wurden aufgerissen, die Ofentüren schepperten. Splitterte Glas? Gleich musste die Tür zum Gewölbe aufgehen. Unsere Angst steigerte sich, ich konnte den Mund nicht mehr zusammenhalten. Die Zähne schlugen laut vernehmbar aufeinander. Selbst mit den Händen konnte ich das Gesicht nicht zusammenhalten. Meiner Schwester ging es ebenso. Wie von selber wandten wir uns einander zu, sie begann mit ihren Händen mein Gesicht und den Unterkiefer zu halten und ich tat mit meinen Händen das gleiche mit ihrem Gesicht. So standen wir, wie lange? Draußen tobten sie. Aber es geschah nichts. Der Lärm und die Stimmen entfernten sich, in der Stube wurde es wieder still. Auf dem Hof verlor sich der Krach, die Kutsche rollte davon. Eine Weile noch standen wir wie gelähmt. Da hörten wir Mutters Stimme vor der Tür. »Wo seid ihr?«, klang es leise und ängstlich. »Hier«, vorsichtig öffneten wir die Tür. Mutter legte den Arm um mich und streichelte meiner Schwester über den Rücken. »Die Tür«, sagten wir wie aus einem Munde. »Sie haben sie nicht gesehen«, sagte Mutter ganz einfach. »Ich stand davor und musste die Karbidlampe halten.« Sie hatten Mutter vor sich her gestoßen in die Stuben hinein. Wir sahen uns um, es sah schlimm aus. Die Betten waren total auseinandergerissen, die Schränke ausgeräumt, alles verstreut auf dem Boden, die Ofentüren aufgerissen, der Dreck lag herum. Was hatten sie gesucht? Mutter zuckte die Achseln. Ein Wunder? Wir sahen uns in dem fahlen Licht des heraufdämmernden Tages an. »Sie haben die Tür nicht gesehen!«

Die Treppe

In den ersten Tagen nach dem 8. Mai wollten wir wissen, wie es wohl Vater ergangen sei, der, als wir beschlossen hatten, nicht mehr zu fliehen, in Onkel Pauls Haus zurückgekehrt war. Meine Schwester und ich machten uns also auf. Mutter schaute uns besorgt nach, als wir vom Hof aus den Feldweg einschlugen, um ins Dorf zu gehen. Irgendwie hatte ich – hatten wir? – das Gefühl, die Welt war eine andere geworden. Zwar schien die Sonne, und die Wiesen waren gelb vom Löwenzahn, aber da waren diese tiefen »Furchen« in dem Feld, eingegraben von den russischen Panzern. Auch sonst, ich fühlte mich aufgescheucht, beobachtend und hellwach liefen unsere Augen über alles hin, um Gefahr für uns zu entdecken und irgendwie zu verschwinden, sprungbereit wie Katzen, die Gefahr wittern. Verstohlen sah ich meine Schwester an. Wie hübsch sie war, die großen grauen Augen unter den buschigen Bögen der Augenbrauen schauten aufmerksam und scharf über den Weg hin. Das volle braune Haar, lockig, rechts und links mit Kämmchen hochgesteckt, glänzte in der Sonne, die schlanke Nase und darunter der volle rote Mund. Wir mussten jetzt immer gut aufpassen, nahm ich mir vor, nichts sollte ihr passieren. Und ich? Mit meinen langen Beinen stiefelte ich neben ihr her und merkte, ich würde einmal größer sein als sie, ich war mit meinen 12 Jahren schon jetzt genauso groß. Schwer hingen rechts und links von meinem Gesicht zwei aschblonde Zöpfe, die im unteren Teil kupfrig braun wurden. An ihr war alles zierlich und ihre Bewegungen waren ruhig und schön. Ich fühlte mich schlaksig und ein wenig plump neben ihr, und doch ahnte ich auf diesem Wege, ein Kind war ich nicht mehr.

Ich dachte an die Gespräche, die die jungen Mädchen und die Frauen in unseren Verstecken führten. Die Namen der Männer fielen. Erinnerten sie sich an vergangene Tage, glänzten ihre Augen auf eine merkwürdige Art und Weise, oder waren Tränen darin, weil sie nicht wussten, ob es diese Männer noch gab und ob wohl ihre Träume und Sehnsüchte von Liebe, Hochzeit und Zukunft in Erfüllung gehen würden? Mädchen, Frauen, selbst in diesen elenden Tagen, war ich so eng mit ihnen verbunden, wie nie wieder in meinem Leben, spürte die Wärme, den Liebreiz, die Herbheit der einen oder der anderen. Blondes, krauses Haar, braunes, flachsblondes, schwarzes Haar, den Duft und die Ausstrahlung ihrer Leiber, wenn sie schliefen und ich sie beobachtete. Für mich noch fremdes Land und doch schon so nah, näher als sie dachten, wenn sie sich ein wenig abwandten, damit ich nicht alles verstehen sollte, was sie beredeten. Verstand ich es wirklich nicht? Ich fragte nichts. Diese Gespräche standen in einem harten Kontrast, zu dem, was in diesen Tagen und Jahren überhaupt überall in der Welt geschehen war. Männer hatten Frauen missbraucht, hatten sie geschändet, hatten ihnen ihren Willen aufgezwungen, waren rau und gemein mit ihnen umgegangen. Taten deutsche Soldaten auch solches? ... Aber diese Männer hier waren Russen, das war meiner kindlichen Seele eine Stütze.

Im Dorf sah es wüst aus. Zerbrochene Haustüren, Hausrat lag bis auf die Straße, manche Häuser schienen leer zu sein. Die Fenster klapperten, keiner hatte sie verriegelt. In anderen wurde aufgeräumt. Überall hingen die weißen Fahnen aus den Giebeln der Häuser, es waren Betttücher. Wir waren am Endes des Weges hinter Tante Liesels Haus angekommen. Die Fensterläden waren geschlossen. Tante Liesel war wohl oben im Dorf bei den Eltern? Jetzt galt es, das letzte Stück auf der Hauptstraße zu gehen. Aber am hellen Tage durften sie uns nichts tun. Wir nahmen allen Mut zusammen und marschierten am Bittner-Bäcker entlang, vorbei an der »Eule«. Dort war ziemlicher Radau in den Galerie, auch vor dem Haus standen ein paar russische Soldaten, die zu uns herüberriefen. Weil wir aber nicht hinsahen und auch sonst nicht auf sie eingingen, lachten sie über uns und die ungewohnte Sprache lief uns noch nach, als wir schon beim Hirsch-Bauern waren und zu Onkel Pauls Haus hinsahen. Dieses seltsame Gemisch von Angst, Aufmerksamkeit und Starrheit im Körper und das aufgeregte Pochen des Herzens hat mich in den folgenden Jahren nicht mehr verlassen.

Die Haustür war verriegelt. Wir klopften, sonst stand sie tagsüber immer offen. »Wer da?«, rief's von drinnen. Wir nannten unsere Namen. Die Tür öffnete sich. Großes Staunen, dass wir so mutig waren, herzukommen. Die Ladentür stand offen. Ich konnte es kaum fassen, so etwas hatte ich noch nicht gesehen. Der Laden war total verwüstet, die Schränke aufgebrochen, es war nicht mehr zu unterscheiden, was das alles einmal gewesen war. Ein gebückter, uralter Mann, so schien mir, beugte sich über das Chaos und suchte nach irgendwelchen Gegenständen, die noch zu gebrauchen wären. »Joa, so iss das«, aus traurigen Augen, der Bart noch schlohweißer, die Gestalt verkrümmt, schaute Onkel Paul uns an. »Sie haben nicht genug gefunden?«, fragten wir verschämt. »Nee, nee«, sagte er tonlos, »uba bei Jockisch hon se sich umgebracht«, er schaute nach oben an die Zimmerdecke. »Mer wussten es nich, joa und eim Schranke sein noch die Joagdgewehre gewäsen. Doa hom se halt verrickt gespielt.« Im Wohnzimmer war es aufgeräumt. Wir setzten uns. Tante Emmas Gesicht war ganz klein geworden, so schien es mir. Das sonst so sehr gepflegte, aufgesteckte Haar hing ihr strähnig um den Kopf. Dann erzählte sie. Tante Liesel und Rosel, meine Cousine, hatten sie in das große Bett gesteckt und sich alle darum gesetzt. Als die Russen reingekommen sind, haben sie gesagt, die beiden seien schwerkrank. Die russischen Soldaten wollten es nicht glauben. »Mitgehen«, hätten sie gerufen, die Maschinengewehre im Anschlag. Schließlich sei eine junge Frau aufgestanden und mit ihnen hinausgegangen. Sie war am Abend vorher mit ihrem Flüchtlingswagen ins Dorf gekommen und hatte bei ihnen angeklopft, ob sie bleiben könne, bis alles vorbei sei. Schließlich, nach angstvoller Zeit hätten sie die Russen wieder ins Zimmer gestoßen, sie hätte sich wieder auf ihren Stuhl gesetzt. Der ganze Trupp ist über sie hergefallen im anderen Zimmer. Ihr Gesicht war alt und steingrau geworden.

Dann sind die Russen die Treppe hinaufgestürmt und dann erst ist das ganze Inferno losgegangen. Sie seien froh, dass sie noch lebten.

Meine Schwester konnte es nicht lassen, wir stiegen die Treppe hinauf, die schon bis in den Flur hinunter mit Scherben, Sachen übersät war. Die Türen standen offen, wir gingen durch die Zimmer, ein Bild des Grauens. Die sehr nobel eingerichtete Wohnung des Arztes war völlig zerstört, Möbel zerschlagen, Betten aufgeschlitzt, die Federn hatten sich überall hin verteilt, Kot und Eingemachtes war darüber verbreitet. Ein widerlicher Geruch durchzog alles. Bilder und Tapeten waren wohl mit dem Seitengewehr aufgeschlitzt worden, Blutspuren. Die Familie hatte sich umgebracht, und die Leichen waren noch in den Zimmern, als die Russen kamen, am 8. Mai. Ein paar Häuser weiter, im Apothekerhaus, war das Gleiche geschehen. In einem Zimmer hing ein ausgestopfter Vogel, ein Falke, von seiner Holzstange herunter, zerzaust, zerschossen? Die Tür zum Schrank hing noch halb in den Angeln, drinnen waren die Halterungen der Jagdgewehre. Es waren noch welche darinnen. Uns ekelte, aber so richtig begreifen konnten wir das alles auch nicht. Hatte hier der Kriegswahnsinn die letzten Blüten getrieben? Was war in den Russen vorgegangen, als sie diese Wohnung betraten und dann diese Orgie der Zerstörung feierten? Ich dachte an all das Geschrei und den Lärm der letzten Nächte, in vielen Häusern war es so hergegangen. Wie weiterleben, was würden die nächsten Tage bringen? Russisch besetzt, was war mit Deutschland?

Wir trotteten heimwärts. Wir lebten ja noch und aufräumen mussten wir alle.

Wochen später, als ich zusammen mit Mutter mit einer Tasche voll Lebensmitteln wieder einmal ins Dorf zu Onkel Paul und Tante Emma ging, war ich sehr erstaunt, als ich in den Hausflur trat. Im Hausflur standen viele Frauen und auf den beiden Treppen, die in die Arztwohnung führten, saßen auch Frauen. Sie unterhielten sich leise. Hin und wieder kam eine die Treppe herunter. »Tante Emma, was machen die Frauen alle hier?« »Oben ist eine Ärztin in der Praxis, die hilft den Frauen.« »Bei was hilft sie ihnen denn?« Tante Emma sah mich mit ihren Augen lieb an und seufzte tief. »Sie lassen es wegmachen«, dann schwieg sie. Was wegmachen? Mir dämmerte es. Es musste mit dem Vergewaltigen zu tun haben. Die Frauen wollten keine Russenkinder kriegen.

Nachmittags stand ich am Bach und schaute ins Wasser. »Wegmachen«. Ja, ich hätte es mir auch wegmachen lassen. So ein Russenkind, das wäre eine Schande, vor allem weil die Frauen so leiden mussten. Kinderkriegen war Sache einer Familie, mit Mutter und Vater. Ich starrte ins Wasser, es rauschte an mir vorbei. Aber der Trudel hatten sie es vor Jahren »weggemacht«, sie konnte keine Kinder mehr kriegen. Die Russen, die Männer, das stand für mich fest, waren Bestien. Was hatte das ganze Gerede um die Liebe für einen Sinn? Manche Frauen wurden verheiratet. Das wusste ich von dem Film über Napoleon. Die Prinzessin von Österreich musste den Napoleon heiraten, obwohl sie einen Grafen aus Österreich liebte. Ich saß im dunkeln Kinosaal und weinte plötzlich vor mich hin. Aber meine Brüder? Sie waren doch auch Männer. Taten sie auch so etwas? Nein, nein, meine Brüder waren meine Brüder, sie gehörten zu mir. Ich sehnte mich nach ihnen, wo mochten sie sein? Und der Gerd, er hatte immer an meine Schwester geschrieben »Liebes Seelchen«, das hatte ich selber gelesen, als ich mal einen Brief von ihm fand, den meine Schwester im Zimmer vergessen hatte. Aber trotzdem, Kinderkriegen war so eine Sache. Also, wenn ich je welche bekam, sollte der Mann sehr

127

lieb mit mir umgehen. Es war sicherlich sowieso schmerzhaft und blutig.

Mir fiel die Flüchtlingskuh ein, die an einem Vormittag gekalbt hatte, als alle auf dem Feld waren. Sie hatte so schrecklich gebrüllt. Mutter hatte mich in den Stall geschickt, um nachzusehen. Da lag die Kuh, das Kalb musste kurz vor meinem Reinkommen aus ihrem Leib gekommen sein. Gebrüllt hatte sie vor Schmerz. Das Kälbchen war verschleimt und voller Blut. Es sah mich mit großen Augen an und lag hilflos im Stroh. Ich konnte mich erst fast nicht rühren, das hatte ich noch nie gesehen. Der Leib der Kuh zuckte noch, und schließlich kam noch so ein Schub Schleim und Blut und Häute aus ihrem Leib. Was hatte ich gelesen? Nach dem Kind kommt die Nachgeburt. Ich rannte schließlich ins Haus zurück und holte die Mutter. Sie kam mit mir. Das Kälbchen begann sie, mit Stroh trockenzureiben, und mich schickte sie auf das Feld, den Onkel zu holen.

Ich starrte noch immer in das Wasser. Die Sonne schien mir warm in den Nacken. Aber wenn es immer nur so ein Elend in der Welt gab, wie wir diese Tage erlebten, wollte ich lieber keine Kinder bekommen, so beschloss ich. Lieber gut zu denen sein, die da sind und vielleicht keine Eltern haben.

Der Brief

Es muss Sonntag gewesen sein. Ich war, wie so oft, wenn im Hof und im Haus nichts los war, zum Teich gelaufen und hatte dort unter den Bäumen geträumt oder gespielt, nachgedacht. Als ich zurückkam, lag der Hof noch immer wie ausgestorben in der späten Nachmittagssonne. Eigentlich sah alles wieder ganz friedlich aus, morgen würden wir wieder auf irgendein Feld gehen, ich würde helfen, Schule gab es ja nun nicht mehr. Die Büchertasche stand in der Ecke im Stübchen. Ich mochte sie nicht mehr anrühren, nachdem sie von Gewehrschüssen durchschossen war, von zwei russischen Soldaten, die ins Stübchen gekommen waren und nach dem »Terri«, dem Hund, geschossen hatten, der sie mächtig angebellt hatte. Meine Tasche war im Wege, der Hund hatte nichts abgekriegt. Komisch, es war eigentlich still, wo waren sie nur alle? Schließlich ging ich ins Haus. Alles still, nein, nicht alles still. Hörte sich an, als weinte jemand. Ich ging in die Küche. Sie war leer. Das Weinen kam aus dem Stübchen. Ich ging zur Tür, die halb offen war. Um den Tisch saßen sie alle. Vater auf dem Sofa. Meine Schwester hatte den Arm um meine Mutter gelegt. Sie weinten beide. Tante Martha und Trudel saßen da und guckten mich traurig an. Was war das? Keiner sagte etwas. Auf dem Tisch lag ein Brief. Ich sah sie alle an, dann ging ich langsam zum Tisch. Ich nahm den Brief und sah, es war mein Brief an Werner, meinen großen Bruder. Ja, ich schrieb ihm von Waldenburg aus. Ein Feldpostbrief. Ein Bogen Papier, zusammengefaltet, innen beschrieben mit meinen großen, steilen Schriftzügen. »Lieber Werner«, weiter unten, »Du bist der liebste unter allen meinen Brüdern«. Ich schämte mich ein bissel, als ich das las. Reinhard hatte ich aber doch auch immer geschrieben, so viele Brüder waren das doch gar nicht. Ich faltete den Brief wieder zusammen. Man konnte ihn an den Seiten zukleben, dann brauchte man keinen Umschlag. Auf der Rückseite stand »Zurück« und darunter »vermisst in Holland« und ein paar Zeichen und Nummern, die ich nicht verstand. Ich sah von einem zum anderen. Ich sah mich um, »vermisst«, was heißt das? Aber ich spürte, diese Frage war wohl überflüssig. Sagte jemand etwas oder war dieser Satz auf einmal in meinem Kopf: »Er ist nicht mehr da.« Gefallen? Mir fiel der Abschied von Weihnachten ein. ›Mein Brief hat zurückgefunden‹, ging es mir durch den Kopf. Er hat ihn nicht mehr gelesen. Ich stand da mit hängenden Armen. Sie weinten und weinten. Sie sahen aus wie eine warme, traurige Masse. Ich stand davor, weinen konnte ich nicht. Langsam drehte ich mich um und ging weg. Ich setzte ganz mechanisch meine Füße voreinander, durch die Stübchentür über die Schwelle, in die Küche, ich hörte die Fliegen summen, durch die Küche hindurch, zur Tür, ich öffnete sie, ging über den Flur zur Hintertür hinaus. Ich stand im leeren Hof, die Kühe rührten sich im Stall, es war fast Abend. Ich setzte Fuß vor Fuß bis zur großen Linde am Anfang des Feldweges, setzte mich und sah hinauf in die Zweige. Ich war so leer. Ich würde ihn nicht wiedersehen, er war also »gefallen«, gefallen für Volk und Vaterland. Aber warum, der Krieg war doch aus? So war das also. Abends strich mir Mutter mit ihrer verarbeiteten Hand über den Kopf. Ihr Gesicht sah so faltig aus und die Augen waren verschwollen vom Weinen. Viel gesprochen haben wir nicht mehr darüber. In meinem Herzen blieb ein fahler, spitzer Schmerz. Ein anderes Gefühl tauchte auf, Hass, gegen alle die, die mir das alles zufügten, fast unbewusst geschah das. Ich brauchte es mir nicht vorzunehmen. Ich stopfte damit das Loch, das durch Angst, Schmerz und Nicht-verstehen-Können dessen, was geschah, in meinem Herzen zu entstehen begann.

Die Tränenden Herzen

Es war der 24. Mai. Eigentlich hatte niemand mehr davon gesprochen. Mir war nur aufgefallen, dass Mutter und Vater beim Frühstück so versonnen waren und dass Tante Martha gesagt hatte: »Mir wern noaher een Kucha backa und a Stickla Fleesch ei der Pfanne brata.« Was meinte sie nur? Später draußen sagte meine Schwester: »Gehste mit?« »Wohin?« »Wir brauchen doch paar Blumen zum Gratulieren!« »Gratulieren? Wem?« »Nu, weißte das nicht? Die Eltern haben heute Silberne Hochzeit!« Wir sahen uns an! Da fiel's mir wieder ein. Ja, ja, zu Hause in Breslau hatten wir soviel davon gesprochen. Ein schönes Fest sollte es werden. Die Tante von Usch und Ruthel hatte uns alle nach Sorau eingeladen, Usch und Werner wollten sich dann auch verloben. Immer hatte ich mich schon darauf gefreut, wenn ich daran gedacht hatte. Mutter hatte gespart. In Breslau im Keller stand alles, wenn es noch da stand. Werner? Usch? Wird es nicht furchtbar sein, wenn sie erfährt, dass er vielleicht gar nicht mehr zurückkommt. Wo waren sie, Ruthel mit ihrer Mutter? Hatten sie nicht den Vater in den letzten Tagen noch in Breslau eigenhändig begraben, ehe sie nach Dresden geflohen waren? Dresden? Da war doch dieser furchtbare Bombenangriff gewesen. Hoffentlich lebten sie noch? Das ging so durch unsere Köpfe. »Komm«, sagte meine Schwester, »wir gehen mal dort am Höhnweg hinter den Häusern lang, da habe ich gestern Tränende Herzen gesehen, sie wachsen durch den Zaun in großen Büschen.« Sie zeigte mit dem Zeigefinger auf die Häuser am Ende des Weges. Ich schüttelte den Kopf. »Da mache ich nicht mit. Gestohlene Blumen verschenken! Bei dir piept's wohl. Wir können doch Flieder schneiden.« »Ach, der fällt so schnell ab und die andern Blumen im Garten blühen noch nicht richtig. Außerdem, ich möchte was Besonderes. Gehste mit, sonst gehe ich jetzt alleine. Ich soll ja noch in der Küche helfen. Heute Nachmittag will die Bunzel-Grete zum Kaffee kommen.« »Na ja, ich komm ja schon mit.« Wir liefen den Feldweg entlang, stiefelten über das Feld, dem man trotz der Nachsaat noch die Panzerspuren ansehen konnte. Vorsichtig, damit wir nicht allzu viel zertraten. Ich schaute mich um, ich fühlte mich so »nackt«. Wenn uns jemand sah? »Ach,« sagte sie, »du bist dumm, du spielst dich auf wegen ein paar Blumen. Wem gehören sie denn noch? Haben die Russen nicht auch alles mitgenommen? Wem gehört denn noch was? Außerdem, Blumen wachsen wieder und ich nehme nur die, die zum Zaun herauswachsen.« Wir waren angekommen, tatsächlich, schlanke, zarte Zweige mit vollen Blüten, rot, rosa, mit den kleinen weißen Tropfen wuchsen hier durch den Zaun. Die kleine, runde Hand meiner Schwester griff flink nach den Blütenzweigen. Eins, zwei, drei, vier. »Jetzt ist es genug«, rief ich und sah mich um, ob auch wirklich niemand zusah. »Fünf müssen es schon sein und ein paar Blätter. Sieh nur, wie hübsch sie sind!« »Ja, ja, was Besonderes, gestohlene Blumen zur Silberhochzeit der Eltern.« Lustlos stapfte ich neben ihr her zurück ins Haus. Dann spielte ich voll mit. Was Besseres war mir ja auch nicht eingefallen. Wir gingen ins Stübchen, wo die Eltern saßen. Wir fielen ihnen um den Hals und drückten sie und überreichten die Blumen. Sie freuten sich über unsere Aufmerksamkeit. Mein Vater war schlecht rasiert und Mutters Hände waren rau und verschrumpelt von der harten ungewohnten Arbeit auf dem Bauernhof. Wir sprachen ein wenig und schwiegen viel. Mittags gab es was Gutes zu essen und nachmittags so was wie Kuchen zum alltäglichen Kaffee aus selbstgebrannter Gerste. Eine alte Freundin von Mutter, die Bunzel-Grete, kam zu Besuch und schenkte Bettbezüge. Ich staunte, wo hatte sie die nur her? Sie sagte einfach: »Allzu viel werdet ihr aus Breslau nicht gerettet haben.« Mutter zerdrückte die aufsteigenden Tränen. Dann sprachen sie von alten Zeiten, als sie noch jung gewesen waren und im Dorf das »Kränzel« abhielten. Sie lachten sogar, als ich fragte, was das wohl sei. »Nun«, sagte die Bunzel-Grete, und ihr breites warmes Gesicht legte sich in lauter Lachfalten und die weißen Haare wippten um ihr Gesicht herum, »die Jungfrauen des Dorfes trafen sich zum Kaffeekränzel, einmal hier im Haus und einmal dort.« Die Frauen zählten ihre Namen auf: »Also wir zwei, die Pievel-Selma (die Postlern), die Hanke-Friedel, die Lausch-Martha, nun ja, sie sind ja nicht mehr alle im Dorf.« Sie nannten noch mehr, der Name Gocksch fiel noch, aber unter denen konnte ich mir nichts vorstellen. Ein lustiger Verein musste das gewesen sein. Die meisten der Genannten kannte ich, Tante Friedel zum Beispiel.

Ich glaubte schon, dass sie ein lustiges und, wie sie unter Lächeln meinten, ein tanzwütiges Mädchen gewesen war. Sie tanzten auch alle, wenn sie ins »Deutsche Haus« eingeladen waren. Das »Deutsche Haus«, das Gasthaus, das dem Fischer-Hof gegenüber lag. »Mutter, erzähl, wie war's bei Eurer Hochzeit?« Die Eltern sahen sich an. »Nu ja, der Großvater hat die Werkstatt ausgeräumt. Dann hat er eine Fuhre frisches Grün aus dem Wald geholt und die Wände in der Werkstatt damit ausgeschlagen. Aus Brettern hat er Tische gemacht, die wurden mit weißen Tüchern eingedeckt. Dann haben wir halt nach der Kirche gegessen und getrunken.« »Auch getanzt?«, wollte ich wissen. »Ja, auch.« Die Frauen lachten wieder. Ich hörte nicht mehr zu. Muss schön gewesen sein. Mir fiel das Brautbild der Eltern ein. Mutter sah sehr schön aus. Sie trug ein langes, weich fließendes, weißes Kleid. Der Schleier, an den Rändern mit Spitze verziert, war auf dem Kopf zu einem Häubchen gerüscht, an dem eine Brosche aus frischen Myrten befestigt war. Ihr schönes braunes Haar kam noch ein bisschen darunter hervor. In den Händen hielt sie den Brautstrauß aus weißem Flieder, Maiglöckchen und weißen Rosen. Mutter besaß ein Medaillon, in dem lag ein Rosenblatt aus diesem Strauß. An den Füßen trug sie hohe, weiße Schnürschuhe. Vater stand neben ihr, bekleidet mit einem schwarzen Cutaway. Sein Haar war noch voll, dunkelblond – jetzt war er grau. Sehr aufrecht stand er da, sein kleines Lächeln war unter seinem Hängeschnurrbart fast nicht zu sehen, nur die Augen sahen glücklich aus. Vorne blitzte seine Uhrenkette, an der die goldene Taschenuhr befestigt war. Unwillkürlich sah ich zu seiner Weste hin. Der Platz war leer, die Russen hatten sie ihm weggenommen.

Ich sah in ihre Gesichter, vor 25 Jahren! Dann hatte Mutter vier Kindern das Leben geschenkt. Dazwischen war durch die Inflation das Geschäft kaputt gegangen. Vater hatte viel gearbeitet, um wenigstens den Betrieb aufrecht zu erhalten. Dann kam der Krieg. Die Brüder waren fort und wir nun auch nicht mehr zu Hause in Breslau. Vater schwer krank, und das sah man ihm auch an. Die Augen lagen tief in den Augenhöhlen und die Backenknochen standen aus dem Gesicht hervor. Mit Essen musste er sehr vorsichtig sein. Arbeiten? Ob er das noch mal konnte? Mutters Haare waren immer noch braun und glänzend, nur um die Augen lagen so viele Falten, die hohe Stirn zeigte tiefe Rillen. Der schmale, weiche Mund war immer freundlich, und wenn sie lachte, hoben sich ihre kleinen runden Backen. Die Bunzel-Grete stand plötzlich auf. Die schwermütige, aber herzlich warme Atmosphäre der Unterhaltung verflog. »Ich muss noch im Hellen zu Hause sein. Man kann nie wissen.« Unruhig wanderten ihre Augen zum Fenster, so als wollte sie schon im voraus eine Gefahr ausmachen, die ihr vielleicht begegnen konnte. Ich glaube, sie humpelte ein bisschen, als sie nach dem Verabschieden zur Tür ging. Sie drehte sich noch mal um. »Machts ock gutt«, die Küchentür schloss sich.

Flüchtlinge raus oder – Das Fotoalbum

Eines Tages kamen wir schon früh vom Feld. Im Dorf war es laut, die Leute standen zum Teil unter der Haustür und unterhielten sich aufgeregt. Auf dem Feld war es auch nicht auszuhalten gewesen. Während wir uns bückten, um die Rüben zu einzeln, hatte es in Abständen immer »Plitsch, Plitsch« gemacht. Erst wussten wir nicht, was das war. Es waren Schüsse. Oben im Wald mussten russische Soldaten sein, die sich ein Vergnügen machten, immer in kleinem Abstand um uns herum Schüsse in die Erde zu zielen. Die Erde spritzte und es gab diesen komischen matten Ton. Langsam war die Angst in uns hochgekommen.

Mutter stand im Hof und winkte, wir sollten schnell kommen. Als wir in der Küche waren, sagte sie: »An der Gemeinde ist ein Anschlag. Da steht drauf, dass alle, die nicht in Wüstewaltersdorf zu Hause sind, dorthin gehen sollen, wo sie hergekommen sind. Die Russen würden auch prüfen, wer das alles sei. Die Leute bekämen dann kein Brot mehr zu kaufen.« Deshalb der Aufruhr im Dorf. Wir sahen uns an. Wir sollten also wieder nach Breslau zurück. Meine Schwester sagte: »Ich gehe nicht. Dort ist doch alles kaputt. Von was sollen wir leben, wo sollen wir wohnen?« Ich dachte: ›Wüstewaltersdorf, da bin ich doch zu Hause, genauso wie in Breslau. Wieso eigentlich auf einmal nicht mehr?‹ Mutter sagte nach langem Schweigen: »Also, erst will ich wissen, ob das Haus noch steht und was mit unserer Wohnung ist. Wie es in der Stadt aussieht, wussten wir durch Gerüchte. Viel übriggeblieben war wohl nicht. Die Deutschen Truppen hatten ganze Straßenzüge gesprengt. Vor allem in der Südstadt und an der Kaiserbrücke. Flugzeuge sollten dort landen. Das konnte auch die Gegend um den Hauptbahnhof betreffen, wo wir wohnten. »Wie willste dann dahin kommen?«, fragte meine Schwester. Damit war das Gespräch zunächst beendet. Einige Tage später kam meine Schwester mit einer neuen Nachricht aus dem Dorf zurück. Die Russen von der Kommandantur fuhren hin und wieder mit großen Lastwagen nach Breslau, um irgendwelche Sachen zu holen. Es bestünde die Möglichkeit, mitzufahren. Allerdings würden sie die Leute nicht mit zurücknehmen, denn dann sei der Lastwagen voll. Außerdem, als Fahrgeld müsste man Sachen mitbringen, Naturalien oder Stoffe oder sonst was Wertvolles. Geld wollten sie nicht. Wieder wurde großer Rat gehalten, was zu tun sei. Meine Schwester meinte zu Mutter: »Wenn du fährst, fahre ich mit. Vater kann das noch nicht.« Wieder kroch die Angst in mir hoch. Wenn sie nun nicht wiederkamen, verschleppt wurden. Ohne Mutter, ohne Schwester, nicht dran zu denken, dass so etwas passieren könnte. Mutter tröstete mich. »Ich komm bestimmt wieder, mich wollen sie nirgends und Trautel auch nicht!« Die beiden beschlossen, sich zu melden. Tante Martha hatte versprochen, ein paar gute Sachen zum Essen zusammenzupacken. Eines Morgens, es war noch dunkel, gingen die beiden fest angezogen, Trautel vor allem auch ein bissel schäbig, ins Dorf hinauf zur Fabrik. Dort sollte der Laster abfahren. Es waren noch mehr Leute da, die erst mal sehen wollten, was von Breslau übriggeblieben war. Schweren Herzens sah ich ihnen mit Vater zusammen nach, ehe sie in der Dunkelheit verschwanden. Später hörten wir zwei schwere Autos die Dorfstraße hinunterfahren. Der Tag verlief mit bangem, ängstlichem Warten. Ich wusste nicht so recht, was ich mit mir und der Zeit anfangen sollte. Gott im Himmel sollte machen, dass die beiden wieder zu uns zurückkehrten. Abends war es jetzt lange hell, es war Juni. Aber schließlich fiel doch die Dämmerung über das Tal. Der Himmel war mit letztem Abendrot überzogen. Da plötzlich rollte ein Lastwagen die Dorfstraße hinauf. Das mussten sie sein. Unter der Plane guckten Gesichter hervor. Mein Herz schlug bis zum Halse. Ich lief ihnen auf dem Höhnweg entgegen. Tatsächlich, sie waren wieder gekommen. Als sie sich gesetzt hatten, die Kopftücher abgenommen waren und sie was zu trinken hatten, begannen sie zu erzählen.

»Ja, also, die Wohnung ist noch da. Vorne im Haus ist ein riesiger Bombentrichter. Gut, dass wir nicht darunter im Luftschutzkeller gesessen haben.« »Erzählt, wie seid ihr hingekommen?« »Na ja, der eine Russe hat unterwegs angefangen zu saufen und dann immer rumgebrüllt, wir sollten aussteigen. Ich glaube, es war in Liegnitz. Aber wir blieben sitzen. Bänke waren nicht drin. Sie wollten von dort irgendwas mitnehmen. Sie bekamen es aber nicht. So fuhren sie weiter.« Schließlich, in der Südstadt, hätten sie alle aussteigen müssen. Ein Mann, der ein bissel russisch konnte, hätte gefragt, wann sie wieder zurückführen. Da hätten die Russen mit den Armen in der Luft rumgefuchtelt und geschrien, sie führen nicht zurück. Sie würden irgendwas aufladen und dann führen sie alleine. Wann? Ja, am Nachmittag. Da hätten sie sich auf den Weg gemacht. In der Ferne hörten sie die Eisenbahn, dort musste wohl der Hauptbahnhof liegen. Kaum dass eine Straße zu sehen war, alles Schutt, Ruinen, kein Mensch zu sehen. Schließlich seien sie am Bahndamm gewesen.

Irgendwie hätten sie gemerkt, dass sie auf der Straße der SA sein müssten. Das wäre ja gerade richtig, um an der Gartenstraße in Nähe des Hauptbahnhofes anzukommen. So war es dann auch. Die Gartenstraße kannten sie wieder, der Hauptbahnhof, wohl schwer beschädigt, stand noch. Die Häuser alle mehr oder weniger zerschlagen, aber noch wieder zu erkennen. Ernststraße 2, an der Ecke Teichstraße, tatsächlich, das Haus stand noch. Sie waren das letzte Stück gerannt, denn sie wollten ja schnell wieder zurück, um mit dem Laster zurückzufahren.

In der Haustür sei also das Loch gewesen, darum seien sie durch die Einfahrt über die Hintertreppe hinauf ins Haus gelangt. Der Keller sei voller Morast gewesen, es hätte fürchterlich gestunken. Also lebten Leute hier, die wohl die Keller als Klosett benutzten? Klar, Wasserspülung gab's wohl in diesem Sommer 1945 nicht. Sie stiegen mit klopfendem Herzen die drei Treppen zur Wohnung hinauf. Das Treppenhaus war nur schwach erleuchtet. Das Glasdach war kaputt, so hatten sie oben einfach das Treppenhaus abgedeckt. Die Treppe selbst sah schlimm aus. Dann standen sie vor der Wohnungstür, die Klingel drehte sich noch. Es schien so, als sei Leben hinter der Tür. Tatsächlich, sie wurde einen Spalt breit geöffnet. Mutter konnte gerade so durch den Flur in das Wohnzimmer sehen. Der Tisch war gedeckt, die Tischlampe stand darauf. Anscheinend sollte gleich gegessen werden. Die Frau war eine Polin. Mutter versuchte, ihr Anliegen zu erklären. Die Polin schüttelte den Kopf. Sie verstehe nicht, sagte sie auf polnisch. Dann schloss sie die Tür. Mutter wollte nichts wie weg, aber meine Schwester zog es noch auf den Dachboden. Widerwillig ging Mutter mit. Auf dem Trockenboden hat Vaters Pult gestanden. Aus den offenen Türen war alles herausgerissen. Geschäftsbücher, zerfetzt, alles durcheinander. Dazwischen die Fotoalben, die Bilder herausgerissen, verstreut lagen sie auf dem Boden. Meine Schwester hatte sich nach einigen gebückt und sie in die Tasche gesteckt. Sie legte sie jetzt auf den Küchentisch. Mutter meinte, sie hätte sich nicht bücken können und sich auch nicht bücken wollen. Ihr Gesicht sah alt aus. »Und wie seid ihr wieder zurückgekommen?«, wollten wir wissen. Sie hätten ja nicht gewusst, wie spät es sei und wären sofort umgekehrt. Sie seien schließlich gerannt, gerannt, die Straße hinter dem Bahndamm immer geradeaus. Schließlich sahen sie in der Ferne über all den plattgewalzten Schutt hinweg das Lastauto, dessen Motor ihnen schon entgegen dröhnte. Mit allerletzter Kraft, Mutter konnte schon nicht mehr weiter, haben sie es erreicht. Die Leute hätten meine Schwester hochgehievt. Aber die Russen haben keine Rücksicht genommen. Mutter wäre mit allerletzter Kraft noch auf die Ladefläche hochgezogen worden. Das Auto sei schon angefahren. Die Russen fluchten fürchterlich und stanken nach Wodka. Aber schließlich wären sie dann doch wieder Richtung Schweidnitz nach Wüstewaltersdorf gefahren.

»Und sonst? Könnte man in Breslau leben, wenn man eine Wohnung hätte?« Mutter sagte, nein. Es sei so grauenvoll, lieber würde sie hier in einem Loch hausen als noch einmal in diese Stadt zurückkehren. »Wir bleiben hier, komme was wolle.« Tante Martha sagte auch: »Klar, bleibt ihr hier. Es wird schon gehen.« Trautel legte langsam die Bilder wieder sorgfältig aufeinander. Mutter würdigte sie keines Blickes. Scheinbar war für sie diese Zeit, in der sie entstanden, endgültig vorbei. Aber was kam jetzt auf uns zu?

Die Franzosen

»Chef!«, sagte Maurice-George eines Morgens beim Frühstück, »wir Franzosen wern jitz giehn. Wir wolln heem.« Alle guckten ihn an, erstaunt, dann nickten sie mit den Köpfen. Ja, natürlich, er war ja jetzt frei. Kein Mensch konnte ihn länger hier behalten. »Am Sunntage wern mer nochamol a gemeensames Assa macha und dann giehn mer.« »Uba eim Wilhelmstoale«, er lächtelte verschmitzt. Ich wusste nicht, was das zu bedeuten hatte. Es waren mehrere Franzosen bei den Bauern im Dorf. Sonntags waren sie manchmal auf dem Hof gewesen und hatten auf dem Holz gesessen und sich was erzählt. Französisch natürlich, ich hörte das gerne. Sie hatten auch mal einen Witz mit mir gemacht und dann schallend gelacht. »Geht Paul auch mit?«, fragte der Onkel. Paul hatte bisher still da gesessen. Die Martel und ihre Schwester sahen auf ihre Teller und löffelten hastig den Haferbrei. »Ja, Paul geht auch mit«, antwortete Paul mit fester Stimme. Da wurde ich ein bisschen traurig und verstand, dass Martel auch traurig war.

So war's denn auch. Allerdings fand das Essen noch ein paar Tage vorher statt. Alle hatten es im Dorf gut gehabt und konnten frei umhergehen wie wir Deutschen. Sie waren in den Familien zu Hause gewesen. Bis auf einen, der in Wilhelmstal bei einem Bauern arbeitete. Dort hatten sie ihm nicht erlaubt, am Tisch mitzuessen, und auch so manches andere für ihn Unwürdige hatte er wohl ertragen müssen. Sie hatten sich alle zusammengetan und waren nach Wilhelmstal gegangen. Sie sperrten den Bauern und seine Familie in ein Zimmer ein. Dann holten sie ein Schwein aus dem Stall und schlachteten es. Braten und Wurstmachen, Brot schneiden und Packen für unterwegs war wohl für fünf oder sechs Männer kein Problem gewesen. Sie hatten sich an diesem Mann gerächt. Sie verpassten ihm einen Denkzettel. Eigentlich fand ich das gar nicht so schlimm, wenn ich darüber nachdachte, wie lange der arme Mann dort so unwürdig hatte leben müssen. Sonst haben sie nicht viel mitgenommen. Sie wussten wohl, dass sie lange laufen und unterwegs sein würden. An einem frühen hellen Sommermorgen gingen Maurice-George und Paul dann wirklich aus dem Haus zum Hof hinaus und sahen sich nicht mehr um.

Hinter einer Stubentür hörte ich an diesem Morgen Schluchzen und später sah ich zwei traurige Frauengesichter. Einige Wochen danach zogen auch die Frauen vom Hof, zurück in ihr Heimatdorf bei Liegnitz.

Herbert

Ganz genau weiß ich es nicht mehr, aber er war auf einmal da. Er stand im Hof. Ein schlanker, junger Mann mit einer grauen, viel zu großen Jacke, mit verschmutzten Hosen und alten Soldatenstiefeln. Seine Haare schienen abgeschnitten zu sein, unregelmäßig und wie verwüstet standen sie um seinen Kopf. Die Augen wanderten unruhig hin und her, und seine ganze Gestalt hatte so etwas Geducktes an sich, so als sei er im Begriff, wegzuspringen.

Es war Herbert, der kleine Schwager meiner Cousine, 16 Jahre alt und als Hitlerjunge zum Volkssturm eingezogen, als die letzte Phase des Krieges begann. Nur schwer war er zum Reden zu bringen, lange Tage war er verstört, aß viel und schlief viel. Er musste viel Schlimmes gesehen und erlebt haben. Schließlich erfuhr ich einiges. Er war mit irgendeinem Bataillon in die Tschechoslowakei marschiert und dort in Gefangenschaft geraten. Er wurde von seinen Kameraden getrennt und in ein Lager mit lauter Hitlerjungen gesteckt. Dieses Lager bestand nicht aus Häusern oder Zelten, sondern sie waren einfach zusammengepfercht auf einer Wiese. Tschechen bewachten sie, und sie mussten mit ansehen, wie diese Tschechen die Hitlerjungen nacheinander umbrachten. Ich habe im Ohr, dass sie Sprengkapseln in den Mund nehmen mussten, die dann nach einer Weile explodierten. Es waren fast nur Satzfetzen, die er da leise von sich gab, seine Augen hatten einen irren Ausdruck. Bei mir machte sich das Entsetzen breit. Mein Körper war starr, ich konnte mir das nicht vorstellen. Aber es musste wohl stimmen, er zitterte ja jetzt noch. Er sei irgendwie geflohen. Ich hab's vergessen. Jedenfalls hatte er sich orientieren können und festgestellt, dass er in die Berge laufen müsse und dann nach Wüstewaltersdorf käme.

Schließlich hatte er diese Erlebnisse ein wenig überwunden oder verdrängt. Er lebte ja noch. Hin und wieder kam der Junge zum Vorschein, der ja, ich rechnete, nur drei Jahre älter als ich war. Mit Heinz, Walter und Herbert, auch ein bisschen noch mit meiner Schwester und der Cousine Trudel waren wir auf einmal richtig viel junges Volk auf dem Hof. Ich natürlich die Jüngste, halb Kind noch und doch schon mädchenhaft. Tante Friedel hatte mir gezeigt, wie ich meine langen, braunblonden Zöpfe im Kranz um den Kopf legen konnte. Meine Kinderkleider wollten auch nicht mehr so recht passen. Mitunter bekam ich ein Dirndl von meiner Schwester. Ich brauchte ja nicht viel. Wochentags trug ich ein dunkelblaues Dirndlkleid mit orangeroten Blüten auf dem Rock und sonntags einen dunkelblauen Faltenrock, den Mutter mit einer Passe verlängerte. Dazu trug ich weiße Blusen mit Puffärmeln. Es war ein warmer Sommer, der Sommer 1945, und meine alte Tiroler Strickjacke tat es noch, wenn es kühl war.

Es war ein wenig Ruhe eingetreten in all den Schrecknissen, die immer wieder über uns kamen.

Die Heuernte hatte begonnen. Alle Hände mussten helfen, das Heu zu wenden und in der Scheune zu bergen. Mit dem Rechen in der Hand ging ich mit den Frauen in einer Reihe über die Wiesen zum Heuwenden. Die mit der Hand auseinandergeschüttelten Gras- oder Kleeschwaden mussten, wenn sie getrocknet waren, mit dem Rechen umgeworfen und abends zu großen Heuhocken zusammengerecht werden. Für mich manchmal eine mühsame Beschäftigung, vor allem, wenn das Gras noch frisch war. Aber ich bemühte mich, mit den Frauen Schritt zu halten. Aber es gab es dabei auch Spaß, vor allem auch dann, wenn der große Leiterwagen zum Aufladen kam und schnell und fest das Heufuder geladen werden musste. Dann waren auch die Jungs dabei. Tante Martha stand auf dem Wagen und setzte die Gabelstapel fachgerecht nebeneinander, damit nichts verloren ging auf den holprigen Feldwegen ins Tal hinunter. War das Fuder fertig, wurde der Ladebaum darüber gespannt und mit Ketten am Leiterwagen befestigt. Die Pferde waren inzwischen ausgeruht und hatten schon von dem frischen Heu was gefressen. Jeder hatte seinen Platz, die einen rechten, die jungen Männer gabelten. Manchmal musste ich auch auf den Wagen und das Heu feststampfen. Die Jungen neckten mich und zwickten mich in die nackten Beine, Onkel Alfred mochte das wohl nicht, denn er war eifrig drauf bedacht, dass der Jux nicht ausartete. Schließlich schwankte das Heufuder davon, geleitet von Onkel Alfred oder Heinz. Tante Martha oder Herbert rannten hinterher, um die Bremse zu drehen, die hinten am Wagen mit einem eisernen Schwengel verbunden war. Dann setzten sich die Bremsklötze auf die Räder und der Wagen ächzte und stöhnte zu Tal. Wir anderen schwangen den Rechen auf die Schulter und wanderten hinterher. Der Abend war gekommen.

Je nachdem wurde in der Scheune noch abgeladen. Die großen Scheunentore wurden aufgemacht, das Fuder hineingeschoben und das Heu auf den Boden durch eine große Öffnung in der Decke gegabelt und fest an die Wände gedrückt. Eine ziemlich staubige und stachlige Angelegenheit, vor allem, wenn es Kleeheu war. Die Luft war stickig und heiß. Wir hatten schon draußen in der Sonne geschwitzt, aber in der Scheune lief der Schweiß nur so den Körper hinunter. Hin und wieder wurde eine kleine Pause eingelegt, die braune Kaffeekanne kam in Bewegung, aus ihr wurde das Töpfchen mit schwarzem Kaffee gefüllt. Dann wanderte es hin und her und jeder labte sich. Es war nicht nur heiß, es war schwül, die Gesichter rot und heiß, das Heu duftete herb und süß. Die Frauenarme griffen nach dem Heu, rafften und schoben, die Männerarme schwangen die Gabel vom Wagen auf den Boden und feuerten uns an. Schneller sollte es gehen. Wenn Regen drohte, mussten zwei Fuder abgeladen werden. Der Atem keuchte, Sprechen und Lachen wurden schrill, das Witzeln und Schubsen war, so schien es, endlos. Ich rannte und stampfte, und all die Neckereien der jungen Burschen versuchte ich zurückzugeben. »He, du hast deine Schlüpfer verloren, ich kann alles sehen.« Schwupp, für diese Frechheit flog ein Arm voll Heu dem Kerl um die Ohren. Er prustete und wischte sich den Schweiß und das Heu vom Gesicht. »Freche Kröte!« »Hach, dir fehlt ja ein Knopf an der Hose, guck mal!«, rief ich. So liefen die Neckereien hin und her. Einer griff nach mir und kitzelte mich oder eine von den Frauen wurde erwischt. Sie sprang schnell weg und wehrte sich. Aber es war ja nur Spaß. Wenn Onkel Alfred gabelte, war es still und nur der schwere Atem und das Schieben der Heuhaufen waren zu hören.

Besonders gern ärgerte der Herbert mich, und ich versuchte, ihm mit gleicher Münze heimzuzahlen. Mitunter waren das schon rauere Späße. Besonders beliebt war, beim Stallausmisten im Vorbeigehen den anderen zu schubsen, damit ihm der Mist wieder von der Stallgabel fiel. Dann folgte wohl, dass einer dem andern den Mistkarren umwarf oder sonst irgendeine Schweinerei. Nur erwischen lassen, das durften wir uns nicht. Onkel Alfred verstand keinen Spaß und Tante Martha war darauf bedacht, dass alle Arbeit einigermaßen pünktlich getan wurde.

Manchmal auch verbündeten sich die Burschen gegen mich und hänselten und frotzelten gemeinsam an mir herum. Dann wurde es mir zu bunt und ich ging meiner Wege.

Herberts Aufgabe war es, die Kühe zu hüten. Die Herde war angewachsen durch die Kühe, die aus den Viehherden stammten, die die Russen durch das Dorf trieben. Die Kühe waren übriggeblieben aus den Dörfern, wo der Krieg tobte, oder es waren Tiere, die die Russen den Bauern aus den Ställen geholt hatten. Dabei gab es Kühe, die nicht mehr weiterkonnten, tragende oder verwundete Tiere oder welche, die sich in den Wäldern verirrt hatten. Die Männer holten sie und versuchten, sie zu behandeln. Im Anfang vertrugen sie sich nicht. Die eigenen Kühe, alle schön rotbunt, griffen die fremden Kühe, zum Teil schwarzbunt an, oder umgekehrt. Da musste man beim Hüten auf der Wiese gut aufpassen, damit nichts passierte. Da war ich mit von der Partie, wenn ich nicht zu etwas anderem gebraucht wurde. Waren die Kühe friedlich, so hatten wir eine gute Zeit. Wir saßen in der Sonne, am Wegesrand unter einem wilden Kirschbaum, erzählten uns was, oder die Jungen machten Witze und lachten gutmütig über mich, wenn ich sie nicht gleich verstand. Ich suchte auch Beeren, die ich augenzwinkernd in die verschrammten Jungenhände verteilte. »Ich eine, für dich eine, für ›Eberhartel‹ gar keine«, neckte ich sie reihum. Fast überkam uns in all der Sonne und Wärme eine angenehm aufregende Schläfrigkeit. Aber das durfte nicht sein! Angespannt und aufmerksam aufpassen mussten wir trotzdem, denn in den Wäldern konnten noch russische Soldaten oder irgendwelches »flüchtiges« Gesindel sein. Schüsse hörte man sowieso immer wieder. Mutter hat es dann verboten, ich durfte nicht mehr mit zum Kühehüten gehen. Ich sollte ihr stattdessen lieber im Haus helfen, zum Beispiel beim Abwaschen. Das hasste ich und musste es trotzdem tun. Mittags in der Erntezeit waren oft 16 Personen zum Essen da. Alle wollten helfen, Geld gab es nicht, aber was zu essen, und das war wichtig. Mittags war ein großer Weidenkorb voll frischer Kartoffeln zu schälen und die große Emaillewanne voll Salat zu verlesen.

Die Kartoffeln wuschen Mutter und ich auf dem Hof draußen. Dann setzten wir uns auf zwei Melkschemel und das Schälen ging los. Auch der Salat, aus dem Garten geholt, wurde verlesen und gewaschen. Die Hühner, Enten und Gänse freuten sich, wenn wir da saßen. Der ganze Schwarm scharrte und pickte um uns herum, vor allem bei Salat. Da mussten wir aufpassen, dass sie sich nicht den sauberen aus der Wanne nicht auch noch holten. Das war ein Geschnatter und Gackern um uns herum und der Hahn spazierte gravitätisch auf und ab. Er war zu stolz, um sich dazwischen zu mischen. Niedlich waren die kleinen Schieperle, gelb und flaumig wieselten sie mit den kleinen Enten und Gänsen dazwischen herum und versuchten, noch ungelenk, auch was zu erwischen. War ich zu Hause, musste ich sie auch füttern. Die kleinen Enten bekamen was Besonderes. Mit Handschuhen an den Händen holte ich Brennnesseln, musste sie kleinschneiden und dann mit gequetschtem Hafer vermischen, das schmeckte dem kleinen Federvieh besonders gut.

Oder ich sollte Quark machen. Saure Milch wurde in einen groben, weißen Leinensack gegossen und in einem groben Sieb auf einen Eimer gestellt. Abends war die Molke abgelaufen und der Quark konnte aus dem Sack in eine Schüssel geschüttet werden.

Dazu gab es am Abend frische Kartoffeln. Mutter holte sie vom kleinen Feld beim Haus. Schön, wenn aus der braunen Erde die blanken Kartoffeln zum Vorschein kamen. Man brauchte nur mit der Hacke an der Furche entlangzugraben.

Nur das Abwaschen war schlimm. Erst die Milchkannen, vier Stück und die kleine Zentrifuge. Wenn die Sachen samt Milcheimer zum Trocknen vor der Haustür auf der Milchbank standen, kam das Geschirr dran. Die große Zinkwanne stand auf dem Schemel und dann ging es los. Die kleinen Bunzeltassen vom Frühstück und die Teller vom Haferbrei, meist Emailleteller, vom Mittagessen die vielen Keramikteller und die schwarzen Eisentöpfe, je nachdem, was es für Gemüse gab, das viele Besteck, dann alles abtrocknen. Der Nachmittag war vorbei. Dann ging es schon zum Stallausmisten. Wenn die andern vom Feld kamen, brachten sie die Kühe mit, dann musste der Stall fertig sein.

Heimlich freute ich mich, wenn Herbert mit im Stall half. Zum Schluss, wenn alles fertig, die Kühe gemolken und alles Vieh, einschließlich der sechs Pferde und der vier Ochsen gefüttert war und alles friedlich schnaufte und brummte, rief irgendjemand »Stroh runterschmeißa, wer gieht ufa Heuboden«. Herbert und ich gingen. Das fand ich lustig. Wir sprangen dann oben im Heu eine Weile umher und spielten Fangen. Natürlich, Herbert sollte hinter mir herjagen, aber fangen lassen, das wollte ich mich nicht. Bekam er mich doch zu fassen, kreischte ich. Einmal war es anders als sonst. Ich weiß selbst nicht, was plötzlich in mich gefahren war. Ich wollte oben nicht toben.

Der Heuboden war ja auch randvoll. Ich setzte mich an den Rand des Heuloches, ein Schacht, der in den Pferdestall führte. Da hinein sollten wir Stroh werfen für den anderen Morgen. »Komm, setz dich her!«, sagte ich zu Herbert. »Es gibt gleich Essen, wir müssen uns beeilen«, meinte er und sah mich verwundert an. »Ach, lass doch, ich hab keine Lust«, ich lachte ihn herausfordernd an und hob einen Strohhalm auf und ließ ihn in den dunklen Schacht segeln. Noch einen und noch einen. Es war ganz still zwischen uns. Schließlich setzte er sich ganz nahe neben mich. Mir wurde auf einmal ganz warm. Ich lehnte mich in den Heuhaufen hinter mir zurück und sah ihn an und er mich. Mein Herz klopfte und mein Atem ging schnell. Er beugte sich über mich. Jetzt küsst er mich, schoss es mir durch den Kopf. Er sah mich an und ich ihn. Das Heu duftete süß und ich fühlte mich ganz schwer. Langsam strich er mit der Hand über meinen von der Sonne braungebrannten Arm. Das gefiel mir, ich zitterte ein bisschen, oh je, wenn er es nur nicht merkte. Da hörten wir die Hintertür und jemand rief: »Dorchen, Herbert, assa kumma bale!« Wir sprangen auf, alles war verflogen. Die Strohballen flogen eins, zwei, drei in den Schacht. Ich sprang so schnell wie möglich über den Heuboden und die Treppe hinab. Kurz vor der Treppe hatte Herbert mich eingeholt. Ich spürte seine Hände auf meinen Hüften. Was war das? Ein Schauer lief durch meinen Körper. Aber die Treppe hinab war ich doch schneller als er. Mit zwei Sätzen war ich zur kleinen Tür hinaus. Schwups schob ich von außen den Riegel vor und steckte zur Sicherung auch noch den Eisenpinn durch das Riegelloch. Er war gefangen. Ich schüttete mich aus vor Lachen. Er rief und jammerte. »Mach auf, Kröte!« Ich ließ ihn rufen, lief über den Hof ins Haus, wusch mir die Hände und setzte mich an meinen Platz, als wenn nichts geschehen wäre. Alle saßen schon da, schwiegen und aßen. Guckten sie mich von der Seite an? Ach was, an mir war nichts zu sehen. Nach einer Zeit hörte ich die Hintertür und schließlich kam Herbert in die Küche an den Tisch. Ich sah nicht auf. Eher bekam der Tisch ein Loch. Er hatte wohl die großen Scheunentore aufmachen müssen, um herauszukommen. Das dauerte seine Zeit. Deshalb war er zu spät gekommen. Sie fragten: »Na huste doas Stroh erscht gemacht? Oder biste ufm Boden hänga geblieba?« So frotzelten sie mit ihm herum. Er schwieg, er verriet mich nicht. Da wurde mein Gesicht ganz rot, ich merkte es richtig, wie es mir vom Hals aus hochstieg. Ich sah ihn nicht an, ich schämte mich ein bisschen, aber ich war auch zum Bersten voller Lachen.

Ich wusste es wohl nicht, aber meine Kindheit war zu Ende.

Eine Geschichte von Pferden und Kühen

Max war das große Pferd. Lange, schlanke Beine trugen einen muskulösen, vollschlanken, braunen Körper mit langem Hals und einem schön geschnittenen Kopf. Er war größer als die anderen Pferde. Hans, der Apfelschimmel, und Liese, die braune Stute, waren das alte Gespann. Die Liese war schon ein bissel alt, aber gutmütig. Gehorsam trottete sie auch alleine durch eine Ackerfurche. Der Hans war dagegen schon etwas temperamentvoller, bei ihm musste man gut aufpassen, aber zusammen mit der Liese war er ebenfalls gutmütig und ging gerne neben ihr an der Deichsel. Die Fohlen Max und Moritz waren stark, aber gut zu führen. Den großen Max zügelte Onkel Alfred am liebsten alleine. Er spannte ihn vor den grünen Kastenwagen, und ab ging's. In den Kastenwagen konnte man auch Bretter legen zum Sitzen. Nun kam es mal dazu, dass der Onkel nicht fahren konnte, obwohl der russische Kommandant nach Neurode fahren wollte. Heinz erklärte sich bereit, den Offizier zu fahren. Der Onkel war sehr unwirsch, weil er meinte, er alleine nur könnte den Max anspannen und mit ihm fahren. Schließlich fuhr Heinz doch vom Hof, um mit dem Russen nach Neurode zum Bahnhof zu fahren. Max lief sehr schön, die Straße nach Dorfbach und nach Falkenberg den Berg hinauf. Oben auf der Kuppe senkte sich die Straße und lief dann fast gerade in Richtung Neurode. Dem Offizier ging es aber nicht schnell genug. Er bedeutete dem Heinz, er solle schneller fahren, er hätte keine Zeit. »Dawai, dawai!«, rief er. Heinz hatte den Kopf geschüttelt, er wusste, der Max macht's nicht schneller, im Gegenteil, wenn man ihn antrieb, bockte er und blieb schließlich ganz stehen. Plötzlich nahm der Russe dem Heinz die Peitsche aus der Hand und wichste dem Pferd eins über den Rücken. Max verlangsamte den Schritt. Beim zweiten Schlag blieb er ganz stehen. Heinz schüttelte wieder den Kopf. »Er mag's nich, wenn man ihn schlägt.« Der Russe verstand es nicht. Der Russe schlug weiter auf das Pferd ein. Max rührte sich nicht vom Fleck. Nur seine Augen wurden groß und die Ohren spitz. Heinz hielt gespannt die Zügel fest. Was würde wohl passieren? Plötzlich setzte sich Max in Bewegung, aber nicht zu einem Galopp, sondern zum Sturm. Er raste die Straße entlang, dass den Männern Hören und Sehen verging. Der Kastenwagen schleuderte nur so über die Straße. Irgendwie hat der Heinz den Max schließlich zum Stehen gebracht in Neurode. Schaum stand ihm vor dem Maul und das ganze Pferd triefte. Erst nach langem Zureden hat er sich dann bequemt, wieder in einem ihm angemessenen Schritt nach Hause zu fahren. Es war spät am Abend, als Heinz mit Pferd und Wagen wieder auf den Hof fuhr. Onkel Alfred wollte die Geschichte gar nicht glauben, er meinte, Heinz könnte nicht mit dem Pferd umgehen.

Ein anderes Mal waren Heinz und Herbert mit Hans und Liese nach Hausdorf gefahren. Auf dem Rückweg begegneten ihnen russische Soldaten. Die hatten sie angehalten, weil sie wissen wollten, was da auf dem Wagen lag. Es war wohl nichts, was sie geärgert hätte. Da holten sie ihre Wodkaflaschen heraus und bedeuteten den Jungs, sie sollten trinken. Sie wollten nicht, denn sie mussten doch die Pferde und den Wagen wieder heile nach Hause bringen. Da lachten die Russen und zwangen die Jungen zu trinken. Von dem Teufelszeug verging ihnen Hören und Sehen. Heinz blieb einigermaßen standhaft. Aber Herbert war wohl noch nicht stark genug. Plötzlich kippte er um und fiel hinterrücks in den Kastenwagen. Die Russen lachten und lachten, sie wollten sich schier ausschütten über den kleinen deutschen Jungen, der keinen Wodka vertrug. Heinz meinte später, als er zu Hause alles erzählte, er hätte schon einen Schock gekriegt, als der Herbert so plötzlich umfiel. So kamen sie halbwegs gut nach Hause, denn schließlich hatten die Russen sie ziehen lassen. Den Herbert musste der Heinz vom Wagen heben und wie einen Sack ins Haus schleppen.

Morgens, wenn alle aus dem Haus waren, lag das Haus still da, der Bach rauschte, man hörte es, wenn die Fenster offen standen. Diesmal waren meine Schwester und ich zu Hause geblieben. Plötzlich wurde es laut auf dem Hofe. Es hörte sich wie Pferdegetrappel an. Russische Worte hörten wir durch die offene Flurtür. Mutter kam zur Küchentür herein und rief: »Weg mich euch, da sind Russen auf dem Hof!« Vater saß im Stübchen. Wo sollten wir hin? Aber sie kamen gar nicht ins Haus. Mutter hörten wir im Hof mit ihnen sprechen. Es war nur noch ein Russe zu sehen. Da erschien eine Kuh auf dem Hof. Es war die braune Grete. Was war bloß los? Vater sagte: »Los weg mit euch, vielleicht könnt ihr zum Fenster hinaus!« Gute Idee. Wir öffneten im Stübchen das Fenster und sprangen auf die Hofmauer, die hier in Fensterhöhe Haus und Hof umgab. Von dort sprangen wir auf den Weg und liefen hinter dem Schweinestall entlang. Wir wussten, wir müssen Onkel und Tante holen. Schnell warfen wir noch einen Blick über die Mauer, da sahen wir, dass die Russen alle Kühe aus dem Stall geholt hatten. Sie liefen im Hof umher und waren unruhig. Mutter beruhigte sie. Anscheinend wollten die Russen die Kühe mitnehmen. Hinter dem Kuhstall auf halber Höhe mussten wir wieder zurück auf die Mauer, damit wir auf das Feld laufen konnten Die beiden Russen standen im Hintereingang zum Kuhstall und sahen uns, wie wir wieder über die Mauer kletterten. Erst sahen sie ganz verdutzt aus, dann lachten sie schallend. Uns war gar nicht zum Lachen zumute. Wir hasteten so schnell wie möglich zum Feld, das nicht gar so weit weg war. Die Tante kam gleich mit. In schnellem Schritt liefen wir zurück.

Auf dem Hof war alles vollständig in Aufruhr. Die Kühe waren inzwischen hinters Haus gelaufen, weil sie dachten, sie kämen auf die Wiese. Mutter stand mit einer Peitsche da und hielt sie einigermaßen zusammen. Die Hühner gackerten, die Gänse liefen schreiend und flügelschlagend umher. Der Hund bellte und bellte. Keiner konnte ihn beruhigen. Vorsichtshalber verzogen wir uns ins Päsler-Haus und sahen bei den Nachbarn durchs Fenster. Die Russen wollten anscheinend die Kühe mitnehmen. Wir sahen, wie Tante Martha mit den Russen sprach. »Alle meine Kühe«, lächelte sie die Russen an. Sie wies mit dem Arm über sie hin. Sie kamen auch gleich alle anspaziert, sie kannten ihre Bäuerin. »Du alle in den Stall zurück, aber nur rufen«, hatten die beiden gesagt. Tante Martha machte sich ans Werk. Sie rief die Leitkuh »Grete«, Grete kam angestapft und ging in den Stall zurück. Die andere Grete wurde gerufen, sie stapfte hinter ihrer Leitkuh in den Stall. Tante

Martha rief alle mit Namen. Gehorsam und leise muhend trotteten sie an ihr vorbei in den Stall. Zwei schwarzbunte Kühe blieben übrig. Sie standen auf der Wiese unter dem Apfelbaum und wollten nicht hören. Die nahmen die Russen mit. Sie stiegen wieder auf ihre Pferde und trieben die beiden Kühe zum Hof hinaus. Sie salutierten sogar vor Tante Martha. Das hieß wohl: »Alle Achtung vor ihnen, meine Dame.« Tante Marthas Gesicht schien ganz verklärt und stolz nickte sie zurück. Dann wandte sie sich zum Stall, um die Kühe wieder an ihren Plätzen festzumachen. Uns war ein Stein vom Herzen gefallen.

Die Kutsche

Manchmal am Nachmittag rollte an unseren Fenstern eine schwarze Kutsche vorbei, von zwei schlanken Pferden gezogen. Zuweilen konnten wir dann beobachten, was geschah. Meine Schwester und ich liefen dann auf den Hausboden und sahen zum Giebelfenster hinaus. In der Nachbarschaft hielt die Kutsche an. Russische Offiziere sprangen heraus und gingen ins Nachbarhaus. Wir brauchten nicht lange zu warten. Sie kamen bald zurück, zwischen ihnen ging die junge Frau, die dort wohnte. Sie stieg eilig in die Kutsche und die Kutsche rollte samt ihr und den Russen davon.

Sie sprach nie darüber, ob die Russen sie gezwungen hatten mitzukommen, sie bedroht hatten. Uns machte das traurig. Hübsch angezogen war sie immer. »Was machen sie mit ihr?« Bei mir krampfte sich alles zusammen. »Weiß ich doch nicht«, meinte meine Schwester unwirsch. »Ich ginge nicht mit«, sagte ich. Meine Schwester lachte. »Du hast es ja gut, du wärst ihnen auch zu frech«. Aber ihr Gesicht war nachdenklich, auf jeden Fall, uns tat sie leid. Zu ihrem eigenen Vergnügen fuhr sie wohl nicht mit. Aber vielleicht blieb ihr gar nichts anderes übrig, grübelte ich. Sie hatte keine Kinder und ihr Mann war im Krieg. Ob er noch lebte? Vielleicht kam er nie zurück. Schließlich, von was sollte sie leben. Aber mit den Soldaten Wodka trinken und mit ihnen tanzen, so wie wir es nachts vom »Deutschen Haus« her hörten, wenn sie dort feierten, ihren Sieg über Deutschland, und dann auf der Straße grölten.

Den deutschen Frauen durften sie nichts mehr tun, die nächtlichen Überfälle hatten nach und nach aufgehört. Schlafen konnten wir jetzt wieder. An der Gemeinde, die jetzt Kommandantur hieß, war ein Anschlag, dass alle Soldaten, die erwischt wurden, bestraft würden.

Nachts hörten wir hin und wieder die Kutsche zurückkommen.

Der Kommunist

In den sehr warmen Sommernächten standen die Fenster offen. Wir hätten sonst nicht schlafen können. Die Fliegenfenster verhinderten, dass jemand ohne Krach einsteigen konnte. Nach der schweren Arbeit schlief ich meistens wie ein Stein und Mutter hatte ihre liebe Not, mich morgens wach zu bekommen. Aber einmal bin ich in diesen Nächten doch geweckt worden. Die Zimmertüren standen offen, so konnte ich hören, was vorging. In dem Fenster neben dem Bett von Onkel Alfred lehnte eine Gestalt im Rahmen. Eine Stimme sprach auf den Onkel ein. »Also dich wern wir och noch kriega. Du bist gor keen Sozi, du bist ein Nazischwein. Du hust mitgemacht, do uba beim Loager. Du hust gehulfa. Du hust dich nicht geweigert, die Tuta zu foarn. Dir wern mer och noch den Prozess macha, damit du Bescheid weest.« So und ähnlich sprach die dunkle Stimme auf den Onkel ein. Er sagte nichts, ich hörte nur sein Stöhnen. Schließlich doch: »Scher dich zum Deibel. Loß mich ei Ruhe. Ich hoab nischte nichts verbrocha. Du weest ganz genau, dass ich mich nich schäma brauch. War hot denn beim Bürgermeester die Eingabe gemacht? He? Host du die gemacht? Sozi hin, Sozi her. Was konnten wer denn schonn? Du warst doch och ganz stille, nie? Und jitze machste bein Russen den dicken Mann, du Kommunist du.« So ähnlich der Onkel. Es ging noch eine Weile hin und her, dann machte der Onkel scheppernd das Fenster zu und kroch ins Bett zurück.

Mein Herz klopfte, die Angst kroch wieder hoch. Was wollte der vom Onkel, dieser Kommunist? Überhaupt.

Nationalsozialismus, Kommunismus, Bolschewismus, dann gab es den Kaiser, der war ja tot. Demokraten gab's noch, hatte es gegeben. Meine Gedanken verwirrten sich. Wir waren besetzt, wir hatten den Krieg verloren, das verstand ich. Es war zu schwer zu verstehen. Für einen Moment schlief ich darüber wieder ein.

Aber überhaupt. Ein Nazi, der Onkel? Neulich, als der Onkel und der George beim Klo den Deckel abgehoben hatten, um die Jauche in den Jauchetank zu schöpfen, hatte der George gesagt »scheene braune Hitlerbriee«. Beide hatten gelacht. Dann hatten sie, als der Herbert dazu kam, einen Witz erzählt, den ich nicht verstand, und darüber hatten sie auch noch gelacht. Wie war der noch? Um mich herum waren sie alle wieder eingeschlafen, Onkel und Tante hatten aufgehört zu murmeln und zu stöhnen. Schnarchen, prustendes Atmen vermischt mit Bettenquietschen und das Rauschen des Baches wollten mich auch wieder in den Schlaf zurückholen.

Der Witz. Sie hatten den Herbert gefragt: »Weeßte was doas heeßt, SA und SS?« Herbert war ganz ärgerlich geworden. »Nu kloar weeß ich doas«. »Nee, nee nich woas du der denkst, es heißt: siehste Adolf, schon Scheiße«, dröhnend lachten sie. Neugierig sah ich sie an, weil ich es nicht so schnell begriffen hatte. Sie wiederholten es unter Gelächter, aber dann sagten sie »schon Scheibe«. Herbert neckte mich, »schließlich biste aus der Stoadt«. Meine Gedanken verloren sich schon, da hörte ich meine Schwester in ihrem Bett rumschnaufen. Das machte mich wieder wach. Die hatte doch auch mal so was in der Schule losgelassen und war dafür schwer gerügt worden. Zu Hause dann, als sie es erzählte, hatten sich die Brüder vor Lachen gebogen und Vater sagte, sie sollte nächstens vorsichtiger sein. Sie hatte was von Hindenburg gesungen. Ach ja, so war's: »Hindenburg, das alte Vatel, ist ein altes Demokratel«. Nazi, Sozi, Demokraten, der Vater sagte immer:

»Der Kaiser, das war noch der beste Staatsmann«. Wie ein träger Brei wälzten sich die Gedanken durch meinen Kopf. Im Westen waren die Amerikaner und wir hatten Angst vor den Russen. Was sie uns wohl morgen wieder antun würden? Aber der Schlaf war stärker. Die Russen waren Bolschewiken und die Kommunisten? Ach und ein Sozi, das war der Beifahrer auf dem Motorrad vom Onkel, lief es noch träge durch meinen Kopf. Wir waren besetzt, wir hatten den Krieg verloren. Ich schlief wieder ein.

Ernte

Die Heuernte war vorüber. Die Getreideernte begann. Zuerst war das Korn dran. In aller Morgenfrühe saßen die Männer unter der großen Linde und dengelten die Sensen. Schön scharf mussten sie sein. Jeder hatte einen kleinen Amboss vor sich auf dem Boden stehen, und mit einem Hammer wurde die Schneide der Sense, auf dem Amboss liegend, flach gehämmert, gedengelt. Die kleinen Schläge, die in kurzer Abfolge auf die Sense niederhämmerten, hatten einen hellen, metallenen Ton. Waren die Sensen wieder gerade, wurden sie gewetzt, mit einem langen Schleifstein, den die Männer aus einer schmalen Ledertasche zogen, die sie sich mit einem Ledergürtel um die Hüften geschnallt hatten. Sie strichen über die Schnittfläche der Sense. Auch das gab einen metallenen, krächzenden Ton. Es war fast wie eine Musik über dem Dorf. Dengeln und wetzen. Bald würden die Männer auf dem Feld stehen und die Sensen würden durch das Korn rauschen. So war es denn auch. Wir Frauen mussten bald hinterher, die gefallenen Kornschwaden aufheben, zusammenbinden und zu Puppen aufstellen. Das Korn kratzte und biss in die Arme und die feinen Grannen von den Ähren setzten sich überall auf dem Körper fest. Eigentlich hätte ich einen Mantel anziehen müssen, ging es mir durch den Kopf. Aber das wäre gewiss zu warm geworden. Die Sonne meinte es gut, das grelle Licht und das gelbe, trockene Korn verschmolzen zu einem Flimmern, vor dem sich jeder Gedanke im Kopf verlor. Schwitzend und fast schon mechanisch bückte ich mich, legte die Korngarbe in den Arm, schlang den Strohwisch darum und stellte die Garbe auf. Fünf Garben banden wir zu einer Puppe. Schön sah das aus, die vielen Puppen in Reih und Glied! Sie waren ziemlich hoch geworden dieses Jahr. Die Bauern waren stolz, wenn das Korn »mannshoch« auf dem Feld stand. Nach ein, zwei Tagen war das Stroh trocken, die Puppen wurden aufgelöst und auf den Leiterwagen geladen. Wieder holperten die Erntewagen zu Tal, hoch aufgerichtet die Getreidefuder. An der Seite musste immer jemand stützen, damit das Fuder nicht ins Rutschen kam.

Steil war der Weg vom Nitschkaberg, die Männer wischten sich den Schweiß von der Stirn, wenn sich die Fuder in Bewegung setzten, und stolz waren sie, wenn das Fuder, so gerade wie es geladen wurde, auf dem Hof ankam. Die ersten Fuder wurden noch auf den Heuboden in der Scheune gegabelt. Aber die Dreschmaschine auf der Scheunentenne stand schon bereitgemacht zum Dreschen. An der Treppe, die zum Heuboden führte, lag der Einlegeschlund, davor der Tisch, über den die Kornschwaden in die Maschine schön auseinander gebreitet geschoben wurden. Dann ratterte die Maschine mit ohrenbetäubendem Lärm los. Das Dreschen wurde mit Klopfen und Schütteln von der Maschine angetrieben, mittels Holzrosten, die ineinander griffen und sich auf und nieder bewegten, besorgt. An der Wand liefen die Schwungräder, ein großes und ein kleines, verbunden mit einem breiten Lederkeilriemen. Unter der Maschine fielen dann die Körner raus und hinten am Ende war die Strohpresse, die mittels ineinander übergreifender Rechen das Stroh zu Ballen zusammendrückte. Beim Abnehmen musste man blitzschnell eine Schnur um den Ballen schlingen und mit einem Holzknebel festbinden. Ich freute mich, wenn es morgens hieß: »Gie einlegen ei die Scheune, die Maschine läuft.« Mit heißem Gesicht und zerkratzten Armen stand ich am Tisch und versuchte, so gleichmäßig wie möglich die Korngarben in die Maschine einzugeben. Sonst war ich dazu bestimmt, die Garben vom Wagen zu werfen. Das war schwere Arbeit für mich, die ich nicht mochte. Aber was half es? Wir hatten zu essen und ein Dach über dem Kopf, was wollte ich mehr?

Der Weizen brauchte am längsten, bis er reif war. Hafer war weich und wurde nur nach dem Schneiden geworfen, von einer Seite zur anderen. Da brauchten die Bauern lange schönes Wetter, um alles trocken nach Hause zu bringen.

Später buckelten die Männer dann Sack auf Sack mit dem gedroschenen Getreide die Bodentreppe hinauf und lange Reihen von Getreidesäcken bildeten sich auf dem Hausboden. Das Jahr 1945 war ein gutes Erntejahr.

Brennnesseln

Hinter dem Kuhstall lag der große Misthaufen, eingeschlossen von halbhoch gemauerten Ziegelwänden. Ringsherum wuchsen dicke Stauden Brennnesseln. Wehe, wenn man ihnen zu nahe kam. Sie verbrannten die Haut, dass dicke Blasen darauf standen, und der Mund konnte gar nicht so viel Spucke hergeben, um das Brennen zu kühlen. Eines Nachmittags traf ich meine Schwester im Hof, als sie gerade um die Ecke vom Kuhstall kam. Sie war wohl hinten gewesen. Aber was hatte sie? Tränen liefen ihr über die Backen und die Arme hielt sie ein wenig steif vom Körper weg. »Was hast du?« »Rheuma«, sagte sie. »Und davon hast du die dicken Blasen auf den Armen?« Ich hatte es erst jetzt gemerkt. »Ach nein«, sagte sie langsam und biss sich auf die Lippen, »Ich habe Schmerzen in den Händen, sie sind ganz dick geworden wie voriges Jahr. Ich habe gelesen, dass man die Hände an Brennnesseln streichen soll, dann gingen die Schmerzen und das Rheuma weg. Ich mache es schon paar Tage.« »Aber das tut dir doch weh!«, ich staunte über ihre Tapferkeit. »Ja, aber wenn es helfen würde?« Wir setzten uns auf die Holzstämme, die am Bach lagen, und schauten ins Wasser. Sie hielt die Arme weg vom Körper und biss die Zähne zusammen. Es musste fürchterlich wehtun. Nach einer Weile sagte sie: »Hast du die Kisten gesehen?« »Welche Kisten?« »Na, sie haben heute in aller Frühe die vergrabenen Kisten aus dem Mist geholt. Sie stehen in der Scheune. Die Trudel hat geweint und gejammert. Die Sachen sind alle kaputt, die Mistbrühe ist doch in die Kisten gelaufen und hat große Löcher in die Sachen gefressen. Und stinken tun sie fürchterlich.« »Die arme Trudel«. »Mutter hat ja vor paar Wochen unsere Sachen nicht dazu getan. Ein Glück!« Wir standen auf und schlichen uns in die Scheune. Da standen die Kisten, sie sahen schlimm aus. Sogar das Holz war richtig verfault. Es stank fürchterlich.» Wo sind die Sachen?«, fragte ich. »Die Trudel versucht sie zu waschen, sie hat alles in die Waschküche getragen. Lass sie bloß in Ruhe!« Aber ich konnte es mir doch nicht verkneifen. Im Haus sah ich durch die etwas offenstehende Tür in die Waschküche. Ein grauenvoller Anblick. Wäschestücke mit großen braunen Flecken lagen ausgebreitet überall. Kleider, die Löcher hatten, und vor allem der schöne rote Wintermantel hatte unten am Saum nur noch Fransen. Die Jauche hatte alles zerfressen. Noch war im Hause alles heil geblieben und jetzt das. Tante Martha war auch total geknickt. »Mir wern noch nackich laufa missa. So a Unglick!« Das Abendessen verlief sehr traurig. Keiner sprach. Die Trudel wischte sich immer wieder Tränen aus dem schon ganz verquollenen Gesicht.

Es war schlimm. Wir hatten ja das meiste in Breslau lassen müssen und neue Sachen würde es wohl lange nicht geben. Aber dass Sachen verfaulen würden, bloß weil man sie versteckte, an einen Ort, wo sie niemand suchen würde, das war kaum zu begreifen.

Die wilde Jagd

Als das letzte Kornfuder geladen war, zog ein Gewitter auf. Die Sonnenstrahlen fielen nur noch schräg durch die schwarzen Wolken, die langsam über den Himmel zogen und graugrünliches Licht verbreiteten. Die Luft stand still und es war sehr schwül. Noch ganz fern das erste Donnergrollen. Die große Trudel und ich wurden »Kühe holen« geschickt. Gar nicht weit vom Kornfeld weideten sie friedlich auf einer ziemlich steil am Berg liegenden Wiese. Zunächst ging alles gut. Wir riefen und trieben sie mit Stecken zusammen. Trudel kommandierte: »Ich nahm die Grete, gieh du anna Schluss.« Sie führte die Grete zum Weg und alle 12 Kühe trotteten muhend hinter den beiden her. Fast hatten wir sie schon auf der Straße, aber es war noch ein ziemlich steiles Stück Feldweg zu bestreiten. Mir klopfte das Herz, es war gar so still, der Himmel war auch inzwischen sehr dunkel. In Wilhelmstal gingen in den Häusern hier und da schon die Lichter an. Da plötzlich zuckte ein Blitz über den Himmel, der Wind strich durch den Wald auf der Bergeskuppe und die Bäume rauschten auf. Ich hatte gerade die vorletzte Kuh über einen Wiesenrain getrieben, der wie eine kleine Terrasse die obere Wiese abstützte. Die kleine Kuh »Dore« war noch hinter mir. Der Donner krachte. Meine Dore erschrak, blitzschnell bückte ich mich, sie sprang mit einem Satz über mich weg, ich fiel hin. Als ich mich zum Glück unverletzt wieder aufrichtete, sah ich, wie sie laut brüllend in die anderen

Kühe raste, alle brüllten, die Blitze rollten, der Donner krachte und die Kühe rannten mit hoch erhobenen Schwänzen über die Straße und das Tal hinab. Wie versteinert blieben die Trudel und ich zurück und sahen der wilden Jagd nach. Der Regen rauschte, alles war in Aufruhr. Einige Kühe hatten sich am Teich in den Sträuchern verheddert und kämpften wie wild mit dem Strauchwerk. Andere standen auf der Wiese und brüllten. Einige waren im Galopp den Weg entlanggerannt und standen im Hof vor der Stalltür, die noch zu war. Die Männer versuchten verzweifelt, das letzte Getreidefuder in die Scheune zu schieben. Es gelang und sie machten sich daran, die Tiere zu holen und zu beruhigen. Schließlich waren sie alle ohne Schaden wieder im Stall. Völlig durchnässt ging ich ins Haus, der Schreck saß mir noch in den Gliedern. Für heute hatte ich die Nase voll von der Landwirtschaft. Als ich wieder trocken und sauber war, griff ich mir ein kleines Kätzchen und verkroch mich in eine Sofaecke. Das Kätzchen schnurrte und ließ sich kraulen und legte sich fest in meinen Schoß. Draußen lachten sie, und aus dem Stimmengewirr hörte ich, wie sie über meine zarte Seele witzelten, der das wohl alles zu viel geworden sei, mit den wildgewordenen Kühen umzugehen. Trudel kriegte auch noch was davon ab. »Joa, joa, wenn die Weiber schonn was macha sull'n!« Trudel: »Lußt mich bluß ei Ruhe, is jo nischte, reen goarnischte poassiert!«

Wurzeln und Baum

Bald war der Regen verrauscht und das Gewitter weiter gezogen. Am Morgen stand die Sonne am wolkenlosen Himmel, als wenn nichts geschehen wäre. Das Dorf war wieder erfüllt vom Erntelärm.

Wir saßen beim Abendessen um den großen Küchentisch. Durch die geöffneten Fenster hörten wir Lärm und Pferdegetrappel auf der Straße. Erst dachten wir, es sind gewiss wieder Russen auf dem Durchmarsch. Onkel Alfred riet, wir sollten die Fenster zumachen und die Haustüren abschließen. Aber als die Frauen die Fenster schlossen, blieben sie stehen und sagten: »Guck a mool, doas sein keene Russen!« Alle guckten vorsichtig hinaus. Tatsächlich, ein Zug berittener Soldaten in mittelbraunen Uniformen mit Schulterriemen und mit hohen, braunen Schildmützen auf dem Kopf. Die Russen trugen immer grüne Uniformen mit roten Schulterklappen. Was waren denn das für Soldaten? Der Zug war schnell vorbei. In den nächsten Tagen löste sich dann das Rätsel. Es war Polnische Miliz. Als ich mit meiner Schwester und den Frauen vom Feld heimkam, sah ich die Leute im Hof rumstehen und aufgeregt miteinander sprechen. Was war los?

Mutter erzählte: »An der Gemeinde hängt ein großes Plakat. Darauf steht: Schlesien gehört jetzt zu Polen und alle Deutschen müssen raus. Die Bauernhöfe werden von polnischen Bauern übernommen.« Tiefes Schweigen, alle sahen sich an. Schließlich gingen sie alle wieder ihren Arbeiten nach, die an diesem Abend zu verrichten waren. Aber es war so still, die Kühe hörte ich raufen und wiederkäuen und das Spritzen der Milch in den Melkeimer. Tante Martha redete der Kuh gut zu, dann schüttete sie die Milch in die große Kanne. Ich war nicht im Stall und doch hörte ich jedes Geräusch von einer Tätigkeit, die ich Abend für Abend im Stall erlebt hatte. Sie brauchten mich wohl heute Abend nicht, oder sie hatten mich vergessen. Ich stolzierte mit steifen Beinen zu der alten Linde am Feldweg und ließ mich auf ihren großen Wurzeln nieder. Die Linden hier oben in den Bergen blühten spät. Im warmen Sommerabend dufteten sie süß und schwer. Betäubt saß ich unter dem Baum, aber es war nicht der Duft des Baumes. Etwas Unbegreifliches war geschehen. Wir sollten fort. Wohin? Das wusste kein Mensch. Ich starrte den Feldweg entlang bis zu den Häusern am Höhnweg. Alle, alle Menschen fort? Die Wiese lag da in vollem Grün, bald würde sie gemäht für das zweite Heu. Der große Bach rauschte und der kleine Bach vor meinen Füßen gluckste wie eh und immer. Ich hob den Kopf und sah in die Zweige des Baumes. Er war wie eine Burg, Ast auf Ast fügte sich zu einem hohen Gewölbe, der dicke Stamm, ich fühlte ihn an meinem Rücken. »Dich soll ich auch nicht mehr sehen?« Tränen liefen mir über die Backen, mein Körper war steif.

Ich sah an mir hinunter. Meine Arme waren sonnenverbrannt und braun, so braun, dass die kleinen Härchen ganz hell wie golden darauf glänzten. Vom Kornaufstellen waren noch ein paar Schrammen und Risse zu sehen, die langsam verheilten. Ich schloss und öffnete meine Hände, die in meinem Schoß lagen. Die Fingernägel waren hart und rissig, mit schwarzen Rändern, die trotz Waschen und Bürsten am Abend nicht ganz weggehen wollten. ›Hände wie ein Landarbeiter‹, kam mir so ein schneller Gedanke. Mein verwaschenes und von der Sonne ausgeblichenes blaues Dirndlkleid spannte im Oberteil. Tante Martha hatte neulich noch zur Mutter gesagt, ich hatte es wohl nicht hören sollen, »Das Madel wird amol hibsch warn, do musste uffpossa.« Hübsch? Na ja, wenn ich im Stübchen beim Kämmen morgens in Großmuttels Spiegel guckte, gefiel ich mir schon. Vor allem, wenn sich die kleinen Locken um mein Gesicht kringelten, trotz des glatten blonden Haares, das fest gekämmt um den Kopf lag und fest in die Zöpfe eingeflochten wurde. Aber die dicken Knie, die unter dem Rock zum Vorschein kamen, über die hatte der Reinhard schon immer gelacht. Jetzt waren sie sonnenbraun und ein bissel »ramponiert«, die Beine zerkratzt und die Füße steckten in Holzsandalen, an deren Rändern trockene Erde und Reste von Mist klebten. Mir war es gleichgültig, ich lief auch barfuß. Nur manchmal bekam ich solche Anfälle von »Schönsein«, dann borgte ich mir von den Mädchen Sachen aus, weil ich meinte, dann sähe ich schon bissel älter aus. So wie in Waldenburg, als die Tante Friedel mit mir in einen Film gegangen war, der erst ab »18« erlaubt war. Sie hatte mir kunstvoll mit einem bunten Tuch einen Turban um den Kopf gebunden, so wie es die jungen Frauen damals taten. Groß genug war ich ja. Ich streckte mich, im September wurde ich 13. Und trotzdem, in diesem Augenblick konnte ich nichts mit mir anfangen. Wer war ich, wo gehörte ich eigentlich hin? Wo gehörten wir hin? Wir, Vater, der krank war, der nichts essen konnte, weil sein Magen es nicht vertrug, der dem grausamen Ende von Breslau entronnen war. Die Hosen passten ihm nicht mehr, sie schlotterten ihm um den Bauch. Er verdeckte es mit der hellen

Sommerjacke, die er jeden Tag an hatte. Weil er die Sonne auf dem Kopf nicht vertrug, setzte er immer eine Mütze auf, so eine selbstgemachte, vorne mit einem kleinen, stoffbezogenen Schild. Auf dem Hof nannten sie ihn deshalb immer »Inspektor«. Die einen gutmütig, die anderen spöttisch.

Die einen verstanden, dass schwere Arbeit ihn umgebracht hätte, die anderen meinten, er sei faul und zu nichts nütze. Manchmal sah ich das auch so. Ich bemühte mich, so gut ich konnte und meine Kräfte schon reichten, bei aller Arbeit dabei zu sein und mitzumachen. Ich wollte einfach dazugehören. Es tat mir weh, wenn jemand sagte: »Fersch Stoadtmadel is doas nischte.« Dann bemühte ich mich besonders. Vater war Schneider. Aber wenn es keinen Stoff gab, konnte er keine Anzüge machen. Landwirtschaft hatte er nicht gelernt. Eigentlich war er sehr einsam auf dem Hof. Mutter arbeitete so viel sie nur konnte. Sie kochte, sie wusch die Wäsche für alle. Sie besserte Sachen aus und stopfte die Strümpfe. Jetzt hatte sie versucht, die angefaulten Sachen von der Trudel noch einigermaßen in Ordnung zu bringen. Meiner Schwester ging es wohl so wie mir. Sie arbeitete so wie ich überall auf dem Hof, im Garten, auf dem Feld, wo man sie brauchte. In der Stadt war sie ein gepflegtes, junges Mädchen gewesen. Immer hübsch angezogen, jeder »Fetzen« stand ihr gut zu dem frischen, von braunen Locken umrahmten Gesicht. Sie hatte keine dicken Knie, alles an ihr passte zusammen. Auch die kleinen Hände waren beneidenswert, mit denen sie sicher mit einem Bleistift einen ganz geraden Strich über ein Blatt Papier zeichnen konnte. Zeichnen war ja auch ihr Beruf geworden. Jetzt waren ihre Arme auch braun, das Haar oft zerzaust und ihre weißen Zähne kamen zum Vorschein, wenn sie breit und herzlich lachte. Ich glaube, ihr machte es auch nichts aus, dass wir nun auf dem Dorf lebten. Wir waren keine »Stadtleute« mehr. Wir konnten ja auch nicht mehr zurück in die Stadt, so wie die Russen es wollten. Ich hatte gehört, dass jemand sagte: »Die Breslauer, die Berliner essen uns alles weg!«

Andererseits haben wir in der Stadt die Leute aus dem Dorf auch komisch angesehen, wenn sie uns besuchen kamen. Sie rochen immer nach Stall und Heu und erst in der Stadt fiel mir auf, wie vergerbt von Arbeit und Wetter ihre Gesichter waren, die Hände rissig und ungepflegt, obwohl sie sie ganz sicher vor der Reise mit Glyzerin eingerieben hatten. Der Onkel hatte auch schon mal gesagt, dass wir uns doch eine Wohnung suchen könnten, weil wir auf dem Hof so eng aufeinander »hockten«. Schön wär' das schon, zumal wir doch schon paar Möbel hatten.

»Die Deutschen müssen raus und die Polen kommen«, da war er wieder, dieser Stich im Herzen und dieses Kribbeln im Kopf, das dann über den ganzen Körper lief und mich unfähig machte, etwas zu tun oder zu schreien. Das Licht nahm ich in diesem Augenblick nur halb wahr, das Bild vor den Augen wurde grau, und auch wenn noch so hell die Abendsonne schien. Angst schüttelte mich. Die Polen, wer waren die eigentlich? Schlesien grenzte überall an Polen. Seit dem Polenfeldzug war es eigentlich kein anderes Land mehr. Aber sie sprachen schon anders als wir. Ich hatte mir nie besondere Gedanken darüber gemacht. Im Westen grenzte Deutschland an Frankreich. Der Urgroßvater hatte in Cosel gelebt. Meine Omi hatte erzählt, dass sie da mal gewesen wäre. Der Urgroßvater war Bürgermeister gewesen und die Urgroßmutter hatte »Wasserpolnisch« mit ihr gesprochen. Hochdeutsch hätte sie nicht gekonnt. Darüber hatte die Omi gelacht. Aber Wasserpolnisch, das wusste ich, war ein Gemisch aus Schlesisch, Deutsch und Polnisch. Richtig polnisch war das auch nicht, Cosel lag in Oberschlesien und Oberschlesien hatte doch immer zu Deutschland gehört. Also Polen waren sie sowieso nicht. Mir fielen die Ostarbeiter ein. Die sprachen »fremd«, aber ich hatte keine Angst vor ihnen. Sie waren blond wie wir, manche dunkler, sie hatten breite und schmale Gesichter, blaue und schwarze Augen. Sie waren zwar irgendwie anders, aber mich machte das eher neugierig, als dass es mich ängstigte. Manchmal gab es Polen im Land auf den großen Domänen. Sie arbeiteten dort als Knechte oder Landarbeiter. Manche Leute sagten auch: »Die Polen sind faul.« Aber warum wir hier nicht mehr leben und arbeiten sollten, das verstand ich nicht. Wohin? Vielleicht verschleppten sie uns? Nach Russland? Zu Zwangsarbeit nach Sibirien? Alles war ihnen zuzutrauen.

Schwerfällig stand ich auf und ging über den Hof zum Haus. Ich sah alles, als sähe ich es zum erstenmal. Es war alles undenkbar und ungeheuerlich. Im Haus waren alle wie gelähmt. Mechanisch wurden die abendlichen Arbeiten verrichtet. Viel geredet wurde nicht. Jeder war mit sich selbst beschäftigt. Vielleicht wurde auch die Lage besprochen. Alles war so nebensächlich geworden und war doch gleichzeitig wichtig und lebensnotwendig. Die Gesichter waren verschlossen und traurig. Was dachten die Erwachsenen? Sie sagten es mir nicht.

In den nächsten Tagen sahen wir, wie die Besatzer abzogen. Die Lastautos rollten die Straße hinunter. Die Russen gingen durch die Häuser und raubten noch hier und da etwas. Bei uns erschienen sie nochmals am hellen Nachmittag. Terri, der Hund, bellte wütend, als zwei russische Soldaten im Stübchen erschienen und irgendetwas wollten, was wir nicht verstanden. Der Hund kläffte und bellte. Den Soldaten wurde es zu bunt. Der eine Soldat riß das Maschinengewehr von der Schulter und schoss nach dem Terri. Aber der war schon unter dem Sofa verschwunden. Die Schüsse trafen meine Büchertasche und zerfetzten die Schulbücher. Dann verschwanden die Soldaten. Wir waren froh, dass sie nicht noch mehr angerichtet hatten. Meine Büchertasche wollte ich nicht mehr anfassen.

Auch nachts wurde es wieder unruhig. Einmal wollte der Hund abends nicht in den Stall, in dem er sonst die Nacht über blieb. Alles Zureden half nicht. Er blieb auf dem Sofa liegen, wehe es kam ihm jemand zu nahe. Ich versuchte es auch noch. Ich wollte ihn auf den Arm nehmen. Da schnappte er nach meinem Finger und biss mich. Alle schüttelten den Kopf. Aber in dieser Nacht brachen sie den Stall auf und stahlen Vieh. Wir hörten voller Angst im Haus die Schüsse, dann verschwand der Spuk. Wer es gewesen war, wussten wir nicht. Am Morgen sahen wir, dass das Türschloss zerschossen war.

Eines Tages sollte ich ins Dorf gehen. Mutter hatte mich mit dem Korb voll Brot und Milch, wie so oft schon, zur Tante Liesel geschickt. Ich stand in Tante Liesels Garten. Auf der Dorfstraße zog ein Treck vorbei. Kleine Pferde, Ponys, zogen leichte Bretterwagen, zum Teil mit Planen verdeckt. Darauf saßen Leute, Frauen mit Kindern auf dem Schoß, im Arm, vorne Männer, die die Pferde antrieben. Ein armseliger Anblick. Um die Kastenwagen herum baumelte allerlei Hausrat, Bratpfannen, Töpfe. Die Planen hingen staubig und schmutzig in Fetzen. Wagen auf Wagen zogen die Dorfstraße hinauf. Die Menschen schauten abgehärmt und trostlos aus. So etwas Elendes und unbeschreiblich Trauriges hatte ich noch nie gesehen. Wo kamen die her? Ich lief wieder nach Hause. Genaueres hörten wir darüber nicht, die einen meinten, es sind Polen aus Galizien, die jetzt in Schlesien wohnen sollten, die andern, es sind verjagte Juden aus Russland.

Die wilde Jagd oder – Die Schreckensbrück

Was eigentlich an diesem Morgen geschah, kommt mir vor, als wenn zwischen dahinziehenden Nebelschwaden für Augenblicke die Landschaft deutlich wird und dann wieder dem Blick des Beschauers entschwindet.

Es muss sehr früh gewesen sein. In der Küche war es noch dämmerig. Früher als sonst waren die Männer zum Füttern in die Ställe gegangen. Das Frühstück stand schon auf dem Tisch. Aus der Ferne kam Motorengeräusch, das sich schnell näherte. Wir stürzten ans Fenster und warteten. Da, grüne Lastwagen voll besetzt mit Soldaten in braunen Uniformen, Gewehrläufe zwischen den Beinen. Eine ganze Wagenkolonne fährt die Dorfstraße hinauf, am Schluss ein Trupp Berittener, mit Gewehren bewaffnet. Kurze Zeit später wird es unruhig im Dorf. Wir hören Schreien, Schüsse, Pferdegetrappel. Aber wir können uns noch immer nicht vorstellen, was das zu bedeuten hat. In der Luft liegt es wie eine hochgeladene Spannung. Die Tür geht auf und der alte Krüger kommt zum Frühstück. Wir setzen uns und fragen, ob er was gesehen hat. Von seiner Wohnung ist es ein Stück zu laufen. »Ja«, sagt er, »die Soldaten sind von den Lastwagen gesprungen und in die Häuser rein. Sie treiben die Leute raus auf die Straße, wie sie gehen und stehen. Frauen in Hausschuhen, Holzlatschen, manchmal kaum was angezogen. Sie dürfen nichts mitnehmen. Sie treiben sie auf der Straße zusammen. Dorfbach und Falkenberg sollen schon leer sein.« Wir sehen uns an, dann stürzt alles auseinander. Aus Schränken werden Sachen gerissen, die dann wieder reingestopft werden. Alle schreien und weinen durcheinander, schreien sich an. »Woas? Doas willste mietenahma? Zu woas?« Panik! Wann werden sie zu uns kommen? Mutter hat für uns tatsächlich zwei Koffer gepackt. Sie ist vorbereitet. Auf der Straße ist es laut, das ganze Dorf in Aufruhr, Schüsse gellen durch die Luft. Neugierig und doch sehr vorsichtig laufe ich auf den Hof. Schreckliches sehe ich. Oben auf der Straße, die an der schwarzen und weißen Scheune vorbeiführt, wälzt sich eine dunkle Masse entlang, Reiter galoppieren neben her. Als sie vorbei sind, sehe ich einzelne Menschen über die Felder zum Wald hinlaufen.

Nahe der Hintertür hat Vater den kleinen Leiterwagen vor die Hintertür gezogen und meine Schwester und Mutter schleppen die Koffer raus und stellen sie auf den

Leiterwagen. »Es hat doch keinen Zweck, wir müssen eben mit«, sagt Vater ganz aufgeregt, sein von der Krankheit schmal gewordenes Gesicht ist rot und heiß. Mutter steht wie gelähmt dabei und ich schaue fassungslos zu. Meine Schwester versucht, Vater die Deichsel aus der Hand zu nehmen, was ihr schließlich gelingt. »Ich gehe nicht weg und ihr auch nicht!« Ihr Gesicht glüht. Die kleine Frau steht aufrecht da, die Augen funkeln, ihre braunen Haare hängen in Locken um das glühende Gesicht, die Sonne flimmert darüber. Eine entschlossene, zum Kämpfen bereite Kriegsgöttin, so erscheint sie mir. Ich staune sie an, ich werde ihr folgen, wohin sie uns führt. Die Eltern erscheinen mir in diesem Augenblick schwach und hilflos mit ihren fahlen Gesichtern. Auf der Straße wächst der Lärm. Lastautos, beladen mit Leuten, fahren vorbei, kleine Leiterwagen, gezogen von Leuten, dazwischen. An der Seite auf Pferden diese braunen Soldaten, also Polen, die mit der Reitpeitsche die Leute zum schnelleren Laufen antreiben. Vater macht den letzten Versuch. »Wo willste hin? Sie werden kommen und uns finden!« »Wir werden uns verstecken!« Damit geht das Gerangel um die Wagendeichsel von neuem los. Aber meine Schwester hat sie fest in der Hand. »Los, wir fahren mal erst zum Teich!« Sie setzt den Wagen in Bewegung, der über den Hof rumpelt und geht schnell beim Kuhstall um die Ecke. Uns bleibt nichts anderes übrig, als ihr zu folgen.

So, wir sind erst mal außer Sichtweite, denn der Hof ist vom Weg und von der Straße her gut einsehbar. Ängstlich sehe ich mich um, hat uns wirklich niemand gesehen? Ich komme mir so nackt vor, so als wenn tausend Augen sehen, dass wir uns verstecken wollen. Aber nur schnell ums Päsler-Haus rum, es gibt kein Zurück mehr. Auch vom Höhnweg her gellt das Schreien, Türenschlagen, Lärm und Krach. Die Ohren sausen, der Atem fliegt. Die Bäume am Bach, verdecken sie uns? Man könnte uns doch trotzdem sehen? Meine Schwester ruft: »Schnell, in den Bach mit dem Zeug!« Wir reißen die Koffer von dem Wägelchen, lassen sie in den Bach fallen und springen hinterher. Für Mutter und Vater ist das sehr beschwerlich, wir müssen ihnen helfen. Aber dann stehen wir alle im Bachbett. Geduckt schauen wir zurück. »Hat uns auch wirklich niemand dabei zugesehen?« Es scheint, als sei dies geglückt. Die Fenster im Päsler-Haus bleiben auch geschlossen. Nun beginnt eine Reise, die endlos scheint. Im Übermut und bei Kraftproben zwischen den Kindern bin ich schon oft hier von Stein zu Stein gesprungen, im Sommer, wenn der Bach nur wenig Wasser hat. Aber immerhin gibt es doch Stellen, wo man nicht gut vorwärts kommt und das Wasser strömt und knöcheltief ist. Erst mal Schuhe aus. Ängstlich schauen wir über den Rand des Baches, denn zwischen den Bäumen hindurch ist die Obstbaumwiese links von uns gut einsehbar. Zum Glück sind die Bärenklaustauden hoch am Bachrand. Wir ducken uns vorsichtig an der hier mannshoch gemauerten Uferbefestigung entlang vorwärts. Wir atmen schwer. Schwitzend und keuchend schleppen wir die Koffer von Stein zu Stein. Die Eltern folgen uns langsam. Das letzte Stück vor dem Teich ist besonders gefährlich. Die Steine sind alle nass und glitschig und der Bachrand niedrig. Noch tiefer müssen wir uns ducken. Die Koffer werden nass, wir müssen sie schließlich auf den Bachrand hieven. »Guck dich um, ob's jemand sieht!« Schnell wirft sie die Koffer auf den Rand und duckt sich wieder in den Bach. Es ist Mittag geworden. Heiß und schonungslos brennt die Sonne vom Augusthimmel und leuchtet alles aus. Es gibt fast keinen Schatten. Wird uns die Sonne verraten? Wieder schauen wir voller Angst über den Rand des Baches. Ein einzelner Soldat kommt den Feldweg jenseits der großen Wiese von der Straße heruntergeritten. Mit seinem Maschinengewehr schießt er in die Luft und einmal im Karree um sich herum. Uns hat er nicht entdeckt. Wir können auch nicht länger im Wasser stehen bleiben. Wir müssen versuchen, die Haselnusssträucher unter den großen Weiden am Teich zu erreichen. Wie oft habe ich hier gesessen, die Beine in den Bach baumeln lassen und geträumt? Meine Schwester voran, robben wir flach über den Rand. Einer nach dem andern. Immer wieder verweilend, dass die Bewegung uns nicht verrät. Endlich schließen sich die Zweige der Haselsträucher hinter uns, wir sind versteckt. Die Sträucher stehen in einer kleinen Mulde neben dem Teich und bilden eine kleine, grüne Höhle.

Dicht zusammengedrängt saßen wir in dieser kleinen Mulde am Teich. Wir hatten ein Brett gefunden und aus zwei herumliegenden Steinen schnell eine Bank gemacht, damit wir nicht ganz auf dem weichen, feuchten Boden sitzen mussten. Meine Schwester war noch mal herausgekrochen, um zu sehen, ob wirklich nichts von uns zu sehen war. Sie kam zufrieden zurück. »Wir dürfen uns nur nicht bewegen«, meinte sie. Schreien, Lärm und Schießen wollten kein Ende nehmen, den ganzen Tag lang. Was passierte da alles? Eines stand fest, die polnische Miliz hatte unsere deutschen Leute aus den Häusern getrieben und zum Dorf hinaus. Wohin?

Wo waren Onkel und Tante geblieben und all die andern? Erschossen, davongejagt? Wir waren zwar, so schien es uns jedenfalls, in Sicherheit. Hinter uns die steile Berglehne, an der ein Feldweg entlanglief. Aber wir wussten, man sah von da nur auf Sträucher. Vor uns der kleine Teich, der im Sommer nur aus großen Pfützen bestand, völlig verwachsen mit Schilfgras, Kresse und Brennnesseln. Dahinter konnten wir durch die tiefhängenden Zweige der Weiden hindurchsehen auf die großen Kleewiesen und den Berg hinauf bis zur Kuppe des Nitschkaberges. Da, was war das? Aus dem Wald stürzten Leute, Frauen und Männer, an den Händen Kinder. Schüsse gellten aus dem Wald. Die Leute rannten über die abgeernteten Felder. »Schnell!« Wie von selbst legten wir uns blitzschnell und duckten uns regungslos auf den Boden. Ganze Scharen von Soldaten trieben die Menschen auch jetzt aus der Richtung von Heinrichau über die Felder. Schüsse, Schreien. Die Soldaten schossen nach allen Seiten, in den Wald, in die Büsche am Wegrand. Ganze Salven rauschten über uns hinweg. Wir lagen wie erstarrt. »Plitsch, plitsch« ging es, dann das eigenartige Geräusch, wenn die Patronen auf die Strauchblätter trafen und in die Erde einschlugen. Hätten wir aufrecht gestanden, wir hätten es alle nicht überlebt. Unsere Herzen klopften, als wollten sie den Leib sprengen. Meine Hände hatten sich in den Boden gekrallt, alles tat mir weh. Lange, lange blieben wir so liegen. Erst am späten Nachmittag wurde es ruhiger im Dorf. Vereinzelt kamen noch Soldaten auf Pferden, wohl Patrouillen, die immer wieder in die Luft schossen. In den Ställen brüllte das Vieh. Scheinbar war niemand da, die Kühe zu melken und zu füttern. Als die Dämmerung kam, setzten wir uns wieder aufrecht hin. Da fuhr uns ein neuer Schreck in die Glieder. In der uns umgebenden Stille hörten wir in der Nähe jemand durchs Gras schlurfen, konnten aber noch nichts sehen. Da plötzlich doch, in aller Nähe, eine untersetzte, dunkle Gestalt. Sie blieb vor den Sträuchern stehen, eine bekannte Stimme rief leise: »Wo seid ihr denn?« Es war der Onkel Alfred. Wir hoben ein wenig die Zweige, und er schlüpfte zu uns. Er hatte die große, braune Kaffeekanne in der einen Hand und in der anderen ein Päckchen, eingeschlagen in ein weißes Brottuch. Da kam ein großes Stück Brot zum Vorschein. »Do hoabter was zum assa.« Staunend sahen wir ihn an. Wie hatte er uns gefunden? Alt sah er aus. »Was ist eigentlich los?«, fragten wir wie aus einem Munde. »Nu joa, es sein die Polen, sie hoan die Leute aus a Häusern getrieba und jitze treiben sie die übrigen zusammen, die solln morgen früh ooch zum Durfe naus. Vor allem ei Zedlitzheide, die Fabrikarbeeter und oalle, die keen Vieh hoam. Es wär woll das beste, ihr tätet ooch gien.« »Ja«, sagte Vater, »es hat alles keinen Zweck.« »Wo sind Martha und die Trudel?« »Die sitza hier uba eim Weizenfeld von Rösner. Mir wulln de Nacht noch oabwoarta.« »Und das Haus?« »Joa, es sieht schlimm drinne aus.« »Was schlimm?« »Nu, joa, ma findt nischte mehr, olles raus aus der Schränka.« Wir erschraken. »Und das Vieh?« »Nu joa, ich bin amol gucka geganga, weils so gebrüllt hoat. Hoabs a bissel gefittert und gemolka.« Wir staunten, wir hatten uns währenddessen über das Brot hergemacht und den Gerstenkaffee getrunken. Vater stand auf, nahm die Koffer hoch, schob sie aus dem Gebüsch. Ich sah meine Schwester an, aber ich konnte in der Dämmerung nicht erkennen, was ihr Gesicht sagte. Mutter war auch aufgestanden und stand schon zum Gehen bereit. »Nu komm schonn«, sagte der Onkel zu mir. Ein eigenartiges Gefühl kroch mir durch den Körper, so als wenn alle Drähte zu kurz wären. Tränen schossen mir in die Augen. Ich warf mich auf den Boden, schrie, stampfte und schlug um mich. »Ich geh nich, ich geh nich, ich geh nich.« Erschrocken beugten sie sich über mich, hielten mir den Mund zu. Wenn das Schreien jemand gehört hatte? Mutter streichelte mich, legte den Arm um mich und wischte mir die Tränen fort. Vater war immer noch ärgerlich. Meine Schwester sagte in all die Unschlüssigkeit hinein: »Wir bleiben!« Sie setzte sich auf das Brett und vergrub den Kopf in ihren Armen. Vater stand unschlüssig herum. Mutter hatte mich beruhigt und zog mich neben sich auf das Brett. »Wie ihr wullt«, sagte der Onkel, ich begann ihn zu hassen. Warum wollte er uns fort haben? Wohin, wohin? Zum Dorf raus und dann? War ich hier nicht zu Hause? Ich konnte mir nicht vorstellen, woanders zu leben. Ja, eine eigene Wohnung wieder haben und in die Schule gehen. Wir hatten doch schon ein paar Möbel auf dem Dachboden stehen. In Breslau durften wir doch auch nicht mehr in unsere Wohnung. Der Onkel war verschwunden, er wolle, wenn's hell würde, noch mal kommen. Tiefes Schweigen, jeder hing seinen Gedanken nach. Ganz eng hatten wir uns aneinandergekuschelt. Die Nacht wurde kalt, wir hatten nur Strickjacken an. Hin und wieder raschelte was durch das Gebüsch. Ein Vogel piepste, fern schrie ein Käuzchen. Im Dorf war es einigermaßen ruhig. Da plötzlich ein Geräusch von einem fahrenden Lastauto. Es hörte sich so an, als sei es um die Ecke auf den Hof gefahren. Der Motor lief aus. Schreien, Rufen, deutsche und fremde Laute. Das konnte nur vom Päsler-Haus herkommen. Da waren also auch noch Leute. Ein paar Schüsse fielen. Dann Stille. Das Vieh wurde unruhig. Die Pferde wieherten, Kettenklirren, die Kühe begannen zu brüllen. Aber was war das? Die Schweine quiekten auf eine nie gehörte Weise, die Hühner gackerten aufgeregt. Dann knatterten Maschinengewehre in mehreren Salven. Wir saßen erstarrt und lauschten in die Nacht. Grauenvolles musste da passieren. Langsam ebbte der Lärm ab, schließlich hörten wir den Lastwagen wieder vom Hof fahren. Für die restlichen Stunden bis zum Morgengrauen blieb es einigermaßen friedlich.

Später hörten wir, dass Polen gekommen waren. Sie hätten die Nachbarn vom Päsler-Haus und andere Leute, die kein Mensch kannte, in den Hausflur gejagt, die Haustür verriegelt und dann einen Posten davor gesetzt. Dann war das fremde Volk in den Hof, ins Haus und in die Ställe gerannt. Das Lastauto hatte im Hof gestanden. Der ganze Lärm sei danach losgegangen, aber schließlich seien sie wieder davongefahren. Als sie Schreien gehört hatten und Schüsse fielen, hätten sie erst gedacht, Menschen seien erschossen worden und hatten gefürchtet, dass ihnen gleiches passieren könnte. Als alles still war am Morgen, versuchten sie zögernd die Haustür zu öffnen. Ein schrecklicher Anblick hatte sich ihnen geboten, der Hof wäre voller Blut gewesen.

Der Schweinestall

Nicht nur die Angst machte unsere Körper steif und kalt. Die Dämmerung löste die Nacht ab, die Sterne, die wir am Neumondhimmel strahlen sahen, verblassten. Unsere Herzen und Sinne hatten dumpf und traurig den Sternschnuppen der Augustnacht nachgesehen. Geschlafen hatten wir wohl keine Minute. Der Tau fiel, fröstelnd fühlten wir an unsere feuchten Strickjacken. Der Himmel wurde hell und rosa, vereinzelt begannen die Vögel ihr Morgenlied. In der Wiese raschelte es, eine Maus huschte vorbei und der Morgenwind raunte durch die Zweige der Haselsträucher und Weidenbäume. Schließlich fiel über die Bergesspitzen im Osten das erste Sonnenlicht. Wir begannen, uns zu recken und zu strecken. Was würde der neue Tag bringen? Wir wollten noch warten, beschlossen wir. Im Dorf blieb es still. Einzelne Hähne krähten, Vieh brüllte. Aber irgendwie war der Morgen anders als sonst. Keine Sense wurde gedengelt. Auch kein Rattern der Dreschmaschinen war zu hören. So etwas wie Friedhofstille lag über dem Tal. Menschen waren auch nicht zu sehen. Wo mögen sie nur alle hingejagt worden sein? Schließlich war die Sonne über Wilhelmstal aufgegangen und begann, die Morgenkühle zu vertreiben. Mutter sagte: »Ich geh' nachsehen, wir können ja hier nicht hocken bleiben. Irgendwie wird es schon weitergehen.« Wie so oft machte sie uns Mut. Es hatte keinen Zweck, untätig rumzusitzen. Irgendwas zu essen mussten wir auch beschaffen. Vorsichtig kroch sie durch die Sträucher und war bald auf dem Weg verschwunden.

Wir warteten, die Zeit schien uns endlos. Da schlurften wieder Schritte durch das Gras. Ängstlich horchten wir auf, da eine bekannte Stimme. »No, wo seid er denn?« Es war die große Trudel. »Kummt ock eis Haus. Mir sein am Uffräuma. Die Martha und der Pauer sein ooch do.« »Was ist passiert?«, wollten wir wissen. »Nu joa, kummt ock nei, do warters schunt sahn!« »Is Zeug kinnt er jo mim Woanla hulln! «

Wir ließen die Koffer im Gebüsch und machten uns auf, ins Haus zu gehen. Als wir um die Ecke vom Stall kamen, sahen wir, dass der Onkel im Hof stand und mit einem Wasserschlauch die Spuren der Nacht wegspritzte. »Sie honn die Schweine mitgenomma«, tatsächlich, die Tür zum Schweinestall stand offen. Darin war es still. »Hilfste mir?« Die große Trudel zupfte mich am Ärmel. »Was?«, fragte ich. »Na, dan Stoall saubermacha.« Ich wusste nicht, was mir bevorstand. Froh, wieder im Haus zu sein, sagte ich: »Klar helf ich dir.« Wir warfen im Vorbeigehen zur Hintertür einen Blick hinein. Ich erschrak. Der Boden des Stalles war mit einer dicken Schicht Blut überdeckt. Das Blut von sechs Schweinen. Die Hühner, die sich nicht so schnell hatten retten können, waren wohl auch mitgenommen worden. Im Hof waren nur noch wenige zu sehen. Wir gingen ins Haus. Die Frauen hatten die Küche schon aufgeräumt, so konnten wir wenigstens am Tisch sitzen. Die Türen zu den Stuben standen offen. Ich lief schnell hinein. Mir graute. Nichts war mehr im Schrank, geschweige denn an seinem Platz. In die Betten hatten sie Eingemachtes gekippt. Blaubeeren, Johannisbeeren mischten sich mit eingemachtem Fleisch und Glasscherben. Überall im Haus dieses unbeschreibliche Chaos. Die Frauen begannen schweigend aufzuräumen. Trudel und ich gingen brav in den Stall. An den Füßen Gummistiefel, in den Händen Mistgabeln und Schaufeln, so begannen wir, die Reste des Tierschlachtens wegzuräumen. Verbissen und schweigend arbeiteten wir zwei fast den ganzen Tag. Einerseits war die schwere Arbeit gut, wir mussten nicht darüber nachdenken, ob die Polen uns auch noch holen würden oder ob sonst irgendetwas passierte. Langsam kamen auch die Tauben vom Hausdach wieder heruntergeflogen, sie hatten wohl die ganze Nacht da oben gesessen. Tauben mögen keine Unruhe und keinen Schrecken in ihrer Umgebung. Der Tag wurde warm. Das geronnene Blut stank fürchterlich. Der »Pauer« kam und schaute nach dem Rechten. Als Mist und Stroh endlich raus waren, holte er den Wasserschlauch und da ging das Schrubben los. Das Wasser löste die letzten Reste von Blut und Dreck von den Stallfliesen. Endlich war die Arbeit getan. Wir schauten uns noch mal in dem leeren, sauberen Stall um. Sechs Schweine hatten sie abgeschlachtet, ein Schlachtfest würde es lange nicht mehr geben. Jeder hing so seinen eigenen Gedanken nach. Dann gingen wir ins Haus. Die Frauen waren inzwischen auch fertig mit ihrem Aufräumen. In der Waschküche brannte schon das Feuer für das Badewasser. Ich glaube, wir sprachen nicht darüber, aber wir kamen uns nicht nur schmutzig, sondern auch so besudelt vor. Mutter sagte später mal: »Wenn wir manches nicht so dringend gebraucht hätten von unseren Sachen, ich hätte am liebsten alles weggeschmissen.« Sie hatten das Haus ausgeplündert, aber wir waren wieder darin. Die Haustüren wurden abends wieder zugeschlossen und die zerschossenen Stalltüren notdürftig verschlossen. Aber uns umfing von diesem Tage an so etwas wie eine große Leere.

Der Bruch

Ein paar lange Tage waren vergangen; über dem Dorf und allem, was wir taten, lag es wie eine Lähmung. Viele Leute aus dem Dorf waren fort, auch unsere Omi, Vaters Mutter, und seine Geschwister hatten sie fortgejagt. Wohin? Die kleine, alte Frau konnte ja so schon nicht mehr laufen. Ob sie überhaupt noch lebten? Jeder hatte in dieser Zeit mit sich selber zu tun und keiner konnte dem anderen helfen.

Eines Morgens wurde es laut auf der Straße. Große, dunkle Militärlastwagen rollten die Straße entlang. Wir dachten schon, es kommen neue Soldaten. Aber es waren russische Autos. Wo kamen die her? Sie brachten die Verjagten zurück. Fußlahm, oft ohne Schuhe, ohne Mäntel, vollkommen erschöpft, krank und elend hatten russische Soldaten sie in der Nähe von Grünberg aufgelesen, nachdem die Polen sie quer durch das Land gejagt hatten. Sie hatten nichts zu essen gehabt und waren durch zerstörte Städte und Dörfer gejagt worden. Wenn sie nicht weiter wollten, wurden sie mit Maschinengewehren bedroht und es wurde wohl auch mancher erschossen, der sich irgendwie geweigert hatte.

Unsere Verwandten hatten gräuliche Dinge erlebt. Nachts hätten sie in zerschossenen Häusern gehockt und morgens sei es weitergegangen, bis schließlich die Russen gekommen wären und sie alle auf die Lastwagen geladen hätten. »Dawai, dawai« hätten sie geschrieen, wenn die Leute nicht schnell genug auf die Lastwagen klettern konnten. Aber dass sie sie nach Wüstewaltersdorf zurückbrachten, daran hätten sie in ihrem Elend schon überhaupt nicht mehr gedacht. Schließlich sei das Dorf vor ihnen aufgetaucht. Wie ein Wunder war das!

Aber was waren Wunder? Dass wir noch lebten? Konnte es nicht jeden Tag wieder geschehen, dass sie uns fortjagten? Wohin? Würden sie uns nach Russland verschleppen, nach Sibirien? In Arbeitslager? Wir hatten schon davon gehört.

Seit diesen Tagen war alles unsicher, selbst im Haus war eine kalte Stimmung. Ich hörte den Onkel einmal sagen: »Mir sein zu viele Esser uffm Hofe! Wer weeß was wird. Wir missa a bisla Assa für uns beiseite tun.« So war das also. Ich wusste, der Onkel mochte den Vater nicht. »Nichtstuer«, hatte er ihn genannt. Jetzt hatte Vater auch noch dicke Furunkel am Hals, Eiterbeulen, die Mutter mit schwarzer Salbe behandelte.

Der Onkel verstand einfach nichts, mir fiel wieder ein, dass er uns in jener Nacht auch schon los sein wollte. So war das also! Den ganzen Sommer hatten wir schwer gearbeitet, nun war die Ernte eigentlich unter Dach und Fach. Mutter, meine Schwester und ich hatten für Vater mitgearbeitet. Tante Martha hatte auch nichts dagegen gehabt. Im Gegenteil, sie hatte auch immer noch Brot und Mehl, Butter, Milch und Quark abgezweigt, die wir zu den anderen Verwandten bringen durften. Sicher heimlich, der Onkel sollte es nicht wissen. Dass Vater dem Tode entronnen war, das verstand er nicht. Vater konnte keine schwere Arbeit leisten, also war er ein »Nichtstuer« und Nichtstuer galten bei den Bauern nichts. Ich hasste ihn und alle Bauern. Warum ließen sie uns nicht einfach, wie wir waren? Auf dem Land galten die Städter nichts. Die Städter waren zu fein, liefen in guten Kleidern umher und sprachen Hochdeutsch. Für Städter waren die Leute vom Land ungehobelt, bäurisch, altmodisch angezogen und sprachen »Schlesisch«. ›Die Landleute mögen mich nicht‹, dachte ich, ›weil ich aus der Stadt bin, weil ich nicht arbeiten kann wie eine Erwachsene, weil wir in Breslau nur eine Wohnung hatten, kein Haus, und jetzt: die Polen, weil ich eine verfluchte Deutsche bin.‹ Nun aßen wir auch noch etwas weg, was uns nicht zustand. Abends saßen wir schweigend und traurig da und dachten über unsere Lage nach. Irgendetwas musste geschehen.

Krank und vogelfrei und weiße Armbinden

Ich wurde krank. Nachts konnte ich nicht mehr auf dem Rücken liegen. »Mutter, was hab ich auf dem Rücken, ich kann nicht mehr liegen?« Mutter sah sich meinen Rücken an. Eine dicke Beule schwoll mitten auf der Wirbelsäule an. Ein Furunkel, es schmerzte mich von Tag zu Tag mehr. Mutter behandelte es mit schwarzer Salbe, bis der Eiter wie aus einem Vulkankrater zu fließen begann. Das Sitzen war schmerzhaft, anlehnen konnte ich mich nicht, liegen nur auf der Seite. Die Schmerzen nebelten mich ein. Ich wurde immer apathischer. So richtig wahrnehmen war nur noch am Rande möglich. Wie aus weiter Ferne hörte ich sie sagen: »Der Leupolt-Pauer hot en Polen!« Wie mochte das sein? Mechanisch wälzten sich die Gedanken in meinem heißen Kopf. Jemand sagte, was gemacht werden musste, der nie im Hause gewesen war und noch dazu Polnisch sprach?

Jemand kam auch mit der Nachricht, dass wieder ein neuer Anschlag an der Gemeinde hing: »Alle Deutschen müssen weiße Armbinden tragen, kein Deutscher darf abends nach 20.00 Uhr auf der Straße sein. Wer ohne Armbinde angetroffen wird und sich nach 20.00 Uhr auf der Straße zeigt, wird erschossen!« Mutter nähte für alle auf dem Hof aus weißen Taschentüchern weiße Armbinden. Mit Sicherheitsnadeln wurden sie am linken Ärmel festgesteckt. Dann stand wohl auch noch auf dem Anschlag zu lesen, dass wir das Dorf nicht mehr verlassen dürften, auch dafür konnte man erschossen werden. Wir waren also vogelfrei.

Dann hieß es plötzlich: »Wir ziehen zu Tante Liesel!« Darüber freute ich mich, soweit ich in meiner Apathie überhaupt dazu fähig war. Die Eltern hatten es wohl mit ihr besprochen und sie hatte uns eingeladen zu kommen. Wir packten unsere Habseligkeiten auf den Leiterwagen, schoben ihn den Höhnweg entlang und packten ihn an der Hintertür von Tante Liesels Haus wieder aus. »Willkommen bei uns!« und »Kommt rein, irgendwie wird es schon gehen«, und »Jetzt sind wir nicht mehr so allein. Wer weiß, ob der Erwin noch mal wiederkommt.« Ihr sonst so fröhliches Gesicht sah verhärmt und traurig aus, in ihren Augen standen Tränen. »Ein Mann im Haus«, sie lächelte Vater an, »jetzt brauch' ich nicht dauernd zu den

Eltern oder zu Hannchen ins Niederdorf zum Schlafen gehen.« »Zwei Männer im Haus«, verkündete die helle Kinderstimme von Eberhard. Vier Jahre war der kleine Kerl, der uns anstrahlte. Alles lachte.

Wo sollen wir schlafen? Oben im Haus waren zwei Stuben, in der einen standen zwei Betten. Dort konnten meine Schwester und ich schlafen. Mutter und Vater stellten im Wohnzimmer Großmutters Betten auf. Es sah zwar komisch aus, aber so schliefen sie mit Tante Liesel Tür an Tür, das gab Sicherheit. Vater legte noch seinen »Knüppel« hinters Kopfkissen. »Für alle Fälle«, sagte er. Mutter hatte von Tante Martha einen Korb mit Lebensmitteln mitbekommen und deckte in der Küche den Tisch. Ich saß auf der Bank und war ganz verlegen. Schon oft hatte ich hier gesessen. Aber ich war nur auf Besuch gewesen. Und jetzt gleich mit der ganzen Familie. Sehr komisch war das. Verstohlen sah ich zu meiner Cousine Rosel hin. Ich kannte sie ja. Wir waren doch eine Weile zusammen in die Schule gegangen. Wie lange war das her? Jetzt war Ende August. Letzte Schule war im April gewesen. Mir schien es Ewigkeiten her zu sein. Mutter sagte: »Wir werden jetzt alles mit euch teilen. Haben wir was zu essen, habt ihr auch was. Haben wir nichts, haben alle nichts. Tante Martha hat versprochen, so lange ich zum Arbeiten komme, uns was zum Essen zu geben.« Ich ging eigentlich nicht mehr auf den Hof, höchstens abends mal bis zum Stall, mit der Milchkanne, dann auch mal in die Küche. Aber es war mir plötzlich alles so fremd. Viele Worte fielen nicht.

Eines Tages kam Mutter sehr erregt zum Haus rein: »So, jetzt haben sie auch Polen! Zwei junge Leute. Sie wollen alles anders machen. Dem Alfred reden sie in alles rein. Er darf nicht mehr bestimmen, was gemacht wird! Ich darf auch nicht mehr zum Arbeiten kommen.« Viel darüber nachzudenken, brachte nichts. Es war so. Tante Martha stellte uns trotzdem abends Milch und Eier oder sonst irgendetwas Essbares in Großmuttels Korb in die Brennnesseln neben dem Stall. Holten wir es, durfte uns niemand sehen. Einmal ging ich einfach ins Haus. Sie waren noch alle im Stall. Ich traute meinen Augen nicht. Auf dem Küchentisch lag die weiße Damastdecke, die nur bei Festen aufgelegt wurde. Auf der Bank, auf der sonst die Milchkannen standen, lag eine weiße, gehäkelte Decke. Die Schuhe neben dem Ofen waren fort. Was hatte das alles zu bedeuten? Tante Martha erzählte später in Tante Liesels Küche, und dabei liefen ihr die Tränen über das Gesicht: »Sie haben gesagt, wir hätten keine ›Kultura‹. Sie müssten uns beibringen, wie eine Wohnung eingerichtet wird. Alles hoan se ümgedreht. Der Trudel hoan se de schiena Soache weggenumma. Das bissla, woas se fürn Hausstand zusamma gespoart hotte. A bissla Gelumpe ist für uns übrig gebliebа. Was mer aus dem Gewölbe hulln, zum Assa, müssa mir vorzeige. Auf den Dachboden zum Mehl dürfen wir och nich mehr. Zum Brotbacka tut die Polin das Mehl wiega und mir gahn.« Starr sahen wir sie an. Zu sagen wagte keiner was. »Und der Onkel?« »Er flucht im Stalle rum, schreit uns an. Am liebsten tät er den Polen umbringe. Ich tun immer beschwichtigen.« Das war ja nicht zum Aushalten! Woher waren die bloß alle gekommen? Der Heinz musste mit Pferd und Wagen zusammen mit anderen vom Dorf nach Waldenburg zum Bahnhof Altwasser fahren. Dort waren die Polen angekommen

mit der Eisenbahn. Es hieß, sie seien von den Russen aus Ostpolen, aus der Gegend von Lemberg, vertrieben worden. Das Gebiet gehörte jetzt zu Russland. Und wir?
Bald wimmelte das Dorf von Polen. Es war wie eine »Besetzung«! Morgens in aller Frühe gingen die Milizsoldaten in ihren gelbbraunen Uniformen in die Häuser, jagten die deutsche Familie, der das Haus gehörte, auf die Straße oder schoben sie in ein Zimmer des Hauses und wiesen die polnische Familie in das Haus ein. Oft durfte die deutsche Familie nur das Allernotwendigste mitnehmen. Wurden sie ganz aus dem Haus gejagt, mussten sie sehen, wer sie im Dorf aufnahm, damit sie wenigstens ein Dach über dem Kopf hatten. Ganze Häuser wurden auch einfach ausgeräumt und für ganz andere Zwecke wieder eingerichtet.

Klematis

Über alldem waren die Tage des Jahres 1945 kürzer geworden. Tante Liesel machte im Garten die Mohrrüben aus der Erde und brachte sie in den Vorratskeller. Die Äpfel reiften in der warmen Spätsommersonne, nachts fielen sie mit dumpfem Knall ins Gras.

Überhaupt dieser Garten, er war so richtig nach meinem Geschmack. Vor dem Haus zur Hauptstraße hin lag der größere Teil, das Haus lag ein wenig zurück, also mitten im Garten. Das Gartentürchen knarrte so ein bissel, wenn man die Klinke herunterdrückte, das gab einen trockenen Ton. Er war sogar im Haus zu hören und jeder wusste, es kam Besuch oder jemand von uns kam nach Hause. Der Weg zum Haus war mit flachen Steinen belegt, zwischen denen der Sand unter den Füßen knirschte. Der Kirschbaum hatte schon seine Blätter gelbrot gefärbt. Tief hingen seine Zweige, selbst ich musste mich schon bücken, ging ich unter ihm hindurch zur Haustür. Rechts vom Weg war das große Stück Gartenland mit allerlei Gemüse bepflanzt. Im Frühjahr Spinat, dann Mohrrüben, Salat, Zwiebeln, Sellerie und allerlei Suppenkraut. Die Beete schlossen mit schmalen Blumenrabatten ab. Den Weg entlang blühten im Frühjahr die gelben Margeriten, vorher Krokus, Schneeglöckchen und Primeln. Am Zaun entlang wechselten sich weiße Margeriten, Sonnenblumen, Rittersporn, Gladiolen, Dahlien in allen Farben und im Herbst die Astern ab. Links vom Weg standen die Apfelbäume, zum Teil sehr alt mit breiten Kronen, und junge Bäume, die noch nicht viel trugen. Am Zaun rechts und links die Beerensträucher, an der Hauswand Schattenmorellen, Spalierbirnen und hinter dem Haus ein paar Meter Kartoffeln. Zur Kriegszeit war jeder Flecken Erde ausgenutzt. Neben der Haustür stand die Bank und an der Hauswand rankte und blühte blaue Klematis. Hübsch sah das aus. »Wenn ich mal ein Haus habe, pflanze ich auch blaue Klematis«, dachte ich immer wieder, wenn ich die großen, dunkelblauen Blüten in meine Hand nahm und betrachtete. Die Sonne brachte sie richtig zum Leuchten, aber auch ohne Sonnenlicht hoben sie sich in den grünen Ranken gut von der hellen Hauswand ab. Die Fenster hatten Läden, die wir abends schlossen. Auch die Haustür knarrte ein bissel, wenn man die große Klinke herunter drückte. Das

Dach stand steil über dem Erdgeschoss und oberhalb ragten die kleinen Gaubenfenster vom Flur heraus. In den Giebeln lagen die Fenster der oberen Stuben. Mit schwarzer Dachpappe war das Dach versiegelt, und wenn es vom Regen nass wurde, glänzte es, als wäre es gelackt. Steile Dächer hatten den Vorteil, dass im Winter der Schnee schneller runter rutschte. Das gab dann einen schönen Krach, wenn eine Ladung Schnee herunter prasselte. Ich wusste von einem Haus in Zedlitzheide, da fuhr der Briefträger mit Skiern übers Dach und sprang vor die Haustür.

Vom Flur innen führte rechts die Tür ins kleine Stübchen und dahinter lag das Wohnzimmer. Vier Fenster, geschmückt mit weißen Mullgardinen, standen zu den dunklen Mahagonimöbeln in einem heimeligen Gegensatz. Der große, grüne Kachelofen wärmte beide Zimmer. Behaglich wärmte er auch den Rücken, wenn ich mich daran lehnte. Wegen unserer Betten war die ganze gemütliche Herrlichkeit zusammengeschoben worden und man konnte sich gerade noch um den großen Tisch herumquetschen, wenn man aus der Vitrine etwas holen sollte oder auf den Fensterbänken die Blumen gießen musste.

Neben dem Kachelofen ging die Tür ins Elternschlafzimmer und von dort wieder eine Tür in die Küche. Die Küche, ein großer, heller Raum, mit Tisch und Bank, Küchenbüfett und gekacheltem Kochherd war zum allgemeinen Aufenthaltsraum geworden. Die Fenster gingen nach hinten hinaus zum Höhnweg. So konnten wir eigentlich von drei Seiten aus Weg und Straße einsehen. An die Hintertür war der Holzschuppen angebaut. Hier stapelten sich gehacktes Holz und Holzkloben, die noch auf die Axt harrten. Ein Verschlag für Kohle, Gartengerät und was sonst noch im Haus gebraucht wurde, auch ein kleiner Leiterwagen fanden hier ihren Platz. Neben der Hintertür lag die kleine Tür zum Plumpsklo. Ich war froh, dass ich nicht mehr über den Hof laufen musste. Für mich war dies Haus ein Schatzkästlein, das die Tante Liesel mit ihrem Mann, dem Onkel Erwin, den ich gar nicht kannte, weil er im Krieg war, behaglich eingerichtet hatte. Selbst die Eltern, die beide fast nicht mehr lachten, fanden das Lachen wieder, wenn wir abends am Tisch saßen und das wenige teilten, was wir hatten. Einer steckte den andern an. Geschichten, die wir am Tage erlebt hatten, wurden erzählt, und vor allem die Polen wurden Zielscheiben unseres Spottes. Mutter erzählte oder Tante Liesel oder Vater. Machte die Trautel eine Glosse, schüttelten Rosel, Eberhard und ich uns aus vor Lachen. »Polnische Kultura gutt, deutsche Kultura nix gutt«, sagte Vater voller Ingrimm. »Die Russen haben gesagt, jedes deutsche Haus ist ein Warenlager. Spülklosetts kennen sie nicht, die Kartoffeln haben sie bei Willners im Klo gewaschen. Als sie abzogen und die Kartoffeln verschwanden, haben sie lange Gesichter gemacht. Diese Kanaken!« »Ach, lass sie doch«, meinte Mutter. Rosel fragte ihre Mutter: »Mutter, wo hast du die Häkeldeckchen?« Erstaunt sah Tante Liesel von ihrem Suppenteller auf. »Häkeldeckchen?« Ich hatte sofort verstanden, was die Rosel wollte. Wie aus einem Munde riefen wir: »Wir wollen sie im Schuppen auf den Holzklotz legen« und »im Klo«, rief sie, »eines rechts vom Loch«, »und eines links vom Loch«, echote ich. Eberhard rief: »Eines auf den Abfallhaufen«, und ich rief:

»Eines in den Leiterwagen!« Sie ließen uns gewähren, erst waren sie ganz verlegen, aber dann sahen sie unsere glühenden, vor Lachen und Spott glänzenden Gesichter und einer nach dem andern lachte mit.

Schließlich mahnte Vater: »Schluss mit den Fisimatenten, mir ist gar nicht zum Lachen zumute.« Dann kehrte die gedrückte Stimmung zurück, die uns eigentlich schon zur zweiten Natur geworden war. Schweigsam löffelte jeder seine Suppe zu Ende. Brot gab es nur noch zum Frühstück.

Eberhard hatte schnell Spitznamen für die Rosel und mich gefunden, weil wir immer so lang und breit erzählten und die Geschichten nicht bunt genug werden konnten. Die Rosel nannte er die Frau »Prazelten« und mich die Frau »Latzelberger«. Die Rosel wurde zur »Rosalie« und mich nannte er »Dorette«. Er hatte es aber auch gar nicht leicht mit uns. Meistens war er alleine, wenn wir ihn foppten. Natürlich verbündete ich mich mit der Rosel. Spielte er auf der Chaiselongue im Schlafzimmer Pferd und Wagen, kamen wir bestimmt und setzten uns unaufgefordert auf seinen Wagen und wollten mitfahren. Dann schrie er: »Pratzelten, Latzelberger, aussteigen, ihr sollt nicht bei mir mitfahrn!« Wenn der kleine Mann dann so richtig zornig und wütend war, rannten wir lachend davon. Er rächte sich dann, wenn wir im Holzschuppen Kaufmannsladen spielten. Wir legten ein Brett über den Holzklotz an der Schuppentür, das sollte unser Ladentisch sein. Aus dem Garten holten wir Möhrenkraut, allerlei Steine, Holzstückchen, Fallobst und was weiß ich noch mehr. Dann sollte er bei uns einkaufen kommen. Manchmal spielten wir stundenlang einträchtig. Das Holz wurde zum duftenden Brot, Steine zu Kartoffeln, Möhrenkraut zu Spinat, der Phantasie waren keine Grenzen gesetzt. Aber dann fiel ihm auf einmal unsere Niederträchtigkeit ein, dann warf er unseren Laden einfach um. Rosalie und Dorette zeterten und schimpften und er schrie: »Pratzelten und Latzelberger aufräumen. Sone Schweinerei hier im Schuppen!« Damit lief er davon zur Mutter in die Küche.

Rosa und Grau

»Woll'n wir uns ›verschamarieren‹?«, fragte mich die Rosel. »Oh ja, prima Idee!« »Mutter gibst du uns die alten Hüte und alte Kleider?« Tante Liesel lächelte sinnend. Sie dachte wohl, diese Mädel, sind ja doch noch Kinder. Dann ging sie in die Schlafstube und öffnete den Kleiderschrank. Da kamen sie zum Vorschein, die Herrlichkeiten: ein großer Hut aus hellem, feinen Stroh mit einem blauen Seidenband und einem Sträußchen von Maßliebchen, dann ein roter Samthut mit Ripsband verziert. Vor dem Spiegel probierten wir, welcher Hut zu wem passte. Der Strohhut zu ihr oder zu mir. Der Samthut zu mir oder zu ihr.

Inzwischen hatte die Tante noch zwei Kleider auf die Betten gelegt. Ein helles Rosafarbenes aus ganz feinem Baumwollstoff mit weißem Unterkleid. Der große Kragen war mit glänzendem Seidenband eingefasst und wurde vorne am Hals zu einer langen Schleife gebunden. Das Oberteil des Kleides bauschte sich in der

Taille und der Rock fiel in weichen Falten. »Das hast du getragen?«, staunte ich die Tante an. »Ja, es ist lange her! Wir waren jung verheiratet.« Sie machte eine lange Pause und strich mit der Hand über den feinen Stoff. Dann seufzte sie. »Wir hatten gerade das Haus gekauft und machten uns Gedanken, wie wir es einrichten wollten.« Sie sah mich an und ein kleines versonnenes Lächeln spielte um ihre lieben Augen. Heiraten muss schön sein, ging es mir durch den Kopf, dann dachte ich an Herbert. Augenblicklich wurde es mir ganz warm um den Hals. Mein Herz pochte und ich war froh, dass ich den Samthut auf hatte. So konnten sie nicht sehen, wie mein Gesicht langsam rot wurde. Ich wusste von meiner Schwester, dass Tante Liesel mit ihrem Erwin eine wunderschöne Hochzeit gefeiert hatte. Trautel durfte nämlich Blumen streuen. Die Rosel hatte inzwischen das andere Kleid angesehen. Sie drängelte: »Komm, wir ziehn se mal an.« Das andere war ein hellgraues Wollkleid mit einem braven, weißen Kragen und Perlmutterknöpfen vorne runter. Das Vorderteil war in Chemisett-Art in Falten gelegt. Der Gürtel wurde lose um die Hüften gelegt und durch eine große Perlmuttschnalle gezogen. »Haste das auch damals getragen?«, wollte sie wissen. »Wie hat denn der Papa damals ausgesehen? Hat er schon damals eine Uniform getragen?« Sie kannte ihren Vater nur als Soldat und lange war er nicht auf Urlaub gewesen. Aber die Antwort wartete sie nicht ab. Sie nahm das Hellgraue und schlüpfte hinein. Wir lachten, denn es hing ihr bis über die Füße auf den Boden. Dazu hatte sie den hellen Strohhut auf. »Schön biste, wie'ne Vogelscheuche«, kam es aus der Spielecke vom Fenster her. Dann trottete Eberhard herbei, stieg in den Schrank und fischte mit seiner braunen, kleinen Hand nach seines Vaters Hut. Er postierte sich vor den großen Spiegel und setzte den Hut gemächlich auf. Jetzt war das Lachen auf der Seite der Frauen. »Musst noch den Stock dazu holen«, rieten wir ihm. Tatsächlich, er lief in den Flur und holte aus dem Schirmständer den väterlichen Wanderstock. Dann kam er hereinstolziert mit einer sehr ernsthaften Miene. Mit dem Stock klopfte er auf den Boden und rief: »Na wartet, wenn ihr nicht pariert«, und fuchtelte mit dem Stock vor unserer Nase herum. »Ach, du kleiner Gernegroß, da musste noch bissel wachsen, sonst geht der Stock mit dir spazieren«, rief seine Mutter lachend, dann ging sie in die Küche. Eberhard setzte sich auf seinen »Kutschbock« und kümmerte sich nicht mehr um uns. »Also, du musst das Rosane anziehn, das wird dir besser passen«, räumte ich meiner Cousine ein. Aber insgeheim war ich neidisch, ich wollte es lieber selber anziehn. Seufzend schlüpfte ich in das Hellgraue und sie ganz selig in das Rosafarbene. Mir ging das Hellgraue nur bis auf die Fußspitzen. Es stand mir ganz gut. Schön brav mit dem weißen Krägelchen, fand ich. Ich griff schnell nach dem Strohhut und setzte ihn auf. Rosel fing an zu lachen: »Nee, nee, der passt nich zu dem Kleide. Da musste schon den Samthut nehmen!« Ich ärgerte mich, aber ich sah es ein. Also setzte ich den Samthut auf und sie den Strohhut. Der passte wirklich zu dem Rosafarbenen. Sie hatte auch den Gürtel etwas fester in der Taille zugemacht, sodass ihr das Kleid nicht bis auf den Boden langte. Hübsch sah sie aus. Das Oberteil des Kleides bauschte sich, der Strohhut verbarg die blonden Haare, die sie, ähnlich wie ich, als Zopfkranz um den Kopf gelegt hatte. Nur ein paar kleine

Strähnchen fielen ihr ins Gesicht. Sie betrachtete sich im Spiegel und ihre Augen und die runden Bäckchen glänzten richtig vor Wohlwollen. Etwas neidisch auf sie sah ich schließlich an mir herunter. Hellgrau mit rotem Samt auf dem Kopf. Eigentlich doch nicht schlecht, dachte ich bei mir. Vater würde sagen »sportlich-elegant!« Da kam es aus der Spielecke: »Siehst aus wie meine Tante, die alte Gouvernante!« So, da hatte ich mein Fett. Rosel hörte gar nicht mehr zu. Sie kramte unten im Schrank und brachte zwei Paar Spangenschuhe zum Vorschein, graue und schwarze. Gutmütig zog sie die schwarzen an und ich durfte die grauen tragen. Wir stelzten nun in der Stube umher und fühlten uns total erwachsen. Allerdings etwas von vorgestern, denn solche Kleider trugen die Mütter ja schon längst nicht mehr. Uns war es egal, wir hatten unsern Spaß. Eberhard kam angesprungen und trat seiner Schwester auf die Schuhspitzen. »Mein Vater hat gesagt, ich soll die schwarzen Schwaben tottreten!«, rief er dabei. Wütend haute sie ihm eine runter, er verzog das Gesicht, aber das Heulen verkniff er sich. Er hatte ja immerhin noch Vaters Hut auf. Während wir hocherhobenen Hauptes und gravitätisch ins Wohnzimmer stolzierten zu meiner Mutter, die an der Nähmaschine saß, und uns bewundern ließen, rannte er in die Küche und schrie: »Die Weiber sind übergeschnappt«, er warf den Hut auf den Tisch und verschwand zur Hintertür hinaus in den Garten. Wir störten uns nicht daran, langsam spazierten wir durch Wohnzimmer und Flur. Das Gehen in den Damenschuhen war sehr ungewohnt für uns. Wir defilierten noch durch die Küche, an Tante Liesel vorbei, die sich über uns amüsierte. Im Schlafzimmer traten wir noch mal vor den Spiegel, zupften an den Kleidern herum und setzten die Hüte einmal anders auf. Kichernd sahen wir in unsere Gesichter. Schönsein und elegant, da war wieder dieses Gefühl voll Traurigkeit und Sehnsucht, so tief irgendwo drin. Ich hob die Arme und streckte mich. Dabei fiel der Hut runter. Rosel zupfte immer noch an sich herum, drehte und wendete sich und besah sich von allen Seiten. Sie gefiel sich, das konnte ich sehen. »Wolln wir mal durch den Garten spazieren?«, fragte sie. Von weit her drang diese Frage in meine Tagtraumwelt. »Das macht ihr lieber nicht«, klang es aus der Küche, »wer weiß, was für Gesindel draußen rumschleicht.« Die traurige Wirklichkeit, der wir im Spiel entflohen waren, kehrte zurück.

Gerne hätte ich das Rosafarbene noch mal übergezogen. Aber es war vorbei. Still zogen wir uns wieder aus, schlüpften in unsere Sachen und legten alles in den Schrank zurück.

Mutters Hände

Die letzten warmen Tage, die Sonne schien schräg durch die Fenster und auf dem Fußboden bildete ihr Licht lange Lichtstraßen. Ich lag oben im Bett mit einer Wärmflasche auf dem Bauch, weil mein Bauch nicht in Ordnung war. Morgens war mir auf einmal schlecht geworden, aber anders, als wenn ich etwas Falsches gegessen hatte. Dazu kamen starke Schmerzen, sie hatten mich plötzlich überfallen und wühlten in meinem Inneren, stechend liefen sie in den Rücken. Ich konnte nicht mehr auf den Beinen sein. Beim Frühstück hatten die Frauen sich vielsagend angesehen, als ich mit Jammern anfing. Durch die Bettwärme ließen die Schmerzen etwas nach. Wärmflasche und der Kamillentee, die mir meine Schwester brachte, hatten geholfen. Bald war es Mittag. Im Haus war es still. Sie hatten alle etwas zu besorgen. Mutter, das wusste ich, war zu Tante Martha auf das Kartoffelfeld gegangen. Sie und wir alle durften zwar nicht mehr in ihr Haus, aber Tante Martha hatte gesagt, sie schaffe die Kartoffelernte nicht alleine. Einer müsse klauben helfen. Natürlich würde Mutter dafür Kartoffeln bekommen. Der Winter stand vor der Tür. Zu kaufen gab es noch immer nichts.

Meine Schwester saß am Fenster und beguckte Bilder, die sie aus einer Mappe holte. Ich beobachtete sie. Wenn sie ein Blatt hochnahm, fiel der Schatten ihres Kopfes auf die Sonnenbahn auf dem Fußboden, eigenartig verzogen. Auch sah ich, wie Tausende von Staubteilchen in der Sonne flimmerten. Eine Weile vergaß ich mein Leiden. Plötzlich flammten die Schmerzen mit aller Gewalt wieder auf. Ich warf mich im Bett umher, mir wurde heiß und ich begann zu schwitzen, als wenn ich Fieber hätte. »Mutter, Muttel, komm doch«, schrie und wimmerte ich vor mich hin. »Sie kommt ja bald nach Hause, es ist bald Mittag«, kam's beruhigend vom Fenster her. »Nein, jetzt soll sie kommen«, schrie ich und bäumte mich hoch. Die Wärmflasche fiel aus dem Bett. In meinem Leib stach und krampfte es. »Hol sie doch her, ich halt es nicht mehr aus!« »Was soll sie denn machen?«, fragte meine Schwester. »Ach, wenn sie da ist, wird es gut«, jammerte ich. »Bitte, bitte, hol sie doch!« Meine Schwester stand auf, trat an mein Bett und betrachtete mich. »Was ist bloß los mir dir«, schüttelte sie den Kopf. Dann ging sie aus der Tür und die Treppe hinunter. Kurz darauf knarrte die Hintertür und der Schlüssel drehte sich im Schloss.

Ich war alleine. Ich legte mich auf den Rücken und presste die Decke gegen den Bauch. Mutter würde mir helfen, immer hatte sie geholfen. Sie setzte sich an mein Bett und hatte ihre Hände auf meine fieberheiße Brust gelegt, wenn die Bronchitis mich quälte. Dann begann mein Atem ruhiger zu werden. Aber dies hier, das war keine Bronchitis, was war das bloß? Kein Schmerz hatte mich bisher so gequält. Selbst die Eiterbeulen am Rücken und an den Beinen, die im Sommer plötzlich und ohne ersichtlichen Grund aufgebrochen waren, hatten nur weh getan, bis sie reif waren, dann hatte die Spannung nachgelassen und der Eiter war geflossen. Mutter hatte vorsichtig getupft und die schwarze Salbe auf die Buckel aufgetragen. Keiner sonst durfte mich behandeln. Wie sie es machte, hatte ich bei Vater gesehen, als er diese entsetzlichen Beulen am Hals bekam. Geduldig und sanft hatte sie den Eiter aus den großen Löchern herausgedrückt.

Diese Schmerzen, wenn sie doch bloß aufhörten! Schweiß stand mir auf der Stirn. Da fiel mir ein: »Ob das mit dem Kinderkriegen zu tun hat?« Im Sommer, an einem Abend, als wir schlafen gehen wollten, hatte ich es auf einmal wieder gemerkt, Blut war im Schlüpfer gewesen. »Mutter, ich hab's wieder.« »Was hast du wieder?« Prüfend hatte sie mich angesehen. »Na, du weißt schon«, meinte ich verschämt. Es fiel mir schwer, darüber zu sprechen. »Ja, so ist das«, meinte sie, und »ich werde dir paar Binden nähen. Die legst du dann ein, wenn du es merkst. Bist ja noch jung, so schlimm wird's schon nicht werden. Wir Frauen kriegen halt die Kinder und deshalb blutet es.« Damit war der Fall erledigt. Ich war schon froh, dass ich nichts mehr zu sagen brauchte und sie mich verstand. Aber ich merkte auch, dass es ihr peinlich war, darüber zu sprechen. Meine Schwester zu fragen, traute ich mich nicht. Dass es mit dem Kinderkriegen zu tun hatte, wusste ich sowieso schon. Kinderkriegen wollte ich nicht, auf gar keinen Fall. Vielleicht gab es einmal welche, die keine Eltern hatten, wegen dem Krieg oder sonst wie. Vielleicht würde ich welche kaufen. Kinder brauchten schon Eltern, gute. Wenn das doch bloß aufhörte! Kam sie denn immer noch nicht?

Da plötzlich ging unten die Tür. Ich erkannte sie am Schritt. Etwas schwer, aber doch schnell kam sie die Treppe herauf und öffnete die Tür. Ihre großen, grauen Augen sahen mich prüfend an. Sie hatte über dem Rock die blaugestreifte Schürze gebunden. Ein verwaschenes Kopftuch war fest um die Haare geschlungen. Sie knöpfte die dicke, braune Strickjacke auf, zog sie aus und setzte sich auf den Bettrand. »Musst du denn nach mir schreien wie ein kleines Kind«, ihre Stimme klang ärgerlich. »Es tut so weh!« Da schob sie die Bettdecke ein wenig weg und legte ihre Hände auf meinen Bauch. Sie saß ganz still. Ihr Ärger war aus ihrem Gesicht verflogen. Aufmerksam sah sie mich an. Es passierte nichts, ihre Hände lagen ruhig und ohne Bewegung auf meiner Haut, sie fühlten sich ein bissel kalt und rau an, bis sie ganz warm wurden. Aber ich hatte mich danach gesehnt, die Spannung ließ nach, die Schmerzen, immer noch stark, waren doch nicht mehr so stechend. Es war eine Ruhe in der Stube, am Fenster summten ein paar Fliegen. Ein wohliges Gefühl machte sich in meinem Körper breit, ich empfand so ein behagliches Gefühl des Eins-Seins. Sie saß da, schaute mich an und ließ ihre Hände einfach liegen. Lange Zeit. Es war, als wenn sich alles wieder an seinen richtigen Platz rückte und schließlich ließen die Schmerzen ganz nach. Fast wäre ich eingeschlafen. »Es ist gut, wenn du da bist.« Sie lächelte. »Ja, aber Kartoffeln brauchen wir auch.« Sie stand auf und ging zur Tür. Ich fühlte mich fast wie neugeboren.

Lärm

Die Frauen wollten eigentlich das schöne Wetter nutzen, die letzten Früchte aus dem Garten bergen und ihn winterfest machen. Tante Liesel hatte schon Korb, Rechen und Spaten vor die Hintertür gestellt, als sie lauschend den Kopf hob. »Was war das für ein Lärm?« Sie horchte noch mal. Der Lärm kam von nebenan, aus dem großen Garten, in dem das Direktorenhaus der Fabrik stand. Sehen konnte sie nichts, denn der Bretterzaun war hoch, von beiden Seiten mit Sträuchern und Obstbäumen bestanden. Sie kam in die Küche und rief: »Kummt ok amal raus und hört euch das an, bei Christophs gehts um.« »Ja«, sagte Mutter, »das sind Polen, heute morgen sah ich sie auf Pferden das Dorf rauf galoppieren. Und vorhin sind se wieder runter!« Wir liefen zur Hintertür und hörten den Krach. Schreien, deutsche und polnische Worte, so was wie Holzkrachen, Fensterklirren, Türenschlagen, Kinderweinen, uns schien es wie Höllenspektakel. Schließlich auch Autokrach, Lastwagen. Ängstlich sahen wir uns an. »Nimmt das gar kein Ende?« Die arme Frau Christoph, ihr blieb aber auch nichts erspart. Die Russen verschleppten ihren Mann, der als technischer Direktor die Firma Webski geleitet hatte, und sie saß nun schon lange wie eine Gefangene in dem Haus samt ihren Kindern. Es stand für uns fest: »Jetzt schmeißen sie sie auch noch aus dem Haus!«

Tante Liesel räumte das Gartengerät wieder in den Schuppen, verschloss die Hintertür und eilig sahen wir nach, ob auch die Haustür verschlossen war. Mit klopfenden Herzen saßen wir in der Küche, gingen ins Wohnzimmer und beobachteten voller Angst die Straße, ob wir etwas sehen konnten. Die Straße lag wie ausgestorben. Gegen Mittag fuhren zwei schwere Lastautos, Militärfahrzeuge, das Dorf hinauf. Mehr war nicht zu sehen, dann war es nebenan still. Spät abends allerdings klang wie jeden Abend das Singen und Grölen von der »Eule« zu uns herüber und es schien, als sei es auch nebenan im Haus wieder laut. Am nächsten Tag wurden wir gewahr: In das Haus war polnische Miliz eingezogen. Ein ganzer Trupp der braunen Soldaten oder Polizisten mit Pferden, PKWs und Lastautos, also die »polnische Besatzung«.

Wo waren Christophs hin? Die Kirche war der Ort, wo sich Verlorenes wiederfand und die verängstigten Menschen neuen Mut bekamen. Wir hörten, sie wohnten nun in einem Haus in der Nähe der Fabrik, oben in Zedlitzheide. Frau Christoph hatte um ihr Hab und Gut gekämpft. Schließlich hatten sie ihr einen Teil zugestanden, alles auf ein Lastauto geladen und sie zu diesem von den Russen leergeplünderten Haus gefahren. Da sie so mutig war, hatten die Polen ihr zu verstehen gegeben, dass sie auf sie aufpassen würden und dass »Nazischweine« nichts mehr zu sagen hätten. Sie wurde von Stund an mit ihren zwei Kindern beobachtet. Kam sie mit Taschen nach Hause, musste sie sie vor den polnischen Posten öffnen, die um ihr Zuhause patrouillierten. Haussuchungen machten sie zu den verschiedensten Tages- und Nachtzeiten. Aber sie ließ sich nicht beirren, sie ging ihren täglichen Verrichtungen nach und richtete für ihre Familie, so gut es ging, in den ihr zugewiesenen zwei Zimmern ein neues Zuhause ein. Sie half nach wie vor andern, denen es ähnlich ging, kam zur Kirche und sprach den Menschen Mut zu. Sie setzte sich ein, wo sie nur konnte, und fürchtete sich nicht vor den polnischen Aufpassern. Dieses Durchhalten wurde belohnt, als im Winter plötzlich und schon fast nicht mehr erwartet, ihr Mann von den Russen entlassen wurde. Krank und elend zwar, aber er war wieder bei seiner Familie. Er hat dann den Polen helfen müssen, die Weberei wieder in Gang zu bringen.

Mehr und mehr gingen die Polen dazu über, die deutschen Angestellten und Arbeiter durch polnische Leute zu ersetzen. Die Deutschen mussten die Polen anlernen, und wenn der polnische Arbeiter eingearbeitet war, wurden der Deutsche oder die Deutsche entlassen. Wir begannen zu begreifen, dass wir nicht mehr erwünscht waren, aber wohin sie uns haben wollten, war uns auch nicht klar. Diese

Ungewissheit wurde zur Qual. Wir hatten immer noch gehofft, es wäre alles ein böser Traum mit der Vertreibung, und vorstellen konnten wir es uns sowieso nicht.

Kariert

An einem frühen Nachmittag kam ich von einem meiner heimlichen Streifzüge zurück. Auf Schleichwegen war ich runtergekommen vom Oberdorf. Am Bach entlang auf dem schmalen Weg gingen nur wenige Leute, schon gar keine Fremden. Mit lauerndem Blick war ich die letzten Meter des Weges zur Brücke über die Hauptstraße gegangen, überquerte diese, warf noch linker Hand einen Blick in das rauschende Wasser, denn an dieser Stelle, kurz bevor der Garten von Tante Liesels Haus begann, verengte sich das Bachbett, der Bach wurde schmal. Nervös flocht ich an meinen Zopfenden herum und sah dabei in den Garten und zum Haus hin. Wie angewurzelt blieb ich aber dann am Zaun stehen. Die Haustür stand offen, beide Teile der Haustür, das war ungewöhnlich. Wir hatten sie doch immer fest verschlossen? Da, was war das? Ich konnte die ganzen Menschen nicht richtig sehen, weil die Straße höher lag als das Haus, schwarze Reitstiefel, gelbe Reiterhosen, noch mal solche und dann Mutters Rock, mit blauer Schürze vor der Wohnstubentür. Sie blieben im Hausflur stehen. Das waren schwarze Polenstiefel, die in dem flach in den Hausflur fallenden Sonnenschein glänzten. Die Männer waren also polnische Soldaten. Mein Herz klopfte. Wie magisch angezogen von dem, was wohl da im Haus passierte, ging ich langsam durch das Gartentürchen. Ich brauchte es nicht aufzuklinken, beide Hälften standen offen. Mutter redete auf die Soldaten ein. Durch das Fenster sah ich meine Schwester, die in der Wohnstube stand, und in der Küchentür Tante Liesel. Drei Soldaten, die polnisch auf die Frauen einredeten. Sie hatten allerlei Zeug im Arm, Kochtöpfe, Sofakissen und die karierte Wolldecke vom Sofa. Von mir nahmen sie keine Notiz. Eben wandten sie sich zur Treppe und gingen hinauf. Oben polterten sie durch die Kammern. Mutter ging hinter ihnen her und ich hörte sie oben reden, in halb bittendem Ton, aber doch sehr energisch. Mein Blut rauschte in den Ohren, verstehen konnte ich nichts. Ich schlüpfte schnell in die Wohnstube. Meine Schwester bückte sich nach Sachen, die aus den Schränken und Schubladen herausgerissen worden waren. »Sie haben geplündert?« Eigentlich erübrigte sich das, meine Schwester nahm sowieso keine Notiz von mir. Schließlich polterten die Soldaten die Treppe wieder herunter, die Arme voller Sachen. Mutter hinter ihnen her, zum Haus hinaus und die Straße entlang, Richtung Niederdorf. »Warum geht sie mit?«, rief ich entsetzt. Der eine hatte mich angelacht und an meinem Zopf gezogen. Dass mir die Jungen an den Zöpfen zogen, war ich gewohnt, aber dieser Kerl, wie meinte er es?

Tante Liesel, immer noch schreckbleich im Türrahmen, sagte: »Sie haben meine Kochtöpfe mitgenommen, Schüsseln, Sofakissen und Decken.« Dann haben sie die Gustel gefragt: »Du Kuh melken? Du mitkommen!« »Wohin mitkommen?« Tante Liesel zuckte die Achseln. »Wahrscheinlich in die Villa«, dabei nickte sie mit dem

Kopf in Richtung des Hauses von Christophs. Dann ging sie zur Haustür, schloss sie und verriegelte sie. Wieder mal ein Haus aufräumen. Oben sah es genauso durchwühlt aus wie unten. Die Betten auseinandergerissen, die Kommoden standen offen, alle Sachen herausgezerrt. In der einen Kammer hatten noch Koffer von einer Berliner Familie gestanden, die sie irgendwann einmal holen wollten, »wenn der Krieg zu Ende ist«. Sie waren aufgerissen, von den sauber gefalteten Sachen war auch vieles mitgegangen.

Schließlich saßen wir wieder in der Küche und warteten auf die Eltern. Vater war auch unterwegs und Mutter immer noch nicht zurück. Kuhmelken. Hatten die da drüben jetzt Kühe, was wollten sie denn damit? Endlich kam Mutter durch die Hintertür wieder rein. Wir bestürmten sie mit Fragen. »Ja«, sagte sie, »da drüben sind polnische Soldaten einquartiert. Ich musste helfen, die Möbel zu rücken und in der Küche sollte ich das ganze geklaute Geschirr waschen und in den Schrank räumen. Dann haben sie mir die Kuh gezeigt, sie steht in der Wagenremise. Wo sie die wohl geklaut haben?« Sie schüttelte den Kopf. »Die werden wohl lange bleiben.« »Morgen soll ich wiederkommen, ganz zeitig. Kuh melken, kochen, waschen.« Wir sahen uns an. »Machstes?«, fragten meine Schwester und ich wie aus einem Munde. Wir schauten sie ungläubig an. Mutter als Waschfrau bei polnischen Soldaten? Sie sah auf ihre Hände und dann tapfer in unsere Augen. »Wir haben nichts zu essen«, sagte sie sehr langsam, und »sie haben gesagt, ich könnte so viel essen, wie ich wollte. Ich denke, meine Schürze ist groß und die Strickjacke auch, dann gibt's abends was.« Wir nickten. Auch Vater, der die ganze Zeit mit gesenktem Kopf dagesessen hatte.

Tatsächlich brachte sie in den nächsten Tagen immer etwas mit. Heimlich ein bissel Butter, eine Tüte Mehl, ein paar Kartoffeln, alles versteckt unterm Arm in der Strickjacke. Sie bekam auch schnell heraus, wann sie abends einigermaßen ungesehen durch den Garten und zur Hintertür hinaus verschwinden konnte. Natürlich passten die Polen auf, aber sie merkten nichts. Auf dem Weg waren es ja nur paar Schritte bis zu unserer Hintertür.

Mit der Zeit entwickelte sie eine richtige Technik, Sachen bei sich versteckt zu transportieren. So kamen auch fast alle der von den Polen gestohlenen Sachen, die wir selber so nötig brauchten, zurück ins Haus, die Kochtöpfe, die Sofakissen und sogar die schöne warme, karierte Wolldecke und anderes. »Mutter stiehlt wie ein Rabe«, sagte ich abends im Bett zu meiner Schwester. »So was darfst du nicht sagen. Die Sachen gehören doch uns, warum soll sie sie nicht wieder mitnehmen. Sie kommen und holen sich alles, was sie brauchen, und fragen uns auch nicht. Weißt du, wie sie's macht?« »Nein«. »Sie legt die Sachen beiseite, als wollte sie sie waschen. Dann lässt sie sie einen Tag oder zwei dort in der Küche und dann nimmt sie sie mit. Meistens wissen die gar nicht, was sie alles haben.« Wir lachten.

Chlep – Brot

Ich glaube, es ist ein Sonntag gewesen. Die Mütter waren in der Küche und wollten Mittagessen kochen. Wie sie das immer fertig brachten, ist ein Rätsel geblieben. Satt sind wir jedenfalls nicht mehr geworden. Tante Martha konnte uns und durfte uns nicht mehr unterstützen. Vaters Satz »So kann es nicht mehr weitergehen!«, war der Ausspruch eines zwar entschlossenen Mannes, etwas zu tun, aber wie, das zeigte sich nicht. Jedenfalls an diesem dunklen Herbsttag geschah etwas Merkwürdiges. Rosel und ich saßen im Wohnzimmer, als wir Lärm auf der Straße hörten. Lärm wie von vielen Menschen, die im Gleichschritt marschieren. Wir kannten ja den Ton. Vorsichtig traten wir hinter die Gardinen und schauten hinaus. »Mutter, Vater, kommt schnell gucken!« riefen wir in die Küche. Ein ganzes Bataillon polnischer Milizsoldaten in ihren Uniformen marschierte die Straße herauf. Vorne einige mit den polnischen Fahnen und alle in Reih und Glied im gleichen Schritt hinterher. Aber sie marschierten nicht nur, sondern sie riefen etwas. In immer gleichen Abständen das gleiche Wort, laut und vernehmlich, trotzig klang das. Wir mussten genau hinhören, bis Vater, der ein bissel Polnisch verstand, sagte und dabei staunend lachte: »Sie rufen ›Chlep‹, das heißt ›Brot‹!« Ungläubig sahen wir ihn an. Die Polen rufen »Brot«? Haben sie denn keines? Wer sollte denn welches haben, wenn nicht sie? Wir hörten noch mal hin. Da verstanden wir es ganz deutlich. »Chlep —— Chlep —— Chlep ——« klang es monoton. Mit ernsten Gesichtern marschierten sie an uns vorbei. Am Schluss tänzelten ein paar Reiter hinterher. Wo marschierten sie hin und wem wollten sie beibringen, dass sie auch kein »Brot« hatten? Sie hatten doch den Krieg gewonnen? Nun verstanden wir gar nichts mehr. Die Leute erzählten später, sie hätten vor der »Gemeinde« große Reden gehalten, von denen niemand etwas verstand. Wir begriffen nur, gut konnte es ihnen auch nicht gehen. Vater meinte und alle stimmten ihm zu: »Ist doch klar, wir haben jetzt ›polnische Wirtschaft‹!«

Überlegungen

Der Winter stand vor der Tür. Kam zu allem Elend nun auch noch der Hunger? Nichts zu essen haben bedeutete, noch weniger oder nichts auf den Tisch stellen zu können. Vater saß herum, konnte nichts verdienen, meine Schwester, konnte ebenfalls nichts verdienen. Mutter brachte zwar immer etwas mit von der Miliz. Alle staunten über ihren Mut. Wir saßen dann am Tisch, und das wenige wurde geteilt. Wir Kinder machten uns den traurigen Spaß zu überlegen, ob es morgen noch weniger sein würde. Der traurige Scherz aus dem Kriege wurde wieder erzählt: »Du musst einen Eimer Wasser trinken, dann hast du so viel Kalorien, wie du für einen Tag brauchst!« In all der Angst und Not versuchten wir Deutschen zusammenzuhalten. Wir gingen am Sonntag zum Gottesdienst, der Pastor redete mit der polnischen Behörde, um das Leben der Deutschen einigermaßen erträglich zu gestalten. Das Vereinsleben wurde gepflegt, so gut es ging und es erlaubt war. Das stärkte uns. Zwar liefen dadurch alle Schreckensmeldungen schneller zwischen uns hin und her, aber auch manches Gute wurde weitergesagt.

Eines Abends, als wir alle noch um den Tisch saßen, kam meine Schwester vom Üben im Kirchenchor zurück, stürmte in die Küche und rief: »Ich habe eine gute Nachricht!« Erstaunt sahen wir sie an. Sie zog die Strickjacke aus und setzte sich. »Also, die Tochter Rosemarie vom Pastor Schmidt-Casdorff hat mir gesagt, dass sie bei Heineganz in der Stoffdruckerei jemanden suchen, der die Druckrahmen ausbessert. Sie meinte, das wäre doch was für mich. Morgen gehe ich hin und frage, ob es stimmt!« Ungläubig sahen wir sie an. »Kannst du das denn?«, staunte ich sie wieder einmal an. Ihr Gesicht hatte einen frischen Ausdruck bekommen, die Bäckchen waren vom Redeeifer gerötet. »Klar, Blumenmuster ausbessern und neue entwerfen. Sie werden mir schon zeigen, wie es geht.« Sie reckte sich. Das blaukarierte Kleid mit dem schwingenden Faltenrock stand ihr wirklich gut. Sie würde das schon machen.

Tante Martha war auch gekommen, sie hatte es gerade noch mitbekommen. »Der Heineganz, kannste mal sehn, der alte Fuchs! Immer is er durchgekumma. Jitze fängt er wieder oan. Nu joa, Madel machstes halt, zum Schoaden werds nich sein«, seufzend ließ sie sich nieder. Wir schwiegen eine Weile. »Und wie is es jetze bei euch?« »Sie honn mer die Schlissel vom Gewelbe abgenumma und uffn Boden dürfa mir ooch nich mehr. Doas pulsche Frauenzimmer zahlt ins beim Friesticke die Brutschnieta für. Dazune a Klecks Putter und a Tippla Sirup. Beim Mittigassa is ooch asu. Sie bestimmt, woas ich kocha sull. Es tut mer leid, ober ich koan euch ooch nimmer halfa.«

Sie saß da zusammengesunken, die Hände hatte sie auf dem Tisch gefaltet. Das vom Wind und Sonne gegerbte, braune Gesicht erschien klein und verschrumpelt. Die Haare lagen noch fester um die Kopf, sie war grau geworden! Alle schwiegen, sahen sie an. Tränen rollten aus ihren Augen, dabei sah sie fest auf den Tisch. Ich suchte Mutters Gesicht ab, ob sie auch so verzweifelt aussah. Gut sah sie auch nicht aus. Aber immerhin spannte sich ihr braunes Haar nicht so fest um den Kopf und unter dem Haar an den Seiten blitzten die Ohrringe. »Ja, der Winter steht vor der Tür. Sonst haben wir längst die Winterkartoffeln im Keller.« Tiefes Schweigen. In der Lampe über dem Tisch flackerte das Licht in der Birne, wie so oft an den nun wieder lang gewordenen Abenden. Manchmal gab es gar kein Licht. Dann saßen wir bei irgendeinem Kerzenstummel. Oder wir setzten die Karbidlampe auf den Tisch. Aber lange brennen durfte sie auch nicht, denn wer weiß, wie oft wir sie noch brauchen würden. Der Winter kam ja erst. »Wenn ich doch arbeiten könnte, wir können doch nicht immer drauf warten, dass die Gustel was nach Hause bringt«, meinte Vater. »Aber eigentlich, wenn sie die Fabrik wieder ans Laufen bringen wollen, sollte man meinen, das Leben würde sich normalisieren. Vielleicht könnte man dann richtige Arbeit finden, Geld verdienen und irgendwann würde es wieder was zu kaufen geben. Die Polen können ja auch nicht ewig vom Klauen leben. Man müsste sich umtun. Ich gehe morgen ins Dorf und hör mich um. Ich habe gesehen, dass bei Thiel am Stoffladen ein Schild hängt ›Krawiec‹. Da werd ich mal fragen, ob er einen Schneider brauchen kann.« Ich fragte: »Vater, was heißt Krawiec?« »Na, Schneider«, alle lachten. »So, du bist ein ›Krawiec‹.« Eberhard, der schon geschlafen hatte und aufgewacht war, saß bei Tante Liesel auf dem Schoß. »Polnisch lern ich nie«, rief er und »in die Schule gehe ich auch nicht.« Wir lachten noch mehr. »Ja, vielleicht müssen wir Polen werden, da ist Vater gut dran mit seinen polnischen Sprachkenntnissen.« Das Wort »Sprachkenntnisse« zog meine Schwester lang durch die Zähne. Wir lachten wieder. Ich fragte: »Vater, wie war der Witz vom ›Niemiec‹?« »Ach lass mich in Ruhe«, dann bekamen seine Augen doch die Lachfalten wieder und er sagte und machte dabei ein verbissenes Gesicht: »In Neiße, wo ich gedient habe, hatten wir auch ein paar Polen dabei, zu denen haben wir immer gesagt, um sie zu ärgern, ›nie rozumiem da ich Niemiec po polsku nicht sprechen kann‹!« Das Lachen am Tisch war jetzt etwas gedämpfter. Polnisch sprechen lernen und dann hier als Polin leben, ging es mir durch den Kopf. Ich stöhnte laut auf. Jetzt lachten sie wieder mal über mich. »Was denkste?«, fragte die Rosel. »Och – Vater was heißt ›nie-ro-zu-miem‹?« Ich brach mir fast dabei die Zunge. »Das heißt: ›Ich verstehe nicht‹ und Niemiec heißt: ›Deutscher‹.« »Da hast du's, Vater ist sprachbegabt«, rief meine Schwester. »Er hat ja auch immer zu dir gesagt, als du in der Schule mit dem Englisch angefangen hast ...«, ich unterbrach sie, »sleep you very well in your little bedgestell.« Jetzt wollte Eberhard wissen, warum wir lachten und was der Satz bedeutet. Die Mütter hatten still da gesessen und sich angesehen. »Da kimmt mer en Gedanke«, sagte die Tante Martha langsam. »Wir missa amoal no Reichenbach gien. Die Ertels, die sein bestimmt noch nie so orm dran. Neulich hiert ich, doß sie noch keene Polen honn.« »Die Ertels«, das waren die Verwandten mit der Gärtnerei, die ich noch nicht kannte. Im Sommer gingen die Mädchen nach Reichenbach, weil da ja noch die Cousine war, in Trautels und Trudels Alter. »Das ist doch da, wo du in das Klo gefallen bist«, ringsum Gelächter, denn diese dumme Geschichte war rund gegangen. Meine Schwester sah mich ärgerlich an. »Das hat dir wohl Spaß gemacht.« »Natürlich, in Stöckelschuhen ins Kino gehen, die feinen Damen, und dann plumps, geht's Brett kaputt.« Mutter mahnte, »sei nicht so frech. Dir hätte das auch nicht gefall'n.«

»Wenn ich wüsste, wie ich hinkomme«, dachte die Tante Martha laut nach, »die possa ju uf jeda Schritt, den mer macha, uf.« Wir sahen uns an, wer könnte gehen? Schließlich machte Mutter einen Vorschlag.

»Der Weg ist weit bis 'nunter ins flache Land. 30 Kilometer glaub' ich. Früher bin ich den weiten Weg schon mal gegangen. Vater kann so weit nicht laufen. Trautel wird vielleicht arbeiten, dann geh' ich und nehm' die Dorchen mit.« Ich war in Gedanken noch beim Klounglück. Sie musste dann Sachen von der Cousine anziehen und eine ganze Parfümflasche hatten sie über ihr ausgegossen. Aber so ein bissel hatte sie trotzdem noch gerochen. Ich schreckte auf, als ich meinen Namen hörte. »Was soll ich?« »Du sollst mit mir nach Reichenbach gehen und die Ertels besuchen.« Ich war gleich Feuer und Flamme. »Es ist aber sehr weit und wir müssen vorsichtig sein. Denn eigentlich ist es verboten, das Dorf zu verlassen. Wir werden Rucksäcke mitnehmen. Wenn sie uns was geben, vielleicht Körner, dann trägt sich's besser als Taschen.« »Jo, vielleicht hon se och Kartuffeln«, meinte Tante Martha. »Ihr könnt jo och bei Lehmanns in Steinseifersdorf Rast macha. Und uf rückzu schlofa? In em Toage werd ehrs nich schoffa.« Lehmanns, das waren auch wieder irgendwelche Verwandte, die wir in Breslau in Zimpel besuchten, dort hatten sie ein Haus. In Steinseifersdorf wohnten ihre Eltern. Irgendwie war das so, ich hatte mich nicht drum gekümmert.

Besuche machen war für mich immer ein Gräuel. Die Leute guckten einen dann so an und sagten: »Es Mädel is groß geworden, wie die Zeit vergeht.« Dann musste ich brav mit fest geflochtenen Zöpfen und weißen Strümpfen am Tisch sitzen, bis wir wieder nach Hause gingen. Schön war es, wenn die Leute einen Garten hatten. Am schönsten waren Schrebergartenfeste. Da war ich gern eingeladen. Also zu Lehmanns und zu Ertels sollte ich mitgehen. »Wann?«, rief ich. »Was wann?«, die Großen waren schon wieder bei einem andern Thema. »Ach so«, sagte Mutter, »die Woche noch werden wir uns auf die Beine machen.«

Alle standen auf, und Vater öffnete leise die Hintertür und ging voran zum Gartentor. Er kam zurück. »Ist alles still, wir können gehen«. Er brachte die Tante Martha bis nach Hause zum Hof.

Mehl und Körner

»Komm, steh auf! Wir müssen über alle Berge sein, wenn es hell wird!« Mutter rüttelte mich wach. Verstört sprang ich aus dem Bett. »Ja, ja, ich komm ja schon!« Verschlafen rieb ich mir die Augen. Mutter hatte schon meine Sachen bereit gelegt und rumorte in der Küche rum. Das bisschen Frühstück würgte ich aufgeregt hinunter. Tante Liesel saß auch am Tisch mit sorgenvoller Miene. »Wollt ihr wirklich gehen?« Sie seufzte. »Wenn ihr nur schon wieder hier wärt!« Vater kam in Unterhemd und Hose zur Tür herein. »Beeilt euch, wenn es im Dorf laut wird, solltet ihr schon oben auf der Landstraße sein. Sie sollten euch nicht sehen, wenn ihr aus dem Dorf raus geht.« Ich wusste, Vater hatte recht. Die Uhr zeigte kurz vor sechs Uhr früh. »Die Mäntel«, sagte Mutter, »draußen ist es schon ziemlich kalt. So und jetzt die Rucksäcke auf.« Brav und mechanisch folgte ich ihren Anweisungen. Schließlich waren die andern auch alle wach und standen um uns herum. »Und passt auf, wenn ihr was Verdächtiges seht, verschwindet von der Straße in den Wald und versteckt euch. Macht die weißen Armbinden ab und steckt sie in die Tasche. Besser, sie erkennen euch nicht schon von weitem als Deutsche.« »Ja, ja, du kannst dich drauf verlassen, wir machen alles, wie wir es besprochen haben.« Mutter sah Vater an, dabei verschwand die kleine Tasche mit Ausweis und was wir so brauchten unter ihrem Kleiderausschnitt. Sie knöpfte den Mantel zu und sagte: »Komm, wir gehen.« »Gott befohlen«, Vaters Stimme zitterte und die anderen murmelten irgendetwas Unverständliches. Da öffnete sich die Schlafstubentür. Eberhard, auf nackten Füßen, rieb sich die Augen. »Bringt ihr mir was mit?« »Ja, du Hosenmatz, wir bringen dir was mit«, lächelte Mutter. Der hat's gut, dachte ich, während wir zur Hintertür durch den Flur gingen. Vater, wie immer voran. »Kommt«, er öffnete das Gartentor, die anderen blieben in der Tür stehen und winkten. Mutter fasste mich an der Hand. Wir nickten Vater zu, dann waren wir schon mit dem nächsten Schritt hinter der Hecke des Nachbarhauses verschwunden.

Es war dunkel und still, nur in den Ställen lärmte das Vieh und die Hähne krähten. War es Sonnabend oder Sonntag? Morgen würden wir wieder zu Hause sein. Mein Herz klopfte. Gewandert war ich schon viel, aber eigentlich nur immer zum Spaß und weil es schön war, in der Natur zu gehen, auszuschreiten, einen Berg hinauf, ja auch dort zu sitzen, etwas zu essen und zu trinken und dann müde nach Haus zu kommen, mit so einem Brennen in den Beinen, und der Körper roch dann so schön nach Wald.

Hier, das war etwas ganz anderes. Niemand durfte sehen, wo wir hingingen, denn es war verboten, das Dorf zu verlassen; es war verboten für uns Deutsche, bei Dunkelheit die Häuser zu verlassen. Wer es tat, war Freiwild, das man einfach abschießen konnte. Mutter sah sich immer wieder um. Aber es blieb still, niemand begegnete uns. Wir waren schon am Feldweg. Bei Fischers auf dem Hof regte sich schon Leben und im Haus und Stall brannte Licht. Wir sprachen nicht. So schnell wir konnten, hasteten wir den Feldweg hinauf bis zur weißen Scheune, wandten uns nach links, sahen unverwandt zu den Häusern in Wilhelmstal, aber auch dort blieb es still. Über die Straße weg zum Feldweg, der oberhalb von der Wilhelmstaler Straße den Berg hinaufging, rechts sah ich zum Nitschkaberg. Wir waren unbemerkt aus dem Dorf gekommen. Der Himmel war schon grau geworden. Die Luft war kühl, der Mischwald rauschte mit seinen trockenen Blättern rechts von uns im leisen Morgenwind, ein paar Vögel tschilpten darin herum. Die Felder lagen da, abgeerntet und zum Teil ordentlich umgegraben, andere noch wüst von der Kartoffelernte, ebenso die Rübenfelder, die noch nicht ganz abgeerntet waren. Mitte Oktober, über allem lag schon schwacher Reif. »Bald wird es Frost geben«, Mutter seufzte. Der Weg wurde hier steiler, schließlich verschwanden wir im dunklen Tannenwald, der zur Hohen Eule aufstieg. »Dieses Jahr waren wir nicht auf der Eule«, meinte ich. »Wer wird die Blaubeeren gepflückt haben?« »Nu, du weißt ja, sie haben immer in den Wäldern geschossen, wer hätte sich da hinauf gewagt.« »Aber wir gehen jetzt«, keuchte ich. Trotz aller Anstrengung fühlte ich mich mutig. Überhaupt, mit Mutter zu gehen, da gab es gar keine Bedenken. Wir würden hingehen und gucken, ob wir was kriegen konnten, und wir würden wieder nach Hause kommen.

»Mutter, sind die Ertels reich?« »Nu ja, wie mers nimmt, wer ne Gärtnerei besitzt, der is nich arm.« »Was bauen die denn an?« »Ich weiß auch nich, wahrscheinlich Blumen, Rosen und dann das ganze Gemüse, was wir in der Markthalle so zu kaufen kriegten.« Ich gab mich zufrieden.

Wir hatten gar nicht gemerkt, dass die Sonne aufgegangen war. Der Himmel strahlte klar und blau über den Baumwipfeln. Als wir aus dem Wald heraustraten, schien uns die Morgensonne geradewegs ins Gesicht. Wir blieben stehen. Vor uns lag die Straße, die sich den Berg hinunterschlängelte. »Die Kurve da unten, dann geht's wieder steil hinauf zu den ›Sieben Kurfürsten‹. In Steinseifersdorf machen wir Rast. Vielleicht geben sie uns bei Lehmanns ein Tippel Kaffee.« »Aber du hast doch Äpfel im Rucksack.« »Ja ja, komm her, wir teilen uns einen.« Sie schnallte den Rucksack ab. Immerhin, den ersten Aufstieg hatten wir hinter uns. Mutter holte einen Apfel raus und teilte ihn. »Lange sitzen können wir nicht«, aber sie ließ sich doch, geschützt vom Wald, am Wegrand nieder. Ich setzte mich neben sie. »Wir haben das größte Stück noch vor uns. Wirst sehen, die Landstraße unten im Land, die zieht sich.« Wir schwiegen, und der Saft des Apfels erfrischte uns. Die Bäume an der Straße entlang waren bunt und leuchteten in allen Gelb- und Rottönen, auch auf den Bergkuppen war ein einziges Farbenglühen. Die Felder hier waren zum Teil schon braun, aber es gab auch schon wieder grüne Felder, ganz sanft zeigte sich die Wintersaat. »Wer hat hier gesät?« »Ich weiß nicht, sicher Deutsche, die für die Polen arbeiten müssen!« »Komm weiter!« Mutter schnallte den Rucksack wieder auf. Sie sah sich nach allen Seiten um. Niemand zu sehen. »Na denn, in Gott's Namen.« Wir gingen zur Straße und schritten kräftig aus.

Manchmal kam uns ein Pferdewagen entgegen oder einer überholte uns. Dann schwiegen wir und starrten vor uns auf die Straße, als sähen wir die Leute nicht. Wir wussten ja auch nicht, ob es nun Polen oder Deutsche waren. Militär schien es hier oben nicht zu geben, jedenfalls begegnete uns keins. Schließlich waren wir an der Kurve, jetzt stieg die Straße wieder an und wurde immer steiler. »Die Sieben-Kurfürsten-Baude soll kaputt sein! Da wird auch kein Mensch mehr sein und dann in Kaschbach soll Typhus umgehen. Da werden wir auch schnell durchmarschieren.« »Mutter, hast du Angst?« »Nu ja, schon, aber wir haben bald nichts mehr zu essen. Was sollen wir machen. Sie werden uns schon nichts tun«, sagte sie mit fester Stimme. Ich sah sie von der Seite an, ihre Backen waren wieder so rot und die Augen lagen so tief in ihren Höhlen. Meine Schwester hatte mich abends vor dem Schlafengehen noch gemahnt: »Mach alles so, wie sie will und hilf ihr. Du weißt doch, sie hat immer Schmerzen.« »Das brauchst du mir gar nicht zu sagen, das weiß ich auch alleine«, aber das mit den Schmerzen, das hatte mich doch erschreckt. Zu Hause in Breslau hatte sie immer über diese komischen Bauchschmerzen geklagt, aber die Ärzte fanden nichts. Ich schwieg, wenn sie bloß nicht noch krank würde – unvorstellbar!

Wir keuchten die Straße hinauf, der Atem ging schnell und die Sonne brannte uns richtig auf den Kopf. Ich riss die Mütze runter, die mich bisher gewärmt hatte. Ein leiser Wind strich durch die Wälder, die trockenen Blätter rauschten, und viele trieb der Wind vor uns auf der Straße her. Wir sahen es, aber gleichzeitig hörten wir auch ein anderes Geräusch, das sehr ungewöhnlich war und von dem wir uns nicht erklären konnten, wie es zustande kam. »Klapp – – – Klapp – – – Klapp«, dann ein langgezogenes Quietschen, als ob jemand mutwillig eine Tür bewegt, die in den Angeln quietscht. Es machte uns Angst, immer wieder lauschten wir, aber sehen konnten wir nichts. »Irgendwo steht ein leeres Haus«, meinte Mutter schließlich.

Stumm schritten wir weiter. Ich wusste, ihr Herz schlägt genau so aufgeregt wie meins. Es ging auf Mittag zu, niemand war zu sehen. »Wir müssen sehen, dass wir schnell über die ›Sieben Kurfürsten‹ kommen, dann geht es wieder im Wald lang«, sie schritt fest und gleichmäßig aus. Ich schwitzte, und die Beine schmerzten.

Schließlich kamen wir um die letzte Kurve, in wenigen Schritten würden wir den Bergscheitel erreichen, der »die Sieben Kurfürsten« genannt wurde. Warum nannte man den Berg so? Ich musste Vater fragen, ich wusste es nicht genau. Irgendwie hatte es mit den Schlesischen Kriegen zu tun. Mutter fragen? Nee, ich schämte mich. Reinhard würde sagen: »Was, in Heimatkunde nicht aufgepasst?« Davor hatte ich immer Angst. Reinhard wusste gut Bescheid in Geschichte.

Da war wieder dieses Geräusch von klappernden Fensterläden und quietschenden Türen, jetzt nur lauter und deutlicher. Der freie Platz vor der Baude tauchte auf und ein Stück Giebel. Wir hatten es geschafft, wir waren oben. Langsam näherten wir uns dem Haus. Es war unheimlich still. Keine Menschenseele zu sehen oder zu hören. Aber jetzt war klar, woher das Geräusch kam. Wir blieben einen Augenblick vor der Baude stehen. Am hellen Tag gruselte es mir. Kein Fenster mehr an seinem Platz, die Rahmen hingen schief, das Glas fehlte. Die Holzteile des Dachfirstes hingen herab. Die grünen Holzläden fehlten zum Teil oder hingen traurig an einer Angel, quietschten und klapperten im Herbstwind. Die große Haustür war nur noch in Teilen vorhanden. Vor dem Haus lag Schutt, Schutt, Schutt. Nichts mehr erinnerte daran, dass hier noch im letzten Winter, sicher zwar gedämpftes, aber eben Leben war. Baudenleben, aus den Erzählungen meiner Geschwister kannte ich es. Hier war das schönste Skigebiet an den Hängen der »hohen Eule«, hier konnte man übernachten, einfach in Holzkojen auf Strohsäcken. Hier wurden nach dem Skifahren fröhliche Feste gefeiert. Herzhaftes Brot und einfache Mahlzeiten wurden gereicht, alles dem Geldbeutel der jungen Leute angepasst. Ich sah die strahlenden Augen meiner Schwester, wenn sie wiederkam und erzählte. »Wir waren auf der Baude, war das lustig. Der Zitherspieler war auch da. Wir haben gesungen und getanzt!« »Komm weiter, wir haben keine Zeit. So ist es eben nach dem Krieg. Alles wird zerschossen, zerstört. Aber man kann es ja auch wieder aufbauen«, tröstete mich Mutter. Sie sah es wohl meinem entsetzten Gesicht an, was in mir vorging. Im Weitergehen dachte ich noch darüber nach, dass ich eigentlich auch einmal hier oben hätte sein wollen. Neidisch bin ich immer gewesen, wenn die Geschwister im Winter zu Hause die Skier vorholten und instandsetzten. Wachsen, trocknen, wieder wachsen, eine richtige Kunst war das. Ich hatte zugeschaut und gedacht, wenn du groß bist, fährst du auch zum Skilaufen! Die Baude, dieses massige Haus, jetzt sah ich es. Trotz seiner Zerstörung strömte es Behaglichkeit aus. Die abgerundeten Giebel hatten so etwas Einladendes. Wie eine Glucke, die ihren Küken zuruft: »Kommt her, bei mir könnt ihr euch ausruhen«. Jetzt aber sah sie aus wie eine Frau, der man übel mitgespielt hatte, geschlagen, zerschlagen, mit wirren Haaren, vor Schmerz schreiend. Das Klappern und Quietschen begleitete uns noch eine Weile, bis wir im Tale die ersten Häuser von Friedersdorf liegen sahen. Aber was war das? Oben auf den Bergen waren die Felder einigermaßen bestellt, aber hier unten lag alles verwüstet da. Das Unkraut wucherte über die meisten Felder, zum Teil waren riesige Löcher in der Landschaft. »Ja, hier haben sie noch gekämpft, geschossen und sind gestorben«, langsam und leise kam es über Mutters Lippen. Ich wusste, sie dachte an Werner und Reinhard. Der spitze Schmerz durchfuhr mich wieder.

Trotzdem war ich froh, dass die Straße jetzt bergab lief. Das Gehen war leichter. »Wir werden aber doch die Abkürzung durchs Dorf nehmen, da sind wir schneller und vielleicht auch sicherer. Wir gehen gerade durch. Du bleibst nirgends stehen und schaust dich nicht um.« »Ja, ich versprech's dir.« Sie sprach von »Kaschbach«, das kleine Straßendorf, welches wir jetzt erreichten. Tante Martha sagte »Koaschbich«. Das Ortsschild an der Straße lag vor dem Pfahl auf der Straße. Maschinengewehrhagel hatte es zerlöchert. Aber man konnte noch lesen »Kaschbach Kreis ...«, dann waren nur noch schwarze Löcher zu sehen! »Komm, wir bleiben nicht stehen«, mahnte Mutter. Sie bog von der Landstraße ab in die schmale Dorfstraße. Es war nicht mehr zu erkennen, ob es eine Straße gewesen war oder nur ein Feldweg. Ich staunte, Mutter hatte doch von einem Dorf gesprochen. Na ja, das war's schon. Aber so klein? Die Häuser duckten sich nebeneinander am Weg entlang. Kleine Häuser, weiß gekalkt oder bunt bemalt, blau und rosa mit kleinen Fenstern. Mir schien, noch kleiner als die Fenster von Großvaters Haus. Aber dicke Mauern hatten sie, und wo noch vorhanden, zwei Haustüren. Eine nach außen und eine nach innen. »Warum Mutter?« »Ach weißt ja, die Winter sind sehr kalt hier oben.« Ja, die Häuser mit den kleinen Gärten vor und daneben huckelten sich zusammen. Es sah hübsch aus, hin und wieder waren auch noch eine Hausbank zu sehen und letzte Sonnenblumen. Ich machte die Augen schmal. Da sah man viel Licht und nur die großen Formen blieben. Alles Kleine fiel nicht mehr auf. Machte ich die Augen richtig weit auf, sah ich nur zerstörte Häuser. Hausrat war vor die Häuser geschleppt worden, alles zertreten und manches stank. Manche Häuser sahen noch ordentlich aus, aber da waren die Fensterläden geschlossen, davor ein Schild mit großen ungelenken Buchstaben: »Typhus.« Mutter zog mich an der Hand. »Komm, komm!« »Was ist das für eine Krankheit?«, ich hatte schon davon gehört. »Ansteckend, mit Fieber und Durchfall. Man wird ganz elend und dann fallen einem die Haare aus.« Mir grauste. Keine Menschenseele begegnete uns. Wir waren froh, als wir aus dem Dorf raus und wieder auf der Landstraße waren. »Wohnt hier keiner mehr?« Mutter zuckte mit den Schultern. »Weiß nicht, gesehen haben wir ja niemand und oben im Dorf sagen sie, die Kaschbacher habense verschleppt oder umgebracht. Vielleicht sind noch paar Kranke in den Häusern, an denen wir die Schilder gesehen haben. Die hoffen, dass die Russen und Polen nicht mehr reinkommen. Anstecken woll'n die sich auch nicht.«

Die Landstraße lief wieder durch den Wald, aber auf einmal wurde es lebhafter. So richtiger Dorflärm kam uns entgegen, während wir das Klappern der Fensterläden und Türenquietschen hinter uns ließen. Ein verlassenes Dorf, dachte ich, aber morgen würden wir wieder hier zurückgehen. ... Steinseifersdorf, jedenfalls die ersten Häuser tauchten auf. Ich hatte es gedankenverloren gar nicht bemerkt, aber

Mutter schritt aus, ohne rechts oder links zu gucken. Kinder liefen umher und polnische Laute drangen an unsere Ohren. Ich glaube, die weißen Armbinden ließen wir trotzdem in der Manteltasche.

Schon fast wieder am Dorfende angekommen, blieb Mutter vor einem Haus an der Straße stehen. »Hier wohnen Lehmanns. Mal sehen, ob sie noch da sind.« Sie zögerte ein bisschen, dann klopfte sie kurz entschlossen an die Haustür, die direkt ohne Vorgarten an die Dorfstraße grenzte. Nach einiger Zeit wurde vorsichtig von innen geöffnet. Ein kleiner Mann mit schütterem Haar stand im Spalt der Tür und schaute heraus. Er musterte uns, und dann: »Nee die Gustel! Wo kommt ihr denn her?« Er machte die Tür weiter auf und wir schlüpften hinein. Es war ziemlich dunkel im Flur. Draußen hatte ich schon gesehen, dass die Fenster geschlossen und die Gardinen zugezogen waren. »Na ja, so nahe an der Straße«, dachte ich, während er uns die Stubentür aufmachte. Wir waren in der Küche. Ein geräumiger Raum, wie überall bei uns. Der Kachelofen in der Ecke. Oben herum der Rahmen, an dem die Geschirrtücher und Socken zum Trocknen aufgehängt wurden. Der große, weißgescheuerte Tisch, drum herum die Bank, ein paar Stühle und das Kochschränkchen unter den Fenstern. »Setzt euch her, ihr seht ganz müde aus. Kommt ihr jetzt aus Wüstewaltersdorf?« Wir mussten erzählen, auch dass wir gleich weiter wollten und abends wiederkämen und hoffentlich bei ihnen schlafen könnten? »Ja, das könnt ihr«, die Tante war auch reingekommen. »Nee, nee, ihr seid aber mutig«, staunte sie uns an. »Ein Tippel Milch könnt ihr kriegen, aber sonst ist es bei uns auch knapp. Ja, die Ertels sein noch selbständig. Die geben euch bestimmt was mit.« Mutter holte unser Stückel Brot aus dem Rucksack. Mit dem Töpfchen Milch schmeckte es und stärkte uns. Anspruchsvoll waren wir schon lange nicht mehr.

»Habt ihr noch keine Polen?« »Wir haben das Haus voll bis oben hin mit Breslauern, unsere Leute aus Zimpel, die haben noch Verwandte mitgebracht. Dann sind in den oberen Kammern noch andere Leute, Pauern, ne Frau mit Kindern ausm Dorf sind zu uns gekommen. Es is sehr eng. Aber heute Abend mach ichs warm hier, dann könnt ihr auf den Bänken schlafen.« Wir nickten, noch waren wir nicht wieder hier. Das Schwerste hatten wir noch vor uns. »Aber die Polen sagen ja, alle Deutschen raus!« Sie stöhnten alle und schwiegen. Mutter stand auf. »Es ist schon über Mittag. Wir müssen uns beeilen.« Wir zogen uns an und gingen weiter. Nicht lange, hinter den Häusern, hörte plötzlich der Wald auf, die Wiesen und Felder waren plötzlich viel größer, noch etwas hügelig, aber in Richtung Reichenbach wurde die Welt flach wie ein Tisch und dehnte sich weit. Mutter lachte über mich und mein Staunen. »Weißt du nicht mehr? Wenn wir mit dem Zug nach Schweidnitz kommen, ist doch auch alles so flach!« »Ja, aber so plötzlich.« Sie lachte wieder. »Ja, stimmt, hier verändert sich die Landschaft ganz schnell von den Bergen hinein ins Flachland, aber es sieht nur so aus, weil wir laufen. Das hast du noch nicht erlebt.«

Die weite Landschaft machte uns Mut und wir schritten am Straßenrand ohne Verweilen aus. Steinkunzendorf war voller Russen. Damit hatten wir nicht gerechnet. Panjewagen mit den kleinen schwarzen Pferdchen bespannt, fuhren an uns vorbei, hinten drin russische Soldaten. Offiziere hoch zu Ross ritten an uns vorbei. Wir schauten nicht hin. Wir stierten unbewegt vor uns auf die Straße. Ich hatte meine Mütze tief in die Stirn gezogen, Mutter das Kopftuch ins Gesicht gezupft. Wir sahen ganz schön abenteuerlich aus, fast schon, wie die von der Reise verdreckten Polinnen, die ich bei uns ankommen sah. Steinkunzendorf lag hinter uns. Keiner hatte uns belästigt oder gefragt, wo wir hin wollten. Nun galt es noch, die lange, schnurgerade Straße entlang zu gehen, dann hatten wir es geschafft. Aber die Straße dehnte sich und dehnte sich, als wollte sie kein Ende nehmen. Hier war auch der Verkehr stärker. Kartoffel- und Rübenwagen und Militärautos fuhren ratternd an uns vorbei.

Die Oktobersonne hatte schon ihre Kraft verloren, als wir schließlich von der Landstraße abbogen und in die kleine, stille Vorstadtstraße einbogen und in das Haus unserer Verwandten eintraten. Ein schönes, großes Haus. Wir klopften an die Küchentür. »Joa«, rief es von drinnen. Mutter öffnete, wir traten ein. Eine stämmige Frau mit blauer Schürze stand am Kachelofen und rührte in einem dampfenden Topf. »Nee, nee, wo kummt ihr denn har?«, rief sie erstaunt. Sie ließ den Topf Topf sein, ging zum Tisch und schob zwei Stühle vor, auf die wir uns sofort fallen ließen. Mutter musste erst verschnaufen, denn das letzte Stück war uns schwergefallen. Auch ich merkte, wie mein Körper immer schwerer wurde. Ob ich noch mal vom Stuhl aufstehen konnte? Aber wir mussten bis heute Abend wieder in Steinseifersdorf sein. Ich hatte gar nicht mehr wahrgenommen, dass wir nun in dem Städtchen Reichenbach angekommen waren. Mechanisch hatte ich Fuß vor Fuß gesetzt.

Es duftete so gut von dem Ofen her. Fleischbrühe? Ob ich davon was bekam? Ich wünschte es mir. Während die Frauen redeten, schaute ich mich um. Eine Reihe Fenster auf der einen Seite und zwei auf der schmalen Seite machten die Küche hell. Auf den Fensterbänken Kakteen und Pelargonien. Katzen kamen gelaufen und sprangen auf das Sofa, auf dem ein Korb gewaschener Wäsche stand. Die Tante stand wieder auf, wischte mit dem Arm über den Tisch und brachte zwei Teller. »Ihr kommt gerade richtig, ich hatte so viel kleines Gemüse, das muss weg, da hab ich für morgen schon Suppe gekocht. Wollt ihr welche?« Und ob wir wollten. Mit der Kelle scheppte sie Suppe auf die Teller. Gierig sah ich ihr zu. Dann vergaß ich alles und löffelte. Eine Weile war es still, sie hatte sogar zwei Scheiben Brot dazu gelegt und jeder ein Töpfchen Buttermilch. Ich hatte gar nicht gemerkt, dass die Tür aufgegangen und ein großer stattlicher Mann hereingekommen war. Das also war der Onkel. Er begrüßte Mutter und staunte uns an. Mir legte er die große, verarbeitete Hand auf die Schulter und sagte: »Bist tapfer, Madel.« Und dann: »So, so, ihr wullt heute Abend noch heeme. Is das nich zu weit?« Aber Mutter ließ sich nicht davon abbringen, sofort den Rückweg anzutreten. Der Onkel schüttelte den Kopf. »No joa, wie ihr wullt.«

Die Tante war inzwischen hinausgegangen und kam mit unseren Rucksäcken wieder rein. »Wird euch doas nich a bissel schwer wern?« Wir trauten unsern

Ohren nicht. »Ihr könnt ooch mehr kriega, wenns do uba so schlecht is. Aber wie könnt ihrs hulln?« Mutter sagte: »Kartoffeln könnten wir schon brauchen. Vielleicht kommen wir noch mal, jetzt ist es mit den Körnern genug.« »Weizen is das, Mehl malen tun wir auch salber.« »Ihr müsst oa Woanla mitbringa.« »Mal sehn, es is ja alles so gefährlich. Aber Hungern is auch nischt.« »Joa, die Zeita sein schlimm. Mir sulln joa och fort. Aber die wissa schunt, wenn mir hier wegsein, dann is nischte mehr mit der Gärtnerei. Deshalb hoan wir wull och noch keen Polen.« »Wir werden gehen«, Mutter sah mich an. Endlich hatte ich meine Sprache wiedergefunden. »Habt ihr ein Klo?«, sie lachten gutmütig. »Geh nur auf den Hof, da siehste schon das Herzchen.« Schnell lief ich hinaus. Erst sah ich mich um. Ich war ja noch nicht hier gewesen und kannte alles nur aus Erzählungen. Das Klo, eigentlich waren es zwei Türen mit Herzchen, war an den Stall angebaut. Kühe interessierten mich nicht. Ich wollte nur die großen Glashäuser sehen und die weiten Rabatten, von denen sie immer gesprochen hatten. Es war alles so, wie ich es mir vorgestellt hatte, die Glashäuser, hinein traute ich mich nicht, und die langen Beete zogen sich hinter dem Haus und neben dem Haus entlang. Schön sauber alles, abgeerntet oder schon frisch bepflanzt. Viel Arbeit ... Ich öffnete die Tür zum »Herzenshäuschen«. So, hier also war meine Schwester »versunken«. Ein Schauer lief über meinen Rücken. Ganz vorsichtig trat ich auf die Holzplanke, aber sie schien fest zu sein. Als ich wieder zurück in die Küche kam, lachte die Tante mich an. »Na, haste das Häuschen besichtigt?« Sie hatten also wohl auch noch mal von der leidigen Geschichte gesprochen.

»Komm!«, sagte Mutter. Wir zogen uns an, dann hängte sie mir den Rucksack auf den Rücken. Ich hatte das Gefühl umzufallen. »Stemm dich«, rieten sie mir. »Wie viel ist das?«, meine Stimme klang kleinlaut. Getragen hatte ich schon viel, aber diese Körner legten sich in dem Rucksack wie eine Masse Blei auf meinen Rücken. Oben drauf legten sie noch ein bissel Papier, damit man nicht gleich sah, was im Rucksack war. Mutter schulterte ihren Rucksack ebenfalls. Sie beugte gleich den Rücken. »Ich glaub 20 Pfund sind das«, meinte die Tante. »Du hast nicht so viel drin«, beruhigte sie mich. Mutter sah die beiden an. »Danke euch, danke, wies mit Bezahlen is, wisst ihr ja.« »Is schon gutt. Wenns nötig ist, kummt ihr wieder har.« Die Türen öffneten und schlossen sich. Wir winkten zum Fenster, dann hatten wir wieder die Straße unter den Füßen. Der Himmel hatte sich bezogen. Der Herbstwind blies scharf über die Landstraße. Die Träger vom Rucksack schnitten mir in die Schultern und Arme. Ich sagte nichts, weil Mutter auch ein verbissenes Gesicht machte. Fast gleichzeitig schoben wir die Hände unter die Träger und marschierten schweigend los.

Wir ließen die letzten Häuser von Reichenbach hinter uns und schauten den Häusern von Steinkunzendorf entgegen. Aber über die lange, gerade Straße hin lagen sie noch im Dunst des Spätnachmittags, dahinter tauchte die dunkle Front der Berge auf. Sie sahen fast schwarz und bedrohlich aus, wie sie so unvermittelt und doch noch weit vor uns aufragten. Ich starrte immer wieder in ihre Richtung. »Dort müssen wir hin. Kaum zu glauben, dass es dort oben so schön ist. Wenn auch jetzt nicht mehr.« Ich saugte geradezu meinen Blick an der nebligen, dunstigen Masse fest, setzte Schritt vor Schritt und sah nicht mehr, was um mich herum stattfand. Mutter ging mit schweren Schritten und gebeugtem Rücken vor mir her.

Plötzlich wurde es laut auf der Straße, die eigentlich schon fast im Feierabendfrieden da lag. Eine ziemlich große Gruppe von Uniformierten kam uns entgegen marschiert, sie rannten fast die Straße entlang. Rechts und links begleiteten sie Soldaten auf Pferden. Sie kamen so schnell, wir wussten nicht wohin. Sie wichen uns auch nicht aus. Geradewegs kamen sie auf uns zu. Der Wind war eisig. Kurz bevor der erste Reiter peitscheschwingend bei uns angekommen war, ohne Anstalten zu machen auszuweichen, sprang Mutter in den Graben und duckte sich. Instinktiv tat ich das Gleiche. Das Reitergetrappel und marschierende Füße hasteten an uns vorbei. Als wir uns wieder aufrichteten, waren wir froh, dass uns nichts passiert war. Wir waren sicher, sie hätten keine Rücksicht auf uns genommen. Mutter strich mir übers Gesicht. Aber auch ihr Gesicht war jetzt von Angst und Schreck gezeichnet. »Wir bleiben jetzt hier im Graben. Bald ist es noch dunkler, da sieht uns niemand.« Ich ging hinter ihr her. Das Gehen war schwer in dem holprigen Straßengraben. Noch einmal galoppierte ein Trupp Russen, reichlich dekorierte Offiziere auf ihren Pferden, an uns vorbei. Sie hatten uns wohl nicht bemerkt. Der Wind wurde schneidend und als wir Steinkunzendorf hinter uns hatten und der Wald schon hoch vor uns auftauchte, begann es zu graupeln. Aber durch den Wind waren die kleinen Eiskörner zu spitzen Messern geworden, die uns ins Gesicht schnitten. Die Hände wurden klamm, wir kämpften mit schwerem Atem gegen den Wind an und kamen nur mühsam vorwärts. Ich hatte mit der Zeit überhaupt kein Gefühl mehr in mir. Mechanisch tappten wir weiter, Schritt vor Schritt.

Die Last auf dem Rücken wurde immer schwerer. Abwechselnd schob ich die Hände unter den Rucksack, um die Körner ein wenig von meinem Kreuz abzuhalten, oder ich schob sie unter die Schulterriemen, die mir durch den Mantel hindurch fast ins Fleisch schnitten. Mutter tat es ähnlich. Apathisch, ohne jede Regung, taumelten wir die Straße entlang, sahen und hörten nicht mehr, was um uns herum geschah. Aber es störte uns auch niemand oder nahm Notiz von uns. Es wurde dunkel, aber der eisige Sturm fegte uns ins Gesicht und um uns herum. Das Gesicht tat so weh und Tränen liefen uns die Backen herunter.

Mutter ging nicht so richtig geradeaus. Was hatte sie nur? Sie starrte auf ihre Füße und schwankte von einer Seite auf die andere. Betrunken konnte sie doch nicht sein? Ach was, sie ist genauso müde und kaputt wie ich, noch schlimmer, ich bin jung, dachte ich. Hat sie Schmerzen? Fragen mochte ich sie nicht. Der Sturm riss uns sowieso das Wort weg und schreien konnten wir nicht, dann hätten die Leute, die auf der Straße waren, gemerkt, dass wir Deutsche sind. Also trottete ich hinter ihr her, spürte keinen Körper, sah auf meine Füße, wie sie sich rechts, links, vorwärts bewegten. Endlich die ersten Häuser von Steinseifersdorf. Plötzlich lösten sich zwei dunkle Gestalten aus der Toreinfahrt eines Hauses. Sie kamen geradewegs auf uns zu. Neuer Schrecken. Mutter blieb stehen, ohne aufzusehen. Aber das Stehen machte sie noch taumliger. Ich hielt den Atem an, ausgerechnet bei den letzten Schritten war ich langsamer geworden und nicht mehr so dicht hinter ihr. Was wollten die von uns? Mein Herz pochte zum Überschlagen. Da sah ich, wie Mutter dem einen Mann in die Arme sank. Er nahm ihr den Rucksack ab, sie ließ es sich gefallen. Er schnallte ihn sich selber auf. Sie wehrte sich nicht, meine Angst wuchs ins Unermessliche. Meine Schritte wurden immer langsamer. Da sah ich, wie Mutter sich bei dem Mann unterhakte und mit ihm davon taumelte, ohne sich nach mir umzusehen. Der andere Mann kam auf mich zu. Ich wich ihm aus und rannte auf die andere Straßenseite. »Mich erwischt er nicht«, war nur ein's. Aber es war eine Täuschung, ich konnte gar nicht schnell weglaufen. Er war schon bei mir und packte mich am Arm. »Brauchst keine Angst zu haben«, klang es in gutem Deutsch an mein Ohr. Ich sah auf in ein gutes, altes Männergesicht. »Wer sind Sie und wo ist Mutter hin?« »Ach ja, du kennst mich nicht. Ich bin auch aus Breslau und wohne jetzt bei den Lehmanns, euren Verwandten.« Erleichtert sah ich ihn an. Er nahm mir schnell den Rucksack ab. Ich blieb wie angewurzelt stehen. »Nu komm schon, wir dürfen hier nicht stehen bleiben. Du weißt doch, Deutsche bei Dunkelheit ...« Befreit von der schweren Last, konnte ich nun überhaupt nicht mehr laufen. »Hak dich unter.« Aber er schleppte mich mehr, als dass ich selber gehen konnte. Ich konnte gerade eben noch sehen, wie der andere Mann Mutter ins Haus zog, in das Haus an der Straße, in dem wir morgens gewesen waren. Da wusste ich, es stimmte, was der Mann sagte. »Wir sind euch entgegengegangen, weil es schon so dunkel wurde und der Eissturm um das Haus fegte. Die Tante hat sich Sorgen gemacht.« So plauderte er in mein Ohr.

Endlich waren wir auch am Haus. Die Tür war angelehnt. Ich fiel mehr, als dass ich ging, in die Küche. Im Halbdunkel konnte ich nur erkennen, dass mehrere Leute auf der Bank saßen und dass die Tante damit beschäftigt war, Mutter aus dem vereisten Mantel zu schälen. Der Onkel hatte schon ein Wännchen mit heißem Wasser vor sie hingestellt. Sie sollte gleich ein Fußbad machen. »Mutter, wie geht es dir?« Sie gab keine Antwort. Sie hatte die Augen geschlossen und ließ willig mit sich geschehen, was die Tante an Wiederbelebungsversuchen unternahm. Mit einem Plumps sank ich auf die Bank, sah vor mir eine große Tasse mit dampfendem Lindenblütentee und eine Schnitte Brot. Erst wärmte ich meine Hände daran, dann verschlang ich alles eilig. Mein Kopf fiel auf den Tisch und ich schlief ein. Waren wir in ein Bett gelegt worden oder waren wir in der bullrig warmen Küche sitzen geblieben? Ich weiß es nicht mehr.

Morgens gab es heiße Milch, die Sonne schien. Mutter war wieder mobil. Sie sah schlecht aus, aber wir hoben die Rucksäcke auf den Rücken und traten im hellen Sonnenschein das letzte Stück Heimweg an, den Berg hinauf, sehnlichst von den Unseren erwartet.

Arbeit

Die Zeit verging. Meine Schwester war zu Heineganz gegangen und hatte nach Arbeit gefragt. Ja, hatte er gesagt, sie könne gleich anfangen. Er nahm sie mit in einen großen Fabrikraum und zeigte ihr, was sie tun sollte. »Was musst du machen?«, wollte ich wissen, als sie wiederkam. »Also, das musst du dir so vorstellen. Die gefärbten Stoffe sollen Muster bekommen. Sie laufen über lange Tische, und jedes Mal, wenn sie unter dem Druckrahmen sind, wird angehalten. Dann läuft Farbe durch den Druckrahmen und je nachdem, wie das Muster ausgewachst ist, kommt das Muster auf den Stoff. Das nennt man »Rapport«. Die Rahmen sind verschieden breit, je nach Muster. Große Muster, Blumen oder Formen, großer Rahmen. Schmale Muster, Linien oder kleine Muster, kleinere Rahmen.« »Ja, das ist das Drucken. Aber du druckst doch nicht?« »Nein, ich sitze an einem Tisch, auf dem ich den Rahmen stehen habe, in dem das Muster kaputt, also das Wachs nicht mehr in Ordnung ist. Es fehlt zum Beispiel ein Blatt, oder sonst ist das Muster halt nicht mehr vollständig. Da muss ich mir eine Schablone machen und dann danach mit frischem Wachs das Muster wieder einarbeiten.« »Dass du das kannst?« »Nu ja, ganz schön knibbelige Arbeit. Aber mir machts Spaß.« »Kannste ja jetzt auch neue Muster machen, wo du doch oben auf dem Boden die vielen schönen Bilder von der Frau Kirchhof gesehen hast, zum Beispiel der stolze Heinrich. Schön blau, das wär ein toller Stoff.« Sie lachte über meinen Eifer. »Vielleicht kann ich auch mal neue Muster entwerfen. Jedenfalls gehe ich gern dahin. Immer rumsitzen und warten, dass was passiert, ist nicht schön.« »Kriegste Geld?«, wollte ich noch wissen. »Ja, Zloty soll ich kriegen. Aber kannste mir sagen, was ich dafür kaufen soll. Die Läden sind alle leer. Vielleicht können wir mal beim Bittner-Bäcker Brot kriegen, aber du weißt ja, die Polen stehen auch an.« »Ich könnte das nicht, was du da machst. Aber du hast ja schon immer Lust gehabt zum Malen und zu solchen fimmligen Sachen.« »Du musst ja auch noch in die Schule gehen. Wirst auch was finden, was dir Spaß macht.« Ich hörte gar nicht mehr zu. Ich sah auf meine groben, rissigen Hände.

Holzhacken konnte ich. Ich ging hinaus in den Schuppen. Der Holzkorb war leer. In der Ecke häufte sich aber noch ein ansehnlicher Berg von Holzklötzen. Fichtenholz ging am leichtesten. Birken- und Buchenklötze ließen sich nicht so gut zerhacken, aber sie brannten länger im Ofen, hielten die Wärme und die Glut besser.

Ich suchte mir ein paar handliche Stücke von dem Haufen und begann. Fachmännisch setzte ich das Stück Fichtenholz auf den Hauklotz, so dass es feste saß, dann holte ich die kleine Axt, die an der Wand befestigt war. Eberhard durfte noch nicht hacken. Die große Axt brauchte nur Vater. Ich holte zum Schlag aus, fest hatte ich das Gerät in beiden Händen. Die Arme musste man so'n bissel anwinkeln, dann war der Schwung größer. Krach, bumm, fuhr die Axt in das Holz, dass es rechts und links wegsprang. Ich hob die beiden Teile wieder auf und zerschlug sie nacheinander. Ich warf die Scheite in den Holzkorb. Eine Weile arbeitete ich vor mich hin. Der Spankorb füllte sich. Die Mütter würden sich freuen. Aber bald mussten wir auch sägen. Da musste Vater helfen. Ein Stück Baumstamm wurde über zwei Böcke gelegt, Vater setzte die Bandsäge an und dann zogen wir sie gerade und beständig durch das Holz, hin und her. Das Blatt der Säge musste grade im Holz und der Griff fest in der Hand liegen. Oh je, was tat zum Schluss mehr weh, der Arm oder die Hand? Rosel kam in den Schuppen. »Hast ja keine Birken!« »Mach du sie doch«, ich schwitzte schon. Sie holte einen Birkenklotz, nicht zu groß. »Komm, wir versuchen es abwechselnd. Einmal du, einmal ich.« Ich gab ihr die Axt. Sie konnte auch gut zuschlagen. Wir lachten jedes Mal, wenn die Scheite rechts und links am Hauklotz runterfielen. Mit der Zeit häuften sie sich. Eberhard kam dazu. »Na, spielt ihr wieder Köpfe einschlagen?« »Oh ja, das könnten wir auch machen. Russen oder Polen!«, wir lachten. Das durfte niemand wissen. »Verrat's bloß nich!«, sagte ich zu Eberhard. »Nee, nee, Frau Latzelberger!« Los gings, krach, bumm. »Russen oder Polen?« Einer musste zuschlagen, der andere durfte bestimmen. Dann ging es umgekehrt. Unsere Gesichter wurden heiß, wir merkten die Kälte im Schuppen nicht. Erst als wir die Arme kaum noch bewegen konnten, zählten wir die Scheite. »Wie viele?«, fragte Eberhard. »Ach egal, viele«, wir beugten uns runter und warfen alles in den Korb. Es waren sogar mehr, als der Korb fassen konnte. Die übrigen stapelten wir säuberlich an der Wand hoch. Den Korb trugen wir stolz in die Küche. Tante Liesel lobte uns und nannte uns »fleißige Frauen«. Wir waren es zufrieden.

Vater hatte jetzt auch nicht mehr so viel Zeit. Er war zu Thiels gegangen und hatte ebenfalls nach Arbeit gefragt. Tatsächlich, auch der Frau Thiel hatte ein Pole die Wäschenäherei weggenommen. Na ja, zugegeben, er war ein Mensch, der Thiels viel gelassen hatte und vielleicht froh war, dass die Frau Thiel ihm beim Führen des Geschäftes behilflich sein wollte. Er war zwar Schneider, aber er musste sich ja erst mal zurechtfinden. Der Frau Thiel blieb nichts anderes übrig, als ihm alles zu zeigen, denn fort wollte sie, wie wir alle, auch nicht. Also mussten wir Deutschen »gute Miene zum bösen Spiel« machen. Der Pole wollte aber vor allem Kleider nähen, Herrengarderobe und Damenkleider. Vater kam zum rechten Augenblick. So ging er nun Tag für Tag zum »Krawiec«. Hin und wieder brachte er auch Stoffreste oder was zu essen nach Hause mit, denn die Zloty waren nichts wert. In den Schaufenstern lagen zwar Sachen, aber kam man in den Laden, gab es sie nicht zu kaufen.

Eines Tages kam meine Schwester mit einem Paket unter dem Arm nach Hause. Wir rannten alle hinter ihr her ins Wohnzimmer. Auf dem großen Tisch packte sie es aus. »Was ist da drin?«, wollte ich wissen. »Wirst schon sehen. Hab ich heute geschenkt bekommen.« Schließlich schob sie das Papier beiseite. Wir staunten. Auf dem Tisch breitete sie drei wunderschöne Kleiderstoffe aus. Sommerliche Blumenmuster und einen karierten Baumwollstoff. »Wie kommst du denn dazu?« »Also, heute Morgen, ich hatte gerade angefangen zu arbeiten, kommt ein russischer Offizier in die Werkstatt. So'n richtig dicker Mensch in grüner Uniform, ihr wisst schon. Toll dekoriert, mit goldner Litze und dem ganzen Gebimsel, rote breite

Schulterklappen. Ein richtig ›hohes Tier‹! Ich hab vielleicht einen Schrecken gekriegt. ›Mitkommen‹, hat er gesagt. ›Du mitkommen‹, richtig in die Beine ist mir der Schreck gefahren. Ich lasse alles stehen und liegen und gehe hinter ihm her in ein anderes Gebäude. Will er mich einsperren, geht es mir durch den Kopf? Er öffnet eine Tür, wir sind im Stofflager. Regal an Regal steht da. Ich sehe ihn erstaunt an. Dann sagt er: ›Du viel arbeiten, du Lohn kriegen. Du Stoffe aussuchen. Scheene Stoffe für gutte Kleider, für dich und Mamuschka.‹ Er zeigt auf ein Regal. Ich kann es gar nicht glauben. Ich dachte, er will sonst was von mir.« Wir nickten ihr verständnisvoll zu. »Und dann?« »Er hat noch gesagt und dabei breit gegrinst: ›Dawai, dawai‹ und mit der Hand auf die Stoffe gezeigt. Ja, und da habe ich zugefasst und mir die drei Stoffe ausgesucht.« »Einfach so?« »Ja, ich hab diese genommen und dann später eingepackt.« »Haste dich bedankt?«, wollte Mutter wissen. »Na klar, er hat gelacht und gesagt, ›Guttes Mädchen, du machen scheene Muster‹. Er hat salutiert, also Hand an die Mütze, und hat sich umgedreht und ist gegangen. Ganz benommen bin ich zurück in die Druckerei gegangen.« »Na, die werden wir erst mal gut verstecken, damit nicht irgend ›jemand Durchziehendes‹ Gefallen dran findet«, sagte Mutter trocken.

Eine Weile ließen wir die Hände durch den herrlichen Stoff gleiten. Das waren Stoffe, so stellten die Frauen fest, die den Krieg überdauert hatten. Unglaublich, was da noch für Schätze vorhanden waren, wo es doch im Krieg nichts zu kaufen gab. Aber den blauen Stoff zottelte ich noch mal näher zu mir her. Der Stoff war kräftig hellblau mit großen rosa-orange-rötlichen Blumenmustern bedruckt. Seide? Wohl nicht, aber immerhin seidig und gefällig anzufühlen. »Na, Raubein«, neckte mich meine Schwester, »natürlich der Schönste für dich, gelt?« Ich hörte nicht darauf. ›Mm, hellblau, schwingender Faltenrock‹, überlegte ich. Und oben? Das wusste Mutter! Ich sah meine Schwester an und reckte mich. Sie lachte: »Da musste noch wachsen!« Was sie nur immer hatte, schließlich war ich schon fast so groß wie sie, die paar Zentimeter. Seufzend räumten die Frauen die Herrlichkeiten zusammen und versteckten sie an sicherem Ort.

Schule

Die Russen hatten befohlen, dass die deutschen Kinder wieder zur Schule gehen sollten. Eines Tages im Herbst hing ein Anschlag an der Kommandantur. Der Unterricht sollte in der alten Volksschule an der evangelischen Kirche stattfinden. Vater kam mit dieser Neuigkeit nach Hause. »Und die Hauptschule?«, fragten Rosel und ich wie aus einem Munde. »Wir gehen doch nicht mehr in die Volksschule!« »Von der Hauptschule stand nichts dran. Vermutlich werden die Russen an höherer Schulbildung für Deutsche kein Interesse haben.« Wir sahen uns an, das konnte stimmen. »Und was sollen wir dort lernen? Mit all den andern Kindern? Welche Bücher mitnehmen?« »Ach, das weiß ich doch auch nicht«, meinte Vater, »ihr müsst halt hingehen, da werdet ihr es schon sehen.« Wir kreuzten den Tag im

Kalender an und besahen unsere Schulbücher. Ich hatte geschworen, ich würde sie nie mehr anfassen. Die Tasche war sowieso kaputt, durch den Schuss des Russen, der den »Terri« treffen sollte. Das Lesebuch hatte ein schönes Loch, ich nahm es hoch und schielte hindurch. Die Rosel lachte: »Musst halt immer 'ne Pause machen, wenn das Loch kommt, beim Vorlesen.« Die anderen Bücher hatte der Schuss nur gestreift und angefetzt. Schön sah'n sie auch nicht mehr aus. Vor allem die ganze Tasche roch so komisch. »Weißte, du nimmst halt eine andere Tasche. Das ist doch jetzt sowieso egal.« Die Rosel lief in die Küche und kam mit einer Einkaufstasche zurück. »Da, kannste die Hefte und das Lesebuch reinlegen.« Sie sah, dass ich das Englisch-Buch in der Hand hatte und in einer Lektion las. »Ich glaube, Englisch brauchen wir nicht mehr, also auch keine Vokabeln mehr lernen. Wie soll das überhaupt gehen? Kinder aus der Volksschule und Kinder aus der Hauptschule? Wir sind doch viel weiter als die.« »Stimmt«, meinte Rosel trocken. Wir kramten noch eine Weile in den Büchern. An Schule hatten wir lange nicht mehr gedacht. Mindestens die mittlere Reife wollten wir machen. Damit konnte man später mal was anfangen, besser als nur Volksschulabschluss. Das Abitur war bei der Hauptschule auch drin, aber dann musste man noch mal die Schule wechseln. Studieren wollte ich eigentlich nicht. Aber zum Hühnerzüchten musste ich allerlei wissen, vor allem Rechnen sollte ich schon können. Ich schlug das Rechenbuch auf. Kaufmännisches Rechnen und Buchführung so wie Vater würde ich lernen. Ich starrte die Zahlen an. Wie viel ist, wenn ... Ich stöhnte, diese Dreisatzaufgaben machten mir gar keinen Spaß. Na ja, Geflügel züchten? Wollte ich das wirklich? Die Trautel hatte es gut, die hatte schon einen Beruf. »Rosel, was willst du mal werden?« »Ach, irgendwas mit Kindern. Kindergärtnerin, das ist ein schöner Beruf.« Sie schloss ihre Tasche. Eberhard stand in der Tür, er hatte die letzten Worte gehört. »Die Rosalie geht in die Schule«, piepste er. »Was willste werden?« »Kindergärtnerin«, sagte sie ungeduldig. »Was musste denn dann machen?« »Kinder hüten, vor allem, mich mit solchen Lümmeln abgeben, wie du einer bist!« Dafür trat ihr Eberhard auf die Zehen, sie schrie »aua« und schob ihn unsanft beiseite. Dafür riss er ihr die Schultasche weg und warf sie in die Stube. »Hab ich nicht gesagt, du bist ein Lümmel«, sie rannte hinter ihm her.

Der Morgen kam, an dem wir unsere Sachen packten und zur Schule ins Dorf trotteten. Das dunkle Haus bei der Kirche mit den großen Fenstern hatte ich nie so richtig wahrgenommen. Große Bäume standen daneben, einige Stufen gingen zur Haustür mit den schweren Türflügeln hinauf. Auf dem Vorplatz hatte sich eine ziemlich große Schar von Kindern aus allen Schuljahren versammelt. Wir waren sehr gespannt, welche Lehrer kommen würden. Nach einiger Zeit öffnete sich die Tür und eine kleine, weißhaarige Frau und ein russischer Offizier traten vor die Kinder. Er redete uns an, aber wir verstanden nichts. Natürlich, er sprach ja auch russisch. Dann wandte er sich an die Frau, das verstanden wir auch nicht. Sie nickte eifrig mit dem Kopf und drehte sich dann zu uns. Ich hatte sie schon gesehen, wenn sie zur Tante Liesel auf Besuch kam. Es war die Frau Kirchhoff, sie war längst im Ruhestand, eine alte Dame von sicher schon 70 Jahren. Sie hatte ein liebes Gesicht.

Die Kinder hörten still zu. Wir sollten je nach Alter in die Klassen gehen. Sie nannte die Klasse und das Alter der Kinder. Dann traten die beiden zurück und die Kinder schoben und drängten die Stufen hinauf in die Schule hinein. Ich befand mich schließlich in einem großen, dunklen Raum, trotz der hohen Fenster, und quetschte mich in eine der Schulbänke, auf der noch alle Spuren vergangener Schulstunden zu sehen waren. Tintenkleckse, eingekratzte Worte und Zahlen. Ich tippte auf den Deckel des in die Platte der Bank eingelassenen Tintenfasses. Der Deckel sprang auf, aber die Tinte darin war vertrocknet. Der Lärm der Kinder hielt sich in Grenzen. Ich kam mir ziemlich verloren vor, denn die meisten kannte ich nicht und ich gab mir auch keine Mühe, sie anzusprechen. Ich starrte sie an und sie mich. Endlich ging die Tür auf und Frau Kirchhoff kam herein. ›Ganz gut‹, dachte ich, ›wenigstens kenne ich die Lehrerin.‹ »Wir werden sehen, wie wir miteinander auskommen«, hörte ich sie sagen, sie hatte sich dabei auf den Stuhl unter dem Katheder gesetzt, das auf einem Podest, etwas höher als die in Reih und Glied stehenden Schulbänke, vor der Wand stand, die Tafel auf einem Gestell daneben. Es sah alles so aus, als wenn sich hier nichts verändert hätte, seit Mutter hier zur Schule ging. Ich wollte sie danach fragen.

»Wir werden halt Unterricht machen miteinander, so gut es geht. Wie ihr wisst, dürfen die anderen Lehrer, die ihr kennt, nicht mehr unterrichten.« Sie machte eine Pause. Natürlich wussten wir das nicht, aber es wurde uns klar, die Lehrer waren wohl auch in der Partei gewesen. »Wir werden ein wenig lesen und rechnen. Das wird euch gut tun und ihr werdet nicht alles vergessen. Irgendwann wird es wieder besser werden«, setzte sie noch leise hinzu. Wir waren ganz still und starrten sie an. Eine alte Frau. Ihre Hände zitterten. Ich glaube, zwei Stunden gingen wir jeden Tag in diese Schule. Nach einer Stunde machte sie eine Pause und wir durften hinausgehen auf den Hof. Ein paar Mädchen kamen angelaufen und riefen: »Willste Wacholderbeeren?« Sie hatten kleine, braune Tütchen in der Hand. Ich öffnete meine Hand und ein Mädchen ließ Wacholderbeeren in meine Hand rollen, schwarze getrocknete Beeren. Die Mädchen lachten, weil sie mein saures Gesicht sahen. »Das soll ich essen?« »Uns schmecken die«, damit liefen sie zu den anderen, um diese zu beglücken. Ich schob eine in den Mund und kaute darauf herum. Erst konnte ich nichts schmecken, ich schob noch eine Beere hinterher. Ein bitterer, süßlicher, beißender Saft breitete sich in meinem Mund aus. Ich wollte die Mädchen nicht enttäuschen. Genauso tapfer, oder schmeckten sie den anderen wirklich, kaute ich auf dem Zeug herum. Mein ganzes Gesicht zog sich zusammen. Wacholder? Oben an der Eule, wo kein Wald stand, auf der Lichtung wuchs Wacholder. Wenn die Sonne im Sommer heiß darauf schien, dufteten die kleinen Büsche. Dort wuchsen die schwarzen Beeren, aber ich wäre nie auf die Idee gekommen, sie in den Mund zu schieben. Mutter warf ein paar zum Fleisch, wenn sie Braten machte. »Wo habt ihr die her?« Die Mädchen zeigten die Straße hinunter. »Da ausm Laden.« Ich nickte, bittersüß, wie diese ganze Schule, dachte ich. Ich lief unter die großen Bäume und spuckte das Zeug heimlich wieder aus. Mein Magen begann sich umzudrehen. Aber am andern Tag boten mir die Mädchen wieder die Beeren an. Tapfer nahm ich sie, aber zerkaut hab ich sie nicht mehr. Heimlich nahm ich sie wieder aus dem Mund und warf sie fort. Ich konnte es einfach nicht verstehen, dass die andern so eifrig darauf rumkauten, als wenn es Sahnebonbons aus dem Milchhäuschen am »Stadtgraben« wären. Diese Erinnerung machte mich ganz traurig und jeden Tag verfiel ich neu in diese traurige Stimmung, wenn ich die, für mich jedenfalls, dunkle Schule sah und die wacholderkauenden Kinder in der Schulpause.

Die Schulstunden fand ich langweilig, und träge ließ ich alles an mir vorbeigehen. Eines Tage verboten die Polen die Schule für deutsche Kinder. Das erschreckte uns. Trautel ging arbeiten, Vater ging arbeiten, aber wir durften nicht mehr lernen, so einfältig die zwei Stunden auch gewesen waren. Später erzählte jemand, er habe gesehen, dass die polnischen Kinder jetzt in die Schule gingen.

Abends wurde wieder beratschlagt, wie es nun mit uns Kindern weitergehen sollte. »Ihr müsstet einfach weiter lernen. Ihr könnt doch nicht einfach ›dumm‹ bleiben, mit euch ist ja mal nichts anzufangen«, hieß es. »Aber wo und wie?«, fragten wir gespannt. »Es wird sich finden«, meinte Tante Liesel. Am Sonntag nach dem Gottesdienst erfuhren wir des Rätsels Lösung. »Ich hab Frau Christoph gefragt, ob sie nicht mit euch Schule machen will«, Tante Liesel strahlte. »Und?«, meinten wir. »Sie will, ihr sollt nachmittags kommen, und zwar einzeln, damit es niemand sieht. Die polnischen Milizsoldaten patrouillieren noch immer um das Haus. Aber sie meinte, Kinder würden wohl ihren Peter besuchen dürfen. Sie unterrichtet ihn und Allmuth ebenfalls. Sie freut sich richtig auf euch. Dann wäre es auch für ihre beiden nicht so eintönig.« Abenteuerlich, dachte ich. »Die Rosel muss dann auch eine andere Tasche nehmen, denn die Schultasche würde auffallen.« Also bekam die Rosel wie ich eine Einkaufstasche und verstaute ihre Hefte und Stifte darin.

Am verabredeten Nachmittag stiefelten wir nacheinander mit klopfendem Herzen rauf nach Zedlitzheide. Sie hatten uns den Weg gut beschrieben und wir fanden auch das Haus, weiß, in einem großen Garten, mit einem hohen Zaun darum herum. Rosel ging zum Hauseingang, ich eine Zeitlang später zur Terrassentür. Die großen weißen Flügeltüren waren von innen mit Möbeln zugestellt. Auf einem breiten Kleiderschrank stapelten sich Stühle. Die Türe wurde von innen einen Spalt geöffnet und ich schlüpfte mit klopfendem Herzen hinein, nachdem ich im Garten so getan hatte, als gäbe es nichts Selbstverständlicheres, als durch diesen Garten zur Terrasse zu gehen. Hinter den Bäumen hörten wir polnisches Palaver, dort ging die Miliz auf und ab. Es hatte geklappt, Frau Christoph hatte mich kommen sehen und die Tür geöffnet. Sie lachte mich an. Ich war ganz verlegen. Meine Klassenlehrerin ohne Klassenzimmer, eine Schürze vorgebunden, das Haar streng zurückgekämmt, das Gesicht verhärmt. »Komm nur«, sagte sie freundlich, »jetzt ist es eben so. Wir tun nichts Schlechtes, und wenn sie es uns nicht erlauben, lassen wir uns nicht einschüchtern.«

Durch das mit Möbeln und Kisten vollgestopfte Verandazimmer ging es durch einen kleinen dunklen Flur in ein ebenso mit Sachen und Möbeln vollgestelltes

Zimmer, das nur in der Mitte um den Tisch herum Raum hatte und durch ein hohes Fenster Licht bekam. Rosel saß schon neben Peter an dem runden Tisch. Allmuth, Peters große Schwester, war noch nicht zu sehen.

Jetzt waren wir zu dritt sehr verlegen. Ich warf erst mal die Zöpfe nach hinten, lehnte mich an die Stuhllehne und faltete die Hände. Rosel hatte ihre Hände über ihren Heften auf dem Tisch gefaltet und Peter den Kopf auf den Händen aufgestützt. Ihm war es nicht so ganz wohl zwischen uns Mädchen. Ich kannte ihn nur vom Sehen und hatte bisher nie mit ihm gesprochen. Er war etwas kleiner als ich, schmal aber stämmig, mit einem kurzgeschnittenen, blonden Schopf und zwei klaren, blauen Augen. Trotz des Herbstwetters trug er kurze Hosen, aber derbe Kniestrümpfe und ebensolche Schuhe. Frau Christoph sah wohl unsere Verlegenheit, aber sie begann gleich mit dem Unterrichtsgespräch. »Wo sind wir eigentlich stehen geblieben in der Schule?« Sie schlug ihr Buch auf. »Wir werden erst mal einen Stundenplan für uns machen.« Wir holten unsere Bücher und Hefte heraus und sahen sie gespannt an. Die Umgebung und unsere Verlegenheit war vergessen. Ich sah ihr ins Gesicht und folgte ihren Ausführungen. Rechnen, ein Diktat und dann Englisch. Erstaunt sahen wir sie an. »Das brauchen wir doch nicht mehr«, wagte ich zu sagen. Sie lachte wieder. »Warum eigentlich nicht? Wollt ihr alles vergessen? Nein, nein, das Leben ist noch lang, und so wie es jetzt ist, wird es nicht bleiben. Überall auf der Welt braucht man die englische Sprache. Wer weiß, wie ihr euch einmal damit helfen könnt.« Kein Zweifel, sie war eine kluge Frau. Willig tat ich, was sie verlangte. Es war eine muntere Stimmung am Tisch, sie strahlte sie wohl selbst aus. Wir waren eifrig bei der Sache. Jeder antwortete auf ihre Fragen und bald war auch alle Verlegenheit unter uns Dreien überwunden. Peter war uns auf einmal nicht mehr so fremd. Zwischendurch ging die Tür auf und Allmuth kam herein. Ich war überrascht, sie war noch schöner, als ich sie vom Gottesdienst in Erinnerung hatte. Vor allem diese wunderschönen, hellen, blonden Haare. Ich staunte sie an, sie lächelte mir zu. Sie blieb auch an den folgenden Tagen immer nur dabei, wenn Englisch dran war. Na ja, schließlich war sie ja in den anderen Fächern viel weiter als wir. Am Schluss vereinbarten wir, dass wir die nächsten Male ohne Tasche kommen sollten. Hefte und Bücher versteckte sie im Haus, man konnte ja nicht wissen, was die da draußen dachten.

Schon mit Herzklopfen verabschiedete ich mich von Rosel vor der Haustür zu Hause, denn der Weg und das Ins-Haus-Kommen waren jedes Mal neu ein Abenteuer, der Rosel ging es ja ebenso. Aber ich freute mich auf diese Schulstunden, wie ich mich lange auf nichts mehr gefreut hatte. An diesem runden Tisch zu sitzen, dieser Frau zuzuhören, alles zu vergessen und sich Dinge vorzustellen, von denen sie interessant zu berichten wusste. Selbst das verhasste Rechnen ging leicht von der Hand, das war Schule nach meinem Herzen. Das war auch in den Arbeitsergebnissen zu merken. Wir lernten fleißig und sie lobte mich und die andern. Auch das Englischsprechen war nicht mehr mit Aufregung verbunden. Besonders stolz war ich, als sie einmal mit meiner Englischarbeit spontan in die Küche lief und sie der Oma und Allmuth vorlas. Eine Pause machten wir auch, dann hatte sie immer irgendeine Leckerei für uns, Apfelmus, natürlich ohne Zucker, oder ein Stück Brot. Wir tauten auf in dieser friedlichen Atmosphäre und Peter wurde unser Kamerad. Er zog mich an den Zöpfen oder trat der Rosel unter dem Tisch auf den Fuß, so dass sie mitten im Unterricht »Aua« rief. Lernten wir alleine, dann kritzelten wir uns gegenseitig aus Übermut dummes Zeug auf das Schreibpapier. Wie das so ist, immer neue Neckereien wurden erfunden. Hat sie uns ausgeschimpft? Ich weiß es nicht.

Irgendwann, der Winter war schon vorbei, haben sie doch herausbekommen, dass sie uns unterrichtete. Frau Christoph wurde verhört und sie verboten es ihr.

Stricken

In dieser Zeit machte ich noch mit einer anderen Lehrerin nähere Bekanntschaft. Fräulein Opitz, unsere Handarbeitslehrerin, hatte im Niederdorf ihr Haus, »die Kaffeemühle«, verloren. Es wurde im Dorf deshalb so genannt, weil es quadratisch gebaut war und der Schornstein oben in der Mitte des Daches saß. Es fehlte nur der Schwengel. Aber wenn der Rauch aus dem Schornstein stieg, sah es halt aus wie eine Kaffeemühle. Fräulein Opitz stand eines Tages vor unserer Tür mit ein paar Taschen in der Hand. »Ich weiß nicht wohin, sie haben ...«, Tante Liesel winkte sie herein. »Kommen Sie nur herein, solange uns nichts passiert, sind Sie uns willkommen.« Zögernd trat sie ein, stellte die Sachen ab und zog den nassen Lodenmantel aus. »Zum Glück hatte ich gerade meine hohen Schuhe an, weil ich in die Kirche wollte zum Orgelspielen, da kamen die Kerle.« Sie bückte sich und schnürte die Schuhe auf, dabei rutschte ihr die bunte Bommelmütze vom Kopf. Rosel und ich standen scheu vor ihr. Komisch, sie wollte bei uns wohnen. Aber warum nicht, wo sollte sie hin? Sie hatte keine Familie und wohnte alleine in ihrem Haus. »Ach, nun schaut mich doch nicht so traurig an, vielleicht finde ich ja bald wieder was Eigenes«, sie versuchte zu lächeln, aber es gelang ihr nicht. Im Gegenteil, während sie die blonden Strähnen, die ihr ins Gesicht gefallen waren, zurückstrich, liefen Tränen aus ihren kleinen, blauen Augen. Sie nestelte noch an ihrem Knoten herum. Tante Liesel stand in der Küchentür und winkte. »Nun kommen Sie erst mal rein, dann werden wir weitersehen.« Dann saß sie auf der Bank, so wie wir damals. Tante Liesel sagte: »Steht nicht so rum, holt mal Kaffeetassen!« Wir lösten uns aus unserer Erstarrung und gingen ihr eifrig zur Hand. Tassen, Unterteller, dann goss Tante Liesel den dampfenden Gerstenkaffee ein. Mutter war auch hereingekommen. Ich dachte, jetzt ist es Fräulein Opitz bestimmt peinlich, dass sie zu uns gekommen ist. »Werden Sie Platz haben?«, schnitt sie noch mal das Thema an, wahrscheinlich, damit Mutter nicht dachte, sie käme auf Besuch zum Kaffee. Mutter hatte schon verstanden. »Klar, wir werden oben noch ein Bett aufstellen«, die Frauen nickten sich zu. Damit war sie aufgenommen. Jetzt liefen die Tränen wieder. Rosel fasste sich ein Herz und streichelte ihren Arm.

Die Frauen gingen später mit ihr hinauf und richteten für sie das Bett. Für uns

Mädchen begann eine einigermaßen lustige Zeit. Sie war gar nicht so streng, wie wir sie im Unterricht kennen gelernt hatten und wie sie auch in ihrer borstigen Art im Kirchenchor »regierte«, wenn sie etwas durchsetzen musste. Beim Essen scherzte sie mit uns Kindern am Tisch und wusste allerlei lustige Geschichten zu erzählen. Sie hatte sehr schlanke, schöne Hände, die zu ihrer untersetzten, vollen Figur ein wenig in Widerspruch standen. Musik und Handarbeit waren ihre Fächer in der Schule, deshalb hatte sie auch die Leitung des Kirchenchores übernommen. Sie übte die Lieder ein und spielte die Orgel an den normalen Sonntagsgottesdiensten im Wechsel mit der Frau Schmidt-Cassdorff. Nur manchmal, an hohen Feiertagen, kam Herr Schwarz aus Waldenburg, dann dirigierte er den Chor. Frau Opitz hatte dann vorher die Lieder eingeübt, die sie mit ihm abgesprochen hatte.

Mir schien, sie freute sich sehr, wenn er kam, und überließ ihm gerne die Leitung des Chores und das Orgelspiel. Wenn dann der Sonntag vorbei war und Herr Schwarz wieder nach Waldenburg zurückgegangen war, schien es mir, als sei sie sehr traurig. Einmal hatte sie in der Küche gesessen und geweint. Ich fand, das passte gar nicht zu ihrer sonst so standhaften Art und Weise. »Was hat sie nur immer?«, fragte ich die Rosel. »Ach, ich weiß auch nicht. Ich glaub', sie hat den Gerhard Schwarz sehr gern und dann ist sie traurig, wenn er wieder weggeht.« »Ja, ja«, sagte ich abwesend. Es musste noch etwas anderes sein. Ich beschloss, meine Schwester zu fragen. »Was meinst du, was hat sie bloß immer?« Meine Schwester lachte. »Sie ist bestimmt verliebt in ihn.« »Ja, meinst du? Sie ist aber doch schon so alt!« Für mich waren alle Lehrerinnen alt, vor allem wenn sie nicht verheiratet waren. Trautel lachte. »Das hängt doch nicht vom Alter ab, dumme Liese. Er ist nicht verheiratet, sie nicht. Warum soll sie sich nicht in ihn verlieben? Sie ist ihm wohl nicht hübsch genug oder so irgend etwas Ähnliches, sonst müsste er es doch merken. Aber das geht uns ja auch nichts an.« Damit war das Thema erledigt. Ich allerdings musste noch lange darüber nachdenken. Verliebt sein, dazu gehörten doch zwei! Mit der Liebe war es ganz schön kompliziert. Aber wie auch immer, Fräulein Opitz erschien mir in einem ganz neuen Licht, sie war für mich richtig interessant geworden. Verliebt, verliebt ... Ich wollte gut zu ihr sein, vielleicht half ihr das.

Die Tage wurden dunkler und manchmal wussten wir nicht, was wir mit der vielen Zeit anfangen sollten. Vor allem jetzt, wo wir nicht mehr zu Frau Christoph gehen konnten. Da kam die »Lollo«, so nannten wir Fräulein Opitz heimlich, auf eine gute Idee. »Wie wär's, wenn wir ein bissel das Stricken üben würden? Hat die Mutter nicht noch alte Wolle?« Ungläubig sahen wir sie an. Tatsächlich, es gab bei Tante Liesel noch Wolle. Ich sah zu, wie Tante Liesel und Rosel in dem Korb wühlten und allerlei Restwolle und sogar noch ganze Knäuel zum Vorschein brachten. Ich legte die Hände auf den Rücken und sagte nichts. Mutter hatte keine Wolle für mich, das wusste ich. Wolle, das war eine Kostbarkeit in dieser Zeit. Jetzt wurde mir wieder bewusst, dass wir auch nur Gäste in diesem Haus waren. »Nun mach nich so ein trauriges Gesicht«, Tante Liesel hatte sich aufgerichtet und sah mich an, »du weißt doch, wir teilen alles. Wir legen jetzt alles auf den Tisch und

Fräulein Opitz sagt, was wir damit machen können.« Dabei fiel für mich wunderschöne, braune Wolle ab für ein paar Fausthandschuhe, etwas weiße Wolle für ein Muster. Rosel bekam rote und weiße Wolle für ihre Fausthandschuhe. Da fiel mir ein, dass Stricken für mich in der Schule immer ein Graus gewesen war. Ich dachte an die Käppchen bei den Socken. Da hatte ich mir immer von Mutter helfen lassen, sie konnte das, bei den vielen Socken, die sie für die Brüder gestrickt hatte. Jetzt sollte ich also alles selber machen. Na ja, es sollen ja keine Socken und keine Fingerhandschuhe werden, die waren noch schwerer. Fausthandschuhe, so schien es mir, waren nicht so schwer. Vor allem saßen wir dann gemütlich beisammen. So wurde es dann auch. Ja, wir dehnten die Strickstunden sogar noch aus. Im Niederdorf wohnten die Martins, er war Schmied. Sie hatten eine Tochter, die Hannchen, die auch in unserer Schule gewesen war. Sie war jünger als wir, aber Fräulein Opitz hatte sie eingeladen, auch mit uns zu stricken. So saßen wir dann auch manchen Nachmittag im Stübchen neben der Schmiede und strickten. Hannchen war ein stilles, zartes Mädchen, die aber immer gerne mitlachte, wenn wir, die Rosel und ich, allerlei Unfug machten und lose Reden führten. Fräulein Opitz musste dann mahnen, es würde wohl nichts werden mit den Handschuhen. Dann müssten wir im kalten Winter die alten wieder anziehen. Frau Martin war eine rundliche, liebe Frau, sehr still, aber sehr lieb und freundlich. Wenn wir kamen, hatte sie auf wunderbare Weise immer eine kleine Leckerei für uns, und wenn es nur eine Schnitte frisch gebackenes Brot war.

Der Martin-Schmied war ein angesehener Mann im Dorf. Die Bauern ließen bei ihm die Pferde beschlagen. Dem Großvater hatte er die Bänder für die Wagenräder geschmiedet. Die Schmiede lag dem Haus vom Großvater schräg gegenüber. Ich erinnerte mich plötzlich daran: Wenn ich im Sommer oben in der Stube aufwachte, hörte ich manchmal das »Ping, Ping« aus der Schmiede. Dann stand der Martin-Schmied groß und breit vor dem Amboss, in der Zange ein glühendes Stück Eisen. Mit der rechten Hand schlug er mit dem Hammer kräftig zu, bis sich das Eisen zum Hufeisen rundete. Oft hatte ich ihm schon zugesehen. Die Funken sprangen nur so, wenn er zuschlug.

Es war auch jetzt noch wie eine Verzauberung für mich, in die Glut zu starren. Erst war da eine schwarze Kruste zu sehen und darunter ein wenig Glut. Dann musste der Geselle den Blasebalg treten, der am Ofen befestigt war. Die Glut bleckte auf, und mit einer langen Zange wurde das Stück Eisen hineingeschoben. Manchmal wurde ein kleinerer Blasebalg auch von Hand betätigt. Ich staunte, wie die Männer soviel Kraft in den Händen haben konnten. Dann lächelte mich der Martin-Schmied mit seinen braunen Augen an. »No Madel, willste och a mol Schmied wärn? Guckst es dir oaber sehr genau on.« Dann musste Fräulein Opitz mich in die Stube zurückrufen. Ich war ihr wieder mal, vom Feuerzauber angezogen, entwischt. »Bald ist es dunkel, dann müssen wir zu Hause sein. Viel ist heute aus deinem Strickzeug nicht geworden. Die Hannchen ist schon weiter.« Tatsächlich waren Rosel und Hannchen schon mit den Stulpen fertig und begannen schon Maschen zu zählen für das Muster, das die »Lollo« für sie ausgedacht hatte.

Bald strickten sie mit roter und weißer Wolle die Oberseite vom Handschuh. Die ersten Zacken von den Sternen konnte man schon richtig sehen. Später wurde das Innenteil gestrickt und der Daumen eingearbeitet. Ich strickte den beiden »hinterher«. Aber im November waren wir dann fertig, ich hatte mich ebenfalls angestrengt. Vor allem Rosel war auf ihre Handschuhe stolz. Sie waren schön gerade geraten, passten wunderbar, hatten auch im Muster keinen Fehler. Meine waren ein bissel eng geraten. Ich dachte, ist nicht schlimm, ich stecke die Hände sowieso immer in die Taschen. Nur Mutter gefiel das nicht und Vater sagte immer unterwegs: »Hände aus den Taschen! Du siehst sonst aus wie ein Straßenjunge!« Aber ich ging ja auch nicht immer mit Vater spazieren.

Dass die Rosel so gelobt wurde, ärgerte mich. Am liebsten hätte ich gar nicht mehr hingeguckt, auf diese roten Dinger. Sie wusste, dass ich mich ärgerte, und tat besonders schön mit den Handschuhen. Sie legte sie schön gerade zusammen, ließ sie nie in den Taschen stecken, und wenn sie feucht wurden, trocknete sie sie erst mit einem Handtuch ab. Für mich war die Hauptsache, dass ich die Handschuhe hatte, die mir einigermaßen passten. Norwegermuster mochte ich sowieso nicht so. Aber diese Strickstunden waren angenehm und vertrieben die Langeweile.

Der Kinderwagen oder – Die verlorenen Handschuhe

Wieder einmal waren die Vorräte zu Ende, das Abendessen war sehr karg. Tante Martha hatte wissen lassen, dass sie uns auch keine Kartoffeln mehr geben konnte. Hin und wieder stellte sie noch die Milchkanne in die Nesseln neben dem Stall, aber Kartoffeln konnte sie nicht mehr aus dem Keller schmuggeln. Die Polin hatte den Keller zugeschlossen.

Es war auch sowieso gefährlich für mich, immer zum Hof zu traben und so zu tun, als wenn ich nur vorbeigehen wollte, um dann blitzschnell in die Nesseln zu greifen, die Kanne in der Einkaufstasche verschwinden zu lassen und dann davon zu gehen. Schon gut, dass es einmal Trautel und einmal ich abwechselnd taten.

Die Mütter hatten noch besorgtere Gesichter als sonst. Bald würde der Schnee kommen und Kartoffeln gab es nicht zu kaufen. Tante Martha war wieder mal auf Abendbesuch, als wir die Sache berieten. »Hom die Ertels nich gemeent, wir kennten noch amol kumma und uns waos hulln?« »Nu ja«, sagte Mutter, »aber der Weg is halt weit, und ob se uns Kartoffeln geben werden?« Schweigen in der Runde. Trautel meinte: »Ich könnte doch gehen und Vater. Für dich ist das zu schwer. Das haben wir ja neulich gesehn.« Sie sah Mutter an. »Oaber Kartuffeln sein schwer. Wie wullt ihr die denn troagen?« Alle nickten ratlos. »Mer missa o Woanla hoan.« Ja, einen Handwagen, das war die Lösung. »Das geht nicht, ihr wisst doch, für Deutsche ist das Mitführen von Fahrzeugen verboten«, sagte Vater. »Oaber Kartuffeln uffm Puckel schleppen und über die Barge, nee, nee, doas giet nich!« Schweigen in der Runde. »Also ich denke, doas wern mer macha«, meinte plötzlich die Tante Martha. »Ich hoab ei der Scheune noch doas aolte Kinderwoanla stien, wu ich die Trudel mit gefoarn hob. Doas wern mer naama und da tun mer die Kartuffeln nei, wenn se welche hoan. Es ies a aales Woanla mit hucha Rädern. Oaber doas is groade gut dafürne.« Ungläubig starrten wir sie an. »Ich gie och miete, ich schieb das Woanla. Die Ertels tät ich och gerne nochamol sähn.« Aber wann gehen wir und wer geht mit? Alle schnatterten durcheinander.

Schließlich kamen wir überein, dass der nächste Sonntag passend wäre. Da fiel es nicht auf, wenn Tante Martha wegging. Die Polen waren dann auch bei anderen Polen zu Besuch und draußen war nichts mehr zu schaffen. Es war November. Vater sagte: »Ich geh' mit. Ich nehme einen Strick mit und werde ziehen.« »Ihr zwei alleine, das ist zu wenig. Vielleicht kriegen wir noch was anderes, Mehl oder Korn?« »Dann gehen wir auch mit!« Rosel und ich hatten uns angesehen und riefen es wie aus einem Munde. Die Mütter hatten erst Bedenken. »Wir sind stark, wir werden das schon schaffen.« »Die Rosalie hat Pudding in de Knie«, kam es trocken aus Eberhards Mund. Dafür warf Rosel ihm einen bitterbösen Blick zu. »Wirst schon sehen. Ich bin nicht zimperlich!« Sie streckte sich. Über die Gesichter huschte ein Lächeln. »Also abgemacht. Wann gehen wir los?«, fragte Vater. »Sehr früh«, war die Meinung. »Da ist es noch neblig und wir sind längst weit fort, wenn's hell wird.« »Gehn wir um Vier!« »So früh, da scheint ja noch der Mond«, meinte Rosel. »Na und?«

So wurde es dann auch gemacht. Zeitig schlafen gehen. Warmer Gerstenkaffee. Ein Teller Haferschleim. Warm anziehen, um den Kopf ein Tuch, tief in die Stirn gezogen. Vater hatte seinen Strick unter dem Arm und den Stock in der Hand. »Los geht's, ab, Marsch«, kommandierte er uns zur Tür hinaus. Es war ganz dunkel, alles mucksmäuschenstill im Dorf. Hinter uns schlossen sich die Türen. Stumm wanderten wir den Höhnweg entlang.

Am Feldweg zum Nitschkaberg rauf löste sich eine dunkle Gestalt aus der Finsternis. Wir atmeten auf, Tante Martha mit dem Kinderwagen. Wir besahen ihn erst mal, aber es war mehr ein Befühlen. Hohe Räder hatte er, auf denen ein geflochtener Kinderkorb saß. Ob der die Bergfahrt aushielt? »Na los, kommt schonn!« Kräftig schob sie den Wagen über die Steine am Feldweg, nicht so einfach in der Dunkelheit. Wir keuchten hinter ihr her, den Berg hinauf, über die Straße, Wilhelmstal entlang und über die Höhen, den Weg, den ich erst vor kurzem mit Mutter gegangen war. Als wir auf der Höhe waren, gab es eine Verschnaufpause. Niemand war uns begegnet. Es war ja auch noch immer dunkel und neblig. Im Wald knirschte es hin und wieder. Vielleicht hatten wir Tiere geweckt. Wasser tropfte von den Bäumen. Jetzt ging es bergab. Aber heute Abend müssen wir hier wieder hinauf. Ich mochte gar nicht daran denken. Die Schultern taten mir schon gleich wieder weh. Laut sagte ich es aber nicht. Es ging weiter. Als wir zur Baude kamen, an den »Sieben Kurfürsten«, begann der Himmel grau zu werden. Wir waren früher dran als ich mit Mutter und doch später, als wir dachten. »Wir dürfen uns nirgends lange aufhalten.« Alle nickten. Der Wagen wurde von uns abwechselnd gefahren, jeder nahm ihn ein Stück. Keiner aber sprach aus, was wir alle dachten, nämlich, wie wohl die Rückfahrt werden würde, wenn ein Sack Kartoffeln drin läge. Die hohen Räder waren gar nicht geeignet für die holprigen Feldwege. Ich hatte ihn schon ein paar mal umgeschmissen. Dann wurde befohlen, dass ich ihn nur noch auf der Straße fahren dürfe. Auch in Steinseifersdorf war noch alles still. Nur in den Häusern brannte hier und da Licht und das Vieh in den Ställen brummte. Ein friedliches Bild! Die klappernden Fensterläden an der Baude und das tote Kaschbach hatten mir wieder Angst gemacht. Auch dieser Gestank nach Kalk und Chlor, der aus den verlassenen Häusern herkam, wollte nicht aus meiner Nase gehen. ›Heute Abend dort wieder vorbei‹, ging es mir durch den Kopf, ›aber ich bin ja nicht allein‹. Bei Lehmanns klopften wir wieder. Ein Türspalt öffnete sich und ein staunendes Männergesicht erkannte uns. »Kommt schnell rein!« Bald stand auf dem Tisch für jeden eine Tasse dampfender Gerstenkaffee. Rosel legte ihre Handschuhe auf den Tisch. Tatsächlich, sie hatte sie mitgenommen, die schönen roten, die sie sich gestrickt hatte. Tante Liesel hatte doch gesagt, sie solle sie zu Hause lassen. Die andern sahen sie jetzt auch. »Die hast du ganz alleine gestrickt?« Staunen auf den Gesichtern. »Kommt, wir müssen weiter.« Tante Martha hatte noch nachgefragt, ob es sich lohnen würde, nach Reichenbach zu gehen. »Ja, sie sind noch da. Sie haben bestimmt was für euch. Wir holen ja auch immer was von ihnen«, erzählten die Lehmanns. Schnell die Mützen wieder auf den Kopf, die Handschuhe an. Weiter ging's. Erst jetzt sah ich, dass Tante Martha wie ein altes »Puuschweib« aussah. Sie hatte den alten grauen Mantel an mit dem großen Pelzkragen. Er wurde vorne mit einem großen, dicken Knopf geschlossen. Total unmodern! Darüber hatte sie ein großes, schwarzes Tuch um den Kopf gewickelt, kaum dass man ein paar Haare sah. An den Füßen trug sie hohe Schnürschuhe. Na ja, schließlich konnte sie ja nicht auf diese Reise in ihrem schwarzen Mantel mit dem Samthut gehen. Wir sahen ja alle komisch aus oder jedenfalls unauffällig. Bloß die roten Handschuhe von der Rosel blitzten immer mal wieder in meine Augen, wenn sie mit Wagenschieben dran war. Jetzt ging es ja auch besser auf der geraden Straße, obwohl wir auch hier hintereinander her gingen, damit wir nicht so als Pulk zu sehen waren. Meist war Vater vorneweg, die Schiebermütze tief ins Gesicht gezogen, dann kam die Karrete und die, die gerade mit Schieben dran war. Der Rest hinterher. Es war jetzt schon richtig taghell, soweit es an einem solch nebligen, trüben Novembertag überhaupt hell wurde. Aber es war Sonntag und wenig Menschen auf der Straße. Manchmal galoppierten russische Pferdepatrouillen vorbei. Aber sie störten sich nicht an uns.

Wir hatten Glück, Ertels freuten sich, uns wiederzusehen. Vier, fünf Stunden waren wir gegangen, alles tat mir weh. Nur schnell setzen, aufwärmen, was trinken. Der Rückweg würde sauer werden. Sie hatten auch Kartoffeln für uns. Als wir sagten, dass wir nichts mehr zu essen hätten, senkte Tante Martha den Kopf. Ich sah, dass Tränen über ihr Gesicht rollten. Eine Weile war es still in der Küche. »Wer hätte dos amol geducht, doß ich salber nischte mehr honn tät für die Gustel und die Kinder«, sagte sie schließlich. Nach einer Weile: »Batteln gien, soweit is kumma mit ins«, alle seufzten. Die Ertel-Tante legte der Martha die Hand auf den Arm. »Is schon gutt, weeste, so lange mer noch was honn und ihr kumma kinnt, kummt ihr eben har. Mer wees blus nich, wie der Winter wern wird. Im Frühjoare, wenns wieder wärmer wird, wern se uns hier och nich mehr so schalten lassen.« »Jo«, meinte der Onkel, »jitze sind se noch bange vor suner grußen Gärtnerei. Ober wenns possa wird, kummt och een Pole zum Dirigieren, dann isses och aus mit uns.« Alle nickten. Die Tante war rausgegangen und kam mit ein paar Päckchen zurück, die sie vor uns hinlegte. »Iss nich viel, oaber vielleicht hilfts euch a bissel weiter. Teilts gutt. Die Gustel kanns gutt«, lächelnd sah sie Vater an. »Und grießt sie scheen von uns!« Am Nachmittag brachen wir wieder auf. Wir wollten bald bei den Lehmanns und dann zum Beginn der Dunkelheit über die Kurfürsten sein. Der Onkel kam rein und meinte: »Ich hob die Kartuffeln eis Woanla getaon. A Kindel is jo keen Zentner schwer. Oaber ihr seid joa oa paar Leut, dann werds schonn gien.« Wir hatten uns wieder angezogen und standen abmarschbereit vor der Tür. Wir Mädchen hatten die Rucksäcke aufgeschultert, darin waren die Päckchen verstaut. Sie hatten nach Speck gerochen. »Die gute Tante.« Hände schütteln. »Bleibt gsund!« und »Glück zur Heemfahrt«, dann schlossen sie schnell die Tür und wir rollten die schwer beladene Karrete auf die Straße. Trautel und Vater schoben sie zuerst. Ich sah zum Himmel, denn mir fiel der Schnee- und Eissturm von neulich ein. Eine dünne Sonne machte den nebligen Tag milchig hell. Hoffentlich blieb es so. O je, das war eine »Fuhre«. Aber die lange, lange Straße ging es ganz gut. Außerdem fielen wir nicht weiter auf, die weißen Armbinden in der Tasche, sahen wir eigentlich genauso aus wie die Polenleute, die uns jetzt öfter begegneten, wobei man ja nicht wusste, ob es Polen oder Deutsche waren. Wir schwiegen jedenfalls, grüßten nicht und sahen weg. Früher war das anders, jeder grüßte jeden. Es lag so was Feindseliges in der Luft. Aber wir hatten nicht viel Zeit, darüber nachzudenken. Die Karrete quietschte, aber sie ließ uns nicht im Stich. Abwechselnd wurde sie geschoben. Hier auf der Straße konnten wir sie noch nicht ziehen, das wäre aufgefallen. Ich spielte vor mich hin, Augen zusammenziehen und gucken, ob die Berge in der Ferne schon größer wurden, dann ganz plötzlich die Augen aufreißen.

Endlich waren wir in Steinseifersdorf. Kurze Rast. Die Lehmanns freuten sich mit uns, dass wir was gekriegt hatten. Dann kam das letzte und schwerste Stück. Kurz hinter dem Dorf ging es steil bergauf. Tante Martha schob den Wagen. Es sah aus, als wenn eben eine alte Frau, nicht ganz richtig im Kopf, einen alten Kinderwagen vor sich her schob. Sie ging tief gebückt. Ging sie extra so oder war es ihr wirklich auch zu schwer? Wie alt war sie eigentlich? Ich wusste, dass sie vier Jahre jünger als Mutter war. Weihnachten war sie 50 geworden. War das alt? Ich vergaß es. Ängstlich sahen wir die Leute an. Wir gingen nicht nahe zusammen, damit wir nicht jetzt auf dem letzten Stück noch auffielen. Als die Straße auf dem Berg die erste Kurve machte, wartete Tante Martha auf uns. Sie lag mehr als sie saß unter einem Baum, vor ihr der Wagen. Erst jetzt sah ich, dass in dem Korbgeflecht auf der Seite ein schönes Ornament eingeflochten war.

»So, das werden wir gleich haben«, meinte Vater und begann, seinen Strick aus der Tasche zu kramen. Endlich kam er damit zum Zuge. Er beugte sich unter den

Wagen und befestigte den Strick so in dem Wagengestänge, dass dadurch ein Gleichgewicht entstand. »Fertig. Es geht weiter.« Wir rappelten uns auf. Vater nahm den Strick über die Schulter, Trautel und ich schoben. Es war dunkel geworden. Na gut. Jedenfalls würde uns niemand von weitem sehen können. Wir schoben und schwitzten, eine Kurve, noch eine Kurve, die Straße hoch. Mein Herz hörte ich in den Ohren, mir war so heiß. Aber Vater lief und lief und keuchte und keuchte. Kaschbach, ein Hund bellte. Wohnten da doch noch Leute? Dieser widerliche Geruch kam uns entgegen. Wir blieben eine Weile stehen. Tante Martha meinte: »Bluß nich durchs Durf! Auf der Stroaße is zwar weiter, oaber es hilft nischte.« Wir hatten gar nicht gemerkt, dass der Nebel verschwunden war. Von der Straße aus konnten wir im Dunkeln die Häuser von Kaschbach liegen sehen. Ging der Mond auf? Am Himmel waren ein paar Sterne zu sehen.

Wieder Hundegebell, diesmal von rechts, von Friedersdorf her. Jetzt auch Pferdegetrappel, Peitschenknallen, und schon rappelt ein Kastenwagen an uns vorbei. Zwei Männer saßen auf dem Kutschbock. Wir ducken uns fast in den Straßengraben. Noch mal gut gegangen. Sie haben uns anscheinend nicht gesehen. Von der Eulenbaude hören wir wieder das Quietschen und Klappern der Fenster- oder Türscharniere. Da wissen wir, dass wir die Straßenkuppe erreicht haben. Aber dieses Quietschen klingt in der Nacht noch unheimlicher als am Tage. Schreit da nicht auch eine Eule? Ich richte mich auf. Drüben am Waldrand wird es zwischen den hohen Fichten hell. Was ist das? Trautel stupst mich an. »Guck mal, der Mond geht auf.« Natürlich das Licht kommt vom Mond. Der Himmel ist ganz klar geworden und übersät mit Sternen. Keine Zeit, nach ihnen zu sehen, vorwärts! Eine Kurve können wir abschneiden, wenn wir unterhalb den Feldweg entlang gehen. Wir beraten, eine Atempause ist auch gut. Wir untersuchen den Wagen, ob noch alles in Ordnung ist. Er hält, obwohl wir den Eindruck haben, dass die Räder nicht mehr ganz gerade stehen. Wenn er nur halten wollte, damit wir auch noch schnell und unbemerkt durchs Dorf kommen. Den letzten Feldweg werden wir nicht nehmen können, das steht schon fest. Ja, wir werden aber trotz allem die Abkürzung nehmen. Der Mond ist inzwischen voll aufgegangen und es ist sozusagen taghell. Er leuchtet alles aus. Wir können oben am Hang die Fichten erkennen und an der Straße die schon fast kahlen Bäume. Es wird sehr kalt, der Atem weht wie eine kleine, weiße Fahne voran. Als wir schon fast wieder an der Straße sind, nach viel Holpern und Stolpern mit unserem Gefährt, kommt oben an der Straße ein Lastwagen vorbei mit russischen Soldaten. Sie haben uns in dem hellen Mondlicht gesehen. Sie rufen und schreien vom Wagen herunter, aber der Fahrer hält nicht an. Vielleicht waren sie auch betrunken. Wir sind stehen geblieben, haben blitzschnell den Wagen unter einen Busch gefahren und uns hingeschmissen. Als wir uns wieder aufrappeln, ruft Vater: »Still, da kommt noch was!« Wir hocken uns wieder hin. Da kommt es näher. Wieder ein Pferdewagen mit johlenden Männern. Aber sie haben uns zum Glück nicht bemerkt. Wir wollen weiter. Der Mond scheint wirklich unverschämt. Es bleibt nichts verborgen. Wir schütteln und recken uns, Vater nimmt wieder den Strick über die Schulter. »Los jetzt!«, ruft er. Da sagt die Rosel auf einmal ganz aufgeregt: »Wo sind bloß meine Handschuhe?« Sie sucht in ihren Manteltaschen, nichts. »Nu mal ruhig«, meint Trautel, »wo hast du sie denn noch gehabt?« »Oben an der Straße.« Wir andern bücken uns inzwischen und suchen den Platz ab, wo wir eben gesessen haben. Nichts zu finden. Rosel fängt an zu weinen. Die schönen Handschuhe! Jetzt tut sie mir wirklich sehr leid. Ich kann ihr ja nachfühlen, was es heißt, solche Kunstwerke erst mal zu stricken und sie dann zu verlieren. Ratlos sehen wir uns an. Vater drängelt. »Wir müssen weiter, wer weiß, was wir noch verlieren.« Trautel sagt: »Ich geh' eben noch mal zurück bis zur Straße, vielleicht finde ich sie.« Rosel geht mit. Wir anderen hocken uns wieder hin. Ich kann sowieso kaum noch schnaufen. Der Rücken tut so weh. Aber ich will tapfer sein. Nur nicht schlappmachen, ehe wir zu Hause sind.

Im Mondlicht sehen wir sie den Weg entlanggehen und dann wieder umkehren. »Nichts gefunden.« »Dann hast du sie schon früher verloren!« »Warum hast du sie denn ausgezogen?« »Mir war so warm beim Schieben. Aber ich habe sie bestimmt in die Taschen gesteckt!« »Ja, das ist nun sehr traurig, aber weiter zurückgehen können wir jetzt nicht mehr. Es wird immer später und die Mütter warten doch zu Hause!« »Ja, das stimmt«, Rosel zieht die Mütze über die Ohren und sagt ganz bekümmert: »Dann müssen wir wohl weiter.«

Das letzte Stück Weg unterhalb der Straße ist besonders schwierig. Wir stolpern über die Fahrrinnen auf dem Weg, der Wagen will nicht so richtig mit. Wir zerren und ziehen ihn, schließlich müssen wir ihn heben. Vater meint: »Wir müssen oben den Sack rausnehmen, sonst brechen die Räder ab.« So machen wir es dann auch. Rosel und ich nehmen den leeren Wagen und tragen ihn das letzte Stück bis auf die Straße. Gerade als wir ihn unter Keuchen wieder bepackt haben und die bunte Decke wieder über dem »Kindel« liegt, braust noch mal ein Militärlastwagen an uns vorbei. Nun geht es etwas rascher vorwärts, denn die Straße geht bergab. Aber das stellt sich als eine neue Quälerei heraus. Jetzt brauchen wir zwar nicht mehr zu schieben, jetzt müssen wir bremsen. Die großen Räder haben solche Schwungkraft, dass er uns einfach durchzugehen droht. Die Haltestange ist zwar schön geschwungen, aber bietet für vier Hände kaum Platz. Vater dreht jetzt den Strick um und hängt ihn sich von hinten nach vorne um die Schultern. So kann er den Wagen festhalten. Das freie Stück Straße überwinden wir dadurch schneller, als wir dachten. Dann kommt der Waldweg, endlich, wir sind für eine Weile unsichtbar. Dafür wird das Holpern und Stolpern über den ungeraden Wald- und Feldweg wieder schlimmer. Aber das stört uns nicht mehr so. Wir lachen ein bisschen über die immer schiefer werdenden Räder und hoffen, dass er es noch macht, bis wir zu Hause sind. Nur Rosel kann nicht lachen, aber sie ist ganz tapfer. Als wir die Häuser von Wilhelmstal sehen, bleiben wir stehen und beraten, ob wir übers Feld oder die Straße entlang durchs Dorf gehen sollen. Es ist schon gegen zehn Uhr abends, Trautel hat es vom Turm schlagen gehört. Gehen wir über den Feldweg, bricht der Wagen vielleicht endgültig. Gehen wir über die Straße, werden wir vielleicht angehalten. Was tun? Schließlich sagt die Tante Martha: »Die Madel gien gleich heem übern Acker und mir zwee«, dabei stupst sie Vater an, »mer gien aufrecht durchs Dorf. Das wer doch gelacht.« Erst wollen wir nicht, wenn was passiert? Dann sind die beiden allein. Aber es bleibt nichts anderes übrig. Stumm wandern wir das letzte Stück, vorbei an Wilhelmstaler Häusern. Bis auf Hundegebell bleibt es ruhig. An der weißen Scheune trennen wir uns.

Wir sehen den beiden nach. Vater stolpert von einem Bein aufs andere. Er schwankt, als wenn er betrunken wäre. Tante Martha neben ihm, den quietschenden Kinderwagen vor sich, ist, so scheint es uns, noch kleiner geworden, als sie vom vielen Bücken sowieso schon ist. Zögernd wenden wir uns ab, immer noch scheint der Vollmond so unverschämt. Wir laufen den Feldweg hinab, dabei lauschen wir auf das Quietschen. Aber es klingt regelmäßig wie auf dem ganzen Weg und verschwindet schließlich unterhalb der schwarzen Scheune auf der Dorfstraße. Ruhig ist es im Dorf nicht. Sonntagabend. In der Eule kreist die Wodkaflasche. Dort, wo das Gasthaus liegt, ist es auch besonders laut, so scheint es uns. Im Höhnweg ist es still, wir laufen ihn mit unsern müden Füßen vielleicht genauso schwankend entlang wie die beiden Alten. Ich jedenfalls habe wieder dieses Brennen im Körper, an dem die Glieder alle einzeln hängen und doch nicht mehr zu spüren sind. An der Gartentür hinterm Haus warten wir einen Augenblick, ob wir das Quietschen auf der Dorfstraße wieder hören. Aber wir müssen noch eine Weile warten. Dann ist es soweit. Wir laufen schnell zum Vordertürchen und lassen die beiden in den Garten. »Hat euch niemand angehalten?« »Nein, an der Eule haben sie uns angeschrieen. Aber wir haben nicht hingehört und sind einfach weitergegangen.« »Wir haben's geschafft!«, rufe ich froh. Rosel hat uns schon angemeldet. Die Mütter sind an der Hintertür und ziehen den Wagen in den dunklen Schuppen. Ich stolpere in die Küche. Rosel sitzt schon vor ihrer dampfenden Teetasse. Auf dem Gesicht hat sie Spuren von Tränen. Ich weiß ja warum. Ich setze mich neben sie und schlafe sofort ein, gerade noch sehe ich die lächelnden Gesichter der Frauen durch die Küchentür hereinkommen, dann sinkt mein Kopf auf den Tisch.

Der gestohlene Weihnachtsbaum

Weihnachten stand vor der Tür. Keiner wagte so richtig, davon zu sprechen. Rosel und ich hielten Rat, was zu tun sei, aber so recht wollte uns nichts einfallen. Wir wollten gerne alle beschenken, aber mit was? Wir kramten in alten Sachen und dachten an dies und das. Ich fand bei unsern Sachen Mutters Hefte über landwirtschaftliche Buchführung. Darin vertiefte ich mich erst mal. Mutter kam dazu und wir bettelten, sie solle erzählen. »Ja, ich wollte Gutssekretärin werden, und da habe ich zuerst landwirtschaftliche Buchführung lernen müssen.« Ich staunte. »Aber du wolltest doch heiraten?« »Nu ja, aber lernen für einen Beruf ist doch was Schönes, oder?« Sie lachte. »Ach Dordel«, sie sah in meine staunenden Augen und ich sah meine Mutter in einem ganz neuen Licht. Auf diese Idee war ich überhaupt nicht gekommen. »Du willst doch auch einen Beruf. Natürlich, jetzt hab' ich dich und euch alle, da brauch ich keinen Beruf mehr. Du kannst die Deckel der Hefte nehmen, wenn du was draus machen willst mit der Rosel.« Sie legte den Arm um mich. Wir sahen die Hefte an. Rosel staunte auch. »Schöne Zahlen schreibst du, Tante Gustel.« Das war unser beider wunder Punkt. In unsere Überlegungen platzte Trautel herein. »Wir brauchen einen Weihnachtsbaum!« Wir sahen sie an, daran hatten wir überhaupt noch nicht gedacht. »Stimmt«, stellten wir wie aus einem Munde fest. Mutter guckte die Trautel ungläubig an. »Wie kommst du denn auf diese komische Idee?« »Ach, ohne Baum ist doch kein richtiges Weihnachten!« Sie ließ sich nicht davon abbringen. »Und wo willst du ihn hernehmen? Zu kaufen wird's wohl keine geben.« Wir lachten ziemlich gequält. Etwas nachdenklicher geworden, setzte sich Trautel zu uns. »Wir müssen halt in den Wald gehen und einen holen«, sagte sie langsam. Wir dachten nach. »Wo?«, fragte ich. Trautel wurde wieder lebhaft.« »Na ja, wo schon? Natürlich am Nitschkaberg, in Fischers Wald.« »Aber da dürfen wir doch gar nicht hin«, rief Rosel. Mutter schwieg. »Natürlich nicht, es ist alles verboten, verboten, verboten!«, rief sie bitter. »Ach, ihr seid ja verrückt!« Damit lief die Rosel raus in die Küche zu ihrer Mutter. Wir hörten sie draußen schwadronieren. »Die wollen in den Wald einen Baum holen. Total übergeschnappt.« Tante Liesel redete leise auf Rosel ein. Aber Trautel blieb mit ihrer Idee standhaft. »Morgen, wenn's dunkel wird, gehe ich los, nehme den kleinen Fuchsschwanz mit. Sollt ihr mal sehen. Kommst du mit?«, fragte sie mich. »Ich soll mitgehen«, staunte ich sie an. »Ja, Angst hab ich auch, dass wir erwischt werden von irgend solchen Polenkerlen. Aber es ist unser Wald, da können wir doch wohl einen Baum holen!« »Du meinst Fischers Wald«, meinte Mutter sanft. Meine Schwester wurde heftig: »Ach was, ihr Wald, unser Wald, was haben die Polen hier zu suchen. Fast mein halbes Leben hab' ich hier oben in den Bergen zugebracht. Kenne jeden Weg, jeden Steg. Hab' Fischers geholfen. Der Großvater hat uns alles gezeigt, wie man mit Holz umgeht, mit den Jungens bin ich hier Ski gelaufen, auf den Kirschbäumen rumgeklettert, Schlitten gefahren und jetzt kommen Fremde und sagen, das gehört euch nicht mehr!« Sie war richtig laut geworden, ihr Gesicht war gerötet. Mutter und ich schwiegen ... »Du meinst doch, dort oben hinter der Kuppe in der Schonung, wo wir im Sommer die Pfifferlinge geholt haben?« »Genau, da meine ich.« Eine schöne Vertrautheit war auf einmal zwischen uns. Wir würden ihnen allen einen Baum schenken, das war's, was wir suchten. Ich löste mich aus Mutters Arm und stellte mich neben meine Schwester. »Was meinst du?« Mutter seufzte wieder. »Meinetwegen«, sagte sie langsam, »am besten ihr macht nicht viel Aufhebens drum. Wenn Vater es hört, geht die Auseinandersetzung von neuem los. Das spart ihr euch am besten. Und geht gleich morgen, ehe der Schnee kommt.«

 Wir sprachen nicht mehr davon. Aber jede ertappte die andere, wie sie immer wieder den ganzen Tag lang zum Fenster schaute und nach dem Wetter sah. Ich dachte immer, wenn es nur nicht schneit oder zu viel regnet. Heimlich legte ich mir die Sachen zurecht, damit alles schnell gehen sollte. Zum wievielten Male stellte ich mir vor, wie wir gehen würden. Altbekannte Wege, aber doch neu. Wir würden etwas stehlen, was uns so und so nicht gehörte. Der Wald gehört uns nicht, er gehört zum Fischer-Hof. Wie man's nimmt, hier in Wüstewaltersdorf gehört uns sowieso nicht viel. Großvaters Haus und Grundstück war verpachtet. Und wenn wir in die Ferien kamen, wohnten wir bei Tante Martha, da gehörte uns auch nichts. Was hatte mir überhaupt schon gehört? Eigentlich nur das, was Mutter und Vater mir schenkten. Viel war das nicht, zum Anziehen, Spielzeug, die Puppen. Bilder zogen an mir vorbei. Immer hatte ich mir ein Fahrrad gewünscht. Im Krieg gab's keine Fahrräder zu kaufen und die von den Jungs waren Herrenfahrräder. Die Gretel fiel mir ein. Hatte sie mir gehört? Ich hatte sie gepflegt und lieb gehabt, aber das Fohlen hatte ohne die Mutter nicht leben können. Ein feiner Schmerz zog durch mich hindurch. Plötzlich kam mir der Gedanke, alles was ich lieb hab, gehört mir. Also auch der Wald, alles was ich kenne und was ich sehe und womit ich umgehe. Es gehört mir, dachte ich trotzig, also können wir auch aus meinem Wald einen Baum holen. Ganz richtig stimmte das wohl nicht, spürte ich dumpf und hilflos. Aus diesem Wirrwarr fand ich keinen Ausweg. Mit aller Kraft schob ich die Gedanken fort.

Es war soweit. »Kommst du? Wir müssen uns anziehen!«, rief Trautel leise. Ich zog die Strickjacke an, den grünen Lodenmantel, zog die Kapuze ins Gesicht, band noch ein Tuch darüber. Dazu noch die hohen, geschnürten Schuhe und die Fausthandschuhe an. »Hast du den Fuchsschwanz?«, fragte ich im Flur leise. »Ja, ja, Mutter hat ihn in ein Kopftuch gewickelt.« Die Küchentür ging auf und Mutter schloss sie wieder ganz vorsichtig. »Passt gut auf, und wenn jemand kommt, geht vorbei und schert euch nicht drum.« »Ja, ja, wir passen schon auf.« »Es ist oben in den Bergen schon sehr neblig, aber ihr kennt ja den Weg.« Sie ging mit uns zur Hintertür, stemmte sie vorsichtig auf und ließ uns hinaus. »Bleibt nicht zu lange!« Sie strich uns über den Rücken, dann schloss sich die Tür. Draußen roch es nach verbranntem Holz.

Die Gartentür öffnen und hindurchgehen, die Gartentür schließen, mechanische Handbewegungen, die wir wie oft schon ausgeführt hatten. Heute waren sie uns auf einmal sehr bewusst.

Wir sahen uns in der Dunkelheit um, es war sehr still und dunstig. Tatsächlich, Mutter hatte recht, über den Häusern lag Nebel. Er schluckte jeden Laut. »Ob wir den Weg auch finden?« Wir nahmen uns an den Händen und schritten aus. Den Höhnweg entlang. Regungslos lag alles am Weg. Aus den Häusern kam blasser Lichtschimmer. So, jetzt rechts den Feldweg hinauf. Wir sahen uns immer wieder um, aber wir sahen niemand. Je höher wir kamen, desto nebeliger wurde es. Das Geräusch des Gehens klang eigenartig dumpf. Mein Herz klopfte, der Atem ging rasch und keuchend, denn wir schritten kräftig aus. So jetzt oben an der Straße, am besten am Feldrain, hinter der weißen Scheune vorbei; auf der Straße zu gehen, war zu gefährlich. Natürlich, die weißen Armbinden hatten wir zu Hause gelassen. Sie hätten uns nur verraten. Wir stolperten über das Geröll der Scheunenwände, die Scheune war ja kaputt. Die Erde unter den Füßen war uns bekannt, wie oft waren wir darüber hingegangen.

Ich hatte in den Furchen gesessen und Rüben geeinzelt, war mit vieler Mühe beim Kartoffellegen mit dem Korb im Arm hinter den Frauen hergestolpert. »Träum nicht so rum!«, rief leise meine Schwester. Sie lief vor mir her und war schneller. Ich holte auf, dann gingen wir bei der schwarzen Scheune über die Straße. Es war ganz still, der Nebel lag wie dunkle Watte um uns her. Kurz vorher hatten wir noch schwache Lichter im Dorf gesehen. Jetzt, als wir die nächste Steigung auf dem Weg am Nitschkaberg nahmen, hörten wir die Turmuhr schlagen. Wir zählten sechs Schläge. Es klang so nah. Hatten wir uns etwa verlaufen? Ach was, das machte der Nebel. Schließlich merkten wir, dass der Wald anfing. Wir hatten die Kuppe des Berges erreicht. »Weißt du noch, wie sie geschossen haben, als wir auf dem Feld waren?« Jetzt kroch doch die Angst wieder in mir hoch. »Sei still!« Die Hand meiner Schwester schloss sich fest um meine. ›Was hat sie nur für Kraft in ihren kleinen Händen‹, dachte es in meinem Kopf.

Der Weg war schmal geworden. Der Wald rauschte in dem Wind, der hier oben wehte, es tropfte von den Ästen und hin und wieder gab es so einen dumpfen Ton. War etwas gefallen oder liefen Tiere an uns vorbei? Sehen konnten wir nichts oder jedenfalls nicht viel. Manchmal strich uns ein nasser Ast durchs Gesicht. Wir erschraken, das Herz klopfte schneller. »War ja nur ein Ast«, tröstete meine Schwester mich. »Wollen wir nicht umkehren?«, fragte ich kläglich. Mir schien auf einmal der Weg endlos. »Ach was, hier oben kann uns nichts passieren. Hier ist niemand und wir sind ja gleich da.« Der Weg machte ein kleine Kurve, links wurde es noch dunkler, das war der Hochwald. Aber rechts wurde es zum Himmel etwas heller. Da wussten wir, dass die Schonung anfing. Wir blieben stehen. Aus dem Tal hörten wir Laute, Menschenworte, Viehbrüllen, Autos. Alles seltsam hohl, fern und doch wieder ganz nah. »Das macht der Nebel, keine Angst«, flüsterte sie mir zu. »Komm, wir gehen ein wenig in die Schonung hinein.« Mir fiel der Sommer ein, ja, hier war es gewesen, wo ich auf allen Vieren unter den kleinen Fichten umhergerutscht war, um die Pfifferlinge zu finden. Eine ganze Welt für sich. Der weiche Waldboden, der schwere Duft von Harz und Baumgrün. Ich atmete tief, jetzt roch es auch so. Nur modriger und feucht. Der weiche Waldboden. Ich schob die Zweige der Bäume beiseite. Erst war ich meiner Schwester ganz nahe, aber auf einmal war sie weg. Es war ganz still. Ich ärgerte mich. Ich hatte mal wieder geträumt, von der Sonne, die auf dem Wald gelegen hatte, und von dieser grünen Hölle und von dem Glück, wenn unter einem Baum die kleinen, gelben Pfifferlinge zum Vorschein kamen, und wie es mir fast leid tat, wenn ich sie vom Boden wegschnitt, mit dem kleinen Küchenmesser, und wie ich immer hinhörte, wo die andern gerade rumkrochen, und wie wir gelacht hatten, wenn wir uns auf dem Bauch liegend trafen. Ja, dicht war es hier, Bäumchen an Bäumchen standen hier. »Wo bist du?«, rief ich leise. »Na hier«, sie war genau vor mir. »Warum bist du so still?« »Na, weil ich fühlen muss, welchen Baum wir nehmen«, ich hörte sie atmen. »Fühl auch mal. Dieser hier scheint gut gewachsen zu sein. Er ist auch nicht so breit wie die andern. Er wird gut stehen auf dem kleinen Tisch.« Was sie alles bedachte. Ist doch egal, welcher Baum. Wenn wir ihn nur schon ab hätten und wieder zu Hause wären. Das Schwerste kam ja noch, das Sägen. Brav fühlte ich an dem Bäumchen herum. Wir mussten lachen, als sich unsere Hände begegneten. »Ja, der ist gut, den nehmen wir. Mach schon, pack die Säge aus!«, flüsterte ich. »Hier, halt mal das Tuch!« Ich merkte, wie sie sich bückte und die Zweige auseinander schob. »So, jetzt geht's los!« Sie setzte die Säge an und begann, sie hin und her zu schieben. Ein ohrenbetäubender Lärm, fand ich. Ich erschrak. »Hör auf, das geht nicht«, die Zweige wackelten an meinen Beinen. Sie richtete sich auf. »Es macht Krach.« Wir horchten in die Stille. Aber nichts regte sich. »Ich mach weiter, und wenn du was merkst, musst du mich stupsen, dann hör ich auf.« Sie kroch wieder unter den Baum und sägte weiter. Ich hörte sie schniefen und sägen. Zwischendurch machte sie eine Pause. »Ist nichts«, rief ich hinunter, dann sägte sie weiter. Plötzlich gab es einen Ruck, es war geschafft. Sie richtete sich keuchend auf und wir blieben eine ganze Weile still stehen, bis unser Atem sich beruhigt hatte. Schließlich sagte sie: »Es ist schön hier oben, auch bei diesem Wetter, bald fällt der Schnee.« Ich dachte wieder an den Sommer und wie viel Unsinn ich mit den Jungen Herbert und Heinz hier oben getrieben hatte.

Unsere Augen hatten sich ganz gut an die Dunkelheit gewöhnt, so entdeckten wir kleine Schneeinseln, da wo die Bäume nicht so dicht standen. Auch war der Himmel klarer geworden und Sterne wurden sichtbar. »Schau mal, ist das schön!« Wir schauten eine Weile nach oben. Es glitzerte und funkelte. »Komm, wir müssen gehen, die machen sich Sorgen, und wenn der Nebel wieder dichter wird, finden wir den Weg nicht mehr.« Wir griffen in den Baum und zerrten ihn in Richtung zum Weg. Gut, dass auf der anderen Seite vom Weg der Wald höher war, wir hätten den Weg womöglich nicht wiedergefunden. »Wie wollen wir ihn tragen?« Aber sie wusste Rat. »Ich hab einen Strick mit«, sie fummelte in ihren Taschen rum. »Hier, halt mal das andere Ende. Jetzt wickeln wir ihn einfach ein.« Wir beugten uns und fingerten den Strick um den Baum. »So geht's, du nimmst die Spitze und ich den Stamm.« Wir zogen los. Mein Herz fing wieder an zu schlagen. Wenn's nur gut ginge. »Nu geh schon. Was hast du?« »Angst!« »Ach, ich auch. Aber es ist doch gut gegangen. Wir kommen schon heim.« Sie zog mich samt dem Baum hinter sich her. Tapfer ging ich los, feige durfte ich jetzt nicht sein. Als der Wald aufhörte, konnten wir sogar das Dorf sehen, zwar schwach, aber immerhin, es sah so friedlich aus und plötzlich begannen die Abendglocken zu läuten. Sieben Uhr hatte vorher die Glocke geschlagen. Wir blieben stehen. »Wie Weihnachten«, flüsterte ich. »Ja, wir werden feiern mit einem Baum. Tante Liesel hat gesagt, sie hätte noch ein paar Lichter.« Tapfer setzten wir unsern Weg fort. Unten an der Straße wurde es laut. Gut, dass der Weg an der Scheune aufhörte. Mit klopfenden Herzen quetschten wir uns an die Scheunenwand und warteten, bis das Pferdefuhrwerk vorbei war. Dann grölten noch ein paar polnische Männer, sie wollten wohl noch nach Wilhelmstal. Wo die nur in der »Eule« immer den Schnaps her hatten, ging es mir durch den Kopf. Ich schwitzte. Endlich war es wieder still. Wir fassten den Baum, gingen über die Straße und stiefelten den Feldrain zurück, so wie wir hergekommen waren, dann den Feldweg runter. Am Höhnweg mussten wir noch mal Halt machen und warten, ob wirklich alles still war. Keine Schritte, niemand unterwegs. Nur auf der Straße, jenseits vom Bach, hörte man Leute gehen und eine Kutsche vorbeifahren. Deutsche waren das bestimmt nicht, die hatten um diese Zeit nichts mehr draußen zu suchen. »Also los!« Wir schlichen hintereinander her, und eng an den Gartenzäunen entlang, den Baum zwischen uns, nach Hause. Für unsere großen, wachsamen Ohren quietschte das Gartentor am Haus viel zu laut. Noch einmal tief erschrocken hielten wir inne. »Na los, rein mit uns«, gemeinsam schlossen wir das Tor und legten den Riegel vorsichtig in seine Krampe. Nur noch ein paar Schritte zur Hintertür. Als wir mit klammen Fingern öffnen wollten, ging sie von innen auf. Mutter hatte das Tor quietschen hören und war zur Tür gegangen. Sie fasste den Baum an und zog ihn in den Schuppen. Jetzt erst merkten wir, wie feucht und kalt wir waren. Wir sahen uns an und lächelten. Es war gelungen, wir hatten einen Baum zum Fest.

Als wenn nichts gewesen wäre, öffneten wir die Küchentür, holten uns Tassen und setzten uns an den Tisch. Mutter goss heißen Lindenblütentee ein. Vater hatten sie wohl inzwischen in das Abenteuer eingeweiht. Er sah uns prüfend an, sagte aber nichts. »Wie war's?«, wollte die Rosel wissen. »Na ja, wie schon? Wir haben halt einen Baum geholt«, meinten wir und sahen gedankenverloren in den Tee. In der Küche roch es so komisch nach Kerzenwachs!

Weihnachten

Rosel und ich machten uns eifrig über die blauen Heftdeckel von Mutters Buchführungsheften her: schnitten, falteten und klebten sie, bis schließlich zu sehen war, was es werden sollte. Kleine Mappen entstanden, in denen allerlei nützliche Sachen gesammelt werden konnten. Das Kleben war vor allem ein Problem gewesen, aber Mutter wusste Rat. Sie spendierte einen kleinen Löffel Mehl, den wir vorsichtig mit ein paar Tropfen Wasser verrührten. Das ergab ein bisschen Kleister, mit dem wir die Ecken festkleben konnten. Zum Schluss bemalten wir die Vorderseiten mit unseren Buntstiften und knoteten Seidenbänder, Reste von Geschenkband, an den Vorderseiten fest. So konnte man die Mappen zubinden. Stolz besahen wir unser Werk. Es war nicht einfach gewesen, diese Geschenke unbemerkt herzustellen, denn immer wieder kam jemand zur Tür herein. Eberhard sollte es auch nicht sehen, damit er ja nichts verriet. Es sollte doch eine Überraschung werden.

Am frühen Nachmittag des Heiligen Abends holten wir den Baum aus dem Schuppen. Tante Liesel brachte ihre Weihnachtskiste, Vater hatte den Baum in das grüne Holzkreuz geschlagen, damit er fest stand. Seinen Platz fand er in der Ecke des Wohnzimmers, zwischen den Fenstern auf der Nähmaschine, die in den Weihnachtstagen nicht gebraucht wurde. Unsere Aufgabe war es, den Baum zu schmücken. Trautel und ich waren jetzt sehr glücklich, dass wir das Wagnis bestanden hatten. Fast andächtig holten wir die roten, gelben und silbernen Kugeln aus den Kästen und hängten sie in die Zweige, dann das Lametta. Immer wieder besahen wir den Baum, um zu sehen, ob er auch gleichmäßig geschmückt war und so schön wie nur möglich aussehen würde. Wir waren mit unserem Werk zufrieden. »Lichter fehlen«, ratlos sahen wir uns an. Rosel meinte, »Mutter hat bestimmt noch ein paar Stummel vom vorigen Jahr«, damit lief sie in die Küche. Eberhard erwischte die Gelegenheit und hüpfte durch die offene Tür, eigentlich sollte er den Baum noch nicht sehen. »Habter aber schön gemacht«, trompetete er. »Raus hier!«, schrieen wir lachend. Tante Liesel brachte eine alte Kerzenschachtel. »Guckt mal, viel ist das nicht, die paar Stummel, die wir voriges Jahr nicht ganz abgebrannt haben.« »Für die Bescherung wird's schon reichen«, meinten wir tapfer. Mutter hatte letztes Jahr Kerzen aus Talg und altem Wachs gegossen. Trautel kam noch auf eine neue Idee. »Wie wär's, wenn wir die längeren Stummel noch mal durchschneiden würden?« »Ja, das könnten wir machen«, stimmte ich zu. Zu Hause in Breslau hatten wir das letzte Weihnachten auch schon so gemacht. Gesagt, getan.

Dann zogen wir uns an und wollten zur Kirche gehen. In den letzten Tagen hatte es geschneit und gefroren. Der Garten war ganz mit Schnee zugedeckt: Das schwarze Dach bekam einen Pelz, die Pfosten vom Gartenzaun hatten kleine weiße Mützen aufgesetzt, die Zweige der Bäume trugen eine dicke Schneeschicht, vor allem die Tannen sahen sehr festlich aus. Auf der Straße allerdings war das Gehen beschwerlich. Niemand hatte den Schnee weggeräumt. Alle Leute stolperten durch den weichen Schnee, der bald festgetreten und gefroren, holperig und schwer zu begehen war. Man musste sehr aufpassen, dass man nicht dauernd hinfiel. Die glatten, schwarzen Gummisohlen boten kaum Gleitschutz. Früher war der Schneepflug durchs Dorf gefahren. Die Bauern übernahmen abwechselnd mit ihren Pferden den Räumdienst und zogen den Schneepflug. Jeder war verantwortlich für sein Stück Gehweg vor seinem Haus. Jetzt fühlte sich niemand mehr verantwortlich, auch die Polen räumten den Schnee nicht weg. Selbst wir hatten nur »eine Bahne« ums Haus rum gefegt, damit wir nicht den Schnee ins Haus trugen.

Als wir aus dem Garten auf die Straße traten, begannen die Glocken zu läuten. Die Straße war ziemlich belebt. Viele Leuten gingen zur »Christnacht«. Alle dick vermummt, die Mützen tief ins Gesicht gezogen, die Hände der Frauen im Muff vergraben. Das leise Grüßen und Kopfnicken musste man in der beginnenden Dunkelheit mehr ahnen. Von überall her reihten sich die Menschen schließlich zu einem dunklen Zug, der sich auf der Straße das Dorf hinauf wälzte. Wir spielten wieder mal das alte Spiel »Welche Glocken läuten jetzt?« Ich behauptete immer, die evangelischen Glocken läuteten voller und mit dunkleren Tönen und die katholischen hätten ein helleres Geläut, ich nannte es ein »Gebimmel«. Vater meinte, wir sollten den Mund halten und nicht die kalte Luft in den Hals ziehen, davon würde man krank. Außerdem, es sei doch egal, wie welche Glocken läuten würden. Das hätte auch mit den verschiedenen Türmen zu tun. Die evangelische Kirche hätte halt den dickeren Turm. In anderen Dörfern hätten die katholischen Kirchen den größten Turm, ich wüsste das doch auch von Breslau. Ich hatte schon längst nicht mehr zugehört. Ich musste auf den Weg achten, weil meine Schuhe gar so glatt waren. Deshalb hatte ich meinen Arm in den von meiner Schwester geschoben. Das Gehen war so sicherer. An der katholischen Kirche bogen die ersten Leute ab und verschwanden auf dem Vorplatz zur Kirche, der durch Büsche und hohe Bäume von der Straße abgegrenzt war.

Zur evangelischen Kirche mussten wir noch ein Stück weiter gehen. Sie lag direkt an der Hauptstraße, die nach Dorfbach weiterführte. In der klaren, kalten Luft klang das Läuten besonders dunkel und voll. Ich ließ mich einfach von den Tönen treiben, bis wir alle vor dem großen, offenen Portal standen. Wir klopften den Schnee von Mänteln, Mützen und Schuhen und traten ein.

Über dem von vielen Füßen ausgetretenen Steinfußboden lag der rote Kokosteppich, der die Spuren von festgetretenem Schnee trug. Rechts und links hingen noch die verwelkten Kränze an den Tafeln der Gefallenen des ersten Weltkrieges. Die Männer nahmen die Hüte und Mützen ab, dann traten wir durch die offene, große Glastür in das Kirchenschiff. Die Kirche war nur schwach beleuchtet. Zwei riesige Fichten standen rechts und links vom Altar. Sie waren mit Lametta dicht behängt und mit elektrischen Kerzen erleuchtet. Da die Kristallkronleuchter nicht eingeschaltet waren, konnte ich gerade noch erkennen, dass schon viele Leute in der Kirche saßen. Auch die beiden Emporen schienen gut gefüllt zu sein, denn auf den Brüstungen hatten die Leute hier und da Kerzen aufgestellt. Auch unten im Kirchenschiff waren überall kleine Kerzen aufgetropft und angezündet. Während wir nach rechts zu unserem Platz gingen, begann die Orgel zu spielen. Sehr warm quollen die Töne durch die Kirche. Ich erkannte ein Weihnachtslied. Wir traten in die Bank und setzten uns vor das Emailleschild mit Großvaters Namen. Meine Schwester war zum Kirchenchor hinaufgegangen, der seinen Platz vor der Orgel hatte. Das schwache Licht ließ die Umrisse von Kanzel und Altar verschmelzen. Die Schnörkel glänzten weiß und matt golden. Jedes Mal wunderte ich mich neu, dass die Kanzel direkt über dem Altar gebaut worden war. Das Kircheninnere war im ganzen weiß gehalten und golden glänzten die barocken Verzierungen. Das Kirchenschiff war mit zwei Emporen umrahmt und hohe, schlanke Fenster ließen viel Licht herein.

In Breslau sahen die Kirchen anders aus. Das mit der Zeit dunkel gewordene Altarbild gefiel mir besonders gut. Es zeigte Jesus mit den Jüngern aus Emmaus. Sie saßen um einen Tisch, auf dem Brot lag und ein Weinkrug stand. Essen, miteinander reden und keine Angst haben. Das Bild strahlte Geborgenheit für mich aus. So war es nicht verwunderlich, dass ich im Gottesdienst immer schon mehr über das Bild nachdachte, als darauf zu hören, was der Pastor sagte. Schmidt-Casdorff war sein Name, er trug einen Lutherrock, einen schwarzen, knielangen Mantel mit Stehkragen und weißem Kragenrand, jetzt hatte er den Talar darüber gezogen. Schade, dass dieser schwarz war, wenn er weiß gewesen wäre, sähe er wie ein Engel aus, mit seinen schütteren, grauweißen Haaren und der dicken Goldbibel in den Händen, aus der er die Weihnachtsgeschichte vorlas. Die Kerzen flackerten und der Taufengel bewegte sich ganz wenig hin und her. Er war hochgezogen und hing vor dem Altar in halber Höhe zur Kanzel. Seine breiten Flügel glänzten jetzt mattgolden auf. Bei der Taufe wurde er heruntergezogen, so dass die Taufgesellschaft darum herumstehen konnte. Ob die Engel damals in der Weihnachtsnacht in Bethlehem auch so ausgesehen hatten? Das Gesicht hatte er immer der Gemeinde zugewandt, es war von Locken umrahmt, die ihm über die Schultern hingen. Die Arme waren nach vorn gestreckt und die Hände hielt er geöffnet, wie eine Schale, vom Körper weg, über den sich wohl ehemals ein sehr weiß gemaltes, langes Kleid faltete. Bei der Taufe trug er in den geöffneten Händen die silberne Taufschale, aus der dann dem Kind das Taufwasser über den Kopf getropft wurde. Diese Hände machten jetzt ohne die Schale eine bittende Gebärde, eine sehr zarte Gebärde, die mich immer wieder rührte. Ein bittender Engel! Bei der Taufe schenkte er etwas, das Wasser, den Schutz für das Kind. Getaufte Kinder waren geschützte Kinder, sie hatten einen Schutzengel bekommen. Für mich war dieser hier ein Abbild für meinen Schutzengel.

Ich schreckte auf, der Chor sang von Bethlehems Feldern und dann immer als Kehrreim »Gloria in excelsis deo«. Ein schönes Lied, ich hatte es noch nicht gehört. Fräulein Opitz hatte wieder was sehr Schönes ausgesucht. Die Gemeinde sang »Stille Nacht, heilige Nacht«. Ich sang mit und versank in der warmen Woge von Musik, Gesang und der Stimme des Pastors. Ich atmete die verschiedenen Düfte der Leute ein, die um mich herum saßen und besah ihre Gesichter. Manche wischten mit weißen Taschentüchern ihre Augen. Mir schien, als hätte Mutter auch rote Augen, aber Tränen sah ich nicht bei ihr. Alle waren aufgestanden, die Orgel hatte aufgehört zu spielen. Ich hörte: »Lasst uns beten, so wie uns der Herr lehrte: Vater unser, der du bist im Himmel, geheiligt werde dein Name ...«, ich reihte mich in die murmelnde Masse ein, mein Herz klopfte, »dein Reich komme, dein Wille geschehe«, Schluchzen zwischen den Menschen, »wie im Himmel, so auf Erden. Und führe uns nicht in Versuchung, sondern erlöse uns von dem Übel.« Da, als die Gemeinde noch diese Worte spricht, fallen Schüsse. Oben auf der obersten Empore fällt splitterndes Glas aus den Fenstern. Draußen polnisches Schreien. Noch einmal Schüsse und splitterndes Glas, draußen Gelächter, dann ist es wieder still. Die Leute auf den Emporen ducken sich in die Bänke. Aber der Pastor lässt sich nicht beeindrucken. Er bleibt vor dem Altar stehen, die Orgel beginnt zu spielen und die Gemeinde fällt ein, so wie es an Festtagen üblich ist: »Denn dein ist das Reich und die Kraft und die Herrlichkeit, in Ewigkeit. Amen.« Mit sehr lauter Stimme sagt er: »Der Herr segne euch und behüte euch, er lasse sein Angesicht leuchten und gebe euch Frieden«, er schlägt das Kreuz. Eine Weile ist es ganz still in der Kirche, dann beginnt die Orgel zu spielen. Grüßen, Händeschütteln, eilig verlassen die Leute die Kirche.

Es war bitterkalt geworden. Ich schob meinen Arm auf der einen Seite unter den meiner Schwester und auf der anderen Seite hängte ich mich bei Mutter ein. So war es schön warm. Der Himmel war ganz klar an diesem Heiligen Abend. Der Schnee knirschte unter unseren Füßen. Der Schnee glitzerte und funkelte im Sternenlicht. Wir schritten kräftig aus, um bald zu Hause zu sein. Immer wieder aber wanderten unsere Augen zum Himmel empor und wir staunten über die Fülle der Sterne, die an diesem Abend zu sehen waren. »Schau, da steht der große Wagen, die Hinterachse musst du fünfmal verlängern, dann siehst du den Polarstern. Reinhard hat mal im Urlaub erzählt, wie er an der Front zu seinen Leuten zurückgefunden hat, weil er mit dem Polarstern die Richtung bestimmen konnte.« »Ja, ich weiß, dann braucht man keinen Kompass, sondern kann Norden, Süden so bestimmen.« »Na ja, schon besser, du hast einen.« Mutter zeigte zum Himmel. »Da siehst du auch das ›Winter-W‹, die Kassiopeia!« »Ja, wenn ich das W so krumm schreiben würde, wie es am Himmel steht, würdest du schimpfen.« Wir lachten leise.

An der katholischen Kirche standen noch Gruppen von Leuten herum. Es waren keine Deutschen und wir gingen schnell vorbei. »Ich hab' gehört, die Polen wollen unsere Kirche haben, weil sie größer ist. Jetzt müssen unsere Katholiken mit den Polen die Kirche teilen.« Mutter seufzte. »Wie das noch alles werden soll?« Es ging sich so schön zwischen den beiden Frauen. Ich achtete kaum auf den Weg, immerzu waren meine Augen am Himmel, so eine Pracht. Als wir am Haus waren, blieben wir alle noch mal einen Augenblick stehen und schauten hinauf. »Da hat Gott aber einen schönen Lichterbaum angesteckt heute Abend«, hörte ich sagen. »Ob man den Stern von Bethlehem auch sehen könnte, wenn wir wüssten, wo wir ihn suchen müssten?« Sie lachten leise, dann schloss sich die Haustür hinter mir.

Die beiden Prachtstücke, also die gebastelten Mappen, lagen in der Mitte des sehr bescheidenen Geschenktisches, den wir nach dem Kirchgang zusammen aufbauten, indem jeder sein Geschenk einfach darauf legte. Die Mütter hatten uns Mädchen etwas genäht. Sie waren es gewöhnt, seit den Kriegstagen aus alten Sachen neue zu zaubern. Aus »Alt mach Neu« war nun schon jahrelang die Parole gewesen. Zu kaufen gab es ja nichts, aber unsere Beine wurden länger und die Kleider immer kürzer. Vor allem ich schoss in die Höhe. Meine Schwester neckte mich damit und rief mich »lange Latte«. Socken lagen da, für jeden von uns. Die Schuhe waren längst nicht mehr heil, so schützten wenigstens die Socken die Füße vor Nässe und Kälte. Irgendeine alte Strickjacke hatte daran glauben müssen und wurde aufribbelt. Tante Liesel hatte noch Wollreste, mit denen in die Stulpen bunte Streifen gestrickt wurden. Für Eberhard hatte die Rosel einen Schal neu gestrickt, er konnte ihn zweimal um den Hals wickeln. Die Mütze dazu strickte Tante Liesel.

Freude wollte aber an diesem Abend nicht so recht aufkommen. Zum Abendessen gab es zwar Sauerkraut und es hatte sogar nach ausgelassenem Speck geduftet. Mit einem Stück Brot dazu war das Festessen schon vollständig gewesen.

Die Gedanken eilten aber an diesem Abend weniger zu Karpfen, weißen Würsten, Mohnklößen und schlesischem Himmelreich, die einmal zum Festessen gehört hatten, sondern andere Gedanken schoben sich träge durch den Kopf. Menschen, Onkel Erwin, meine Brüder tauchten auf. Wir sprachen von ihnen: »Wo mögen sie sein?« Und die bange Frage beschäftigte uns immer wieder: »Was wird die Zukunft bringen, das neue Jahr?«

Vater las dann, als wir gegessen hatten und die Lichterstummel ein sanftes Licht verbreiteten, noch einmal die Weihnachtsgeschichte vor. Ich schaute »unsern Baum« an und hörte endlich aufmerksam zu. Dieses Christuskind war ja auch in einer elenden Zeit geboren worden, schoss es mir durch den Kopf. Dann sangen wir »Stille Nacht« und »Es ist ein Ros entsprungen«, jeder auf seine Weise. Es klang ziemlich verrostet. Eberhard mit seiner hellen Stimme piepste hinterher, vor allem dann bei »Ihr Kinderlein kommet«, das konnte er am besten. Sein Gesicht strahlte, für ihn war eben Weihnachten. Die Frauen waren ganz gerührt über unseren Eifer, ihnen etwas Selbstgemachtes geschenkt zu haben. Eberhard rannte mit seinem Schal und seiner Mütze rum, und wir mussten alles loben und sagen, wie schön die Sachen wären. Für Rosel war schließlich richtig Weihnachten geworden. Auf dem Tisch fand sie ein Päckchen, schön in Weihnachtspapier eingepackt. Sie schaute von einem zum andern, aber alle machten genauso wie sie ein erstauntes Gesicht. »Na pack mal aus«, rieten wir ihr. Vorsichtig löste sie das Papier, noch einmal weißes Papier, darauf stand etwas zu lesen: »Du brauchst nicht mehr zu weinen und die Hände brauchen nicht frieren, die kleinen, das Christkind hat's gehört und hat dir heut neue beschert!« So ungefähr stand zu lesen. Da begann ihr Gesicht zu leuchten, als ahnte sie, was nun zum Vorschein kam. Ein paar wunderschöne grüne Fausthandschuhe, mit demselben Norwegermuster, zwei Sterne in weißer Wolle, wie sie sie selber mühselig gestrickt und dann verloren hatte.

Wir sahen Fräulein Opitz an, denn nur sie allein konnte diese Überraschung gemacht haben. Rosel wollte ihr vor Freude um den Hals fallen, aber sie wehrte in ihrer trockenen Art ab. »Ist schon gut«, meinte sie, »du hast mir doch zu leid getan. So viel Arbeit hast du mit den Handschuhen gehabt und sie dann einfach verloren.« Wir dachten noch mal an unsere abenteuerliche Reise mit dem alten Kinderwagen. Alle bewunderten diese großartige Handarbeit, sie passten ganz prima. Niemand von uns hatte gemerkt, dass Fräulein Opitz gestrickt hatte. Sie lächelte, als wir sie fragten. »Man muss nicht alles verraten«, meinte sie und sah Tante Liesel an, die verschmitzt lachte.

So war es trotz allen Kummers ein richtiges Weihnachten geworden. Tante Liesel ging noch mal in die Küche und kam mit einer Schüssel mit roten Äpfeln zurück. »Nüsse hab ich keene, aber Äpfel gehören halt auch dazune.« Jeder durfte sich einen aussuchen.

Pferdefleisch

Trautel kommt ganz aufgeregt nach Hause und stürzt in die Küche. »Ich habe gehört, beim Hirsch-Pauer ist ein Pferd krepiert.« Sie verbessert sich, »es hat sich was in den Huf getreten und musste geschlachtet werden. Das Fleisch woll'n se verkaufen!« »Na und?«, sagen wir wie aus einem Munde. »Was willste denn damit sagen? Etwa, dass das Fleisch zum Essen ist?« Trautel setzt sich. »Na ja«, sagt sie verlegen, »war nur so ein Gedanke. Ich will auch keins essen.« »Nu mal langsam«, meint Mutter, »ich könnte es zubereiten wie Sauerbraten, mit Gewürzkörnern und Lorbeerblatt in Essig legen. Dann schmeckt es genauso wie Sauerbraten vom Rind. Vor allem schön in Speck gebraten. Wir bekämen dann mal wieder bissel Fleisch zwischen die Zähne.« Tante Liesel nickt auch. Also ist sie mit Mutter einer

Meinung. »Ach, dass ich das überhaupt gesagt habe«, ärgert sich die Trautel. »Ich gehe es jedenfalls nicht holen. Vor allem nicht beim Hirsch-Pauern. Habt ihr nicht immer gesagt, sie sind verwandt mit uns? Aber irgendwie sind die uns doch nicht grün!« Tante Liesel seufzt. »Alte Geschichten zwischen den Großeltern. So richtig weiß ich es schon nicht mehr!« »Wie sind wir denn verwandt miteinander?«, wollen Rosel und ich, auf einmal hellhörig geworden für alte Geschichten, wissen. »Also, dem Gerber-Neumann seine Frau ist eine geborene Hausdorf und der ist ja euer Urgroßvater, mein Großvater«, verbessert sich die Tante Liesel, »und der Vater von der Frau Hirsch ist ein Hausdorf, also ein Neffe von Großvaters Frau.« »Du meinst von unserer Urgroßmutter«, sagen Rosel und ich fast gleichzeitig. Ganz neue Ansichten sind das für mich. Ich muss nachdenken. Das schöne Haus auf der linken Seite, schräg gegenüber vom Haus von Uhrmacher Neumann, das sind noch Verwandte von uns? Die Hirsch-Pauern hab ich schon gesehen. In meinen Augen waren sie zu dick, andere nannten das stattlich. Vor allem auch der Hirsch-Pauer. Wenn er zu Fischern kam und mit dem Onkel Alfred im Hof stand, sah er auch ganz imposant aus. Aber mit Fischern war er ja natürlich nicht verwandt. Aber die Frau mit uns. Komisch, warum hatten sie sich verzankt? Ich wagte nicht zu fragen. Alte Geschichten, nannte die Tante das. Mutter meinte: »Da müssten wir wohl bald gehen, das spricht sich rum, dann ist das Beste weg.« »Wer geht?« Alle gucken sich an. Tante Liesel meint: »Für mich ist das wohl nichts.« »Also für mich auch nicht«, echot die Rosel. »Ich will das Fleisch nicht essen«, kommt's von der Trautel her. Schweigen. »Schade«, meint Mutter, »dann wird's eben nichts mit dem Sauerbraten.« Ich bleibe schön still, das ist eine gefährliche Sache. Wenn ich ginge und die Hirschin träfe, ich wäre zu verlegen, wo ich jetzt weiß, dass was nicht stimmt. Richtig fremde Leute sind das ja nicht. Mutter will also auch nicht gehen. Plötzlich sagt die Trautel: »Wenn ihr unbedingt das Fleisch haben wollt, warum schickt ihr nicht die Dorchen?« »Ich gehe auch nicht, ich brauch kein Pferdefleisch!« Ich dachte an die Gretel und an Max und Moritz, an die Jutta, irgendwie waren das Freunde. Mir würde ja der Bissen im Hals stecken bleiben, wenn ich von diesen Pferden was essen sollte. Damit war zunächst die Geschichte zu Ende, es wurde jedenfalls nicht mehr davon gesprochen.

Am andern Tag, als ich Mutter half, die Betten zu machen, fing sie noch mal davon an. »Du wirst doch die Hirsch-Leute gar nicht unbedingt sehen. Der Pole wird das Fleisch verkaufen. Die Hirschen haben doch auch gar nichts mehr damit zu tun.« Das begann mir einzuleuchten. Irgendwie hatte mir die Sache auch keine Ruhe gelassen. »Du gehst auf den Hof und guckst, wo sie das Fleisch verkaufen, dann stellst du dich dazu und wartest, bis du dran bist. Du sagst, wenn's geht, möchtest du zwei Pfund haben. Dann wirst du ja sehen, was sie sagen. Die Zloty zeigst du, dann können sie sich ja nehmen, was sie wollen.« »Na gut, ich gehe!« So langsam hatte ich mich noch nie angezogen und das Kopftuch umgebunden. Mutter stand in der Tür, sie gab mir die Einkaufstasche und das Geld, das für uns sowieso nichts taugte, oder jedenfalls kaum was taugte. Ich schlich davon. Beim Bittner-Bäcker sah ich lange ins Schaufenster. Aber es gab darin nichts zu sehen. Dann sah ich am Haus hinauf zu den Fenstern und dachte daran, dass die Trudel und die Trautel immer dort oben hineingegangen waren, um Eis zu essen. Spezialität war eine Portion Eis mit einem Berg geschlagene Sahne obenauf. Einen »Schlagobers« nannte man das. »Cafe« stand über der Tür oben, aber ich selbst war dafür immer zu »klein« gewesen. Sie konnten mich nicht mitnehmen. Mutter ging in den Ferien dort oben nie Eis essen, das machte man nicht. Hier war es anders als in der Stadt. Höchstens aus dem Laden eine Muschel voll Eis, das durfte ich so im Vorbeigehen schlecken. Ich seufzte. ›Quatsch, jetzt gehst du zu Hirsch!‹, mahnte ich mich. Ich fasste die Einkaufstasche fest an und marschierte los. An der »Eule« vorbei, dann war das schöne Fachwerkhaus unter den alten Bäumen schon erreicht. Aber das Hoftor war zu. Ich entdeckte, dass die Haustür ein wenig offen stand. Das war außergewöhnlich. Wahrscheinlich sollten die Leute zum Kaufen durch das Haus kommen. Nun doch zaghaft, ging ich auf die Haustür zu. Beim Aufschieben knarrte sie ein bissel. Ich sah, dass die Hintertür offen stand und dass einige Leute im Hof rumstanden. Also war ich wohl zur richtigen Zeit gekommen. Ich sah mich im Flur ein wenig um und fand ihn hell und freundlich. Dann ging ich schnell zur Hintertür, da öffnete sich plötzlich linkerhand eine Tür. Ich erschrak, die Hirschen stand vor mir. Freundlich sah sie mich an. »Willste Fleisch holen?« »Ja, Mutter hat gesagt, wenn's geht, zwei Pfund. Sie will Sauerbraten machen«, sagte ich schnell und aufgeregt. »So, so, Sauerbraten will se machen.« Sie sagte es langsam und sah mich nachdenklich an. »Bist du nicht die Dorchen Koch?« »Ja«, kam's kleinlaut aus mir raus. Sie lächelte mich an und strich mir über den Kopf. »Komm rein, du brauchst hier nicht rumzustehen.« Erleichtert folgte ich ihr durch die Tür. Wir waren im Wohnzimmer. Ich fand es wunderschön. An den Fenstern Spitzengardinen, rechts und links mit Schleifen gehalten. Der große Kachelofen strömte Wärme aus. Ein Plüschsofa mit einem braunen, ovalen Tisch davor und ähnliche Stühle. Ich blieb stehen. »Komm nur, setz dich.« Artig setzte ich mich auf das Sofa. Ich starrte sie an. Sie hatte ein rundes, freundliches Gesicht, so ähnlich wie die Frau auf dem alten Bild, was ich mal gesehen hatte und was die Hausdorf-Urgroßoma sein sollte. Aber, dass die Hirschbäuerin eine geborne Hausdorf sein sollte, wusste ich ja eigentlich nicht. »Weißt du, dass wir verwandt sind?« Ich starrte sie an und nickte langsam. »Mutter hat gesagt, alte Geschichten«, hörte ich mich eilig sagen. Jetzt nickte sie, dabei wischte sie sich mit dem Handrücken über die Augen. »Jitze wu oalles baale kaputt ies, findt ees in mei Haus«, sie schüttelte den Kopf, sah mich an, dann drückte sie mich plötzlich an sich. Sie erzählte noch dies und das, aber ich verstand sie nicht so richtig, weil sie alles so schnell und im Dialekt sagte. Damit hatte ich immer noch Schwierigkeiten. Sie holte mir ein Glas Milch, und während ich trank, ging sie wieder hinaus. »Brauchst nich aufn Hof gehn, ich hul dir das Fleesch. Und zoahlen brauchstes auch nicht! Es is unser Fard gewesn, jitze gehiert ins ja nischte mehr!« Breit stand sie im Zimmer, als sie das sagte. War sie traurig oder wütend? Als sie draußen war, sah ich mich um. Es gefiel mir einfach in dieser Stube. Ein bunter Teppich lag auf dem gescheuerten Boden und der Plüsch auf dem Sofa war genauso bunt wie auf den braunen Stühlen. Über dem ovalen Tisch war eine

Spitzendecke gebreitet, so wie bei Tante Emma. Ich hielt das Glas und fühlte mich wohl. Da ging die Tür auf. »Wo haste die Tasche?« Sie langte nach ihr und legte ein ziemliches Paket hinein. Sie hatte es in braunes Packpapier eingewickelt. Dann schob sie noch ein kleines Päckchen hinterher. Sie lächelte. »Is Speck drin zum Braten.« Ich stand auf und nahm die Tasche. Jetzt war ich wieder verlegen. »Ich danke schön«, sagte ich artig. Sie wollte noch wissen, ob wir jetzt bei Titze wohnen. »Ja«, sagte ich, »seit dem Herbst. Bei Fischern ham se auch Polen.« Sie nickte: »So isses nu. Grieß scheen daheeme. Vielleicht kummste amoal wieder?« Ich hatte aber das Gefühl, dass sie nicht so sicher war, wie meine Botschaft zu Hause ankommen würde. Ich gab ihr die Hand. »Auf Wiedersehen.« Sie öffnete die Tür und strich mir über den Kopf. Sie hatte mich sehr freundlich aufgenommen. Es war alles viel leichter gewesen, als ich gedacht hatte. Einen Augenblick blieb sie noch in der Tür stehen. Ich winkte noch mal zurück. Sie lächelte. War sie nun meine Tante? Ich überlegte, sie war also die Großnichte meiner Urgroßmutter. War das kompliziert! Ich trottete nach Hause. Im Wohnzimmer wackelten die Gardinen. Mutter hatte wohl am Fenster auf mich gewartet. Sie öffnete die Haustür. »Na, wie war's«, sie nahm mir die Tasche ab und stellte sie in der Küche auf den Tisch. »Ich bin der Hirschen im Flur begegnet. Sie war sehr nett! Sie hat mich ins Wohnzimmer geholt und mit mir geredet. Dann hat sie mir für umsonst das Fleisch gegeben.« »Und den Speck?« Ungläubig hatten die Frauen alles ausgepackt. »Na siehste«, sagten sie, »ist alles gar nicht so schlimm!« »Ja, ja«, sagte ich und dachte mir meinen Teil. Neugierig besah ich das Fleisch. Es sah nicht anders aus als anderes. Abends verkündeten die Frauen, dass es am Sonntag Sauerbraten geben würde, mit Sauerkraut und Klößen. »Aber keiner darf sagen, dass wir Pferdefleisch essen«, fügte sie halb drohend, halb lachend hinzu.

Der Sonntag kam. Es duftete nach Bratfleisch in der Küche wie schon lange nicht mehr. »Gar nicht schlecht«, meinte die Trautel, »oder riecht es nicht mehr nach Sauerkraut?« Wir lachten. Für dieses Festessen wurde im Wohnzimmer gedeckt. Tante Liesel hatte angeordnet, wir sollten auch das gute Geschirr nehmen und das Silberbesteck. Ein schönes, weißes Damasttischtuch brachte sie zum Decken. Dann war es so weit. Mutter brachte die Kostbarkeit herein. Eine Schüssel dampfender Klöße, ein Berg Sauerkraut und schließlich die Fleischplatte. Schön dunkel gebraten und sauber in Scheiben geschnitten, so wie sich das für Sauerbraten gehört. Wir setzten uns, Vater sprach das Tischgebet, dann wurden die Herrlichkeiten verteilt. Ich nahm viel schöne, braune Soße. »Nicht so viel«, rief Eberhard, »wir wollen auch noch was haben.« Schweigend aßen wir. Es schmeckte wirklich ausgezeichnet. Mutter und Tante Liesel hatten ihr Meisterstück im Kochen vollbracht. Sogar Apfelmus hatte die Tante Liesel noch spendiert. Friedlich saßen wir und aßen, bis nichts mehr auf den Tellern war. Vor allem Vater sah man an, dass es ihm geschmeckt hatte. »Jetzt fehlt nur noch die Zigarre«, wir lachten. Trautel legte schließlich auch ihr Besteck auf den Teller. Sie sah sich in der Runde um, dann ließ sie ganz trocken den Satz los, der uns verboten war. »Und es war eben doch Pferdefleisch!«

Der breite und der schmale Weg

Es war spät im Januar. Draußen war es eisig kalt und es lag viel, viel Schnee. Trudel war auf dem Weg ins Dorf bei uns vorbeigekommen und hatte erzählt, dass sie gehört hätten, in der Zuckermühle unten im Mühlbachtal, zwischen Toschendorf und Heinrichau, könnte man Mehl kaufen. Sie wollte in den nächsten Tagen runter und gucken, ob's stimmt. Ob wer mitginge. Ja klar gingen wir mit. Trautel musste ja in ihre Fabrik. Aber Rosel und ich, wir wollten schon mitgehen. Zu dritt war's besser. Toschendorf runter würde sie mit dem Schlitten fahren. Auch könnten wir das Mehl im Sack auf den Schlitten festbinden. Aber wir sollten unseren Schlitten dann auch mitnehmen.

Wir verabredeten dann schon den nächsten Tag. Schlittenfahren, das war mal wieder eine Abwechslung und die Zuckermühle wollte ich auch schon immer mal sehen. Die Landschaft in dem Tal wurde immer besonders gelobt, als sehr »idyllisch« bezeichnet. Warum sie, die Mühle, denn »Zuckermühle« heißen würde? Vater kratzte sich am Ohr. »So genau weiß ich das auch nicht. Wahrscheinlich haben sie dort früher aus weißen Rüben Zucker gekocht und dann verkauft. Aber soviel ich weiß, wird dort seit alter Zeit Mehl gemahlen.« Na ja, ich würde ja sehen, was es mit dem Haus auf sich hatte.

Am andern Tag zogen wir den Schlitten aus dem Schuppen und machten uns auf den Weg. Am Feldweg trafen wir auf die Trudel. Sie hatte ihre dicken Filzstiefel an, um den Kopf ein wollenes Tuch gewickelt, aus dem sich über der Stirn noch die blonden, krausen Haare kräuselten. Wie immer hatte sie sehr rote Backen und in der klaren Winterluft blitzten ihre Augen besonders blau. Sie war etwas schlanker geworden, aber vorne spannte der Mantel immer noch. »Guck mich nich so oan, du kennst mich doch«, fuhr sie mich an, »träum nich auf offener Straße.« »Träum nich«, wie oft hatte sie das zu mir gesagt. Ich wollte am liebsten umdrehen. »Nu sei nich so«, sie hatte wohl gemerkt, dass ich mich ärgerte, »komm schon, wir wollen doch oben Schlitten fahren.« Rosel guckte uns verwundert an. »Was habt ihr bloß?« Langsam stiegen wir bergauf und zogen die Schlitten hinter uns her. Das Gehen war beschwerlich. Viele Fußgänger waren hier auf dem Weg nicht lang gekommen, obwohl es von hier aus der nächste Weg Richtung Toschendorf und Heinrichau war. Oben auf der Straße war das Laufen leichter, aber es ging dafür immer schön bergauf.

Die Sonne kam raus und die weiße Pracht leuchtete und glitzerte wie Karfunkelstein. Die Bäume hatten einen dicken, weißen Pelz. Die Wiesen waren unter tiefem Schnee vergraben, auch den Bach, der hier oben irgendwo entsprang, konnten wir fast nur ahnen, eine dunkle Rille zog sich durch den Schnee. Er war zugefroren. Ich zog den Schal fester um den Hals, das Atmen fiel schwer. Aber tapfer kämpften wir uns die Straße hinauf bis zu Gabelung. Rechts ab ging es nach Heinrichau. Geradeaus lief ein schmaler Weg durch eine ansteigende, tiefverschneite Wiese. Am Anfang war er noch mit Holzplanken abgezäunt, später, bei den ersten Häusern von Toschendorf, festgetrampelt. »Wir gehen nicht den Weg«, bestimmte die Trudel.

»Wir laufen bis zur Dorfstraße, dann können wir gleich mit dem Schlitten ins Tal fahren. Wenn wir Glück haben und es kummt uns keen Fuhrwerk in die Quere, reicht die Abfahrt bis fast zur Mühle.« Ich staunte, so lange auf dem Schlitten sitzen und abfahren. »Ihr könnt ja auf eurem Schlitten fahren und hinter mir herrutschen.« Wir verließen die Straße nach Heinrichau und gingen noch ein bisschen bergauf. Hier machte die Straße einen richtigen Katzenbuckel. Links die Häuser, die auf dem Buckel standen, aber geradeaus konnte man schon sehen, wie schnell die Abfahrt zwischen den Häusern auf der Straße hindurchgehen würde. »So, los jetzt«, Trudel setzte sich auf ihren Schlitten und wir auf unseren. Weil meine Beine so lang waren, setzte ich mich hinten hin und Rosel vor mich. Ich nahm den Strick, denn wer hinten sitzt, muss lenken. Sie hatte den kleinen Rucksack vor sich. Trudel lachte und fuhr davon. Unterhalb an der kleinen Kurve machte sie noch mal Halt und sah zu uns hinauf. Wir setzten uns auch in Bewegung. Aber für mich war die Abfahrt ungewohnt. Ich hatte auch ein bissel Angst, wollte es aber nicht verraten. Es ging sehr schnell, zu schnell. »Lenk doch!«, schrie die Rosel. »Links, rechts ausgleichen«, kommandierte sie. Sie hatte gut reden, sie hatte die Füße fest in die Kufen gezwängt. Es war zu spät, der Schlitten drehte sich, wir purzelten in den Schnee. Unten war die Trudel vom Schlitten aufgestanden und lachte und lachte. »Los weiter!« Ich hatte mich hochgerappelt und saß schon wieder auf dem Schlitten. »Was ist los?«, wollte die Rosel wissen, »Kannste nich lenken?« »Doch, doch«, ich dachte an Waldenburg und die Schillerhöhe, da hatte ich es doch gekonnt. Sie stieg auch wieder auf. Wir sausten ein Stück weiter, aber der Schlitten wollte nicht so wie ich. Wir flogen wieder hoch im Bogen in einen Schneehaufen. Trudel schüttelte den Kopf und rief: »Rosel kumm ock har, wir foahrn alleene weiter. Die Dorchen kann sehen, wie se noachkimmt. Ich frier mich tut, wenns asu weiter gieht!« Zögernd sah die Rosel mich an, sie wollte mich nicht alleine lassen. »Nu geh schonn, ich komme schon alleine nach«, sagte ich großartig. Sie lief tatsächlich zur Trudel. »Ich nehm' schon den Rucksack mit«, damit sprang sie leichtfüßig davon. Ich setzte mich auf den Schlitten und sah zu, wie sie sich auf Trudels Vordersitz bequem hinpflanzte. Sie lachten zu mir zurück und verschwanden. Trudel hatte noch gerufen: »Immer gradeaus, das findste schonn!« Plötzlich war es still und einsam um mich. Wenn jetzt jemand kommt und mich mitnimmt, irgend so ein Strolch. Oben die Häuser hatten die Fensterläden dicht. Kein Mensch würde sehen, was mit mir geschah. Ich saß da und fror. Die Schlappe saß tief, einen Hass hatte ich auf meine Cousinen. Raues Bergvolk war das, gelacht hatten sie über mich und meine Ungeschicklichkeit. Na wartet, plötzlich war ich voller Wut. Ich setzte mich zurecht. Runter, egal wie. Ich kam in Schwung. Eine Weile ging es gut. Da sah ich unten auf der Straße vor den Häusern Leute laufen. Da war es wieder vorbei. Rums, versank ich in der Schneewehe am Rand der Straße. Lachten sie schon? Ich meinte es zu hören. Ach Unsinn, sie waren ja noch weit weg. Ich klopfte den Schnee ab, zog den Schlitten gerade und probierte es aufs neue. Jetzt ging es gut bis in die Häuser hinein. Die Straße fiel immer noch bergab. Aber die Beine waren so schwer und müde geworden. Es war einfach ungewohnt. Ich stand auf und lief weiter, den Schlitten zog ich. Mochten die Leute denken, was sie wollten. Ich tat so, als wenn es selbstverständlich wäre zu laufen. Als ich dann endlich an die Stelle kam, wo die Straße abging nach Heinrichau, verdunkelte sich der Himmel, obwohl es doch erst Mittag sein konnte. Ich marschierte tapfer weiter. Das Tal wurde eng. Links tauchten Felsen hinter den Bäumen auf, dicke Eiszapfen hingen an den Stellen, wo das Wasser heruntergelaufen war. Rechts standen die Bäume bis zur Straße dunkel und doch tief verschneit wie eine Wand. Ich starrte alles an. Zu dritt hier zu gehen, wäre schöner gewesen. Diese dämlichen Gänse, mich so im Stich zu lassen! Nur nicht noch heulen. Ich stiefelte weiter. Da tauchte ein großes, behäbiges Haus auf. Das musste die Zuckermühle sein. Kurz vor dem Haus merkte ich auch erst, dass der Bach noch rauschte. Das Bachbett musste hier ganz schön tief sein, wenn der Bach nicht zufror. Die Haustür stand angelehnt. Meine Füße waren fast erfroren, trotz der hohen Schuhe und dicken Socken. Im Flur schlug mir warme Luft entgegen, die mir fast die Sinne nahm. Geradeaus stand eine Tür offen und Stimmengewirr war zu hören. Vom Schnee geblendet, torkelte ich auf die Tür zu. Im Türrahmen angekommen, blieb ich stehen und versuchte, im Halbdunkel etwas zu erkennen. Die Stimme von der Trudel hatte ich schon rausgehört. »Du hast aber lange gebraucht, biste gelaufen?« Gelächter. Wie ich das hasste, dieses Lachen über mich. Ich wollte gar nicht hingucken, neben der Trudel saß ein dicker Mann. Ob das der Zuckermüller war? Ich sah wieder weg.

Dabei fiel mein Blick auf der linken Seite des Raumes auf ein großes Bild, das von einer Lampe schwach angestrahlt wurde. Oben war es rund wie ein Kirchenfenster. In dieser Rundung stand zu lesen »Der breite und der schmale Weg«. Unten drunter stand noch etwas. Ich ging darauf zu und las: »Und der Weg ist breit, der zur Verdammnis führt und viele sind, die darauf gehen. Und der Weg ist schmal, der in die Seligkeit führt, und wenige sind, die ihn finden«, das war aus der Bibel. Ich ging noch näher heran. Erst besah ich den breiten Weg. Er war in allen schönen, bunten Farben gemalt. Lustige Sachen waren darauf abgebildet. Leute, die Musik machten und andere, die tanzten. Lachende Menschen, schön gekleidet, Blumen in den Armen. War da nicht auch ein Karussell? Grüne Wiesen, blühende Bäume, alles eigentlich, was Freude und Spaß machte, soviel ich erkennen konnte. Und der schmale Weg? Er war eigentlich nur durch eine kleine Mauer, die mit Büschen bestanden war, vom breiten Weg getrennt. In der Mauer war ein kleines Tor, das offen stand. Eine Trauerweide hing so halb ihre Äste über das Tor. Dahinter schlängelte sich der Weg durch die Wiesen. Aber es war eine leere, wenn auch grüne Landschaft. Auf halbem Weg stand ein Kreuz aufgerichtet. Eine dunkle Frauengestalt ging gebeugt darauf zu. Am Ende des Weges war am Horizont, dort wo Himmel und Erde zusammenstießen, ein Heer von Engeln gemalt. Goldene Flügel blitzten. Das war die Seligkeit. Links davon war ein dunkler Fleck, mit dunklen Gestalten. Das sollte wohl die Verdammnis sein. Ich erschrak. Mir fiel ein, dass ich noch in diesem Jahr zum Konfirmandenunterricht gehen sollte. So sah also der schmale Weg aus, den man mit dem Herrn Jesus gehen sollte? Diese leere Landschaft? Und alles was Spaß machte, führte zum Verderben? Ich konnte es nicht glauben. Langsam kehrte ich zurück in die Wirklichkeit. Sie lachten noch immer über mich. »Nun komm schonn har, wolltest du kein Mehl mietenahma? Die Trudel hat zwar schonn gesagt, dass du noch kommst. Nu setzt dich erschtamal hin!« Ich ließ mich auf die Bank fallen. Der Raum war ähnlich wie bei Fischern wie ein Gewölbe. Gescheuerte Tische und Bänke und ein großer Kachelofen. Ein »Seeger« an der Wand, der laut tickte.

Die Müllersleute sahen mich freundlich an. Unser Rucksack stand schon gepackt da. Ich brauchte nur noch zu bezahlen. »Willste noch lange sitzen?«, fragte die Trudel. »Wir«, sie zeigte auf die Rosel, »wolln schonn gehn. Kannst ja nachkommen.« Sie konnte mir die Schlappe mit dem Schlittenfahren nicht verzeihen. Zum Teufel mit ihr. Sollten sie doch gehen. Ich fand auch alleine nach Hause. Aber ich stand doch auf und torkelte wieder hinter ihnen her in die Kälte hinaus. Beim Hinausgehen warf ich noch einen Blick auf das Bild. »Ich will aber diese arme Frau nicht sein!« Mit klammen Fingern band ich den Rucksack auf dem Schlitten fest und stolperte hinter ihnen her. Sie waren gut aufgewärmt, sie schritten forsch geradeaus. Der Abstand zwischen ihnen und mir vergrößerte sich wieder. Wenn es nur nicht schon wieder dunkel würde. Diese Waldeinsamkeit ängstigte mich. Ich war noch nie so alleine in der Winterlandschaft gelaufen und bitterkalt war es außerdem. Der Strick, mit dem ich den Schlitten zog, schnitt mir in die Hand. Die Fausthandschuhe waren nicht dick genug. An den Häusern von Toschendorf warteten die Cousinen auf mich. Aber sie blieben nicht länger stehen und ich trottete wieder mit länger werdendem Abstand hinter ihnen her bergauf. Oben auf der Kuppe warteten sie eine Weile, dann winkten sie und verschwanden. Wieder war ich alleine mit meinem Schlitten und dem Mehl. Aufpassen musste ich, dass ich es nicht verlor. Endlich war ich oben auf der Kuppe. Die beiden standen schon unten an der Straßenecke, wo es zurück ins Dorf ging. Dort hatte die Straße auch ein leichtes Gefälle, auf dem man gut nochmals bergab schlittern konnte. Sie winkten und feuerten mich an, ich solle kommen. Am liebsten wäre ich oben stehen geblieben und nicht heruntergekommen, so ärgerte ich mich über sie. Warum waren sie nur so gemein? Mutter hatte uns immer gesagt: »Auf dem Berg muss man zusammenhalten!« Sie hielten nicht mit mir zusammen, sie ließen mich im Stich. Bloß weil ich nicht so gut einen Schlitten lenken konnte. Ich setzte mich auf den Schlitten und fuhr los. Es ging gut, ich kam sogar bis an die Kurve. Aber sie hatten sich verschworen. Als ich ankam, riefen sie noch: »Nicht so schnell, du holst uns ja noch ein«, damit rannten sie davon, sprangen auf den Schlitten, und weil sie mehr Gewicht hatten als ich, schlitterten sie auch schneller die Straße hinunter. Ich musste noch einem Fuhrwerk ausweichen. Aber es ging gut. Sie waren dann schon den Feldweg runter, als ich oben ankam. Wir hatten uns zwar immer gesehen, aber ich war ihnen immer hinterher gerannt. Unten rief die Trudel: »Machts gutt!« Rosel blieb stehen und die Trudel lief mit großen Schritten zum Hof. »Warum habt ihr das gemacht?« Jetzt konnte ich die Tränen nicht zurückhalten. »War doch bloß Spaß!«, meinte die Rosel und »Ich hab' so gefroren, als ich im Schnee lag, da bin ich eben gegangen.« »Ja ja, ist schon gut.« Die Tränen wischte ich fort. Einträchtig kamen wir nach Hause. Die Mütter strahlten und freuten sich über die tapferen Kinder, die wieder mal was zu essen besorgt hatten und heile wieder zurückgekommen waren.

Der Schneesturm

Aber wie das so ist, manchmal wiederholen sich die Erlebnisse, nur mit einem anderen Ausgang.

Die Müllersleute hatten gesagt, so lange der Vorrat reicht, könnten wir noch mal vorbeikommen. Eine Woche später meinten die Mütter, ob wir uns nicht noch mal auf den Weg machen wollten. Es wäre doch schade, wenn wir zu spät kämen und das Mehl alle wäre. Rosel und ich sahen uns an: »Soll'n wir's wagen?« Verlegen lachte sie: »Klar, wir ziehen uns warm an!« Als wir alleine waren, bohrte ich noch mal nach: »Und du läufst mir nicht mehr weg, und wir fahren mit einem Schlitten? Jetzt kann ich es vielleicht besser!« »Nein, ich geh mit dir! Wir haben ja sowieso nur einen Schlitten!« Sie schämte sich wohl ein bissel, denn sie sah mich nicht an, als sie das sagte. Ich lenkte ein. »Weißt du, in Breslau gab es solche Berge ja nicht. Wir sind mal sonntags, wenn Vater Zeit hatte, zum »Schimborasso« gegangen. Aber da waren vorgewalzte Schlittenwege. Da konnten wir nur runterfahren und wieder rauflaufen.« »Schimborasso heißt euer Berg?« Sie lachte. »Was ist denn das für ein Berg?« »Ach, ich weiß auch nicht so richtig. Er liegt vor der Stadt, ist wohl künstlich aufgeschaufelt.« Ihr Lachen ärgerte mich schon wieder. Da fing ich an zu prahlen. »Weißt du, aber in Waldenburg, voriges Jahr, da bin ich immer mit der Hannelore Schlitten gefahren, oben an der Schillerhöhe. Da gibt es ein riesiges Ski- und Schlittengebiet. Die Hannelore ist gefahren wie der Teufel und ich immer mit drauf. Abwechselnd mal vorne, mal hinten. Einmal ist noch ein Nachbarmädchen mitgefahren, die war älter als wir, da ging es besonders wild zu. Da haben sie mich dann auch mal verloren. Ich flog hoch im Bogen nahe bei einem Busch in einen Schneehaufen. Dabei habe ich meine schönen, blauen Skihosen zerrissen. Die Mädchen waren ganz schön erschrocken. Sie sind dann aber schnell wieder den Berg raufgekommen und haben sich um mich gekümmert.« »Und das Loch in der Hose?«, wollte die Rosel, nachdenklich geworden, wissen. »Ja, du weißt ja, voriges Jahr gab's auch schon nichts. Deshalb hatte ich Angst, nach Hause zu gehen. Aber die beiden waren so lieb zu mir. Sie zogen mich auf dem Schlitten nach Hause, und vorher gaben sie mir zwei Sicherheitsnadeln, damit haben wir das Loch notdürftig zugesteckt. Die Tante Friedel hat gelacht und gesagt, mal sehen, wie wir das wieder zukriegen!« Rosel nickte: »Wir werden morgen solche tollen Sachen nicht machen und vorsichtig fahren. Wir können uns ja Zeit nehmen.« Damit war unsere Freundschaft gekittet. Der nächste Tag schien tatsächlich für das Unternehmen geeignet. Die Sonne ging auf an einem unglaublich blauen Himmel. Alles strahlte in wunderbarem Weiß. Der Nebel in der Nacht war in der Kälte zu Raureif gefroren und es sah aus, als wenn die Bäume und Büsche mit Spitzen besetzt wären. Wir machten uns schon früh auf den Weg. Es hatte lange nicht geschneit und die Wege waren einigermaßen ausgetreten, sodass wir gut vorwärts kamen. Es war, als hätte die Sonne schon Kraft, nur der Schnee knirschte unter unseren Sohlen, warm schien sie uns ins Gesicht oder auf den Rücken. Voller Eintracht nahmen wir den Berg und fürchteten uns auch nicht, als uns ein russisches Militärauto begegnete. Dann kam noch ein Pferdeschlitten die Straße runter. Aber auch die darauf sitzenden vermummten Gestalten nahmen keine Notiz von uns. »Ob im Frühling dort am Bach wieder die Glatzer Rosen blühen werden?« Ich zeigte mit dem Finger auf die Wiesen hinter dem Mausoleum. »Gibt's da welche?«, fragte die Rosel. Ich wunderte mich, dass sie das nicht wusste. Na ja, sie hatte ja keine Verwandten in Heinrichau so wie wir. Dann kam die große Probe für mich. Wir waren an dem Straßenbuckel angekommen, wo es abfahren hieß. »Setz dich drauf und setz die Füße in die Kufen«, riet ich ihr. »Ich werde mit lenken, das wird besser sein!« Sie traute mir nicht? Ach was. Ich dachte an Mutter: Zusammenhalten, das war die Hauptsache. Los ging's. Die Straße war leicht vereist. Aber o Wunder, obwohl es nun noch schneller ging als neulich, sausten wir beide wie eins hinunter, bis in die Häuser hinein. Mein Herz schlug laut, der Wind pfiff uns um die Ohren. Ich machte die Augen zu Schlitzen, das Gesicht brannte. Aber was tat es? Wir fuhren, bis der Schlitten von selber langsamer wurde und fast am Ende der Straße endlich stehen blieb. »Das war prima«, wir stiegen vom Schlitten und lachten uns an. Wir hatten viel Zeit gespart. Jetzt brauchten wir nur um die Kurve und durchs Tal bis zur Zuckermühle zu laufen. Nun bestaunten wir alles gemeinsam. Die langen Eiszapfen an den Felsen, die verzuckerten, riesigen Bäume und die ganze Waldeinsamkeit. Ich fühlte mich stark. Wir blieben sogar am Bach eine Weile stehen und betrachteten die Eiskristalle im Wasser, die sich wie ein Filigran über das träge Wasser spannten. Die Zweige von den Büschen überm Wasser hatten dicke Raureiffahnen. »Wenn wir dran stippen, fällt alles ab.« »Da kommst du aber zum Glück nicht hin!« Wir gingen zum Haus und hinein. Die Müllersleute waren beim Essen. Verlegen warteten wir an der Tür, grüßten und sagten: »Wenn es geht, hätten wir gerne wieder fünf Pfund Mehl.« »Ja, setzt euch a bissel. Ich wers gleich hulln.« Die Müllerin winkte uns zur Bank. Ach, was tat das gut, im Warmen zu sitzen. Mein Blick fiel wieder auf das Bild. Das Kreuz sah aus wie ein Grabkreuz. Hatte die Frau jemanden verloren? Ich dachte an die Jungs. Da war wieder der traurige, spitze Schmerz in meinem Herzen. Ich verstand sie gut. Aber dass danach die Seligkeit kommen sollte?

»So, do ies doas Mahl.« »Hier ist das Geld«, ich grub es aus meiner Jackentasche. Rosel hatte inzwischen das Säckchen mit Mehl im Rucksack verstaut. Als wir aus dem Haus traten, sahen wir, dass sich der Himmel verdunkelt hatte. Die Müllerin sah zu, wie wir den Rucksack auf dem Schlitten festbanden. Als ich mich aufrichtete, sah ich, wie sie mit gerunzelter Stirn zum Himmel sah. »Beeilt euch ock. Es wird Schnie gebn.« »Auf Wiedersehen«, riefen wir. Sie winkte: »Labt gsund.« Wir stiefelten los, den Schlitten zwischen uns. Jetzt war er schwerer als vorhin. Aber es war erträglich. »Gleich oben ab der Kuppe setzen wir uns drauf und dann heidi sind wir unten auf der Straße.« »Ja, aber guck mal, es fängt schon an zu schneien. Vorhin hat so schön die Sonne geschienen!« »Das geht halt schnell hier in den Bergen.« Wir schnauften und stapften. Alle Schönheit ringsherum war vergessen. Bloß nach Hause. Wir hatten das Gefühl, dass der Heimweg nicht ganz einfach werden würde. Der Schnee fiel immer dichter. Durch die Häuser von Toschendorf ging es nur langsam. Bergauf und gegen den Wind gehen, uns wurde wieder warm. Die Nase lief, und auf dem Boden wurde der Schnee im Nu höher. Wir stapften und stapften und hatten doch das Gefühl, kaum vorwärts zu kommen. Der Schnee fiel immer dichter, und obwohl der Himmel so ein gelbliches Licht verbreitete, wurde es immer dunkler. Als wir am letzten Haus waren, blieben wir stehen. Der Wind blies eisig schneidend. Obwohl wir den Kragen schon hochgeschlagen und den Schal über den Mund gezogen hatten, war das Atmen schwer. »Komm, wir gehen den kleinen Weg rauf, da kürzen wir ab.« Solange wir das Haus auf der Kuppe vor uns hatten und seine Umrisse in dem Schneetreiben erkennen konnten, fanden wir auch den Weg. Der Schlitten wurde zentnerschwer in dem weichen Schnee. »Sollten wir ihn tragen?« Wir waren zu schlapp dazu. Endlich das Haus. Wir blieben stehen. Rosel fing an zu weinen. »Ach, wein doch nicht, wir finden schon nach Hause!« Aber ich war mir nicht so sicher. »Komm schon, da oben ist doch der Weg eingezäunt, da kann doch nichts passieren. Wir brauchen ja nur bis zum Zaun.« Aber je höher wir kamen, desto dicker fiel der Schnee, der Wind blies noch stärker, es war, als wenn wir in einer weißen, eisigen Wand ständen. Wir sahen uns an. Längst hielten wir uns an den Händen fest, damit wir uns spürten. Rosel setzte sich auf den Schlitten. »Steh sofort auf, wir dürfen uns nicht hinsetzen«, fuhr ich sie an. Wir standen sowieso schon knietief im Schnee. Gehorsam stand sie auf. In meiner Angst schrie ich sie an. »Wir müssen weiter, der Zaun muss doch noch kommen.« Ich drehte mich um, aber da hatten wir das Gefühl, die Richtung verloren zu haben. In meinem Kopf drehte sich alles: Erfrieren hier auf der Kuppe? Im Schnee stecken bleiben und niemand würde uns finden? Nein das ging nicht. Der alte Professor Paesler fiel mir ein. Der war doch auch ... Nein, nur nicht, weiter ... weiter. Ich zog die Rosel mit der einen Hand und mit der andern den Schlitten. Ein Bein vor das andere setzen, auch wenn der Schnee schon über die Knie ging. Ich schrie gegen den Sturm an. »Gleich sind wir oben. Komm nur.« Aber es schien einfach aussichtslos. Der Sturm peitschte den Schnee um uns herum und es war einfach nichts zu sehen. ›Ob wir schon im Kreise gehen?‹, schoss es mir durch den Kopf. ›O Gott, hilf uns doch!‹ Die Angst erstickte mich fast. Ich blieb stehen, ich konnte auch nicht mehr. Rosel saß schon wieder auf dem Schlitten. Sie sagte nichts mehr. Meine Kraft war auch zu Ende. Ich wollte mich auch setzen. Der Schnee ist doch so weich. Ich wischte mir übers Gesicht. Aber ich setzte mich nicht. Ich drehte mich um und versuchte, die Augen weit aufgerissen, irgendetwas zu erkennen. Der Zaun müsste doch jetzt vor uns auftauchen. Auf einmal war es, als wenn in dem Treiben ein Lichtblick zu sehen wäre, nein es war ein Schatten. Ein langer dunkler Schatten. Ein Baum? Hier waren keine Bäume. Ja, ein Telegrafenmast! »Rosel, siehst du's auch?« »Was soll ich sehen?« »Da vorne, komm schon, ehe er wieder weg ist, der Mast!« Sie rappelte sich hoch. »Ja, ich seh's!«, schrie sie zurück. Wir stapften die paar Schritte weiter. Ein Mast, wir hielten uns daran fest und lachten und weinten. »Dann ist die Straße gleich da!« Als wir auf den Mast zugestapft waren, merkten wir, dass es abwärts ging. Also waren wir richtig. Wir warteten noch einen Augenblick, um uns zu erholen. Ein bisschen ließ auch der Sturm nach. »Soll ich mal vorgehen und gucken?« »Nein, nein, ich geh mit!« Wir wagten es. Wir fühlten, dass es die Böschung runter ging. »Wir haben die Straße!« Jetzt konnte uns nichts mehr passieren. Hier war auch das Schneetreiben nicht mehr gar so dicht. Mit schweren Füßen stapften wir vorwärts. Der Untergrund war fest und der Schnee nicht mehr knietief. Der Sturm blies weiter, aber das Schneetreiben ließ nach und wir konnten tatsächlich erkennen, dass wir richtig waren und nur noch geradeaus zu laufen brauchten.

Aber wo war der Weg geblieben mit dem Zaun? »Wenn der Schnee weg ist, gehen wir gucken.« Wir lachten. Aber mit dem Schlittenfahren war es vorbei. Wir mussten den Schlitten ins Tal ziehen. Der Schnee war so weich und dick, dass wir selbst mit Skiern noch eingebrochen wären. Mühselig zogen wir den Schlitten ins Tal. Wir wagten auch nicht, den Feldweg zum Höhnweg zu gehen. Er war unter den Schneemassen begraben. Aber das war uns jetzt egal. Wir waren gerettet! Wir trotteten, den Schlitten zwischen uns, völlig mechanisch weiter. Schritt vor Schritt, innerlich eiskalt und doch auch wieder völlig verschwitzt. Die weiße Scheune, von der fast nichts mehr zu sehen war, tauchte in dem dämmrigen Zwielicht vor uns auf, dann die schwarze Scheune. Schritt vor Schritt ins Dorf hinein und die Dorfstraße hinunter. Wir sahen nichts, wir hörten nichts. Nur noch ein paar Schritte bis zum Haus, ziehen, laufen, ziehen, laufen. Die Türen öffneten sich, die Mütter nahmen uns in die Arme, zogen uns aus, wärmten unsere Füße, gaben uns zu trinken, steckten uns ins Bett. Als ich warm war, schlief ich ein. Es war wirklich mein Bett, kein weicher, weißer Schnee.

Fasching

Fasching, das ist ein Wort, das uns Kindern fremd war, und doch übte es eine geheimnisvolle Macht auf uns aus. In diesen Tagen, als der Winter so hart war und auch immer noch neuer Schnee fiel, hatten sich die Mütter etwas Wunderbares ausgedacht. Sie wollten auch Rosel und mich belohnen für die Strapazen, die wir auf unseren Wegen zur Zuckermühle durchgestanden hatten. Es war ein besonders dunkler Tag, nur der Schnee glitzerte weiß und kalt vor den Fenstern. Wir waren überhaupt noch nicht draußen gewesen und hockten am Kachelofen oder saßen davor und legten die Füße an die warme Kachelwand, da hatten die Mütter auf einmal etwas sehr Geheimnisvolles in der Küche zu tun. Wir durften es nicht sehen. Aber schließlich konnten wir es riechen. Es zog ein süßer, warmer Backduft durch die Zimmer. Was mochten sie machen? Backen? Aber was? Endlich kamen sie wieder zurück in die Wohnstube. Es war schon später Nachmittag. Die eine trug eine große Schüssel, die andere die Kaffeekanne. Sie strahlten über das ganze Gesicht. »Was habt ihr da?« »Nun, ihr könnt ja mal sehen! Besser, ihr könnt zulangen.« Neugierig versammelte sich die Familie um den Tisch und die Schüssel. »Pfannkuchen?« riefen wir wie aus einem Munde. »Ja, Pfannkuchen«, sagten die Mütter. »Langt zu, ehe sie kalt werden!« Wir holten noch rasch unsere Kaffeetöpfe aus der Küche. Der dampfende »Blümchen« wurde eingegossen und alles griff in die Schüssel. Hm, waren die lecker! Schön braun gebacken mit einer Kruste und, wie sich das gehört, in Zucker gewälzt. »Ist auch was drin?«, wollte Eberhard wissen. Sie lachten, aber keine hatte Zeit zu antworten. Alle kauten und ließen den Zucker auf der Zunge zergehen. Es war auch was drin! Tante Liesel hatte sogar Pflaumenmarmelade herbeigezaubert. Ach, schmeckte das gut! Wir lehnten am Ofen und schmatzten. Die Stube war dämmrig, fast dunkel, draußen leuchtete der Schnee. Jeder bekam zwei von den herrlichen Pfannkuchen. »Wo habt ihr die Sachen her?«, wollten wir nun doch wissen. »Das Mehl habt ihr geholt und alles andere bleibt ein Geheimnis«, meinten die Mütter. Wir waren es zufrieden. »Aber was ist denn heute für ein Feiertag?« »Ja, wir dachten, heute wäre Fasching. Zum Fasching gab's immer Pfannkuchen!« Natürlich, daran hatten wir noch gar nicht gedacht. Einen Kalender, wo es hätte drin stehen können, hatten wir nicht. Aber im Februar war meistens Fasching.

»Fasching, was habt ihr da gemacht, früher?«, wollten wir wissen. Dann erzählten die Frauen. »Der Schützenverein veranstaltete einen Ball. Alle konnten kommen.« »Ein Ball, was ist das?«, riefen Rosel und ich. Wir konnten uns nichts darunter vorstellen. Ja, die Mütter sahen sich lächelnd an. »Der Saal im Schützenhaus war dann geschmückt mit Girlanden aus buntem Papier und frischen Blumen, die sie aus der Stadt geholt haben. Es gab was zu trinken und die Schützenkapelle spielte zum Tanz auf. Die Leute haben sich lustig verkleidet und trugen Masken auf den Gesichtern, damit man sie nicht gleich erkannte. Oder manche trugen auch die Masken an einem Stöckchen vor dem Gesicht her.« Wir lachten. »Und da seid ihr auch hingegangen?« Mutter wurde ganz lebendig. »Ja, wir Mädel vom Kränzel sind auch hingegangen.« Kränzel, wusste ich, waren die Freundinnen von Mutter, die sich im Winter zum Kaffeetrinken und Stricken trafen, mal in dem einen Haus und mal in dem anderen Haus. »Was habt ihr angezogen?« »Ja, was haben wir angezogen?«, die Frauen sahen sich wieder an. »Irgendeinen Fetzen vom letzten Sommer mit einer Schürze drüber. Oder manchmal auch ein schönes neues Kleid mit einem Hut, extra genäht für den Ball.« Während ich die letzten Krümel von meinen Fingern leckte, liefen meine Gedanken mit mir davon. Ich hörte Mutter noch erzählen, dass eine der Freundinnen mit ihrem Kleid nicht fertig geworden sei und dass sie die Ärmel mit Stecknadeln eingesteckt hätte, so sei sie zum Ball gekommen. Alle lachten. Eberhard hörte ich sagen: »Muss ganz schön gepiekt haben.« Ja, beim Tanzen, in meinem Kopf sah ich sie, das bunte Gewirr. Die Frauen in bauschigen, langen Kleidern, die Herren in schwarzen Fräcken. Masken? Ich hatte mal in einem Schaufenster in Breslau welche gesehen. Einfache schwarze mit einem Gummibändchen um den Hinterkopf. Auch goldene und silberne. Die schwarzen sahen so samtig aus, die goldenen und silbernen waren schön verziert um die Augen herum. Eigentlich hatte ich mich vor ihnen ein bissel gefürchtet, weil die Augen, mandelförmige Löcher, so leer waren. Wozu eigentlich? Man sollte sich nicht gleich erkennen. Na ja, anders sah ich auch aus, wenn ich von Mutter ein Kleid anzog und in ihren Schuhen rumlief. Das machte schon Spaß. Aber das Tanzen und die Musik, das musste besonders schön sein. Sich drehen und wenden nach Musik.

Zu Hause hatten die Brüder abends das Radio angestellt und waren mit der Trautel durch die Stube getanzt. Trautel hatte ein ganz heißes Gesicht bekommen und ihre Augen glänzten. Gut sah das aus. Die Jungens sahen richtig männlich aus. Manchmal waren auch Freunde da. Früher hatte Vater immer geschimpft, wenn sie tanzten, und Mutter hatte gesagt, sie sollten nicht so laut sein. Letztes Jahr, als der Werner auf Urlaub war, hatte er für die Ursel ein Fest gemacht. Trautel hatte ihr Rotseidenes angehabt und die Ursel ein Blaues. Da hatten sie auch getanzt. Dann steckte der Werner die Hände in die Hosentaschen seiner dunkelblauen Marinehose, hat angefangen zu pfeifen und hat dann gesteppt. Ich habe ihn angestaunt, wie schnell er nur seine Füße bewegen konnte. Alle haben geklatscht und er war sehr froh und lachte. So etwas würde ich nie können, obwohl ich doch solche Sehnsucht danach hatte. Werner hat es wohl gemerkt, denn als im Radio wieder die Musik lief, fasste er mich an den Händen und schwenkte mich durch die Stube. Es war ein herrlicher Abend und niemand schimpfte. Sogar Vater lächelte und trank seinen Wein. Dann fiel mir noch ein, dass wir an Faschingsdienstag immer zum Opernhaus liefen, um die Leute anzugaffen, die aus den schwarzen Limousinen stiegen und in langen Roben, in Pelzen und schwarzen Fräcken mit weißen Handschuhen die Stufen gravitätisch hinaufbalancierten. Im Herrenverein gab es auch so einen Abend, Mutter machte sich dann fein, zog das schwarze Pelzjäckchen an und ging mit Vater zum »Herrenabend«.

»Was habt ihr getanzt?«, wollte ich wissen. »Biste wieder aufgewacht?« Mutter sah mich lächelnd an. »Walzer und Polka.« »Wie geht das?« Vater begann zu pfeifen, sollte wohl ein Walzer sein. Aber niemand wollte tanzen und es mir zeigen.

Schneeglöckchen

Langsam wurden die Tage wieder länger und um die Mittagszeit, wenn die Sonne grell auf das Dach schien, war überall im Garten und auf der Straße unter dem dicken Schnee ein Glucksen zu hören. Erst wollten wir es gar nicht glauben, aber dann bekam der Schnee dicke Beulen und schließlich tropfte und rann es vom Dach herunter. Abends fror es dann wieder und die Eiszapfen wurden länger und dicker. Viele hingen inzwischen vom Dach herunter. Morgens wurden sie mit dem Besen vom Dach abgeschlagen. Das krachte. Auch auf den Straßen wurde die schmutzige Schneedecke erst abends zu Eis, bis sich in den ausgefahrenen Räderrinnen die Straße zeigte. Kurz vor Ostern setzte dann richtiges Tauwetter ein, und an den Südhängen der Berge kamen die Felder langsam zum Vorschein. Manchmal war schon ein Vogel zu hören. Im Garten schmolz die Schneedecke zu schmutzigen, dicken Resthaufen zusammen.

In dieser Zeit gingen Trautel und ich noch einmal zur Zuckermühle, um Mehl oder Korn zu holen. Das Gehen in dem matschigen Schnee war schwer und wir brauchten viel länger als zur Zeit des Frostes. Unten im Tal, wo die Straße mehr befahren wurde, war der Schnee zum Glück schon ganz weggeschmolzen. Als wir kurz vor der Zuckermühle ankamen, sahen wir es auf der linken Seite im Wald weiß leuchten. Hier war die erste Stelle, wo auch den Hang hinauf kein Schnee mehr lag. »Was meinst du, was leuchtet da so?« Erst im Näherkommen konnten wir sehen, was da so zwischen den Bäumen durchschimmerte. Wir blieben wie angewurzelt stehen. »Schneeglöckchen«, der ganze Hang war übersät mit den zarten Blumen. Voll Freude liefen wir hin, um das Wunder näher zu besehen. »Das habe ich ja noch nie gesehen«, rief ich. »Ich auch nicht«, kam's von meiner Schwester. Wir standen und konnten uns nicht satt sehen. »Siehste, es wird doch Frühling!« »Ja, ob wir ein paar pflücken?« »Nein, sie stehen unter Naturschutz«, sagte meine Schwester. Da ließ ich es sein, sie wären ja sowieso welk geworden, bis wir zu Hause waren.

Wir stapften weiter bis zur Zuckermühle. Dort wurden wir, wie immer, freundlich aufgenommen. Jetzt wusste ich, warum die Müllersleute so besonders freundlich zu mir gewesen waren. Ich hatte es Mutter erzählt. Sie hatte gelacht und gesagt: »Das kommt vom Großvater, der hat viel für den Zuckermüller gearbeitet. Früher sind wir oft in der Zuckermühle gewesen.«

Sie packten auch diesmal einen Packen Mehl in den Rucksack. Dann meinte die Müllerin: »Es Mahl is zu Ende und es Korn dürfa mir nur noch für die Polen mahln.« Ihr Gesicht sah bekümmert aus. »Sie reda in alles nei. Mir kinn uns nich mehr wehrn!« »Ja, ja«, wir nickten verständnisvoll. Wir kannten das von Fischern her. »Na, also dann, labt gsund und grießt derheeme.« Der Müller war wieder reingekommen, mit seiner großen Müllerschürze vor dem Bauch. »So isses«, sagte er mit seiner tiefen Stimme. Wir nickten. Wir gaben ihnen die Hand. Die Müllerin strich mir über den Kopf und versuchte ein Lächeln. Sie hatte meine Hand fest in der ihren. Ein bissel rau, aber nicht so rau wie die große Hand des Müllers. Meine versank richtig in seiner. Er blinzelte mich freundlich an. »Ihr wärts schon schaffen, ihr seid noch jung!« Meiner Schwester gab er einen kleinen Klaps auf den Po, was ich eigentlich gar nicht leiden mochte. Aber sie meinten es ja gut, und da war ja auch wieder dieses traurige Gefühl. Wir wandten uns ab und gingen zur Tür. In meinem Rücken fühlte ich, dass sie uns nachsahen. Ein Seufzer begleitete uns. Im Hinausgehen sah ich noch auf das große Bild. Die Frau hockte immer noch auf dem schmalen Weg und das Grabkreuz war so schwarz. ›Ich nicht‹, dachte ich noch mal. Ich richtete mich ganz gerade auf, dann schloss meine Schwester die schwere Haustür.

Der Bach rauschte auf, der Wind lief durch die Bäume, sodass sich die tiefhängenden Zweige rasch bewegten. Wir sahen zum Himmel, er war grau und finster. »Komm, wir müssen uns beeilen, es wird Regen geben!« »Ja, ich komm ja schon!« Meine Schwester schob sich den schweren Rucksack mit einem Ruck wieder nach oben, dann liefen wir schweigend weiter. Meine Augen suchten den Hang mit den Schneeglöckchen. »Komm schon, wir dürfen nicht mehr stehen bleiben. Unser Weg ist noch weit. Das weißt du doch!« Ja, aber meine Augen prägten sich das wundersame Bild noch einmal ein. Sanft schwenkten sie ihre Köpfchen im Wind. Es sah einzigartig aus.

Mir fiel Großmutters Geburtstag ein. 18. März, da kaufte Mutter in Breslau ein Sträußchen im Laden und ich ging damit zum Gratulieren. Hier wuchsen sie wild. Ich musste mich noch mal umdrehen. »Nächstes Jahr blühen sie wieder. Nu komm schon!«

Ein Militärauto überholte uns. Wir senkten die Köpfe ganz tief, sodass sie uns nicht ins Gesicht sehen konnten. Es begann zu regnen nach dem Wind, und wir wussten, der Heimweg würde nicht einfach sein. Aber das waren wir ja inzwischen gewöhnt.

Nie rozumiem

Ostern kam heran. Jetzt blühten auch im Garten die Schneeglöckchen, und die ersten Krokusse steckten ihre gelben und blauen Köpfe aus der Erde. Immer noch lag Schnee. Die letzten Inseln wollten und wollten nicht weichen. Aber der erste Ostertag zeigte sich mit herrlichem Sonnenschein. Wir waren zur Kirche gegangen. Mir schien, als wenn die Orgel noch nie so brausend gespielt hätte. Die Kirche war brechend voll. Dann rauschte der Gemeindegesang auf: »Christ ist erstanden von der Marter alle, des wolln wir alle froh sein, Christ will unser Trost sein!« Weinten die Leute wieder? Die Taschentücher wanderten über die Gesichter und das Naseschneuzen war unüberhörbar. Nach diesem Gottesdienst war ich eigentlich ganz fröhlich. Als wir nach Hause kamen, blieben die Frauen noch im Garten stehen und besahen die Blumen. Die Sonne schien sehr grell, so als wollte sie mit aller Macht auch die letzten Schneereste noch wegschmelzen. Die Frauen hatten ein Lächeln auf dem Gesicht. Ich blieb vor dem Haus stehen, sah alles, als wenn alles ganz neu wäre. Eine Frau blieb am Zaun stehen und rief meine Mutter. Ich kannte sie nicht, jedenfalls nicht mit Namen. Dann winkte mich Mutter auch an den Zaun. »Guck mal, das ist die Hanke-Gretel. Na, du weißt schon, sie ist die Nichte von Tante Friedel in Waldenburg.« Ich sah in ein rundes Gesicht mit einem breiten Lächeln darin und oben lockten und kringelten sich ihre Haare unter dem dunklen Tuch hervor. »Du weeste, wir könnten dich brauchen. Ich hoab's äben schon deiner Mutti erklärt. Wir im ›Deutschen‹ Haus haben ja auch Polen und der Kerl will jetzt die Wirtschaft wieder in Gang bringn, und doa fahlt uns a Madel, doas uns ei der Kiche hilft.« Ich sah sie voll Staunen an. Dann sah ich Mutter ins Gesicht. »Ja, du sollst ihnen helfen in der Küche. Aufwaschen und Besteck putzen. Paar Stunden jeden Tag. Dafür gibt's was zu essen, hat der Pole gesagt«, fügte sie nach einer kleinen

Pause hinzu. »Ich soll im ›Deutschen Haus‹ arbeiten?« Mir wollte das gar nicht in den Kopf. »Ach, du tätest uns was Guttes, wenn du kämst. Jeden Tag, so um a Neune bis zum Mittage«, meinte sie. Sie sah mich freundlich an und wartete. Mutter meinte: »Sie wird's schon machen. Sie hat ja keine Schule und sitzt sowieso immer zu Hause rum.« »Ja, wenn du kommst, gibts erscht mal eine Semmel und mittags kannste mit uns essen am Tisch«, sie lächelte immer noch. Schließlich sagte ich langsam, weil es so ungewohnt war: »Wann soll ich kommen?« Da wurde ihr Gesicht verlegen und Tante Friedels Nichte sagte leise: »Wenn's geht, heute schon!« Heute, ich staunte, heute war doch Ostersonntag. Und am Feiertag arbeitete niemand bei uns. »Na ja«, das Gesicht vor mir wurde wieder verlegen, »bei uns in der Gastwirtschaft ist schonn auch am Sonntag viel Arbeit«. »Ja, wenn Mutter meint, dann komme ich gleich«, raffte ich mich schließlich auf. Sie schien sichtlich erleichtert zu sein, denn sie verabschiedete sich schnell. Sie rief noch: »Kannst gleich nachher kommen!« Dann lief sie eilig davon. Ich sah ihr nach. Sie war doch noch jung, vielleicht etwas älter als meine Schwester, warum war sie so ganz schwarz angezogen? Mutter merkte es. »Voriges Jahr ist ihr Mann gefallen.« Da erinnerte ich mich, dass die Tante Friedel davon gesprochen hatte. Da war ich ganz einverstanden, ich wusste ja, dass die Hanke-Leute auch schon alt waren. Hatte ich nicht den Herrn Hanke mal im Rollstuhl gesehen? Mutter nickte, als ich sie fragte. »Er ist gelähmt.« Ich war immer noch verwundert, ich sollte also arbeiten gehen. Aber ich bekam dafür etwas zu essen. Das gefiel mir ganz gut. »Was soll ich anzieh'n?«, frage ich drinnen. Mutter meinte, zieh deine Wochentagskleider an und nimm eine saubere Schürze mit. Die andern staunten auch und das gleich jetzt am Osterfeiertag. Ich packte die Schürze in die Einkaufstasche und ging zum Haus hinaus. Mutter winkte vom Fenster.

Während ich die Dorfstraße hinunterstiefelte, das »Deutsche Haus« lag ja Fischers Hof gegenüber, ging mir allerlei durch den Kopf. Tante Friedel, was mochte sie machen in Waldenburg? Ob die Hankes was wussten? Die Tante Friedel war die Schwester vom Gastwirt Hanke. Das »Deutsche Haus« war ihr Elternhaus. Das war ja was. Ich sollte in Tante Friedels Elternhaus arbeiten. Ein ganz ungewohnter Gedanke. Aber ich bekam was zu essen, das fand ich gut, zumal es immer knapper wurde. Schließlich war ich am Haus angekommen. Zaghaft drückte ich die Klinke herunter. Die Tür ging auf und knarrte ein bisschen. Ich sah mich um. Links stand eine Tür offen, das war die Gaststube. Ein bissel dunkel drin. Rechts eine lange Theke aus dunklem Holz. Ich sah schnell weg, weil es dort drin ziemlich laut zuging. Polnisch, ich verstand nichts. Lautes Lachen und der Geruch von Tabaksqualm kamen mir entgegen. Ich wandte mich zur rechten Tür, die Tür in der Mitte stand auch offen, dort ging die Treppe hinauf. Ich klopfte. Jemand rief: »Komm rein!«, sie hatten mich wohl kommen hören. Ich drückte die Klinke langsam herunter und trat ein. Ich war in der Küche. Frau Hanke, eine kleine, zierliche Frau, das Haar fest um den Kopf gekämmt, kam auf mich zu und lächelte mich freundlich an, dabei spannten sich ihre blauroten Bäckchen. Ich hatte sie schon gesehen, und von der Tante Friedel wusste ich, dass sie herzkrank war. »Ja, es is schon richtig. Wir brauchen jemand, der uns hilft. Und weil die Tante Friedel gesagt hat, du wärst ganz geschickt im Haushalt, haben wir gedacht, wir fragen deine Mutter, ob es geht mir dir.« Sie gab mir die Hand. »Dorchen heißt du?« »Ja«, sagte ich schüchtern und blieb an der Tür stehen. »Komm setz dich. Ich hab noch einen Teller Suppe übrig behalten.« Sie lief geschäftig zum großen Herd und füllte einen tiefen Teller mit Suppe. Es roch nach Nudelsuppe und ich setzte mich schnell hin. Bedächtig löffelte ich den Teller leer. Es waren sogar Fleischstücke drin.

Ich sah mich um in der großen Küche. Hinter mir lagen die Fenster. Rechts die Spülbassins zum Geschirrspülen. Riesige Keramiktröge. Eins quoll von Geschirr über, Stapel von Tellern, Tassen, Schüsseln. Das also war meine Arbeit. Ich dachte an das Abwaschen bei Fischern. Ich seufzte und erschrak. Gott sei Dank, sie hatten es nicht gehört. Ich stand auf. Frau Hanke machte sich schon am Herd zu schaffen. Sie schob die großen Eisentöpfe auf der breiten Herdplatte hin und her, holte eine Emaillekanne, die voll Wasser auf der Seite stand, und schüttete die Töpfe voll Wasser. Neben der Herdplatte baute sich schön grün der Kachelofen auf. Zwischen Herd und Kachelofen befand sich die tiefe Wasserwanne, in der das Wasser heiß wurde während des Kochens. Davor stand ein Bänkchen mit einem Wasserschöpfer und einem Eimer. Also das heiße Wasser galt es, aus der Wanne in den Eimer zu schöpfen, dann konnte man spülen, so dachte ich. Frau Hanke hatte meine Gedanken erraten: »Du brauchst nicht das Wasser aus der Wanne scheppen. Am Becken ist ein Hahn, da kommt auch Wasser raus, warmes!« »Ja, da soll ich wohl anfangen?« Ich band meine Schürze um und folgte ihr zum Abwaschbecken. »Ich zeig dirs, wie wirs machen!« Sie drehte den großen Wasserhahn auf und das warme Wasser lief in dickem Strahl in das erste von drei Becken. Ich dachte, drei Becken brauchen sie, wofür? »Also, erst mal Vorwaschen.« Munter nahm die kleine, zierliche Frau einen Stapel Tassen und Untertassen und ließ sie ins warme Wasser gleiten. Inzwischen hatte sie den Wasserhahn zum zweiten Becken rumgeschwenkt. Jetzt lief es dort hinein. Schließlich hielt sie den Schlauch noch in das dritte Becken. Ich verstand: vorwaschen, abspülen, klarspülen. Links folgte eine lange Metallbahn, auf der ich das Geschirr zum Ablaufen abstellen konnte. Ich wandte mich von einem Becken zum andern. Das Wasser war ganz schön heiß, und das halbe Bücken ungewohnt. Ich schwitzte und der Rücken begann zu schmerzen. Aber ich arbeitete verbissen weiter. Ich wollte schon durchhalten. Zwischendurch kam Frau Hanke, wechselte das Wasser, wenn sie sah, dass es zu fettig wurde. Im Stillen staunte ich, was hatten die bloß alles gegessen. Die Teller waren nicht fein säuberlich abgegessen, so wie ich es zu Hause gewohnt war. Viele Teller musste ich erst mal in den Eimer, der unter dem Abwaschbecken stand, abkratzen. Fleischreste, Soße, Kartoffeln und Reste von Sauerkraut. Wer hatte hier gegessen? Und woher hatten sie das alles? Frau Schindler, mit Vornamen hieß sie Gretel, kam auch wieder in die Küche mit einem großen Tablett voller Geschirr. O je, wollte das gar nicht aufhören? »Ja, so ist das«, erriet sie meine Gedanken. »Ihr habt heute sicher nicht so ein schönes Essen gehabt. Aber ich seh schon, du machst es gutt, bist ganz anstellig.« Ehe sie wieder verschwand, sagte sie noch: »Kannst ruhig Gretel zu mir sagen. Sagst ja auch Tante Friedel zu meiner Tante, die gar nicht verwandt ist mit dir.« Das freute mich, aber es machte mich auch sehr verlegen. Mir wurde noch heißer. Gut, dass sie es nicht sehen konnte. Dann kam sie wieder in die Küche und meinte, während sie zu einem rotkarierten Abtrockentuch griff: »Heute helfe ich dir Abtrocknen. Ei der Wuche machstes dann alleene!« Sie griff nach den Tassen und Tellern und rieb sie trocken. Flink war sie. Im Handumdrehen standen die Stapel wieder auf dem Tisch. »Wasser wechseln«, mahnte Frau Hanke, die am Waschbecken einen Eimer ausschüttete. Sie hatte den Herd sauber gemacht. Auf einem großen Tablett lagen die Bestecke. Als sie an die Reihe kamen, schob sie sie mit einer schnellen Bewegung in das Vorwaschbecken. »Du musst das Besteck besonders schnell sauber machen. Das Holz darf nicht so lange im Wasser liegen, dann wird es unansehnlich.« O je, das Wasser war heiß. Ich griff immer wieder hinein und holte die Bestecke raus, rieb sie mit dem Lappen ab und warf sie ins nächste Becken. Messer, Gabeln und Löffel hatten schwarze Holzgriffe, ähnlich wie zu Hause, ich wusste, wir ließen sie auch nicht im Wasser liegen. Es nahm kein Ende. Abrubbeln, ins Wasser damit und wieder rausholen. Auf dem Ablaufbrett häufte es sich. »Die Töpfe sind sauber. Da kannst du jetzt das Besteck abtrocknen.« Schweigend wurde weiter gearbeitet. Endlich konnte ich das Wasser aus den Becken laufen lassen. Ich zog die Stöpsel heraus und das Wasser gluckerte davon. Ich nahm ein Handtuch und begann langsam, das Besteck abzutrocknen. Gretel hatte mir ein großes Tablett hingestellt, darauf sollte ich nach Sorten sortieren. Die Messer und Gabeln auf ein extra Tablett. ›Warum?‹, dachte ich. Die Lösung ließ nicht auf sich warten. Gretel nahm das Tablett und trug es auf die Anrichte neben der Tür. Dort war an der Tischplatte eine kleine Maschine befestigt. Sie sah aus wie eine Bohnenschnibbelmaschine. So eine hatte ich noch nie gesehen. Sie lächelte. »Ja, jetzt müssen wir noch Gabeln und Messer polieren.« Sie schob eine Gabel zwischen die Bürstenscheiben und drehte mit der anderen Hand den Schwengel der Maschine. Dabei zog sie die Gabel gleichmäßig hin und her. Ich staunte. Tatsächlich, schön blank kam die Gabel wieder zum Vorschein. »So, jetzt weißte, wies geht. Jetzte kannste alleine weitermachen.« Sie überließ mir den Platz und ging aus der Küche. Von drüben aus der Gaststube hörte ich lautes Reden und Lachen. Natürlich Polnisch. Deutsche waren bestimmt nicht in der Gaststube.

Mit den Messern ging es einfacher. Ich schob sie mit der linken Hand hin und her und die Stahlborsten rieben in entgegengesetzter Richtung. Die rechte Hand drehte den Schwengel. Endlich war ich fertig. Ich richtete mich auf. Mir tat alles weh. Ist ja schlimmer, als mit einem Korb Kartoffeln über das Feld zu gehen.

Während ich die Bestecke in die große Schublade in der Anrichte schob, öffnete sich die Tür und ein großer Mann mit schütteren Haaren kam herein. Er sah mich erstaunt an und sagte etwas auf Polnisch zu mir. Dabei veränderte sich sein Gesicht überhaupt nicht. Ich versuchte zu lächeln, aber so recht wollte es mir nicht gelingen. Erst wollte ich ihm die Hand geben, aber dann ließ ich die Arme sinken. So standen wir uns gegenüber und starrten uns an. Das »Guten Tag« blieb unausgesprochen in meinem Mund. Da öffnete sich die Tür nochmals und Frau Hanke schob ihren Mann im Rollstuhl in die Küche. Herr Hanke sah mich freundlich an und gab mir die Hand. »Du willst uns helfen? Das machste recht. Ich bin ja nicht mehr so gut zu gebrauchen.« Der Pole sah von einem zum andern. Er lehnte am Fenster. Erst jetzt sah ich, dass er einen grauen Stadtanzug trug. Frau Hanke machte einen Schritt auf ihn zu und sagte zu ihm: »Wir haben das Mädchen geholt, weil wir den Betrieb sonst nicht schaffen. Ich hab es Ihnen ja auch schon gesagt, dass wir jemand brauchen. Wir haben ihr versprochen, dass sie was zu essen bekommt.« Sie stand ganz gerade da. Waren ihre blauen Bäckchen noch blauröter geworden? Sie hatte ganz langsam gesprochen, damit er sie verstehen sollte. Als sie ausgeredet hatte, strich sie sich mit der Hand die Schürze glatt. Wir sahen alle den Mann an. Dann verzog er das Gesicht und redete schnell und abgehackt. Ich verstand nichts. Auch Hankes verstanden nichts. Ich überlegte, ein Wort kam mir bekannt vor. Vater hatte gesagt, das heißt: »Ich verstehe nicht!« Er hatte es ein paar mal gesagt »Ni - ro - zu - miem«, ja, ich glaube so war's. Hankes hatten sich an den Tisch gesetzt und angedeutet, ich solle mich auch setzen. Frau Hanke ging zum Wandschrank und holte einen Kastenkuchen heraus. Davon schnitt sie, ohne den Polen anzusehen, Scheibe um Scheibe ab. Dann holte sie Tassen und Teller und die Kaffeekanne, die auf dem Herd warm stand. Sie goss ohne ein Wort zu sagen, Kaffee ein. Fünf Tassen standen auf dem Tisch. Drüben in der Gaststube war es still geworden. Die Haustür war auch ein paar Mal zugeschlagen worden. Anscheinend war die Gaststube leer. Gretel schaute von einem zum andern und setzte sich still vor ihre Tasse. Frau Hanke bedeutete dem Mann, er solle sich auch setzen, sie versuchte es mit einer freundlich einladenden Bewegung. Er kam auch an den Tisch mit seinem finsteren Gesicht, aber er setzte sich nicht. Er griff drei Scheiben von dem Kuchen mit der Hand und ging damit zur Tür hinaus. Ich sah auf meinen Teller. Tränen standen mir in den Augen. »Du brauchst nicht zu weinen«, kam es nach langer Stille zu mir. Ich sah auf. Sie sahen mich alle drei freundlich an. »Weeste, so isses jeden Tag. Er gönnt uns ja auch kein Essen. Es iss die reene Schikane. Die haam ja jetz das Sagen, die Polen. Aber wir missen auch sehn, wo wir bleibn. Arbeiten und nich essen, das geht nich. Sollst mal sehen, heute Abend, da iss wieder der Teufel los in der Gaststube. Die haam ein Benehmen, das schreit zum Himmel.« »Ach Mutter, lass doch. Die Dorchen iss sowieso schon ganz verschreckt.« Ich hatte heimlich die Tränen fortgewischt und dachte an die verschmierten Teller. »Kommste morgen wieder? Trotzdem?« Sie sahen mich alle drei bittend an. Herr Hanke strich über meine Hand. »Musst dir nichts draus machen!« Er stöhnte. Ich nickte tapfer. »Ja, wann soll ich kommen?« »Na ja, wenn's geht um Neune.« »Klar, das geht.« So früh war ich bisher zwar noch nicht draußen gewesen, weil da die Polen meistens die Dorfstraße rauf gingen, aber ich konnte ja hintenrum gehen, vielleicht sah ich dann was vom Hof.

Ich hatte zwei Scheiben Kuchen gegessen, Gretel wollte mir noch eine dritte zuschieben. Aber ich war es nicht gewohnt, so viel süßen Kuchen zu essen. Er hatte ganz gut geschmeckt. Aber der Pole gönnte ihn mir nicht, das wusste ich jetzt. Ach, sie hatten ja recht, es war egal. Was störte es mich eigentlich? Ich raffte mich auf.

»Also, dann gehe ich jetzt nach Hause und komme morgen um neun. Kann ich die Schürze hier lassen?« Gretel stand auf und nahm sie mir ab. »Ich hänge sie zu meiner in den Schrank.« »Ja, also dann auf Wiedersehen«, ich gab ihnen die Hand. »Haste schön gemacht«, lobte mich die Frau Hanke und »Danke auch. Grüß zu Hause«, hörte ich noch rufen, dann schloss ich die Küchentür und ging durch den Flur zur Haustür.

Die Gaststubentür stand offen. Der Pole stand hinter dem Tresen und sah mir nach. Ich blieb stehen und sagte: »Auf Wiedersehen!«, aber er antwortete mir nicht. Ich trat durch die Haustür auf die Straße. ›Er mag mich nicht. Sie hassen uns alle‹, ging es mir durch den Kopf.

Ich trottete ein Stückchen die Straße entlang und bog dann in den Feldweg ein. Verstohlen sah ich zu den Fenstern von Fischern. Aber ich sah niemand. Finster lag das Haus da. So vertraut war mir alles, aber es sah eben jetzt anders aus, irgendwie; ich konnte gar nicht sagen warum. In den Ställen hörte ich das Vieh. Im Hof liefen die Hühner umher. Ich bog am Päsler-Haus ab in den Feldweg und ließ die Häuser hinter mir. Auf einmal Hundebellen. Der Terri kam hinter mir hergeschossen. Erst kläffte er mich an und fletschte die Zähne. Er bewachte immer noch das Haus. Ich beugte mich zu ihm. »Kennste mich nich mehr, altes Hundevieh? Terri, sei doch still. Ich tu dir doch nischt!« Ich streckte die Hand nach ihm aus. Auf einmal blieb er still stehen, wedelte mit dem Stummelschwanz. Es war, als wenn sich seine Augen veränderten. Ich sah es mit Staunen. Ein ganz hohes Winseln kam aus ihm raus, dann begann ich ihn zu streicheln, erst ganz vorsichtig. Er hatte scharfe Zähne, das wusste ich vom letzten Sommer, als er mich in den Finger gebissen hatte. Nein, er machte gar nichts, im Gegenteil, er kam ganz nahe zu mir, legte sich auf den Rücken, ließ die Vorderpfoten einknicken und die Ohren hängen. Das war das Zeichen zum Spielen. Ich war ganz erschüttert und begann vorsichtig, seinen Bauch zu kraulen. Fix leckte er mir über die Hand mit seiner langen rosa Zunge. »Du Strolch du, hast du mich wiedererkannt!« Vor Glück hockte ich mich auf den Boden und kraulte und kraulte ihn am Bauch, hinter den Ohren und streichelte lange an ihm herum. Auf einmal sprang er auf die Füße, nieste und bellte ein bisschen, aber nicht böse. Ich sollte laufen, das wusste ich noch. Er sprang hoch und ich begann zu rennen. Er hinter mir her. Als ich stehen blieb, blaffte er mich wieder an. Ich rannte hin und her. Ich vergaß alles und spielte mit ihm. Ich fand ein Stöckchen und warf es. Er holte und brachte es. Von neuem ging das Spiel los. Wir spielten wie besessen, viel zu lange. Es wurde schon dämmrig. Da besann ich mich. »Du musst nach Hause«, ich beugte mich zu ihm und versuchte, ihn zu beruhigen. »Terri, geh nach Hause zum Frauchen, schnell. Ich muss auch nach Hause.« Er wollte nicht, er blaffte nach dem Stöckchen und leckte an meinen Händen. Dann legte er sich ganz still auf meine Füße und sah mich von der Seite an. »Armer Hund, was mach ich bloß mit dir?« Er hatte mich getröstet und nun sollte ich ihn fortjagen? Aber es blieb nichts anderes übrig. »Terri, lauf zum Frauchen, los,« und zeigte mit der Hand zum Hof. »Schnell, na, willst du wohl!« Er sah mich von der Seite an. Er hatte verstanden. Erst stellte er sich neben mich. Ich sollte mit ihm gehen. »Du weißt doch, ich darf nicht mehr auf den Hof.« Da kamen schon wieder die Tränen. »Los, lauf schon!« Ich wollte ihn nicht mit nach Hause nehmen. Vorigen Sommer kam er uns immer besuchen. Doch dann lief er wieder nach Hause, aber Mutter musste ihn jagen. »Geh doch schon, ich mag dich nicht jagen!« Hatte er endlich verstanden? Er setzte sich in Bewegung und trottete davon. Den Kopf gesenkt. Die Ohren hingen traurig runter. Das linke Hinterbein hatte er an den Körper gezogen. So lief er immer, wenn er traurig war. Eine Marotte, das Bein war vollkommen gesund. Aber er machte in diesem Augenblick den Eindruck eines hässlichen Köters. Hin und wieder sah er sich um, ob ich nicht vielleicht doch noch käme. Aber er lief in den Hof und verschwand. So ein Hund! Ich wandte mich um und ging langsam weiter. Aber ich ging nicht sofort nach Hause. Ich lief ein Stückchen den Feldweg hinauf. Der Himmel war seidig blau. Die Sonne war schon untergegangen. Aber es lag so ein süßer Duft in der Luft. In den Gärten blühten die ersten Narzissen. Seidelbast, ja der duftete schwer und süß. Beim Bittner-Bäcker stand ein großer Strauch im Garten. Ich hatte gesehen, er blüht schon. Am Feldrain lag ein dicker Stein. Auf den Feldern waren immer noch Schneereste. Ich setze mich auf den Stein und stützte die Hände auf meine Knie. Eine Weile saß ich so und musste über diesen Tag nachdenken. Dann stand ich auf und lief schnell das letzte Stück nach Hause. Sie warteten schon auf mich. »Wie war's?« Ich erzählte. »Morgen wieder?« »Ja morgen wieder!«

Ja, morgen wieder und viele Tage noch. Berge von Geschirr spülen, Messer und Gabeln putzen. Jeden Tag neu, der Kampf um das Essen. Wenn ich nach Hause wollte, hatte Frau Hanke bestimmt, sollte ich meine frische Semmel bekommen. »Die Vesper!«, so sagte sie. Jeden Tag neu, wenn sie die Semmel vor den Augen des Polen aus dem Korb nahm, und mir gab, sagte er und schüttelte den Kopf »Nie ro zu miem, Ni ro zu miem«. Aber weggenommen hat er sie mir nicht. Die Küche war voll gespannter Luft, am liebsten wäre ich lautlos verschwunden. Aber die kleine, zierliche Gastwirtin Hanke, mit blauroten Bäckchen und verbissenem Gesicht, ließ nicht locker. »Du hast gearbeitet und du bekommst außer dem Mittagessen deine Semmel, das wär doch gelacht!«

Dieser Herr »Nie rozumiem«, so nannte ich ihn, ließ es sich aber gefallen, dass ich Tag für Tag mit der Gretel zusammen nicht nur abwusch, sondern auch die Gaststube aufräumte. Die Tische mussten gründlich abgewaschen werden, die rochen so komisch. Ich fragte die Gretel. Sie lachte. »Es stinkt nach diesem schrecklichen Tabak, den sie sich ins Zeitungspapier drehn. Na ja, und nach Schnaps halt. Is eigentlich alles garnischte für dich.« In meinem Kopf arbeitete es. Vater hat immer gesagt, die Landleute gehen in die Wirtschaft und trinken Branntwein. Ich hatte mal ein altes Buch gefunden und hatte drin gelesen. Es handelte von einem Bauern, der auch immer Branntwein trinken ging und dann nach Hause kam und seine Frau schlug und das Vieh im Stall. Aber es war eine fromme Frau, sie ließ sich schlagen und dann ging sie in die Schlafkammer und betete für ihren Mann. Ob die Polen auch ihre Frauen schlugen, wenn sie nach Hause kamen? Mir gruselte. Ich konnte mir gar nicht vorstellen, dass ein Mann seine Frau schlug. Bei uns in der Familie gab's das nicht. »Wir müssen heute auch oben in den Zimmern aufräumen«, weckte die Gretel mich wieder auf. Ich hatte gerade die Fensterbretter abgewischt und sie merkte nicht, dass ich geträumt hatte. »Ja, ich komme. Ich bin gleich fertig.« Hastig wischte ich noch das letzte Fensterbrett ab und ging dann mit dem Eimer hinter ihr her. Aus der Küche holten wir frisches Wasser und sie holte noch zwei Besen und das Kehrblech. Dann stiegen wir die Treppe hinauf. Ich war ganz erstaunt, so ein Treppenhaus hatte ich noch nicht gesehen. Die Treppe wand sich rund bis in den ersten Stock und dann noch mal rund zum Boden. Die Türen von den Zimmern gingen auch von dem runden Flur ab. Gretel öffnete eine Tür und winkte mir zu. Ich trat in ein Zimmer. »Das ist mein Zimmer.« Ich sah mich um. Es war nicht groß, aber sehr gemütlich eingerichtet. Sie hatte traurige Augen. »Das ist ein bissel von meiner Wohnungseinrichtung. Ich hab die Wohnung wieder aufgegeben, mein Mann ist ja fort und kommt nicht mehr. Die andern Sachen stehen auf dem Dachboden.« Sie seufzte. »Die Eltern haben auch nur noch ihre Schlafstube. Das Wohnzimmer hat der Pole uns weggenommen. Wir dürfen es jetzt sauber machen!«

Sie öffnete die Schranktür und holte ein Kästchen hervor. Darin waren Bilder. Sie nahm einige und zeigte sie mir. Ihr Brautbild, ihr Mann als Soldat, die Eltern als Brautleute, da stand der Herr Hanke noch aufrecht. »Ja, es war ein Schlaganfall, danach war er gelähmt!« Sie fuhr mit dem Finger über das Bild. Dann kam noch ein Bild mit einer jungen Frau zum Vorschein. »Weißte, wer das ist?« »Klar, das ist die Tante Friedel«, wir lachten. Immer war sie so hübsch, dachte ich. »Mutters beste Freundin«, sagte ich stolz. Dann erzählte ich ihr, dass Mutter ihr als junges Mädchen mal zum Geburtstag einen Strauß Veilchen gebracht hatte. Darüber hätte sie sich so sehr gefreut. Die Eltern hatten nämlich ihren Geburtstag ganz vergessen. »Ja, ja, wir haben hier im ›Deutschen Haus‹ immer schwer geschuftet, das war schon immer so gewesen. Jetzt hilfst du uns.« Wir sahen uns an und lachten. »Komm, ich schenk dir was.« »Ach nein«, wehrte ich bescheiden ab. »Doch, doch«, sie kramte in der Schublade herum und brachte ein Paar feine Lederhandschuhe zum Vorschein. In den Handflächen feines Leder, oben drauf Häkelspitze. »Zieh sie mal an, ob sie dir passen?« »Nein, die sind viel zu schön für mich!« »Na, zieh sie mal an.« Ich zog sie über die Hände. Sie passten wunderbar. Über meine verschrammten und zerkratzten Hände so schöne Handschuhe. Ich machte ein ungläubiges Gesicht. Sie lachte wieder. »Na, du bist doch ein hübsches Madel. Pass auf, bald wirste konfirmiert und dann ziehste dich auch mal fein an. Dann kannste ja mal an die alte Gretel denken, die se dir geschenkt hat. Wer weiß, wo wir noch landen.« Ich hatte die behandschuhten Hände vor mich auf den Tisch gelegt. Wir sahen uns wieder an. Sie wischte Tränen fort und ich schluckte und schluckte. »Danke, ich werde sie gut aufheben, bis ich sie tragen kann.« Vorsichtig zog ich sie wieder aus und legte sie schön zusammen. Dann wollte ich sie in die Schürzentasche schieben. »Hier ist ein Stück Papier. Pack sie ein, dann kannst du sie nachher mit nach Hause nehmen.« Ich tat es. Die Trautel würde ganz schön neidisch sein, aber das sagte ich der Gretel nicht. Sie hatte die Schranktüren und Schubladen wieder geschlossen und wartete an der Tür. »Komm, wir müssen die Fremdenzimmer aufräumen. Es ist schon spät.« Sie öffnete eine andere Tür und ging hinein. Ein helles Zimmer mit weiß angestrichenen Möbeln. Die Betten standen rechts und links an den Wänden und die Federbetten waren mit weißgestreifter Bettwäsche bezogen. Auf dem Tisch lag eine verrutschte Tischdecke und ein großer Aschenbecher lief von Asche und zerknülltem Papier über. Daneben ein leeres Schnapsglas, eine leere Flasche und ein halbleeres Bierglas. Ich starrte alles an. Die Betten waren zerwühlt, auf den Bettlaken Schmutzspuren, als wenn die Leute sich mit den Schuhen hineingelegt hätten. Ich trat neben die Gretel. Sie schlug das Deckbett zurück. Was war denn das? Das ganze Bettlaken war über und über mit Blut beschmiert. Gretel schlug das Deckbett wieder zurück. »Geh hol den Eimer mit dem Wasser und den Lappen.« Ich hatte das Gefühl, ich sollte das nicht sehen. Was hatten die hier oben getrieben? Als ich zurückkam, hatte sie das Bett schon abgezogen. Ich sah sie fragend an, aber ich traute mich nicht. »Sie feiern hier oben Orgien. Es geht bis lange in die Nacht rein. Wir können nicht schlafen. Dann torkeln sie morgens wieder davon. Ich hab immer Angst, sie kämen auch zu mir rein. Aber das haben sie noch nicht gemacht.« In den andern Zimmern sah es ähnlich aus. Aber Gretel ließ mich nicht helfen. Erst wenn die Betten abgezogen waren und sie das Schlimmste weggeräumt hatte, sollte ich den Staub von den Möbeln beseitigen und den Boden wischen. Zum Schluss kam noch die Treppe dran. Ich fand, es sei ein schönes Haus. Früher waren hier die Leute aus der Stadt hergekommen zur Sommerfrische. Ob die sich auch so benommen hatten wie die Polen? Ich glaube nicht. Auch den Garten fand ich herrlich.

Als die Tage länger und wärmer wurden, sollte ich die Fenster putzen in der Veranda und im Gartenkies das Unkraut ausjäten. Im Sommer standen hier Stühle und Tische. Jetzt standen sie noch zusammengeklappt im großen Stapel auf der Veranda. Während die Vögel sangen und die Sonne schien, mühte ich mich, das Unkraut wegzubekommen. Für eine Weile vergaß ich dann wieder mal alles. Ich hörte den Bach rauschen, wie vor Großvaters Haus. Ich fand es wunderschön, solch ein Haus zu besitzen, mit solch schönen Stuben, in das man Leute zum Ferienmachen einladen konnte, das gefiel mir. Oder selbst in solch einem Garten sitzen und lesen und die Sonne scheinen lassen. Ich schleppte den Korb zum Komposthaufen und sah mich noch mal um. Der Kies war sauber, sie konnten bald die Stühle und Tische wieder in die Sonne stellen. Wer wohl hierher kommen würde?

»Kaffeetrinken!«, rief die Gretel aus der Küche. Ich klopfte meine Schürze ab und ging durch die dämmrige Gaststube in die Küche. Der Herr »Nie rozumiem« sah mir von seinem Platz hinter den blanken Bierhähnen nach. Er sah aus wie ein Gastwirt. Warum nur sah er mich so finster an? »Sie hassen uns und ich hasse sie auch«, ich richtete mich gerade auf und ging an ihm vorbei, ohne ihn anzusehen.

Längst schon aß ich meine Semmel nicht mehr in der Küche. Sie wäre mir sonst noch im Hals stecken geblieben. Ich wickelte sie in ein Papier, das ich jeden Tag wieder mitbrachte. Manchmal schmierte Frau Hanke auch Butter drauf. »Bis morgen«, hieß es freundlich von den Frauen her. »Bis morgen«, rief ich, dann lief ich nach Hause. Am Feldweg setzte ich mich auf den großen Stein und aß erst mal meine Semmel. Hier konnte sie mir niemand neiden. Ich kaute langsam und sammelte auch noch die Krümel aus meinem Schoß. Der Rücken tat weh, langsam stand ich auf, Mutter stand immer am Fenster und wartete.

Die Hosengertrud

Sie wohnte nebenan bei der Hebamme Hielscher, das heißt, sie hatte eine Wohnung in dem großen, schönen Haus, neben Tante Liesel, und ich sah sie manchmal, wenn sie pfeifend durch den Garten zur Straße ging. Sie war immer lustig und hatte immer einen Witz bei der Hand, den sie mit ihrer tiefen Stimme erzählte, und dann lachte sie auch gleich schallend. ›Wie ein Mann‹, dachte ich, so sah sie auch wirklich aus. Meistens hatte sie Manchesterhosen und Stiefel an. Über einem karierten Männerhemd trug sie vorne offen eine Herrenweste und ihre im Herrenschnitt kurzgeschnittenen, blonden Haare bedeckte sie mit einer Schlägermütze. Abends machte sie sich schon mal was im Garten zu schaffen, dann sah ich sie mit großen Männerlatschen hin und her gehen. Ich konnte mit ihr nicht so recht was anfangen, ich staunte sie nur an. Seit meine Schwester in der Stoffdruckerei arbeitete, riefen sie sich immer etwas zu, wenn sie zufällig beide im Garten waren. Neugierig lief ich dann auch herbei, um die neuesten Sachen zu erfahren. Sie wusste immer allerlei und erzählte es in lautem, breitem Schlesisch. Dann stand sie breitbeinig vor uns am Zaun, die Hände in den Hosentaschen. Sie merkte wohl, dass ich sie immer unverhohlen anguckte. Dann lachte sie mich an und fuhr mit dem Zeigefinger über meine Nase. »Hustes wieder nie verstanda?« Aber Hochdeutsch konnte oder wollte sie nicht sprechen.

War sie nun eine Frau oder war sie keine? Wer wusste das schon. Alle zuckten die Achseln, wenn ich fragte. Sie hatte ein zartes Gesicht, eine schöne Nase und helle, blaue Augen. Ich dachte immer, wenn sie die Haare nun lang oder länger tragen würde, das müsste ihr gut stehen. Aber diese harte Bürste, die sie sich schneiden ließ, fand ich scheußlich. Auch ihre Hände versetzten mich immer neu in Staunen. Lang, schlank und weiß, bloß an den Kuppen sah man, dass die Arbeit in der Stoffdruckerei Spuren hinterlassen hatte. Trautel verstand sich gut mir ihr. »Was macht sie denn bei euch?«, wollte ich wissen. »Sie setzt die Druckrahmen im Rapport und färbt, das macht sie sehr genau und gewissenhaft. Außerdem ist sie flink.« Ich konnte mir das gar nicht vorstellen. Sie stakste immer so schwerfällig die Straße entlang mit ihrem massigen Körper. Vor allem fand ich, wenn sie ein Mann sein wollte, war ihr Busen viel zu groß. Deshalb trug sie wohl auch die Weste vorne immer offen. Aber unter dem karierten Hemd wabbelte es so herum und man sah halt doch, dass sie eine Frau war. »Du, Trautel, warum trägt sie keinen BH?« Endlich traute ich mich zu fragen. Meine Brust war inzwischen auch gewachsen und Eberhard hatte abends nach dem Baden mal gesagt: »Ihr tummen Weiber, mit eurem Getue mit Tür abschließen. Die Rosel kriegt jetzt eine Brust wie

Mutter.« Das hatte er wieder in seinen höchsten Tönen rumgekreischt und dann hatte er »gegockert« mit seiner Kinderlache. Die Rosel hattte auch eingestimmt und gesagt: »Ja, die Trautel, die muss alleine baden, damit man ihre Brust nicht sieht.« Rosel und ich genossen das Badevergnügen gemeinsam, nachdem Eberhard gebadet war. Er »rabatzte« dann an der Tür, obwohl er längst im Bett sein sollte. Er riß sie auf und rief: »Ätsch, hab alles gesehen.« Wir quietschten dann auch, und die Mütter schickten ihn ins Bett und schlossen die Schlafstubentür. »Es wird kalt hier«, war die Begründung. Na ja, die Trautel trug ja einen BH, da wabbelte nichts rum und ich brauchte noch keinen. Meistens verschränkte ich die Arme über der Brust, wenn solche Themen kamen. Mir sollte keiner drauf gucken. Das blaue Dirndlkleid, das hatte im letzten Sommer schon ziemlich eng gesessen. Dieses Jahr würde ich es nicht mehr tragen können.

Als ich die Trautel nach der Hosengertrud fragte, wurde ich ziemlich rot im Gesicht. Das passierte mir jetzt öfter und ich ärgerte mich über mich. Aber es interessierte mich wirklich, warum die Gertrud so ein »Zwiesel« (Zwitter) war. »Die Trudel hat erzählt, sie hätte mal gesagt: ›Wenn ich nur kinnte, tät ich mer die Brüste abschneida. Dos Gelumpe is mer immer eim Wege!‹« Mir grauste. Trautel lachte. »Ach, das musste nich so ernst nehm. Ich beneide sie manchmal. Wenn wir zusammen nach Hause gehen von der Fabrik, seh ich's immer. Die Leute vom Dorf grüßen sie freundlich, weil se eben so iss, wie se iss, und hier kennt se halt niemand anders. Und die Russen und Polen machen sich nichts aus ihr. Für die iss se halt ein Unikum. Ich muss mir Zöpfe machen und ein Tuch umbinden. Na ja, weißt schon.« Ich nickte, ich verstand sie. Immer mussten wir uns ein bissel »verschamarieren« (verkleiden), damit wir nicht so »schön« aussehen. »Ich will keinen Polen zum Mann. Schon gar nicht keinen Russen. Schon der Gedanke, es könnte einer hinter mir her sein, von den Milizern, wär mir ein Gräuel. War ich froh voriges Jahr, als die immer zu Fischern essen kamen, dass der Kasimier nicht hinter mir her war, sondern hinter der Trudel.« »Ja, war da was?« Ich riß die Augen weit auf, meine Schwester lachte. »Du Dummerle. Haste gar nicht mitgekriegt.« Ich fand's auf einmal sehr interessant. »Wie war das denn?« »Ach, weißt du, er war ein hübscher Kerl. Groß und hatte so blonde Locken wie die Trudel. Sie hätten ganz gut zusammen gepasst.« »Ach, einen Polen heiraten!« Für mich ein unvorstellbarer Gedanke. Sie lachte wieder. »Die Trudel hat ja auch gesagt, sie wär verlobt mit Willi. Da hat er wieder abziehn müssen.« »Ein Glück«, sagte ich. »Aber die Hosengertrud kann's ganz gut mit der Bagage. Sie sagt immer, die Russen sind ›meine Befreier‹!« »Wieso denn, ist die auch ein Kommunist?« Trautel zuckte die Schultern. »Ach, ich weiß nicht. Nu ja, sie ist Fabrikarbeiterin. Vielleicht, schon möglich. Es hat da mal so eine Geschichte gegeben, wie bei der großen Trudel, weißte? Sie hat die Nazis gehasst und hat kein Hehl draus gemacht.« Ich nickte, die Geschichte mit der großen Trudel kannte ich ja. »Wie nennt man das? ›Ste-ri-li-sa-tion‹. Man kann dann keine Kinder mehr kriegen.« »Aber für die Hosengertrud war das doch gut?« »Ach, bist du dumm. Wenn man es selbst will, ist es was andres. Sie haben aber doch die Frauen dazu gezwungen.« »Ja, ja, ich weiß. Die Trudel hat so geweint«, sagte ich nachdenklich. »So, sonst noch was?« Trautel legte mir die Hand auf die Schulter. »Musst nich so viel nachdenken. Die Hosengertrud ist schon ganz prima.« Damit ließ sie mich stehen und ging in die Küche, weil Mutter nach ihr gerufen hatte.

Ein paar Tage später stand ich im Garten und hörte Pferdegetrappel und einen Wagen das Dorf herunterkommen. Ich wollte schon schnell im Haus verschwinden, so wie das immer noch meine Art war. Aber ich erkannte die Stimme, die immer »Hü, hü« schrie. Die Peitsche knallte. Ein offener Wagen mit zwei braunen Pferden davor donnerte in schneller Fahrt an mir vorbei. Auf dem Kutschbock saß die Hosengertrud, sie lachte und drehte sich zu ihren Fahrgästen um. Zwei russische Offiziere saßen hinter ihr. Die Schulterklappen glänzten rotgolden und die Schnüre an den Schildmützen. Sie lachten dröhnend und schrieen irgendetwas zu ihr nach vorne. Russisch natürlich, ob die Gertrud das verstand? Sie lachte jedenfalls auch. Der Spuk war so schnell vorbei, wie er hinter dem Bittner-Bäcker hervorgekommen war. Sie fährt ihre »Befreier« spazieren, dachte ich bitter und schüttelte mich.

Nach Sibirien?

Eines Morgens, als ich zum Frühstück in die Küche kam, saßen die Frauen still am Tisch. Vater und Trautel waren schon weg. »Was habt ihr?« Tante Liesel hatte sich schnell, als ich die Tür öffnete, Tränen weggewischt, es war eine hastige Bewegung, die mir aufgefallen war. »Ach nichts«, riefen sie wie aus einem Munde. Ich holte mir vom Herd einen Teller Suppe und begann sie zu löffeln. Die Frauen sahen mir still zu. Rosel und Eberhard kamen auch herein und Tante Liesel gab ihnen auch Suppe. Dann war es wieder still. »Also irgendwas stimmt hier nicht. Erzählt doch mal.« Ich sah Mutter erwartungsvoll an. »Na ja«, sagte sie zögernd, »so richtig wissen wir auch noch nicht, was los ist. Aber heute morgen ist wieder ein neuer Trupp Milizer ins Dorf rauf geritten. Und heute Nacht sind auch viele Lastwagen das Dorf rauf.« Sie stöhnte. Rosel meinte: »Was wollen die denn wieder hier. Es sind doch schon genug Polacken im Dorf.« Mir fiel der letzte Sommer ein, als sie die Leute aus den Häusern getrieben hatten. Ich sah auf meinen Teller, aber Suppe war nicht mehr drin. Gleich musste ich los ins »Deutsche Haus«. Langsam sagte ich: »Ihr meint, es geht wieder los?« »Was geht los?« Jetzt war Eberhard auch neugierig. »Ach, nichts geht los«, beschwichtigte Tante Liesel ihren kleinen Sohn. Als er fertig war mit Suppelöffeln, hatte er schon alles vergessen und verzog sich nach draußen in den Garten. Die Sonne schien, alles blühte, der Frühling war spät, aber jetzt in aller Pracht. Es war Mitte Mai. Die Hintertür knarrte. Wir konnten hören, mit was er spielte. Ganz still saßen wir. Dann sagte Mutter: »Vater wirds wissen, wenn er nach Hause kommt, was das zu bedeuten hat. Und oben in der Fabrik werdn se auch drüber reden. Wir werdens noch früh genug erfahren, was los ist.« »Ja, die Gerüchte sind ja nich still geworden den ganzen Winter lang, dass wir alle weg müssen.« Tante Liesel hatte es langsam gesagt mit gesenktem Kopf, ihre Hände lagen verkrampft in ihrem Schoß. »Dass es doch noch kommt, hätt ich nich gedacht. Wir hätten doch alle im Dorf Platz gehabt. Ihr hier und wir hier und vielleicht kommt der Erwin doch noch nach Hause. Er find uns ja gar nich.« Jetzt rannen die Tränen doch. Rosel stand auf und legte ihrer Mutter die Arme um die Schultern. Sie weinte mit. Mutter sagte: »Nu warts erscht mal ab. Du weißt es doch noch gar nicht.« »Aber die vielen Soldaten?« Ich sah zur Uhr. »Ich muss gehen! Oder soll ich hier bleiben?« Mutter meinte: »Es wird heute schon nichts passieren, geh nur. Und wenn ja, dann hol ich dich!« »Also, dann geh ich.« Ich holte die Strickjacke. »Sei vorsichtig und träum nich!«, rief Mutter noch hinter mir her. »Wiedersehen«, damit ging ich zur Hintertür raus. »Dorette, gehste schon?« Eberhard hüpfte neben mir her bis zum Gartenzaun. »Bleib da, heute kannst du mich nicht begleiten.« Sonst war er schon mal ein Stückchen mitgelaufen.

Tatsächlich, heute war alles anders als sonst. Es war so eine Unruhe im Dorf. Ich lief schnell den Höhnweg entlang, begegnete aber niemandem. Als ich im »Deutschen« Haus ankam, war die Küche leer. Die Gaststubentür war auch geschlossen. Ich blieb einen Augenblick stehen und horchte. Oben im Haus regte sich was, dann ging eine Stubentür. Frau Hanke kam die Treppe runter. »Ach, da bist du ja«, es hörte sich erstaunt an, so als hätte sie überhaupt nicht mit mir gerechnet. »Ich pack schon, man kann nicht wissen.« Sie zog mich in die Küche. »Wisst ihr denn schon was?« Sie seufzte. »Nein, wenn Sie meinen, dass wieder so viel Miliz ins Dorf gekomken ist. Mutter und Tante Liesel haben es heute morgen gesehen. Ich hab geschlafen. Vater ist zu Thiel und Trautel in die Fabrik. Mutter meinte, heute Abend wissen wir mehr«, erzählte ich eifrig und schielte auf die Berge von Abwasch, denen ich zu Leibe rücken musste. »Die Gretel is ins Dorf gegangen. Gleich, wenn se kommt ... Gestern Abend war schon viel Volk in der Gaststube. Se warn furchtbar laut. Geschlafen haben wir überhaupt nicht und die Gretel musste bis in die Nacht auftragen und bedienen. Verstanden hat sie nichts. Woher die Kerle bloß wieder gekommen sind?« »Soll ich abwaschen?« Ich stand in der Küche, die Angst war wieder in mir hochgekrochen. Alles sah wieder so feindselig aus. Langsam machte ich mich an die Arbeit. Frau Hanke hatte sich an den Küchentisch gesetzt, was sie sonst nicht tat. »Neulich hat mal einer in der Gaststube rumgeschrien. Er konnte ganz gutt Deutsch. ›Die deutschen Schweine müssen alle fort‹, hat er geschrien. Die Gretel hat immer still weitergemacht und sich nich drum geschert. Da haben wir gedacht, irgendwann kommts.« »Ja, Mutter hat auch von Gerüchten erzählt. Die Leute im Dorf haben's immer wieder mal von den Polen gehört.« Die Frau Hanke stöhnte. »Mir hams bloß nich geglaubt. Vorigen Summer habn die Russen ja ooch die Leute wieder hergebracht.« Ich ließ inzwischen das Wasser in die Spülbecken und begann mit dem Vorwaschen.

Da knarrte die Haustür und Gretel kam herein. Sie war wohl schnell gelaufen, denn ihr Gesicht war ganz rot. Sie stellte die Einkaufstasche ab. »Du bist heute gekommen?«, rief sie überrascht, »Du bist aber treu«. »Nu ja«, meinte ich verlegen, »es weiß ja noch niemand so richtig, was los ist.« »Ja, die Bittnern hat gesagt, drüben auf der Gemeinde ist viel ›gelbes Vulk‹. Und der Hof stieht voll Lastwagen. Geschrei und Gepulsch schon den ganze Morgen. Aber niemand weess was. Alle Leute packen.« Ich nahm die Hände aus dem Wasser und wischte sie an der Schürze trocken. Wir starrten uns an. »Ja, es kann amal ganz schnell gehn. Wenn ses wieder so machen wie vorigen Sommer. Ein bissel Zeug muss man doch mitnehm.« Frau Hanke stand auf und ging schwerfällig aus der Küche. »Wohin schicken sie uns?« Ich sah Gretel fest an. Sie zuckte mit den Schultern. »Manche sagen, wir kommen alle nach Sibirien!« Ich erschrak. »Ich hab's auch mal gehört, als Mutter und Vater sich unterhalten haben. Aber sie sind schnell still gewesen, als ich reinkam.«

Die Gretel nahm ein Trockentuch und begann abzutrocknen. Schweigend arbeiteten wir weiter. Drüben in der Gaststube regte sich nichts, das war auch ungewöhnlich. Oben im Haus ging die Frau Hanke hin und her und unterhielt sich wohl mit ihrem Mann. Der Rollstuhl rollte hin und her. »Der Vater wirds wohl nich überstehn, wenn er hier weg soll. Im Rollstuhl ... Nee, nee«, sie schüttelte den Kopf. Verbissen wusch ich die Teller und Tassen ab. Die Gläser standen schon blitz-blank auf dem Küchentisch. »Weeste, wir machen hier fertig und du gehst wieder heeme. Man kann nich wissen!« Ich nickte, die Angst kroch auch wieder neu in mir hoch und dann wurden mir auch die Beine schwer. Ich beeilte mich noch mehr als sonst. Als das Besteck fertig war, sagte Gretel: »Das putzen wir heute auch nicht!« Ich war froh, was sollte das auch noch. Sollte doch putzen, wer wollte.

Da wurde es auf einmal laut drüben. Die Haustür flog auf und gleich darauf die Gaststubentür. Schwere Stiefel knallten über die roten Fliesen im Flur. Musste eine ganze Horde Männer sein. Sie rissen die aufgestellten Stühle von den Tischen und knallten sie auf den Boden. Der Herr »Nie rozumiem« kam eilig die Treppe runter und stürzte in die Gaststube. Wir starrten uns an. »Du musst jetzt ganz schnell nach Hause gehn. Man kann nich wissen, was die vorhaben.« Wir schauten vorsichtig zum Fenster raus. Am Straßenrand stand ein großer Militärlastwagen. Damit waren sie wohl gekommen. Ich nahm die Schürze und wickelte sie zusammen. Gretel sah mir zu, sie hatte auf einmal auch Tränen in den Augen. »Du nimmst sie mit?« Da merkte ich, was ich machte, ich erschrak und sah Gretel an. »Nu ja, ist ja schon gut. Hier ist deine Semmel. Die sollste doch haben. Geben tät er sie dir ja doch nich.« Da fielen wir uns in die Arme und weinten. »Du musst jetzt schnell weg«, sie wischte mir ihrem Handrücken über das Gesicht und öffnete die Tür. Ich lief raus, ein Blick in die Gaststube genügte. Sie saßen da oder standen und die Flasche kreiste. Gretel hatte die Küchentür schnell wieder zugemacht.

Ich rannte nach Hause. Zu Hause wussten sie auch nicht mehr als ich, die Ungewissheit war schrecklich. Die Stunden vergingen so langsam, bis Vater und Trautel nach Hause kommen würden. Die Mütter hatten inzwischen die Koffer vom Boden geholt und in allen Zimmern häuften sich die Sachen, als wenn alle verreisen wollten. Eberhard schleppte sein Spielzeug zum Koffer und wollte alles einpacken. »Wir müssen warme Sachen mitnehmen, so viel Spielzeug geht nicht!« »Wo fahren wir denn hin?« Er war ganz aufgeregt und hüpfte hin und her. »Das weiß ich nicht«, sagte Tante Liesel abwesend und sortierte die Sachen neu. »Das kann ich nicht tragen«, meinte sie zur Mutter. »Die Kinder müssen auch was tragen. Ich werde die Rucksäcke nehmen, die ich vorigen Mai genäht hab für uns, als es hieß, wir müssen weg.« Sie ließ die Hände sinken und starrte vor sich hin. »Mutter, was soll ich mitnehmen?« Rosel kam mit einem Arm voll Wäsche und Pullovern in die Schlafstube, die sie aus ihrem Schrank gezogen hatte. Ich ging schnell wieder raus. Mutter saß vor unserem braunen Koffer und sortierte ebenso. »Mit Koffer, das wird gar nicht gehen, aber wie sonst? Die Liesel hat recht. Rucksäcke müssen wir haben.«

Der Abend war gekommen und Vater und Trautel kamen nach Hause. Alle liefen in die Küche. »Erzähl mal, was ist nu los.« »Also genau wissen wir es auch nicht«, meinte Vater, »aber die Trautel und ich auch, wir haben heute solche Arbeitsbescheinigungen bekommen. Was das bedeuten soll?« Er zuckte mit den Schultern. »Eine neue Schikane wahrscheinlich! Irgendwas passiert!« »Und diese Bescheinigungen? Zeig mal!« Sie legten die Scheine auf den Tisch. Weiße Zettel mit viel Polnisch drauf und die Namen. Stempel natürlich mit dem Datum drauf. »Der Pole, der beim Heineganz mit im Büro sitzt, hat sie heute Vormittag rumgebracht. Hat nichts gesagt. Wir mussten alle in den Gang kommen und dann hat er sie verteilt.« Wir schwiegen, was hatte das alles zu bedeuten? »Jedenfalls werden sie uns jetzt anders aus dem Dorf treiben als voriges Jahr. Das steht fest, gehen müssen wir!«, sagte Vater plötzlich in die Stille. Alle machten erschrockene Gesichter, obwohl doch alle darüber nachdachten. Zaghaft nickten die Erwachsenen. »Ja, wenn wir wüssten, wo wir hin sollen?« Ich schwieg. ›Nach Sibirien‹, ging es mir durch den Kopf. Das war die kälteste Landschaft von Russland und wir wussten alle, wer in Russland nicht parierte, kam dorthin in so ein furchtbares Arbeitslager, bekam wenig zu essen und musste irgendwo schwer arbeiten. Da sagte die Tante Liesel: »Und wenn sie uns nach Sibirien verschleppen?« Da war es raus. Niemand sagte etwas. Ich legte den Kopf auf den Tisch, er war so leer. »Vielleicht nehmen sie auch nur die, die arbeiten können und verschleppen sie«, sagte Vater langsam. »Wir müssen dann Russland wieder aufbauen!« Ein neuer angstvoller Gedanke. Vater und Trautel sollen weg und wir sollen hier bleiben? »Also irgendwen werden sie fortjagen, das steht fest«, meinte Vater wieder langsam in die angstvolle Stille in der Küche. »Nu heul doch nich, du Heulsuse«, Eberhard knuffte seine Schwester in die Seite. Da mussten wir lachen. Dieser Knirps, er verstand ja gar nichts, aber Heulen, das ging ihm auch zu weit. Es war ihm wohl zu langweilig, er verzog sich in seine Spielecke im Schlafzimmer. Nach kurzer Zeit kam er wieder zum Vorschein. »Die Peitsche nehmen wir mit«, er stand in der Tür und schlug mit dem kleinen Ding fuchtig durch die Luft. Wieder mussten wir lachen. »Ja, die nehmen wir auch mit«, beschwichtigte Tante Liesel ihren Sohn. »Aber irgendetwas müssen wir machen, damit wir wissen, wo die hinkommen, die gehen müssen!« Trautel war mal wieder gefasster als wir alle. »Außerdem war ich bei Tante Emma drin, wir soll'n heute Abend mal hinkommen. Die Tante Hannchen will auch kommen.« »Na ja, Ausgangssperre ist erst um Acht. Da müssen wir uns beeilen!« »Habt ihr noch was zu essen?« Die Frauen wurden lebhaft. Irgendwie hatten sie immer etwas zum Essen. »Also, wenn man verreist, schreibt man eine Karte, wenn man angekommen ist. Das ist so bei anständigen Leuten üblich«, stellte Vater fest. »Ja, wir schreiben einfach eine Postkarte, das ist die Lösung. Dann wissen wir voneinander, wo wir sind.« Trautel gefiel Vaters Vorschlag nicht. »Aber das ist doch Unsinn. Schreiben wir denn ›Wir sind gut in Sibirien angekommen‹?« Mutter schüttelte den Kopf. Tiefes, ratloses Schweigen. »Man müsste in Spiegelschrift schreiben«, dachte ich laut. Alle lachten. »Nein, eine Geheimschrift müsste man sich ausdenken.« Alle nickten, das war schon eher ein Vorschlag. »Wir denken uns heute Abend einen Text aus, und dann weiß man, wo wer angekommen ist.« Trautel wusste mal wieder Rat. Als wir wenig später bei Tante Emma und Onkel Paul alle um den Tisch saßen, war dieser Vorschlag der einzige Lichtblick in dieser Ratlosigkeit. Es wurden zwei Texte aufgeschrieben. Der eine Text sollte dazu dienen, den Daheimgebliebenen mitzuteilen, wenn sie nach Sibirien gekommen waren, und der andere, wenn, was wir alle nicht glauben konnten, die Reise in den Westen ging. Sie unterschieden sich kaum und doch würde jeder wissen, wo die anderen sind. Das erleichterte uns sehr. Tante Emma holte Papier aus der Schublade und Bleistifte. Alle Erwachsenen schrieben sich die Texte ab. So ungefähr wollten wir schreiben: »Heute ist bei uns hier die Sonne blutrot aufgegangen und es ist sehr kalt.« Oder: »Eben ist die Sonne untergegangen. Die Tage werden länger. Es geht uns gut hier.« »Ihr müsst die Texte zu euren Wertsachen stecken. Dann gehen sie nicht verloren«, meinte Onkel Alfons. Alle nickten und stöhnten.

Tante Liesel wollte wissen, ob die Eltern auch schon was gepackt hätten. »Ach, was sulln wir noch packen. Ich hoab es nötigste ei die Toasche getoan. Wir könn ja nichts tragen. Laufen is auch schwer.« Sie sah meine Großmutter an. Sie hatten alle bleiche Gesichter, dann sagten sie nichts mehr. »Wir werd'n ja sehen. Irgendwie werden sie es schon bekannt machen.« Alle nicken. »Dann gehen wir jetzt alle wieder nach Hause.« »Geht nich oalle uf emol«, meint Onkel Paul. Nacheinander gehen wir, mal die und mal der. Die Erwachsenen sehen sich immer fest an und halten sich bei den Händen. Tante Emma streicht mir über den Kopf. »Rosel, mußt jetzt immer der Muttel helfen und auf se hörn. Dürft euch nich so viel zanken, das paßt nicht mehr.« Rosel umarmt ihre Großmutter. »Nu gieht ock, gieht, mir könn uns doch nich halfa«, brummt Onkel Paul. Vater und Trautel gehen vornweg und Mutter, Tante Liesel und wir Kinder im Abstand hinterher. Die weißen Armbinden leuchten schrecklich weiß in dem Abendlicht. An der Eule stehen sie und »pulschen«. Mein Herz klopft vor Angst. Aber sie tun uns nichts. Gar nicht hingucken. Als wir vorbei sind, gehen wir schneller.

Als es dunkel ist, klopft es am Fenster. Erst erschrecken wir, aber dann erkennen wir die Trudel an der Stimme. Sie hat leise gerufen. Vater öffnet die Hintertür. »Na, wisst ihr schon was?« Damit schiebt sie sich durch die Küchentür. »Nein, ihr?« »Die Polin hot mir heute die Mistgabel vor die Füße geschmissen und geschrien, wir dreckigen Deutschen würden schon sehn. Jitz wersch vorbei mit uns. Irgend so hat sichs angehört. Die Martha und der Alfred mussten heute Abend in der Küche bleiben. Ich hob gesagt, ich muss auf den Lokus und bin raus!« Sie lacht breit. »Die Martha hat auch schon heimlich paar Sachen zusammengelegt. Man weiß ja nicht, was sie machen werden.« Mir fällt auf, dass sie auf einmal Hochdeutsch spricht. Hat sie auch solche Angst? Wir erzählen die Geschichte von der Bescheinigung und der Postkarte. »Das ist gutt«, sie nickt. »Habt ihr Papier und Bleistift?« Trautel bringt es ihr. Sie schreibt sich die Texte auf. »Musst es zu den Wertsachen stecken«, schlage ich ihr vor. Erstaunt sieht sie mich an. Bei den anderen sehe ich ein Lächeln über die Gesichter huschen. »Ja, Dorothee, das machen wir.« Plötzlich beugt sie sich zu mir und küsst mich auf die Backe. Erst erschrecke ich, das hat sie ja nur ganz selten gemacht. Aber sie hat mich ganz lieb angeguckt. Eigentlich hatte ich ihr nie verziehen, dass sie immer hinter mir hergerufen hat: »Die Dorothee, die Dorothee, die sitzt im Bett und sucht die Flöh, leckt am Finger, leckt am Daum, denkt es sind gebackene Pflaum.« Quatsch, dass mir das jetzt einfiel. Ich versuchte sie auch sehr lieb anzusehen. Als sie dann schnell aufstand und sich verabschiedete, knallte ich ihr blitzschnell auch einen Kuss ins Gesicht. Jetzt sah sie mich erstaunt an. Wir winkten uns alle zu. »Griß derheeme!« und »Labt gsund«, damit war sie draußen. Vater begleitete sie zum Gartentor. »Wir werden uns jetzt hinlegen«, bestimmte er, wieder in der Küche, »wer weiß, was morgen kommt!« Wir löschten das Licht. Aber die Eltern hörte ich noch lange reden und ich konnte mich nur umherwälzen. Bilder kamen und gingen in meinem Kopf.

Drei Rucksäcke

Das war ein Tag! Morgens schon war das Dorf voller Unruhe. Vater setzte seine schwarze Schildmütze auf: »Ich geh mal gucken, was los ist!«

Vom Fenster aus sahen wir, dass die Leute eilig ins Dorf rauf liefen und auch genau so eilig die Straße wieder herunterkamen. Es dauerte nicht lange, da war Vater auch wieder da. Wir saßen in der Küche, als er die Tür öffnete: »Na, was ist nun?« Ängstlich sahen wir ihm entgegen. Er nahm die Mütze vom Kopf und kratzte sich hinterm Ohr. Das tat er immer, wenn es für ihn schwierig wurde. »Ja, also es ist schon so!«, er machte eine Pause, »alle müssen weg, alle Deutschen natürlich!« »Wer sagt das?«, wollten wir wissen. Er setzte sich auf einen Stuhl. Die Mütze drehte er, nach vorn gebeugt, zwischen den Beinen und starrte vor sich hin. »Erzähl doch endlich!« Langsam sagte er: »Alle Deutschen müssen gehn, die keine weißen Arbeitsbescheinigungen haben.« Er schwieg, wir schwiegen alle. Keiner wagte den anderen anzusehen. »Aber du hast doch gesagt, alle müssen gehen!«, riefen wir durcheinander. »An der Gemeinde ist ein großer, weißer Anschlag, gedruckt in Polnisch, Russisch und Deutsch. Da steht was von einem »Potsdamer Abkommen« der alliierten Streitmächte, die beschlossen haben, dass die deutschen Ostgebiete an Polen abgetreten werden sollen! Deshalb sollen alle Deutschen das Land verlassen. Dies werde in Etappen geschehen, je nachdem, ob wir noch zur

Arbeit gebraucht werden. Es werden im Laufe des Jahres immer neue Scheine ausgegeben. Wer keinen hat, muss gehen!«

Vater machte eine Pause. »Also wir!«, stellte Tante Liesel in die Stille hinein fest. »Ihr nicht!«, fügte sie noch langsam und tonlos hinzu. Rosel war aufgestanden und hatte ihrer Mutter die Arme um den Hals gelegt.

Eberhard spürte wohl auch, dass nicht alles in Ordnung war. Er hatte wortlos seinen Kopf in Tante Liesels Schoß gelegt und sie streichelte seinen runden Kinderkopf, während sie mit den Tränen kämpfte. Wir saßen wie gelähmt. In meinem Kopf begann es zu arbeiten. Sie sollte gehen, während wir bleiben durften? In ihrem Haus! Wir in ihrem Haus? Sie hatte so viel Gutes getan an uns. Ich sah sie an. Immer war sie in diesem Dorf gewesen, hatte nun schon so lange in diesem Haus gewohnt und wartete auf die Heimkehr ihres Mannes. Würde er sie je finden? »Also, dann müssen die Großeltern auch gehen!«, sagte sie langsam. »Und unsere Omi und meine Geschwister«, fügte Vater leise hinzu. Wieder schwiegen wir. Plötzlich sah sie auf. »Wann? Steht da auch wann?« Vater sah fest in ihre verweinten Augen: »Montag, den 7. Juni 1946!« Das war ja übermorgen. »Morgens bei Sonnenaufgang sollen sich alle aufm Hacketeich versammeln. Mitnehmen darf man, was man tragen kann, oder was auf einem Leiterwagen Platz hat. Gefahren werden Alte und Kranke. Alle anderen müssen laufen.« »Steht da auch drauf, wo wir hin sollen?«, bricht Mutter das neue Schweigen. »Es heißt ›in den Westen‹!« »Ob es wahr ist, weiß man nicht!«, seufzt Trautel. Alle nicken ihr zu. Dann richtet sie sich auf. »Du musst uns schreiben, den Text weißt du, Tante Liesel, gelt, du schreibst uns eine Postkarte!« »Ja, ja, das werde ich tun, das verspreche ich euch!« »Mutter, können wir nicht auch gleich mit? Ich will auch nicht mehr hier bleiben!« Ich schlinge meine Arme um Mutters Hals. Mutters Augen sind auch rot. Sie hält mich fest. Sie schweigen alle betreten. Vorsichtig sehe ich zur Rosel hinüber. Sieht sie mich nicht ganz feindselig an?

Da klopft es ans Fenster. Tante Martha steht draußen. Vater steht auf, um sie hereinzulassen. Schwerfällig wankt sie in die Küche und lässt sich auf Vaters Stuhl fallen. »Wisst ihrs schonn? Joa, die Pauern, die en Polen hoan, müssen ooch furt. Wer hätte doas geducht, doas es amol asu kummt. Ich konns goanich globen. Wu sulln mer denn hie? Ich hob immer hier geläbt. Hier bin ich gruß gewurn und die Eltern.« Sie sieht Mutter an. »Dorfbach, die Baude, der Hof, die Tiere. Nu jo, der Pole hot uns jo schonn alles weggenumma, ober ma duchte halt, mer kennten wenigstens hier bleibn. Irgendwie wersch schonn geganga!« Ihre Hände im Schoß unter der Schürze versteckt, schaut sie auf. »Isses nich asu?« Wir starren uns an und nicken ihr zu. »Was hot denn schunt aufm Leiterwoanla Platz?«, fängt sie wieder an. »Und lofen sulln mer, wohie?« »Hust du ene weeße Arbeitsbescheinigung?«, fragt sie vorsichtig die Tante Liesel. Sie müsste es doch wissen, wegen der Postkarte, denke ich. Tante Liesel schüttelt den Kopf. »Ach, woher denn?« Trautel sagt: »Wir haben eine!« Ich finde, das wäre jetzt überflüssig.

Plötzlich steht Tante Liesel auf. »Ich muss zu den Eltern nauf und dann zur Hannchen.« Sie fasst Rosel und Eberhard an der Hand und geht zur Tür. Da bleibt sie stehen und sieht uns an. »Es ist ja gutt, dass ihr hier bleibt. Ihr passt auf das Haus auf und die Sachen, und wenns Gott will, kommen wir vielleicht zurück. Vielleicht könnt ihr so lange dableiben. Dann kommt kein Pole ins Haus!« Erleichtert sehen wir sie an. Vielleicht ist das eine Lösung. Mutter steht auf und nimmt sie in die Arme. »Iss gutt, Gustel!«, höre ich die Tante Liesel sagen. Ich mache einen Schritt auf die Rosel zu, aber wir bleiben voreinander stehen und sehen uns an.

»Mutter, wir wollen doch zu den Großeltern?« Eberhard zupft sie am Rock. »Jo, ich wär och gien.« Tante Martha ist auch aufgestanden. Trautel legt ihr die Arme auf die Schultern. »Was sollen wir bloß machen?«, sagt sie hilflos. »Ach, ihr guckt halt amal nach dem Vieh.« Sie zuckt mit den Schultern und schüttelt den Kopf. »Der Alfred is ganz kopflos und die Trudel flennt. Als ich lusging, stoand der Pauer ei der Stoalltiere, und die Trudel heult am Hoals vom Moritz. Als wenn das Pfard olles verstien tät. Iss hällt ganz stille.« Sie seufzt wieder und geht zur Tür. Sie dreht sich um. »Ich war jetzt a bissel Gelumpe eipacka und aufs Leiterwoanla festbinda. Bissel Wäsche und Schuhe. Was mach mer mit da Federbetten?« »Ich würd se mitnehm. In einen Sack stopfen, das müsst doch gehen. Betten braucht man!«, redet Mutter auf sie ein. »Na, joa, wer wern ju sahn.« Sie bindet das Kopftuch um und geht. »Morgen is Sunntiig, vielleicht gieh ich ei die Kerche. Ihr oochn?« »Ja, wir auch!« Vater geht mit ihr zur Hintertür.

»Aber man kann nicht wissen!«, meint Mutter. »Was kann man nicht wissen?« Mutter antwortet mir nicht, sie geht in die Stube und starrt vor sich hin. Trautel geht hinter ihr her. »Was, wenn das alles nicht stimmt, mit den weißen Bescheinigungen?« »Du willst sagen, vielleicht jagen sie uns mit weg?« »Na ja, es kann doch sein? Voriges Jahr haben auch die Milizer die Leute aus den Häusern getrieben. Ob die wissen, wer eine Bescheinigung hat und wer nicht?« »Wir brauchen wirklich nicht zu gehen, ich bin sehr wichtig in der Fabrik. Es gibt jetzt einen polnischen Direktor, der ist neulich durchgegangen, da bin ich vorgestellt worden, und er hat mich gelobt.« Das Letzte sagt sie ganz verlegen. Mutter meint: »Das erzählst du jetzt erst! Na ja.« »Aber das hilft doch alles nichts, wir müssen auch bereit sein. Wir packen auch!«, bestimmt sie. Trautel nickt. »Du hast recht, vielleicht schmeißen sie uns auch aus dem Haus raus, irgendwo anders hin und dann haben wir nichts mitzunehmen.« »Wie, woanders hin?« Mit weit aufgerissenen Augen sehe ich die beiden an. »Ach Dorle, ich will ja bloß nicht unvorbereitet sein.« Sie nimmt mich in die Arme und hält mich fest. »Ich geh nicht ohne dich und auch nicht ohne Vater und Trautel. Wir lassen uns nicht auseinanderreißen, das verspreche ich dir. Dann ist es doch egal, wo wir sind. Hauptsache wir sind zusammen!« Das tröstet mich. Die Frauen machen sich ans Packen. Ich stehe am Fenster, lege die Arme auf den Rücken und denke nach. ›Sibirien, wo es so kalt ist, dass einem die Nase abfällt, wenn man sie nicht immer im Halstuch versteckt. Als der Reinhard auf Urlaub war, hat er doch erzählt, wie kalt es in Russland ist. Ohne Fellmütze kann man da überhaupt nicht leben und immer soll da der Schneesturm übers Land fauchen. Der Sommer findet fast überhaupt nicht statt.‹

Ich starre in den Kirschbaum vor dem Haus. Bald werden die Kirschen reif sein.

Und im Westen? Wo ist das? Der Rhein, das ist der große Fluss im Westen. Aber dort ist alles kaputt. Haben wir doch immer im Radio gehört, wenn es hieß: »Feindliche Flieger im Anflug auf Köln oder Wuppertal!«, oder wie die Städte alle dort heißen. Kurze Zeit später gab es bei uns in Breslau oder Waldenburg auch Fliegeralarm. Ich stöhne. Ich will nicht da hin, wo alles kaputt ist. Ich will hier bleiben. Der Werner hat es doch erzählt, als er das letzte Mal zu Hause war. »Alle Städte kaputt. Ihr könnt es euch nicht vorstellen, wie es da aussieht.« Breslau ist auch kaputt. Mutter hat es gesehen. Aber wir können doch hier bleiben, warum können wir nicht hier bleiben? »Was hast du?«, fragt Mutter. Sie hat mich wohl stöhnen gehört. »In Sibirien fällt einem die Nase ab und im Westen ist alles kaputt!«, sage ich. Trautel lacht erst, dann ist sie still und keine sagt ein Wort.

Vater hat den Kopf zur Tür hereingesteckt und gefragt, ob er was helfen soll. »Nein!«, sagen die beiden. »Dann geh ich zu Neumanns, vielleicht kann ich Mutter was helfen.« »Ja, hilf ihnen!«, meint Mutter. Tante Liesel hören wir in der Schlafstube. Sie öffnet die Tür und sagt: »Also, die Kinder müssen alles doppelt anziehn und der Eberhard kommt in den Sportwagen. Ich nehm den großen Rucksack und die Rosel den kleinen, und den kleinen Koffer lege ich dem Eberhard über die Füße. So wirds halt gehen. Ich muss mich ja auch noch um die Eltern kümmern. Die Hannchen hat ja ihren kranken Gerhard und die Kinder!« Eberhard kommt hinter ihr her gerannt. »Ich will auch einen Rucksack!«, schreit er. Er sieht sie flehend an. »Ich bin stark.« Er reckt sich hoch. »Groß bin ich.« Tante Liesel sieht ihn lächelnd an. »Beschützen werde ich euch, ihr Weiber!« Er fuchtelt mit seinen kleinen Fäusten in der Luft rum. Rosel kommt auch neugierig rein, um zu sehen, was es gibt. Wir stehen um den kleinen Mann herum und wissen nicht, ob wir lachen oder weinen sollen. Tante Liesel wischt an ihren Augen herum. »Ja, du sollst auch einen Rucksack haben.« Rosel meint: »Ich könnte doch Vaters Rucksack nehmen, Mutter, hörst du?« Tante Liesel steht da und streichelt seinen Kopf. Eberhard hat ihn an ihren Bauch gedrückt und sie mit seinen Armen umschlungen. Ganz abwesend sagt sie dann langsam: »Ich werde ihn nehmen, du nimmst meinen, und deinen geben wir Eberhard.« Schnell getröstet hüpft er wieder von einem Bein auf das andere und strahlt. »Siehste, ich bin groß!« Er ist schon wieder im Schlafzimmer und rumort in seiner Ecke. Tante Liesel stöhnt: »Was wird er denn jetzt anschleppen zum Mitnehmen?« Sie geht hinter ihm her und schließt die Tür. Später stehen drei Rucksäcke auf dem Bett und eine Decke liegt bereit. Rosel sagt: »Oben drauf hat Mutter für jeden ein Kopfkissen reingestopft und in die Decke will sie Eberhard wickeln.« Dann zeigt sie zum Schrank. Dort hängen drei Wintermäntel. Rosel stöhnt: »Die sollen wir anziehn? Bei der Hitze?« Aber Mutter sagt: »Einen Mantel braucht man.« Wir sehen uns an und schweigen. »Wo ist denn die Liesel?« »Sie ist zur Tante Hannchen gegangen. Die hat ja auch keine Arbeit und der Onkel Gerhard ist krank.« Wir sehen uns an. Ich nicke ihr zu.

Wir schweigen. Ich weiß, Onkel Gerhard ist überraschend aus der Gefangenschaft entlassen worden. Neulich war Tante Hannchen ganz aufgeregt bei uns reingestürmt und hat erzählt: »Denk amal an, der Gerhard kommt nach Hause. Jemand hat die Nachricht gebracht. Sie haben ihn in Charlottenbrunn auf dem Bahnhof gesehen. Aber die Bahne fährt ja nich mehr. Obs stimmt?« Sie war schnell wieder weg, zu den Eltern weitergerannt. Dann war er gekommen. Alle staunten, wie das möglich wäre. Aber er war krank, sehr krank, irgendwie an den Nieren. Tante Hannchen hatte geweint. Arbeiten würde er kaum noch können. Er lag im Bett, und Tante Hannchen pflegte ihn. Sie wohnten unten im Niederdorf, in dem schönen Päsler-Haus mit ihren Kindern Gottfried und Bärbel, die waren jünger als wir. Bärbel war immer still und Gottfried eigentlich auch. Sie kamen selten zum Spielen. Tante Liesel ging öfter ins Niederdorf zu ihrer Schwester. Die arme Tante Hannchen, was würde sie jetzt machen? Wir stöhnten. Ich hatte ihn auch gesehen. Er war mit schweren Schritten und leicht gebeugt ins Dorf hinaufgegangen. Groß und hager mit dünnem blonden Haar. Die Jacke und die Hose hingen an seinem Körper herab. Ich sah, das Laufen fiel ihm schwer. Aber er war nach Hause gekommen. Sie waren wieder eine Familie. Und jetzt? Als Tante Liesel wiederkam, sagte sie nur: »Sie gehen auch!«

»Ein feste Burg ist unser Gott«

Hat jemand geschlafen in dieser Nacht? Hat jemand in dieser Nacht ohne Angst, ohne Not, ohne Verzweiflung schlafen können? Wir Kinder vor Erschöpfung vielleicht?

Wir waren früh auf. Draußen war es noch still. Die Sonne hatte gerade den Garten erreicht. Ein wundervoller Sommermorgen. Die Schwalben schwärmten überm Dach. »Wir gehen zur Kirche!«, hatte es geheißen, und wir gingen. Die Glocken läuteten, da war es Zeit. Läuteten sie traurig? Mir schien es so. Dunkel und schwer rollten die Glockentöne durchs Dorf. Die katholischen Glocken läuteten auch. Von überall her kamen Leute, alle hatten dasselbe Ziel, die Kirchen. Hin und wieder grüßten sich welche. Aber alle hatten traurige Gesichter.

Die Kirche war brechend voll. Mutter setzte sich wie immer mit uns auf den Platz der Großeltern. »Schreier« stand auf dem weißen, ovalen Emailleschild in schwarzer Schnörkelschrift. Überall waren Schilder an den Bänken. Manche waren entfernt worden. Dann sah man noch die Ränder und die Löcher von den Schrauben in dem Holz. Die Plätze blieben immer frei, vor dem Schild. Aber die Leute waren auch pünktlich. Nur in letzter Zeit, als so viele Bombengeschädigte aus dem Westen da waren, wurde es nicht mehr so ernst genommen. Tante Martha kam auch in unsere Bank. Sie hatte immer hier gesessen, weil Mutter in Breslau war. Der Gottesdienst lief an mir vorüber. Ich besah das Bild am Altar. Die Emmausjünger, sie hatten keine Angst, sie brauchten nicht fort. Ach Quatsch! Die Opitz Lore spielte heute besonders schön die Orgel. Was die alles konnte!

Der Pastor Schmidt-Casdorff stieg auf die Kanzel und predigte. Neulich hatte ich ihn kennen gelernt. Mutter hatte mich zum Konfirmandenunterricht angemeldet. Da hatte der graue Mann im Lutherrock mich freundlich angeguckt und gesagt: »So, so, du bist die Jüngste von der Schreier-Gustel!« Aber die erste Stunde hatte noch nicht stattgefunden. Wie es sein würde? Was hatte er gepredigt? Er stieg schon wieder die Treppe herunter, die Orgel spielte, die Leute seufzten, und die Taschentücher setzten sich in Bewegung. Schnäuzen und Wischen. Mein Herz klopfte bis zum Hals. Das »Vater unser« brauste um meine Ohren. Ich sah auf Mutters gefaltete Hände. Fast verkrampft lagen sie auf der Bank. Vaters Hände daneben, groß und fest. Daneben Trautels kleine, runde und meine, verschrammt, nie ganz richtig sauber. »Der Herr segne euch und behüte euch, er lasse sein Angesicht leuchten über euch und gebe euch seinen Frieden.« Der Mann im schwarzen Talar, mit dem steifen, weißen Kragen und dem Beffchen da vorne am Altar, schlug langsam das Kreuz über die Menschenmasse. »Amen«, hallte es durch die Kirche, dann antwortete die Gemeinde »Amen«.

Die Orgel begann zu spielen, irgendetwas von Bach sicherlich. Bach hatte viel Musik für die Orgel geschrieben, das wusste ich von Mutter. Die Orgel spielte und spielte. Die Leute wollten gar nicht aus der Kirche. Schließlich gingen sie doch. Langsam. Immer wieder blieben sie stehen und unterhielten oder grüßten sich mit anderen. Die Eltern taten das auch. Ich blieb immer brav neben ihnen stehen und schaute sie an. Mancher strich mir über den Kopf. Das mochte ich nicht mehr leiden. Ich bin nicht mehr so klein wie der Eberhard. Aber sie meinten es wohl gut, vor allem heute.

Die Orgel spielte und spielte. Die Kirche hatte sich fast geleert, draußen schien die Sonne und die Vögel sangen in den Bäumen um die Kirche. Da, wir konnten es gerade noch hören durch die offenen Kirchentüren. Erst leise, dann lauter, begann die Lore da oben zu spielen. »Ein feste Burg ist unser Gott!« Die Leute hörten zu reden auf, drehten sich um und rannten wieder in die Kirche. Ich hatte die Familie in dem Gedränge verloren und war durch die Seitentür auch wieder zurück in die Kirche gelaufen. Sie standen da, eine schwarze Menschenmasse, und sangen das Lied lauthals, die Orgel begleitete: »Ein feste Burg ist unser Gott, ein gute Wehr und Waffen. Er hilft uns frei aus aller Not, die uns jetzt hat betroffen ...« Ich hatte mich an die Tür gelehnt. Ich hatte wieder dieses starre Gefühl in den Beinen. Ich konnte kaum stehen. Ich starrte diese Masse an, die da sang und sang, alle Strophen des Liedes, und ich hörte sie schreien und weinen. Sie hatten alle Höflichkeit voreinander fallen gelassen. Sie sangen und weinten, bis das Lied zu Ende war. Dann war es plötzlich ganz still in der Kirche. Sie wandten sich um und gingen aus der Kirche. Ich stand und sah zu. Ich war dabei gewesen und doch stand ich allein an die Tür gelehnt. Allein, ganz allein. Mein Gesicht war nass, meine Bluse war nass, ich hatte es nicht gemerkt. Ganz allein ging ich aus der Seitentür der Kirche.

Hat jemand geschlafen in dieser Nacht? Hat jemand nicht geweint, keine Angst gehabt, ist jemand nicht traurig gewesen? Hat jemand auch nur ein Auge zugemacht? Hat jemand nicht auf dem Rücken gelegen und ins Leere gestarrt? Wir Kinder vielleicht, vor Erschöpfung.

Der Himmel war rosarot, als ich aufstand. Im Schlafzimmer bei Tante Liesel war es schon lebendig. Als wir in die Küche kamen, waren sie fertig angezogen.

Auch wir hatten uns bereit gemacht, die gepackten Sachen standen in der Stube. Mutter hatte die Mäntel über die Stühle gelegt. Haben wir gegessen? Mutter hat Suppe gekocht wie immer. Haben wir sie gegessen? Im Flur stand der Sportkinderwagen für Eberhard mit der Decke drin. Tante Liesel stand auf. »Wir gehen, ehe sie uns holen. Ich halt's nicht mehr aus!« Sie zog ihren Mantel an und ging hinaus. Sie wandte sich nicht mehr um. Draußen war es laut geworden. Schreien, Pferdegetrappel. Ich lief zum Fenster. Da sah ich sie. Zwei von den Milizern in gelben Uniformen sprangen vom Pferd. Sie hatten ein Papier in der Hand. Sie öffneten das Gartentürchen, es quietschte. Dann kamen sie in ihren Stiefeln zum Haus. Unter dem Arm hatten sie eine kurze Peitsche und am Gürtel steckte der Revolver. Vater machte die Haustür auf. »Titze Elisabeth hier wohnen?« Wie ich sie hasste! Ich zuckte zusammen. »Rosemarie?« »Ich«, hörte ich leise die Rosel sagen. »Eberhard«, kam es noch hinterher, in dem schweren polnischen Akzent. In der Stube schlug die Uhr, ich zählte: »Eins, zwei, drei, vier«, ganz mechanisch, weil es der einzige Laut war, der laut war. »Ihr raus hier!«, sie zeigten zur Tür. Um uns kümmerten sie sich nicht. Die Küchentür stand offen, sie gingen hinein, schlossen die Schlafstubentür und kamen zurück. Schlossen die Küchentür und wollten sie abschließen. Da wurde Vater wach. »Nein, unsere Küche!« Er zeigte auf Mutter und uns. »Wir kein Wasser! Wir Essen kochen!« Er ahmte das Essen nach. Die Milizer sahen sich an. Dann schloss der eine die Küchentür wieder auf. Vater hielt ihm die weiße Bescheinigung entgegen. Aber der Milizer sah nicht darauf. Der andere ging zur Tür, die von der Küche ins Schlafzimmer führte, und schloss sie zu. Den Schlüssel steckte er in seine Tasche. Dann nahm er einen beschriebenen Bogen Papier aus seiner Mappe und klebte ihn über das Schloss und den Türpfosten. Ich sah einen Stempel darauf. Sie versiegeln die Tür, dachte ich. Tante Liesel war schon vor dem Haus. Sie hatte Eberhard in den Sportwagen gesetzt, in die Decke eingewickelt. Er hatte nur mit großen Augen zugesehen, was da geschah. Rosel schulterte ihren Rucksack. »Er ist viel zu schwer für dich.« »Es wird gehen!«, hörte ich sie tapfer sagen. Tante Liesels Rucksack war noch größer und noch schwerer. Wir sagten nichts mehr. »Auf Wiedersehen!«, sagten wir es? Die Frauen nahmen sich in die Arme. »Passt gut auf, auf alles!« Sie sah über das Haus hin und den Garten. Draußen bestiegen die Milizer ihre Pferde und ritten davon. Auf der Straße zogen die ersten Leute vorbei, das Dorf hinauf mit ihren kleinen Wagen, mit Rucksäcken und in dicken Wintermänteln. Sie schoben und zogen. Dazwischen die Reiter mit den Peitschen und den Gewehren über die Schulter gehängt. Trautel und ich machten beide Gartentürchen auf. Tante Liesel schob den Kinderwagen auf die Straße. Trautel lief zurück. »Ich geh mit auf den Hacketeich!« »Ich auch!« Ich sah Mutter bittend an. »Nein, du bleibst hier, sonst gehst du noch verloren!« Vater wollte es auch nicht. Sie selbst blieben im Haus. Trautel lief hinter Tante Liesel her. Da hielt ich es auch nicht mehr aus. Ich wandte mich vom Haus weg und lief zum Gartentürchen hinaus und den anderen nach. Mutter und Vater standen mit hängenden Armen vor dem Haus und sahen uns nach. Ich hatte mich im Laufen noch mal nach ihnen umgedreht. Trautel hatte Rosel den Rucksack abgenommen und sich aufgeschnallt. Ich half Tante Liesel schieben, bis zum Hacketeich, dem großen Platz gegenüber der Kirche, wo sonst Markt war oder die Karussells standen, wenn Schützenfest war. Ein langer Zug bewegte sich dorthin, immer wieder öffneten sich unterwegs Türen und Leute kamen heraus, die sich dem Zug anschlossen. Der Platz war bald überfüllt. Der Himmel hatte sich inzwischen rot verfärbt und hüllte alles in ein rötlich-rosa Licht. Die Sonne war noch nicht aufgegangen, es war noch dämmrig. Aber die Luft war lau, es würde ein heißer Tag werden. Wohin sollten sie laufen? Wie lange? Keiner wusste es so richtig. Das Gerücht hielt sich, dass es nach Waldenburg gehen sollte. Dort sollte ein großes Lager eingerichtet worden sein.

Tante Liesel schob den Sportwagen so lange hin und her, und wir trotteten hinter ihr her, hier jemand grüßend und dort jemand zunickend, bis wir Onkel Paul und Tante Emma gefunden hatten. Dort waren auch meine Großmuttel, die Tante und der Onkel zu finden. Meine kleine, zierliche Großmuttel, sie hatte den schwarzen, pelzgefütterten Wintermantel an und ein Kopftuch umgebunden. Grau und eingefallen ihr Gesicht. Auch Neumanns waren eingehüllt in ihre Wintermäntel und Tante Emma hatte auch noch einen schwarzen Spitzenschal um den Kopf gewickelt. Hatte sie nicht immer einen schwarzen Samthut getragen? Ihre weißen Locken kringelten sich unter dem Tuch hervor und ihre guten Augen hinter den großen Brillengläsern sahen mich wie immer gütig an. Tapfer sah sie aus, aber ihr Gesicht war weiß. Onkel Paul stützte sich auf einen Stock, er hatte seinen Hut aufgesetzt und sah sehr vornehm aus. Er nickte mir zu und Tante Emma strich mir über die Hand. »Lass gutt sein«, hörte ich immer wieder. Tante Hannchen war auch da mit ihrem Mann. Groß und hager stand er da, der Mantel schlotterte um seinen Körper. Gottfried stand neben ihm und die kleine, zarte Bärbel mit den dicken, blonden Haaren. Onkel Alfons hatte einen Rucksack umgeschnallt und stützte die Großmuttel. Tante Minchen, trotz des Wintermantels schlank zum Umpusten. Über ihren Schultern hing eine schwere Wandertasche und an den Füßen hatte sie dicke Schuhe. Aber wo ich auch hinsah, alle waren dick und fest angezogen, hatten Rucksäcke auf den Schultern hängen, viel zu dick und sicher sehr schwer. Kleine Leiterwagen, Fahrradanhänger und Karren, vollgepackt mit Säcken und Koffern, standen vor ihnen. Die Deichseln lagen fest in der Hand, damit nichts verloren gehen sollte. Ich lief weiter. Ich suchte Tante Martha und fiel ihr auch gleich weinend in die Arme. »Musste nich, musste nich weinen!« Sie drückte mich aber fest an sich. »Gehste amal gucken, was die machen mit den Tieren?« »Ja«, weinte ich in ihren Mantel hinein, der wie immer diesen Geruch ausströmte, nach Stall, nach Heu und nach Milch. Ihre rauen Hände streichelten meinen Kopf. »Bist ja bei der Muttel, musste nich weinen! Bist doch groß. Haste doch och noch die Trautel und den Vatel. Vielleicht kumma wir wieder. Nu is gutt«, sie schob mich rau von sich. Aber ihre Augen waren rot. Schnell drückte ich ihr einen Kuss auf die schmalen Lippen, die so fest waren, nicht so weich wie Mutters. Auch ihre derben Backen fühlte ich. Wieder war das Erstaunen darüber da, wie jedes Mal, wenn ich sie zu Ferienbeginn begrüßt hatte oder mich von ihr verabschiedet hatte. Aber sie war immer gut zu mir. Ich merkte auch jetzt, wie lieb sie mich hatte. Meine Brust tat weh. Trudel und Onkel Alfred sagten nichts. Sie quetschten meinen Arm. Ich sah sie an, mein Gesicht war nass. Ich wandte mich weg. Trautel war neben mir. Sie nahm mich bei der Hand. Da sah ich Hankes und die Gretel. Herr Hanke saß im Rollstuhl und Gretel stand hinter ihm. Frau Hankes Gesicht war noch kleiner. Matt lächelte sie mir zu. »So isses nu«, sagte sie. Ich gab ihnen die Hand. »Machs ock gutt.« Gretel hielt meine Hand fest und lächelte mich an. Es brauste um mich von all den Stimmen und Rufen. Da gellten Schüsse durch die Luft. Erschrocken drehten sich alle um. Die Milizer auf ihren Pferden ließen ihre Gewehre sinken. Sie hatten in die Luft geschossen. Sollte es losgehen? Sie riefen irgendetwas, was ich nicht verstand. Plötzlich sah ich, wie die Leute am Eingang des Platzes von der Straße her beiseite liefen und wie große Militärlastwagen auf den Platz rollten. Wieder wurde gerufen. Ein Schieben und Drängen begann. Die Milizer waren von ihren Pferden gestiegen und begannen, Leute auf die Lastwagen zu drängen. Ich merkte, dass dies für manche nicht einfach war, denn sie mussten zum Aufsteigen die kleine Trittleiter benutzen, die rechts hinten am Lastwagen fest war. Es waren alte Leute. Wenn ein Lastwagen besetzt war, kam der nächste dran. Dann sah ich, wie sie auch die Leute hinaufschoben und drängelten, wenn sie nicht schnell genug waren. Manche plumpsten auf der anderen Seite auf die Ladefläche. Nur bei Herrn Hanke machten sie die Ladefläche auf und hoben ihn mitsamt dem Rollstuhl hinauf. Das heißt, sie hatten ein paar Männer von den Deutschen dazu beordert, die in der Nähe standen.

Starr stand ich und sah zu, wie die Großmuttel und die Neumanns auf einen solchen Lastwagen gehoben und geschoben wurden. Großmuttel war 75 Jahre alt und die Neumanns nur ein paar Jahre jünger. Waren da Bänke auf dem Lastwagen?

Wieder wurde geschossen. Die Milizer hatten die Pferde bestiegen und kreisten die Menschenmenge ein. Ein ganzes Bataillon musste es sein. Die braunen Uniformen leuchteten überall. Schwarze Stiefel, breite Lederkoppel, einen Schulterriemen, Achselklappen blitzten, Gewehre über den Schultern, Schildmützen mit Kordeln. Sie schwangen kleine feste Reitpeitschen. Trautel zerrte mich am Arm. »Komm, wir müssen hier verschwinden, sonst nehmen sie uns noch mit!« Benommen im Kopf ließ ich mich von ihr abschleppen. Sie zog mich durch die Menschen auf die Straße. Mechanisch stolperte ich hinter ihr her. Aber ihre kleine feste Hand zu spüren war gut. Ich sah, wie die Milizer die Peitschen schwangen und die Leute vom Platz trieben. Voran eine geordnete Patrouille von Reitern, dann ordnete sich der Zug. »Komm, schnell weg hier«, sie begann zu laufen.

Wir rannten eine Weile vor dem Zug her, bis vors Haus. Die Eltern standen hinterm Zaun, sie hatten gewartet. Über den Bergen war das erste Sonnenlicht zu sehen, bald würde auch das ganze Dorf vom Sonnenschein hell sein. Wir blieben stehen. Der Zug kam heran, sehr schnell, immer wieder fielen Schüsse, knallten die Peitschen, dann rollten die Wägelchen an uns vorbei. Die Menschen keuchten, denn die Lasten waren zu schwer für das schnelle Laufen, zu dem sie von den gelben Reitern angetrieben wurden. Die Armbinden leuchteten so weiß.

Da kam Tante Liesel vorbei. Ich reihte mich neben Rosel mit ein in den Zug. Den Kopf gesenkt, schleppte sie ihren Rucksack. Tante Liesel schob den Kinderwagen, in dem Eberhard halb verdeckt von dem kleinen Koffer saß und mich mit großen, dunklen Augen ängstlich ansah. Der kleine Mann, begriff er, was los war? Ich legte die Hand auf die Stange vom Kinderwagen und schob mit. Tante Liesel sah mich mit leeren Augen an. »Geh nach Hause!«, flehte sie mich an. Aber ich blieb eine Weile neben ihnen. Beim Leupolt-Bauern ließ ich los.

Trautel war wieder neben mir. Sie hielt mich fest. Tante Liesel sah uns nochmals an, dann waren sie vorbei. Autos hupten plötzlich und die Reiter trieben die Leute an die Straßenseite. Wir blieben wie angewurzelt stehen. Da brausten die Militär-Lastwagen an uns vorbei. Köpfe sahen wir oben rausgucken, zwischen achtlos hinaufgeworfenem Gepäck. Wagenräder von kleinen Leiterwagen streckten sich in die Luft. Auf dem letzten Auto erkannte ich Großmuttel und den Onkel. Ich hob die Hand zum Winken, aber sie waren ja schon vorbei. Plötzlich Geschrei. Wir sahen, dass ein Wägelchen umkippte und das Gepäck platzte und über die Straße kollerte. Die anderen rannten vorbei, zogen ihre Wägelchen über das Verlorene und die gelben Reiter schimpften polnisch auf die Leute ein. Wir rannten hin und halfen, die Sachen einzusammeln. Da sahen wir, dass ein Rad abgegangen war. Die Leute bemühten sich, es wieder dran zu kriegen. Irgendwie glückte es. Wir luden schnell das Gepäck wieder drauf. Einiges von den Sachen blieb auf der Straße liegen. Es kümmerte sie nicht mehr. Sie versuchten, mit ihrem Wägelchen wieder in die Reihe zu kommen.

Wieder galoppierte ein Reiter vorbei und schwang die Peitsche. Wir wichen schnell aus und liefen weiter. In all das Schreien und Weinen mischte sich plötzlich Hundegekläff. War das nicht der Terri? Er stob den Feldweg herunter, schnupperte an den Leuten und stürzte sich schwanzwedelnd vor einen großen, zweirädrigen Karren. Ich kannte ihn. Wie oft hatten wir damit Grünfutter von der Wiese geholt. Onkel Alfred und die Trudel zogen den Karren. Tante Martha schob von der Seite. Ich stürzte zu ihr, der Hund kläffte und lief der Tante Martha vor die Füße. Sie schrie: »Scher dich nach Hause!«, und trat mit dem Fuße nach ihm. Aber er ließ sich nicht beirren. Er jaulte um den Karren herum. »Halt ihn doch fest!«, rief Trudel der Trautel zu. Wir schafften es nicht und rannten noch mit über das »Deutsche Haus« hinaus. »Madel, du hilfst uns nicht, dreh um. Nehmt den Hund mit!«, schrie sie uns an. Ich blieb stehen und starrte ihnen nach.

Trautel hatte den Hund tatsächlich am Halsband zu fassen bekommen. Sie kauerte sich neben ihn und hielt ihn fest. Ich starrte, bis der Karren nicht mehr zu sehen war. Ich hatte in den Taschen meine Hände zu Fäusten verkrampft, so wie ich es immer tat, wenn ich nicht mehr weiter wusste. Im Tränenschleier sah ich den Zug an mir vorbeirollen. Menschen stolperten, ächzten unter dem schweren Gepäck, der Tag war warm geworden. Ganz zum Schluss kamen noch Pferdegespanne mit Leiterwagen. Darauf saßen und lagen noch Leute mit ihrem Gepäck. Vor einem Leiterwagen erkannte ich Max und Moritz, die jungen Pferde von Fischers. Ob der Onkel das gesehen hat? Wir schauten ihnen nach, bis hinter der kleinen Kurve nichts mehr zu sehen war. Auch der Lärm ebbte nach und nach ab. Der Terri hatte sich beruhigt. »Lauf nach Hause, schnell verschwinde!« Trautel hatte ihn losgelassen. Erst stand er still vor uns und sah uns an. Dann senkte er den Kopf, ließ die Ohren hängen, drehte sich um und lief zum Hof, das linke Hinterbein hatte er wieder zum Körper angezogen. Wir sahen uns an. »Komm, wir gehen!« Auf der Straße lagen verstreut irgendwelche verlorengegangenen Sachen. Wir bückten uns nicht nach ihnen. Mit schweren Füßen tappten wir nach Hause. Plötzlich war es ganz still um uns und so unendlich leer.

Das Gewitter

Einige Tage vergingen, bis wir wussten, wer im Dorf geblieben war. Aber wir trauten uns gar nicht so recht auf die Straße und es gab auch nichts zu kaufen, vor allem kein Brot. Vater ging zwar arbeiten, aber für das Geld konnten wir nichts kaufen, oder doch nur selten. Viele Häuser standen leer und ich hatte Angst, an ihnen vorbeizugehen. Die Einrichtung war oft zerschlagen und ausgeplündert.

Das Haus gegenüber sah auch eines Tages schlimm aus. In der Nacht hatten wir gehört, wie Fenster zersprangen und Glas splitterte. Trautel nahm mich am anderen Tag mit, um zu sehen, was geschehen war. Die Räume boten ein Bild des Grauens. Die Fensterläden waren aufgerissen worden, man konnte sie außen nicht mehr festmachen. So klapperten sie in der Nacht, wenn der Wind um die Häuser lief. Unsere Fensterläden schlossen wir abends. Mutter ging ums Haus und sah nach, ob alles in Ordnung war. Nur die Fensterläden von Tante Liesels Schlafzimmer konnten wir nicht schließen, da wir ja keinen Schlüssel hatten. Ich fürchtete mich vor dem leeren Zimmer und starrte mit klopfendem Herzen oft am Tage von außen durch die Fenster. Aber nichts hatte sich verändert. Alles stand und lag so, wie Tante Liesel es verlassen hatte.

Nach einem sehr heißen Sommertag kam in der Nacht ein furchtbares Gewitter. Blitz und Donner knallten durch die Berge und der Regen rauschte und rauschte. Wir lagen in unseren Betten wach und hofften, dass es bald aufhören würde. Aber es dauerte lange. Dazu kamen eigenartige Geräusche, die wir uns nicht erklären, aber wegen des Gewitterlärmes auch nicht ausmachen konnten. Manchmal war es, als wenn jemand schwer atmete und als wenn etwas umgefallen wäre. Vielleicht waren Menschen auf der Straße. Wir lagen regungslos da. Über all der Angst schlief ich, als das Gewitter endlich nachließ, wieder ein.

Am andern Tag hatten wir alles vergessen. Vater ging zur Arbeit zu Thiel und Trautel machte sich auf in die Fabrik. Erst abends, als Mutter wieder ihren Kontrollgang ums Haus machte und ich sie begleitete, sahen wir, was geschehen war. Das Fenster zum Weg hin stand offen. Wir wagten gar nicht hineinzusehen. Wir riefen die anderen. Trautel, wie immer mutig, beugte sich über das Fensterbrett weg in die Stube. Erschrocken fuhr sie zurück. Wir beugten uns auch hinein, um zu sehen, was los war. Die Schranktüren standen offen, die Betten waren auseinandergerissen. Zum Teil fehlten die Bettdecken. Die Schubfächer der Kommode waren aufgerissen und die restliche Wäsche lag verstreut herum. Vor dem Ofen hatte Tante Liesel den Wäschekorb stehen gelassen mit gemangelter Bettwäsche. Auch hier war alles rausgerissen. Was war darin gewesen, was fehlte? Wir sahen uns an. Das war des Rätsels Lösung. »Sie haben ausgeräumt! Aber wer?« Vater zuckte mit den Schultern. »Das Gesindel räumt auf!« Wir standen noch eine Weile und berieten, was zu tun sei. Mutter meinte: »Wir können doch das Fenster nicht offen stehen lassen. Wer weiß, wer sich dann wieder einnistet!« Die Hosengertrud hatte uns wohl beobachtet. Sie kam aus dem Nachbargarten angeschlurft. »Ich hobs vorhin schonn gesehen, als ich heemkoam. Die Schweine, jetze brechen se ein!« Ich sah sie erstaunt an, das hatte ich nicht erwartet von ihr. Vater begann zu drängeln. »Was machen wir. Hier draußen so lange rumstehen, das taugt nicht. Wer weiß, wer uns zuguckt!« Mutter meinte: »Es muss jemand reinkriechen und von innen zumachen.« »Ja, und dann?«, riefen wir wie aus einem Munde. Mutter beugte sich noch mal hinein. »In der Tür zum Wohnzimmer steckt der Schlüssel!« Mir grauste. »Sie hätten ja zu uns reinkommen können!« Die anderen nickten. »Also, ich meene, die Dorchen passt am besten durchs Fenster. Die muss reinkriechen und zumachen«, schlug die Hosengertrud vor. »Ich?« »Ja, du, du machst innen das Fenster zu und schließt die Tür zum Wohnzimmer auf!«, bestimmte Mutter. »Das muss schnell gehen, damit niemand sieht, dass wir in dem versiegelten Zimmer waren«, meinte Vater.

Es war inzwischen schon dämmrig geworden. Sie stellten sich alle hinter mich und Mutter und Trautel hoben mich zum Fenster hinauf, bis ich das Knie auf dem Fensterbrett hatte. Mir grauste. Das Zimmer sah fremd und feindselig aus. »Nu, mach schon!«, trieben sie mich an. Ich zog das andere Bein nach und sprang in das Zimmer hinein. Schnell sah ich über die Verwüstung hin, dann lief ich zur Stubentür und schloss auf. Seltsam, bis vor kurzem war ich durch diese Türe ganz selbstverständlich gegangen und nun sah dieser Raum unheimlich und fremd aus. Ich ging zurück zum Fenster. Sie hatten schon die Fensterläden umgelegt. Das Herz schlug mir zum Hals heraus, während ich das Fenster schloss. Eine kleine Scheibe fehlte, sie hatten sie aus dem Kitt gelöst. Wir hatten ja auch nichts klirren gehört. Vater hatte erzählt, dass an der Gemeinde ein Anschlag stände: »Plündern und Rauben bei Strafe verboten«, so ähnlich hieß es darauf. Wer waren »sie«, die Häuser verwüsteten und stahlen und raubten?

Mutter war inzwischen hereingekommen und half, alles zu verschließen. »Schnell raus hier, damit niemand merkt, dass wir in der Stube waren«, meinte sie. »Aber den Schlüssel zur Stube, den haben wir doch jetzt?«, fragte ich sie. Sie lachte. »Na und? Wir werden schon nicht mehr hineingehen, aber noch wohnen wir hier und haben das Recht, auf alles aufzupassen!« Ihr Gesicht sah grimmig aus. Aber von jetzt an machten wir noch sorgfältiger abends alles dicht und lauschten in die Nacht, ob sich wieder solche Dinge ereigneten.

Später sah ich eine Polin auf der Dorfstraße. Sie trug ein Sommerkleid von Tante Liesel.

251

Eines Tages klingelte es an der Haustür. Das war ungewöhnlich. Mutter ging aufmachen. Langsam und neugierig war ich ihr gefolgt. Ein Mann stand draußen. Er hatte einen grauen Sommermantel an und einen leichten Filzhut, ebenfalls grau, auf dem Kopf. »Ich ziehe hier ein«, dabei zog er ein weißes Papier aus der Tasche und hielt es Mutter unter die Nase. Der sprach ja Deutsch, komisch. Aber er blieb nicht draußen stehen, sondern drängte an Mutter vorbei ins Haus. »Wo ist das Zimmer?« Er drehte sich im Flur um. Mutter sah ihn immer noch ganz verdutzt an, dann sagte sie: »Ja, hier, wenn Sie das Schlafzimmer meinen?« Sie ging an ihm vorbei in die Küche und bedeutete ihm, dass er ihr folgen solle. Ich ging hinter ihm her in die Küche zurück. »Wenn Sie das Zimmer meinen?«, sie deutete auf die Stubentür, auf der das weiße Blatt mit den polnischen Sätzen und dem großen Siegel prangte. Wir sahen es schon gar nicht mehr. Der Mann wühlte in seinen Taschen und brachte einen Schlüssel hervor. Neugierig trat ich näher. Tatsächlich, er hatte den großen Stubenschlüssel in der Hand. Er schloss auf und sah sich das Zimmer an. Wir staunten nicht schlecht. Er drehte sich um und kam zurück in die Küche, die Türe hatte er offen gelassen. Sein Gesicht war verschlossen, den Hut hatte er nicht abgenommen. »Sie werden das hier aufräumen! Sie können alles rausräumen. Ich will davon nichts haben. Machen Sie ein Bett und beziehen Sie es mit sauberer Bettwäsche! Ich komme jetzt hin und wieder her zum Schlafen!« Er wandte sich um und wollte wieder zur Tür hinaus. Da hörte ich Mutter sagen: »Sie sprechen Deutsch?« »Ja, aber ich bin Pole!« Mehr sagte er nicht und damit ging er auch wieder.

Mutter machte sich ans Werk. Sie holte einen Korb vom Boden und legte alle Sachen hinein, die noch in der Schlafstube zu finden waren. Dann trugen wir den Korb wieder auf den Boden. Mutter sprach nicht, sie arbeitete ganz still vor sich hin. Ich half ihr, so gut ich konnte. Vater und Trautel staunten nicht schlecht, als sie nach Hause kamen. »Einquartierung! Ein Deutscher, der nicht mehr Deutscher sein will. Was es so alles gibt.« Vater schüttelte den Kopf. »Ja, er sah eigentlich sehr gepflegt aus«, meinte Mutter langsam, »aber sehr unheimlich, meinst du nicht auch?« Ich nickte. Das Zimmer war schon fertig. Das Bett bezogen. Trautel ging noch mal neugierig gucken. Dann schüttelte sie auch den Kopf.

Als wir am andern Morgen am Tisch saßen und unseren dünnen Gerstenkaffee tranken, klingelte es wieder. Der Mann mit dem Hut stand draußen. Zwei Koffer standen neben ihm. Er schleppte sie grußlos an uns vorbei in die Stube und schloss sich ein. Nach langer Zeit tauchte er wieder auf. »Dzien dobry Pan«, grüßte Vater ihn. »Ja, guten Tag!«, sagte er zurück, ohne eine Miene zu verziehen. Er blieb stehen und sah Vater an. »Sie sprechen gut Deutsch!« »Ja, ich bin aus Posen. Ich komme jetzt geschäftlich hin und wieder her und werde dann hier wohnen.« Damit ging er wieder zum Haus hinaus. Tatsächlich kam er ein paar Mal und rumorte in dem Zimmer. Nie erfuhren wir, was er dort machte. Er kam mit Koffern und ging mit Koffern. Einmal ging er und kam nicht mehr wieder. Das Zimmer war leer und blieb leer. Nur das Siegel hatte er wieder auf der Tür befestigt und den Schlüssel mitgenommen.

Das blaue Kleid

»Christus, der ist mein Leben, Sterben ist mein Gewinn, dem tu ich mich ergeben, mit Fried fahr ich dahin!«, so hatten wir eben auf der Orgelempore in der Kirche mit dem Chor gesungen. Ich stand an der Brüstung und sah in die Kirche. Vor dem Altar war der Sarg aufgebahrt. Ein Blumenstrauß aus Sommerblumen lag darauf. Ein paar weinende Leute saßen in den vorderen Bänken. Die Lore hatte die Hände sinken lassen. Der Pastor sagte: »Wohl an, so lasst uns gehen und unsere Füße setzen auf den Weg und unsere Schwester zur Ruhe geleiten!« Er trat vor den Sarg, die Leute waren aufgestanden. Einige Männer in schwarzen Sachen gingen zum Sarg und machten sich an ihm zu schaffen. Sie würden ihn auf ihre Schultern nehmen und zum Friedhof tragen, das wusste ich, denn seit ich zum Konfirmandenunterricht ging, sang ich auch in unserem so klein gewordenen Kirchenchor mit. Trautel nahm mich zu den Übungsstunden mit, um die Abendzeit. Wir Konfirmanden mussten auch das Kreuz tragen, diese lange Stange mit dem Kruzifix oben dran. Wir Kinder und ein paar Erwachsene liefen vom Chor runter zum Haupteingang der Kirche. Der Pastor ging voran, dann kamen der Sarg und die Hinterbliebenen. In der Mitteltür setzte er sein Barett auf. Er trug das Kreuz. Plötzlich kam er auf mich zu und gab es mir, ohne ein Wort zu sagen. Erschrocken sah ich ihn an. Ich hatte es noch nie getragen. Gehorsam nahm ich es. Bisher hatten es nur die Jungen getragen oder ein Mann. Die andern Kinder starrten mich an. Aber die Lore stand schon draußen und winkte, ich solle kommen, denn ich musste ja vorangehen. Fest hatte ich ihn in den Händen, den schwarzen Holzstab. Verstohlen sah ich hoch zum Kruzifix. Es glänzte silbern im Licht. »Corpus Christi«, wie oft hatte ich es neben dem Altar stehen sehen. Die Lore hatte das Lied angestimmt: »Jesus meine Zuversicht«, wir vier, fünf Kinder fielen ein. Sie hatte es schon oft mit uns gesungen, ich konnte es auswendig. »Und mein Heiland ist im Leben«, sangen wir weiter. Langsam ordnete sich der kleine Trauerzug und ging die Dorfstraße hinauf zum Friedhof. »Dieses weiß ich, soll ich mich darum nicht zufrieden geben«, langsam sangen wir dieses Lied, langsam schritt ich, das Kreuz fest in der Hand, und hörte die Schritte der Leute hinter mir.

An der Straße standen hier und da Leute. Manche bekreuzigten sich. Waren das Polen? Manche hoben die Hand zum Gruß, die hatten die weißen Armbinden. »Was die lange Todesnacht mir auch für Gedanken macht!« Wir kamen oben um die Kurve und konnten schon die Bäume vom Friedhof sehen. »Die lange Todesnacht«, was war das? Finsternis und Schnee und Eis? Wie war das Sterben? Fest hatte ich das Kreuz in der Hand. Es wurde schwer in meinen Händen, aber wir waren ja bald da. Peter hinter mir hatte wieder Unsinn im Kopf, ihn rührte das wohl nicht. Er hatte die Töne mit seiner hellen Jungenstimme besonders lang gezogen. Hoffentlich fiel es ihm nicht ein, mich wieder an den Zöpfen zu ziehen. Das konnte ich jetzt wirklich nicht gebrauchen. Aber er blieb brav. Das Lied reichte nicht bis zum offenen Grab. Deshalb wurde noch angestimmt: »Was Gott tut, das ist wohl getan«. Langsam zog der Trauerzug den Kirchhof hinauf. Der Totengräber winkte mir zu. »Es bleibt gerecht sein Wille«, der Gesang hallte über all die Gräber hin. »Wie er fängt meine Sachen an, will ich ihm halten stille«, sang ich jetzt laut und kräftig.

Die Leute hatten sich um das Grab gruppiert und die Träger schlangen die Seile um den Sarg. Der Totengräber zog die Tragebalken weg und der Sarg wurde in die Grube gelassen. »Die alte Frau hats gutt«, hörte ich hinter mir sagen. Wer war sie? Ich kannte sie nicht, wie ich sowieso nur ein paar Leute aus dem Dorf kannte, und meine Verwandten natürlich. Sie hats gutt? Ja, sie durfte zu Hause sterben, das meinten sie wohl. Laut hörte ich den Pastor sagen: »Im Namen des Vaters und des Sohnes und des Heiligen Geistes.« Verstohlen sah ich über die Gräber hin zum Grab der Großeltern und dann den Berg hinauf, wo die Massengräber waren. »Von Erde bist du genommen, zu Erde sollst du wieder werden.« Die Leute seufzten und beteten laut. »Vater Unser, der du bist im Himmel«, fest stand ich am Kopfende der Grube und hielt das Kreuz.

Mein blaues Kleid wehte auf einmal im Wind. Ja, ich war froh, dass ich es heute zum ersten Mal an hatte. Mutter hatte neulich gesagt: »Du brauchst ein neues Sonntagskleid.« Sie hatte den blauen Stoff genommen und ein paar karierte Reste. Ich sah an mir herunter. Ich fühlte mich wohl darin. In der Taille die karierte Passe, auch der Kragen war damit belegt und die Stulpen von den Puffärmeln. Ich erschrak, hatte jemand gesehen, dass ich mein neues Kleid besaß? Sie hatten alle die Köpfe gesenkt, denn der Pastor sagte: »Und gib uns deinen Frieden!« Er schlug das Kreuz über die Trauergemeinde. Sein schwarzer Talar wehte dabei im Wind. Der Totengräber hielt ihm die Schaufel vor. Dumpf prasselten die Erdkrumen auf den Sarg und die gelben Blumen. Die andern taten es ihm nach. Der Totengräber kam, nahm mir das Kreuz ab und steckte es in den losen Erdhaufen am Grab. Wir konnten nach Hause gehen. »Haste gut gemacht«, meinten die andern Kinder, als wir aus dem Friedhofstor raus waren. »Hast auch ein schönes Kleid an.« »Hat Mutter mir gemacht.« Sie staunten. Peter grinste mich an, ich grinste zurück. »Los, schnell nach Hause«, rief jemand. Ich drehte mich um und lief los. Dabei spürte ich, dass mich jemand am Zopf zog. Peter stand noch da, aber er sah schnell weg und rannte auch los. Unterwegs musste ich mal stehen bleiben. Die weiße Armbinde war mir über den Ellenbogen gerutscht. Ich hatte sie nicht richtig festgemacht. Ich wollte nicht gleich das neue Kleid kaputtmachen mit der Sicherheitsnadel.

»Du, Mutter, heute habe ich das Kreuz getragen«, erzählte ich zu Hause angekommen. Sie lächelte. Gut, dass ich das blaue Kleid hatte, vielleicht musste ich ja wieder mal das Kreuz tragen.

Ja, ich musste, denn in den nächsten Wochen starben noch mehr Leute. Sie wollten wohl alle zu Hause sterben.

Die Unterhose

»Kommst du mit? Ich graul mich so alleine in der großen Wohnung. Und dann kommt dauernd die Grünern angelaufen und will dies und jenes haben.« »Wie, dies und jenes haben?«, fragte ich zurück und sah meine Schwester groß an. »Ach weißte, das ist so. Du brauchst es Mutter ja nicht zu erzählen. Die Grünern wohnt nicht mehr in der großen Wohnung. Der Pole hat sie ja rausgeschmissen.« Ich nickte, das war nichts Neues mehr für mich. »Wo wohnt sie jetzt?« Ich stellte sie mir in Gedanken vor, die große, dicke Frau, mit dem breiten Gesicht, den blassblauen Augen, die Haare straff um den Kopf gelegt, hinten zu einem kleinen Knoten gesteckt, und ihre sehr vollen Lippen. »Ja, sie wohnt in dem Zimmer vor der Wohnungstür. Da hat wohl früher das Dienstmädchen gewohnt.« Jetzt staunte ich doch. »Die Grünern wohnt jetzt im Dienstmädchenzimmer?« Trautel nickte. »Und warum kommt sie und will dies und jenes haben?« »Ach, verstehste nicht?« Sie wurde schon ungeduldig. »Du weißt doch, dass ich jetzt für den Polen arbeiten muss.« »Wie heißt er?«, wollte ich jetzt wissen. »Kremelewski«, sagte sie schon unwillig.

Sie war seit einer Woche nicht mehr in der Druckerei tätig. Eines Tages waren zwei Männer zu ihr gekommen. Der eine hatte sie lachend angesehen und zu ihr gesagt: »Wie du heißen?« Sie hatte ihren Namen gesagt. Christtraut war wohl zu schwer für ihn gewesen. Da hatte er gesagt: »Christjanka, du mitkommen. Du hier nicht mehr arbeiten, du für mich kochen!« Er hatte wieder gelacht und hatte mit der Hand eine Bewegung gemacht, die das Rühren in einem Topf darstellen sollte. Sie hatte ihn erstaunt angesehen. Da hatte er sie an die Hand genommen und sie aus der Werkstatt gezogen. Es war wohl gerade Mittagszeit und die Maschinen standen sowieso still. Sie wusste nicht richtig, was das ganze sollte, sie musste halt mitgehen. Da hatte er sie in das große, schöne Haus geführt, neben der alten Fabrik, in dem, wie sie wusste, der Direktor Grüner mit seiner Frau wohnte. Ihr war ganz mulmig geworden, denn wir kannten ja die Frau Grüner. Sie war oft bei Fischers gewesen, um eine Bestellung zu machen, dann hatten die Trudel oder wir beide Milch, Eier, Speck oder sonst was hinaufgetragen in ihr Haus. »Warum musst du ihr was geben?« Ach, du weißt doch, wie die Leute schnell aus ihrer Wohnung müssen, wenn Polen reinkommen. Sie hat nichts mitnehmen dürfen. Der Pole hat dann die Wohnung nach seinem Geschmack umgeräumt und alles, was er nicht braucht, einfach auf den Hängeboden geschmissen. Jetzt kommt sie dauernd an und ich soll ihr was von oben holen. Sie traut sich nicht mehr rauf.« Wir schwiegen beide. »Ja, aber eigentlich ist sie auch sehr nett zu mir.« Mutter war gerade hereingekommen und hörte zu. Nun erfuhr sie doch noch alles, wie und was die Trautel alles machen musste. Vor allem kochen. Abends wollte der Pole immer was Leckeres essen und er brachte immer was mit. »Woher?« Sie zuckte die Achseln. »Weiß ich nicht. Aber so gut kochen kann ich auch nicht, da frag ich halt die Grünern. Die weiß immer Rat. Ich mach es dann und sie kommt dann heimlich rüber und schmeckt ab. Manchmal rege ich mich sehr auf, weil ich Angst habe, er könnte jeden Augenblick kommen. Sie sagt dann: ›Ist doch nicht schlimm, wenn er mich sieht. Es ist meine Wohnung.‹ Wenn Reste bleiben, gebe ich ihr was.« Sie seufzt, wir schweigen eine Weile.

Ich weiß, dass Mutter gar nicht einverstanden ist, dass meine Schwester das jetzt macht. Aber sie hat nichts gesagt. Abends hat sie Angst, wenn meine Schwester nicht zum versprochenen Zeitpunkt nach Hause kommt. Sie ist schon manchmal länger weggeblieben, dann hatte der Pole Freunde mitgebracht, und meine Schwester sollte dann nach dem Essen mit ihnen Wodka trinken. Aber sie wollte nicht. Da ist er zornig geworden und hat gesagt, sie würden ihr nichts tun. Sie seien Ehrenmänner, mit dem roten Pack hätten sie nichts zu tun. Das hatte sie nicht verstanden. Aber es war ja wirklich noch nichts passiert und sie war immer einigermaßen guter Dinge nach Hause gekommen. Obwohl sie auch traurig war, dass sie die Arbeit in der Druckerei nicht mehr tun konnte. Als hätte sie meine Gedanken erraten, sagte sie: »Denkt mal, heute hat er erzählt und sich dabei ausgeschüttet vor Lachen: ›Christjanka, denk, die haben keine Farbe mehr in Druckerei. Ich soll Farbe besorgen. Woher?‹« »Aber ohne Farbe könntest du ja auch nichts mehr machen«, meinte ich. »Du bist ein schlaues Kind«, jetzt lachten sie wieder über mich. »Was ist nun, gehst du morgen mit?« Ich sah Mutter fragend an. Sie seufzte wieder. »Na ja, aber du bleibst nur bis Mittag, dann kommst du schleunigst nach Hause.« »Ja, das muss sie auch, denn ich kann ja nicht die Familie dort einschleppen.« Zu mir gewandt sagte sie: »Kriegst auch was zu essen.« Das war natürlich Mutter recht. Zum Essen hatten wir sowieso fast nichts, zu kaufen gab es nichts und »besorgen« konnten wir auch nichts. So ging ich am andern Morgen mit. Erst musste ich unten warten, bis klar war, dass der Herr Kremelewski auch wirklich nicht mehr zu Hause war, sondern in der Fabrik, wo er ja als »Direktor« arbeitete. Ich war unten am Zaun stehen geblieben und hatte in den Bach gesehen, so als interessierte mich etwas. Da hörte ich unsern Pfiff. Langsam drehte ich mich um, da sah ich sie am Fenster stehen und ganz gelangweilt hinaussehen. Das hatten wir so verabredet. Ich lief schnell zum Haus. Komisch, die große Tür knarrte so fremd. Im Flur war es ganz leer, keine Teppiche mehr. Jetzt war mir doch ganz beklommen zu Mute. Langsam stieg ich die Treppenstufen hinauf. Richtig, da war eine kleine Zimmertür vor der großen, weißen Wohnungstür. Also, da wohnte sie jetzt. Früher hatte ich die kleine Tür gar nicht so wahrgenommen. Meine Schwester stand in der Tür und winkte mich in die Wohnung. Sie zeigte mir die großen Zimmer mit den hohen schmalen Fenstern. Im Wohnzimmer war ich wohl ein einziges Mal gewesen. Die schweren Möbel kamen mir noch bekannt vor. Aber es sah tatsächlich ganz anders aus. Leer und fremd. Im Schlafzimmer war ich natürlich nie gewesen. Auch das zeigte sie mir. Auch hier standen Möbel, so halt wie alte, reiche Leute sich das Schlafzimmer einrichteten. Aber es machte auch einen leeren Eindruck, so wie in einem Museum. Nur die Betten waren verwühlt, so als sei gerade jemand herausgesprungen. Mir fielen die Betten im »Deutschen Haus« ein, die die Gretel immer eilig vor mir verstecken wollte.

Trautel öffnete das Fenster und schüttelte die Kissen auf. »Und was machen wir jetzt?« Sie lief vor mir in die Küche. »Wir waschen auf.« Sie hatte schon Feuer im Ofen angemacht und den Wassertopf zurechtgerückt. Dann begann sie flink, das Geschirr vom Vortag zusammenzuräumen, das unordentlich in der Küche verstreut herumstand. Ich ließ mich auf einem Stuhl nieder und sah mich in der hellen, mit weißen Holzmöbeln ausgestatteten Küche um. Sie holte einen Besen und kehrte die Küche. Brauner Linoleumboden, blank gebohnert. Im Wohnzimmer hatte es nach Zigaretten gestunken wie in einer Gaststube. Sie holte die Aschenbecher, die übervoll auf dem Tisch standen. Auch hörte ich sie die Fenster öffnen. Das war also ihre Arbeit am Morgen. »Das Wasser ist noch nicht heiß, komm ich zeig dir den Hängeboden.« Leise öffnete sie die Wohnungstür, damit die Grünern uns nicht hören sollte. Dann schlichen wir die Stufen hoch und erschraken, wenn sie knarrten. Oben öffnete sie eine kleine, weiß angestrichene Bodentür. Muffige Luft kam uns entgegen. Ich staunte. Sie schob mich vollends durch die Tür und schloss sie leise. Der Hängeboden ging wohl über das ganze Haus. An den Giebeln waren Fenster, so dass es einigermaßen hell war. Aber wie sah es hier aus! Kisten und Kasten, Möbel, Stapel von Geschirr standen kreuz und quer herum. An der Wand lehnte ein großer Spiegel. Ich sah hinein. Ich kam mir ganz fremd vor, wie aus dem Märchen entlaufen. Trautel hatte keine Notiz von mir genommen. Sie begann in einer Kiste zu wühlen und hielt ein altes Seidenkleid hoch. »Guck mal, das hat die Grünern wohl früher getragen.« Rote Seide bauschte sich zwischen ihren Händen. Sie bückte sich wieder, während sie das Kleid im Arm hielt. Sie zerrte eine weiße Federboa aus der Kiste. Sie lachte, legte sie sich um den Hals. An einem Kleiderständer hingen alte Hüte. Darunter war ein großer, weißer Sommerhut. Ich holte ihn und stülpte ihn meiner Schwester auf den Kopf. Sie hielt sich das rote Kleid vor, die Federboa um den Hals und schaute in den Spiegel. Ich kicherte. »Wie aus einem Spukschloss entlaufen!« »Lach nicht so laut!« Erstarrt blieben wir stehen. Aber es regte sich nichts. Ich sah, dass mehrere Kisten aufgerissen waren. »Musste hier was raussuchen?« »Ja, ja, alles was man so braucht.« Ich bückte mich und begann auch zu wühlen. Ein seltsamer Geruch kam aus der Kiste. Irgendwie ekelte es mich an. Aber ich war auch wie gebannt. Ich zog ein Wäschestück nach dem andern heraus und ließ es wieder in die Kiste fallen. Männernachthemden, weiß und lang, Männerunterhosen, dicke lange, und Unterhemden, Futter und Netzhemden für den Sommer. Gestreifte Oberhemden und viele weiße mit steifem Chemisett. »Wohl alles von Herrn Grüner. Aber der ist doch tot?« Sie lachte, »Die Grünern wird se wohl noch im Schrank gehabt haben«. »Hier, guck mal!«, rief sie, sie war schon bei einer andern Kiste. »Hier hab ich auch schon was suchen müssen.« Die Kiste war ganz verwühlt. Mein Widerwillen steigerte sich gegen diese fremden Sachen. Ich sah hinein, da guckte etwas rosafarben Glänzendes hervor. Ich zog daran und wühlte das Wäschestück aus dem Durcheinander. Ich hielt es gegen das Licht, um zu sehen, was es war. Es war ein riesiger Damenschlüpfer mit langen Beinen, innen angeraut und außen schön seidig glänzend. »So eine riesige Unterhose«, ich staunte. Mit den Händen breitete ich den Gummi auseinander und sah durch zwei riesige Hosenbeine. »Und die ist von der Frau Grüner?«, sagte ich leise vor mich hin. »Ist die aber fett!« Obwohl sauber gewaschen und wohl auch vormals zusammengefaltet, sah ich einen großen, braunen Fleck im Schritt der Hose. Jetzt ekelte es mich. Ich ließ sie fallen. Meine Schwester merkte wohl, was in mir vorging. »Komm, lass den Quatsch! Ich wollte es dir ja nur zeigen. Du kannst dir denken, dass ich mich auch graule.« Ich sah noch einmal über das unbeschreibliche Durcheinander hin, das einstmals der Haushalt reicher Leute gewesen war.

Wir schlichen uns zur Tür zurück und über die knarrende Treppe hinunter in die Wohnung. Es blieb still im Haus. Vielleicht war die Grünern ja auch ausgegangen. Ich stellte sie mir nochmals vor in ihren Riesenunterhosen. Gutmütig war sie immer gewesen, aber diese dicken, fetten Lippen, mit denen sie so richtig schmatzen konnte! »Schmatzt sie, wenn sie deine Suppe kostet?« »Na klar, sie mahlt so richtig mit dem Mund rum. Sie ist gutes Essen gewöhnt, sonst wär sie ja auch nicht so dick geworden. Aber eigentlich ist sie gar nicht mehr so dick wie im Krieg.« Meine Schwester lachte, sie machte sich darüber nicht so viele Gedanken wie ich. »Komm, jetzt waschen wir ab.« Ich half ihr abtrocknen. »Und was machen wir jetzt?« Wir sahen zur Uhr. Es war noch Zeit, bis ich nach Hause musste. »Komm, wir gehen in den Garten und sehen nach, ob noch Erdbeeren da sind.« Sie nahm eine Schüssel und wir liefen durch die Hintertür in den Garten, der sich den Berg hinaufzog. Erdbeeren gab es noch und auch die Johannisbeeren würden bald reif sein. »Hilfst du mir in den nächsten Tagen beim Beerenpflücken?« »Klar, mach' ich.« Heimlich freuten wir uns schon darauf, denn wir wollten kräftig zulangen. »Aber übrig bleiben muss auch was. Damit ich für den Kremelewski Marmelade kochen kann. Dann werd' ich der Grünern auch was abgeben. Die arme Frau muss zusehen, wie andere Leute ihre Sachen essen!«

So kam es, dass ich öfter mit hinaufging zur Villa. Schule gab's ja nicht mehr, was sollte ich auch den ganzen Tag tun. Konfirmandenunterricht war einmal in der Woche. Aber er interessierte mich nicht besonders. Die Kinder waren mir auch alle fremd.

Einmal sah ich die Grünern. Sie sah sehr schlecht aus. Sie hatte die Stubentür offen gelassen. Neugierig sah ich in ein schmales, dunkles Zimmer mit sehr einfachen Möbeln. Ein ungemachtes Bett an der einen Seite und sonst auch viel Durcheinander, aus dem ich nicht recht klug wurde. Ihr Gesicht war so verfallen und den großen Mund zog sie hin und her. Der Kummer und dieses Elend waren ihr ins Gesicht geschrieben. Sie tat mir leid, aber was half's.

Einmal floh ich schnell aus der Wohnung, weil der Herr Kremelewski laut schwadronierend mit ein paar andern Männern nach Hause kam. Trautel hatte gekocht und mir einen Happen zu essen gegeben. Und Honig durfte ich lecken. Ein bissel, damit es nicht auffiel. Dabei hatte sie mir erzählt, dass er gesagt habe, sie solle immer einen Löffel Honig essen, wenn sie Wodka angeboten bekäme. Dann würde sie nie betrunken werden. Er war für mein Verständnis ein hübscher Mann, groß und schwarz. Aber ich verstand nichts von Männern. Wenn ich einen hübsch fand, lachten sie über mich.

An einem warmen Sommertag gingen wir in den Garten, um die Beeren zu pflücken. Es waren viele, die Ernte war reich. Es fiel nicht auf, dass ich mich an ihnen schadlos hielt und meinen dauernden Hunger damit ein wenig in Schach hielt.

Kirchweihfest

In Tränen aufgelöst saß ich in der Küche, während Mutter vor mir kniete und vorsichtig meine Knie abtupfte, die voller Sand waren und bluteten. Wieder einmal war ich hingefallen, hinterm Haus auf dem Weg. Ich hatte einen Korb am Arm gehabt und war schnell gelaufen. Ein großer Stein oder eine Unebenheit auf dem Wege ließen mich stolpern, ich hatte mich nicht halten können. Es sah ziemlich schlimm aus. Beide Knie auch gleich, und dazu noch rechts oben an der Stirn eine Schramme. Mutter schüttelte den Kopf. »Warum fällst du nur immer so unglücklich?«, sagte sie fast wie zu sich selber.

Meine Tränen flossen reichlich, auch das Gefühl vom Fallen und der schmerzende Kopf rissen an mir. »Am besten, du lässt alles offen heilen. Wenn ich jetzt Binden drum wickele, müssen wir sie immer wieder abreißen, das tut weh, und schneller heilen tut's auch nicht.« Schluchzend nickte ich. Die Knie brannten. Da fiel mir der Konfirmandenunterricht ein. Der Pastor hatte gesagt, nächste Woche sollte das Kirchweihfest gefeiert werden und zu diesem Zwecke sollten die Mädchen Blumenkränze tragen. »So ein Quatsch, ich trag' kein Blumenkränzchen!« Immer noch schluchzend, mit zuckenden Schultern hatte ich es wütend rausgebracht. Trautel war zur Tür hereingekommen und lachte. »Ein Blumenkränzchen, wer hat sich denn so was einfallen lassen?« Mutter sah mich an und lächelte. »Bis nächste Woche ist alles wieder heile.« »Auch die Stirn?« Ich war zu dem kleinen Spiegel gelaufen, der über dem Wasserhahn hing. Es sah schlimm aus. Dunkelrot und fünfmarkstückgroß leuchtete die Schramme in meinem Gesicht. Alle würden wieder lachen, wie die Trautel eben. Ist sie wieder mal hingefallen, würden sie sagen. Wie ich sie alle hasste! Die Tränen liefen neu über meine Backen. »Überhaupt, ich bin viel zu groß für ein Blumenkränzchen!« Ich zog das Wort Blumenkränzchen verächtlich durch die Zähne. »Ach, nu lass mal. Im Garten blüht so manches. Wenn es soweit ist, mach ich dir ein hübsches. Du kannst doch nicht alleine ohne eins in die Kirche einziehen.« »Nein«, rief ich wütend, »ich will keins!« Damit lief ich hinaus und knallte die Tür hinter mir zu.

Tatsächlich wurde ich im Unterricht von den andern empfangen: »Wie siehst du denn aus?« Sie umringten mich alle. Einerseits war es mir angenehm, dass sie endlich einmal Notiz von mir nahmen. Immer hatte ich abseits hinten gesessen in der letzten Bank in der Sakristei der Kirche, wo der Konfirmandenunterricht stattfand. Schwarze, geschnitzte Kirchenbänke standen aufgereiht hintereinander und wir Kinder saßen darin, rechts die Jungen und links die Mädchen. Eine ganz ansehnliche Zahl immer noch, obwohl doch schon so viele fort waren. Aber sie kamen auch aus den Dörfern rings um Wüstewaltersdorf, die alle zum Kirchspiel gehörten. Weite Wege zumeist. Von Heinrichau oder Falkenberg zum Beispiel war es mindestens eine Stunde, das wusste ich. Vormittags um elf Uhr mussten wir kommen. Der Pastor lief vorne vor dem kleinen Altartisch hin und her und sprach über irgendetwas. Er hatte einen schwarzen Lutherrock an und legte meist die Hände auf den Rücken, während er hin und her ging.

Heute waren sie richtig nett zu mir gewesen, wo ich mich immer so fremd fühlte, weil ich die Kinder nicht kannte. Selbst die Magdalene Eberlein drehte sich ein paar Mal nach mir um und nickte mir freundlich zu. Sie zog mich sehr an, denn sie hatte ein schönes Gesicht. Schmal, mit dunklen Augen, wie Schneewittchen. Das dunkelbraune Haar hatte sie vom Mittelscheitel her straff um den Kopf gelegt und hinten zu einem Mozartzopf zusammengeflochten. Sie war so sanft, das unterstrichen auch ihre langen, schmalen, weißen Hände. Ob sie Klavier spielte? Sie hatte einen Bruder, der hatte blonde Haare. Er spielte öfter mit dem Peter. Aber seit die Rosel nicht mehr da war, sprachen wir kaum noch miteinander. Nur im Chor und beim Singen zu den Beerdigungen erzählten wir uns was. Nach dem Unterricht liefen wir immer schnell auseinander, denn rumstehen und spielen war für Deutsche verboten. »Willst du uns nicht die nächste Strophe aufsagen, Dorchen Koch?« Von weit her waren diese Worte in meine Phantasien gedrungen. Schwerfällig stand ich auf, die Knie brannten. »Gott ist und bleibt getreu! Er tröstet nach dem Weinen, er lässt aus trüber Nacht die Freudensterne scheinen; der Sturm, des Kreuzes Sturm geht augenblicks vorbei; sei Seele, nur getrost: Gott ist und bleibt getreu.« Alle sahen sich nach mir um. Ich hatte langsam und leise gesprochen. Der Pastor war inmitten seiner Wanderung stehen geblieben. »Hast du schön gesagt. Aber es war nicht die zweite Strophe, sondern die vierte.« Die Kinder lachten. Es rauschte richtig in meinen Ohren. Ich merkte, wie mein Gesicht rot und heiß wurde. Ich senkte den Kopf und setzte mich. Aber er war so gütig, die zweite Strophe brauchte ich nicht auch noch aufzusagen. Ein Glück in meinem Elend, die Magdalene sah mich lieb an, sie lachte nicht. Zu Hause erzählte ich es Mutter. Sie sagte: »Ja, die Magdalene, ein liebes Mädchen. Die letzte Tochter vom Pastor Eberlein.« Sie seufzte und sah versonnen vor sich hin. Ich wusste, der Pastor Eberlein war in ihren jungen Jahren hier Pastor gewesen. Aber er war längst tot. »Warum hatte er noch so junge Kinder?« Jetzt war die Gelegenheit, ich wollte es schon immer wissen. »Magdalenes Mutter ist seine zweite Frau. Wie ist es denn nun mit dem Kirchweihfest? Was sollt ihr machen?« »Ja, also erst mal sollen wir morgen zur Kirche kommen und helfen, um reinezumachen. Dann wird der Förster einen Wagen Reisig bringen und wir sollen helfen, Girlanden zu binden.« »Ach, und wer Blumen im Garten hat, soll sie Sonnabend zur Kirche bringen, damit soll der Altar geschmückt werden.« »Die Lore ist schon ganz aus dem Häuschen, weil der Gerhard Schwarz kommen soll. Er ist hier gewesen und hat mit ihr über alles gesprochen.« »Ja, ja, singen gehen muss ich auch noch!«

Am andern Tag versammelten sich ein paar Frauen und wir Konfirmandinnen in der Kirche. Ein paar Männer mit Eimern standen auch bereit, sie sollten den Frauen das Wasser zum Schrubben und Wischen bringen. Ich wurde eingeteilt, oben auf der Orgelempore Staub zu wischen und den Boden zu säubern. Dazu bekam ich ein großes, weißes Staubtuch. Oben angekommen wusste ich erst nicht so recht, wo ich anfangen sollte. Hier oben hatte ich schon oft gestanden, wenn am Sonntag im Gottesdienst der Chor sang. Ich hatte immer nach den vielen Notenstößen gesehen, die unter der Emporenbrüstung lagen, in der Hoffnung, sie irgendwann einmal von Nahem ansehen zu können. Jetzt war die Gelegenheit dazu. Erst mal zum Schein wischte ich über die Brüstung. Ich tat es langsam und dann gründlich. Danach wischte ich über die Stühle, das ging hoppla hopp, denn viel Zeit hatte ich nicht. Auch über die unteren Schnörkel an der Orgel ließ ich mein Tuch wandern. Erstaunlich viel Staub, dachte ich und lief zwischendurch zum Ausschütteln ans offene Fenster an der Emporenseite. So, jetzt noch die Orgelbank, sie war seitlich von der Orgel angebracht. Ehrfürchtig wischte ich daran herum. Fräulein Opitz saß hier, der Gerhard Schwarz nur an den hohen Feiertagen. Ich schaute zu den großen Pfeifen hinauf, die schön angeordnet in den barocken Verzierungen standen. Alles weiß mit Gold. Ich hatte die Orgelmusik sehr gern. Mir fiel die viele Musik ein, die ich mit Mutter in Breslau gehört hatte. Die Tastatur war verschlossen. Wehmütig dachte ich daran, dass Tante Minchen so gerne gesehen hätte, wenn ich auch Orgelspielen gelernt hätte. Einmal hatte sie in der Stadtmission mit mir Orgel gespielt. Aber ich wollte nicht einmal mehr bei ihr Klavier spielen lernen. Tante Minchen, so wie sie, mit geradem Rücken und gespreizten Händen, so elegant spielen, das lag mir nicht. Ich hatte mich mit einen schnellen Schlag auf die Tasten vom Unterricht verabschiedet, zum Leidwesen meiner Mutter. Wo sie jetzt wohl war? Da fiel mein Blick wieder auf die Noten. Schnell lief ich die drei breiten Stufen vor der Orgel hinunter zu der Brüstung. In der Kirche hallte es von gedämpften Worten und dem Schrubben der Frauen auf den Emporen. Manchmal rief eine nach Wasser. Dann polterte ein Mann die Stufen hinauf. Ich kümmerte mich nicht darum. Ich ließ mich vor den Noten nieder und begann, diese und jene aus den gestapelten Haufen zu ziehen. Das Staubtuch hielt ich wohlweislich unter dem Arm gequetscht. Ich las: »Johann-Sebastian Bach, Orgelbuch«. Es war groß und schwer und leinengebunden, mit Goldschrift darauf. Andere Bücher trugen die Namen Anton Bruckner, Johannes Brahms, Wolfgang-Amadeus Mozart, Felix Mendelsohn-Bartholdy und noch andere. Die Nachnamen waren immer in großen Schnörkelbuchstaben geschrieben und die Vornamen klein darunter. Es war das erste Mal, dass ich die großen Partituren in den Händen hielt. Zum Schein wischte ich mit meinem Tuch darüber. Aber eigentlich wollte ich sie nur endlich einmal in den Händen halten. Es schauerte mich, diese großen Komponisten, die so viel schöne Musik gemacht hatten. Es mussten einfach wunderbare Menschen gewesen sein. »Bach« hörte man meistens in der Kirche. Viele Choräle waren von ihm. Auch was wir so im Chor sangen. Er war wohl der größte Kirchenmusiker. »Bruckner« hatte ich in der Jahrhunderthalle gehört. Ob sie hier in der Kirche auch »Bruckner« spielten? Ich konnte es noch nicht heraushören. Ich war immer nur beeindruckt, wenn die Orgel so losbrauste und doch dann wieder so sanft und zärtlich klang. Dann konnte ich so richtig in der Musik spazieren gehen. Vor allem, wenn Mutter dabei war und ich mich bei ihr einkuscheln konnte, dann war's am schönsten.

Aber ich spürte, zum Kuscheln hatten die großen Komponisten wohl ihre Musik nicht in erster Linie komponiert. Mozart hatte auch Opern geschrieben. Er hatte in Wien gelebt und war wohl ein lustiger Kerl gewesen, denn ich meinte, die Wiener müssten alle lustige Leute sein. Ich kroch an dem Regal unterhalb der Brüstung entlang und zog hier ein Notenbuch heraus und dort. Wo die Stapel unordentlich waren, versuchte ich, sie etwas zu ordnen. Das war gar nicht so einfach. Mendelsohn-Bartholdy, wer das wohl war? Komischer Name. Felix, ich kannte niemand, der so hieß. Ich wollte Mutter fragen oder Vater, vielleicht hatte er schon mal was auf seiner Geige von ihm gespielt. Dafür hatte ich mich früher auch nicht interessiert. Seine Geige war in Breslau geblieben. Vorsichtig legte ich das Buch wieder an seinen Platz. Da riefen sie nach mir: »Bist du fertig mit Staubwischen?« und »Wo bist du eigentlich?« Eilfertig stand ich auf. »Hier, ich kann schon mit dem Wischen anfangen!« Da polterte auch schon einer die Treppe herauf und brachte mir einen Eimer Wasser und einen großen Wischlappen. Emsig machte ich mich daran, die Stufen vor der Orgel aufzuwischen. Aber so ganz war ich nicht bei der Sache, die Noten dort ließen mir keine Ruhe. Vielleicht hätte ich doch das Klavierspiel weiter lernen sollen ... Na ja, singen macht auch Spaß!

Endlich war ich fertig. Ich sah noch mal über die Orgelempore hin und fand, dass ich das ganz ordentlich gemacht hatte. Drei Eimer Wasser hatte ich zum Aufwischen gebraucht. Es roch vom feuchten Boden nach Schmierseife, die hatten die Frauen unten in das Wasser getan. Ich rückte noch die Stühle in Reih und Glied. Da würden wir am Sonntag wieder sitzen im Chor. Da fiel mir ein, wenn ich mitsinge, brauche ich nicht mit den anderen Konfirmanden in die Kirche einzuziehen. Ich lauf dann gleich zur Orgel hinauf, dann brauche ich auch kein Blumenkränzchen. Ich war sehr erleichtert, dass mir das noch eingefallen war. Fast fröhlich stieg ich die Treppe hinunter und ging zum Hauptportal. Dort hörte ich Leute reden und leises Lachen. Im Vorraum saßen ein paar Frauen vor einem riesigen Haufen Tannengrün und wanden Girlanden. Ich sah eine Weile zu. »Komm, hilf uns, dann sind wir alle schneller fertig!« Die Sonne schien grell ins Hauptportal. Ich lief erst mal hinaus, in der Kirche war es so kühl gewesen, obwohl mir bei der Arbeit warm geworden war.

Gerade, als ich die Dorfstraße hinaufguckte, kam meine Schwester angelaufen. Da musste es ja schon Mittag sein. »Hilfste auch mit Girlanden binden?« »Ja, ich hab mich deswegen dort oben schon fortgemacht!« Wir gingen wieder in die Kirche hinein, setzten uns zu den anderen Frauen und halfen binden. Eine stachelige Angelegenheit, an der ich keine rechte Freude hatte. Aber die anderen waren flink, und wenn ein großes Stück fertig war, holten es die Männer und trugen es in die Kirche. Nach und nach hingen an allen Emporen die dunkelgrünen Girlanden, von Pfeiler zu Pfeiler schwangen sie sich. Es duftete nach frischem Grün wie zu Weihnachten. Die ganze Kirche duftete. Aber eigentlich auch wie zu Beerdigungen, aber es sollte doch ein »Jubelfest« werden, so hatte der Pastor gesagt. Er hatte was davon erzählt, dass der König von Preußen, Friedrich der Große, die Erlaubnis zum

Bau der Kirche gegeben habe und dass sie eine »Gnadenkirche« genannt werden sollte. Denn vorher hatten die Österreicher den Protestanten verboten, Gottesdienste zu feiern. In der kleinen, ehemals evangelischen Kirche des Dorfes durfte nur noch katholischer Gottesdienst abgehalten werden. In und um Wüstewaltersdorf herum lebten aber viele evangelische Christen. Die neue Kirche wurde deshalb extra für die Evangelischen gebaut. Nicht so wie in Breslau, wo ehemals katholische Kirchen in der Reformation zu evangelischen Gotteshäusern wurden. Aber die waren dort auch älter. Ich fand unsere Kirche im Dorf schön, weil sie so hell war und nicht so dunkel wie die Breslauer Kirchen. Vater sagte, sie sei im Barockstil gebaut und die in Breslau seien überwiegend gotisch.

Ich hatte mich eine Weile auf Großmutters Platz gesetzt. Trautel rief: »Komm, wir gehen. Es ist alles fertig.« Sie stupste mich auf die Schulter. Ich folgte ihr.

Am Sonntag fand dann das Jubelfest statt. Ich trug das blaue Kleid und natürlich kein Kränzchen. Die anderen Mädchen sahen ganz lustig aus. Bei den einen war der Kranz, fand ich, zu groß, andere sahen damit ganz flott aus. Manche passten nicht zu den Kleidern. Na ja, es war ja immer noch so was wie Kriegszeit. Ich war mit mir sehr zufrieden, obwohl sie mich missbilligend ansahen, weil ich keinen Kranz auf dem Kopf trug. Vor allem aber war ich zufrieden, weil die Jungens bei mir nicht rumzupfen und mich ärgern konnten. Großartig erklärte ich, dass ich ja auch zum Chor gehöre und deshalb auch keinen Kranz brauche.

Als sich der Zug der Konfirmanden vor der Kirche ordnete und in Bewegung setzte, begann drinnen die Orgel zu spielen. Die Leute standen von ihren Plätzen auf, der Pastor führte die Kinderschar an. Ich lief die Treppe zur Orgel hinauf und setzte mich zu den anderen Kindern, die auch im Chor mitsingen durften. Auf der Orgelbank saß Herr Schwarz im schwarzen Anzug. Seine Füße in den schwarzen Schuhen tanzten auf den Fußtasten der Orgel umher, während seine Hände über die weißen und schwarzen Tasten liefen. Mir klopfte das Herz. Ich sah über die Brüstung in die Kirche hinein. Die Konfirmanden gingen gerade in die vordersten Bänke, rechts die Mädchen, links die Jungen. Es sah sehr schön aus und jetzt tat es mir doch leid, dass ich nicht da unten mit einem Kranz von Margeriten mit in die Bank gehen konnte. Zu meinem blauen Kleid hätten sie ganz gut gepasst, aber andererseits hatte ich doch Passen daran aus kariertem Stoff, dazu hätten die Blumen nicht so schön ausgesehen. »Ach Quatsch«. Fräulein Opitz war aufgestanden und vor den Chor getreten. Ich sah sie aufmerksam an. Ihr rundes Gesicht war hochrot und ihre Haare lagen noch glatter als sonst um den Kopf. Ihre weiße Bluse trug sie bis oben geschlossen, eine kleine Goldbrosche glänzte am Kragen. Nach unten faltete sich ein dunkelblauer Rock. Sie sah sehr feierlich aus. Dann hob sie die Arme und gab den Einsatz. Ich sang aus tiefstem Herzen. Über dem Notenblatt stand: »Choral Joh.-Seb. Bach«. »Du meine Seele singe«, klang es kraftvoll in die Kirche hinein. Dann setzten wir uns wieder. Die Orgel begann wieder zu spielen, und die Gemeinde, eine große Gemeinde, alle Emporen waren voll besetzt, sang aus ihren aufgeschlagenen, großen Gesangbüchern. Als der Klingelbeutel rumging, spielte die Orgel alleine. Herr Schwarz hatte ein besonders schönes Stück ausgesucht. Was die Leute wohl in die Beutel taten? Herr Schwarz konnte schön spielen, es rauschte aus den Pfeifen auf und nieder, sanft und leise, und dann bauten sich die Harmonien wieder auf, mir schien es himmelstürmend. Ich äugte zu den Notenbüchern unter der Emporenbrüstung. Immer noch lagen sie so schön geordnet da, wie ich sie hingelegt hatte. Ich war sehr stolz auf mich.

Der Pastor stieg auf die Kanzel. Sie war mit einer dicken Blumengirlande geschmückt. Vorne hing sie so tief herunter, dass man fast die Emmausjünger nicht mehr richtig sehen konnte. Auch der Altar war mit riesigen Sträußen von Gladiolen und anderen Sommerblumen geschmückt. Die Frauen hatten sicherlich ihre Gärten ausgeräubert, so viele Blumen hatte ich in der Kirche noch nie gesehen.

Des Pastors Stimme klang warm und tröstlich, dann auch wieder laut und bestimmt. Wieder setzten sich allenthalben die Taschentücher in Bewegung. Auch Fräulein Opitz weinte. Ich sah auf meinen Schoß und machte die Augen ganz groß. Ich brauchte nicht zu weinen und ich wollte auch nicht weinen. Da puffte mich jemand in den Rücken. Ich wusste schon, das konnte nur der Peter sein. Ich drehte mich vorsichtig um, aber er sah gelangweilt an mir vorbei.

Zum Schluss standen sie alle auf und sangen: »Großer Gott wir loben dich. Herr wir preisen deine Stärke. Vor dir neigt die Erde sich und bewundert deine Stärke.« Dieser große Gott, warum ließ er die Menschen so leiden? Warum durften wir nicht bleiben, wo wir zu Hause waren? Sich neigen vor ihm. Ich hatte dabei das Gefühl, ich müsse mich vor ihm der Länge nach in die Kirche legen. Ich konnte nichts machen, alle konnten nichts machen, sie konnten sich nur alle vor ihm neigen. Oh ja, stark war er ...

Ochsenzunge

Eines Morgens wachte ich auf und konnte mein rechtes Bein nicht mehr so recht bewegen. Die Bettdecke war mir unangenehm. Ich schlug sie weg. Das Bein war dick und heiß. Ich hatte schon die Tage vorher bemerkt, dass am unteren Schienbein so etwas wie eine Beule zu wachsen schien. Ich dachte erst, es hätte mich eine Mücke gestochen. Die Sommernächte waren jetzt warm und im Zimmer war es stickig, denn wir wagten nicht mehr, nachts die Fenster offen stehen zu lassen. Sie wurden, ehe wir uns hinlegten, fest verriegelt.

Ich richtete mich auf und fühlte am Bein herum. Die Fensterläden waren noch nicht aufgemacht, es musste noch früh sein. Aber Mutter war wohl schon in der Küche, denn das Geschirr klirrte. In dem Dämmerlicht konnte ich sehen, dass das ganze Schienbein angeschwollen war. Selbst das Fußgelenk schmerzte, wenn ich den Fuß bewegen wollte. Warum war mir nur so heiß? In der Stube hatte es sich doch abgekühlt und die Sonne schien noch gar nicht durch die Fenster. Ich streckte mich wieder aus und dachte nach: Was konnte das bloß wieder für eine Beule sein? Von einem Mückenstich war nichts zu sehen, gestoßen hatte ich mich auch nicht. Mühselig kletterte ich schließlich aus dem Bett. Na ja, laufen ging ja noch, obwohl ich das Gefühl hatte, dass sich das Gewicht von der Geschwulst auf den Fuß senkte. Ich stakste in die Küche. Mutter sah mich erstaunt an. »Was ist los?« Sie hatte wohl zuerst mein ängstliches Gesicht gesehen. »Guck mal, mein Bein!« Ich streckte es ihr entgegen. Sie bückte sich und besah es. Mit einem Seufzer richtete sie sich wieder auf und sah mich besorgt an. Dann fühlte sie meine Stirn, dabei schob sie mich auf einen Stuhl. Sie schüttelte den Kopf und meinte dann: »Das wird eine böse Sache werden!« »Was ist das?« Sie seufzte wieder. »Das wird ein Furunkel wie vorigen Sommer!« Ich erschrak. »Wie das Ding auf dem Rücken?« »Ja, wahrscheinlich. Wenn es nur schnell reif würde, dann wäre es bald vorbei. Aber so sieht es nicht aus.« Sie nahm noch einmal das Bein in ihre Hände und besah sich das Schienbein. »Au, das tut weh!« Sie hatte mit dem Finger darauf herumgedrückt und es waren richtige Dellen entstanden. »Wir haben gar keine schwarze Salbe mehr. Voriges Jahr ist alles drauf gegangen. Was machen wir bloß?« Sie überlegte eine Weile. »Wir müssten Ochsenzungenblätter holen. Aber hier im Garten stehen keine.« Ich erinnerte mich, dass wir diese langen, dunkelgrünen Blätter geholt hatten und dass Mutter sie auf Vaters Furunkel gelegt hatte, als dieser gegen die schwarze Salbe protestiert hatte, weil sie ihm die Hemdkragen so fürchterlich schmutzig gemacht hatte, trotz des Verbandes. Aber hinten am Hals bei Vater war es eine ganz gefährliche Stelle gewesen und ich dachte noch daran, dass er immer den Kopf schief gehalten hatte. »Ja, aber wo sollen wir sie herholen? Ich werde einen alten Kopfkissenbezug zerreißen und Binden daraus wickeln.« »Ich habe sie damals unter den Bäumen hinter Fischers Stall gefunden. Weißt du, an der Mauer hinter dem Misthaufen, dort wachsen sie.« »Willst du da hingehen und welche holen?« Ich sah sie an. »Klar, wo sollen wir sie sonst herholen?« »Wenn sie dich sehen, dass du da rumschnüffelst?« Mutter wollte das Unternehmen nicht so recht gefallen. »Ach klar, ich gehe mittags, gleich wenn das Füttern vorbei ist. Dann sind sie im Haus und die Kühe fressen. Ich lauf' über die Wiese zum Teich und dann den Weg runter. Da kann doch nichts passieren.« »Aber du hast doch Fieber!« Ich fühlte meinen Kopf. Mir war tatsächlich immer noch heiß und jämmerlich. »Na ja, aber abends kann man dort nicht hingehen und Trautel könnte sie nur abends holen.« Sie seufzte wieder. »Na gut, dann gehst du eben mal!«

Mittags, als wir meinten, dass das Füttern vorbei sein könnte, machte ich mich auf den Weg. Das Laufen war beschwerlich mit dem dicken, heißen Bein, und so trottete ich gemächlich dahin. Die Sonne schien, es war ein heißer Tag geworden. Mutter hatte gesagt: »Wir können uns nicht mehr richtig ernähren, davon kommen die Beulen.« So war es auch. Manchmal hatten wir Brot, manchmal keines. Manchmal Kartoffeln oder nur Mehl. Und jetzt gab's im Garten bald das erste Obst, Kirschen und Johannisbeeren, aber Zucker zum Marmeladenkochen fehlte. Auch Gemüse gab es nicht. Ein paar Mohrrüben steckten noch in der Kiste im Sand. Lange reichten die auch nicht mehr. Woher Essen nehmen, das war jetzt täglich unsere Sorge. Mutter hatte auch gesagt, dass sie noch mal nach Heinrichau gehen wolle. Der Pole sei doch so freundlich gewesen, als sie mit der Trautel letzten Sonntag da gewesen war. Er hatte ihnen allerlei geschenkt, Mehl und Kartoffeln und eine Kanne Milch.

So gut ich konnte, stapfte ich unterhalb des Feldweges an der Wiese lang, durch den Klee wagte ich nicht zu gehen. Oben, wo der Klee aufhörte, ging ich quer zum Bach hinüber, kletterte die Böschung zum Teich hinab, sprang über den Bach, der hier ein flaches Rinnsal war, und auf der anderen Seite unter den Haselsträuchern die Böschung wieder hinauf. Ich sah mich um, alles war still. Ich hatte in all der Zeit gelernt, Gefahr zu ahnen und notfalls irgendwie zu verschwinden. So schnell konnte mich keiner kriegen, obwohl das Herz mir immer laut vor Angst schlug. Mich immer wieder umsehend, näherte ich mich dem Obstgarten hinter dem Stall. Der Bach rauschte über die Steine, ich sah in die dunklen Löcher, in denen das Wasser noch tiefer stand. Es blühte alles, Klee, weiße Margeriten standen im knietiefen Gras, roter Sauerampfer dazwischen. Ein süßer Duft zog in meine Nase, der Wind wehte ihn vom roten Klee herüber. Unter den Apfelbäumen suchten meine Augen die Ochsenzungenstauden. Aber ich musste doch noch näher den Weg entlang zum Haus, ich konnte nämlich keine sehen. Erst da, wo die blühende Wiese aufhörte und der Boden hart wurde vom vielen Mistkarrenfahren, entdeckte ich die großen. dunkelgrünen Stauden mit den braunroten Blütenrispen. Richtig prächtig sahen die Stauden aus mit ihren langen, schmalen, rötlich glänzenden Blättern.

Noch einmal sah ich mich nach allen Seiten um, ob mich auch wirklich niemand sah, vor allem auch vom Päsler-Haus her nicht. Ich konnte ja nicht wissen, ob dort nicht auch schon Polen wohnten. Wir kümmerten uns nicht mehr darum. Seit der Treck weg war, gingen wir nur noch zum Gottesdienst am Sonntag aus dem Haus, und Vater und Trautel gingen arbeiten. Sonst hatten wir kaum noch Kontakt zu anderen Deutschen. Jeder lebte auf seine Weise mehr und mehr zurückgezogen. Richtig besucht hat sich wohl niemand mehr. Früher oder später würden wir auch irgendwohin verschickt werden, das war uns längst klar.

Dann gab ich mir einen Ruck und ging, als wenn es das Selbstverständlichste von der Welt wäre, zu den Stauden und pflückte einen so dicken Strauß Ochsenzungenblätter, dass meine Hände sie schließlich nicht mehr halten konnten.

Alles blieb still um mich herum. Auch an den Fenstern sah ich nichts. Im Stall brüllte eine Kuh und die andern hörte ich laut wiederkäuen. Ich sah zum Misthaufen hinüber. Er sah anders aus als früher. Der Mist war einfach hingefahren und die Jauche rann in die Wiese hinein. Ich schüttelte den Kopf. Schließlich hatte ich früher meine Mistkarren auch hier hinausgefahren. Nicht so schwer wie die von der Trudel oder vom Georg. Aber wenn ich vom Feld zum Misten nach Hause beordert wurde, musste ich auch den Stall bis zum Füttern und Melken sauber haben. Den Mist hinschmeißen, wäre ein Verbrechen gewesen. Er musste geschichtet werden. »Na ja, die Polen, die können noch nicht mal einen Misthaufen schichten!«

Plötzlich war ich neugierig geworden. Ich musste doch mal in den Stall sehen. Mir fiel Tante Martha ein. Sie hatte gesagt, wir sollten mal nach den Tieren schauen. Die Hintertür vom Stall stand offen. Mutig lief ich die paar Schritte zur Tür, ohne mich noch mal umzusehen. Frisches Stroh staute sich aus der Tür heraus. »Komisch, warum verschwenden sie das Stroh so?« Ich sah hinein. Ich traute meinen Augen nicht. Es sah aus, als hätte hier zwei Tage niemand mehr gemistet. Der Gang hinter der Ablaufrinne lag voll von verrottetem Stroh, in der Rinne stand bis oben die Jauche und die Kühe selbst standen über die Hufe hinweg im Mist. Oben auf war frisches Stroh gestreut. Leise rief ich »He« in den Stall hinein. Die Kühe drehten sich nach mir um und guckten mich mit ihren großen, dunklen Augen an. Ob sie mich erkannten? »Muuh, muuh«, riefen mir einige entgegen. Es klang gutmütig, ihre Mäuler kauten gemächlich, etwas Grünfutter lag noch in den Traufen. Wann die wohl hier richtig ausmisten? Das machen die wohl nur alle paar Tage. Ich stand wie angewurzelt und sah auf das Chaos. »Verfluchte Scheiße, so eine Schweinerei«, würde der Onkel jetzt fluchen und vor sich hin spucken. Das hatte er immer getan, wenn er böse war. Aber er war nicht mehr da. Gut, dass er das nicht sehen konnte. »He, Grete«, rief ich nochmals leise. Die alte Grete wandte den Kopf und sah mich an. Aber dann, wie auf Kommando, fingen sie alle zu brüllen an. Erst die Grete, »Muh, muh, muh«, dann fiel der ganze Chor ein. Die Ketten rasselten, vielleicht hofften sie, ich würde sie aus dem Stall lassen. Erschrocken presste ich die Blätter an meine Brust, beinahe hätte ich sie noch fallen lassen und stürzte zur Tür hinaus. Mein Herz klopfte, wenn jetzt jemand kam und mich entdeckte. Eine Weile blieb ich an die Wand gelehnt stehen und horchte. Nichts regte sich in der Mittagsstille, nur der Bach rauschte. Die Kühe hatten sich wieder beruhigt. Da packte mich eine Wut. Sie sollten es ruhig sehen, dass ich hier herumgekrochen war. Ich dachte gar nicht daran, den Rückweg wieder über den Teich zu nehmen und zu verschwinden. Ich richtete mich gerade auf und schritt mit meinem dicken Bein erhobenen Kopfes um den Stall herum vor das Päsler-Haus. Ich blieb an der Hofecke stehen und sah in den Hof hinein. Fast bedauerte ich, dass niemand zu sehen war, auch niemand aus dem Haus kam. Eine ganze Weile wartete ich. Die Hühner liefen im Hof herum, die Tauben gurrten. Unten am Bach schnatterten Gänse und Enten. Wie ausgestorben lag der Hof! Da drehte ich mich um und lief mit meiner Wut über die vernachlässigten Tiere und mit meinem Arm voller Ochsenzungenblätter nach Hause.

»Wo warst du so lange?« Mutter hatte sich schon Sorgen gemacht, ich wäre vielleicht doch den Polen in die Arme gelaufen. »Nein, nein«, dann erzählte ich, was ich gesehen hatte. »Ach, das soll uns nicht mehr kümmern. Wir können den Kühen doch nicht mehr helfen.« Ich wunderte mich, dass sie meine Geschichte so gar nicht berührte. »Setz dich. Wir müssen jetzt einen Umschlag um das Bein machen, damit die Beule bald aufgeht.« Sie hatte schon ein Bügeleisen auf dem Herd heiß gemacht. Sie wusch die Blätter ab und bügelte sie. Sie kniete sich vor mich hin, legte die drei Blätter sorgfältig auf mein Schienbein und wickelte dann einen Streifen von dem zerrissenen Kopfkissenbezug darum herum. Dann noch einen, damit es ein fester Verband wurde. Das Ende befestigte sie mit einer kleinen Sicherheitsnadel. »So, jetzt legst du dich aber hin. So viel rumlaufen und stehen darfst du jetzt nicht!« Ich gehorchte ihr und legte mich hin. Ich war auch sehr müde und fiebrig. In dem Bein klopfte und schmerzte es.

Die Behandlung wurde noch oft wiederholt. Schließlich zeigte sich am unteren

Ende ein gelber Fleck, der schließlich nach ein paar Tagen aufging und eiterte, aber er wollte nicht heilen. Im Gegenteil, ein zweiter Fleck zeigte sich und eiterte. Später begann eine dritte Stelle zu eitern. Mutter behandelte mit viel Geduld das Bein mit warmen Ochsenzungenblättern, sie wusch und kochte die Binden aus, aber in diesem Sommer heilte das Bein nicht mehr.

Kirschen

Die Kirschen wurden reif. Der alte Baum im Garten bog sich unter der schweren Last. Schwarz waren sie, wenn sie überreif waren, und dann fielen sie auch schnell ab. Aber rot schmeckten sie auch schon herrlich und süß. Dann waren sie knorpelig. Der Steinweg zum Haus war übersät mit den abgefallenen Kirschen, obwohl wir uns bemühten, sie alle am Baum zu pflücken. Vater und Trautel hatten die lange Leiter aus dem Schuppen geholt und in den Baum gestellt. Vater zog seine Sommerjacke an, setzte die Schildmütze auf und stieg, einen Korb am Arm, vorsichtig die Leiter empor. Trautel stieg hinterher und pflückte auf halber Höhe die tiefer hängenden Zweige ab. Ich stand unten, und wenn sie den Korb voll hatten, ließen sie ihn mit einem Strick runter. Ich musste dann schnell in die Küche laufen und den Korb ausschütten.

Einen Nachmittag ging es ganz gut so, obwohl sich da immer mal wieder Zaungäste versammelten. Sie standen eine Weile herum, sagten aber nichts und gingen weiter. Es waren Polen, meistens Kinder, die neugierig und sehnsüchtig nach den Kirschen sahen. Vater und Trautel nahmen keine Notiz von ihnen. Schweigend pflückten sie. Einmal nur hörte ich Vater sagen: »Die sollen bloß machen, dass sie wegkommen. Von mir kriegen sie keine Kirschen.« Ich dachte: ›Von mir auch nicht!‹, und wandte mich ab. Ich saß auf der Stufe vor der Haustür. Mich hatten sie nicht auf den Baum gelassen. Mutter meinte: »Deine Knie müssen erst mal ganz heilen. Das fehlte gerade noch, dass du vom Baum fällst.« Das war mir gar nicht recht gewesen. Gar zu gerne wäre ich hinaufgestiegen. Da oben sitzen und sich die Kirschen genussvoll in den Mund schieben. Als Ausgleich hatte ich ein kleines Häufchen Kirschen neben mir liegen und schob eine nach der andern in den Mund. Die Steine spuckte ich hoch im Bogen in die Wiese untern Apfelbaum. Die Sonne schien schön warm. Drinnen saß Mutter und pulte schon die Steine aus den Kirschen. Sie wollte versuchen, Marmelade zu kochen, und wusste nur nicht, ob es gelingen würde, denn Zucker hatte sie keinen. Außerdem hatte sie Einmachgläser gespült und mit Kirschen gefüllt. Auf dem Herd zischte der Einwecktopf. Die ersten Gläser kochten schon. Mutter hatte auch gesagt: »Esst nur, soviel ihr könnt. Wir werden sowieso alles hier lassen müssen, wenn wir auch gehen müssen.« Aber sie wollte die Früchte nicht verderben lassen. Wer weiß, wer sie im Winter essen würde? Und wir wussten nicht, wie lange wir noch bleiben durften.

Dem ersten Treck waren noch einige gefolgt. Aber Vater und Trautel hatten ja noch ihre Arbeitsbescheinigungen. Wir konnten also noch bleiben. Aber die Ungewissheit war groß und nagte an uns. Vier Wochen waren schon vorbei und die verabredete Postkarte war noch nicht zurückgekommen. Aber inzwischen wussten wir, dass die Trecks zuerst nach Waldenburg gingen. In Altwasser war eine große Schule als Auffanglager eingerichtet worden. Dort mussten sie alle hinlaufen. Wohin es weiterging, wusste aber kein Mensch richtig.

Am nächsten Tag meinte Vater, es wäre gut, wenn wir auch die letzten Kirschen noch pflückten, sonst würden die Polen noch frech und holten sie sich. So stellte er die Leiter wieder an den Baum, aber es wollte ihm nicht so recht gelingen. Er schob und rutschte mit ihr am Baum hin und her. Wieder einmal hatten sich »Zaungäste« eingefunden. Diesmal war's ein ganzer Schwarm Kinder. Sie waren nicht mehr so geduldig wie am Vortage. Ich staunte. Wo die nur alle her kamen? Eng an den Gartenzaun gepresst, standen sie da und sahen Vater zu. Sie lachten über ihn, weil es mit der Leiter nicht klappen wollte. Sie riefen: »Niemiec!«, was so viel heißen sollte wie: »He, Deutscher, gib uns Kirschen!«

Ich stand an der Haustür und sah zu. Ich merkte, wie Vater Angst hatte vor den Kindern, deren Rufen immer frecher und dringlicher wurde. Die ersten hatten das Gartentürchen aufgerissen und standen schon auf dem Plattenweg. Aber ganz rein wagten sie sich nicht. Ich starrte sie an. Vater wurde wütend, drehte sich um und rief: »Njet, njet« und »Dawai, dawai. Macht, dass ihr wegkommt. Hier gibt's keine Kirschen!«

Er probierte weiter, die Leiter anzustellen, schließlich stand sie. Ich brachte ihm den Korb. Sein Gesicht war hochrot, so wütend hatte ich ihn lange nicht gesehen. Er stieg so schnell er konnte über die Leiter hinauf in den Baum. Die Kinder schrieen und lachten durcheinander. Bis auf zwei Schritt waren sie an den Baum herangekommen. Oben schimpfte Vater weiter. »Dawai, dawai, macht, dass ihr wegkommt!« Ein paar Kinder bückten sich nach ein paar heruntergefallenen Kirschen. Hätten wir ihnen nicht doch ein paar Hände voll geben sollen? Aber das war nur so ein Gedanke, der mir durch den Kopf huschte. Ich war wieder zum Haus zurückgegangen. Mutter stand in der Tür und sah auf das Treiben. Da, plötzlich ein Knacken im Baum, ein Krachen. Der Korb kam zuerst, dann stürzte die Leiter um und Vater fiel neben ihr herunter, schlug mit seinem Hinterteil auf den Plattenweg auf und blieb liegen. Einen Augenblick blieb es ganz still, dann brach ein schallendes Gelächter aus. Voller Entsetzen liefen wir zu ihm und halfen ihm, sich aufzurichten. Die Kinder johlten und lachten. Sie stürzten an uns vorbei und grapschten sich aus dem Korb ein paar Kirschen, die Vater schon gepflückt hatte. Andere prügelten sich fast um die Kirschen, die verstreut am Boden lagen. Einige waren stehen geblieben und sahen uns zu, wie wir Vater aufrichteten und zum Haus geleiteten. Er hatte sich am Arm und an der Seite sehr wehgetan. Aber sonst war ihm nichts geschehen. Er konnte von Mutter und mir gestützt noch selbst zum Haus gehen. Der Schock des Fallens war wohl das Schlimmste gewesen. Ehe wir die Haustür schlossen, sah ich mich nochmals um. Sie überlegten wohl gerade, ob sie nicht die Leiter wieder hochziehen sollten, um selbst noch in den Baum zu steigen. Zwei Jungen versuchten auch, am Stamm hochzukommen, aber es klappte nicht.

So zogen sie bald schreiend und lachend ab. Später holten Mutter und Trautel die umgefallene Leiter, räumten den abgebrochenen Zweig weg und schlossen die Gartentür. Für diesen Tag hatte niemand mehr Lust, die Leiter nochmals aufzustellen.

Abschied

»Sie kommen«, meine Schwester kam ins Haus gelaufen. Wir öffneten die Fenster, um besser hören zu können. Wir hatten im Wohnzimmer um den Tisch gesessen und geschwiegen. Jetzt hielt uns nichts mehr im Haus. Wir liefen vor die Haustür. Gestern, es war ein Sonnabend, hatten wir wieder einen Anschlag an der Gemeinde gelesen. Es wurde bekannt gegeben, dass wieder ein Treck das Dorf verlassen sollte. Die nächsten, die keine Arbeitsbescheinigung vorweisen konnten, mussten gehen. Wohin? Wir wussten es alle immer noch nicht. Die Postkarte war noch nicht zurückgekommen. Ob sie jemals kam? Auf Tante Liesel war Verlass, aber ob die Post funktionierte, das war ungewiss. Eher nicht, wer hatte schon hier Interesse, Deutschen eine Postkarte zu bringen?

Wie gelähmt standen Mutter, meine Schwester und ich da, als das Pferdegetrappel und das Geschrei und das Wagengepolter näher kamen und schließlich beim Bittner-Bäcker die Milizschwadron sichtbar wurde. Oh, diese verbissenen Gesichter unter den gelben Mützen, im Arm die Maschinengewehre, diese Polen! Ein paar schwangen die kleine, kurze Peitsche, wohl nicht, um die Pferde anzutreiben, die liefen brav am Zügel.

Der Zug kam an unserm Gartenzaun vorbei. Wir wollten sehen, wer heute dabei war. Wir wollten ihnen zuwinken, obwohl das auch gefährlich war. Vater sah es nicht so gerne und die Nachbarsleute, die bei ihm im Wohnzimmer saßen, hatten auch nicht den Mut, mit uns draußen zu stehen.

Mutter wurde plötzlich lebendig. »Da kommen Christophs!« Wir rannten unterm Apfelbaum durch zum Zaun. Er war hier ziemlich hoch, aber wir standen geschützt, nur bis zu den Schultern reichten die grünen Zaunspitzen. Da hatte uns die Frau Christoph entdeckt. Sie stürzte aus dem Zug und kam an den Zaun. Sie warf die Arme um mich. Ich sah in ihr liebes Gesicht. Ich fühlte ihre Arme um mich. Für ein paar Sekunden waren wir uns ganz nahe, meine Lehrerin und ich. So nahe, dass ich nicht merkte, ob meine Tränen oder ihre mein Gesicht nässten. Wir schluchzten laut auf, dann löste sie sich von mir. Sie warf ihre Arme um meine Schwester, für einen Augenblick, dann schrie sie auf. Meine Mutter griff nach ihr. Die Frauen hielten sich an den Händen, Bruchteile von Sekunden. Unser Geschrei ging im Lärm unter, nur wir sahen und hörten einander. Ich sah Allmuth und Peter den Wagen ziehen. Einen kleinen Kastenwagen, oben hoch aufgebaut mit Wäscheleinen verschnürt. Einen Augenblick lang streckte ich meine Arme über den Zaun und rief »Peter!« Er hatte es gehört. Sein helles Gesicht wandte er mir zu, seine blonden Haare standen wie immer zerzaust auf seinem Kopf. Traurig sahen seine

Augen. Er hob die Hand. Allmuth winkte, aber sie mussten weiter, sie hatten die Deichsel in ihren Händen und ihr Vater schob von hinten. Andere winkten uns stumm zu. Ihre Augen waren groß, ihre Gesichter fahl, fast vorwurfsvoll. Ich sah sie an. Schnell waren Christophs vorbei. Die Frau Christoph musste noch rennen, damit sie die Ihren nicht verlor. Ihr Gesicht war nass von Tränen, die Haare hingen wirr. Im Laufen strich sie sie zurück. Mutter riss mich vom Zaun weg. »Komm rein!« Mutter und Trautel packten mich beide, willenlos und laut weinend ließ ich mich ins Haus schleppen. Draußen wollte der Zug kein Ende nehmen. Ein großer Treck. »Sie ist fort, sie ist fort!«, schrie ich. »Wohin?« Ich war außer mir. Das Weinen schüttelte mich, mein ganzer Körper bebte. Mutter nahm mich in den Arm. »Hör auf, werd endlich ruhig!« Ich sah in ihr Gesicht, es war leichenblass und ihre Augen waren rot. Sie weinte nicht mehr, sie sah mich voller Angst an. Ich konnte nicht aufhören, immer neue Krämpfe schüttelten mich. Vater saß wie versteinert auf seinem Stuhl und sah mich an. »Du hörst sofort auf!« Ich hörte es wie durch einen Schleier. Meiner Schwester liefen auch immer noch die Tränen übers Gesicht. Endlich hatte ich mich ausgeweint. Völlig erschöpft legte ich mein Gesicht in den Schoß meiner Mutter. Sie hielt mich an den Schultern. Mein ganzer Körper bebte und zuckte.

Allmählich wurde ich ruhiger. Ich merkte, dass es draußen ganz still geworden war. Die Straße war leer, nur die Sonne schien warm und hell. Es war Sommer. Die warme Luft strömte in unsere Stube, leise blähten sich die weißen Gardinen. Der Wind war warm, auch die Blätter an den Bäumen bewegten sich ein bisschen hin und her. Wir saßen lange um den Tisch. Die Dämmerung kam, ein stiller, warmer Sommerabend. Wir nahmen es kaum wahr. Alle waren mit sich selbst beschäftigt, kaum dass gesprochen wurde. Nur hin und wieder ein Seufzen und Stöhnen. Ich richtete mich auf und sagte: »Ich will auch nicht mehr hier bleiben. Alle sind fort. Was sollen wir hier noch? Wären wir doch gleich mitgegangen!« »Ja, ja«, sagten langsam die anderen.

Mutter stand schließlich auf und ging hinaus, um die Fensterläden zu schließen. Ich lief hinter ihr her. Diese Stille! Kein Laut, selbst nicht von der »Eule«, kein polnisches Geplärr. Mich schauderte. Nur drüben am Kohlmann-Haus klapperte ein Fensterladen und quietschte in seinen Angeln.

Die Falkenbaude

Aber es half nichts, wir mussten weiterleben und weiterdenken. Wir lebten jetzt hier in diesem Dorf, dass unser gewesen war, das immer noch aussah wie eh und je, und doch, es begann uns fremd zu werden. Wir trafen kaum bekannte Leute, wenn wir aus irgendeinem Grund ins Dorf gehen mussten. Sonntags in der Kirche, da waren noch welche, die bekannt waren, Neumanns in Zedlitzheide, und Mutter kannte natürlich noch mehr Leute. Im Konfirmandenunterricht waren noch eine Handvoll Kinder übrig geblieben, aber irgendwie hatte jeder mit sich selbst zu tun.

Jemanden besuchen oder Besuch bekommen, das gab es schon lange nicht mehr. Vor allem die Frage, wo bekommt man etwas zu essen her. Das war die größte Sorge. Es lief dann auch wie ein Lauffeuer durch die deutschen Familien, wenn es irgendwo etwas zu kaufen oder zu tauschen gab. So hörten wir zum Beispiel, dass es in Glatz-Falkenberg, die Wüstewaltersdorfer sagten »Glätsch-Folkabarg«, Brot geben sollte. Dort durfte ein Bäcker für die Deutschen backen, solange sein Mehlvorrat reichte. Mutter sagte: »Da müssen wir mal hin. Vielleicht verkaufen sie auch an uns Brot.« »Aber es ist sehr weit«, meinte Vater. »Und wer soll gehen?« »Na, wir werden halt gehen.« Mutter sah mich an. »Morgen gleich, ganz früh.«

Es war fünf Uhr, als Mutter und ich aus dem Haus traten. Zwei Stunden werden wir brauchen, hatte sie abends gesagt. Nun schlug die Kirchuhr gerade fünf dunkle Schläge. Es war ganz still, nur in den Ställen klirrten die Ketten und einige Kühe brummten. Die Sonne war noch nicht hochgekommen, die Berge sahen blau aus und der Himmel färbte sich rosa. Es würde wieder ein schöner, heißer Sommertag werden. Wir liefen mit schnellen Schritten das Dorf hinauf. Mein Herz klopfte, kaum ein Mensch war auf der Straße zu sehen. Die Polen sind nicht so sehr fürs frühe Aufstehen, ging es mir durch den Kopf. Eigentlich müssten sie doch Heu machen. Ich wusste, hinterm Fischerhaus die Wiesen waren noch nicht gemäht und waren überblüht. Onkel Alfred würde sagen: »Die Strünke, das werd hartes Strüh, ober keen Heu.« Wir liefen an der Kirche vorbei und zum Dorf hinaus, Richtung Dorfbach. Hier schienen die Häuser alle leer zu stehen, sie sahen unheimlich und fremd aus. Nichts regte sich hinter den Gardinen. Bei manchen Fenstern waren auch die Scheiben eingeschlagen, durch die Scherben krochen die Gardinen. Der Wind spielte mit ihnen. Bei anderen Häusern waren die Fensterläden geschlossen. Die Straße machte einen Bogen und stieg stetig an. Vor uns lag das Sägewerk. Der Himmel hatte sich inzwischen ganz rot verfärbt. Auch das Sägewerk stand still. Die grauen Gebäude standen vor dem roten Himmel da wie eine Raubritterburg, alles sah friedlich aus. Das hatte ich noch nicht erlebt. Immer war hier Betrieb gewesen und das »Rattata« der Sägen hatte das ganze Tal ausgefüllt. Einige Tore waren fest verschlossen. Nur die große Halle stand offen, da wo wir immer Holz geholt hatten, Trautel und ich. Abfall für den Küchenofen. Den großen Kastenwagen stapelten wir voll und oben drauf ein Sack mit Sägespänen zum Räuchern. Die Sägeleute hatten mit uns immer Spaß gemacht. Trautel konterte dann mit frech lächelndem Gesicht. Das letzte Mal im Winter hatte ich mitgespielt. Auch ich war frech gewesen zu den Männern. Sie hatten über mich gelacht. Da war ich ganz rot geworden, aber trotz der Kälte war mir auch ganz warm gewesen. Ich hatte mich dann schnell gebückt und Holz aufgehoben, damit niemand sehen sollte, dass ich auf einmal nicht weiter wusste. Trautel neckte mich dann auf dem Heimweg. Holzstapel und Bretterstapel waren noch genug da. Ich sah immer wieder hin, im Vorbeigehen. Vor allem aber wurde ich jetzt auch wieder rot, das sollte Mutter nicht sehen. »Sind sie auch alle weg, die hier gearbeitet haben?«, fragte ich. »Sie werden sie auch weggejagt haben, und den Polen ist wohl die Arbeit zu schwer.« Hastig liefen wir weiter. Irgendwo quietschte ein Fensterladen im leisen Morgenwind und der Dorfbach rauschte. Eine Amsel sang schwermütig auf einem Hausdach. Auch in Dorfbach war kein Leben in den Häusern. Wo sie nur alle geblieben waren? Aber die letzten Trecks waren lang gewesen, da werden sie wohl alle dabeigewesen sein.

Überall dasselbe Bild. Geschlossene Fensterläden oder zerbrochene Fenster und Türen, vor allem an den Häusern, die eng an der Straße standen. Ob in den Häusern am Berg jemand wohnte, war nicht auszumachen. Eine Stunde waren wir gegangen, als wir oben am Berg die Dorfbachbaude liegen sahen. Mutter sah hinauf. »Weißt du noch, als wir hier Ferien gemacht haben und Fischers die Wirtschaft geführt haben?« Oh ja, ich wusste es noch. Die holprigen Steine vor dem Haus, der steile Garten, der dunkle Stall. Ich hatte mich immer in dem Haus gefürchtet, ich war ja auch noch sehr klein gewesen. Immer hatte ich mich nach der Großmuttel gesehnt. Dieser steile Berg war für mich sehr beschwerlich gewesen. Und als ich in dem Leiterwagen schreiend den Berg hinuntergefahren war, bloß weil ich hineingekrochen war und er sich dann auf dem abschüssigen Hof in Bewegung gesetzt hatte, da wollte ich überhaupt nicht mehr nach Dorfbach. Zum Glück war damals der Leiterwagen oberhalb der Straße vom Weg abgekommen und in die Wiese gerollt. Ganz schief war er stehen geblieben und ich war schreiend und weinend rausgekrabbelt. Oben hatten sie vor dem Haus gestanden und gelacht, als ich verweint ankam. Ganz herzlos fand ich das. Wenn mir nun was Schlimmes passiert wäre! Auch die Gewitter im Sommer waren hier oben viel schwerer, ich ängstigte mich schrecklich, wenn es krachte und blitzte.

Wir keuchten und uns wurde sehr warm. Mutter hatte wieder ihre roten Wangen. Sie lief in beständigem Schritt und sah auf den Boden, kaum dass sie den Kopf hob. »Da oben ist es auch still. Wer wird hier schon leben wollen? Kühe sind auch keine da!« Mutter nickte mit dem Kopf.

Dann waren wir in Falkenberg. Hier fand ich immer die bunten Häuser so niedlich, wie sie sich blau und rosa mit ihren schwarzen Dächern an die Berglehnen duckten. Das Fischerhaus war auch leer. Das Gartentürchen stand halb offen und die Brücke über den Bach war schmutzig. Die alte Frau Fischer hatte sie immer schön sauber gefegt. Im Garten blühte es bunt, Unkraut und Gartenblumen durcheinander. Wir liefen schnell vorbei, stehen bleiben und gucken war viel zu gefährlich. Keine Menschenseele war zu sehen, niemand begegnete uns. Alles ausgestorben.

Endlich war die Höhe erreicht. Hier teilte sich die Straße. Links lief sie in Richtung Neurode und geradeaus senkte sie sich ins Tal nach »Glietsch-Folkaberg«. »So, jetzt sind wir im Glietschen.« »Was meint ihr eigentlich damit?« Im Dorf gab es eine Frau, von der sagten sie immer: »Sie kimmt ausm Glietschen.« »Hier wohnen doch auch Deutsche«, meinte ich. Mutter blieb stehen und schaute sich um. »Wohnten hier, willste wohl sagen. Natürlich sind es Deutsche. Aber hier ist die Grenze. Die Grenze zwischen dem Kreis Waldenburg und dem Kreis Glatz. Die Glatzer sind überwiegend katholisch und die Waldenburger sind überwiegend evangelisch. Das hat was mit der Reformation zu tun und den Schlesischen Kriegen. Damals sind sie nach Schweidnitz in die Kirche gegangen. Komm, wir müssen weiter, sonst kriegen wir kein Brot mehr.« Sie fasste mich an der Hand und zog mich fort.

Von hier oben hatten wir einen wunderschönen Blick ins Tal. Die Berge standen weiter auseinander, nicht so eng wie in Falkenberg. Die Sonne war hier voll aufgegangen und füllte das Tal mit ihrem ganzen Morgenlicht. Ein paar Nebelschwaden zogen über die Wiesen hin. Ich konnte mich gar nicht satt sehen an dieser schönen, offenen Landschaft, wie sie da vor mir lag. In Glatz-Falkenberg schien es noch Leute zu geben. Jedenfalls bellten Hunde und Kühe brummten in den Morgen hinein. Ein Ochsengespann mit einem Leiterwagen dahinter polterte einen Feldweg entlang. »Hier wird noch Heu gemacht!« Als Mutter mich an die Hand genommen hatte, war mir im Vorbeigehen ein fast zerstörtes Haus aufgefallen, das fiel mir jetzt im Weitergehen wieder ein. »Was war das für ein großes Haus oben auf der Kippe?« »Das ist die Grenzbaude, die haben sie zerstört.«

Wir ließen schließlich die Straße links liegen und gingen einen Feldweg hinunter zu den Häusern. Ja, hier im Dorf war mehr Leben als bei uns. Türen klappten und Fetzen von Gesprächen klangen an unser Ohr, je näher wir zu den Häusern kamen. Schließlich sahen wir viele Leute auf der Straße vor einem Haus stehen. Da wussten wir, dass wir am richtigen Haus angekommen waren. Das musste der Bäcker sein. Mutter fragte und die Leute nickten. »Ja, hinten in der Backstube gibt es das Brot, aber der Bäcker verkauft noch nicht, wir müssen noch warten.« So war die Auskunft. Wir warteten geduldig in der Schlange. Es war also richtig, was wir gehört hatten. Ein deutscher Bäcker hatte Brot gebacken. Die Leute staunten nicht schlecht, als sie hörten, dass wir aus Wüstewaltersdorf gekommen waren. Langsam ging es voran. Der Bäcker verkaufte solange, wie sein Vorrat reichte. Schließlich bekamen wir ein Vierpfundbrot. Behutsam legten wir es in die Tasche und traten den Heimweg an. Mutter gab mir einen Apfel, einen von den ersten Frühäpfeln aus dem Garten, dann stapften wir wieder die Höhe hinauf. Die Sonne schien uns warm auf den Rücken. Ja, hier machten sie Heu. Es duftete nach frischem Gras und nach Heu. Überall waren Leute auf den Feldern. Hier würde auch wieder Korn wachsen. Die Landschaft sah nicht so verwildert und verkommen aus wie schon bei uns. Mutter war immer eine stille Weggenossin, nur selten sprach sie und hin und wieder zeigte sie mir etwas. Aber stehen bleiben durften wir nicht.

Bald waren wir wieder auf der Höhe an der Grenze angekommen. Da hielt sie an und sah lange zu der Grenzbaude hinüber. Die Sonne schien voll auf das zerstörte Haus, Fenster waren nicht mehr zu sehen, auch keine Haustür. Vor dem Haus ein großer Trümmerhaufen. »Hier haben sie aber gehaust!« Sie machte ein paar unschlüssige Schritte zum Haus hin. »Gehen wir mal rein?« Meine Neugier war geweckt und überwand das Gruseln, was mich immer befiel, wenn ich diese zerstörten Häuser sah. »Ach, was sollen wir da.« Sie sah über das stattliche Haus hin. Der Putz fiel von den Wänden und das Dach war auch kaputt. Es sah so aus, als wenn da auch Granaten eingeschlagen wären. Zögernd ging sie weiter und ich hinter ihr her. Schließlich sahen wir in ein Fenster hinein. Überall Schutt, nur der große Gastraum war in der Mitte frei und fast sauber gefegt. Nun gingen wir doch in die Baude. In der Ecke der große, weiße Kachelofen war eingestürzt. Aber eigentlich sah es mehr aus, als wenn er eingerissen worden wäre. »Warum?« Sie zuckte mit den Schultern. »Vielleicht haben sie nach versteckten Sachen gesucht.« Mutter drehte sich um und sah durch den großen, hellen Raum, der durch die Sonne in den Fensterhöhlen ganz ausgeleuchtet wurde. Ich sah sie an, sie lächelte. »Was war hier?« Ich stellte mir das bunte Baudenleben vor. Wandersleute in schweren Schuhen und bunten Sachen, Kniebundhosen und Dirndlkleider im Sommer, Skischuhe und dicke Pullover im Winter, wenn es draußen fror und schneite. Braune »Kaffeetippel« auf den langen Tischen, geflochtene Körbe mit »Brutschnieta«, Teller mit Butter und braune Töpfe mit »Rübensaft« daneben. In der Ecke der Zitherspieler und an der kleinen Theke die Gastleute, ein Bierfass und ein Zapfhahn. Daneben eine Reihe großer Henkelgläser fürs Bier. »Ach, ich war hier manchmal, als ich jung war.« »Du hast doch auch Zither gespielt? Hier auch?« »Ach was, Mädel spielten nicht in der Öffentlichkeit!« »Haste getanzt?« Sie lachte. »Ja, Polka.« Auf einmal drehte sie sich und sang leise. Die Melodie war mir bekannt. Es kam mir komisch vor, in diesem kaputten Haus zu singen und zu tanzen. Aber die Sonne ließ es uns vergessen.

Sie tanzte und wir sangen »Hopsa, hopsa, rüber und nüber. Gab mer a Guschla, ich gab dersch wieda, hopsassa. Wann mer wern eia Himmel kumma, hot die Surg a End genumma, hopsassa. Laba wern mer wie die Ferschta, Sauerkraut mit Labawerschta. Hopsassa!« Sie blieb stehen und seufzte. »War es schön hier?« »Ja, ja, komm schnell weg hier, wenn uns jemand sieht!« Sie zog mich aus dem Haus hinaus auf die Straße. Sie wandte sich nicht mehr um. Schnell liefen wir, die Tasche mit dem Brot zwischen uns, die Straße hinab nach Schlesisch-Falkenberg.

Der Heimweg war leichter, denn es ging ja nur noch bergab. »Mutter, sing noch ein Lied von damals!«, bat ich. »Ach, das ist doch alles vorbei!« »Ach, sing doch noch! Ich hör es so gerne. Das weißt du doch!« Lange schweigt sie und schaut nur auf die graue Straße, die zum Teil asphaltiert und zum Teil festgetreten ist hier oben. Auch viele Löcher hat sie. Keiner hat sich in den letzten Jahren darum gekümmert.

Da fängt Mutter wieder an zu singen und lacht ein bissel dabei. »Rusla, wenn de meine wersht, nu ja, ja, nu ja, ja. Und nach meinem Willen tätst, nu ja, ja, ja. Deinen Willen tu ich nich, nu ja, ja, nu ja, ja. Schlog der lieber ins Gesicht nu, ja, ja, ja. Ein schönes Lied, nicht?«

Sie guckt mich von der Seite an. Was hat sie nur? Aber ich wage nicht zu fragen. Wer weiß. Mutter ist ja auch lange jung gewesen. Sie hat erst mit 28 Jahren geheiratet, unsern Vater. Ob da noch jemand war? Ich wage nicht zu fragen. Schweigend gehen wir mit festen Schritten nach Hause. Ein Brot haben wir mitgebracht. Für eine Weile haben wir etwas zu essen.

Meine Stärke

Als das Brot aufgegessen war, meinte Mutter: »Wir müssten noch mal probieren, ob es in Falkenberg noch Brot gibt.« Alle nickten. Vier Leute irgendwie satt zu machen oder ihnen wenigstens etwas zum Essen zu verschaffen, war sehr schwer geworden. Es gab einfach bei niemandem etwas zu holen.

Trautel hatte es bei ihrem Herrn Kremelewski auch nicht einfach. Hin und wieder brachte sie zwar einige Essensreste mit nach Hause, aber es war eigentlich fast nur zum Lecken, richtig Essen konnte man das nicht nennen.

Vater ging noch immer zu dem Polen bei Thiel nähen. Dort gab es zwar ein paar Zloty, für die wir aber nichts kaufen konnten.

Mutter fühlte sich jetzt oft nicht wohl. Sie klagte zwar nicht, aber wir merkten, dass es ihr irgendwie nicht gut ging. Sie müsste sich untersuchen lassen, aber bei wem?

Einen Arzt gab es nicht mehr im Dorf und es war ja auch streng verboten, das Dorf zu verlassen. Vor sieben Uhr durften wir nicht auf der Straße sein und abends nach achtzehn Uhr nicht mehr aus dem Haus gehen. Außerdem war die weiße Armbinde zu tragen. »Ja, wer soll denn gehen?« »Ich gehe«, sagte ich laut, obwohl mir die Angst über den Rücken hoch kroch, wenn ich an die leeren Dörfer da oben dachte. Eine Weile sahen sie mich an und schwiegen. »Ach, das wär aber fein von dir«, meinte Trautel. Mutter und Vater machten ein besorgtes Gesicht. Aber es war schon beschlossene Sache. »Morgen früh um fünf Uhr, um elf muss ich zurück sein, da fängt der Konfirmandenunterricht an, da gehe ich gleich auf dem Rückweg hin.« Sie nickten. »Dann kommst du aber sofort nach Hause, damit ich mir keine Sorgen machen muss!« »Ach Mutter, wir laufen doch sowieso schnell auseinander. Das ist doch nicht mehr so wie früher.« Die ich kannte, waren doch schon alle fort, ich dachte an Peter. Keiner zog mehr heimlich an meinen Zöpfen. Wir gingen früh schlafen. Unruhig warf ich mich hin und her, die Nacht war warm, vor den Fenstern war es hell, draußen schien der Mond. Am Morgen stand ich schnell auf, und bald war ich vor dem Haus. »Gräm dich nicht, ich komm wieder und mir passiert schon nichts. Den Weg kenne ich ja«, sprach ich mir selber Mut zu und sah Mutter an, die mich an den Gartenzaun brachte und mir einen Kuss gab. Ich drehte mich noch einmal zu ihr um und winkte. Dann griff ich nach den Lederriemen des Rucksacks und lief eilig in der Morgenkühle davon, das Dorf hinauf. Wieder diese eigenartige Ruhe und Stille, hin und wieder ein Tierlaut aus einem Stall, ein Hundebellen. Die Hähne krähten und gaben sich von Hof zu Hof Antwort. Ich schritt kräftig aus und war bald bei der Kirche oben. »Ach wenn ich doch schon wieder hier wäre und zum Unterricht in die Sakristei gehen könnte!« Ich sah am Turm hoch. Viertel Sechs zeigte die Uhr und schon donnerte der eine Schlag durch die Morgenstille. Oben am Wald wurden die Bäume hell. Irgendwo war die Sonne aufgegangen. Wieder stand ein blauer, heißer Sommertag bevor. Erst hatte ich die Strickjacke zugeknöpft, weil es doch ziemlich kühl war. Jetzt stieg die Straße durch den Dorfbach hinauf an und mir wurde immer wärmer. Ängstlich schaute ich zu den leeren Häusern hin. Nichts war zu sehen oder zu hören. Sie standen wohl wirklich alle leer. Es war still, still. Nur der Wind spielte mit irgendwelchen Fensterläden oder Türen, die nicht mehr zu schließen waren. Ich sah auf die Straße, suchte meinen Weg und sah mich nicht um, sah geradeaus. Ich hatte sie nicht gesehen und erschrak sehr, als eine Katze mit lautem Miauen von einem Gartenzaun sprang. »Hast du mich erschreckt«, sagte ich leise zu ihr. Aber sie sah mich ängstlich an und schlüpfte schnell wieder unten durch den Zaun. Vielleicht wohnen ja hier in diesem Haus noch Leute, ging es mir durch den Kopf. Aber ich blieb nicht stehen und sah auch nicht hin. Vielleicht wohnten dort schon Polen drin. Da hatte ich sowieso nichts verloren. Wie spät mochte es sein? Ob ich um sieben Uhr wieder beim Bäcker bin? Ich versuchte, noch schneller zu gehen, aber es war beschwerlich. Der Straße sah man es gar nicht an, dass sie ziemlich anstieg. Die Dorfbachbaude konnte ich endlich sehen, dann war ich wohl eine Stunde gegangen. Neben Mutter herzugehen, war schöner, sie hatte einen gleichmäßigen Schritt. Auch wenn sie nicht sprach, oder wenigstens nicht viel, so war doch ihre Anwesenheit angenehm und ermunternd. Es war eigentlich das erste Mal, dass ich so ganz alleine irgendwohin lief. Gedankenverloren trabte ich weiter. Auf einmal erschrak ich wieder, oben am Berg hatte sich was bewegt. Für einen Moment blieb ich doch stehen und wollte sehen, was es war. Mein Herz pochte und mir war sehr warm. Da sah ich es: Ein Rudel Rehe kam aus dem schwarzen Fichtenwald auf die Wiese gelaufen. Sie sahen sich witternd um, ehe sie sich über den dicken Klee hermachten, der dort auf der Wiese wuchs und rötlich blühte. Für einen Moment vergaß ich meine Angst, schaute ihnen zu und fand es schön, wie sie da so ruhig ästen. Dann lief ich schnell weiter. Falkenberg war erreicht. »Schlesisch-Falkenberg« hatte mal an dem Ortsschild gestanden. Es lag im Straßengraben, verbogen und zerschossen. Neulich hatten wir es gar nicht gesehen. Wenn man alleine geht, sieht man auch viel. Jetzt am Fischerhaus vorbei. Es war schon ganz hell geworden. Der Himmel wölbte sich blau, so blau, ein paar Schwalben lärmten, im Wald rief der Kuckuck. Überhaupt, komisch, vorhin hatten die Vögel alle gesungen. Mir kam es vor wie ein Aufschrei. Das musste mit der Sonne zusammenhängen, die irgendwo hochgekommen, aber hier noch nicht zu sehen war. Auf der Kippe oben würde ich sie sehen wie neulich.

Endlich war es soweit. Der Buckel, die Grenze war erreicht. Die Sonne war da und leuchtete das Tal aus. Gebannt blieb ich einen Augenblick stehen. Herrlich, dieser Sommer hier oben! Beinahe vergaß ich alles, so glücklich fühlte ich mich, dass ich diesen Weg gegangen war. Wieder regte sich auch das Leben im Dorf da unten. Ich setzte mich in Bewegung und rannte den Feldweg hinunter. Die Wiesen dufteten, der Bach rauschte.

Bald war ich am Bäckerhaus angekommen. Ob es klappte mit dem Brot? Ein paar Leute standen schon da. Schüchtern stellte ich mich zu ihnen. Sie sahen mich an. Da fragte ich ängstlich: »Gibt es heute auch Brot?« »Ja, mal sehen. Bis jetzt hat er gebacken. Aber bald ist das Mehl zu Ende. Er hat es schon gesagt«, sagte eine Frau in gutem Hochdeutsch. Sie war wohl auch nicht von hier. Prüfend sahen sie mich wieder an, sie kannten mich nicht, das war doch klar. »Ich komme aus Wüstewaltersdorf«, sagte ich endlich erklärend, weil es mir zuviel wurde, wie sie mich anstarrten. »Ach so, ja, ja!« Hinter mir hatten sich auch noch Leute angestellt, ich war wohl doch noch früher dran als neulich. Dann war es soweit. Der Bäcker machte seine Tür auf und die ersten gingen in den kleinen, hellen Raum neben der Backstube. Ein Wolke von Brotduft verteilte sich nach draußen. Endlich konnte ich auch an die Ladentheke treten, die Frau nahm ein Vierpfundbrot aus dem Regal und legte es mir in den Rucksack. Sie sah mich zwar an, aber zum Glück fragte sie mich nicht. Ich legte die Zloty auf den Tisch. Sie nickte und legte sie in die offene Schublade. Dann bediente sie eine andere Frau. Ich schulterte den Rucksack und drängte mich an den Leuten vorbei ins Freie. Ich sah nicht mehr rechts noch links, als ich den Feldweg wieder hinaufstapfte zur Grenze. Ich wollte pünktlich im Konfirmandenunterricht sein.

Auch oben auf der Grenze sah ich kaum zur Baude hin, nur lächeln musste ich, weil ich an Mutter dachte und ihre Liebesgeschichten, die sie mir eigentlich gar nicht erzählt hatte. Mir wurde noch wärmer und mein Herz klopfte schneller. Mit wem hatte sie hier oben getanzt? Nicht mit Vater, mit dem war sie höchstens ins Deutsche Haus gegangen. Ich hatte sie nicht gefragt und sie hatte mir nichts erzählt, obwohl ihr Gesicht doch Bände sprach. Komisch waren die Erwachsenen schon, immer so heimlich tun, weil man angeblich viel zu jung ist für solche Geschichten. Wie das wohl ist, wenn man mit einem jungen Mann tanzen geht? Tanzen, sich drehen und dann ein anderer Mensch, der einen anfasst. Mir wurde noch heißer, obwohl die Straße doch jetzt bergab ging. Aber ich will ja nicht heiraten! Nein, das werde ich nicht tun. Alles wird zerstört, sie machen alles kaputt und schänden die Frauen! Ich stierte auf den Asphalt und lief und lief. Nur nicht zu den leeren Häusern sehen! Da fiel mir ein, dass wir ein Lied lernen sollten für den Unterricht. Ich hatte es auch gelernt. Mal sehen, ob ich es konnte.

Dorfbach war erreicht. Hinunter ging es schneller, ich hatte einen ziemlichen Schritt drauf. Jetzt war auch hier die Sonne voll da. Ach, diese Berge, die Eule und der dunkle Wald, alles lag da, als wenn tiefer Frieden und alles in Ordnung wäre. Wieder ein seltsames Geräusch aus einem der leeren Häuser, ich war wieder einmal erschrocken. Ach was, nur weiter, bald habe ich es geschafft! Ich sah schon das Sägewerk liegen. Das war eine besonders einsame Ecke. Rechts oben am Hang der große Holzplatz und unten am Bach das Sägewerk. Sonst war hier kein Haus. Aber das war ja auch egal.

Das Lied, mal sehen, ob ich es noch konnte: »Ich will dich lieben meine Stärke, ich will dich lieben meine Zier. Ich will dich lieben mit dem Werke und immerwährender Begier. Ich will dich lieben, ich will dich lieben, ...« Oje, die Schuhe mit den Holzsohlen machten aber wirklich Krach auf der Straße. Das war mir vorhin gar nicht so aufgefallen. Das Lied, wie geht es weiter? Wenn ich es nachher auch nicht aufsagen konnte! »... immerwährender Begier. Ich will dich lieben, schönstes Licht, bis mir das Herze bricht.« Ja, das war die erste Strophe, gleich noch mal. »Ich will dich lieben meine Stärke ...« Ja, wenn ich selbst nicht stark bin, dann muss jemand anders mich stark machen. War ich heute Morgen stark gewesen? So alleine durch die Dörfer? Ich hatte doch so viel Angst! Jedes Knacken, jedes Geräusch, das nicht mit der Natur zusammenhing, hatte mich erschreckt. »Meine Stärke, meine Stärke«, murmelte ich vor mich hin. Ich sagte auch die anderen Verse vor mich hin. Manchmal blieb ich stecken, weil ich eine Zeile vergessen hatte oder weil ich etwas sah. Die zweite Strophe gefiel mir besonders. »Ich will dich lieben, o mein Leben, als meinen allerbesten Freund. Ich will dich lieben und erheben, solange mich dein Glanz bescheint (so wie die Sonne jetzt). Ich will dich lieben Gottes Lamm, als meinen Bräutigam.« Mein Atem ging schnell, das Herz pochte. Ich seufzte tief. Da lag sie vor mir, die Kirche. Wie spät war es? Ich hatte es geschafft. Von weitem sah ich die Kinder um die Kirche gehen. Schnell, hinter ihnen her. Kühl und dunkel umfing mich die Sakristei. Es war angenehm und doch fast zu kühl nach dem langen Marsch. Ich nahm den Rucksack ab und setzte mich erschöpft auf meinen Platz. Da kam auch schon der Pastor in seinem dunklen Lutherrock zur Tür herein. »Wir wollen beten!« Ich sah die lange Straße noch mal vor mir. Ich war froh, dass ich hier war.

Brot – Brot – Brot

Draußen war es heiß und still. Das Sonnenlicht flimmerte durch den Garten, hin und wieder fiel mit dumpfem Ton ein Apfel vom Baum. Bald würden sie reif sein, die Frühäpfel. Ich saß am offenen Fenster und las. Aber eigentlich war es viel zu heiß. Ich starrte hin und wieder hinaus in die Hitze. Hier im Wohnzimmer war es einigermaßen kühl. Viel bewegen konnte ich mich nicht. Meine Beulen am Bein waren endlich aufgegangen und der Eiter lief heraus. Mutter verband alle paar Stunden die Wunden neu.

Ich starrte auch immer wieder rüber zum Kohlmann-Haus. Trautel und ich waren letzten Abend mal drüben gewesen und hatten nachgesehen, warum dieser Fensterladen nachts immer quietschte. Mit klopfendem Herzen waren wir zum Haus gegangen. Wir wussten, dass es leer stand. Im Näherkommen sahen wir, was los war. Die Fenster standen offen, die Scheiben waren zerschlagen. Die Fensterläden hingen schief in den Angeln. Ein trauriger Anblick! Vorsichtig gingen wir zu dem Fenster neben der Haustür, sie war wenigstens geschlossen. In der Stube herrschte ein unbeschreibliches Durcheinander. Das Mobiliar zerschlagen, die Sachen aus den Schränken gewühlt. Auf dem Tisch hatte wohl ein Tintenfass gestanden, die Tinte ergoss sich über den Tisch und die Sachen, die achtlos hingeworfen darauf herumlagen. »Sie haben gehaust wie die Wandalen!« Ich nickte. »Was machen wir mit dem Fensterladen?« »Wir müssen einen Strick suchen und ihn festbinden!« Wir sahen uns suchend um und gingen ein paar Schritte ums Haus. Hier rauschte der Bach, direkt am Haus vorbei. »Wir haben gar nichts gehört von dem Krach, als sie hier gehaust haben.« »Nein, nur den Fensterladen hört man nachts.« Meine Schwester bückte sich. Das Zeug lag hier sogar im Garten herum.

Sie hatte einen Seidenstrumpf gefunden. »Damit binden wir den Fensterladen fest!« Wir liefen zurück und versuchten es. Es gelang schließlich, er war fest. Dann waren wir schnell wieder von dem Grundstück verschwunden. »Wer sind die, die so was machen?« »Ach, du weißt doch, dass die Polen einen Zorn auf uns haben.«

Wir waren froh, als wir auf der anderen Straßenseite waren und das Gartentörchen hinter uns wieder zu war; uns graute. Jetzt, als ich zum Fenster hinaus sah, sah ich wieder alles vor mir. Aber jetzt war es unglaublich still draußen, so als wenn das Dorf ganz ausgestorben wäre. Plötzlich wurde es laut. Ich hatte gerade wieder in das Buch geschaut. Das Gartentürchen quietschte, ich sah Vater in den Garten kommen. Gerade als er zum Haus wollte, preschte ein Pferdewagen am Zaun vorbei. Vater war stehen geblieben und sah zur Straße. Auch ich war von dem Lärm aufmerksam geworden. Vor den Wagen waren zwei schwere, braune Pferde gespannt mit heller und schwarzer Mähne. Sie wieherten laut und der Kutscher auf dem Wagen schlug mit der Peitsche auf sie ein, dass es nur so klatschte. Er fluchte und schrie. Breitbeinig stand er auf dem Wagen. Wie die wilde Jagd war alles ganz schnell vorbei. Vater schüttelte den Kopf und kam zum Haus herein. Die Pferde, natürlich, das waren Max und Moritz, die jungen Trakehnerfohlen von Fischers, und der junge stämmige Mann war der Pole, der jetzt auf dem Hof wirtschaftete. Ich dachte, da wird er wohl alles zum Teufel wirtschaften, so geht man nicht mit jungen Pferden um. Auch noch bei dieser Hitze! Der Lärm verlor sich im Dorf und die Stille kehrte zurück. Ich hörte, wie Vater in die Küche ging, dann war es auch im Haus wieder still. Mutter war in der Küche, das wusste ich. Plötzlich hörte ich laute Worte aus der Küche, vor allem Vaters Stimme hörte ich. Mutter antwortete wohl leiser. Ich las weiter. Aber ich wurde wieder abgelenkt. Vater fing an zu singen. Warum singt er? Ich stand auf und hatschte mit meinem Bein zur Tür und öffnete sie. Er sang lauthals ein Lied, was ich lange von ihm nicht gehört hatte und was er eigentlich aus Jux immer gesungen hatte, wenn wir uns sonntags aufmachten, um vor die Stadt zu fahren und spazieren zu gehen. Er sang: »Hinaus in die Ferne mit Butterbrot und Speck, dett haben wir so jerne, dett nimmt uns niemand weg. Und wer dett tut, den haun wer aufn Hut, den haun wer auf die Nese, dett se blutt!« Und jetzt lachte er, laut und krächzend. Ich erschrak, was war nur mit ihm los? Langsam schlich ich zur Küchentür und öffnete sie vorsichtig. Mutter stand vor ihm und machte eine beschwichtigende Bewegung mit der Hand. »Ach, lass doch, wir werden schon nicht umkommen«, hörte ich sie sagen. Aber er war wohl mit seinem Zorn noch nicht fertig. »Aushungern wolln se uns, diese Kanaken und Arbeit gibts auch keine mehr! Keine Arbeit, kein Geld, kein Brot!« Er war ganz rot im Gesicht, dann holte er das Taschentuch aus der Tasche und wischte sich den Schweiß ab. Mutter hatte sich wieder auf die Bank gesetzt und sah vor sich hin. Vater sah mich an: »Haste Hunger? Vielleicht bringt ja deine Schwester mal wieder was mit. Ein paar Brosamen, die von dem Tische des Herrn Polen fallen!« Das »Herrn Polen« zog er langsam durch die Zähne und machte eine verächtliche Handbewegung. »Na ja, irgendwann hat alles ein Ende. Ganz bestimmt auf dem Friedhof, wenn sie uns da überhaupt noch hinbringen, uns deutsche Luder.« »Hör doch auf, Jorg!« rief Mutter. »Davon kriegen wir auch kein Brot. Vielleicht muss ich noch mal nach Heinrichau gehen zu dem Polen, der wird mir was geben. Er hat es doch gesagt, neulich.« Aber ihr Gesicht sah nicht so aus, als wenn sie wirklich gehen wollte. »Morgen gehe ich in aller Frühe los, dann bin ich am Vormittag wieder zurück. Und bald sind die Äpfel reif«, fügte sie noch langsam hinzu. Ihre Hände lagen müde im Schoß und sie selber saß vornüber gebeugt. Ob sie wieder Schmerzen hatte? Vater stöhnte, dann war es wieder still. Ich wusste, im Schrank war kein Brot mehr und beim Bäcker konnte man keins kaufen. Ich setzte mich neben meine Mutter. Bald würde meine Schwester nach Hause kommen. Ob sie was zu essen mitbrachte? Eine Kleinigkeit hatte sie immer mitgebracht, aber satt essen konnte man sich nicht davon. Ein bissel Suppe oder ein paar Brote, die der Herr Kremelewski nicht aufgegessen hatte. Das teilten wir uns dann abends.

So war es denn auch. Sie brachte ein paar Reste mit. Das heißt, sie hatte mehr gekocht und einen Teil davon dann gleich für uns beiseite getan. Es war nicht viel, aber wir hatten das Gefühl, etwas gegessen zu haben. Mutter ging abends zum Apfelbaum und fühlte an den Früchten, die in großer Menge an dem jungen Baum hingen. Sie nahm sie ab, wenn sie einigermaßen reif waren. Bald würde die »Schütte« kommen, dann würden wir Äpfel in Hülle und Fülle haben! Es war ein Klarapfel, ein früher Apfel, der sehr süß und doch schön säuerlich schmeckte. War er richtig reif, hatte er eine goldgelbe Farbe.

»Ich gehe morgen in aller Frühe nach Heinrichau! Vielleicht können wir dann öfter mal zu dem Kerl gehen. Allerdings ganz traue ich ihm nicht. Ich meine, er war ziemlich betrunken neulich, als wir dort waren, und er hat sich nur gefreut, dass jemand kam, weil er so alleine war.« Sie sagte es und gab dabei jedem einen Apfel als Nachtisch. Wir sagten nichts. Vater nickte ihr zu: »Wenn du es noch mal versuchen willst? Auch wenn es nichts bringt als die paar Zloty, so muss ich doch wieder zu Thiel hin. Den Thiels geht es ja auch nicht besser. Von was die eigentlich leben, ist mir auch ein Rätsel. Wir leiden alle so vor uns hin. Wie lange noch?« Er holte hörbar tief Luft, dann waren wir wieder still.

Die Tage waren jetzt lang und die Abende warm. Wir hatten die Fenster offen. Vater blieb gebeugt am Tisch sitzen. Wir waren aufgestanden und gingen mit Mutter ums Haus. Das war unser Abendspaziergang. Wir sahen alles genau an. Dann schloss Mutter die Fensterläden. Sie wurden dann von innen sorgfältig verriegelt. Es war so wie eine Schutzhandlung. Wir hätten sonst kein Auge zugetan. Irgendetwas geschah jetzt immer in den warmen, hellen Sommernächten. Plündern war ja verboten, aber wir Deutschen waren vogelfrei und schutzlos. Wen kümmerte es schon, wenn uns etwas geschah von irgendwelchen Räubern? In den Stuben stand die schwüle Luft des Tages und wir konnten lange nicht schlafen. Wir sprachen nicht mehr, aber jeder hörte die anderen, wie sie sich im Bett rumwälzten. Mein Bein tat so weh und ich legte es hin und her. Schließlich war der Schlaf wohl doch gekommen, denn als ich aufwachte, war Mutters Bett leer, obwohl es noch gar nicht hell war. Ich sprang aus dem Bett. »Au, mein Bein!« Ich lief in die Küche. Mutter saß mit Vater am Tisch und trank heißen Malzkaffee. Sie hatte ihre festen

Schuhe an. Also ging sie nach Heinrichau. »Gehst du?« Eigentlich war es überflüssig zu fragen. »Gerne würde ich dich begleiten.« Ich sah sie an, sie sah schlecht aus. Das Haar war streng nach hinten gekämmt, die Stirn hoch und faltig. Ihre Augen waren groß, als sie mir antwortete: »Ja, es geht ja nicht. Dein Bein, du kannst nicht schnell laufen.« Ich nickte. Sie stand auf, zog ihre braune Strickjacke an und schnallte den Rucksack auf den Rücken. Sie band ein Kopftuch um und wandte sich zur Tür. Im Flur holte sie noch aus dem Schirmständer einen Knotenstock zum Wandern. Wir begleiteten sie zur Hintertür. Draußen war noch graue Dämmerung, aber der Tag würde wieder hell und heiß werden. Vater schloß die Gartentür. Mutter winkte uns zu, dann schritt sie kräftig aus und war bald aus unserer Sicht.

Wir gingen in die Küche zurück und setzten uns wieder an den Tisch. Vater seufzte und schwieg. Ich mochte auch nichts sagen. »Ist Mutter schon weg?« Trautel war aufgestanden und setzte sich zu uns. Als es Zeit für die beiden war zu gehen, verließen sie das Haus und ich war alleine.

Ich wusste nicht, was ich tun sollte. Ich lief zwischen Stube und Küche hin und her, fand keine Ruhe und hatte Angst.

Die Mohrrüben

Ich war weggelaufen, ich rannte den Höhnweg lang und den Feldweg hoch. Plötzlich blieb ich wie angewurzelt stehen. An einem Rübenfeld rechts vom Weg strich der Wind über zwei Furchen mit Mohrrübenkraut. Die Gedanken kreisten plötzlich um dieses Kraut. Ob da schon Rüben drunter saßen? Juli hatten wir. Wann mochten sie gesät worden sein? Das Feld hier gehörte nicht zu Fischers Hof. Ob ich mal fühlte? Wir hatten nichts mehr zu essen. Ich war weggelaufen, weil ich es einfach nicht mehr hören konnte, dieses dauernde Gerede über Brot und was wir essen sollten. Die Sonne stand wie jeden Tag über dem Tal, es war Hochsommer. Im Haus wurde es nur abends etwas kühler, nachts wälzten wir uns in den Betten. Es war zu warm zum Schlafen, aber die Not ließ es wohl auch nicht zu. Ich schlief in Abständen, aus Erschöpfung.

Gestern war Mutter in Heinrichau gewesen. Sie war mittags schon wieder zurück. Mutter war voller Angst nach Hause gerannt. Sie war immer tapfer, so hatte ich sie noch nie gesehen. Keuchend war sie ins Haus gestürzt. Sie hatte sich schweren Herzens entschlossen, es noch einmal bei dem Polen in Nendzas Haus zu versuchen. Vor Wochen waren Mutter und Trautel drüben gewesen, da war er sehr freundlich zu ihnen und hatte gemeint, sie könnten wieder mal kommen und Milch und Kartoffeln holen. So hatte sie sich sehr früh aufgemacht, noch ehe die Sonne raus war. Sie hatte nichts mitgebracht. Er war frech zu ihr, hatte besoffen in der Küche gesessen. Im Stall hatte das Vieh gebrüllt. Der Tisch war schwarz von Fliegen und auch sonst wäre es unwahrscheinlich dreckig gewesen. Er lebte wohl, wie sie neulich schon vermutet hatte, alleine in dem Haus. »Schißkojen« und

»Dreckige Deutsche« hatte er geschrieen und zeternd polnisches Zeug hinterher. Sie hatte es nicht verstanden. Dann sei er schwerfällig aufgestanden. Sie habe nicht so schnell die verquollene Haustür aufbekommen. Er sei hinter ihr her und habe sie zur Tür rausgestoßen. Dann sei sie nur noch gerannt, um nach Hause zu kommen. Auf der Kippe von Toschendorf hätte sie angehalten, als sie aus dem Wald Stimmen gehört, aber nichts gesehen habe. Die Straße habe nackt in der Sonne gelegen, da habe sie furchtbare Angst bekommen. Russisch war das. Erst saß sie lange unter einem Kirschbaum, halb verdeckt zur Straße, und hatte überlegt, was zu machen sei. »Ich muss nach Hause, egal wie!«, hatte sie gedacht. »Wenn das wieder Russen sind, dann kommen sie wieder ins Dorf! Ein schrecklicher Gedanke!« Schließlich sei sie zitternd aufgestanden und über die Straße zum Wald gegangen. Auf der Straße hätte man sie gesehen und vielleicht auf sie geschossen. Am Wald angekommen, sei sie gebückt im Straßengraben an den Sträuchern vorbeigekrochen. Erst wäre der Lärm sehr leise und fern gewesen, aber unterhalb von Wilhelmstal plötzlich sehr nah. Sie sei vor Entsetzen erst mal unter einem Busch liegen geblieben und dann habe sie die russischen Soldaten auch gesehen, wie sie im Wald lagen mit Büschen um den Stahlhelm gebunden. Es habe wie eine militärische Feldübung ausgesehen. Sie hatte sich nicht gerührt und nicht gewußt, was sie machen sollte. Schließlich sei ihr alles egal gewesen. Sie habe nur noch nach Hause gewollt. Das Kopftuch ganz tief ins Gesicht gezogen, sei sie aufgestanden. Da habe sie die Russen noch einmal gesehen. Eine ganze Gruppe, die wohl über Karten gebeugt da saßen. »Die weiße Armbinde? Wo war die?«, hatte ich angstvoll dazwischengefragt. »Dummerchen, die habe ich gar nicht mitgehabt. Ich habe mich aufgerichtet! Wenn sie jetzt schießen, habe ich gedacht, dann ›Vater unser im Himmel‹! Ich bin so leise wie möglich im Straßengraben weiter bis zum Feldweg Richtung Ort. Dann schnell die Böschung hoch, über die Straße und den Feldweg runter, immer ein bissel schneller. Nur einmal hab ich mich halb umgedreht, weil ein Automotor lief. Da sah ich in Wilhelmstal russische Lastwagen stehen. Dann bin ich nur noch gerannt!« Sie zitterte am ganzen Körper, als sie dies alles erzählte. »Ich habe nichts mitgebracht. Heute haben wir nichts zu essen.« Wir hatten da gesessen und geschwiegen. Trautel brachte abends ein paar Reste mit. Es war aber nicht zum Sattessen gewesen.

Ich schaute nach Wilhelmstal hoch. Aber es war still und von hier unten gleich hinter den Häusern konnte man sowieso nicht viel sehen. Ich starrte die Mohrrüben an. Inzwischen hatte ich mich direkt am Zaun niedergelassen, ganz langsam war ich mit dem Rücken runtergegangen. Wie von selbst fühlten die Finger unter das Kraut, gruben in die Erde. Erschrocken fuhr ich zurück. Das ist Stehlen! Wenn du das tust, bist du ein Dieb! Ich sah über die Felder hin, dann nach rechts den Zaun entlang. Niemand war zu sehen. Auch in den Häusern war es ganz still. Wohnte da niemand mehr oder noch niemand? Wer wusste das schon? Die Tränenden Herzen zur Silberhochzeit fielen mir ein. Ja, richtig, ein Stückchen weiter stand das Kraut, es war ja längst verblüht. Der Busch war noch kräftiger aus dem Zaun herausgewachsen. Meine Hand griff wieder unter das Kraut und der Zeigefinger fühlte etwas Hartes, Kühles unten am Stengelende. Die Frucht saß also schon unter dem Kraut. Ich schaute wieder über die Felder hin, die Sonne brannte. Es war still, niemand zu sehen. Aber wohin mit den Mohrrüben? In der Schürzentasche war nicht viel Platz. Ein paar mussten es schon sein, sonst lohnte es sich nicht. Wie man sie rauszieht, wusste ich. So oft, so oft hatte ich mir eine aus dem Garten geholt. So frisch aus der Erde schmeckten sie herrlich. Ich fasste zu mit gewohntem Griff. Schlank und rosig orange hielt ich sie in der Hand. Die Knie hatte ich hochgezogen, darunter ließ ich sie erst mal verschwinden. Es ging ganz leicht. Erst mal für jeden eine, das waren vier. Das reicht nicht. Noch mal vier. Meine Gier war plötzlich riesengroß. Noch eine für mich alleine, gleich zum essen. Nein, erst muss ich sie alle nach Hause bringen. Wie? Ich sah an mir herunter. Natürlich, dass mir das nicht gleich eingefallen war. Ich steckte sie in die Ärmel. Mein Dirndlkleid hatte Puffärmel, am Ellenbogen mit Gummi drin. Vorsichtig ließ ich eine nach der anderen verschwinden, nachdem ich unter den Knien das Kraut abgedreht hatte. Mutter würde Augen machen. Ich beugte mich nach vorne, um noch ein paar aus der anderen Furche zu ziehen, weil ich meinte, die Puffärmel wären nicht voll genug. Das Kraut war ein bissel durcheinander geraten, aber allzu viel war von meiner Tat nicht zu sehen. Wieder sah ich mich witternd um, ehe ich langsam und gemächlich aufstand. Ich erschrak, die Mohrrüben waren runtergerutscht in den Puffärmel. Sie waren ganz schön schwer. Ich verschränkte die Arme, so ging es besser. Dann trat ich gemächlich den Heimweg an. Mutter würde sie reiben, eine Schüssel voll, dafür würde es reichen.

Meine Schritte wurden schneller. Es hatte mich niemand gesehen. Und dann wollte ich Trautel bitten, dass sie noch mal mit mir dorthin ging. Zu zweit konnte man mehr holen.

Mutter machte große Augen, als sie sah, was ich auf den Tisch kollern ließ. »Du hast sie einfach genommen? Wo?« Sie schüttelte den Kopf. »Essen wir sie jetzt nicht?«, fragte ich ängstlich. »Doch, doch. Es ist gut!« Sie schüttelte wieder den Kopf. »Nun denn, gestohlene Mohrrüben. Aber wenn wir nichts kaufen können!« Sie seufzte tief auf. Dann holte sie eine Schüssel und das Reibeblech.

Der Apfelbaum

Es war ein fast unerträglich heißer Tag gewesen. Die Hitze machte uns sehr zu schaffen. Aber auch weil das wenige Essen gerade über das Hungergefühl hinweg half, fühlte ich mich schlapp und hatte zu nichts Lust. Ich saß immer noch am Fenster und starrte in den Garten, als Vater und Trautel nach Hause kamen. Trautel brachte jetzt abends manchmal in einer Milchkanne Suppe mit, die es in der Fabrik mittags gab und die der Herr Kremelewski wiederum von dort mitbrachte. Meist war sie viel zu fett und Mutter musste sie verdünnen. Aber ich vertrug sie nicht, ich bekam schlimmen Durchfall davon. Trotzdem, es war wenigstens etwas.

Heute brachte sie nichts mit. Wir waren enttäuscht. Aber dann packte sie ein paar Brotschnitten aus, die sie heimlich beiseite gebracht hatte. Sie trug sie lässig in der Rocktasche. Mutter holte eine Schüssel mit Frühäpfeln aus dem Kämmerchen. Das war unser Abendbrot. »Wir müssen auch bald die anderen Äpfel vom Baum holen, denn sie sind einigermaßen reif!« Der Klarapfelbaum trug wohl zum ersten Mal so viel. Die hellgrünen Äpfel glänzten in der Sonne. Vor lauter Früchten waren fast keine Blätter mehr zu sehen. Die Zweige bogen sich unter der Last. Wir hatten schon einen Korb voll geholt. Von den abgefallenen hatte Mutter Apfelmus gekocht. »Heute nicht«, meinte Trautel, »die Hitze macht so müde«. Damit ließen wir es bewenden.

Den abendlichen Gang ums Haus hatten wir bis weit in die Dämmerung hinausgeschoben, um ein wenig Kühle zu genießen. Aber es wollte einfach nicht kühler werden. Langsam schloß Mutter die Fensterläden und sah nach, ob alles in Ordnung war. Eine Weile betrachteten wir noch den Apfelbaum, der so reich an Früchten vor uns stand. »Mutter, lass doch die Fenster offen, sonst ersticken wir noch in der Nacht!« Mutter zögerte, ließ sie aber dann doch offen. Bald legten wir uns erschöpft nieder, aber keiner fand Ruhe zum Schlafen. Draußen war es still, und bald wurde die Abenddämmerung vom Mondlicht abgelöst. Es war heller als am Abend, das Mondlicht suchte sich seinen Weg auch zu uns in die Stube durch die Schlitze der Fensterläden. Ein warmer, schwerer Duft zog ins Zimmer. Wie betäubt lagen wir in unseren Betten. Wir wälzten uns hin und her.

Plötzlich war Krach auf der Straße. Erst weiter oben im Dorf, dann näherten sich Johlen und Lachen und Schritte von mehreren Leuten. Polen! Durch die offenen Fenster war auch alles besonders laut. Jetzt waren sie vor dem Haus. Blieben sie stehen? Wir richteten uns in unseren Betten auf und sahen angstvoll zu den Fenstern. Da quietschte das Gartentürchen. Wir sprangen aus den Betten und liefen zum Fenster. Durch die Schlitze der Fensterläden konnten wir sie sehen.

Das Mondlicht war grell. Vier oder fünf Männer kamen auf das Haus zu, sie waren nicht mehr nüchtern. Wir erschraken vor ihrem lauten Zetern und Grölen. Entsetzt wichen wir vom Fenster zurück. Sie hatten sich vor die Fenster gestellt und versuchten, ins Zimmer zu sehen. Sie rappelten auch an den Fensterläden, aber sie waren ja von innen fest verriegelt, so ließen sie schließlich davon ab. Es war, als wollten sie wieder zur Straße gehen. Aber da zeigte einer auf den Apfelbaum und schon sprangen sie über die Blumenrabatte, hoben sich Äpfel auf und begannen zu essen. Angstvoll waren wir wieder zum Fenster geschlichen und sahen nun, was vor sich ging. Einer war mit einem Satz in den Baum gesprungen und schüttelte die Zweige, dass sie nur so krachten. Die andern Männer hingen sich an die Zweige und schüttelten. Die Äpfel kollerten herab. Achtlos traten sie darauf herum. Sie schüttelten noch mehr. Es war schließlich wie ein Rausch. Die Zweige brachen. Ein Mann fiel sogar mitsamt einem Ast vom Baum. Die andern störte das wenig, sie lachten und grölten weiter. So ging es eine ganze Zeit. Bis auf wenige Äste war der Baum schließlich kaputt und unter ihm breitete sich ein heilloses Durcheinander aus. Eine Weile schließlich standen sie noch herum. Wir hörten zwischen ihrem Lachen das Knacken, wenn sie in die Äpfel bissen.

Zitternd vor Angst standen wir am Fenster und trauten uns nicht hinaus, um den Baum zu retten. Vater ballte die Fäuste und stützte sich damit auf die Fensterbank. Mutter hatte ihm die Hand auf die Schulter gelegt, damit er nicht doch noch etwas Dummes machte. Angst und ohnmächtige Wut fühlte ich. Aber es war besser, sich da nicht einzumischen. Wir konnten nur zusehen. Endlich trollten sie sich davon. Sie polterten noch an die Haustür und an die Fensterläden. Aber sie versuchten nicht mehr einzudringen. Starr sahen wir ihnen nach und auf das Bild der Verwüstung da draußen. Der Mond leuchtete alles aus. »Der schöne Baum. Gut, dass die Liesel das nicht zu sehen braucht!«

Die Postkarte

Ich lag im Bett, trotz der Hitze hatte ich Fieber. Es hing mit dem Bauch zusammen. Seit einigen Tagen schon plagte ich mich mit Durchfall. Meine Schwester und die Eltern auch, aber nur bei mir wütete das Fieber. Mutter kochte Wermuttee, gleich literweise, da Mutter vermutete, dass uns die »Ruhr« erwischt hatte. Besonders schlimm war es bei mir geworden, als Trautel abends die fette Suppe mitgebracht hatte. Sie roch so herrlich und Mutter hatte sie warm gemacht. Wir aßen sie schweigend, aber dann legte einer nach dem andern den Löffel hin und lief raus. Wir vertrugen das Fett nicht mehr. Trautel hatte freundlich gefragt, ob er, der Herr Kremelewski, nicht einen Topf mehr Suppe mitbringen könnte, wir hätten nichts mehr zu essen zu Hause.

Ich dämmerte so vor mich hin, als ich am Morgen das Gartentürchen quietschen hörte. Mutter war in der Küche, es war ganz still. Dann hörte ich Schritte im Haus. Ich wollte mich aufrichten, aber es ging nicht, ich war so schlapp und das Fieber trieb mir den Schweiß aus allen Poren. Die Klingel an der Haustür ratschte mehr, als dass sie klingelte. Mutter ging zur Haustür und rief: »Wer ist da?« Irgendetwas Polnisches bekam sie zur Antwort. Schließlich öffnete sie die Haustür. Nochmals polnisches Kauderwelsch, aber ich hörte Mutter sagen, eigentlich hörte es sich ganz fröhlich an: »Ja, besten Dank auch! Sehr freundlich von Ihnen!« Dann knarrte die Haustür wieder und die Schritte entfernten sich wieder durch den Garten. Mutter öffnete die Stubentür und kam an mein Bett. Sie schüttelte immer wieder den Kopf. Sie hatte eine Postkarte in der Hand. »Was ist das?«, fragte ich matt und war doch neugierig. »Denk mal, die Tante Liesel, sie hat die Postkarte geschrieben!« Jetzt musste ich mich doch aufrichten, so schwer es ging. »Bleib nur liegen, ich zeig sie dir ja schon!« Sie setzte sich auf mein Bett und zeigte mir die Karte. Eine einfache Postkarte. Wir drehten und wendeten sie hin und her. »Was steht denn drauf?« Mutter hatte schon gelesen. »Nein, diese Freude! Sie sind wohl im Westen. Jetzt wissen wir, wo es hingeht, wenn wir fort müssen.« »Lies doch mal vor, was hat sie geschrieben?« Mutter drehte die Karte um und las: »Ihr Lieben! Ich sitze im Hof und habe eben Kartoffeln geschält. Gerade ist die Sonne untergegangen. Es war ein schönes Abendrot. Rosel trägt die Kartoffeln in die Küche und Eberhard tollt um mich herum. Wir sind gesund und einigermaßen munter. Wir grüßen Euch ganz herzlich, Eure Tante Liesel.« »Zeig noch mal, ich möchte auch lesen!« Mutter gab mir die Karte. Ich lese und sehe auch nach dem Absender. Aber da steht nur Liesel Titze und Borken. »Mutter, wo liegt Borken?« »Keine Ahnung. Aber ist auch egal. Sie sind im Westen, das ist die Hauptsache, und sie haben zu essen.« Auf dem Poststempel steht auch Borken. Eine ganz normale Postkarte. Nicht zu fassen! Sie hat auch den Satz geschrieben, den wir vereinbart hatten. Wenn sie in den Osten gekommen wären, dahin, wovor wir immer noch Angst haben, nach Sibirien, dann hätte sie geschrieben: Die Sonne ist gerade aufgegangen. Es ist sehr kalt und der Himmel grau. Nun hat sie den andern Satz geschrieben: Die Sonne ist untergegangen und das Abendrot war schön. Das war der Satz für den Westen. Sie waren also in Westdeutschland angekommen. Ach, das war eine gute Nachricht, sehr gut sogar. Mutter stöhnte. »Da werden wir wohl auch in den Westen kommen und all die, die gegangen sind, sind auch dort.«

Sie sah sinnend zum Fenster in das Sonnenlicht, das grell im Fenster lag. »Wer hat denn die Karte gebracht?« »Er sah aus wie ein Postbote. Jedenfalls hatte er so etwas wie eine Schildmütze auf. Das ist ein Wunder, wie die Karte hierher zu uns gefunden hat!« Sie schüttelte den Kopf. »Ja, der Krieg ist vorbei, vielleicht gibt es im Westen wieder etwas Ordnung. Aber, wie sie die Karte hierher geschickt haben mögen?« Sie schüttelte wieder den Kopf und drehte und wendete die Karte. »Die anderen werden sich freuen!« Als hätte sie einen großen Schatz in der Hand, ging sie langsam zum Tisch und legte die Karte mitten darauf. Sie nahm sie noch mal hoch und sah nach dem Poststempel. »Fünf Wochen ist sie wohl unterwegs gewesen. Der Stempel ist von Ende Juni. Sie hat hierher zu uns gefunden!« Sie schüttelte wieder den Kopf. Hatte sie rote Augen? Ich hatte mich wieder flachgelegt und hörte nur, dass ihre Stimme zitterte. Dann sagte sie noch leise: »Gott sei Dank!«

Abends dann wendeten Vater und Trautel die Karte hin und her. Auch sie konnten es gar nicht fassen, dass sie angekommen war. Irgendwie hatte es sich dann herumgesprochen. Die Nachbarn kamen abends noch, um sie zu besehen. Lange hatten wir nicht mit ihnen gesprochen. Auch an den folgenden Tagen kamen Leute aus dem Dorf, immer war die Stube voller Leute gegen Abend. Auch Heinz und Tante Martha Neumann, seine Mutter, kamen eines Abends, um die Karte anzusehen. Alle gingen ein wenig getroster wieder fort, weil nun diese bange Sorge, wo es nun eigentlich hinging, wenn wir gehen mussten, nicht mehr so voller Ungewissheit war. Obwohl wir natürlich nicht genau wussten, ob die restlichen Leute, wir Deutschen, auch wirklich in den Westen kommen würden. Aber die ersten jedenfalls waren hingekommen, das war zumindest sehr tröstlich.

Ham and Egg

Eines Abends kam Trautel mit einem Paket unterm Arm sehr fröhlich nach Hause. Wir staunten, als sie das rechteckige Paket mitten auf den Küchentisch setzte. »Jetzt hat erst mal die Sorge ein Ende!«, meinte sie fröhlich. Der Herr Kremelewski ist wirklich ein netter Mensch. Vier von diesen Kisten hat er mitgebracht und eine hat er mir gleich gegeben.« »Weil ihr doch so hungrig seid«, hatte er verlegen gesagt. »Was steht drauf geschrieben?«, wollte ich wissen. Ich begann zu lesen. »Englisch könnte das sein! Wie komisch. Wo kommt die Kiste her? Vier sagst du, hat er mitgebracht?« Ich buchstabierte: »Ham and Egg« und dann las ich noch »Toast«. »Du hast doch Englisch in der Schule gehabt, was heißt das denn?« Vater war auch an den Tisch getreten und begann zu buchstabieren. »Egg heißt Ei, aber Ham weiß ich nicht. Muss ja wohl auch was zu essen sein.« Vater lachte. Er hatte den Zwicker auf die Nase gesetzt und hob jetzt den Kopf. »Das ist englisches Frühstück. Die Engländer und die Amis essen morgens Schinken und Eier, dazu ›Toast‹, das ist so eine Art Zwieback.« »Und das ist in der Kiste? Mach doch schon auf!« stupste ich meine Schwester in die Seite. Sie hatte auch schon angefangen, die Klebestreifen zu lösen, die sich fest um die Kiste schlangen. Keine Kordel, nur diese festen Klebestreifen. Wir nahmen schließlich die Schere zu Hilfe. Endlich schlug Vater die oberen Kartonseiten auf. Im Nu guckten wir hinein und hätten uns beinahe die Köpfe aneinandergestoßen. Büchsen kamen zum Vorschein. Auf einer stand in schwarzer Schrift »Ham und Egg«. Dann lagen noch längliche Silberpäckchen drin. »Das wird der Toast sein. Sieht aus wie eine eiserne Ration, die die Jungs im Tornister haben«, meinte Mutter. Dann war noch eine kleine Dose dabei. Da stand »tea« drauf. »Aha, englischer Tee. Fein, fein.« Dann begann Vater wieder mal zu singen. »Hinaus in die Ferne mit Butterbrot und Speck. Dett haben wir so jerne, dett nimmt uns niemand weg. Und wer dett tut, den haun wer aufn Hut, den haun wer auf die Nese, dett se blutt!« »Hör auf!«, riefen wir wie aus einem Mund. »Wenn dich jemand hört! Dann kommen die Leute gleich gelaufen.« Er schmunzelte, dann sagte er mit grimmigem Ton: »Bin ja schon stille. Ist das wohl ein Paket für die armen, hungrigen Polen. Für uns ist das nicht bestimmt!« Er verließ die Küche. »Aber der Herr Kremelewski hat es uns geschenkt!«, wehrte sich meine Schwester. »Ich mach jetzt eine Büchse auf und dann essen wir es!« Sie lief zur Schublade und holte den Büchsenöffner.

Abwechselnd schraubten sie und Mutter die Büchse »Ham and Egg« auf. Ich konnte es gar nicht erwarten, es ging nicht schnell genug. Endlich fiel der Deckel ab. Rosa glänzte uns gekochter Schinken entgegen, in der Mitte lag gelb und weiß ein halbiertes Ei, hartgekocht. »Lass mal sehen!« Einer nach dem andern nahm die Büchse in die Hand, besah den Inhalt und roch daran herum. Vater war auch wieder hereingekommen und sah in die Büchse. »Und Brot?«, fragte er immer noch unwirsch. »Na, da in dem Silberpäckchen. Mach's auch mal auf!« Mutter schob Trautel so ein längliches Päckchen hin. Sie hatte schon die Schere in der Hand. Da kamen lauter kleine Zwiebäcke zum Vorschein. Ich schob blitzschnell eines in den

Mund. Es knusperte. »Schmeckt prima!« Mutter war zum Schrank gegangen und hatte Teller rausgeholt. Dann ging sie zum Herd und rückte den Wassertopf auf die heiße Stelle. Sie legte noch ein Stück Holz nach. »Schwarzer Tee, ist gut für unsern Durchfall!« Sie war auf einmal ganz geschäftig. Sie holte die Teekanne, suchte das Tee-Ei aus der Schublade und machte das Teepäckchen auf. Bald kochte das Wasser, sie schüttete es über das gefüllte Tee-Ei. »So, der muss jetzt noch ziehen. Räumt mal den Tisch ab! Wir werden gleich was davon essen. Mal sehen, ob wir das besser vertragen als die fette Suppe.«

Schließlich saßen wir um den Tisch. Vater betete: »Wir danken dem Herrn, denn er ist freundlich und seine Güte währet ewiglich!« »Amen!«, klang es in der Runde. Dann nahmen wir fast feierlich etwas von dem Schinken aus der Dose und legten ihn vorsichtig auf die kleinen Toasts. Ich besah sie erst mal richtig. So schönen Schinken hatte ich ewig nicht gesehen. Dann schob ich den ersten Bissen in den Mund. »Schmeckt prima!« Trautel hatte schon schneller gegessen. Schweigend schoben wir die Bissen in den Mund und kauten. Auch Vater. Mutter holte den Tee und wir tranken eine Tasse dazu.

Das Abendessen bekam uns gut. Jedenfalls bekamen wir davon keine neuen Bauchschmerzen. Vielleicht hatte auch der Tee das seine dazu getan? An diesem Abend verflog ein wenig die gedrückte und miese Stimmung bei uns. Auch Vater war ein wenig fröhlicher als sonst. »Bedank dich noch mal in meinem Namen«, meinte er zu Trautel, als wir ins Bett gingen. »Ja, vielleicht gibt er mir noch mal etwas. Dann hätten wir in den nächsten Tagen auch noch etwas zu essen!« Mutter stöhnte. »Ja, tu das mal. Aber sei vorsichtig mit ihm und nett!« »Gute Nacht!« »Gute Nacht«, murmelten wir noch zu ihr hin.

Es ist so schön hier

Mutter schickt mich in die Stube, um etwas zu holen. Sie sitzt mit der Opitz-Lore in der Küche, sie stopfen Wäsche und Strümpfe und erzählen sich etwas. Durch die geschlossenen Fensterläden fällt Sonne auf den Fußboden. Eigenartige Linien und Muster bilden sich. Dazwischen flimmern tausende von Staubteilchen. Ich stehe still und sehe zu. Dann bewegt sich etwas über die Linien hin. Ein zackiger Schatten. Hin und her. Der Wind streicht am Haus vorbei und bewegt eine Klematisblüte. Ich vergesse, was ich holen soll. Ich schaue und schaue, wie die zarten Linien der Blüte über die geraden Schattenlinien der Fensterläden huschen, dazwischen die flimmernden Staubteilchen. Blaue Klematis, sie blüht jetzt draußen an der Hauswand, tiefblau und rahmt die Fenster ein. Schritte schrecken mich aus meiner Versunkenheit auf. Ich sehe durch die Schlitze in den Fensterläden. Vater steht draußen, er ist nach Hause gekommen. Ist es denn schon Abend? Aber er kommt nicht zum Haus. Er geht im Garten hin und her und besieht alles. Am Zaun blühen die rot-orangenen Gladiolen, davor weiß die Margeriten, ganz große. Der Rittersporn blüht noch immer. Die blauen, hohen Rispen strecken sich in den immer noch blauen Sommerhimmel, das Gras steht hoch und alles ist ein wenig verwildert. Am Wegrand blühen rote Margeriten, aber das Unkraut wächst schon mittendrin. Vater sieht hierhin und dorthin, an den Bäumen hoch, dann kommt er auf das Haus zu, bleibt stehen und sieht über das Haus hin. Er geht auf die Klematis zu und hebt eine Hand. Ich kann es nicht sehen, aber sicherlich hält er eine Blüte in der Hand. Was hat er nur? So genau hat er den Garten noch nie betrachtet! Mutter ruft aus der Küche. Da fällt es mir wieder ein, was ich holen soll. Aber Vater klingelt nicht, er geht um das Haus herum, und schon als ich in der Küche bin, sehe ich ihn an dem Küchenfenster vorbeikommen und später quietscht die Hintertür. Dann kommt er in die Küche, die Schiebermütze hat er im Flur an die Garderobe gehängt und die helle Sommerjacke ausgezogen. Mutter ist aufgestanden und hat ihm eine Tasse kalten Tee eingegossen. Etwas abwesend hat er uns begrüßt und sich dann vor seiner Tasse schweigend niedergelassen. Wir sehen ihn ein wenig erstaunt an. Er ist irgendwie anders als sonst. Sonst hat er irgendwelchen Schnickschnack erzählt, den er in der Werkstatt bei Thiel erlebte. Die Schneiderin und er versuchen, das Beste aus der Zeit zu machen, die sie mit dem kauzigen »Krawiec« verbringen müssen. Nach seinen Anordnungen sollen sie irgendwelche Sachen reparieren oder auch aus neuen Stoffen nähen. Eigentlich war dieser polnische Schneidermeister ganz nett. Aber er ärgerte sich, dass die Deutschen nicht Polnisch sprachen und dass er seine paar Brocken Deutsch immer gebrauchen und erweitern musste, damit die Deutschen wussten, was er wollte.

Frau Thiel hatte einen besonders schweren Stand und war froh, dass Vater in der Werkstatt arbeitete. So war sie mit ihren zwei kleinen Söhnen nicht so alleine mit diesem etwas verrückten »Krawiec«.

Heute erzählt er nichts aus der Werkstatt. Vater sieht immer wieder zum Fenster hinaus, aber wir wagen auch nicht zu fragen. Dann sagt er plötzlich: »Es ist so schön hier!« Dann schweigt er wieder lange. Wir sehen uns alle an.

Trautel ist inzwischen nach Hause gekommen und sitzt ebenfalls am Tisch. »Ja, es ist so schön hier! Ich habe mir alles angesehen. Die Wälder sind so grün. Die Felder auf den Bergen fangen ja an zu verwildern. Wie sie das wohl alles wieder in Ordnung bringen wollen?« Er schweigt wieder eine ganze Zeit und trinkt seinen Tee.

»Ich bin mal zum Bahnhof spaziert. Warum sie die Elektrische nicht mehr fahren lassen? Der Bahnhof ist wie ausgestorben. Am Eingang wächst das Unkraut, und die Wagen sehen schon aus, als wären sie verrostet. Und trotzdem, es sieht aus wie immer. Ich bin »schmal runter« nach Hause gekommen. Ich wollte mal richtig den Bach rauschen hören. Es riecht da so schön sauer, wo die Bäume so hoch sind und der Bach so tief ist. Da ist es so schön dunkel und kühl. Früher schon, als ich noch mit den Jungs hier rumgelaufen bin, war das eine schöne Unterbrechung, wenn wir ins Dorf sollten, um was einzuholen.« Wieder eine Pause. Mutter sagt endlich: »Was hast du nur heute?« Er hört nicht auf sie. »Es ist so schön hier«, sagt er nur wieder. Dann stöhnt er. »Was wird aus allem, wenn wir nicht mehr hier sind?« Wir erschrecken: »Aber was ist los? Wir brauchen doch noch nicht fort! Ist wieder ein Anschlag an der Kommandantur?« Endlich scheint er wach zu werden. Er sieht Mutter an und sagt: »Wir haben nichts mehr zu nähen. Der Pole hat heute furchtbar getrunken. Das heißt, er kam völlig betrunken in die Werkstatt und sagte, wir sollten gehen und nicht mehr wiederkommen. Die Frau Thiel hat schrecklich geweint und gerufen: ›Laoß mich ock nich alleene! Was soll ich denn mit dem besoffenen Kerle?‹ Ich seh's schon ein paar Tage, dass es so kommen muss. Also morgen geh' ich wieder hin. Weil er doch besoffen war, da kann man ja keinen Menschen ernst nehmen. Aber viel wird's nicht ändern.« Er starrt wieder vor sich hin. »Ich hab immer gedacht, nu, ja, viele sind schon fort. Sechs Trecks sind's gewesen. Aber vielleicht könnten wir hier bleiben. Ich bin den Polen nicht gut. Aber wenn sich alle einrichten täten, könnten wir doch hier leben. Im Westen, da ist alles kaputt, was sollen wir dort? Irgendwann könnten die Leute wiederkommen. Wir haben den Krieg verloren. Aber wir gehören doch hier her! Haben wir nicht alle Platz hier? Wir brauchten nur zu arbeiten und alles in Ordnung zu bringen. Ist ja auch egal. Die polnische Wirtschaft könnten wir den Polen schon abgewöhnen. In Oberschlesien ist es ja auch nie anders gewesen.«

Es war alles so aus ihm herausgebrochen. Er hatte schnell vor sich hingesprochen. Wir nicken ihm zu. »Ich hab ja noch Arbeit«, meint die Lore Opitz. Ich sehe sie an. Scheint es nur so, oder hat sich ihr schütteres blondes Haar noch fester um den Kopf gelegt. Wie alt mag sie nur sein?

Mutter ist aufgestanden und sagt: »Wir machen jetzt ein bissel was zu essen. Trautel, deck den Tisch!« Vater geht zur Tür. »Ich guck' im Schuppen mal nach dem Kastenwagen!« Wir sehen ihm nach, er schließt die Tür.

Tage später, ich komme gerade zur Hintertür herein, die Puffärmel voller Mohrrüben, ja, ich habe wieder welche geklaut, stürmt auch die Trautel zur Tür herein. »Es ist aus!«, ruft sie. Erschrocken sehen wir sie an. »Das Haus stand offen, als ich hinkam. Es war schon ganz komisch, ich wollte schon nicht hineingehen. Oben alle Türen auf. Zwei Milizmänner stehen im Flur und aus den Zimmern kommt polnisches Sprachgewirr. Sie drehen sich gleich nach mir um. ›Du Christjanka?‹ ›Ja‹, sage ich, ›und wo ist der Herr Kremelewski?‹ ›Nix mehr da‹, murmelt der eine. Der andere hält mich gleich am Handgelenk fest. Sie schieben mich ins Wohnzimmer. Da sah es aus! Alle Schubläden aus dem Schrank gezogen, Türen offen. ›Hausdurchsuchung‹, denke ich. Ein Mann in Zivil, den Hut schief auf dem Kopf, kommt auf mich zu und sagt: ›Herr Kremelewski ist verhaftet!‹ Ich sehe ihn erstaunt an. ›Er wollte fliehen, wir haben ihn gestellt. Was weißt du darüber? Du hast gearbeitet für ihn!‹ Der Milizer hält mich immer noch fest am Arm. ›Ich weiß nichts davon‹, sage ich ihm und schüttele den Kopf. ›Er hat dir nichts erzählt? Er Nationalpole, dieses Schwein. Er ein Volksverräter! Du nichts wissen?‹ ›Nein, ich habe gekocht und die Zimmer aufgeräumt. Ich weiß nichts.‹ Ja, so war das. Dann haben sie mir Schriftstücke gezeigt. Alles Polnisch. Ich sagte: ›Ich kann kein Polnisch. Herr Kremelewski ist immer gut zu mir gewesen. Sonst weiß ich nichts.‹« Erschöpft lässt sie sich auf dem Stuhl nieder. »Ach ja«, sagt sie, »dann haben sie gesagt: ›Zeig deine Erlaubnis!‹ Ich trag sie ja immer bei mir. Ich hol' sie aus der Tasche und geb' sie dem Milizer, der gibt sie dem in Zivil. Der liest sie, sieht mich an und zerreißt sie.« Das letzte hat sie leise gesagt. Mein Herz fängt an zu pochen und dieses sausende Gefühl steigt mir wieder in den Kopf. Meine Hände, hinterm Rücken gefaltet, verkrampfen sich ineinander. Mutter sagt tonlos: »Das ist das Ende!« Sie stöhnt. »Ja, und dann haben sie dich gehen lassen?« »Der in Zivil hat zu dem Milizer was Polnisches gesagt, das habe ich ja nicht verstanden. Der Milizer hat genickt und mich losgelassen. Der in Zivil hat mich angelächelt, so mit bleckenden Zähnen und hat gesagt: ›Kannste jetzt nach Hause gehen!‹ Bin dann noch schnell in die Küche und hab' meine Strickjacke geholt und die Schürze. Erst wollte mirs der Pole, der in der Küche in den Schränken rumsuchte, nicht geben. Aber der Milizer hat ihm was zugerufen. Dann bin ich schnell weg.«

Mutter sieht meine Schwester an. »Hast du wirklich nichts davon gewusst?« »Nein, nicht, dass es so schnell gehen würde!« Sie denkt nach. »Was würde nicht so schnell gehen?« »Ach, er hat mir mal erzählt, als er gemerkt hat, dass ich Angst vor den Polen hatte, die abends immer zu Besuch kamen, das seien alles Nationalpolen, keine Kommunisten. Ich habe ihn so erstaunt angesehen. ›Also, die Nationalpolen‹, hat er gesagt, ›wollen einen polnischen Staat ohne Kommunismus. Viele von ihnen sind nach England emigriert und wollen von dort dafür weiterarbeiten, bis sie eines Tages die Verhältnisse in Polen ändern können.‹« Nach einer Weile fügt sie noch hinzu: »Er wollte mich mitnehmen. Er hat gesagt: ›Christjanka, du mitkommen mit mir nach England. Du nicht hier alleine bleiben!‹ Ich hab' gelacht und gesagt, dass ich meine Familie nicht im Stich lassen würde. Da hat er genickt und gesagt: ›Das ich verstehe!‹ Ja, dann hat er's diese Nacht versucht und ist geschnappt worden. Das tut mir leid, sehr leid. Er war immer nett zu mir.« »Ja, wir haben alle mit von ihm gelebt. Er hat uns mit ernährt«, meint Mutter. Meine Schwester sitzt noch immer ganz zusammengesunken auf dem Stuhl.

Der Karren und Vierer-Kleeblatt

Mutter sagt: »Wir werden packen und das Haus aufräumen. Wir müssen sicher bald gehen. Passt mal auf, der nächste Treck, da sind wir dabei. Wir haben keine Arbeitserlaubnis mehr. Ich hab mir auch noch mal alles angesehen, am Sonntag nach der Kirche. Es ist doch nicht mehr unser Dorf. Was sollen wir hier noch? Es wird nicht mehr besser!« Trautel nickt und sagt: »Ich hab den Heinz getroffen. Er meint auch, es ist vorbei. Die Mutter und der Großvater dürfen auch nicht mehr in der Fabrik arbeiten. Und die vielen Polen, die er schon aus Waldenburg abgeholt hat, es werden immer mehr. Es stehen so viele Häuser gar nicht mehr leer. Auch oben in den Dörfern sitzt das Volk schon.«

„Aber der Karren, ob der es aushält? Ein jämmerliches Ding! Die Räder haben keine Speichen. Er poltert fürchterlich. Was sollen wir bloß mitnehmen?« Mutter und Trautel überlegen hin und her. Vater ist oft im Schuppen und bastelt einen breiten Leinengurt unter dem Kasten an. Er will sich den Gurt über die Schulter legen, damit er besser ziehen kann. Rechts und links eine Deichsel, die muss man beim Ziehen runterdrücken. Dann werden darauf der Reisekorb festgebunden und die Bettsäcke. Mutter hat ihre Rolltücher von der Kaltmangel zu Säcken zusammengenäht, da will sie die Federbetten reinstopfen. »Federbetten braucht man!« Wir sehen sie ungläubig an. »Ja, überlegt mal, was ihr in eure Rucksäcke stopft. Unterwäsche und Strümpfe, Winterpullover und was man sonst noch so braucht.« Ich stehe vor dem Schrank und hole alles, was ich brauche, heraus. Ich sehe meine weiße, gestickte Schürze an, die ich so mühselig in der Schule mit Kreuzstich bestickt habe. »Die brauche ich nicht mehr!«, stelle ich fest. Dann kommt noch die weiße Dirndlbluse und die Spitzenschürze. Ich schiebe alle diese Sachen auf die Seite. Mutter sieht zu, sagt aber nichts. Trautel sitzt auf dem Boden und kramt in alten Briefen herum. »Die Betten werden wir zweimal beziehen. Dann ist die Bettwäsche schon mal untergebracht. Und auf das Inlett werden wir deine schönen Kleiderstoffe ziehen. Dann finden sie sie nicht!« »Werden sie das Gepäck ansehen?«, frage ich ängstlich. »In Waldenburg ist ein Lager, da werden alle kontrolliert, sagen die Leute, die neulich mit in Waldenburg waren. Die Lore war auch mit, sie hat sich einen kleinen Leiterwagen geholt. Sie sagt, die Leiterwagen türmen sich in Altwasser zu hohen Bergen. Die Leute dürfen sie nicht mitnehmen, wenn sie in die Güterwagen verladen werden.« »Wo?«, frage ich. »Na da, du weißt schon, am Bahnhof Altwasser, da wo die Postler-Selma, meine Freundin, gewohnt hat.« »Ja, ja, dort müssen wir hin.« »Ja, wenn der nächste Treck gehen wird.« »Aber das wissen wir doch noch nicht!« »Aber der Heinz meint das auch. Besser, wir packen schon mal, das kann schnell gehen.«

Es ging auch schnell. Eines Morgens erschien wieder ein Trupp berittener Miliz und viele Militärlastwagen fuhren zum Dorf rauf. Am Abend war der befürchtete Anschlag an der Kommandantur. Vater war dort und hatte ihn gelesen. Wie nun schon so oft stand zu lesen: »Alle Deutschen, die keine Arbeitserlaubnis besitzen, müssen das Land verlassen. Am 19. August, morgens um vier Uhr, wird der Treck auf dem Hacketeich zusammengestellt.« Das ist morgen! Mutter sagt: »Wir sind gut vorbereitet. Kommt, wir packen, so wie wir es uns vorgenommen haben. Dann legen wir uns hin, damit wir ausgeruht sind.« Sie geht in die Küche und rumort mit den Töpfen. Sie erscheint im Zimmer. »Sollen wir nicht noch Äpfel mitnehmen? Ich stecke sie in die Töpfe!« Wir lachen. »Wozu die Äpfel? Sie sind noch gar nicht reif!« »Werden sie aber noch bis zum Winter.« Sie ist schon aus der Tür. Tatsächlich, sie hat Äpfel in den Töpfen. Im Flur steht der Reisekorb, dort packt sie alles, was man so zum Haushalt braucht, hinein. Unser alter Reisekorb, der schon aus Breslau hierher ins Dorf gewandert ist, als wir Sachen vor den Bomben schützen wollten. Trautels kleiner Aussteuerkorb und der braune Koffer stehen da auch. »Du ziehst zwei Kleider an«, bestimmt Mutter, »und den Mantel darüber«. Sie packt und packt. »Dein Rucksack, wann packst du den?« »Wenn ihr damit fertig seid!« So macht sie es auch. Die Bettsäcke stehen auch schon im Flur. Die Betten sind leer. Die Schranktüren sind noch offen. Es sieht alles trostlos aus. Draußen scheint die Sonne immer noch vom blauen Himmel. Es wird ein heißer Tag werden. Wir werden schwitzen und Durst haben. Wie wird alles werden? Ich gehe im Garten umher und sehe nochmals alles an. Neben dem Haus sind die Schattenmorellen reif. Mutter hat schon welche gepflückt und gekocht. Aber sie waren zu sauer ohne Zucker. Sie hat der Nachbarin gesagt, sie könne sie sich holen, wenn sie wolle.

Wir lassen das alles so geschehen, ohne noch richtig darüber nachzudenken. »Wir werden gehen, irgendwie kommen wir durch«, meint Mutter, und dann gibt es irgendwann einen neuen Anfang.«

Der 19. August. Wir hatten ein wenig geruht. Die Sachen haben wir abends schon angezogen und zum Schlafen nur die Mäntel über uns gelegt. »Reinhards Geburtstag ist heute!« Mutter seufzt. Wir sehen sie an. Sie ist so schmal geworden und die Augen, die schönen, großen, grauen Augen liegen tief in ihren Höhlen. »Hast du Schmerzen?« »Wie kommst du darauf?« Sie antwortet nicht.

Vater hat den Karren vors Haus gezogen. Es ist fast noch dunkel. Hier und da singt ein Vogel. Aber hier und dort ist schon Lärm im Dorf. Wer wohl heute alles gehen muss? Bald werden sie kommen und uns rausjagen. Ich sehe zu, wie Vater und Trautel versuchen, den Reisekorb auf den Karren zu hieven. Dann den kleinen hinterher. Die Lore ist auch da. Sie hat gesagt, sie wolle uns den kleinen Wagen leihen, und sie geht mit und holt ihn sich zurück. Sie will uns schieben helfen. Ich gebe ihr einen Kuss auf die Wange. Ich finde es großartig, dass sie das tun will. Der kleine Reisekorb will nicht auf den Karren passen. So wird er wieder runtergeholt und auf den Leiterwagen gesetzt, dann der braune Koffer. So wird es gehen. Vater ist damit beschäftigt, alles mit einer Schnur zu verknoten. Es geht ihm alles nicht schnell genug. Nervös zerrt er an der Schnur und faucht die Trautel an, die ihm helfen soll. Ich kriege auch noch was ab.

In diese Aufregung hinein kommen zwei dunkle Gestalten die Straße herunter und öffnen die Gartentür. Erstaunt halten wir inne. Eigentlich sehen sie zerlumpt aus, verbeulte Hüte auf dem Kopf. Keine Milizer diesmal. »So ein Gesindel!«, zischt Vater. »Sei still«, kommt's leise von Mutter. Sie haben weiße Papiere in der Hand. Mit schwerem Akzent rufen sie unsere Namen auf und machen einen Haken in ihrer Liste. Dann gehen sie ins Haus und schließen die Türen zu. Gut, dass wir schon alles vor dem Haus haben. Ich hab' meinen Rucksack aufgeschnallt und mich nicht mehr umgedreht. »Ihr raus hier!«, sagen sie zu uns. Überall haben sie wieder ihre weißen Zettel hingeklebt. Sie warten, bis wir das Letzte aus dem Flur geholt haben. Dann kommt der weiße Zettel über die Haustür. Den Haustürschlüssel haben sie abgezogen. »Zuplombiert«, geht es mir durch den Kopf. Blau blüht die Klematis. Mutter bückt sich. Sie hat keine Notiz genommen von den Männern. Mitten zwischen den Rosen, die hier vor dem Haus blühen, findet sie im Unkraut ein vierblättriges Kleeblatt. Sie lächelt. »Das wird uns Glück bringen!« Sie zeigt es uns, dann schiebt sie es in ihre Tasche. Vater ist ärgerlich. »Komm, wir müssen!« Die Lore macht das Gartentürchen auf und wir schieben den Karren über den gepflasterten Gartenweg. Er holpert, schwerfällig drehen sich die großen Räder. Wir müssen anständig schieben und das bis Waldenburg. Ich ziehe den kleinen Wagen hinterher.

Auf der Straße geht es etwas besser. »Alles viel zu schwer«, stöhnt Vater. »Was habt ihr nur alles in den Korb gepackt?« »Alles, was man braucht!« Der Wagen holpert das Dorf hinauf. Von überall her kommen Leute, es entsteht ein langer Zug zum Hacketeich. Da ist wieder Sammelplatz. Von Zedlitzheide kommen auch Leute mit kleinen Wagen. Die Neumanns sind auch dabei. Heinz lächelt uns zu. Er hat es auch nicht einfach. Wie die alten Großeltern das überstehen sollen?

Die Sonne ist noch nicht aufgegangen, noch ist es kühl. Aber Vater stehen schon dicke Schweißperlen auf der Stirn und Mutters Gesicht ist ganz weiß. Wir sind kaum oben am Hacketeich angekommen, da schießen die Milizer auf den Pferden schon in die Luft. Wir wissen inzwischen, dass dies das Zeichen ist. Es geht los.

Der Zug sammelt sich und die ersten Wagen verlassen den Platz. Die anderen werden hinterhergeschoben und von den Milizern zu Pferde gedrängelt. Wir versuchen, uns anzuschließen. Sogar ein Pferdewagen ist dabei. Dass die das dürfen? Ein Bauer aus Heinrichau mit seinen Töchtern. Die Leute machen Bemerkungen. Mir ist es egal. Aber die eine hat ein weißes Mullkleid an. Mir ist schon jetzt alles zu schwer. Zwei Kleider, die schwarzen Schnürschuhe vom Winter. »Winter wird es auch wieder!«, hat Mutter gesagt, als ich protestieren wollte. Im weißen Mullkleid geht sie, und der Wagen ist ganz schön hoch aufgetürmt. Was die alles mithaben?

Der Treck bewegt sich und wir sind schon das Dorf runter. Da liegt das Titze-Haus. Der Schein mit dem polnischen Stempel über der Haustür glänzt sehr weiß im Dämmerlicht. Der Bach rauscht, wir sind vorbei. Der Wagen holpert fürchterlich. Plötzlich ein Krach, wir schreien. Das rechte Rad ist abgebrochen. Der Korb ist auf die Straße gepurzelt, die Bettsäcke hinterher. Vater in seinem Ziehgurt ist fast mit umgefallen, so schnell ist das passiert. Was nun? Die Leute rennen mit ihren Wagen an uns vorbei. Vater versucht den Schaden zu beheben und schreit immer: »Wir müssen mit! Wir müssen mit, egal wie!« Trautel sagt: »Das geht nicht mehr. Der Wagen ist kaputt.« Mutter und Lore versuchen den Korb noch auf den kleinen Wagen zu laden. Aber das geht auch nicht. Der Zug läuft an uns vorbei. Ein Milizer ist zurückgekommen und guckt. Er schreit: »Schisskojenna!«, und will uns weitertreiben, ohne Wagen. Aber Vater sieht ihn böse an und fuchtelt mit der Faust nach ihm. Lore ist auf einmal weg. In dem Getümmel haben wir es gar nicht bemerkt. Fast ist der Zug schon an uns vorbei und alle sehen mitleidig zu uns hin. Aber helfen können sie uns auch nicht. Da kommt plötzlich die Lore mit einem kleinen Kastenwagen an. Weiß der Himmel, wo sie ihn her hat! »Schnell, aufladen!«, schreit sie. Wir gehorchen ihr. Irgendwie hat Vater den Strick wieder um den Korb und die Bettsäcke geknotet, hat den Ziehgurt vom Karren abgerissen und ihn an den Kastenwagen geknotet. Jetzt kann ich sogar meinen Rucksack noch draufsetzen. Es ist ein schöner Handwagen. Den Karren fahren wir an die Straßenseite, damit nicht noch jemand darüber stürzt. »Weiter, weiter!« Hochrot sind die Gesichter und der Angstschweiß steht auf unserer Stirn. Die Lore zieht vorne mit Vater, Mutter geht hinterher. Den kleinen Wagen ziehen Trautel und ich. Schüsse gellen, das ist der Schluss der Kolonne. Wir sind ziemlich weit hinten.

Motorengeräusch. Das ist der Lastwagen mit den gelben Soldaten, die begleiten uns, damit sich ja keiner unterwegs vom Zug entfernt. Ich starre nur noch auf die Straße, sehe keine Häuser mehr, drehe mich nach nichts mehr um. Bald liegt schon das Dorf hinter uns, auch das Niederdorf. Schieben, schieben und laufen, so schnell wie möglich. Die Sonne kommt hoch und es wird heiß. Ich ziehe einfach den Mantel aus und lege ihn über die Gepäckstücke. Trautel macht es auch so. Vater, mit hochrotem Kopf, zieht mit. Mutter hat noch immer ihren Rucksack auf. Aber er ist nicht ganz so prall wie Trautels und meiner. Etwas Vieleckiges zeichnet sich ab. Ich denke manchmal, wenn ich so direkt hinter ihr her gehe, was das wohl sein mag.

Charlottenbrunn, richtig nehme ich es nicht wahr. Die Landstraße hat die Berge verlassen, die Sonne scheint erbarmungslos über den Treck und die Straßenbäume geben fast keinen Schatten. Nur nicht aufsehen! Weiter, weiter! Einmal schiebe ich und Trautel zieht den Wagen vorne mit der kleinen Deichsel, oder umgekehrt. Manchmal geht es ein bissel bergab, da haben wir es leichter. Aber Vater vorne mit dem größeren Kastenwagen muss sich dann in die Riemen hängen und bremsen. Mutter hat hinten einen Strick um die Holme gebunden, damit kann sie auch ein bissel bremsen. Die anderen Leute machen es genau so. Hier in den Bergen weiß man schon, wie die kleinen Wagen mit viel drauf zu fahren sind. Nicht alle Leute konnten immer gleich mit dem Zug fahren, so wie wir das schon gewöhnt sind. Verstohlen schaue ich nach hinten. Da ist wieder der Bauer mit seinen Töchtern. Jetzt sehe ich, dass die andere auch nur ein Sommerkleid trägt, und an den Füßen tragen sie Sommersandaletten. Das weiße Mullkleid gefällt mir gar so gut. Ein sehr weit gekräuselter Rock bauscht sich um ihre Hüften, großer viereckiger Ausschnitt, große Puffärmel und viel braune Haut. Sie ist hellblond und die Haare fliegen in dem leichten Sommerwind. Die andere ist braunhaarig. Ich kann sie nicht richtig sehen. Sie geht hinter dem Wagen und ist wohl nicht so lustig wie die Blonde. Die schäkert gerade mit einem jungen Polen, der auf einem Pferd am Treck entlangreitet. Soll sie doch hier bleiben, wenn sie sich so gut mit den Polen versteht! Trautel sieht sehr mühselig aus. Sie zieht den Wagen und schaut auf die Straße. Sie hat auch zwei Kleider an. Ein Sommerkleid, das karierte blaue und ein Winterkleid drüber. Sie sieht ziemlich pummelig aus. Ist egal! Mutter hat ihren Mantel immer noch ausgezogen. Sie läuft in der braunen Strickjacke. Eigentlich ist das ja immer noch zu heiß. Ich sehe über die Felder hin. Sie flimmern in der Sonne. Nicht alle sind bebaut. Aber das Getreide ist schon gelb. Mechanisch setze ich Fuß vor Fuß. Es gibt keine Pause. Bleibt jemand zurück, ist gleich das Auto da und die Polen brüllen zum Fenster raus. Kein Mensch hat etwas zu trinken. Wir ächzen und stöhnen. Hinter mir ist es still geworden. Ich sehe mich nicht mehr um. 25 oder 30 Kilometer müssen wir laufen bis Waldenburg, hat Vater gesagt. Trautel kennt die Straße schon, sie ist sie ja im Winter gelaufen, als sie mich abgeholt hat aus Waldenburg. Aber das letzte Stück hat sie ein deutsches Militärauto mitgenommen. Sie hatte den Soldaten leid getan, wie sie in der Eiseskälte so dahintrottete. Nicht vorzustellen, dass hier im Winter hoher Schnee lag, alles weiß und kalt. Ach

Quatsch! Weiter, weiter! Plötzlich gibt's einen Halt. Beinahe wären die Wagen übereinandergepurzelt. Wir bleiben stehen und warten. Sehen kann man nichts, es muss weit vorne sein. Später schießen die Polen in die Luft. Der Treck setzt sich wieder in Bewegung. Nach langer Zeit sehen wir, was passiert ist. Am Straßengraben liegt ein Mann, eine Frau beugt sich über ihn. Sicher ein Hitzschlag, denke ich. Kaum dass wir hingucken. Wir müssen weiter. Es ist noch ein ganzes Stück bis Waldenburg und die Sonne brennt erbarmungslos vom Himmel. Stunden sind vergangen. Ohne Gepäck wäre es sicher schneller gegangen. Auf einmal ist die Sonne weg. Wir atmen auf, ein Wind hat sich aufgemacht. Ein Glück, dass hier die Straße nicht mehr so ein starkes Gefälle hat. Ziemlich eben läuft sie dahin. Trautel meint, wir müssten bald da sein. Aber von der Stadt ist noch nichts zu sehen. Weit dehnt sich hier das Land, gelbe Felder wechseln mit grünen. Das Waldenburger Bergland hat hier nicht so tiefe Täler und die Berge liegen weiter auseinander, so scheint es jedenfalls von der Straße her.

Plötzlich fängt vor uns die Lore an zu winken und zu rufen. Ich sehe mich suchend um, was mag sie gesehen haben? Nun sehe ich es auch. Ein Mann in einem dunklen Anzug kommt auf der rechten Seite den Feldweg entlang. Er hat ein Buch in der Hand. Erst im Näherkommen erkenne ich ihn. Es ist der Gerhard Schwarz. Er hat wohl einen Spaziergang gemacht und ein Buch zum Lesen mitgenommen. Ich staune ihn an. Er hat die Lore erkannt und kommt auf sie zu. Von uns nimmt er keine Notiz. Ich höre nur Fetzen von ihrer Unterhaltung. »Ich gehe mit, weil ich die Wagen wiederhaben will. Den einen muss ich in Wüstewaltersdorf jemand wiederbringen, das habe ich versprochen.« Er nickt ihr zu und geht eine Weile neben uns her. Mutter hat gerade vorne den Wagen übernommen. Sie hat den Ziehriemen über der Brust und hält die Deichsel in der Hand. Da sieht Herr Schwarz auf und meint: »Ich werde ziehen helfen.« Er nimmt der Mutter die Deichsel aus der Hand und legt sich den Gurt um. Mutter ist ganz erstaunt. »Ach, nicht doch, Herr Schwarz.« Aber sie ist doch ganz froh, dass einer sie ablöst. Fast fällt sie hin, als sie den Wagen loslässt und nach hinten geht. Lore und Herr Schwarz ziehen nun den Wagen und Vater schiebt von hinten. Mutter kann ein bissel nebenher gehen. Das tut ihr gut.

Die Wolken werden immer dunkler und der Wind wird schärfer. »Es wird ein Wetter geben!« Angstvoll sehen wir immer wieder zum Himmel. Die ersten Häuser tauchen auf. »Ich muss jetzt leider gehen«, höre ich Herrn Schwarz sagen. Er nickt uns zu. Vater übernimmt den Wagen. Ich sehe, dass die Lore Tränen in den Augen hat. Ohne sich noch einmal umzusehen, geht er auf die andere Seite der Straße und verschwindet in den Häusern. Hat er Angst vor dem Unwetter, das da am Himmel aufzieht?

Durch die Stadt geht es nur schleppend. Wir müssen viel stehen bleiben. Langsam kommen wir durch die Stadt. Die Straßen kenne ich nicht, es kommt mir alles so fremd vor. Hier in dieser Gegend bin ich sicher nie gewesen. Nur die Straßenbahn kenne ich, die holpernd und klingelnd die Straße entlangkommt. Wieder müssen wir stehen bleiben. Hier geht die Straße ins Tal hinunter. Der Wind wird stärker. Er peitscht die Bäume, dass sie nur so aufrauschen. Staub wirbelt um uns und auch Papier. Noch regnet es nicht. Ob wir noch bis zum Auffanglager kommen? Keiner spricht. Alle sehen nur immer wieder besorgt zum Himmel.

Schließlich sind wir den Berg hinunter und jetzt erkenne ich auch, wo wir sind. Wir sind in Altwasser und bald müssen wir eigentlich vor der großen Schule ankommen. Natürlich, zu der Schule müssen wir. Aber dann müssen wir die Wagen ja wieder den Berg hinaufschieben und es ist eine sehr enge Straße! Vielleicht könnten wir aber auch von der Turnhalle her kommen? Nein, tatsächlich, wir müssen die steile Straße hoch. Der Treck ist abgeschwenkt. Der Wind bläst, alles wirbelt, da fallen die ersten Tropfen, während der ferne Donner näher kommt und Blitz auf Blitz folgt, und dann Schlag auf Schlag. Die Menschen fangen an zu schreien, vorne wollen einige aus der Schlange raus, sie werden zurückgepfiffen. Eingekeilt in die anderen stehen wir auf der schmalen Straße, schutzlos dem Wetter preisgegeben, das über uns herdonnert. Der Regen ist dichter geworden und schließlich ist es, als ob der Himmel auseinanderbricht. Es ist ganz dunkel, nur die Blitze zerschneiden grell die Finsternis. Das Wasser fällt über uns her in einem Ausmaß, als wenn Wannen ausgekippt würden. Angstvoll sehen wir auf unsere Sachen. Nirgends Schutz! Wir können nur stehen bleiben und aushalten. Obwohl es eine steile Straße ist, steigt das Wasser zu unseren Füßen schnell an. Schließlich stehen wir bis zu den Knien im Nassen. Unsere Sachen und wir selber eine einzige, triefende Flut. Das Wasser reißt sogar die Wagen mit und wir müssen uns dagegen stemmen, dass sie nicht fortgerissen werden. Alles schreit, flucht, betet, jammert durcheinander. Es ist wie bei der Sintflut. Plötzlich, wie von Geisterhand weggejagt, hört es auf zu regnen. Das Wasser sinkt, wir stehen nur noch mit den Füßen darin. Schließlich scheint die Sonne, als wäre nichts gewesen. Aber wir sind nass bis auf die Haut, unsere Sachen, überall läuft das Wasser raus. So nass stehen wir noch Stunden vor dem Eingang der Schule bis zum Abend. Dann erst schiebt sich Wagen auf Wagen durch das große Eisentor. Endlich kommen wir auch dran. Irgend jemand schreit: »Wagen stehen lassen und mitkommen!« Der Vorplatz füllt sich mit Wagen. Wir lassen unsere auch stehen. Dann werden wir in die Schule hineingeschoben, eigentlich mehr gestoßen. Wir vier halten uns fest an den Händen, damit sie uns nicht auseinanderreißen können. Die Lore haben wir verloren. Was macht sie nur mit den Wagen? Schließlich finden wir uns in einem dunklen Klassenraum wieder, wo schon Leute auf dem Fußboden liegen. Steinfußboden! Hier sollen wir schlafen? Mutter hat schnell unsere Mäntel gegriffen. Sie breitet sie auf dem Boden aus. Sie hat flink einen Platz an der Wand mit Beschlag belegt. Nass und kalt sinken wir auf die Mäntel. Neben uns schreit und weint eine Frau, sie hat wohl ein Kind verloren. Kalt ist der Boden. Ich lehne mich an die Wand. Dann verschwimmen die Bilder zu einer dunklen, elenden Masse.

Kontrolle oder – Die Hölle

Der nächste Tag kam mit einer dunstigen Sonne. Die Nacht war endlich zu Ende. Wir hatten in den nassen Sachen zwischen den nassen Rucksäcken gehockt und vor uns hingedämmert. An Schlafen war nicht zu denken gewesen. Die ganze Schule war vollgestopft mit Deutschen, die ausgewiesen wurden. Die Klassenzimmer waren überfüllt, kaum dass man sich auf den Fluren einen Weg zu einem Klo bahnen konnte. Die Klos waren verstopft und stanken, keiner kümmerte sich darum.

Ängstlich war ich mit meiner Schwester auf die Suche gegangen, nachdem ich es nicht mehr aushalten konnte. Nur auf den Fluren gab es eine Notbeleuchtung, sonst war es dunkel, und mir kam es vor, als wenn sich durch dieses große Haus eine einzige, schwarze Masse von Menschenleibern wälzte, voller Unruhe wurde sie hin und her geschoben. Laut und leise wimmerten, weinten die Kinder, manche Leute hatten die Nerven verloren und schrieen sich an, andere tobten und fluchten vor sich hin. Wieder andere suchten Kinder oder Familienangehörige, die sie am Abend vorher durch das Unwetter verloren hatten. Es mussten die sein, die gerade noch bis zum Eingang der Schule gekommen waren und dann Hals über Kopf die Schule gestürmt hatten, um nicht nass zu werden. Mit Schaudern dachte ich an das knietiefe Wasser, in dem wir gestanden hatten, und der Himmel hatte kein Erbarmen gehabt. Mich fror immer noch, nichts war trocken. »Wenn wir wenigstens in die Sonne gehen könnten«, meinte Mutter, »dann würden wir schneller trocken.« Aber wir mussten aushalten. Mutter war geduldig, sie saß da, als wenn es ihr nichts ausmachte, dass es uns so schlecht ging. Im Gegenteil, sie beruhigte Vater, der immer wieder mal anfing zu schimpfen und vor allem sich gegen die andern Leute wehrte, die uns unseren Platz streitig machen wollten, weil wir an der Wand lehnten und unsere Rucksäcke als Armlehnen benutzen konnten. Aber wir waren in diesen Raum hineingestoßen worden und hatten auch die Leute aus dem Dorf verloren.

Der Regen hatte das Chaos vervollständigt. Da ging auf einmal die Tür auf und ein schlanker Mann schob sich hindurch. Er sah sich um, als wenn er jemanden suchen würde. Als er den Kopf in unsere Richtung wandte, erkannten wir ihn fast gleichzeitig. Auch über sein Gesicht huschte ein Lächeln. Er stieg über alle möglichen Klamotten weg und kam zu uns. Es war Heinz. Er beugte sich zur Trautel und flüsterte mit ihr. Dann stand sie auf. »Ich geh mit dem Heinz. Es werden junge Leute gesucht, die alten Leuten durch die Kontrolle helfen sollen. Wagen schieben und so!« »Komm ja wieder«, meinte Vater, »wir wissen ja nicht, wie es mit uns weitergehen soll!« »Es wird noch dauern«, meinte Heinz, »erst sollen alle alten Leute verladen werden.« Woher der das schon wieder alles wusste? Die beiden winkten uns zu und stiegen über allen Kram und die Menschen hinweg zur Tür. Ich dämmerte weiter vor mich hin.

Eine lange Zeit war vergangen, da kam Trautel zurück. Sie kauerte sich zu uns und holte aus ihrem Mantelärmel ein Päckchen hervor. Es war ein Stück Brot. Schnell war es geteilt und gegessen. »Wo haste es her?« Sie gab keine Antwort.

»Draußen ist die Hölle los! Wir sollten den alten Leuten helfen, die Wagen in die Turnhalle zu schieben. Dort müssen sie alles aufschnüren und das Gepäck öffnen. Ein heilloses Durcheinander! Die Polen wühlen in den Sachen herum, und was sie gebrauchen können, das nehmen sie den Leuten ab.« »Das dürfen sie doch gar nicht!«, sagte Vater schwach. Trautel lachte. »Wir mussten jetzt mal eine Pause machen, damit wir nicht auffallen. Wir machen das nämlich so: Als wir sahen, dass die Leute die Nerven verloren, haben wir immer so getan, als ob wir helfen würden, die Sachen aufzumachen und dann haben wir blitzschnell die Wagen weitergefahren zur nächsten Bank. Dann hat es so ausgesehen, als seien die Leute schon kontrolliert. Ja, und dann haben wir die Wagen einfach rausgeschoben. Auf der anderen Seite der Turnhalle ist ein großer Platz, wohl der Schulhof. Da treiben sie die Leute zu einem großen Pulk zusammen, kaum dass sie Zeit haben, das Gepäck wieder zusammenzuschnüren. Dann geht's wohl zum Bahnhof.« »Wie weit ist es?«, will Vater wissen. Sie zuckt die Schultern. »Ich muss gleich wieder weg. Der Heinz wollte seinen Leuten auch mal eben Bescheid sagen.« Da steckt er auch schon seinen Kopf durch die Türöffnung. »Darf ich mithelfen?« Flehentlich sehe ich Mutter an. Hier rumsitzen ist schlimm. Vielleicht wird mir dann wärmer und die Kleider trocknen. »Ich pass auf sie auf«, sagt Trautel. »Na ja«, höre ich Vater. Trautel hat mich an die Hand genommen und schon stolpern wir zur Tür. Dieser Krach und dieses Gezeter! Wir laufen die Treppen hinunter. Unten durch einen langen Flur werden die kleinen Wagen mit dem Gepäck geschoben. Ein Drängen und Fluchen. Jedem ist jetzt alles egal, wenn es nur weitergeht. Aber dann, vor dem Eingang in die Turnhalle, sind sie auf einmal alle sehr still. Ich sehe verbissene Gesichter und Hände, die verschnürte Gepäckstücke aufknoten. »Komm«, sagt Heinz. Wir sehen alte Leute, die verzweifelt mit ihren Sachen rumkämpfen. »Warum sollen wir es aufbinden?« Sie verstehen nicht, was vor sich geht. Bald weiß ich, was zu tun ist. Mein eigenes Elend vergesse ich und helfe, wo ich sehe, dass es was zu helfen gibt. Eine weißhaarige Oma weint: »Doas bissel Gepretze, was mer mitnahma kenna. Ich war fruh, doas ichs hierhar gebrucht hob. Und jetzt?« »Wir helfen Ihnen, dann wird es nicht so schlimm!« An der großen Tür stehen zwei Polen und passen auf die Leute auf, lassen sie die Tür passieren und weisen sie zu den anderen Polen, die an den langen Tischen stehen und in den Körben und Koffern wühlen. Hinter den Tischen stehen Regale, dort stapeln sich Wäsche, Küchengeschirr, ich weiß nicht was alles. Schuhe und warme Decken sehe ich. Wir sind bald ein eingespieltes Team. Jeder schiebt bei einem andern Wagen mit. Es darf nicht auffallen, dass wir drei zusammengehören. Erst wenn wir drin sind, zwinkert einer dem anderen zu, wo scheinbar eine Lücke an den Tischen entstanden ist. Dort fahren wir hin, um blitzschnell weiterzufahren und dann wieder gemächlich die Wagen zum Ausgang zu schieben. Wir arbeiten still und verbissen. Hinterm Ausgang winken die Leute noch mal und wir verduften langsam und fast zufällig wieder in den Eingangsflur. Wie in der Hölle, denke ich. Die Halle ist dämmrig, ohne Licht, voller Lärm und voller Gestank. Aber sie haben es wohl doch entdeckt. Gegen Abend muss es gewesen sein, lassen uns die Polen an der

Eingangstür nicht mehr mit den alten Leuten durch. Sie plärren uns polnisch an. Den Heinz haben sie zurückgestoßen, da wagen wir es auch nicht mehr. Traurig sehen uns die Leute an. »Auf Wiedersehen«, sagen wir noch, dann schleichen wir uns weg. Es ist zu gefährlich, sie könnten uns schnappen und was dann?

Alles tut mir weh. Die doppelten Kleider an meinem Körper fangen an nach Schweiß zu stinken. Zum Glück sind sie von der vielen Bewegung ein wenig trockener geworden. Mutter hat, so gut es ging, die Mäntel hochgenommen und sie ist wohl auch mit ihnen draußen gewesen, denn als wir uns wieder für die Nacht auf ihnen niederlassen, sind sie nicht mehr ganz so schwammig, wenn auch noch feucht.

Nach einer trostlosen Nacht, in der wir vor Erschöpfung doch über unsern Rucksäcken eingeschlafen sind, ist der Lärm am frühen Morgen bald unerträglich. Es scheint loszugehen. Heinz kommt vorbei und ruft, wir sollten kommen, damit wir nicht wieder den Anschluss verpassen. Wir drängen uns hinaus vor die Schule, wo unsere Wagen mit dem Gepäck stehen. Dann schließen wir uns wieder den Leuten aus dem Dorf an. Viele kennen wir ja nicht mehr, aber hier und da gibt es bekannte Gesichter. Eben vor allem Heinz mit seiner Mutter, seinen Geschwistern und seinen Großeltern, den alten Larischleuten.

Wieder fängt das Schieben und Drängen an in dem langen Gang zur Turnhalle. Uns hilft niemand. Wir müssen selber sehen, wie wir mit unserem Zeug durchkommen. Schließlich ist es soweit. Vater fährt den Wagen vor den Tisch. Zwei polnische Männer, die Schiebermützen schief auf dem Kopf, beginnen, in unseren nassen Sachen zu wühlen. So mittendrin ist noch einiges trocken. Sie werfen alles auf einen Haufen auf den Tisch und manches hinter sich ins Regal. Vater schreit: »Das brauchen wir, ihr Kanaken! Unser letztes Zeug. Ein Skandal!« Sein Gesicht ist rot angelaufen vor Wut. Der eine Pole hat es wohl verstanden. »Du hier nichts zu sagen. Ich dich erschieße!« Er steht mit der Pistole vor Vater. »Lassen Sie doch meinen Mann! Er ist krank!«, höre ich Mutter wie durch einen Schleier rufen. Ich habe wahnsinnige Angst, ich zittere am ganzen Körper und habe wieder dieses lahme Gefühl in den Beinen. Meinen Rucksack habe ich nicht vom Rücken genommen. Es ist alles wie eine graue Watte um mich. Dieses Geschrei, Polnisch und Deutsch durcheinander, dieser Lärm von quietschenden und knarrenden Leiterwagen. Leute rennen und schieben an mir vorbei. Vater, Mutter und Trautel haben gar keine Rucksäcke mehr auf ihrem Rücken. Ich erschrecke aufs neue. Während sich Vater und Mutter mit den Polen rumstreiten, sehe ich Trautel, wie sie sich blitzschnell nach den Sachen bückt, die der Pole aus unserem Korb und dem Koffer rausgesucht hat. Dann findet der Pole Vaters Schneiderschere. »Waffe«, schreit er. »Nein, Handwerkszeug. Ich bin ein Krawiec«, schreit Vater zurück. »›Schisskojenno‹, ich arbeiten!« Geht es noch mal los? Der andere Pole hat inzwischen die Bettsäcke aufgerissen. »Aber es ist alles nass«, schreit Mutter, die Tränen laufen ihr die Wangen runter. Der Pole wühlt in dem anderen Sack rum, ohne ihn aufzureißen. Ein Glück, das ist der Sack, wo die Kleiderstoffe drin stecken. Der bleibt wenigstens heil. Er ist wohl zu nass. Aus dem anderen hat er ein Kopfkissen gezerrt. Es ist einigermaßen trocken. Er wirft es hoch im Bogen auf das oberste Regalbrett. Dort traut Trautel sich nicht mehr hin.

Dann finden sie auch noch die Kochtöpfe, die Mutter mit Äpfeln vollgestopft hat. Die Polen lachen und schütten die Äpfel aus, sodass sie unter den Tischen rumrollen. Mechanisch bücke ich mich und hebe ein paar auf. Schnell schiebe ich sie in meine Manteltasche. Ein Topf bleibt auch zurück. Alles andere haben wir ihnen wieder abgeluchst. Schnell werfen wir alles wieder auf den Wagen, als der Pole zurücktritt und uns wegwinkt. So schnell wir können, schieben wir den Wagen dem Ausgang zu. Wir haben nur noch einen, den anderen hat die Lore wieder mitgenommen. Draußen versuchen wir, alles wieder einigermaßen fest zu verpacken. Aber ob es zusammenhalten wird? Die drei Rucksäcke sind auch wieder da. Trautel hat sie blitzschnell am Ausgang in einer Ecke versteckt. Das grelle Sonnenlicht auf dem Schulhof blendet mich. Ich sehe zu, dass ich bei meiner Familie bleibe, als sich schließlich für uns das Schultor öffnet und wir den Wagen auf die Straße schieben. Ein langer Zug zieht sich die Straße entlang zum Bahnhof Altwasser. Die Straßenbahn kommt quietschend und klingelnd angedonnert. Vor Schreck ist auch noch ein Rad des Wagens in der Schiene hängen geblieben. Mit vereinten Kräften ziehen wir den Wagen heraus, dann quietscht die Straßenbahn an uns vorbei. Neben dem Bahnhofsgebäude haben sie eine Schranke geöffnet, von da aus schieben wir den Wagen auf den Bahnsteig. Ein Güterwagenzug steht am Bahnsteig. Darin sollen wir fahren? Zum Teil sind die Waggons beschädigt. Löcher in den Wänden, da ist wohl reingeschossen worden im Krieg.

Wieder Geschrei überall, deutsches und polnisches. Gelbe Miliz und rotgrüne russische Soldaten mit umgehängten Gewehren stehen am Zug und schieben und stoßen die Leute mit ihrem Gepäck in die Waggons. Ist ein Waggon voller Leute, wird die Tür zugeschoben. Bald sind wir an der Reihe. Wir kommen als letzte in einen Waggon. Die Leute vor uns haben sich schon so ausgebreitet, dass für uns nur noch der Platz vor der großen Waggontür bleibt. Mutter stapelt die Gepäckstücke, den Korb und den Koffer erst mal übereinander. Dann die Bettsäcke. Wir sind drin. »Die in den Ecken haben es gut«, murre ich. »Ist doch egal jetzt!« In den Waggons stinkt es fürchterlich. Der Boden ist mit so weißem Zeug ausgespritzt. Es stinkt wie oben im Dorf in der Fabrikhalle, wo zuletzt die Ostarbeiter waren, geht es mir im Kopf rum. »Desinfektionsmittel«, sagt jemand. Alle lachen hämisch auf. Auf der anderen Seite des Bahndamms türmen sich die kleinen und großen Leiterwagen, die die Leute jetzt nicht mehr brauchen. Die Soldaten kommen und schieben die schwere Waggontür zu.

Wohin geht die Reise? Wie Schlachtvieh, denke ich. Niemand weiß wohin es geht. Irgendwo ist die Postkarte, auf der die Tante geschrieben hat, dass es in den Westen geht. Mutter bittet die Leute neben uns, doch ein wenig zur Seite zu rücken, damit wir uns noch hinsetzen können. Murrend rücken sie zusammen. Dann macht Mutter aus den Bettsäcken eine Höhle und ich setze mich dazwischen. Aber mit dem einen Bettsack lehne ich nun an der Waggontür. Mir ist alles egal. Ich kann mich nicht mehr auf den Beinen halten.

Kaum sitzen wir einigermaßen, da setzt sich der Zug in Bewegung. Es muss schon Abend sein. Stoßend und schniefend mit dem lauten Getöse eines Güterzuges kommt der Zug in Bewegung. Niemand spricht mehr ein Wort. Drinnen ist es dunkel, weil es keine Fenster gibt. Durch ein paar Einschusslöcher kommen schwache Lichtschimmer, die sich mit der Zeit verlieren, die Nacht bricht herein. Wir fahren und fahren. Dann bleibt der Zug wieder stehen. Eine lange Zeit. Draußen russisches und polnisches Geschrei. Danach setzt sich der Zug wieder langsam in Bewegung. Einer sagt in die Dunkelheit: »Wir müssen uns flach hinlegen. In der Görlitzer Gegend wird geschossen. Es sollen schon Leute in den Waggons getötet worden sein. Partisanen oder so was!« Ein Rutschen und Schieben beginnt im Waggon. Alle wollen liegen. Ich werde mehr an die Tür rangeschoben, aber ich merke es nicht. Der Schlaf hat mich in seinen Armen. Da höre ich plötzlich Mutter rufen: »Wach auf, wach auf!« Sie rüttelt mich an den Armen und hält mich fest. Das Rattern des Güterzuges ist ohrenbetäubend, kaum dass ich ihr Rufen wahrnehme. Aber sie rüttelt mich dennoch wach. Verwundert sehe ich sie an und um mich herum. Dunkle Gestalten beugen sich über mich, es ist Nacht. Sie rücken und stemmen mich samt den Bettsäcken, an die ich angelehnt war, in den Waggon hinein. Ich weiß immer noch nicht, was das soll. Schließlich schreit Mutter. Ich sehe mich um und sehe, dass die Waggontür schief in ihren Angeln hängt. Für einen Moment kann ich in den Nachthimmel sehen. Unten öffnet sich ein Spalt und der vorbeihuschende Bahndamm wird sichtbar. Die Männer ziehen und rucken an der großen Waggontür und schließlich hängt sie wieder richtig in ihren Angeln. Zusätzlich wird sie mit einer Wäscheleine festgebunden. Die Männer keuchen. »Das wäre beinahe schief gegangen.« Jetzt erst begreife ich, dass ich beinahe aus dem Waggon gefallen wäre. Jemand von den anderen hat es gemerkt. Nachträglich bekomme ich einen Schock und fange an zu weinen. Draußen fallen Schüsse. Jemand ruft: »Das ist die Görlitzer Gegend. Hier ist Niemandsland. Los hinlegen!« Mutter streicht mir über den Kopf. »Ist ja nichts passiert, du bist ja noch da. Hör auf zu weinen.« Ich beruhige mich wieder. Es wird wieder still im Wagen. Nur das Dröhnen und Quietschen des Zuges ist zu hören, es ist sehr kalt und zugig. Ich wühle mich zwischen die Bettsäcke und das Rattern schläfert meinen erschöpften Körper wieder ein. Wieder bleibt der Zug auf offener Strecke stehen. Lange, aber irgendwann geht es weiter.

Schließlich fällt wieder ein schwacher Lichtschimmer durch die Löcher und Türritzen. Draußen ist es hell geworden. Aber der Zug rumpelt und quietscht weiter. Dann bleibt er plötzlich wieder stehen. Draußen ist es laut geworden. Russisches Geschrei im Kommandoton. Wir wissen nicht, was es zu bedeuten hat. Schließlich wird die Waggontür aufgerissen. Schnell müssen wir den Strick wieder abmachen. Dann rollt die Tür auf. Wir sehen auf einen Bahndamm auf offener Strecke. Aber was ist das? Der ganze Abhang ist weiß übersät mit lauter kleinen, weißen Stoffstückchen. Die ersten Leute sind schon herausgesprungen und rennen den Bahndamm hinab. »Die müssen wohl mal«, sagt einer. Da merke ich, dass ich auch muss. »Armbinden sind das!«, sagt jemand neben mir ganz erstaunt. Die

Leute, die draußen sind, reißen sich ihre weißen Armbinden von den Ärmeln und lassen sie fallen. »Jetzt sind mer frei!«, schreit jemand.

Aus unserem Waggon sind auch alle rausgesprungen und stehen auf dem Bahndamm rum. Alle rufen, lachen und schreien durcheinander. »Wir sind über die Grenze«, sagt Trautel, »es geht in den Westen!« Die Freude ist groß. Aber es sieht so aus, als wenn wir hier gar nicht hätten aussteigen dürfen. Die russischen Soldaten fuchteln mit ihren Gewehren rum und treiben alle in die Waggons zurück. Wir klettern wieder hinein. Der Zug fährt weiter. Fast wären die letzten nicht wieder mitgekommen, sie hatten sich zu weit entfernt und wollten wohl auskundschaften, wie der Ort heißt, von dem wir jenseits des Bahndamms die Häuser sehen können. Sie werden noch von den anderen wieder in den fahrenden Zug hineingezogen.

Der Zug fährt in einen kleinen Bahnhof ein, der ziemlich zerstört aussieht. Keiner weiß so richtig, wie er heißt. Jemand sagt dann: »Das muss Kohlfurt sein!« Dann sollen aus den Waggons je zwei Leute kommen und Brot holen für die Familien in den Waggons. Trautel rennt mit los. Schließlich kommen sie zurück mit ein paar Broten. Sie sollen geteilt werden. Ein Brot für sechs Personen, hatte es geheißen. Wer soll teilen? Ach, die Frau Koch kann das machen, die sitzt im Hellen an der Waggontür. Mutter sieht sich verlegen um und dann auf die Brote. »Na ja, ich werde es machen. Ich hab ein Brotmesser.« Sie zieht eine Bestecktasche aus ihrem Rucksack. Da befindet sich auch ein kleines, scharfes Messer drin. Damit beginnt sie, die Brote aufzuschneiden. Immer schön egal, für sechs Personen ein Brot. Es sind graubraune Dreipfundbrote. Alle sehen ihr gespannt zu, wie sie Brot für Brot aufschneidet. Dann reicht sie die Kanten den Frauen weiter. »Sie können das gut«, meint einer. Alle sind zufrieden mit der Teilung. Es ist ganz still, alle kauen bedächtig das Brot. Die erste Mahlzeit nach dem Auszug, die erste Mahlzeit auch in der Freiheit.

Läusepulver

Es war Gewissheit geworden, wir fuhren in den Westen! Da der Zug sehr langsam fuhr, hatten die Männer die große Schiebetür an dem Waggon wieder aufgeschoben. Die jüngeren Leute hatten sich's in der Türöffnung bequem gemacht und ließen die Beine rausbaumeln. Der Güterzug ruckelte und zuckelte durch die Landschaft und blieb oft ohne ersichtlichen Grund immer wieder lange Zeit stehen. Aber wir durften ja nicht aussteigen, denn niemand wusste, wann es weitergehen würde. Sicher war, dass auch hier in der Gegend von Cottbus viele Russen stationiert waren.

Immer wieder sahen wir Lastautos und russische Truppen, wenn der Zug Landstraßen überquerte oder durch Ortschaften fuhr. Aber wie sah das alles aus? Der Krieg hatte gewütet, kaum ein Haus, das nicht zerstört war. Auch Menschen waren weit und breit nicht zu sehen. Unsere anfänglich fröhliche Stimmung schlug bald wieder um in Bangen und Trostlosigkeit. Deutschland war kaputt, zerschossen, zerbombt. Wo würden wir ein Dach über dem Kopf finden, wo eine Ecke, einen Ort, wo wir neu anfangen konnten? Eben noch hatten die jungen Leute Heidelieder gesungen, leise zwar, aber doch »Auf der Heide blüht ein kleines Blümelein, und das heißt Erika«. Wir hatten uns so befreit gefühlt, irgendwie würde es weitergehen. Ich hockte zwischen ihnen und spürte, wie langsam die Traurigkeit wieder hochkam. Dazu die Landschaft, Heidelandschaft, schlanke, weiße Birken und dunkle Kiefern wechselten sich ab. Dazwischen blühte rot, rot die Heide. Es war ein Flammen ohne Ende. Ich starrte in diese heiderote Blütenpracht und konnte mich nicht daran freuen, auch nicht, dass die Sonne schien. Diese stille, rote Landschaft machte mir Angst, ich begann sie zu hassen. Ob der Westen überall so aussah? Jetzt im Sommer rot von der blühenden Heide und im Winter überall breit und langweilig der Schnee. Der Zug ruckelte und zuckelte, weiter und weiter. Es wurde Abend. Wir schlossen die Tür und versuchten wieder zu schlafen, zwischen all dem Gepäck, das immer noch feucht war und anfing zu stinken.

Am andern Tag schoben wir die Tür wieder auf, da kam eine Stadt in Sicht. Eine Stadt? Es war wohl mal eine gewesen. Irgendjemand hatte ein Schild entdeckt und gesagt, dies sei Magdeburg. Ich hatte noch keine total zerstörte Stadt gesehen. Ruinen und Trümmerhaufen starrten uns an, als wir über den Bahndamm in die Stadt hineinfuhren. Über eine Brücke fuhr der Zug. Unten auf den Straßen konnte ich Leute gehen sehen. Aber wo wohnten die eigentlich? Da war kein Haus, das so aussah, als wenn man darin wohnen könnte. Ich sah zerschossene und zerbombte Türme, sie ragten wie Finger in die Luft, die mir drohten. Mich packte ein Grauen. Wohin fuhren wir? Es war ganz still im Waggon, die andern dachten sicherlich Ähnliches. Mutter war neben mir, sie drückte mich ganz fest an sich.

Wir fuhren in den Bahnhof ein. War es ein Bahnhof? An ein paar stehen gebliebenen Mauerresten lehnten ein paar Baracken, aus denen Menschen herausquollen und wieder bei einer anderen Tür Menschen hineindrängelten. Da waren wohl die Schalter. Auch hier überall russische Soldaten. Wir fuhren an der Bahnsteigkante vorbei auf ein Abstellgleis. Dort blieb der Zug stehen. Wieder wurden aus den Waggons je zwei Leute gerufen, die für den Waggon Essen holen sollten. Mutter musste wieder teilen. Es gab auch eine undefinierbare, braune Suppe zu trinken. War es Kaffee oder Abwaschwasser? Wir hatten großen Durst und tranken. Dann hieß es wieder einsteigen, die Fahrt ging weiter. Ich fiel in einen unerklärlichen Zustand, die Gedanken erstarben, der ganze Körper schmerzte. Ich hockte neben Mutter, an den feuchten Schlafsack gelehnt. Ihre Augen sahen nach draußen, sie sahen die Zerstörung und sahen sie auch wieder nicht. Mutters Gesicht war ganz fahl, die Lippen hatte sie fest aufeinander gepresst. Ich fühlte nur ihren Leib, das war meine Ruhe.

Gegen Abend war es, die Sonne schien schräg in den Waggon. Schließlich färbte sie sich rot und breitete ihr rotes Licht über die Landschaft aus. Dieses Rot erdrückte mich aufs neue. Ich schloss die Augen. Da hielt der Zug. Draußen wurde es laut. Im Waggon standen sie alle auf und drängten sich zur Türöffnung, um

305

besser verstehen zu können. Ein Lautsprecherwagen fuhr draußen vorbei, sehen konnte ich ihn nicht. Die Leute hatten mir die Sicht versperrt. Ich verstand einiges: »Sie sind im Lager Marienborn angekommen. Steigen sie aus und nehmen sie Wichtiges mit. Sie werden hier verpflegt und werden dann weitertransportiert.«

»Hier sollen wir aussteigen?« Mutter suchte nach den Rucksäcken. »Hier, nimm ihn huckepack!« Ich reckte mich, mir tat alles weh, und als sie ihn mir über die Schultern legte, brach ich fast zusammen. Die ersten kletterten schon aus dem Waggon. Aber wir mussten davor stehen bleiben. Beim Rausklettern hatte ich gesehen, dass ein Trupp von Männern in weißen Kitteln am Zug entlangging. Sie trieben die Leute zu Pulks vor ihren Waggons zusammen, dann schoben sie die Waggontüren zu und schlugen Ketten um die Türöffnungen. »Was machen die da?«, fragte ich ängstlich. »Das Gepäck soll im Waggon bleiben; damit es nicht gestohlen wird, versiegeln sie die Türen.« Dann setzte sich von vorne der Zug in Bewegung. »Wo gehen wir hin?« Vor mir Menschen, hinter mir Menschen. Trautel sagte: »Wir gehen zum Lager, dort werden wir wohl bleiben, bis sie uns weiterfahren.«

Plötzlich sah ich vor mir wieder die weißen Männer. Sie mussten auf etwas stehen, denn sie ragten über die Menschenmassen hinweg. Sie hatten so große Instrumente in der Hand, die aussahen wie große Blasebälge, so wie man sie in der Schmiede braucht, zum Feueranblasen. Jemand sagte mit entsetzter Stimme »Entlausung«. Als wir näher kamen, stank es fürchterlich. Vor mir schrieen Leute und schimpften. Aber es gab kein Entrinnen, denn wir standen noch immer auf dem Bahndamm. Meine Schwester war auf einmal weg. Nur Vater und Mutter waren neben mir. Ich sah mich um. »Wo ist sie?« »Sie wird schon kommen!« Mutter zerrte mich mit fester Hand weiter.

Schließlich waren wir an der Reihe. Vor uns verwandelten sich die Leute in Schneemänner. Die Männer pusteten weißes Pulver über die Menschen hin. Sie standen auf Tischen und jeder musste antreten und die Kleider öffnen. Dann stieg eine weiße, stinkende Wolke auf. »Warum?« »Wir könnten Läuse haben! Nun komm schon. Es hilft nichts, wir müssen da wohl durch!« Sie schob mich vor sich her. Wir waren an der Reihe. »Na, Kleine, mach mal den Mantel auf!« Von oben grinste mich ein Männergesicht an. Ich starrte ihn an. Er legte die Spitze von dem Blasebalg vorne an meine Kleideröffnung. Er schlug den Blasebalg zusammen und eine Wolke von stinkendem Pulver, wie ein Nebel, hüllte mich ein. Ich starrte immer noch in diese grinsende Fratze. Das Pulver fühlte sich an wie Mehl. Es rann in meinen Kleidern an meinem Körper herab. Ich sah an mir herunter. Ich war schneeweiß. Ich fühlte auf meinen Kopf. Auch dort lag dieses scheußliche Zeug. »Nu, geht schonn weiter!« Da war ich auch schon an den grinsenden, weißen Kerlen vorbei.

Ich sah zur Mutter hin. Alle waren weiß und stanken fürchterlich. Läusepulver überall, durch das Laufen rutschte es am Körper nach unten und setzte sich unter den Po und in den Schritt. Dort fing es an zu beißen und zu brennen. Ich begann zu weinen.

Plötzlich war Trautel wieder da. Sie war nicht weiß, so wie wir. »Wo warst du?«, fragte ich mit tränenerstickter Stimme. »Ich bin doch nicht verrückt! Ich habe keine Läuse und gedenke auch keine zu kriegen. Ich bin einfach unten an ihnen vorbeigegangen.« Ich bewunderte sie. Sie hatte es geschafft und ich dummes Kind war brav dageblieben. »Wärste auch verschwunden!« Sie lachte. Aber Mutter und Vater waren auch brav dageblieben.

Wir kamen ins Lager. In den Stuben standen Stockwerkbetten. Alte Decken und Strohsäcke lagen darin. Alles stank. Ach, dieser Gestank! Mir war speiübel. Hier sollten wir bleiben?

Der Hering

In der Lagerstube standen an der einen Wand drei Stockwerkbetten und an der anderen zwei. Diese hatte Trautel gleich mit Beschlag belegt, als die Leute in die Stuben drängten. Es war ein einziges Schreien und Stoßen gewesen. Jeder wollte das Beste haben. Sie hatte gerufen: »Hierher, hier liegen wir!« So war ich zu dem unteren Bett gekommen, direkt neben der Tür. Meine Schwester hatte oben ihren Rucksack hingeschwungen. Am Fenster rechts neben mir war das andere Stockwerkbett. Mutter würde unten schlafen, Vater musste dann wohl nach oben. Anders ging es nicht, wenn wir zusammenbleiben wollten.

Ich war so schlapp, ich hatte meinen Rucksack mit Mühe auf das Bett geschoben. Trautel meinte: »Ans Kopfende damit. Man kann nicht wissen. Unten kann man ihn schnell mitnehmen!« Das war einleuchtend. Außerdem, wenn ich ihn zurechtrückte, hatte ich eine gute Rückenlehne. Diese olle, graue Decke, damit sollte ich mich zudecken? Wer weiß, wer da alles schon drunter gelegen hatte? Soldaten?

Wenn mir doch nur nicht so übel wäre! Während in der Stube ein einziges Durcheinander herrschte, alle redeten auf einmal los, und auf den Fluren wurde rumgeschrieen, überlegte ich, wie ich mich wohl von diesem ekelhaften Läusepulver befreien könnte. Ich überwand mich und krabbelte auf das Bett, dann zog ich ein Kleidungsstück nach dem andern aus. Bis zur Unterwäsche war einiges auszuziehen. Seit Tagen schon waren wir nicht aus dem Zeug gekommen. Ich schüttelte jedes Teil ein wenig aus und legte es beiseite. Dann kramte ich in meinem Rucksack nach meinem Kopftuch. Das war wenigstens sauber, rotgetupft, am Rand mit Bauernblumen auf weißem Grund. Ich besah es erst mal richtig. Dann legte ich mein Gesicht hinein. Es stank nicht. Darauf würde ich schlafen. Morgen würde alles anders aussehen. Tapfer würgte ich die Tränen hinunter, die immer wieder kommen wollten.

Den anderen ging es doch genauso! Ich streckte mich schließlich lang auf dem Bett aus. Ich hatte mich sozusagen in mein Schicksal ergeben. Ich sah nach oben und sah die Bretter, auf denen der Strohsack lag, auf dem meine Schwester schlafen würde. Wo war sie eigentlich?

Hoffentlich brachen die Bretter nicht entzwei, so wie ich es einmal in dem Freizeitheim erlebt hatte, als wir in Breslau mit Fräulein Zippel und der Jungschar den Wochenendausflug vor die Stadt gemacht hatten! Da war in der Nacht über mir ein Brett zusammengekracht und das Mädchen, das über mir schlief, war mit seiner Matratze zu mir heruntergepurzelt. Nicht ganz, aber doch so, dass ich mich sehr erschrocken hatte. Wir alle mussten schrecklich lachen, und die Mädchen im Zimmer halfen dann, die Bretter auszuwechseln, damit wir weiterschlafen konnten.

Ich lag da und erinnerte mich. Es hatte nicht gestunken, die Fenster waren weit offen, es war eine warme Sommernacht gewesen. Wir hatten uns viel erzählt. Die Stockwerkbetten, das war für uns kleine Mädchen ein besonderes Erlebnis gewesen.

Draußen standen im Garten Apfel- und Pflaumenbäume und der Duft von reifendem Obst war ins Zimmer gezogen. Der Mond schien voll ins Fenster und ich konnte nach dem Zwischenfall lange nicht einschlafen, weil der Duft und das Mondlicht mich unruhig machten.

Auf dem Flur hörte ich Rufen und kehrte in die Wirklichkeit zurück. Die Tür wurde aufgerissen und jemand schrie: »Zwei Leute Essen fassen!« Da wurde es bei uns wieder lebendig. Trautel und noch eine andere Frau gingen zur Tür hinaus. Ich duselte weiter. Da ging die Tür wieder auf und die beiden kamen zurück. Ich sah, wie sie den einzigen kleinen Tisch in die Mitte des Raumes schoben, und im Nu waren alle wieder von ihren Betten runter und um den Tisch versammelt. Stühle gab es nicht. »Frau Koch, würden Sie wieder teilen?« Da wurde ich hellwach. Es gab was zu essen! Ich rutschte von meinem Bett runter und drängelte mich zwischen die Leute, um besser sehen zu können. Eine kleine Kiste stand auf dem Tisch und Brotschnitten lagen darin, abgezählt, wie es schien. Daneben, in einem Stück Papier, ein Stück Butter oder Margarine. Dann lag noch ein Stück Papier daneben. Was wohl da drin war? Mutter hatte wieder ihr Messer in der Hand und sagte: »Für jeden zwei Schnitten. Zehn Personen, zwanzig Schnitten, stimmt! Soll ich sie streichen?« »Ja, ja«, sagten alle gleichzeitig. Große Stille im Raum. Gespannt sehe ich auf Mutters Hände. Eine Schnitte nach der andern bestreicht sie mit der gelben Masse. Butter? Wohl kaum. Die Schnitten sind viereckig, so wie Kommissbrotschnitten. Kommissbrot? Der Krieg ist doch vorbei! Der Tisch füllt sich mit den Schnitten. Keiner wagt zuzugreifen. Schließlich raschelt sie mit dem Papier, von dem ich nicht sehen kann, was es enthält. Sie streicht es schließlich auseinander. Alle recken die Hälse, ich auch. Leises Lachen ist zu hören. Ein Hering kommt zum Vorschein. Ein einziger Hering, ja, wir haben richtig gesehen. Alle sehen sich verdutzt an, dann bricht schallendes Gelächter los. Mutter schaut in die Runde: »Wer soll den essen?« »Niemand«, sagt jemand hart. »Sollen wir ihn fortwerfen?« »Wie schmeckt Hering?« Allgemeines Gemurmel. »Sie müssen ihn teilen!« »Ja, Sie müssen ihn teilen!«, rufen alle durcheinander. Mutter macht ein ungläubiges Gesicht. »Wie soll ich das machen?« »Sie können das schon!« Ja, sie hat im Waggon gerecht geteilt, alle sind zufrieden gewesen, erinnere ich mich. Gespannt sehe ich ihr zu. Sie nimmt wieder das Messer zur Hand, streicht nochmals das Papier glatt. In der Runde wird es wieder still. Sie schneidet dem Hering den Bauch auf. Es ist nichts drin. Er ist auch ziemlich schlank der Fisch. Wahrscheinlich ein junges Exemplar, da ist weder Rogen noch Milch drin. Um so unklarer ist mir, wie alle davon etwas haben sollen. Zehn Leute! Mutters Hände gleiten mit dem Messer über das Fischlein, schaben die Schuppen ab, schneiden die Flossen weg, zerlegen ihn. Vorsichtig rupft sie die Gräten heraus, sehr vorsichtig macht sie es, die Mutter, die schon so oft Heringe ausgenommen und zu Heringssalat oder einfach zu gekochten Kartoffeln als Gericht tischfein gemacht hat. Für Sekunden vergesse ich, dass ich nicht zu Hause in unserer Küche bin und Mutter zusehe.

Es ist ganz still. Zwei schmale Teile liegen auf dem Papier. Sie schaut in die Runde, dann teilt sie. Vorsichtig teilt sie den Hering in zehn gleiche Teile, in zehn gleiche Teilchen. Behutsam spießt sie jedes Teil auf die Messerspitze und legt sie auf ein Brot. Ich sehe genau zu. Für jeden liegt schließlich auf einem Brot ein Stück Fischlein, daneben ein mit Margarine bestrichenes Brot. Sie legt das Messer weg. Es ist immer noch ganz still. Niemand lacht oder sagt ein Wort. Ihre rauen, verarbeiteten Hände mit den dicken Adern heben ein Brot nach dem andern vom Tisch und reichen es an die, die um den Tisch stehen. Schließlich hat jeder auf der einen Hand eine Schnitte Brot mit Hering und in der andern Hand das andere Brot. Jeder geht still weg vom Tisch zu seinem Bett.

Mutter hat nichts gesagt dabei. Ich sehe in ihr Gesicht. Es ist hell und freundlich. In ihren Mundwinkeln hat sich ein Lächeln eingegraben. Sie schaut mich an und reicht mir auch die zwei Brotschnitten, dann gibt sie sie Vater und meiner Schwester. Wir sind die letzten, die etwas bekommen. Ich sehe in ihre großen, grauen Augen. Ach, wie ich sie liebe! Eine warme Welle läuft über mich hin. Die letzten zwei Brotscheiben nimmt sie sich.

Alle sitzen schweigend auf ihren Betten und essen. Von draußen hören wir den Lärm um so lauter. Später höre ich auf dem Flur: »So eine Gemeinheit. Der Fisch ist bei uns verschwunden.« »Wir haben uns drum gezankt.« »Einer hat ihn erwischt und hat nichts abgegeben.« »Wir haben ihn den Kindern geteilt. Überhaupt, pro Stube ein Fisch, so ein armseliges Ding. Die wollen uns wohl hier verhungern lassen!« So plärren die Leute durcheinander. Eine Frau aus unserer Stube sagt leise, aber alle hören auf einmal zu: »Wir haben alle Hering gegessen, es hat gut geschmeckt.« Erstaunen in der Runde, dann brandet ein Gelächter hoch. »Wie viele habt ihr gehabt, zehn?« »Nein, einen«, sagt die Frau. Dann geht sie weg und alle schauen ihr verblüfft nach.

Die Porta Westfalica und die Heilsarmee

Waren wir zwei oder drei Tage in Marienborn im Lager? Eines Morgens schnallten wir die Rucksäcke wieder auf. Es hieß, die Reise sollte weitergehen. Wohin? Die einen erzählten etwas von Siegen, die andern von Gelsenkirchen.

Jedenfalls nach Westfalen sollte die Reise gehen. In diesen Städten, so sagten die, die immer alles schneller wussten als wir, gibt es große Kasernen, die als Flüchtlingslager eingerichtet worden sind.

In ein Lager? Wieder in diese öden Räume mit Stockwerkbetten und Gestank? Müde tappte ich den Eltern nach. Ich sah auf die Straße, die wir zum Bahnhof laufen mussten. Tante Liesel hatte doch was von einem Bauernhof geschrieben, nichts von einem Lager!

Mir wurde wieder übel und mein Bein schmerzte auch wieder. Seit Tagen hatte ich die Binde nicht wechseln können. Die Geschwüre waren den ganzen Sommer über nicht zugeheilt. Aber sie taten nicht mehr so weh. Jetzt aber war die Binde verkrustet und beim Laufen scheuerte sie. Mutter hatte versucht, ein sauberes Taschentuch drunter zu binden, viel hatte das nicht geholfen.

Auf dem Bahnhof angekommen, sollten wir in einen Personenzug einsteigen. Wir waren ganz platt. Richtig in Wagenabteile, wo Sitzbänke drin waren. Sie waren sogar sauber gefegt, so als würden wir freiwillig und mit Zugbillet verreisen. Das »Ah!« und »Oh!« wollte kein Ende nehmen. Schließlich fanden wir in einem Abteil Platz und ich durfte neben Mutter am Fenster sitzen. »Und unsere Sachen?« Mir fielen auf einmal unsere Bettsäcke und der Reisekorb ein, die wir ja in dem Güterzugwaggon gelassen hatten. »Der Schaffner hat gesagt, die würden in den Güterwagen bleiben und mitfahren.« Na ja, viel zu verlieren hatten wir ja nicht mehr.

Ich hörte den andern zu, wie sie Witze machten. »Ganz vornehm verreisen wir jetzt! Ob wir nicht noch 2. Klasse Abteile hätten bekommen können? Die wären doch angemessener gewesen als die 3. Klasse.« »Kannste doch für uns arme Schlucker nich verlangen. Da machen wer doch alles dreckig!« Gelächter. »Ach was, 1. Klasse-Coupés wären grade gut genug für uns gewesen!« »Wir fahren jetzt Zug in Deutschland!« So ging es hin und her. Ich sah zum Fenster hinaus. Auf dem Bahnsteig hatten sich die Leute verlaufen und nur noch das Bahnpersonal lief herum. Es begann zu dämmern, als sich der Zug endlich in Bewegung setzte. Es war ein richtiger Bummelzug. Er hatte es nicht eilig. Er ruckelte und zuckelte durchs Land, oft blieb er stehen. Die ebene Landschaft fand ich langweilig. Große, abgeerntete Felder wechselten sich mit kleinen Wäldern ab. Die Ortschaften waren in der Dämmerung nicht richtig zu erkennen, oft aber sah ich, dass die Häuser nur Ruinen waren.

Ich hatte es mir in Mutters Arm gemütlich gemacht und meine Neugier schlief ein. Plötzlich aber wurde ich wieder munter. Im Abteil war es unruhig geworden, alle standen auf und drängten sich um die kleinen Abteilfenster. Es musste was zu sehen sein! »Was ist los?« »Wir fahren an der Porta Westfalica vorbei.« »Was ist das?« »Das ist ein Denkmal an der Grenze von Niedersachsen zu Westfalen.« Ach ja, ich hatte in der Schule davon gehört. Deutschland war in Provinzen eingeteilt. Einer schrie: »Hinsetzen, wir wollen alle was sehen!« Tatsächlich, die Leute setzten sich wieder brav hin. So konnte ich auch endlich was sehen. Das Fenster war runtergeschoben und die kühle Morgenluft strömte ins Abteil. Mich fror. Aber ich sah nach draußen, um etwas zu erkennen. »Da, da ist sie!« Es war hell geworden, aber der Himmel war nicht blau, sondern blutrot, und vor diesem blutroten Himmel zeichnete sich das Denkmal ab. Wie ein Riesentor, dachte ich. Graue Linien vor diesem roten Himmel. Unten im Tal suchte ein Fluss seinen Weg. Rechts und links türmten sich bewaldete Berge. Es gibt Berge hier? Der Fluss, das musste die Weser sein. Die Weser fließt bei Bremen in die Nordsee. Ach, mir war es egal, ein elendes Gefühl beschlich mich. Ich wollte nach Hause, ich wollte nicht in dieses Westfalen. Gelsenkirchen, das war das Ruhrgebiet und dort war alles kaputt. Würden wir in einer Ruine wohnen? Ach, wir sollten ja in ein Lager. Ich starrte zum Fenster hinaus in diesen roten Morgen. Ich machte die Augen ganz groß, damit die Tränen nicht laufen konnten. Dann blieb der Zug wieder stehen, lange. Ich wollte den roten Himmel nicht mehr sehen, alles war rot, die Gesichter, das ganze Abteil war in dieses rote Licht getaucht. Endlich fuhr der Zug weiter, endlich kam auch die Sonne und verbannte das Morgenrot.

Wieder ruckelte und zuckelte der Zug weiter und blieb wieder stehen, oft auf offener Strecke, stundenlang. Fast trauerten wir dem Güterzug nach, da hatten wir wenigstens in der Türöffnung hocken können und viel mehr von der Landschaft gesehen. Hier im Abteil war es grässlich, der eine machte das Fenster auf, der andere zu. Dem einen war es zu warm, den andern zu kalt. Das Gespräch schlief ein, dann erzählten sich andere wieder was. Ich hörte nicht hin, ich kroch in mich hinein. Mit der Zeit drückten die Holzbänke. Viel Platz zum Aufstehen gab es nicht. Schließlich tat der Rücken weh. Zu essen brachte uns auch niemand mehr etwas. Den ersten Tag fuhren wir so dahin. Im Abteil wurde es immer stiller, kaum dass noch jemand zum Fenster hinaussah. Jeder döste so vor sich hin. Der Abend kam und noch immer waren wir nicht am Ziel. An welchem? Dann wurde es dunkel, im Abteil gab es kein Licht. So versuchte jeder, so gut es ging zu schlafen.

Irgendwann, es muss mitten in der Nacht gewesen sein, hielt der Zug auf einem Bahnhof. Auf dem Bahnsteig wurde es lebendig. Schaffner liefen am Zug entlang und riefen etwas, ich verstand es aber nicht. Wieder wurde das Fenster aufgerissen. Ich stand auf und drängelte mich neben meine Schwester, die auch zum Fenster rausguckte. In der schwachen Bahnsteigbeleuchtung konnte ich auf einem sehr großen Schild lesen »Hamm in Westfalen«. Hinter mir hörte ich sagen: »Hamm, Hamm, das hätt ich gerne!« Andere lachten. Dann war der Bahnsteig wieder wie leergefegt. Der Zug stand und stand, nichts passierte. Wir guckten hin und wieder aus dem Fenster. Aber es war nichts zu sehen. Meine Schwester meinte: »Wollen wir mal aussteigen und uns die Füße vertreten?« »Nein, das dürft ihr nicht! Dann fährt der Zug weiter und wir verlieren euch.« Vater hatte ein Machtwort gesprochen, aber wir fanden keine Ruhe. Schließlich machten wir das Fenster wieder auf, obwohl sich andere beschweren, dass es zu kalt sei. Immer noch war der Bahnsteig leer. Der Zug hatte wohl keine Lokomotive mehr. Vielleicht waren die Schaffner auch schlafen gegangen, oder sie wurden ausgewechselt.

Gerade wollen wir das Fenster wieder schließen, da sehen wir, wie zwei Frauen die Bahnsteigtreppe heraufkommen und mit schnellen Schritten den Bahnsteig entlangkommen. Das interessiert uns, wir lassen das Fenster offen und hängen uns raus. Die beiden Frauen haben einen großen Waschkorb zwischen sich und weiße Schürzen um. Wie komisch, was soll das? Sie sehen uns und bleiben schließlich vor unserem Wagen stehen. »Wollt ihr was zu essen?« Komische Frage. Ich kann jetzt in den Waschkorb sehen. Brotschnitten sind drin. Ganz viele. Die Frauen lächeln uns an, setzen den Korb ab und reichen uns zwei Brotschnitten für jeden ins Fenster. Ich traue meinen Augen nicht. Zwei große Brotschnitten, grob geschnitten, wahrscheinlich mit einem Messer. Gierig beiße ich hinein. Schmeckt nach Leberwurst. Ich sehe und höre nichts mehr, obwohl es um mich herum auf einmal ganz laut geworden ist. Ich drücke mich in meine Fensterecke und mampfe das Brot in mich hinein. Nichts lasse ich übrig. Mir tut richtig der Magen weh. Habe ich zu schnell gegessen? Ich sehe jetzt, dass die anderen auch so eine Schnitte in der Hand haben. Draußen auf dem Bahnsteig laufen die Leute umher. Ich sehe, dass noch mehr Frauen mit weißen Schürzen herumstehen. Wahrscheinlich haben sie auch Waschkörbe mitgebracht mit Brot. »Wollen wir jetzt mal aussteigen?« Meine Schwester nimmt mich an die Hand, und ehe Vater etwas sagen kann, sind wir schon draußen. Die Frauen haben auch große Kannen mit Tee bei sich und teilen ihn aus. Kleine blecherne Töpfchen machen die Runde. Trautel fragt eine Frau, wer die Brote gemacht hat. Die junge Frau lächelt freundlich. »Wir sind von der Heilsarmee. Unsere Brüder in Amerika haben das Geld gespendet, damit wir Mehl kaufen konnten. Hier fahren täglich Züge durch mit Flüchtlingen und ihr habt doch nichts zu essen!« Sie lächelt wieder freundlich. Dann gießt sie Tee in das nächste Töpfchen. Die Heilsarmee? Was sind das für Leute? »Christlich sind die«, meint meine Schwester. Aber wir müssen wieder einsteigen, denn der Zug kann jeden Augenblick weiterfahren. Er ist lang, sehr lang und lauter Leute wie wir sind da drin. Die Leute aus dem Dorf sind auch längst nicht mehr alle zusammen. Hin und wieder sieht man ein bekanntes Gesicht. Aber genau so schnell, wie die Frauen mit ihren Wäschekörben am Zug entlanggerannt sind und die Brote verteilt haben, so schnell sind sie auch wieder verschwunden und der Bahnsteig liegt wieder leer und öde in der Nacht. Das Brot liegt schwer in meinem Magen, aber es war herrlich, endlich wieder etwas zu essen. Mir ist nicht mehr so entsetzlich kalt. Mutter legt den Arm wieder um mich, ich versuche zu schlafen. Nette Leute, diese Heilsarmee, die Frau war so lieb! So was, mitten in der Nacht mit einer weißen Schürze, wundere ich mich. Dann ruckt es, aha, der Zug fährt wieder. Er fährt und fährt durch Westfalen.

Der Morgen kommt. Häuser huschen am Fenster vorbei. Hier scheint nicht soviel kaputt zu sein. »Berge, Mutter guck mal, hier sind Berge!« Ich bin ganz aufgeregt und schaue auf die bewaldeten Hänge. Es gibt richtige Häuser, bissel vergammelt, aber kaum mal eines kaputt. Vielleicht wird doch noch alles gut! Aber dann fahren wir in eine Stadt hinein und je mehr Häuser da sind, desto zerstörter sind sie auch. Trümmerberge türmen sich am Bahngleis. Es wird immer trauriger. Wo sind wir eigentlich? Jemand hat vorhin gesagt, es hätte da ein krummes Schild gegeben, da hätte »Weidenau« draufgestanden. Aber nach Ruhrgebiet sieht es nicht aus. Da ruft plötzlich jemand: »Siegen, ich hab's genau gelesen, Siegen!« Der Zug ruckelt schließlich in einen Bahnhof hinein. Da steht es, »Siegen in Westfalen«. Der Zug bleibt stehen und der Schaffner rennt am Zug entlang und ruft: »Aussteigen, alles aussteigen! Der Zug endet hier!«

Im Abteil ist großer Aufruhr. Also haben die Gerüchte doch gestimmt. Vater sagt: »Siegen, ja natürlich, Garnisonsstadt. Hier sind viele Kasernen. Deshalb ist die Stadt so zerstört.« Schließlich haben sich alle Leute aus dem Abteil gedrängelt. Und jetzt? Irgendwie formiert sich der Zug. Aber ich sehe, dass das Bahnhofsgebäude auch zerstört ist. Wir laufen auf dem Bahnsteig entlang, bis er auf der Straße mündet. In scheinbar unendlicher Schlange drängen sich die Schlesier mit ihren Rucksäcken auf dem Rücken aus dem Zug. Es heißt, dass jede Familie jemand schicken soll, um das Verladen der Sachen aus den Güterwagen zu überwachen. Aber es geht doch noch nicht weiter.

Schließlich sitzen wir wieder auf unseren Rucksäcken und warten, dass irgendetwas passiert. Leute von der Straße haben uns beobachtet und kommen herüber. Sie fragen, wo wir herkommen. Mutter sagt: »Aus Schlesien, da sind jetzt die Polen.« Der Mann sagt: »Die Polen sind auch hier.« Ich erschrecke. Mutter macht ein ungläubiges Gesicht. »Ja«, sagt der Mann, »sie sind aus den Lagern ausgebrochen und plündern und stehlen den Leuten noch das letzte Hemd vom Hintern. Niemand kann was dagegen machen. Jetzt kommt ihr hierher. Wir haben nichts zu essen.« »Aber ihr könnt ja Deutsch sprechen, spricht man denn in Schlesien Deutsch?« Eine Frau hat das Mutter gefragt. Mutter hat gelacht. »Was denken Sie denn, wir sind Deutsche!« Mir wird wieder übel und Angst habe ich auch. »Mutter, sind wir hier nicht in Deutschland?« Was haben die bloß alle? Und diese zerstörte Stadt! Es ist so furchtbar anzusehen! »Nu lass mal, die Frau ist ja ganz schön dumm. Die ist bestimmt in der Schule nicht mitgekommen.« Das sagt Mutter ganz laut, damit es alle, die um uns herumstehen, hören sollen. Die Sonne scheint, aber um mich ist alles fahl. Sie scheint sogar schön warm, es muss noch Sommer sein. Dabei waren wir so lange unterwegs. Eine Ewigkeit dünkt mir. Wann sind wir am Ziel? Wo werden wir schlafen, wo gibt es was zu essen? Ich habe Durst und mir ist ganz fiebrig, das Bein tut so weh und jetzt krampft sich auch mein Bauch zusammen. Ich kenne die Schmerzen, seit einer Weile kommen sie alle vier Wochen. Mutter sieht mich besorgt an. »Was ist?« »Schmerzen«, sage ich leise. »Halt noch bissel aus. Wir werden wohl hier wieder in ein Lager kommen, da legst du dich gleich hin!« So ist es dann auch. Der Menschenzug setzt sich in Bewegung und ich tappe neben Mutter her. Es geht eine Straße den Berg hinauf, ziemlich steil sogar. Dann ist da ein großes, eisernes Tor zu sehen, dahinter Kasernen. Das muss das Lager sein! Komisch, die Kasernen sind nicht kaputt! Dann werden wir in die einzelnen Blöcke eingeteilt und können schließlich in die Räume gehen. Ich tappe wie blöde hinter den Eltern und meiner Schwester her, mir ist alles egal. Nur irgendwo hinlegen! Eine Tür geht auf, es riecht muffig und staubig. Mutter reißt gleich das Fenster auf. Dann hilft sie mir, den Rucksack wegzulegen und schiebt mich in die untere Etage eines Stockwerkbettes. Meine Augen fallen zu.

Wassersuppe und Latrine

Schon einige Tage waren wir nun in Siegen und auf dem Wellersberg untergebracht. In ehemaligen Kasernen, Soldaten waren hier für den Krieg ausgebildet worden. Das war noch gar nicht so lange her. Jetzt schliefen wir in den eisernen Stockwerkbetten. Mutter hatte mit den anderen Frauen schon seit Tagen drum gebeten, dass die Lagerleitung uns erlaubt, nach unseren Sachen zu sehen. Als wir mit dem Zug angekommen waren, wurden sie mit Lastautos hinter uns her gebracht und in den großen Hallen, wo früher die Militärfahrzeuge gestanden hatten, gelagert. Vor allem die Leute aus Wüstewaltersdorf wollten ihre Sachen endlich trocknen. Seit Wochen moderten sie nun schon vor sich hin, denn nach dem großen Unwetter gab es noch keine Möglichkeit für uns, die Sachen trocknen zu können. Aber die Lagerleitung wollte nicht. Sie vertrösteten uns damit, dass wir bald weiterfahren würden. Dann wäre unsere Reise zu Ende.

Wieder wurde von Gelsenkirchen gesprochen, der Stadt im Ruhrgebiet, die wie alle Städte im Ruhrgebiet sehr zerstört worden war in den Bombennächten. Die anfängliche Freude, endlich in Freiheit, im Westen zu sein, war Angst und Bangen gewichen. Wie sich wohl unsere nächste Zukunft gestalten würde? Jedenfalls waren die Leute von der Lagerverwaltung nicht sehr nett zu uns. Ich hatte es selbst erlebt und gab den anderen recht, wenn sie sagten, wir würden hier in Siegen, weit ab von der Stadt, eingesperrt wie Kriegsgefangene.

Eines Abends hatte ich mit Trautel einen Spaziergang gemacht. Wir liefen um die großen Kasernenblöcke herum und plötzlich war uns der Gedanke gekommen, wir könnten ja mal in die Stadt gehen. Eigentlich waren wir viel zu müde. Zu essen bekamen wir sehr wenig, es wurde alles abgezählt, Brot, Wurstscheiben, wenn so etwas überhaupt zur Verteilung kam. Ich war schlapp und schwach, aber immer auf dem Strohsack herumliegen, machte noch elender. Wir waren zum Kasernentor gelaufen, und da es offen stand, gingen wir hindurch. Die Häuser, die wir von hier oben aus sehen konnten, lagen eine ganze Strecke unterhalb des Lagers. Erst als wir uns schon auf der Straße befanden, bemerkten wir, dass das Lager von Polizisten bewacht wurde. Neben der Toreinfahrt standen sie, zwar locker, aber als wir uns vom Tor entfernen wollten, riefen sie hinter uns her, wo wir denn hin wollten. Das kam uns komisch vor. Wie denn, hatte hier im Westen, in Deutschland, jemand über uns zu bestimmen? Selbst über einen kleinen Spaziergang? Es war Sommer und noch hell. Verblüfft blieben wir stehen. Trautel lachte, sie hatte wohl auch das Gefühl, dass die Polizeibeamten einen Scherz mit uns machen wollten. Ich hatte im Kopf, ich wollte die Stadt endlich richtig sehen und wenn es auch nur die Straße war, die wir kaputt und elend hinaufgewandert waren, nachdem wir auf dem Bahnhof angekommen waren, denn zu mehr würde das Tageslicht nicht mehr reichen. So drehte ich mich um und rief ebenfalls lachend: »Wir wollen tanzen gehen!« Woher ich ausgerechnet diesen Gedanken hatte? Er kam wohl aus der Sehnsucht heraus, endlich etwas zu tun, das Spaß machte. Die Polizisten lachten nicht, sie standen sehr bedrohlich da und riefen uns zu, wir sollten sofort zurückkommen, für die Lagerinsassen gäbe es keinen Ausgang. Es sei denn, wir hätten Passierscheine. Wir Mädchen standen allein auf dem Vorplatz. Was würden sie tun, wenn wir doch unseres Weges gingen und uns nicht um sie scherten? So war das also! Wir waren hier im Westen Gefangene. Menschen ohne Identität, ohne Ausweis. Menschen, die man nicht kannte. Die man vielleicht gar nicht wollte.

Wir kehrten um, das Lachen war uns vergangen. Ohne die Polizisten eines Blickes zu würdigen, gingen wir an ihnen vorbei, zurück in die Straßen des Lagers, wo der Lärm unerträglich war. In den Fenstern, in denen Frauen lagen, die sich etwas zuriefen, baumelte Wäsche. Überall standen Leute auf der Straße, spielten Kinder im Dreck. Viel Gesprächsstoff gab es nicht, es sei denn, sie unterhielten sich über den »Fraß«, den es heute wieder gegeben hatte. Wassersuppe, um es genauer zu benennen. Wir schwiegen und nahmen den Weg zur Latrine, dann brauchten wir vor dem Schlafen nicht mehr den weiten Weg zu machen. Oberhalb der Häuserblöcke, schon fast auf dem Berg, waren große Baracken aufgebaut, eben die Latrinen. Ich hasste diese Holzhäuschen mit den breiten Sitzbalken über den großen, stinkenden Gruben. Die Balken liefen durch die ganze Baracke, die so etwa fünf Meter lang war. Bei viel Betrieb saßen die Leute nebeneinander auf der Stange, in der einen Baracke die Frauen, in der andern die Männer. Urin und Kot klatschte in den Graben, es stank danach und nach Chlorkalk, der zweimal am Tag von den Lagerleuten in die Gruben geschaufelt werden musste. Zur Hygiene! Wir hatten an diesem Abend eine gute Zeit erwischt, es war nicht viel Betrieb. Meine Schwester hatte sich mit diesem Zustand abgefunden. Schnell und sicher verrichtete sie ihre Geschäfte und stand bald wieder angezogen am Ausgang. Ich dagegen musste mich erst überwinden. Ich suchte mir einen geschützten Platz, hob mit dem Rücken zur Wand meine Kleider und drehte mich erst um, wenn ich die Gewissheit hatte, dass mich niemand beobachtete und auf der gegenüberliegenden Stangenseite niemand saß. Manchmal passierte es schon, dass hinter mir eine Frau ihr Geschäft verrichtete und ihr Körpergeruch in meine Nase zog. Ich war dann wie von Sinnen und konnte mein Geschäft nicht verrichten, mein Körper versagte. Diese wabbeligen Hinterteile, diese Ärsche, die nebeneinander aufgereiht ruckten und zuckten, erfüllten mich mit Ekel. Morgens bat ich Mutter, dass sie ganz früh mit mir gehen sollte, wenn noch recht viele schliefen. Dann hatte ich Ruhe. Auch meine Schwester verstand mich, so halfen wir uns.

Als wir ins Lager kamen, hatte ich zu allem Schreck meine Periode wieder bekommen. Alles ekelte mich an, der Hals war mir wie zugeschnürt, der Magen hatte sich mir umgedreht, als ich zum ersten Mal die Latrine betreten hatte. Ich hatte es satt, hier zu leben. Aber es sollte noch Wochen dauern, bis wir wussten, wo wir endlich bleiben durften.

An solch einem Abend war es auch, dass auf dem Platz, wo die Straßen zusammenliefen, ein Aufstand der Lagerleute stattfand. Sie beschwerten sich lauthals über die Zustände im Lager und wollten wissen, wohin wir denn endlich kommen würden. Auch das Essen wurde beanstandet. Man hatte entdeckt, dass die Lagerleitung von dem Wenigen, was uns zu essen zustand, noch Brot und Kartoffeln anderweitig »verschob«. Sie machten Geschäfte mit unseren Nahrungsmittelzuteilungen, »schwarze« Geschäfte. Auch nach unseren Sachen fragten wir. Wenige Tage danach durften wir sie endlich aus den Hallen holen und zum Trocknen auf der großen Wiese ausbreiten. Mutter holte alles aus dem Korb und den Säcken heraus. Aber es war kein schöner Anblick. Es war alles mit Moder und Schimmelflecken übersät und Wäsche und Kleider stanken muffig. Die Frauen saßen auf der Wiese und bewachten und beweinten ihre Habe oder besser die letzten Reste eines ehemals bürgerlichen Lebens.

»Arme Ritter«

Resignation lag über dem Lager. Keiner wusste, wann es weitergehen sollte und auch nicht wohin. Die einen meinten, wir blieben in Siegen, und andere, es gehe in den Ruhrpott und da sähe es fürchterlich aus. Auf jeden Fall sollten wir wieder in ein Lager kommen, bis die Männer Arbeit fänden und so nach und nach Wohnungen beschafft würden. Das Zusammenleben wurde von Tag zu Tag immer unerträglicher. Die Lagerleitung kommandierte die Leute, es sollte immer alles besonders sauber sein. Jeden Tag musste alles geputzt und gewischt werden. Mir graute vor allem vor dem steinernen Treppenhaus, aber ich musste helfen, so gut ich konnte.

Eines Tages kam Vater von einem Gang zur Lagerverwaltung zurück. Sie hatten ihn rufen lassen. Was sie wollten, wussten wir nicht. Er hatte ein kleines Lächeln im Gesicht. Als wir endlich kurz vor dem Mittagessen allein im Raum waren, sagte er endlich, was los war. »Es hat sich ein Schneider gemeldet, hier aus der Gegend, er sucht einen Schneidergesellen oder Meister. Sie haben mich gefragt, ob wir hier bleiben wollen und ob ich mich bei ihm vorstellen will.« »Was hast du gesagt?«, riefen wir gespannt wie aus einem Mund. »Ja, ich würde es mir gerne einmal ansehen.« »Wo ist das denn?« »Der Schneider heißt ›Rubertus‹ und wohnt in Klafeld. Sie haben gesagt, sie gäben mir einen Passierschein, dann könnte ich mit der Straßenbahn hinfahren. Wo das ist, weiß ich auch nicht.« Das waren ja Aussichten! Vater würde Arbeit bekommen, vielleicht bald. Ich traute mich gar nicht, das zu denken. Weg von hier, nur schnell weg! Bei dieser Aussicht schmeckte sogar diese Wassersuppe, in der zur Abwechslung ein paar gelbe Runkelrübenstücke herumschwammen, von den paar Kartoffelstückchen ganz zu schweigen. »Wann wirst du hinfahren?« »Ich werde heute Nachmittag gleich fahren.« Eine bange Zeit bis zum Abend. »Ob wir dort auch eine Wohnung bekommen?« Mutter meinte: »Ich kann mir gar nicht vorstellen, dass es hier Wohnungen gibt, wo doch alles so zerbombt ist. Und was sollen wir reinstellen? Vielleicht kriegen wir ein Zimmer bei irgendwelchen Leuten und ein paar Strohsäcke.« Sie seufzte. »Aber das wäre mir schon recht. Bloß raus hier!« Ich sah in ihr schmal gewordenes Gesicht. Ihre großen, grauen Augen waren noch größer geworden, so schien es mir. Trautel war ganz munter. »Vielleicht finden wir dann auch Arbeit. Die Leute erzählen, es gäbe hier große Fabriken, die nicht zerstört worden wären. Da könnte ich doch als technische Zeichnerin wieder arbeiten!« Sie bekam ein ganz frohes, mutiges Gesicht. »Vielleicht kann ich dann wieder in die Schule gehen«, wetteiferte ich mit ihr. Mutter lachte.

Vater kam ziemlich spät, aber er schien ganz munter zu sein. »Das war vielleicht eine Reise. Unten beim Bahnhof, da wo wir angekommen sind, habe ich mich erst mal durchgefragt, bis ich die richtige Straßenbahn erwischt habe. Dieses Klafeld liegt in Richtung Kreuztal, da wo wir hergekommen sind und gesehen haben, dass da noch viele Häuser stehen. Die Stadt Siegen hier unter uns im Tal ist ja dem Erdboden gleichgemacht worden, kann man sagen.« Er vergaß weiterzureden und schüttelte den Kopf. »Die Leute turnen in den Ruinen rum. Wo die wohnen? Hier im Lager haben wir ja wenigstens ein Dach über dem Kopf. Und ein Betrieb ist in der Stadt! Die Straßenbahn war so voll, als sie endlich kam, dass ich fast nicht mitgekommen wäre.« Er hörte wieder auf zu sprechen und sah vor sich hin. »Nu, erzähl schon, wie war es bei diesen ... Wie hießen sie noch?« »Ja, Rubertus heißen die Schneidersleute. Wohl eine alteingesessene Siegerländer Familie. Ja, wir sind hier im Siegerland. Ich hatte mal einen jungen Freund, der kam aus Siegen, der hat damals schon gesagt, er sei Siegerländer. Ich habe damals erst auf dem Atlas nachgesehen. Ein netter Kerl war das. Na ja!« Er sah auf unsere gespannten Gesichter. »Also die Rubertus waren sehr nett zu mir und wollen mich anstellen. Sie suchen einen Schneider zum Helfen, denn sie haben ziemlich viel Arbeit in ihrer Werkstatt. Der Vater, der alte Rubertus, ist schon ziemlich alt und gebrechlich und kann nicht mehr so richtig. Dann haben sie noch zwei Söhne, der eine heißt Friedel, der ist auch Schneider, der andere war nicht zu Hause. Zwei Töchter haben sie auch noch. Sie haben mir die Werkstatt gezeigt. Typische Schneiderwerkstatt. An dem Haus ist nichts kaputt. Überhaupt ist in Klafeld nicht viel kaputt, soviel ich von der Straßenbahn sehen konnte. Ich hab danach gefragt, da meinten sie, im Eisenwerk soll englisches Kapital stecken, deswegen hätten sie Glück gehabt. Überhaupt, die gehören der freien, evangelischen Gemeinde an. Sind wohl sehr gläubige Leute. Sie sagten, sie könnten mir allerdings nur bares Geld geben. Für Naturalien vom Schwarzen Markt hätten sie nichts übrig, weil das Sachen von Betrügern wären.« »Schwarzer Markt, was ist denn das?« »Na, weißt du, die Sachen, die wir hier nicht zu essen bekommen, werden – schwarz – wahrscheinlich für andere Waren getauscht. Das Geld ist nichts wert.« »Aber wenn du doch nur Geld bekommst, von was sollen wir dann leben?« »Ja, wir werden uns halt von dem ernähren müssen, was es zu kaufen gibt. Die Hauptsache ist, dass wir hier rauskommen und Lebensmittelkarten bekommen, dann werden wir ja weitersehen.« Mutter nickte und seufzte. »Ich will lieber jeden Tag selber was zusammenmixen, als dieses elende Leben hier. Schlimmer kann es nicht sein. Vor allem, wir sind endlich allein und für uns. Die Neumann-Martha stöhnte auch, als ich sie traf. Sie meinte, die Jungens verwildern hier total. Wenn die das hören, dass wir so ein Glück haben!« Wir schwiegen. Dann lachte Vater und sagte: »Sie wollten mir was Gutes tun. Die Frau Rubertus lud mich in ihre Küche ein. Eine sehr saubere Küche, es blitzte und funkelte nur so. Vor allem der Herd. Stellt euch vor, die Metallteile an dem Herd waren so blankgescheuert, dass man sich darin spiegeln konnte!« »Wie, haben die keine Kachelöfen hier?« »Nein, es ist eine Herdplatte, wie soll ich sagen, also ein Herd mit Feuerloch, rechts davon die Backofentür, und auf Metallfüßen stehend. Darunter steht ein Wägelchen, genau so weiß emailliert und ringsherum Metall wie am Ofen. Von der Platte zur Wand geht ein dickes Ofenrohr. Oben auf der Platte ist eine Feuerstelle, die mit Ringen und Deckeln geschlossen ist. Man kann also offen und geschlossen kochen.« Wir staunten. »Hast du denn etwas zu essen bekommen?« »Ja, ›Arme Ritter‹!« »Wie, was ist denn das?« »Frau Rubertus hatte ein Schüsselchen am Herd stehen und daraus hat sie mit einer Kelle einen Schluck Teig auf die blankgescheuerte Herdplatte gegossen. Das hat vielleicht gezischt! Mit einem flachen Metallheber hat sie dann den ›Armen Ritter‹ schnell umgedreht und auf meinen Teller gelegt. Das ging alles ganz flott. Die anderen haben auch welche bekommen. Dann hat sie Zucker drübergestreut und es gab einen schwarzen Kaffee dazu. War wohl Gerste.« Ungläubig sahen wir den Vater an. »Hat das denn geschmeckt?« »Ja, ja, schön süß!« Vater grinste, er war ja für Süßes. »Was war es denn für ein Teig?« »Ach, das weiß ich auch nicht. Ohne Zucker hätte es wohl nach gar nichts geschmeckt.« »Arme Ritter!«, komisch, hatte noch nie etwas davon gehört und diese Küche! Vater hatte auch erzählt, dass sie überall Linoleum oder Balatum in den Zimmern liegen hätten und dass alles spiegelblank gebohnert sei. Der Bohnerbesen, so ein schweres Eisenstück mit Borsten dran, hätte in der Küche gestanden, und als sie fertig waren mit Essen, hätte die Frau gleich gefegt und noch mal drüber gebohnert. Ob das alle Leute hier so machten? Zu Hause waren die Holzdielen gestrichen, die wurden gewischt, fertig. Darüber lagen je nach Art der Zimmer Läufer oder Teppiche oder so bunte Linoleumläufer, das war so das Modernste, aber gebohnert wurden die nicht. In der Küche hatte Mutter noch die hellen Dielen vor dem Kachelofen gescheuert. Ich stellte fest, hier im Westen war vieles anders, vielleicht gar alles. Meine freudige Stimmung war umgeschlagen in Ängstlichkeit. Aber vielleicht war es auch gar nicht so anders, Mutters Küche war doch auch immer blitzsauber. »Ob ich die Küche mal ansehen kann?«, fragte ich laut. Sie lachten. Da merkte ich, dass ich mal wieder geträumt hatte. »Ja, Vater hat eben erzählt, dass sie uns für Sonntag zum Essen eingeladen haben, da wirst du sie ja sehen.« »Werden wir auch in diesem ›Klafeld‹ wohnen?« »Das weiß ich noch nicht. Der Herr Rubertus hat gesagt, wenn ich bei ihm arbeiten wollte, so würde er auf das Wohnungsamt gehen und nach einer Wohnung fragen. Ich habe ja zugesagt, so wird er sich sicher bald drum kümmern. Solange müssen wir noch hier bleiben. Ich soll bald anfangen, wenn es geht, schon nächste Woche.« Mutter meinte: »Dann brauchst du aber mal was Sauberes zum Anziehen. Wenn wir doch bloß mal unsere Sachen hätten!« »Na ja, ob ich die anlasse, die ich nun schon seit Wochen auf dem Leib habe oder die andern aus dem Korb, die nass waren, da ist nicht viel Unterschied, die müssen wir auch erst mal in Ordnung bringen!« Mutter nickte.

Das Sofa

So kam es dann auch. Aber es war schon Mitte September, als Vater nach Hause kam und sagte: »Wir haben zwei Zimmer zugewiesen bekommen. Allerdings in zwei verschiedenen Häusern, die hintereinander liegen sollen«, beeilte er sich zu sagen. Unsere freudigen Gesichter verdunkelten sich wieder. »In zwei verschiedenen Häusern sollen wir wohnen?« »Ach, ich weiß es doch auch nicht, und dort gewesen bin ich auch noch nicht. Ich hab es nur auf dem Schein gelesen, da steht ›Moll‹ mit verschiedenen Vornamen und verschiedenen Hausnummern.« »Zeig mal her!« Er holte den Schein aus seiner Brieftasche und wir besahen ihn gründlich. Das Vorderhaus hatte die Adresse »Birlenbacher Straße 50« und das Hinterhaus »50a«. In Klafeld schien es auch zu sein. Wir würden ja sehen. Mutter hatte ja gleich gesagt, wenn alles kaputt ist, wird es höchstens irgendwo ein Zimmer für uns geben. Nun gleich zwei. »Dann schlafen wir in einem und in einem wohnen wir!« Sie lachten. »Gar nicht so dumm!«

Im Lager hatte sich auch einiges geändert. Die anderen sollten weiterfahren, aber es sollte noch länger dauern. Weil wir nun schon angemeldet waren in Klafeld, mussten wir aus dem Haupthaus des Lagers heraus. Sie gaben uns für die Zeit, bis wir eine eigene Wohnung hätten, einen kleinen Raum in einem Nebenhaus, wo nur noch wir wohnten. Es war sehr eng da, neben den zwei Stockbetten blieb nur noch ein schmaler Gang vor dem Fenster. Einen Tisch gab es nicht, dafür vier Hocker.

Mutter holte das Essen in unseren Töpfen aus der großen Küche. Sie hatten uns auch unsere anderen Sachen gegeben. Alle hatten wohl jetzt ihre Sachen zurückerhalten, bis auf die, die sie nicht unterbringen konnten. So konnten wir wenigstens schon mal in unseren eigenen Betten schlafen, die immer noch nach Schimmel rochen.

An einem Morgen, im späten September, kam ein Pferdefuhrwerk ins Lager gefahren und holte uns ab. Die Rubertusleute waren Vater dabei behilflich gewesen, dass der Umzug vonstatten gehen konnte. Es gab einen Volksauflauf vor der Kaserne, und alle, die es bis jetzt noch nicht gewusst hatten, sahen es nun, dass wir auszogen und bald irgendwo zu Hause sein würden. Die einen wünschten uns Glück und freuten sich mit uns, andere guckten finster und neidisch. Als unsere restlichen Habseligkeiten, der große Reisekorb, der Koffer und die Bettsäcke verstaut waren, durften wir auch noch aufsteigen und mitfahren. Es war ein leichter Wagen mit Kutschbank und einem schweren Pferd davor. Es würde nicht sehr schnell laufen, aber das war nicht schlimm. Die Sonne schien. Heinz sagte: »Wenn wir nur auch schon so weit wären! Ich beneide euch sehr. Wir kommen euch mal besuchen, und vergesst uns nicht so schnell!« Er war wenigstens ehrlich. Wir winkten lange, bis wir aus den Straßen der Kaserne hinaus in die Stadt fuhren. In mir hatte sich so ein Krampf breitgemacht. Wo geht es hin, wie würde es sein? Bei den andern konnten wir nicht bleiben, und wenn sie Arbeit bekamen, gingen sie auch auseinander. So hatte es mir die Mutter erklärt. Vater war mit seiner Arbeit ganz zufrieden, jedenfalls erzählte er abends so davon. Ich kuschelte mich fest an

Mutters Seite. Wir waren zusammen, das war die Hauptsache.

Die Straßen waren schmal, weil die Trümmerhaufen bis auf die Bürgersteige lagen, notdürftig beiseitegeräumt, die unteren Etagen waren oft nur provisorisch zurechtgemacht. Dort wohnten jetzt wider Leute drin. Die Geschäfte mit Brettern verschlagen, geschlossen. Ich hatte Mühe zu erkennen, welches in Betrieb war und welches nicht. Wenn die Straßenbahn angefahren kam, sie kam eigentlich mehr angequietscht, mussten wir ausweichen und sie vorbeilassen. Wir sprachen kaum, weil uns dieses Elend die Sprache verschlug. Siegen war aus dem Tal, wo die Sieg fließt, hinauf auf den Berg gebaut worden. Oben am Berg sah ich zwei Kirchenruinen. Schwarz zeigten die Turmruinen wie anklagende Finger in den blauen Frühherbsthimmel. Allmählich, ich weiß nicht, wie lange wir gefahren waren, wurde die Straße etwas breiter, und es standen mehr bewohnte Häuser am Rand. Schließlich bogen wir hinter einer unzerstörten Kirche links ab. Der Kutscher sagte: »Das ist die Birlenbacher Straße!« Er zeigte mit der Peitsche die Straße entlang. Die Straße hatte nur in der Mitte eine feste Teerdecke, rechts und links war ein Straßengraben, in dem eine schwarze, schlammige Brühe stand. Die Grabenränder waren grün bewachsen. Das mochte wohl mit den Fabriken zusammenhängen. Wir waren am Anfang der Straße an gleich zweien vorbeigefahren. Rechts riesige, rotgeziegelte Hallen und links eine offene Halle mit einem dampfenden, zischenden Ungetüm im Hintergrund. Trautel meinte fachmännisch: »Das ist ein Hochofen. Da wird Erz drin geschmolzen!« Weiter oben in der Straße waren rechts und links wieder riesige Hallen. Hier stank es ganz komisch. Auf einem Schild konnte ich beim Vorbeifahren lesen »Verzinkerei«. Dann wurde es zunehmend stiller in der Straße. Hübsche, sauber verschieferte Häuser standen in Vorgärten, etwas von der Straße entfernt. Die meisten waren ein Stockwerk hoch und hatten links oder rechts noch einen hochgebauten Giebel, so als wenn es dort im zweiten Stock noch Zimmer gäbe. Irgendwie sahen sie aber doch ganz anders aus als zu Hause. Bauernhäuser waren nirgends zu sehen. Die Leute arbeiteten wohl alle in den Fabriken. Auf der linken Seite erschien plötzlich ein großer Garten, der sauber und gerade in vielen Beeten angelegt war. In den Ecken blühten ein paar Asternbüsche. Hinten stand ein großer Obstbaum. Der große Hof war geteert und dort, wo das Grundstück zu Ende war, stand neben alten Trauerweiden ein neues Haus. Ein helles, gelbes Haus mit einem spitzen Giebel, oben drei Fenster, im ersten Stock zwei und dazwischen die Haustür. Diese war nur mittels einer Treppe zu erreichen. Vor dem Haus war ein langer Schuppen. Der Kutscher rief dem Pferd »Brrr« zu. Er hatte das Fuhrwerk in den Hof gefahren, vor das Haus an der Straße. Es sah so aus wie die andern Häuser in der Straße. Zur seitlich gelegenen Haustür, die eine kleine Veranda hatte, gingen ein paar Stufen hinauf.

Die Haustür öffnete sich und eine junge Frau kam heraus. Sie hatte ein freundliches, offenes Gesicht. Die Haare hatte sie streng um den Kopf gelegt und hinten zu einem kleinen braunen Knoten zusammengesteckt. Hinter ihr tauchte ein großer, alter Mann auf. Seine Glatze leuchtete in der Sonne und über einem großen Schnauzbart standen tiefblaue Augen. Hinterher sprangen zwei kleine Mädelchen, das eine mit blonden Locken, das andere mit zwei schweren, braunen Zöpfen. Ich saß wie betäubt und besah alles, was sich da tat. Inzwischen waren noch aus dem hinteren Haus zwei Frauen dazugekommen. Die eine klein und rund, die andere sehr blond und sehr schlank. Die Haare hatte sie hinten im Nacken zu einem großen, blonden Knoten zusammengesteckt. Ich fand sie sehr schön. Die Frau und der alte Mann lachten uns an und sagten so fast gleichzeitig: »Willkommen in unserem Hause! Ich heiße Breyer und das ist mein Vater!« Das war also Herr Moll. Ich hatte es so grade mitbekommen. Trautel war schon runtergesprungen und half Mutter beim Absteigen. Da hörte ich, wie die blonde Frau laut zu Mutter sagte: »Ihr habt aber noch viel mitgebracht!« Das traf mich wie ein Stich. Was wollte die denn? Was dachte die sich denn? Meine Sympathie war verflogen. Ich stieg auch vom Wagen und gab allen höflich die Hand. Die Frau Breyer sagte: »Wir werden Ihnen helfen, Ihre Sachen hinaufzutragen. Ihre Stube ist oben unterm Dach und eine ist im andern Haus bei der Frau Moll oben. Dies sind die Frauen von meinen Brüdern. Sie wohnen im neuen Haus. Unser Vater besaß Lastwagen vor dem Krieg und meine Brüder machten Ferntransporte.« Sie hatte auf die blonde Frau gezeigt, bei ihr sollte für uns das andere Zimmer sein. Die kleine, runde, dunkle Frau war recht still. Sie gab uns nur die Hand. Als alles abgeladen war, verabschiedete sich der Fuhrmann und fuhr davon. Wir begannen, die Sachen hinaufzutragen. Wir kamen zunächst in einen kleinen Hausflur, in dem gegenüber der Haustür drei Türen abgingen. Frau Breyer sagte, und zeigte dabei zwei Stufen hinunter: »Dort ist das Klo und dann geht es in den Keller.« Sie hatte eine klare Aussprache und irgendwie, so schien es mir, rollte sie das »R« besonders im Mund herum. Dann ging sie vor uns her die Treppe hinauf und der Opa blieb zwischen den Türen stehen und sah uns nach. Die Treppe war schmal, mit Linoleum belegt. Alles war pieksauber, das fiel mir gleich auf. Im ersten Stock gingen wieder drei Türen ab. »Wir müssen noch eine Treppe höher«, damit lief sie flink vor uns her. Oben links eine große Holztür. »Da ist der Speicher«, erklärte sie. Speicher? Das ist doch der Dachboden! Gegenüber der Treppe eine grau angestrichene Tür, die sie öffnete. Ein eisernes Stockwerkbett stand darin und ein Tisch mit gescheuerter Platte, die Tischbeine waren mit runden Schnörkeln versehen. »Das ist unser Schlachttisch. Hier oben haben wir sonst die geschlachteten Schweine gehabt. Jetzt ja schon lange nicht mehr. Es ist ja eine Not mit den Flüchtlingen, und aller Wohnraum ist beschlagnahmt worden«, redete sie munter drauflos. Wir waren still hinter ihr hergekommen und standen jetzt wie angewurzelt in dem Raum, der unsere neue Heimat sein sollte. Ich konnte ihn mit vier Schritten durchmessen, dann stand ich an dem kleinen Fenster und konnte auf die Straße sehen. Gegenüber stand auch solch ein Giebelhaus, nur nicht so hoch, mitten in einem sehr sauber und akkurat angelegten Garten. So wilde, bunte Gärten wie zu Hause in Schlesien, ob es die hier gar nicht gab? Inzwischen hatten sie alle Sachen heraufgetragen, Vater und Trautel stemmten gerade noch den Reisekorb um die Treppenabsätze. Der alte Herr Moll war auch schweratmend heraufgestiegen und stand nun mitten im Zimmer. Es war fast zu klein für sechs Personen. Er stippte mit dem Finger auf die grüne

Tapete, die etwas lose von der einen Wand hing. An der anderen Wand war keine angeklebt, die war einfach weiß. »Es gibt nichts zum Stellen. Der Krieg hat uns alle arm gemacht. Ihr müsst es halt so nehmen, wie es ist!« Was meinte er mit »Stellen«? Vielleicht das Tapezieren? Komisch sah die Tapete schon aus, oben stand sie mehr von der Wand ab, als dass sie fest wäre. Aber es war ein festes Haus, keine Ruine wie die Häuser in Siegen alle. »Wenn wir euch was helfen können, dann sagt's. Und wenn ihr euch hier nicht zurechtfindet, dann fragt. Ihr seid hier in Deutschland und ihr sprecht Deutsch wie wir!« Er rollte auch so das »R«, das gehörte hier wohl so zum Dialekt. Warum nur hatte er das mit dem »Deutsch« so gesagt? Da wollte ich wieder fort. Ich lief zum Fenster und schluckte tapfer die aufsteigenden Tränen runter. Mutter sagte nichts, Vater lächelte den Herrn Moll an. »Ist schon gut!«, murmelte er mehr, als dass er es sagte. Trautel stand da und ließ die Arme hängen. »Das andere Zimmer könnt ihr ja auch gleich ansehen. Meine Schwiegertöchter sind nicht unfreundlich. Sie sind nur ängstlich, weil ihr doch fremde Leute seid.« Er lachte breit unter dem dicken Schnurrbart. Warum sagte er das? »Sie haben auch ihre Not. Sie wissen nicht, wo ihre Männer sind, nur dass sie in Russland in Gefangenschaft sind. Ob sie jemals wiederkommen?«, fügte er leise hinzu. Mutter sagte leise: »Wir wissen überhaupt nicht, wo unsere Söhne sind.« Der Opa nickt und es ist plötzlich ganz still. Ich mache die Augen ganz groß auf und starre an die Decke. Da hängt an einem Stück Kabel einsam eine kleine Fassung mit einer Glühbirne drin. »So, da kommt mal mit und schaut das andere Zimmer an!« Er poltert die Treppe hinunter und wir beeilen uns, hinter ihm herzukommen. Er geht diesmal durch den Keller. Saubere Türen gehen in zwei Kellerräume ab. In der Waschküche ist die Hintertür. Er bleibt stehen und sagt: »Hier müsst ihr euch das Wasser holen. Oben ist keines.« Mutter nickt. »Wir brauchen einen Eimer dazu.« »Meine Tochter wird euch einen leihen, bis ihr einen eigenen habt.« Dann geht er gemächlich über den Hof zum andern Haus.

Die Wohnungen in den zwei Stockwerken haben eigene Flurtüren. Wir müssen in den zweiten Stock. Er klingelt. Die blonde Frau öffnet. Ihr Gesicht ist nicht unfreundlich. Der Wohnungsflur und eine offenstehende Zimmertür lassen darauf schließen, dass die Wohnung sehr hübsch eingerichtet ist. Aus der Küche kommt ein kleiner Junge, der uns ängstlich anstarrt. Ich versuche, ihn anzulächeln. Hinter der Wohnungstür macht sie eine Zimmertür auf und wir treten in ein leeres, helles Zimmer, in dem nur ein kleiner weißer Tisch steht. Hinten, in einer Wandnische, befindet sich ein schmales Regal. Hier könnte man Sachen hinlegen, denke ich. Am Fenster ist ein weißer, dünner, eng gekrauster Vorhang angebracht. Das finde ich hübsch. Der Opa Moll kratzt sich am Hinterkopf und sagt dann: »Ja, Betten haben wir hier im Raum nicht. Da müsst ihr Mädel halt die Strohsäcke auf den Boden legen, solange bis ihr Betten habt.« An den Wänden hängen ein paar kleine Bilder. Ob hier vielleicht doch schon Möbel drin gestanden haben? Aber es ist besser so, dann brauchen wir uns nicht so in acht zu nehmen, denke ich. Mutter sagt verlegen: »Ja, ja, ist ja ein schönes Zimmer!« Vater schweigt. Dann sagt die Frau Moll: »Toiletten habe ich nur eine, die ist im Bad. Tagsüber hätte ich es nicht so gerne, wenn ihr sie benutzt. Höchstens nachts, wenn es nicht anders geht. Außerdem möchte ich gleich sagen, dass hier nicht geheizt wird.« Jetzt erst sehe ich hinter der langen Gardine den weißen Heizkörper. Wir sagen nichts. Schließlich meint Vater: »Verstehe ich das richtig, die Mädchen dürfen hier nur schlafen?« »Ja, so ist es!«, sagt die Frau Moll kühl. Der Opa Moll ist inzwischen schon gegangen. Schwerfällig geht er die Treppe hinunter. Vater sagt im Hinausgehen: »Es wäre gut, wenn die Mädchen dann einen Haustürschlüssel bekämen und einen Schlüssel für die Wohnung.« »Sie brauchen keinen«, sagt Frau Moll. »Bis zehn Uhr abends bleibt die Haustür geöffnet und dann können sie schellen. Ebenfalls an der Wohnungstür.« Wir wagen nichts mehr zu sagen und gehen wieder.

Unten sage ich laut: »Müssen wir überhaupt bei dieser blöden Kuh wohnen?« »Schämst du dich nicht, so etwas zu sagen? Kannst froh sein, dass sie uns aufgenommen haben! So schnell! Du weißt doch, wie neidisch die anderen waren. Wolltest du denn im Lager bleiben?« Vater ist außer sich. »Wir müssen uns eben einschränken. Für die Leute ist das auch nicht einfach, so fremde Leute aufzunehmen. So Habenichtse, wie wir es nu mal sind.« Mutter nickt, sagt aber nichts. Trautel meint, wir müssten erst mal Strohsäcke zum Schlafen haben. Darauf sagt Vater: »Wir müssen zur Flüchtlingsstelle gehen. Da soll es Säcke und Stroh geben. Wir müssen mal fragen, ob sie uns ihren kleinen Leiterwagen leihen, damit wir die Sachen heute noch holen können.« In der Hintertür hat der alte Herr auf uns gewartet. »Sie hat Angst vor euch. Was soll ich machen. Sie ist nicht schlecht.« Vater fragt nach einem kleinen Wagen, den wir dann aus dem Schuppen holen dürfen. Nachmittags besorgen wir uns dann Stroh und Säcke und Mutter stopft sie am Abend noch, damit wir schlafen können. Mutter hat Strohsackstopfen noch in ihrer Jugendzeit gelernt, als man auf dem Land noch keine Matratzen hatte. Eine besondere Kunst! Als wir mit dem Wägelchen wieder nach Hause kommen, erzählt Mutter, dass Frau Breyer ein Brot gebracht und gesagt hat, dass in der Nachbarschaft in einem Garten ein altes Sofa steht. Das könnten wir uns holen, dann wäre es gemütlicher in der Stube und wir hätten was zum Sitzen. »Da gehen wir doch gleich auch noch hin«, meint Vater.

Wir zuckeln mit dem Wägelchen zu dem Haus auf der linken Seite. Eine freundliche Frau öffnet auf unser Klingeln die Tür. »Ja, hinten im Garten steht es.« Sie zeigt uns den Weg. »Wollt ihr es wirklich haben? Es hat schon im Regen gestanden, obwohl ich es mit Holzkisten zugedeckt habe.« Sie macht eine schüchterne Bewegung. Wir räumen die Holzplatten ab. Darunter kommt ein »Schnörkelsofa« zum Vorschein. Abgeschabter, großblumiger Stoff, aber noch sind keine Löcher darin. Ich setze mich zur Probe darauf. Es geht. Bissel feucht, aber nicht schlimm. Das wird bald trocken sein. Trautel nickt. Also dann. Beim Aufladen merken wir, dass unten die Holzwolle rieselt. Lange wird es nicht mehr halten. Aber wo sollen wir sonst sitzen? Die Frau hat ein rotes Gesicht bekommen. Als wir schon losfahren wollen und uns artig bedanken, sagt sie: »Da hätte ich auch noch einen Tisch.« Ohne unsere Antwort abzuwarten, geht sie zur Hintertür. Nach einer Weile schleppt sie einen kleinen, runden Tisch mit drei Beinen aus dem Haus. Das eine Bein hängt ein bissel schief. »Das kann man wieder festmachen. Wollen sie den auch mitnehmen?« »Ja, gut, den nehmen wir auch mit.« Dann müssen wir mit vereinten Kräften das Sofa und den Tisch in den zweiten Stock hieven.

Das Sofa ist doch feuchter, als wir gedacht haben. Aber nun steht es an der Wand mit der grünen Tapete. Davor stellen wir den runden Tisch. Mutter macht mit einem Stück Lappen – wo hat sie den denn schon wieder her – alles sauber. Auf den schrecklichen Eisenfeldbetten macht sie die Strohsäcke zum bequemen Liegen breit und legt die Betten darüber. Dann hat sie auch schon die Rucksäcke ausgepackt und bereitgelegt, was wir mit ins andere Zimmer nehmen sollen. Da fällt mir ein, dass wir so gestaunt haben, als sie im Lager ihren Rucksack ausgepackt hat. Außer ihren eigenen paar Sachen ist eine Spielesammlung zum Vorschein gekommen. »Mensch ärgere dich nicht«, »Dame«, »Halma«, »Mühle« und meine weiße Schürze, die ich in der Schule mit Kreuzstichen bestickt hatte.

Mutter legt das Brot, das Frau Breyer gebracht hat, auf einen Teller. Holt unsere kleinen Töpfchen hervor und stellt sie dazu. »Morgen können wir uns auch einen Flüchtlingsherd holen«, sagt Vater. »Wie sieht der denn aus?« »Na ja, nicht so wie der bei Rubertus! Ich hab da heute so kleine schwarze Herdchen gesehen«, er schielt zur Wand, »ein Ofenrohr ist ja vorhanden, da wird es bald warm werden, insbesondere wenn der Winter kommt.« Trautel schiebt den Reisekorb an den Tisch, sucht nach einem Handtuch, legt es auf das Sofa und macht zu den Eltern eine einladende Bewegung. »Wir setzen uns auf den Korb«, sie sieht mich fragend an. Mutter hat die Tür zugemacht. Wir setzen uns, sehen uns still eine Weile um. Dann sagt Mutter: »Endlich allein und nur wir in einer Stube!«

Alltag in der Fremde

Am nächsten Tag gehen wir alle zur Flüchtlingsstelle, um uns anzumelden. Wir sind nicht die einzigen und müssen lange in der Schlange stehen, bis wir dran sind. Das Büro in einer Seitenstraße in Klafeld befindet sich in einem engen, alten Haus und das Büro ist so klein, dass man Platzangst bekommt, wenn man mit vier Leuten drin steht. »So, hier sind ihre Ausweise, die müssen Sie noch unterschreiben. Dann bekommen Sie Lebensmittelkarten.« Gespannt sehen wir auf die Papiere, die der Beamte über den Tisch schiebt. Geschrieben habe ich lange nicht mehr. Vorsichtig tauche ich den Federhalter in das Tintenfass mit schwarzer Tinte. Dann male ich andächtig meinen Namen in den Ausweis. »Hier auch noch mal«, damit hält der Mann, der auch so das »R« rollt, eine Liste hin, die wir auch noch unterschreiben müssen.

Vater sagt: »Bekommen wir auch einen Herd?« »Ja, sie sind vier Personen, dann bekommen sie einen. Aber es sind keine mehr da, da müssen Sie in ein paar Tagen noch mal nachfragen.« Wir sind enttäuscht. Aber es hilft nichts. Dafür bekommen wir zwei Eimer. Da sind wir wieder froh. Wir hatten uns den kleinen Wagen noch mal geliehen, damit fahren wir die silbrig verzinkten Eimer nach Hause.

Als wir auf der Straße stehen, sehen wir hinter uns eine Kirche. »Vielleicht ist es eine evangelische Kirche?« Wir werden mal hingehen und nachsehen. Das tun wir auch. Es ist tatsächlich eine evangelische. »Da werden wir am Sonntag in den Gottesdienst gehen!« Wir wenden uns um und gehen. Plötzlich bleibt Mutter stehen und sagt: »Wo mag denn hier der Friedhof sein? Ich möchte ihn gerne sehen.« Wir sind ganz erstaunt und sagen wie aus einem Munde: »Warum willst du denn den Friedhof sehen?« »Ach, man kann ja nicht wissen, wenn man sterben muss. Sonst weiß ich gar nicht, wo sie mich hinlegen«, fügt sie noch leise hinzu. Erschrocken sehe ich nach ihrem Gesicht. Aber sie lächelt mich an. Sie hat es sicher nur so gesagt, ich beruhige mich wieder.

»Wir müssen mal fragen, wo die Schule hier ist. Der Beamte hat ja auch darauf hingewiesen, dass du wieder in die Schule musst.« »Will ich ja auch!« »Gleich morgen werden wir uns drum kümmern.« Der Weg nach Hause ist ziemlich weit. Wir laufen am Marktplatz vorbei. Ein großer Platz, auf dem in der Mitte ein Fachwerkhaus steht. Es sieht ziemlich heruntergekommen aus. Auf der linken Seite läuft ein Bach vor einem großen, grauen Haus entlang, da steht Gasthaus dran. Vorne an der Straße, tiefer gelegen und mit einem Eisenzaun versehen, rinnt auch ein Bach. Es ist kaum Wasser drin. Warum er dann so tief ist? Die Häuser, die an der Straße stehen, sehen grau und schmutzig aus. Die Straße ist zwar geteert, aber auf den Bürgersteigen, die sehr schmal sind, läuft man durch festgetretenen Sand oder Lehm. Wenn es regnet, wird das ein schöner Schlamm. Die meisten Häuser sind auch grau verschiefert, vielleicht kommt dadurch diese graue Stimmung auf. Vater sagt: »Drüben auf der anderen Seite von der Hauptstraße liegt noch ein Ort, der heißt ›Geisweid‹.« Wir lachen. »Werden da die Geißen geweidet?« »Nein, nein«, er lacht auch, »in der Werkstatt haben sie erzählt, dass da das große Eisenwerk steht und, je nachdem wie der Wind steht, wird der ganze Ruß und Dreck in die Straßen geblasen. Das wäre eben so, da könnte man nichts machen!« Deshalb ist es hier so schmutzig. Vater hatte schon mal erzählt, dass es hier im Siegerland Erzbergwerke gibt und dass das Erz verhüttet wird. An der Birlenbacher Straße, da wo der Hochofen steht, ist eine »Hütte«, da schmelzen sie das Eisen aus dem Erz. Die Leute gehen dort arbeiten. Muss ja schwere Arbeit sein! So ähnlich wie in Waldenburg die Kohlebergwerke. Ich wusste, wie schmutzig die Stadtteile waren, wo die Bergwerke standen.

Wir rumpeln mit den scheppernden Eimern auf dem Wägelchen nach Hause. Zu Hause nimmt Mutter sie noch mal richtig in Augenschein. Zinkeimer, so wie sie bei Tante Martha auf dem Bauernhof im Stall zum Füttern der Tiere gebraucht wurden. »Besser als nichts«, meint Vater. Sie seufzt. »Wenn wir doch wenigstens so eine große Emailkanne hätten, wie bei uns in der Küche, zum Füllen der Ofenwanne. Die wäre nicht so schwer!« Sie wiegt den Eimer in der Hand. Trautel nimmt ihn und geht in den Keller, um das Wasserholen auszuprobieren. »Den andern müssen wir dann für das schmutzige Wasser nehmen, das muss ja wieder runter!« So haben wir jeden Tag unsere Beschäftigung. Sauberes Wasser holen und schmutziges wieder wegtragen. Ich entwickle im Laufe der Zeit eine besondere Technik. Die

Kellertreppe ist ziemlich schmal, da muss ich langsam gehen und vorsichtig, damit ich das Wasser nicht verschütte. Dann kommen die zwei Stufen vor dem Klo, dort kann ich mit der rechten Hand schon das Treppengeländer fassen und den Eimer um den Treppenknauf schwingen. Ich ziehe mich dann mit der rechten Hand am Geländer hoch, schwinge den schweren Eimer um den Treppenabsatz herum, damit ich nicht erst auf den Treppenabsatz treten muss. Ich habe ja lange Beine! Dann kommt die erste Etage. Hier mache ich es wieder so, dann geht es gleich weiter um den nächsten Absatz und mit dem letzten Schwung nehme ich die Treppe bis vor unsere Tür. Keinen Tropfen Wasser verloren. Ich bin stolz. Aber mein Rücken tut mir weh. Jedes Mal ist das so, aber ich verrate es nicht. Trautel geht es sicher auch so, und Wasser müssen wir nun mal haben. Vater trägt oft den vollen Eimer mit dem Schmutzwasser runter, wenn er wieder zu Hause ist, das ist auch nicht leicht. Mutter soll keinen Eimer tragen.

Nach einigen Tagen ist es dann soweit, das kleine, schwarze Ungeheuer, den »Flüchtlingsherd«, wie die Leute sagen, können wir abholen. Die staksigen Eisenbeine müssen wir mit schweren Schrauben und Muttern noch unten am Herd selber befestigen. Wir stellen ihn unterhalb des Ofenrohres auf. Zum Glück ist das alte Ofenrohr lang genug und passt genau in den Stutzen hinein. Wir besehen das Prachtstück. Innen ist er schön mit Schamott ausgelegt. Außen ist das Eisen grauschwarz mit einer Eisenschutzfarbe angemalt. Ein kleines Feuerloch befindet sich auf der linken Seite, darunter das Aschenloch mit einem kleinen Blechkistchen für die Asche. Daneben eine Backröhre, sogar ein Backblech ist drin. Der ganze Ofen ist nicht größer als zwei Stühle, die man gegenüberstellt. Oben sind noch zwei runde Platten in der Herdplatte, die man mittels eines Hakens herausheben kann. Es ist eben ein »Flüchtlingsherd«, kein Siegerländer Küchenofen, und nicht blitzblank. »Und mit was sollen wir kochen?« Vater sagt: »Sie haben gesagt, dass es bald einen Zentner Eierbriketts geben wird, den Einkaufsschein müssen wir uns auch von der Flüchtlingsstelle holen.« Mutter sagt: »Hinter dem Haus auf dem Abhang haben sie wohl Bäume gefällt. Frau Breyer hat gesagt, da könnten wir uns Reisig holen.« Nachmittags gehen wir hin. Hinter dem Grundstück liegt ein Brett über dem Birlenbach, der hier durch das Tal läuft, dann geht es über eine Wiese den Berg hinauf, der kahlgeschlagen ist. Hier hat bis vor kurzem noch ein hoher Fichtenwald gestanden. »Die Engländer haben ihn abgeholzt. Reparationskosten, weil wir den Krieg verloren haben.« »Hat das auch die Frau Breyer erzählt?«

Der ganze Hang ist übersät mit sauber abgeschälten Baumstämmen. Ein Teil liegt schon aufgeschichtet auf dem ehemaligen Waldweg. Wir dürfen uns aus dem Keller einen Korb mitnehmen. Jeden Tag nun gehen wir hier oben hin, um das Reisig zusammenzulesen, damit wir Feuer machen können zum Kochen, und einmal in der Woche auch, um uns warm waschen zu können. Ganz oben, wo sie zuerst geschlagen haben, blühen die »Trümmerblumen« in ihrem schreienden Rosa, so als wollten sie das Unrecht zudecken, das dem Wald geschehen ist. Oft setze ich mich auf einen Baumstumpf, schaue über das Tal hin und denke nach. Drüben auf der anderen Seite hinter den Häusern ziehen sich ein paar abgeerntete Getreidefelder den Berg hinauf. Sie sind schmal wie Handtücher. Was sind das wohl für Bauern, die so kleine Felder haben? Ach, mir wird immer ganz elend, wenn ich diese mir so fremde Landschaft sehe. Mutter hat gesagt, es ist so karg hier, und das finde ich auch. Trotz der Berge, die finde ich ja ganz schön. Aber es scheint auf dem Boden nicht viel zu wachsen. Oben auf der Kuppe des Berges steht ein knorriger Buschwald. Frau Breyer hat erzählt, dass die Bauern hier »Hauberg« machen. Ich glaube, alle 15 Jahre wird der Wald, Eichen und Birken, abgeschlagen und die Rinde abgeschält. Mit der Rinde wird dann das Leder gegerbt. Mit was hat wohl der Urgroßvater in Wüstewaltersdorf sein Leder gegerbt? Er war Gerbermeister und Kürschner. Ich weiß nur, dass er die Felle und Lederstücke in der Bache gewaschen hat.

Da fällt mich wieder das Heimweh an. Immer und immer muss ich jetzt hier bleiben? Die Siegerländer sprechen auch untereinander ganz anders. Wir können es beim besten Willen nicht verstehen. Die kleinen Mädchen, mit denen ich mich unterhalten will, lachen immer, weil ich sie nicht verstehen kann. Sie haben gesagt, sie sprechen »Platt«. Auch im Hochdeutschen sagen sie vieles anders und lachen über mich, wenn ich den Mund aufmache.

Und dann ist noch was, was mich traurig macht. Mutter hat gestern in der Stube gestanden und zu meiner Schwester und zu mir gesagt: »Eines will ich euch jetzt auch noch sagen. Wir leben jetzt hier wieder in einem ordentlichen Land und unter ordentlichen Deutschen. Wenn ihr je wieder etwas Gestohlenes mit nach Hause bringt, egal was, auch kein Obst und Gemüse aus fremden Gärten oder Feldern, dann haue ich euch eigenhändig die Finger ab!« Sie hat dagestanden wie der leibhaftige Engel Gabriel. Ihre Augen funkelten und ihre Backen wurden ganz rot. Ich bin richtig erschrocken vor ihr. Wir haben sie angesehen und Trautel hat versprochen, dass wir's nicht mehr tun würden. Letztens hat sie ein paar schrumpelige Mohrrüben mitgebracht. Sie haben so armselig auf dem Tisch gelegen und dann haben sie kaum zum Mittagessen gelangt. Was soll man hier klauen? Die Leute haben ja selber nichts. Auch bei Breyers im Garten an der Straße wächst ja alles »nach unten«, hat Vater gesagt. Ich will auch nichts mehr nehmen, denn hier sind ja keine Polen. Ich bin doch nicht blöd! Aber, dass sie das überhaupt gesagt hat!

Am Sonntag waren wir in der Kirche. Der Pastor hat schön gepredigt. Ein junger Mann noch, mit schwarzen Haaren und großen, schwarzen Augen. Er hat richtig von der Kanzel runtergeblitzt. Die Kirche war besetzt bis auf den letzten Platz. Auch die Empore. Die Kirche ist wohl noch nicht so alt. Sie ist innen ganz grau und die Wände sind ausgemalt mit grünen und rotgoldenen Blätterranken und weißen Lilien dazwischen. Die dicken Holzbalken sind braun angemalt. Vorn im Chor befinden sich drei schöne, große, bunte Glasbilder in den hohen Fenstern. Hinten auf der Empore steht eine große Orgel. Die Kirche ist schrecklich, sie gefällt mir nicht! Sie ist nicht so, wie die schönen hohen Kirchen in Breslau und auch nicht wie unsere weiße, helle Kirche in Wüstewaltersdorf. Ach, das ist ja vorbei, da kommen wir nie mehr hin. Hier sind sie »reformiert«, nicht »lutherisch«, wie wir zu Hause. Wo da wohl der Unterschied ist? Wohl im Katechismus. Hier nehmen sie den »Heidelberger«.

Mutter wollte unbedingt nach dem Gottesdienst den Pastor sprechen, sie wollte mich zum Konfirmandenunterricht anmelden. Er war sehr freundlich, das hat mir gut gefallen. Er hat uns alles Gute gewünscht, und wir sollten uns hier wohlfühlen. Er wollte auch helfen, dass wir es bald könnten. Dann hat er mir gesagt, wann Unterricht ist und wo. Also ich muss da in die Birlenbacher Schule gehen. Dort findet er jeden Dienstag statt. Zwei Stunden lang dauert der Unterricht. Bin schon da gewesen. Es war sehr interessant. Ganz anders machte er es als der Pastor Schmidt-Cassdorff zu Hause. Er spricht mit uns und fragt nicht bloß das Auswendiggelernte ab. Aber Schmidt heißt er auch. Der wird mich also im Frühjahr konfirmieren. Er ist sehr nett. Er sagt auch, sie, die Kinder, sollten Hochdeutsch sprechen, damit »die Dorothea euch versteht«. Aber wenn er mich anspricht, sagt er »Dorchen« zu mir, so wie meine Angehörigen. Er ist ein echter Lichtblick in meiner Finsternis.

Zur Schule gehe ich nun auch wieder, eben in diese Birlenbacher. Vater hat gesagt, Realschule, so sagen sie hier zur Mittelschule, können wir uns nicht mehr leisten. Wo sollen wir das Geld für Schulbücher hernehmen? Und außerdem, ich sei im Stoff viel zu weit zurück. Aber diese komische Dorfschule gefällt mir auch nicht. Mutter war mit mir dort zum Anmelden. Der Lehrer heißt Schneider. Eigentlich war er ganz freundlich zu mir, hat mich gleich in die Klasse mitgenommen und sich von Mutter nett verabschiedet. Aber ich habe ihn finster angesehen. Er rollt auch das »R«. Er ist ein echter Siegerländer mit seinem knochigen Gesicht. Zwei Schuljahre unterrichtet er zusammen. Das siebente Schuljahr sitzt vorne und das achte hinten. Ich sitze im achten. Er hat gesagt, er würde mir die zwei Jahre Höhere Schule anrechnen. Dann könnte ich im Frühjahr mit den andern konfirmiert und entlassen werden. Ich weiß gar nicht, was ich dort noch lernen soll. Manche stottern im Unterricht rum, und was sie zum Beispiel in Rechnen machen, kann ich schon längst. Wo mag denn jetzt die Frau Christoph sein?

Außerdem schlägt er die Jungen. So was hat es in unserer Schule nicht mehr gegeben. Nur im Kanonenhof in Breslau, da hat man was mit dem Stock über die Finger gekriegt oder der Rektor hat den Jungen über die Beine geschlagen. Aber geohrfeigt, das habe ich bisher noch nie gesehen. Ich bin richtig zusammengefahren und dann hat jeder die fünf Finger bei dem Jungen auf der Wange gesehen. Aber der Lehrer Mücke früher in meiner Schule hat immer gesagt, wer nicht lernen will, ist selbst schuld. In Waldenburg hat es blaue Briefe gegeben. Aber gestern, da hat sich ein Junge gerächt, er hat einfach zurückgeschlagen. Da ist der Lehrer Schneider rücklings in den Schüsselständer gefallen, der Schwamm ist in hohem Bogen aus dem Wasser geflogen und das Wasser hat der Lehrer über den Kopf bekommen. Erst war es ganz still in der Klasse. Dann haben wir alle gelacht. Das war auch nicht schön und der Lehrer Schneider war ganz verlegen.

Heute ist in der Pause was passiert, das hat mich sehr froh gemacht. Vielleicht wird sie meine Freundin? Die Ruth hat zu den andern gesagt, als wir mit unsern Töpfchen im Hof standen und die Quäkersuppe aßen: »Ihr müsst mit der Thea

Hochdeutsch reden. Wie soll die uns denn verstehen, wenn wir immer nur Platt reden. Sie wird ja hier nie heimisch!« Alle haben mich angesehen, und dann hat ein Mädchen, Gerda heißt sie, genickt. »Ja, das stimmt!« Aber gleich drauf haben sie doch wieder Platt geredet. Aber sie haben mich endlich angesehen. Ich fühlte mich nicht mehr gar so fremd und allein. Da hat die Ruth noch mal mit ihren braunen Augen gefunkelt und gesagt: »Hochdeutsch sollt ihr mit ihr reden!« Da haben wir alle gelacht, und ich war froh.

Nach der Schule haben wir uns lange unterhalten. Ich hab ihr so manches erzählt. Sie hat mit großen Augen zugehört. Sie ist ein hübsches Mädchen. Über den großen, dunkelbraunen Augen, mit denen sie mich sanft ansieht, hat sie schönes, sehr dunkelbraunes Haar. Die Gerda ist auch nett zu mir. Sie ist blond, mit Kräusellocken, hat blaue Augen, Sommersprossen und einen kleinen roten Mund. Aber sie hatte es eilig. »Ich muss nach Hause, helfen«, hat sie gerufen. Ruth sagt: »Sie haben eine Gastwirtschaft in Birlenbach.« Das ist das kleine Dorf am Ende der Straße.

Ich bin immer so sehr müde, wenn ich aus der Schule komme. Viel zu essen haben wir nicht. Aber ich muss nach der Schule noch zum Bäcker Müller und mich nach Brot anstellen. Wenn ich mich nicht beeile, kriegen wir kein Brot mehr. Schmeckt nicht, ist gelb, ist aus Maiskorn gebacken. Aber was anderes gibt es nicht.

Trautel arbeitet ja auch wieder. Sie hat eine Stelle in Siegen bekommen, als technische Zeichnerin bei der Firma Meteor-Apparatebau.

Trümmerblumen und Fallschirmseide

Ach, diese Trümmerblumen! Überall blühen sie. Neulich, Sonntag, waren wir in Siegen und haben die anderen besucht. Sie sind immer noch im Lager und warten darauf, dass sie irgendwohin transportiert werden. Im Augenblick heißt es, sie würden auch in Siegen bleiben. Am Fischbacher Berg ist auch noch eine Kaserne, da sollen sie vorläufig untergebracht werden. Wohnungen gibt es nicht. Wir haben richtig Glück gehabt mit unsern zwei Stübchen! Die andern waren ganz neidisch.

Aber diese entsetzlichen Blumen! Aus jedem Mauerrest ragen sie auf. In Siegen ist es über allen Trümmern rosarot. Trautel meint, es sähe hübsch aus, da sähe man die schwarzen Trümmerhaufen nicht so. Aber ich finde sie grässlich. Trotzdem zieht es mich immer wieder hinters Haus auf den Berg, wo sie jetzt bis hinunter zum Bach blühen. Das meiste Holz ist weggeräumt, auch das Reisig liegt nicht mehr so dicht. Wenn ich einen Korb voll holen muss, laufe ich hin und her, um noch genug zusammenzukriegen. Aber der Winter ist lang und der Haufen Eierbriketts, den wir uns holen konnten in der Kohlenhandlung, wie lange wird er reichen?

Mutter fällt das Bücken schwer. Sie bittet mich immer: »Geh doch noch mal auf den Berg und hol einen Korb Reisig!« So gehe ich halt brav, hole den großen Korb aus dem Schuppen und mache mich auf den Weg. Wenn der Korb voll ist, ruhe ich mich ein wenig aus. Vor allem, wenn die Sonne scheint, setze ich mich auf einen Baumstumpf. Einmal höre ich von irgendwoher Musik. Klavierspiel ...! Wer spielt hier Klavier? Ich schaue zu den Häusern hinüber. Ach, wird irgendjemand jemals wieder Klavier spielen ... für mich, für mich ganz allein? Werner? Zusammengekuschelt saß ich dann im grünen Clubsessel und hörte ihm zu. Endlos, so scheint es mir. Zwischendurch zwinkerte er mir mit seinen blauen Augen zu. »Jonny hat Sehnsucht nach Hawai!« Er spielte und sang. Oder war es Mundharmonika, was ich eben hörte? Die Töne entfernen sich. Mundharmonika spielten die Brüder manchmal auf dem Balkon zu Hause, abends, wenn die Hitze bleiern in der Teichstraße stand und ich noch nicht schlafen musste. Dann machten sie ihren Spaß mit mir. Auch sonntags manchmal an der Oder beim Ruderhaus auf dem Bootssteg. Reinhard sah mich dann an, spielte und spielte. Wo sind sie? Selbst in Gedanken kann ich es mir nicht mehr vorstellen. Ich kann sie nicht mehr suchen! Sie sind fort ...! Ist mir plötzlich kalt oder scheint die Sonne so kalt? Es ist doch schon Oktober. Aber ich muss noch weiter nachdenken. Mutter hat gesagt, dass sie zum Arzt gehen muss, die Schmerzen wären schlimmer geworden. Also doch, sie hat Schmerzen. Immer hat sie gesagt, sie hätte keine. Vater hat gesagt, er würde sich erkundigen, zu welchem Arzt man gehen kann.

Wenn Mutter denkt, es sähe ihr niemand zu, legt sie die rechte Hand auf ihre rechte Bauchseite. Was ist da? Ich lege auch meine Hand auf die rechte Seite. Aber ich spüre nichts. Früher hatte ich vom schnellen Laufen dort Schmerzen. Da sagten sie, das sei Seitenstechen. Aber das ging bald vorbei und ich konnte weiterlaufen. Mutter ist krank, fährt es mir durch den Kopf. Ich stehe auf und schleppe den Korb mit Reisig weg über den Bach durch den Hof in den Schuppen. Da ist auch eine Axt und ein Hauklotz. Ich weiß ja, wie man Holz hackt.

Wieder mal gehe ich auf den Berg, Reisig holen. Das Reisig ist so schnell verbrannt. Ich starre in das rosarote Blumenmeer um mich her. Sie sehen so zart aus, diese langen Stängel mit den kleinen, rosa Blüten dran. Wie ganz kleine Heckenrosen sehen sie aus. Aber ich mag sie nicht. Wenn man sie abreißt oder mit einem Stöckchen nach ihnen schlägt, so wie ich es manchmal aus Wut und Trauer mache, verbreiten sie einen herben, ja bitteren Geruch und aus den Stielen quillt eine weiße Milch heraus. Ekelhaft! Zu Hause gab es solche blöden Blumen nicht.

Wütend bin ich auf Frau Moll. Neulich hat sie zu Mutter im Hof gesagt, wir sollten ihr ein Stück von der Fallschirmseide geben, die oben im Zimmer im Regal liegt. Wir bezahlten doch keine Miete, da könnten wir ihr doch die Seide geben. Mutter war ganz verwirrt, sie wusste nicht, was sie sagen sollte. Aber als sie sich gefangen hatte, hat sie Frau Moll ganz fest angesehen und gesagt: »Woher wissen Sie denn, dass wir Fallschirmseide haben?« Da ist Frau Moll rot geworden. Mutter sagte noch: »Sie haben wohl in unseren Sachen rumgewühlt?« Dann ist sie gegangen. Der Opa Moll hat sich dann abends bei uns entschuldigt und uns ein Brot gebracht. Es sollte nicht mehr vorkommen. Mutter hatte die Seide noch zu Hause geschenkt bekommen. Sie hatte, ehe die Russen kamen, für jemand ein Brautkleid genäht, eben aus dieser Fallschirmseide. Fürs Nähen hat sie dann den Rest bekommen. Viel daraus machen kann man sowieso nicht. Sind ja alles schmale Bahnen, die man erst auseinandertrennen und dann irgendwie wieder zusammennähen muss. Mutter sagte, vielleicht können wir damit mal Butter hamstern oder sonst was Fettiges. Sie wollte es immer für die größte Not aufheben. Die größte Not, wann ist die? Wenn es in der Schule nicht die Quäkersuppe geben würde, aus Plätzchen und Pudding, viel zu süß, wüsste Mutter mich nicht satt zu kriegen. Ach was, satt! Wenn etwas da ist, macht Mutter was zu essen. Wie oft steht sie im Laden an und bringt die wenigen Sachen, Margarine und ein paar »Nährmittel«, Nudeln oder Mehl, nach Hause. Alles wird eingeteilt und nach den Lebensmittelkarten rationiert ausgegeben. Fleisch und Wurst gibt es selten. Kartoffeln einkellern, so wie vor dem Krieg und im Krieg zu Hause, das gibt es auch nicht. Mutter sagt dauernd, wenn nur der Winter erst vorbei wäre. Der Herbst ist noch schön und es ist ja noch nicht November.

Ich packe den Korb und ziehe ihn den Berg hinunter, mitten durch die rosaroten Trümmerblumen. Viele knicke ich um und es entsteht eine richtige Straße. Mir ist es egal. Der Korb ist schwer. Im Schuppen werde ich alles klein hacken, denn in dem kleinen, grauen »Flüchtlingsherd« kann man nichts Großes verbrennen. Mutter meint: »Er brennt gut, und einen größeren Ofen könnten wir gar nicht aufstellen.« Aber wenn er heiß ist, stinkt er schrecklich nach dieser grauen Farbe, mit dem das schwarze Eisen gestrichen ist. Vielleicht hört er mal auf zu stinken! Reisig auf den Hauklotz legen und zuschlagen, das tut gut, bis der Korb leer ist.

November

Es ist kalt geworden und es regnet viel. Die Trümmerblumen sind verblüht und ich kann nicht mehr auf dem Baumstumpf sitzen und träumen. Ruth hat mich mal zu sich nach Hause eingeladen. Die Frau Böcking ist eine nette, stille Frau. Ich hab artig in der Küche auf der Eckbank gesessen und sie hat mich gefragt, wo wir herkämen und was der Vater macht. Ich hab es ihr gesagt. Sie hat mich lieb angesehen und dann war es ganz still in der Küche. Die Ruth hat auch nichts gesagt. Sie hat noch eine kleine Schwester, die Gerda. Ein stilles Mädchen mit blonden Haaren und blauen Augen. Sie hat eine Puppe im Arm gehabt. Die hat sie mir gezeigt und dann hat sie sie mir auf den Schoß gesetzt und ich musste sie streicheln. Die Frau Böcking hat dagestanden und zugesehen. Mit dem Rücken lehnte sie am Ofen. An diesem blitzenden, spiegelblanken, offenen Herd. Hier gibt es keine Kachelöfen. Im Zimmer haben sie einen Kanonenofen stehen, mit einem langen Ofenrohr. Komisch, wie wollen sie denn damit das Zimmer warm kriegen? Warm wird es erst mit einem großen Kachelofen aus grünen Kacheln. Aber die Zimmer sind nicht groß. Nur die Küche ist hell und freundlich. Mit dem großen Tisch in der Ecke und der Eckbank ist es eigentlich ganz gemütlich. Durch das Fenster sieht man in den Garten. Dort steht ein großer Apfelbaum. Dann sieht man über eine Wiese hin zu dem Hang, wo keine Bäume mehr stehen. Die Böckings wohnen weiter oben in der Birlenbacher Straße, hinter der Schule noch. Zwei Häuser stehen noch hinter Ruths Elternhaus, dann führt die Landstraße zu dem kleinen Dorf Birlenbach. Da gibt es wohl noch Bauern. Der Vater von Ruth kam zur Tür herein mit einem kleinen Eimerchen in der Hand. Damit hat er Kartoffeln geholt. Er ist ein kleiner Mann mit einem runden, freundlichen Gesicht. Er rollt auch das »R«. Er lächelt mich an und gibt mir die Hand. Dann geht er zum »Spülstein«, so sagen sie hier zum Ausguss. Ein weißes, viereckiges Becken mit dem Wasserhahn darüber. Er stellt den Eimer hinein, holt ein Messer und beginnt die Kartoffeln zu schälen. »Wir wollen Reibekuchen machen. Magst du welche?« Die Frau Böcking schneidet die Kartoffeln klein und drückt sie durch eine Presse. Ich unterhalte mich mit der Ruth. Draußen dunkelt es und sie machen die Lampe an. »Ich muss gehen, die Mutter wartet.« »Aber gleich sind sie fertig. Bleib noch, dann kannst du zwei mitessen!« Ruth sieht mich bittend an. Ich setze mich wieder hin. Von dem Kartoffelbrei ist etwas auf den blankgebohnerten Boden gefallen. Frau Böcking holt einen hellen Lappen und putzt den Klecks Kartoffeln weg. Dann reibt sie die Stelle trocken. Ein Seufzer kommt aus meinem Mund; ich erschrecke. Sie sehen mich fragend an, aber ich sage nichts. Dieser blankgebohnerte Boden macht mir Angst. Ob ich später auch mal so bohnern muss, wenn wir mal eine richtige Wohnung haben?

Neulich hat im Laden eine Frau gesagt, dass die Flüchtlinge, die bei ihr im Haus wohnen, »Meckesser« sind. Das fällt mir jetzt wieder ein. Das hat sie nicht nett gesagt, aber was es heißt, wusste ich nicht. Jetzt frage ich die Ruth. »Was sind Meckesser?« Ich sehe, wie sie ein bisschen erschrickt. Sie sagt dann zögernd, dass es Leute sind, die nicht sauber sind. Ich muss denken, sicher haben sie nicht gebohnert. Aber das sage ich nicht zu Ruth.

Die Mutter stellt den Teller mit den Reibekuchen auf den Tisch. Es riecht gut. Dann stellt sie noch für jeden einen kleinen Teller dazu und legt für jeden zwei Reibekuchen drauf. Mehr ist es nicht. Der Vater setzt sich mit an den Tisch. Sie beten: »Komm, Herr Jesus, sei unser Gast, und segne, was du uns bescheret hast.« Der Vater greift zur Bibel, die auf dem Fensterbrett liegt. Er setzt die Brille auf und sucht ein Kapitel in der Bibel. Er liest langsam und bedächtig und rollt das »R«. Dann sagt er »Guten Appetit«, und alle greifen zur Gabel. Es ist warm in der Küche. Sie sagen nicht viel, aber es gefällt mir bei ihnen. Ruth sieht mich immer wieder mit ihren braunen Augen an. Mir wird ganz warm. Vielleicht darf ich wiederkommen und ihre Freundin bleiben?

Als alle aufgegessen haben, falten sie wieder die Hände und der Vater betet. »Herr, wir danken dir, denn du bist freundlich, und deine Güte währet ewiglich!« Dann steht er schnell auf und räumt das Geschirr ab. Die Mutter holt den blanken Wasserkessel vom Herd und gießt das Wasser in eine Schüssel zum Spülen. Sie sagen hier nicht »Aufwaschen«, so wie wir. Die Mädchen helfen beim Abtrocknen. Dann holt der Vater den Bohnerbesen und zieht das schwere Ding hin und her durch die Küche. »Jetzt muss ich aber gehen!« Schnell verabschiede ich mich. »Bis morgen und danke auch für das Essen!« »Ist schon gut«, sagen sie freundlich. Dann laufe ich schnell die Straße hinunter, an der Schule vorbei. Mutter wird schon unruhig sein. Aber ich habe ja schon was gegessen. Da kann sie sparen.

Mutter war beim Arzt. Vater ist mit ihr gegangen. Sie hatte rote Augen. Hat sie geweint? Ich hab es gesehen, als ich aus der Schule kam. Sie hat mich in den Arm genommen und hat gesagt: »Ich muss wohl ins Krankenhaus. Der Arzt kann nicht finden, warum ich hier auf der rechten Seite diese Schmerzen habe. Sie wollen mich dort gründlich untersuchen. Drei Tage wird es dauern, dann bin ich wieder zu Hause.« Sie drückt mich fest an sich. Ich erschrecke. So lieb hat sie mich lange nicht mehr im Arm gehabt. Ich sehe sie scheu von der Seite an. Dann lege ich mein Gesicht ganz nahe an ihr Gesicht. So bleiben wir eine lange Weile. Keine spricht. Dann sage ich: »Sind das die Schmerzen, die du schon in Breslau hattest?« Sie nickt mit dem Kopf. »Ja, manchmal waren sie weg. Aber jetzt hier, wo ich endlich Ruhe habe und mit euch alleine leben kann, kommen sie wieder.« Jetzt rollen ihr wirklich Tränen aus den Augen. Ich lege meinen Arm fest um sie. »Aber es wird schon nichts Schlimmes sein, und sie werden es finden. Dann bin ich bald wieder zu Hause und muss eine Medizin einnehmen, die mir hilft«, sagt sie tapfer und schluckt die Tränen runter. »Komm, jetzt machen wir was zu essen. Vater und Trautel kommen nach Hause.« Sie sieht auf die kleine Armbanduhr, die auf dem Tisch liegt. »Wohin musst du denn ins Krankenhaus?«, frage ich. »Nach Weidenau, hat der Doktor gesagt. Das ist an der Straße, die nach Siegen führt.« Ich erinnere mich, ich hab es neulich gesehen, als wir mit der Straßenbahn nach Siegen gefahren sind. Dann ist es ganz still zwischen uns. Nachher, als wir alle am Tisch sitzen und essen, erzählt sie es Trautel noch. Sie ist ganz gefasst und lässt sich nichts anmerken. »Wann sollst du dorthin kommen?« »Der Doktor will einen Termin ausmachen mit dem Krankenhaus. Nächste Woche soll ich noch mal fragen kommen. Dann weiß er auch die Befunde von der Blutuntersuchung, die er gemacht hat.« Mutter ist krank, das steht jetzt fest. Aber vielleicht, bestimmt, können die Ärzte ihr helfen.

Der rote Halbmond

Es ist Mittag und ich bin eben aus der Schule gekommen. Ich stürme die Treppe hinauf. Mutter macht oben die Tür auf. Was hat sie nur heute? Sie sieht ganz fröhlich aus. »Komm schnell, ich muss dir was zeigen!«, ruft sie mir entgegen. Ich ziehe schnell die Jacke aus und werfe die Tasche mit den Schulbüchern auf den Tisch. Wir haben jetzt einen andern Tisch. Der niedrige, mit den drei Beinen, ist zerbrochen. Da haben uns die Breyers ihren »Schlachttisch« gegeben, so wie der Opa Moll ihn genannt hat. Ein großer, rechteckiger Eichentisch mit Schnörkelbeinen und einer blanken, gescheuerten Platte. Vorne sind zwei Schubladen drin. In der einen waren noch die scharfen, langen Schlachtmesser, die hat der Opa aber mitgenommen. »Mit Schweineschlachten ist vorerst nichts mehr«, hat er unter seinem dicken Schnurrbart vorgemurmelt.

Mutter hat sich an den Tisch gesetzt und ihre Brille aufgesetzt. In der Hand hält sie eine Karte, eine Doppelkarte, so wie man sie braucht, wenn man jemand schreibt und gleich Antwort haben will. Aber sie sieht doch ganz anders aus als diese Doppelpostkarten! Oben ist sie schwarz bedruckt, in einer Sprache, die wir nicht lesen können. Rechts oben ist ein rotes Kreuz und links oben ist ein roter Halbmond zu sehen. »Was ist das für eine Karte, woher kommt sie?« Ich beuge mich neben Mutter über die Karte. »Ja, denk mal, sie ist von Reinhard!« »Vom Reinhard?« Ich rücke noch näher heran. Unter der schwarzen Schrift oben sehe ich eine Handschrift. Tatsächlich, das könnte Reinhards Schrift sein. Aber sehr, sehr ordentlich ist sie geschrieben. So als hätte er Angst, man könnte sie nicht richtig lesen. »Was schreibt er?« Wir lesen beide gemeinsam. Mutters Stimme zittert, und ich höre richtig ihr Herz pochen, oder ist es meines, weil ich jetzt erst begreife, was das für eine Karte ist. »Ihr Lieben! Ich versuche an Euch zu schreiben, in der Hoffnung, dass Euch diese Karte bei Gesundheit erreicht. Mir geht es gut und ich lebe. Wenn Ihr mir schreiben könnt, dann antwortet auf dieser anhängenden Karte und schreibt immer diese Nummern mit, die hier auf meiner Karte angegeben sind. Ich umarme Euch und grüße Euch herzlich. Euer Reinhard.« »Denk mal, die Karte, er hat sie selbst geschrieben. Er lebt!« Wieder zittert ihre Stimme und sie wischt sich über die Augen. »Es ist wirklich wahr. Sieh mal das ›L‹! Er hat so einen kleinen Schnörkel reingemalt, so wie er es auch in den Feldpostbriefen gemacht hat, und auch bei dem ›R‹ ist der Schnörkel zu sehen!« »Ja, es ist seine Schrift, das sehe ich auch. Er lebt also!«

Jetzt braust es mir im Kopf. Lange Jahre habe ich abends gebetet: »Lieber Gott, lass die Brüder nicht sterben! Lass sie wiederkommen!« Ach was, der Reinhard hat ja erst mal geschrieben. »Wo kommt die Karte denn eigentlich her?« Jetzt erst fällt mir auf, dass man gar nicht lesen kann, von wo er sie abgeschickt hat. Mutter sagt: »Sie kommt aus Russland. Die Leute sagen, alle deutschen Soldaten sind nach Sibirien gekommen, dort müssen sie als Kriegsgefangene schwer arbeiten. Sibirien ist sehr kalt. Ich weiß das aus dem Lexikon. Da stand drin, dass im August schon Schnee fällt, und dann ist es bis zum Mai eisig.« Ja, wir hatten ja Angst, sie würden uns dorthin verschleppen. Ich erschrecke, denn mir fällt das Lager in Wüstewaltersdorf ein. Mutter stöhnt: »Wird er frieren?« »Ob er auch warme Sachen hat?«, sage ich laut. Leise denke ich an die Papieranzüge von den Ostarbeitern. Wenn er auch so was anziehen muss? Wir haben den Krieg verloren, da können die Russen mit den Deutschen machen, was sie wollen. Jetzt tut mir das Herz wieder weh. So weh wie damals, als die Nachricht kam, dass der Werner vermisst ist. Da wissen wir ja auch nicht, ob er vielleicht noch lebt.

Vater hat neulich gesagt, man könnte sich melden, wenn man nicht weiß, wo die Söhne hingekommen sind. »Suchdienst des Deutschen Roten Kreuzes«, nennt man diese Dienststelle. Er wollte auch die Kellners, Ursel und Ruthel, suchen lassen. Vielleicht hat er es schon gemacht.

Mutter ist ganz still und hält die Karte in der Hand wie ein Geschenk. »Ach, wie auch immer, er lebt und vielleicht kommt er mal zurück!« Sie seufzt wieder. »Die Engländer entlassen auch deutsche Kriegsgefangene. Hier in der Straße sind auch schon Männer wiedergekommen. Das hab ich beim Anstellen gehört. Die Leute erzählen so allerlei.« Da fällt mir ein, woher weiß er denn überhaupt, dass wir hier jetzt in Klafeld wohnen? »Zeig mal die Adresse!« Sie dreht die Karte um, da steht in sauberer Schrift: Familie Georg Koch, bei Familie Lafontaine, und dann die Adresse in Bottrop, wo die Tante Luise, Großmutters Schwester wohnt. Ich staune: »Woher wusste er denn die Adresse von der Tante Luise?« »Ach, weißt du, die Jungens haben sich alle Adressen von den Verwandten im Westen aufgeschrieben oder auswendig gelernt. Das haben wir so vereinbart. Man konnte ja nicht wissen, was der Krieg mit uns macht. Durch eine dieser Adressen wollten wir uns wiederfinden. Siehst du, das hat geklappt! Die Großmutter in Ibbenbüren haben wir ja auch so wiedergefunden. Du weißt doch, dass sie schon geschrieben hat. Sonst wüssten wir ja gar nicht, dass sie noch lebt, und auch der Onkel und die Tante. Und die Tante Liesel haben wir ja auch wiedergefunden.« »Das habe ich ja alles gar nicht gewusst!« »Ach, du hast es nur vergessen. In deiner kleinen Tasche in dem Portemonnaie steckt auch ein Zettel mit den Adressen, und wenn wir dich verloren hätten, dann hättest du immer noch die Namen nachlesen können und in welcher Stadt sie wohnen. Dann hätten wir uns auch wiedergefunden.« Ich nickte ihr zu. »Ja, den Namen Lafontaine hätte ich bestimmt nicht vergessen. Die Tante Luise ist eine liebe Frau!« Ich denke daran, wie sie uns mit ihrer Enkeltochter, der Lieselotte, in Breslau besucht hat. Die Lieselotte ist ein lustiges Mädchen mit ihren schwarzen Haaren und schwarzen Augen. Immer hatte sie was vor und wollte mit der Trautel alles in der Stadt ansehen und Spaß haben. »Ist die Lieselotte eigentlich so alt wie die Trautel?«, will ich wissen. »Sie ist wohl ein paar Jahre älter«, meint Mutter nach einigem Nachdenken. »Aber schön ist sie!« Mutter lacht ein bisschen. »Ja, sie hat sicher noch französisches Blut mitgekriegt von ihrem Großvater.« »Also, es hat geklappt mit den Adressen. Der Reinhard hat uns gefunden. Aber er weiß es ja noch gar nicht!« »Ja, ich habe schon den Poststempel versucht zu entziffern. Aber die Zahlen sind kaum zu lesen. Es ist entweder eine Neun oder Acht, das wäre August oder September.« »So lange ist die Karte unterwegs gewesen?« »Drei Monate? Und wenn wir jetzt bald zurückschreiben, dauert es wieder drei Monate?« »Ja, wahrscheinlich!« »Lass mal sehen, was steht denn da oben drüber?« »Ach, das kann man nicht lesen, das sind russische Buchstaben. Kyrillisch nennt man das. Das sind keine lateinischen Buchstaben, so wie wir sie schreiben.« »Und der rote Halbmond?« »Ja, wir müssen mal Vater fragen. Aber ich glaube, dass die Russen ihre Hilfsorganisation für Kranke und Verwundete ›Roter Halbmond‹ nennen. Die haben sich nur der ›Genfer Konvention‹ angeschlossen und nicht der Organisation ›Rotes Kreuz‹.« »Was ist denn das, die ›Genfer Konvention‹?« »Ich glaube, Ende des vorigen Jahrhunderts haben in Genf Vertreter aus allen Völkern zusammengesessen und einen Vertrag gemacht, der es Ärzten und Schwestern ermöglicht, den Verwundeten auf den Schlachtfeldern zu helfen. Du weißt doch, dass im Krieg auf allen Krankenhäusern und Lazaretten das ›rote Kreuz‹ aufgemalt war. Diese Häuser sollten nicht bombardiert und zerstört werden!« »Haben sie aber doch gemacht!« »Ja, leider. Aber jetzt scheint es doch im Hinblick auf die Familienzusammenführung besser zu klappen.« »Ja, ja«, sage ich, aber mit den Gedanken bin ich beim Reinhard und versuche mir vorzustellen, was er als Kriegsgefangener machen muss und wie er lebt in einem Kriegsgefangenenlager. Er hat es bestimmt sehr, sehr schwer! Wir sehen noch mal die Karte an und sind ganz still. Mutter sagt dann langsam: »Wir müssen ihm bald schreiben. Vater und Trautel werden schön staunen, wenn sie nach Hause kommen.« Vorsichtig legt sie die Karte mitten auf den Tisch. »Leg deine Sachen beiseite!«, damit steht sie auf. Ich folge ihr sofort. Nun liegt nur noch Reinhards Karte auf dem Tisch, sonst nichts.

Mutter macht was zu essen und bald kommt Vater zur Mittagspause. Er kommt herein und grüßt uns. Wir sehen ihn an und sagen nichts. Aber er merkt gleich, dass was nicht stimmt. Mutter zeigt auf den Tisch. »Sieh mal, was heute für Post gekommen ist!« »Post, von wem bekommen wir denn Post?« Er beugt sich über die Karte und liest. Er wendet sie hin und her. Dann merke ich, wie sein Gesicht ganz rot wird. »Vom Reinhard, eine Nachricht?« »Ja, er lebt«, sagt Mutter. Sie sehen sich an. Mein Herz pocht.

Es ist ganz still im Zimmer. Dann legt Mutter ihre Arme um Vaters Hals und er drückt sie ganz fest an sich. So stehen sie eine Weile und schweigen. Das habe ich noch nie gesehen, dass sie das tun. Ich bin ganz aufgeregt. Dann sehen sie sich noch mal in die Augen und küssen sich. Vater und Mutter küssen sich, auch das habe ich noch nie gesehen. Aber es ist schön, sehr schön! Ich kann es nicht anders beschreiben.

Abends ist es Trautel, die alles ganz genau ansieht und sich freut, sich laut freut. Sie lacht und lacht. »Er lebt, er lebt«, jubelt sie. Dann schaut sie auch nach dem Poststempel. »Drei Monate ist sie unterwegs gewesen!«, stellt sie fest. »Sibirien ist weit und sie werden nicht so gerne die Post der Deutschen befördern. Das macht bloß das ›Rote Kreuz‹. Wir müssen ihm sofort schreiben!« Bald sitzen wir um den Tisch herum und schreiben erst mal ins »Unreine«, um besser den Platz auf der leeren Karte auszunutzen. Auch überlegen wir, was wir schreiben, denn man kann ja nicht wissen, was die Russen dann damit machen. »Wenn man wüsste, was die Zahlen bedeuten. Sicherlich sind es die Nummern von einem der vielen Lager in Russland. Ob sie hungern müssen? Ach, wie mag er nur aussehen? Im Krieg war er ja auch schon nicht dick. Wie lange haben wir ihn nicht gesehen? Mindestens zwei Jahre. Ob er nach Hause kommt? Wann?« Wir reden und reden. Schließlich haben wir einen Text zusammengestellt, von dem wir hoffen, dass er ihn versteht und in dem wir ihm viel erzählt haben von uns, ohne ihn damit in Gefahr zu bringen. Man kann ja nicht wissen. Trautel schreibt dann die Karte in schöner deutlicher Druckschrift. Und wir alle schreiben dann unsere Namen drunter. Mutter schreibt: »Gruß und Kuß, deine Mutter!«

Gottes Kinder

Ruth sagt in der Pause zu mir: »Gehst du heute Abend mit mir ins Vereinshaus? Da fängt heute eine Evangelisation an. Alle jungen Leute sind eingeladen. Es wird bestimmt schön«, setzt sie noch zögernd hinzu, weil ich wohl ein erstauntes Gesicht mache. »Was ist denn eine Evangelisation?« »Ja, da wird jeden Abend ein Kapitel aus der Bibel vorgelesen und der Evangelist, Flender heißt er, predigt darüber.« Sie schweigt und sieht mich bittend an. »Abends?« »Ja, um acht fängt es an und dauert so bis halb zehn. Wir müssen um halb acht gehen. Ich könnte vor eurem Haus rufen, wenn wir gehen. Vater und Mutter gehen auch mit. Da bist du nicht alleine.« »Ich will es zu Hause erzählen. Vielleicht geht Trautel auch mit.«

Ich überlege eine Weile. Ich muss an Breslau denken. Vater gehörte zum CVJM. Da sind wir auch immer Sonntagabend, nicht jeden, ins Vereinshaus gegangen. Vater hat dort im gemischten Chor mitgesungen. Wenn der Saal voller Leute saß, war es immer sehr warm und stickig und ich musste dann husten. Vorne stand jemand am Rednerpult und sprach lange, dann sang der Chor, und auch die Leute sangen ein Lied. Ich habe mir die Leute angesehen und was sie für Kleider an hatten. Viel verstanden habe ich nicht, aber alleine zu Hause wollte ich auch nicht bleiben. Sonntags war es schöner, wenn wir morgens dahin gingen, denn dann wurden wir bei einem von den »Freunden«, so nannte Vater die anderen Männer, zum Mittagessen eingeladen oder zum Kaffeetrinken. Sie hatten Häuser und schöne Gärten draußen vor der Stadt, das gefiel mir.

»Was ist nun, kommst du mit?« Sie war ungeduldig geworden, weil ich nicht gleich zugesagt hatte. »Ja, vielleicht, du kannst ja rufen, um halb acht, dann gucke ich zum Fenster raus. Ich muss erst Mutter fragen.« »Gut, dann bis heute Abend!« Sie lief davon. Mutter hatte nichts dagegen. »Ich bin abends so müde. Ich gehe nicht mit und Vater wahrscheinlich auch nicht. Aber vielleicht geht die Trautel mit!«, sagte sie.

Trautel ging wirklich mit. Jeden Abend, wir hatten vereinbart, wenn Ruth vorbeikommt, pfeift sie was. Wir hatten lange beraten und uns dann auf den Anfang von »Kommt ein Vogel geflogen ...« geeinigt. An der Haustür gab es nur die Klingel für die Familie Moll. So liefen wir jeden Abend in dieses kleine, überfüllte und überheizte Vereinshaus mit den groben Vereinshausbänken. Vorne stand vor einem riesigen, alten, sehr dunklen Ölgemälde ein Rednerpult und daneben ein kleiner Tisch mit Blumen drauf. An der Seite saß der Chor, jeden Abend ein anderer, und sie sangen vor Beginn und am Schluss des Abends Choräle. In der Mitte des Saales stand ein riesiger, eiserner Ofen, der nur so spuckte. Draußen war es noch gar nicht so kalt, aber sie heizten tüchtig ein. Wenn man nun einen Platz neben dem Ofen bekam, war das nicht sehr angenehm. Ich hatte es immer gerne warm, aber zu warm, das war auch nichts.

Dieser Herr Flender sprach sehr lebhaft, und ich konnte ihm gut folgen. Aber er redete immer sehr lange. Erst las er eine Bibelstelle vor und dann sprach er darüber. Allerdings jeden Abend kam am Schluss seiner Rede die Aufforderung, man solle sich bekehren zu Jesus Christus. Man sollte nach vorne kommen, wenn man bereit wäre, den »Herrn« anzunehmen oder, wie sich der Herr Flender ausdrückte, »den Herrn Jesus in sein Leben einzulassen!« Dann gingen alle Leute nach Hause und nur die blieben da, die sich bekehrt hatten, und mit denen wurde noch extra gebetet. Die jungen Mädchen, Freundinnen von Ruth und ihrer Cousine, nahmen mich auf dem Nachhauseweg immer mit. Wir hakelten uns in langer Reihe unter und liefen singend nach Hause. Sie kannten all die Lieder, die im Vereinshaus gesungen wurden, auswendig und es schallte laut durch die Straßen. Das gefiel mir ganz gut. Sie waren alle so fröhlich, das kannte ich gar nicht. Vor allem, dass man als Deutsche so laut singen durfte. »Ach, Quatsch, ich bin doch in Deutschland«. Dass ich immer noch nicht begriffen hatte, dass wir nicht mehr in Polen waren und keine Armbinden tragen mussten! Immer wieder beschlich mich dieses traurige Gefühl.

Von Abend zu Abend ließ ich mich mehr in diese warme Welle von Glaubenszuversicht hineinnehmen. Sie waren alle so lieb zu mir. »Herrlich, herrlich wird es einmal sein, wenn wir von Sünden frei und rein, in das gelobte Kanaan ziehen, Jesus sieh her, ich komm!« Das war ihnen wohl das liebste Lied.

An einem Abend in der Woche war es wieder mal so gewesen. Ich hatte erst sehr interessiert zugehört, und dann, als es mir zu warm geworden war, konnte ich die Augen nicht mehr aufhalten. Ich schlief tief und fest ein. Zu allem Unglück hatte ich direkt vor dem Ofen einen Platz bekommen, von dem aus ich vorne dem Evangelisten geradewegs in die Augen sehen konnte. Er konnte also sehen, wie ich schlief. Ich hatte mich zwar mit aller Gewalt gegen die Schläfrigkeit gewehrt, aber es hatte nichts genutzt, es war wie ein Bann, der sich über mich legte. Da auf einmal wie aus weiter Ferne, hörte ich den Mann Gottes vorne an seinem Pult sagen: »Das junge Mädchen mit den blonden Zöpfen um den Kopf möchte bitte aufhören zu schlafen!« Es durchzuckte mich wie ein Blitz. »Er meint mich!« Ich riss die Augen auf und merkte, dass mich alle anstarrten. Einige lächelten und sahen dann wieder weg zum Redner hin. Der nahm gar keine Notiz mehr von mir und redete weiter. Ich fühlte, wie ich im Gesicht rot wurde. Dass mir das passieren musste! Ich schämte mich sehr. Mit aller Kraft versuchte ich, für den Rest des Abends wach zu bleiben, obwohl sich diese bleierne Müdigkeit sehr bald wieder breit machen wollte. Ich kämpfte und kämpfte dagegen an. Alles verstand ich nicht mehr, was er da vorne zu sagen wusste.

Ich war auch im Widerstreit mit mir, was ich überhaupt hier sollte. Ging ich nicht jede Woche zum Konfirmandenunterricht? Der Pastor Schmidt erklärte alles so gut. Gestern erst hatte er über einen Psalm gesprochen, den wir auswendig lernen sollten. Ich hörte ihm atemlos zu und musste dann zu Hause noch lange darüber nachdenken. Wie hieß er noch gleich? »Wenn der Herr die Gefangenen Zions erlösen wird, so werden sie sein wie die Träumenden, dann wird ihr Mund voll Lachens und ihre Zunge voll ... (ach ja) voll Rühmens sein. Dann wird man sagen unter den Heiden ... Der Herr hat Großes an ihnen getan, des sind sie fröhlich!« So, jetzt hatte ich alles wieder. Das hatte mir gut gefallen.

Eigentlich ging es uns auch so. Wir waren jetzt wieder frei, aber die Brüder, sie waren noch Gefangene. Sicher werden sie sich auch sehr freuen, wenn sie aus der Gefangenschaft entlassen werden. Wann? Ich seufzte tief auf, Ruth sah mich von der Seite an: »Ist dir schlecht?«, fragte sie mich besorgt. »Nein, nein, ich musste an meine Brüder denken!« »Hör doch, was er sagt!« »Ja, ja!« Wieder bemühte ich mich aufmerksam zu sein. Der Mann da vorne hatte etwas von Jesaja 43 gesagt. Aber ich konnte einfach nicht behalten, was er darüber gesagt hatte. Es war so warm. Ich nahm mir vor, zu Hause in der Bibel nachzulesen. Mutter hatte eine mitgebracht und das war gut, denn ich brauchte sie im Konfirmandenunterricht. Jesaja 43, nicht vergessen! Endlich hatte der Chor gesungen, endlich konnten wir aufstehen und nach Hause gehen. Sie beteten auch immer so lange und riefen dann laut »Herr Jesus«. Mir wurde immer ganz schwül und mein Herz pochte dann so laut. Das mochte ich eigentlich nicht. Der Pastor Schmidt betete immer kurz und es klang fast fröhlich. Er stand aufrecht. Hier beugten sie sich tief herunter und ich schlief dann auch schon mal fest ein, wenn sie gar so lange beteten. Meistens waren es verschiedene Männer, die beteten. Zum Schluss sagten dann alle laut »Amen, Amen«. Jeden Abend blieben vorne welche sitzen, wenn alle nach Hause gingen. ›Was er wohl mit ihnen macht?‹, ging es mir durch den Kopf. Die Mädchen hatten mich schon wieder zwischen sich genommen und sie erzählten und lachten. Sie sprachen auch von denen, die heute wieder zurückgeblieben waren, und schwärmten davon, dass der Herr sie auch rufen würde. Man müsste nur aufpassen, wann der Ruf an einen erging. Ich schwieg still, ich hatte ein schlechtes Gewissen, dass ich wieder eingeschlafen war und einfach nichts begriffen hatte. Nur die Bibelstelle Jesaja 43, die wollte ich zu Hause noch aufschlagen und lesen. Ich war schon ganz gespannt, was da stand.

Unterwegs löste sich eine nach der andern aus der Reihe. Hinter uns verabschiedeten sich einige auch Leute mit: »Gute Nacht und bis morje!« Das hieß »bis morgen«. Jetzt verstand ich Platt schon etwas besser. Sie verdrehten das Hochdeutsch aber auch ganz schön. Wir sprachen breit, aber sie, die Siegerländer, wie sie sich nannten, holten alles aus dem Hals. Trautel war immer hinten bei den anderen älteren Leuten. Vor dem Haus trafen wir uns dann. Wir pfiffen unser vereinbartes Liedchen. Oben erschien Vater am Fenster und winkte. Wir gingen dann gleich ins andere Haus. Leise tappten wir die Treppen hinauf und gingen leise durch die Türen, um ja niemanden zu stören.

Nachmittags, als ich wieder nach der Schule zu Hause war, holte ich die Bibel hervor. Mutter fragte: »Was suchst du?« »Ach«, sagte ich verlegen, »ich muss eine Bibelstelle suchen, Jesaja 43. Davon hat der Evangelist gesprochen und ich habe vergessen, was da steht.« Ich erzählte ihr nicht, dass ich immer so müde wäre in dem Vereinshaus und im Laufe des Abends einschliefe. Ich hatte Angst, sie würde mich dann nicht mehr gehen lassen. »Mutter, er sagt immer, dass wir uns bekehren sollen. Dann wäre die Welt viel schöner, wenn wir dem Herrn Jesus gehörten. Stimmt das? Ich gehe doch in den Konfirmandenunterricht. Der Herr Pastor Schmidt erklärt alles so gut. Ich glaub ihm das. Aber was will dann noch der Herr Flender?« Sie nickte mir zu. Sie half mir suchen. »Du musst im Alten Testament nachgucken! Der Jesaja war ein Prophet.« Sie schlug die Seiten um. Ich staunte, sie wusste genau, wo man suchen muss. »Da ist 43!« Ich las: »Fürchte dich nicht, denn ich habe dich erlöst. Ich habe dich bei deinem Namen gerufen. Du bist mein!« »Lies mal vor, was da steht.« Ich las es noch mal laut vor. Es gefiel mir. Sich nicht mehr fürchten. Er ruft mich bei meinem Namen. Wer? Gott? Unglaublich. Aber es steht hier in der Bibel, da muss es wahr sein! Die Worte fielen in meine Seele, und ich fühlte mich wohl und leicht. Ich sah Mutter an. Sie sah von ihrer Stopfarbeit auf. Ihre Augen waren eigentlich doch blau. Aber sie waren doch immer grau? Jetzt waren sie groß und blau. Darüber die buschigen Brauen und die faltige Stirn. Sie lächelte ein bissel und sah mich sehr lieb an. »Aber es ist doch ganz einfach. Wir sind alle Gottes Kinder. Vergiss das nicht!« Dann senkte sie wieder ihr Gesicht auf ihre Arbeit. Still war's und ganz warm.

Christrosen

»Komm, beeil dich, wir wollen Mutter besuchen!« Trautel rief mich von den Schularbeiten weg. Aber ich war gerade fertig geworden. »Mal sehen, wie es ihr heute geht. Hoffentlich hat sie die Verlegung gut überstanden!« Wir zogen uns an und gingen die Treppe hinab zum Haus hinaus. »Wie müssen wir denn überhaupt gehen? ›Patmos‹, wo liegt das denn?« »Die Frau Breyer hat gesagt, wir sollten zum Marktplatz gehen und dann links, die Sohlbacher Straße entlang. Ziemlich weit, dann würden wir schon das Schild ›Patmos‹ sehen. Deshalb müssen wir uns beeilen.« »Ja, ja, ich weiß schon.« Schweigend gingen wir die Birlenbacher Straße hinunter. Mutter war nun schon zwei Wochen im Krankenhaus in Weidenau. Sie war operiert worden an der Bauchspeicheldrüse, und nun sollte sie sich in »Patmos« noch ein bissel erholen, ehe sie nach Hause durfte. Bald war Weihnachten. Das wollten wir doch zusammen feiern und dann würde sie wieder gesund werden.

Was sie eigentlich wegoperiert hatten, wusste ich nicht so recht. Aber die Ärzte sagten ja nichts, auch wenn man sie fragte. Mutter hatte es gut gehabt im Krankenhaus in Weidenau. Eine Schwester war zwar ziemlich barsch, aber Mutter hatte mit ihr immer Spaß gemacht, und da musste sie wieder freundlich sein. Zugegeben, Mutter sah sehr schlecht aus. Ihr schönes, braunes Haar hatten sie zu einem Zopf geflochten. Es sah sehr dunkel aus zu ihrem so weißen Gesicht. Ihre Augen, so schien es mir, waren sehr groß geworden. Aber, na ja, wenn man wenig zu essen bekam, noch weniger als wir sowieso nur hatten, musste man ja schlecht aussehen.

Wenn wir sie besuchten, erzählte sie immer so allerlei, was sie erlebt hatte. Noch am Sonntag hatte sie einen Schwank von der barschen Schwester zum Besten gegeben. Da habe ich kräftig lachen müssen. Sie hätte einige Tage nach der Operation mal auf die Schelle gedrückt, da sei die Schwester gekommen. »Ich muss mal!«, hatte Mutter gerufen. Die Schwester fragte zurück: »Was?« »Pinkeln«, hatte Mutter geantwortet. »Das heißt nicht ›pinkeln‹, das heißt ›Wasser lassen‹!«, wurde sie von der Schwester belehrt. Mutter hatte sehr gelacht über die komplizierte Schwester. »Mir hat so der Bauch wehgetan vom Lachen!« Dann zeigte sie mir den Verband, den sie um den Bauch hatte. Lauter dicke, weiße Binden. Mit dem Finger beschrieb sie dann den Schnitt. »Der Arzt meinte, es heilt gut.« »Hast du denn noch Schmerzen?«, wollten wir wissen. »Ja«, sie seufzte, »es spannt alles so, aber es wird schon besser werden.« Das hofften wir mit ihr und jetzt war sie ja im Erholungsheim. »Patmos«, hieß es. »Es soll sehr schön im Wald liegen, das ehemalige Erholungsheim, das jetzt Krankenhaus für Genesende ist«, meinte Trautel, während wir in die Sohlbacher Straße einbogen. »Im Krieg ist es Lazarett gewesen, und jetzt Zweigstelle vom Krankenhaus in Weidenau.« Wir liefen mit schnellen Schritten, mir war sehr warm geworden. Es hatte in den letzen Tagen viel geregnet, zum Glück war es heute trocken.

In der Sohlbacher Straße hatten die Häuser alle hübsche Vorgärten. Jetzt waren sie natürlich kahl und lagen voller Laub, das der Wind von den Bäumen heruntergeweht hatte. Hier und da standen auch eine Zeder oder Tanne in einem Rondell. Alles akkurat angelegt. Eigentlich fand ich die Vorgärten langweilig. Im Weitergehen unterhielten wir uns über die Gärten.

Plötzlich blieb Trautel stehen. »Sieh mal da, in dem Garten blüht was!« Wir liefen hin. Große, weiße Sterne standen auf einem Beet, viele waren es. »Ach, sind die schön!« Wir lachten, wir hatten es wie aus einem Munde gerufen. Wir standen da und staunten die Blumen an, mitten im Dezember. »Weißt du, wie sie heißen? Ich habe sie noch nie gesehen.« »Ja, ich glaube, sie heißen Christrosen.« »Wenn wir ein paar davon Mutter mitbringen könnten, da würde sie sich freuen.« »Ja, meinst du, wir sollten mal bei den Leuten klingeln und fragen, ob sie uns welche geben?« »Ja, das machen wir.« »Ach, aber eigentlich trau ich mich nicht, so einfach um Blumen zu betteln.« Wir waren schon näher zur Haustür getreten und drehten jetzt zaudernd wieder um. »Aber Mutter würde sich freuen!« »Ja, und so langsam müssen wir uns beeilen. Sie wartet schon auf uns.« Erneut drehten wir uns um und betraten tapfer den Vorgarten. »Vielleicht sind sie gar nicht zu Hause!« Trautel war schon an der Türklingel und drückte drauf. Hinter der Haustür hörten wir ein helles Läuten, dann kamen Schritte zur Tür, sie öffnete sich einen Spalt und ein Frauenkopf erschien im Rahmen. Schließlich machte die Frau die Tür ganz auf. Erstaunt sah sie uns an. Trautel fragte höflich, ob wir bitte eine von den Blumen haben könnten. Sie wurde ganz rot im Gesicht und sprach so leise und verlegen, wie ich sie noch nie gehört hatte. »Unsere Mutter liegt im Krankenhaus in ›Patmos‹. Wir wollen sie besuchen und würden ihr gerne eine Freude machen.« Ich guckte die Frau schon gar nicht mehr an, so ungeheuerlich kam es mir auf einmal vor, um diese Blumen gebettelt zu haben. Die Frau sagte auch eine ganze Weile nichts. Dann ging sie zurück ins Haus. Ach, dachte ich, sie macht einfach die Tür vor unserer Nase zu und lässt uns stehen. Aber nein, sie ließ sie offen und kam mit einer Schere zurück. Sie ging zu dem Blumenbeet und schnitt drei Christrosen ab. Sie richtete sich wieder auf und gab sie Trautel in die Hand, dabei lächelte sie uns an. »Ach, sind die schön«, immer noch verlegen nahmen wir sie in die Hand. »Sie

341

sind sehr nett und vielen herzlichen Dank auch!«, riefen wir der Frau zu. »Hoffentlich wird eure Mutter bald gesund!« Wir nickten und traten zurück auf die Straße. Die Frau war schon ins Haus gegangen. »Die war wirklich nett!« Wir drehten uns im Gehen noch mal um. »Ein freundliches Haus. Die Frau versteht was von Blumen.« Wir seufzten. »So, jetzt aber los! Wir haben viel Zeit verloren.« »Wo ist denn das Haus ›Patmos‹?« »Ja, wenn ich das wüsste, ich war doch auch noch nicht dort.« »Wollen wir rennen?«, schlug ich vor, »dann sind wir schneller dort.« »Ach, dann kriegst du wieder Seitenstechen, dann müssen wir wieder stehen bleiben.« »Nein, bestimmt nicht!« »Na, dann also mal los! Auf die Plätze ...« Sie hatte in der einen Hand die Blumen, in der anderen die Tasche mit der sauberen Wäsche für Mutter. Ich musste lachen, ich hatte nichts in den Händen. Es sah komisch aus. Einmal die Tasche oben, dann die Blumen. Sie war einen Schritt vor mir. Das war schon immer so gewesen, obwohl ich auch ganz gut laufen konnte. Mir wurde warm und mein Gesicht glühte. Viel Verkehr war auf dieser Straße nicht. Aber sie schien mir endlos. Vor uns tauchten dunkle Bäume auf. Ob es dort war? Die Straße machte eine leichte Kurve. Ich konnte schon bald nicht mehr. Aber Trautel sprintete locker vor mir her. Auf einmal wurde sie langsamer. Konnte sie nicht mehr? Ich hatte eigentlich im Augenblick auch genug vom Rennen. Ich blieb mit größerem Abstand hinter ihr zurück. Vor uns tauchte eine dunkle Gestalt auf dem Fahrrad auf. Ein Mann im dunklen Lodenmantel zog den Hut und rief uns etwas zu. Im letzten Moment hatte ich ihn erkannt. Es war der Pastor Schmidt gewesen. Trautel blieb stehen und wir winkten ihm nach. »Ein freundlicher Mann. Ob er schon im Krankenhaus war? Vielleicht hat er Mutter besucht?« Wir liefen weiter und endlich tauchte das Schild »Patmos« auf an einem großen, eisernen Tor. Es stand offen. Eine schmale Straße führte durch einen schönen Park mit alten Bäumen zu dem großen Haus. Wir hatten es geschafft. Es sah eher wie eine Villa aus, mit einem Krankenhaus hatte es eigentlich nur die großen Fenster gemeinsam.

Im Flur fragten wir eine Schwester. Ja, wir sollten nur den Flur nach rechts gehen, die breite, weiße Tür, da würden wir sie finden. Wir öffneten sie und standen in einem großen Raum mit vielen Betten. Nach vorne zum Garten hin waren die Fenster so groß wie in einer Veranda oder wie in einem Wintergarten. Unsere Augen wanderten über die Betten hin, die in Reih und Glied standen. Aber da war Mutter nicht. Wir hatten sie übersehen. Links, direkt neben der Tür stand noch ein Bett an der Wand. Sie hatte uns kommen sehen und lag ganz still und lächelte uns entgegen. Sie wartete, bis wir sie plötzlich entdeckten. »Da bist du ja!«, riefen wir und stürzten zu ihr hin. »Langsam, langsam, nicht so stürmisch!« Aber sie freute sich sehr, dass wir endlich da waren. Hatte sie nicht auf einmal rote Backen? Das war sicher die Freude. Wir legten ihr die Blumen auf die Decke. »Wo habt ihr die denn her?«, staunte sie. Wir erzählten. »War der Pastor Schmidt hier? Wir haben ihn auf der Sohlbacher Straße getroffen.« »Ja, er hat mich besucht und andere auch. Ein lieber Mensch und sehr aufmerksam.« Sie seufzte. »Gut, dass wir ihn kennen gelernt haben. Holt nur eine Vase. Hoffentlich haben sie hier so was. Das ist ja im Krieg ein Lazarett gewesen.« Sie hatten keine, aber eine freundliche Schwester hatte mir ein Wasserglas gegeben. Eine ganze Weile betrachteten wir die weißen Sterne. Andere im Zimmer sind auf uns aufmerksam geworden und schielen herüber. Mutter lächelt zurück. »Sie sind alle nett hier und ich fühle mich schon wohler. Hier ist nicht mehr so eine Krankenhausatmosphäre, da wird man schneller gesund. Vielleicht kann ich bald nach Hause. In vierzehn Tagen ist Weihnachten.« Wir schweigen und sind froh, dass Mutter so munter ist. »Ach, da muss ich euch noch was erzählen. Wie spät ist es eigentlich?« Trautel sieht auf ihre Armbanduhr. »Gleich fünf.« »Da wird sie bald kommen.« »Wer wird kommen?« »Na, die Maus.« »Die Maus? Welche Maus denn?« »Na, wir haben hier im Zimmer eine kleine, süße Maus, die füttern wir. Gleich, wenn es dunkel ist, dann kommt sie. Paßt mal auf. Wir füttern sie hier alle heimlich. Jeder hebt einen Krümel auf. Dann rennt sie unter den Betten lang und holt sie sich, und wir haben unseren Spaß.« Das sieht Mutter mal wieder ähnlich. Sie füttert Mäuse. Ich schüttele mich. »Pass nur auf, dass sie nicht in dein Bett hüpft!« Mir geht die Geschichte mit der Katzengeburt in Mutters Bett durch den Kopf. »Ach wo, dazu ist sie viel zu ängstlich. Jetzt müsste sie eigentlich kommen. Wir müssen ganz still sein und uns nicht bewegen.« In den Betten ringsum ist es auch schon still. Viel Besuch war heute nicht da. Wir sind die letzten. Bald wird die Schwester kommen und sagen: »Die Besuchszeit ist zu Ende!« Dann müssen wir gehen. Hier sind sie nicht so genau wie in Weidenau. Mutter hat meine Gedanken erraten. Plötzlich piepst es von irgendwoher. »Das ist sie«, flüstert Mutter. Auf dem Nachttisch hat sie ein paar Brotkrümel liegen. Ich hab mich schon darüber gewundert. Wir sitzen wie erstarrt auf unseren Stühlen. Vor dem Nachttisch auf der Erde taucht ein kleiner Schatten auf. Vorhin ist an der Decke eine Lampe angegangen. Aber ihr Schein ist so sparsam, dass man gerade das Nötigste erkennen kann. Tatsächlich, eine kleine Maus erscheint. Mutter lässt die Krümel fallen. Die Maus piepst und sammelt alles auf. Dann verschwindet sie in Windeseile und piepst woanders. Alle sind still und liegen mit dem Kopf auf der Bettkante, um besser sehen zu können. Bald ist es wieder still im Saal. Die Maus hat sich wohl wieder verkrochen. Leises Lachen geht durch den Raum. Mutter meint: »Das ist so eine kleine Abwechslung, sonst ist es so langweilig hier. Essen darf ich nicht viel. Die andern klagen auch, dass das Essen nicht gut ist. Aber woher soll es in dieser Zeit auch kommen?« Sie liegt auf dem Rücken und starrt zur Decke. »Wenn die Fäden gezogen sind, darf ich gehen, hat der Doktor gesagt. Ich bin so müde.« Das letzte hat sie ganz leise gesagt. Ich erschrecke und mein Herz pocht, aber ich denke nicht darüber nach. »Wir gehen jetzt, da hast du wieder Ruhe.« Sie nickt uns zu. Ich fasse ihre Hand. Sie ist nicht mehr so rau wie sonst. Ich streichele sie. Mutter sieht mich lieb an, als ich mich über sie beuge und ihr einen Kuss gebe. Ganz zart mache ich es. Ihr Gesicht ist wieder so weiß. »Machst du deine Schularbeiten richtig?«, fragt sie mich noch leise. »Ja, ja, sie sind nicht schwer. Ich gehe doch nicht mehr zur Mittelschule«, sage ich trotzig hinterher. Da seufzt Mutter wieder. Das hätte ich nicht sagen sollen. Trautel schiebt mich beiseite und verabschiedet sich auch von Mutter. Sie sprechen noch über dies und das. Trautel hat ein sehr ernstes Gesicht und hält Mutters Hand lange fest. »Grüßt Vater!« »Ja, ja.« Trautel schiebt mich zur Tür hinaus. Hat sie Tränen in den Augen? Warum? Im Hinausgehen hat sie noch »Gute Besserung!« in Richtung der anderen Betten gemurmelt.

Ich möchte nie im Krankenhaus liegen. Alles riecht so komisch und immer im Bett zu liegen, das ist furchtbar langweilig! Wenn ich krank war, ist Mutter immer an mein Bett gekommen und hat lange bei mir gesessen. Vor allem, wenn ich Fieber hatte. Mutter muss gesund werden! Wer wird mich pflegen, wenn ich mal krank bin? Trautel hat aufgehört zu arbeiten, solange Mutter im Krankenhaus ist und nachher, bis sie wieder gesund ist. Ob das noch lange dauert? Wer weiß, ich wage nicht, Trautel zu fragen. Sie hat doch Tränen in den Augen. »Ich freue mich schon, wenn Mutter wieder zu Hause ist, dann wird alles wieder besser.« »Ja, ja«, sagt Trautel ganz zerstreut.

Schweigend wandern wir durch den dunklen Park. Am Himmel stehen ein paar Sterne. Aber ich kann nicht sehen, welche es sind. Hier sehen sie sicher anders aus als zu Hause. Ach, zu Hause! Hier ist jetzt zu Hause! Ich suche Trautels Hand. Ihre kleine, runde Hand. Meine ist schon fast größer. Es tut so gut, ihre zu spüren. Hand in Hand wandern wir nach Hause. Vater wird schon da sein und warten.

Weihnachtslichter 1946

Mutter ist nach Hause gekommen. Ruhelos ist sie in der Stube auf und ab gewandert. Morgens, wenn ich zur Schule musste, hat sie mir Frühstück machen wollen. Trautel hat gesagt, sie brauche es nicht zu machen, sie wäre doch jetzt da, da könnte sie sich doch auch mal bedienen lassen. Das hat sie fast nicht eingesehen. Aber dann hat sie sich am Tisch festgehalten und sich wieder auf das Sofa gesetzt. »Es geht noch nicht so, aber bald!« Das sagte sie oft.

Einmal, kurz ehe Mutter nach Hause kam, hat Trautel mit Vater allein in der Stube gesprochen. Ich kam die Treppe herauf und bin gleich reingestürmt. Da hab ich gesehen, dass Trautel geweint und Vater vor sich hin auf den Boden gestarrt hat. Ich bin erschrocken, aber ich habe nicht gewagt zu fragen. Was haben sie nur? Ob es wegen Mutter war? Aber ich finde es schön. Mutter ist wieder da, das ist die Hauptsache. Sie sitzt in der Sofaecke und guckt mir zu, wenn ich Schularbeiten mache. Trautel kocht und macht alles, was nötig ist. Das Einkaufen ist ja auch beschwerlich. Lange muss man anstehen, und wenn dann gerade das Brot oder die Nährmittel ausverkauft sind, geht man leer nach Hause. Das ist ein furchtbares Gefühl. Die Zuteilungen sind zu klein und reichen nicht hin und nicht her. Die Leute schimpfen, aber davon wird es auch nicht besser. Die meisten gehen hamstern. Aber wohin die Leute gehen, weiß man nicht. Keiner verrät es dem anderen. Sie gehen zu den Bauern, sagen sie. Wo sind hier Bauern? In Birlenbach haben manche Leute eine Kuh und ein Pferd, die nennen sich dann Bauern. Tagsüber gehen sie arbeiten in diese Verzinkerei oder zur Birlenbacher Hütte. Das sind schöne Bauern! Bei uns zu Hause ging kein Bauer nebenher noch arbeiten. Nur die

Handwerker, ja, die hatten auch eine Kuh im Stall. Na ja, vielleicht war das hier so ähnlich. Ich war immer noch traurig, wenn ich an zu Hause dachte. Manchmal abends vor dem Einschlafen ging ich im Dorf spazieren und merkte mir die Wege ganz genau. Ich wollte sie nicht vergessen. Ich wollte sie wiederfinden, wenn ich noch mal dort hinkommen sollte in dieses Dorf oder die Stadt an der Oder. Hier war alles anders. Sie redeten anders, die Häuser waren anders, es roch oft anders. Wie sollte ich das bloß alles aushalten? Und jetzt Mutter, wenn sie nun nicht mehr gesund würde? Keiner sprach mehr davon. Jeden zweiten Tag kam der Doktor. Ich mochte ihn nicht leiden. Er war ziemlich dick und trug kurze, rote Stiefel. Komische, rote Stiefelchen! Ich fand, das passte nicht zu einem Arzt. Aber er war der einzige hier in Klafeld. »Sei freundlich zu ihm, wenn er kommt!«, mahnte Mutter. Sie hatte mich wieder einmal durchschaut. Es war mir sehr peinlich gewesen, als der Lehrer Schneider Mutter in die Schule bestellt hatte, um mit ihr über mich zu sprechen. Er hat gesagt, sie solle auf mich aufpassen, dass aus mir nicht ein böser, misstrauischer Mensch würde. Sie hat ihn erstaunt angesehen. Da hat er gesagt, ich würde immer die Augen zusammenkneifen, wenn ich jemand nicht leiden könnte oder wenn ich etwas nicht tun wollte, dann hätte mein Gesicht so einen bösen, misstrauischen Zug. Mutter ist ganz entsetzt nach Hause gekommen und hat mich prüfend angesehen. »Was hat er denn gesagt?« Sie hat es mir erzählt. »Du musst es nicht mehr machen. Versprich es mir! Wir sind doch hier in Deutschland. Du kannst jedem Menschen offen begegnen. Keiner ist mehr hinter uns her. Und du gehst doch in den Konfirmandenunterricht. Unser Gott hilft uns und hat alle Menschen lieb.« »Auch die Russen und die Polen?« »Ja, die auch«, sagt Mutter fest. Davon bin ich noch keineswegs überzeugt, aber hier sind sie ja nicht. Ich verspreche es ihr, dass ich auf mich achten will. Es geht so automatisch, ich merke es ja gar nicht, dass ich die Augen zusammenkneife. Ich weiß, Vater hat immer gesagt, wenn ich für ihn was besorgen sollte: »Mit dem Hute in der Hand, kommt man durch das ganze Land!« Damit meinte er wohl, mit Offenheit und Freundlichkeit kommt man weiter. Mutter streicht mir durchs Gesicht. »Ach Dorle, mach die Augen auf, sei freundlich!« Geschimpft hat sie nicht. Sie schimpft ja auch selten mit mir.

Also dieser Arzt, er kommt im Laufe des Tages und gibt Mutter eine Spritze, dann sitzt sie nachher immer still in der Ecke. Vorher läuft sie ruhelos hin und her. Aber morgens zieht sie sich an und ist wie sonst. Ist sie tapfer? So war es auch Weihnachten. Der Herr Moll hat uns ein wenig Fleisch gebracht und Räucherschinken. »Ist Weihnachten«, hat er verlegen gesagt und alles auf den Tisch gelegt. Butter war, glaub' ich, auch dabei. So haben wir ein schönes Abendessen gehabt. Auch Kerzen hatten wir. Trautel hat sie auf einem Brettchen befestigt, das stellen wir dann mitten auf den Tisch.

Mutter hatte sie vorher aus ihrem Rucksack gekramt. Überhaupt, was da so aus ihrem Rucksack zum Vorschein gekommen war. Da hatte ich doch sehr gestaunt. Lauter Sachen, die ich nicht hätte mitnehmen wollen, weil »wir sie doch nicht mehr bräuchten«, meinte ich.

Da war zum Beispiel meine weiße Schürze, die ich mit viel Mühe in der Schule mit schwarzen und roten Kreuzstichen bestickt hatte, eine Dirndlschürze aus weißem Mull und eben diese Kerzen, kleinere und größere, die waren vom letzten Weihnachten übrig geblieben. Eine kurze dicke Haushaltskerze war auch dabei gewesen, die jetzt mitten auf dem Brettchen stand. Ja, und dann hatte Mutter noch eine Kiste aus ihrem Rucksack geholt. Das hatte mich sehr erschüttert und jetzt freute ich mich sehr darüber. Darin befanden sich alle Spiele, die wir früher so gerne gespielt hatten: »Mensch ärgere dich nicht«, »Dame«, »Mühle« und »Halma«. »Wir müssen doch wieder spielen. Spielen gehört zum Leben. Was sollen wir denn sonntagnachmittags machen?«, hatte sie gesagt. Dann lachte sie herzlich über mich. »Du mit deinem ›Das brauchen wir nicht mehr!‹. Alles brauchen wir!«

Jetzt haben wir also sogar Kerzen. Es ist sehr gemütlich, auch einigermaßen warm. Gut, dass wir so viel Reisig und Holz geholt haben. Den kleinen Ofen würden wir mit den Eierbriketts gar nicht richtig in Gang kriegen. Vater liest die Weihnachtsgeschichte, dann essen wir. Keiner sagt ein Wort. »Ob die Jungen was zu essen haben?«, fragt Mutter in die stille Runde. »Werner, Reinhard«, sie weint. Mutter legt den Kopf auf ihre Hände und schluchzt und schluchzt. Die Weihnachtsstimmung ist verflogen. Wir trauern. Vater legt behutsam Mutter den Arm um die zuckenden Schultern. Sein Schnurrbart hängt in die tief eingegrabenen Mundfalten. Sein Gesicht wirkt hohl im Kerzenschein. Trautel starrt vor sich hin. Ich lege meinen Kopf auf meine gefalteten Hände und mache die Augen zu. Ich kann es nicht mit ansehen, wie Mutter sich quält. Vater sagt schließlich: »Wollen wir nicht das ›Vaterunser‹ beten? Gott wird es schon richtig mit uns machen.« Lange ist es still, dann beginnen wir stockend zu beten: »Vater unser im Himmel ...« Es ist mehr ein Flüstern. Wir haben noch nie zusammen gebetet. Natürlich vor dem Essen, aber das war mehr so eine Sitte. Ich hab nie viel drüber nachgedacht. Auch das Kalenderblattlesen hab ich immer so als Ritus angesehen, den man absolvieren muss, weil Vater es so wollte. Aber hier, heute, das war anders. Die dunkle Stube und unsere Trauer, wohin sollten wir damit? Das »Vaterunser« war schon das beste Gebet, damit konnte man alles ausdrücken, was sonst im Herzen weh tat.

Mutter wurde wieder ruhiger. Wir saßen noch lange und starrten in die verglimmenden Kerzenstummel. Draußen läuteten irgendwo Glocken. Es war kalt geworden. Bald würde Schnee fallen.

Als es dunkel war, stand Trautel auf, machte Licht an und räumte den Tisch ab. Wir blinzelten in das öde, dünne, elektrische Licht. Mutter sah mich an: »Wollen wir spielen?« »Oh ja, gute Idee!« Wir holten die Spielkiste hervor und spielten »Mensch ärgere dich nicht«. Aber so recht wollte keine Spielstimmung aufkommen. Wir spielten ohne viele Worte und ziemlich verbissen. Andererseits hatten wir fast keine Lust, den andern rauszuwerfen. Jeder vermied es, so gut es ging. Zum Schluss aber lachten wir doch alle über uns und unsere gegenseitige Vorsicht und sahen uns lieb an.

Eiszapfen und Buttermilch

Der Schnee fiel, es wurde kalt, bitter kalt. Frau Moll hatte ja verboten, den Heizkörper aufzudrehen, aber wenn wir zum Schlafen hinübergingen, drehten wir sie doch auf, und dann, ehe wir einschliefen, drehten wir sie brav wieder zu. So war es nicht ganz so kalt. Immerhin schliefen wir ja auf Strohsäcken auf dem Fußboden. Wir schoben sie dicht an den Heizkörper, so hatten wir eine warme Kuschelecke. Morgens dann rückten wir sie wieder weg, damit man nicht merken sollte, dass wir die Heizung aufdrehten.

Wir sprachen auch jeden Abend darüber, ob wir nicht besser die Eltern hier schlafen lassen sollten und wie wir sie überreden könnten, es zu tun. Aber wir hatten schon so oft davon gesprochen, und immer hatten sie abgewehrt. Nein, sie wollten in ihren Stockwerkbetten bleiben und schließlich hätten sie ja ihre Federbetten, es sei schon gut so. Aber es war nicht gut. Jeden Morgen, wenn wir zurückkamen ins Vorderhaus, war es schon im Flur eisig. Oben in der kleinen Stube sah es jedes Mal schrecklich aus. Oben, wo die grüne Tapete zu Ende war, hing eine Girlande von langen Eiszapfen. Sie waren festgefroren. Vater war schon längst aufgestanden und hatte Feuer gemacht. Aber bis aus dem kleinen, grauen Herdchen endlich Wärme kam, das dauerte. Über Nacht zu heizen, konnten wir uns nicht leisten. Mutter hatten wir noch mit einer Decke zugedeckt, aber ihr war doch recht kalt. Wenn es warm war in der Stube, betteten wir sie auf das olle Sofa. Jetzt waren wir richtig froh, dass wir es hatten.

An einem Morgen hatte sie gesagt, dass sie sich nicht anziehen wolle. Der Rock säße so fest über ihrem Leib, das täte ihr weh. Wenn der Arzt die Spritze gebracht hatte, schlief sie den ganzen Vormittag.

Einige Tage später sagte sie zu mir: »Wenn du heute Nachmittag zum Konfirmandenunterricht gehst, dann bitte doch den Pastor Schmidt, ob er uns nicht mal besuchen kann.« Ich sah sie erstaunt an, aber ihr Gesicht verriet nicht, was sie wollte, und ich mochte sie nicht fragen. »Er fragt immer nach dir und wie es dir geht. Ich sage, es geht dir gut, du bist ja jetzt wieder zu Hause.« Mutter lächelt und seufzt. »Stimmt es nicht?« »Ja, ja, Dorle, ist schon gut.« Trautel hört zu, sagt aber nichts, dann geht sie schnell aus der Stube.

Nachmittags bestelle ich es dem Pastor Schmidt. »Ich komme nach dem Unterricht gleich zu euch. Es liegt ja am Wege.« Ich renne nach Hause. »Er kommt, wird gleich hier sein!« »Räumt ein bissel auf.« Wenig später klopft es an der Tür. Komisch, der Pastor kommt auf Besuch. Vater ist noch nicht von der Arbeit zurück. Es ist ja noch früh »im Noamittag«, so sagen die Siegerländer, und darüber könnte ich mich ausschütten vor Lachen. Wir sind alle ziemlich verlegen. Nur Mutter nicht. »Setzen Sie sich doch!« Sie liegt hochgebettet auf dem Sofa in ihren weißen Kissen. Sie hat ihre weiße Nachtjacke an mit dem Spitzenkragen. Das braune Haar liegt fest um ihren Kopf. Den langen Zopf steckt sie nicht mehr hoch, das Nest würde sie ja nur drücken, wenn sie sich hinlegt. Sie sieht richtig feierlich aus im schrägen Licht des dunkelnden Tages. Nein, sie sieht aus wie eine Prinzessin, oben über der Bettdecke guckt das braune Holzschnörkelchen vom Sofa raus. Mir fällt das Bild aus meinem Andersen-Märchenbuch ein, von der kleinen Meerjungfrau, wie sie auf den Steinen sitzt, in der Sonne am Strand und ihre Füße bestaunt, die ihr gewachsen sind und die sie mit der weißen Hand befühlt. Mutters Hand liegt auch so weiß da und das Bett um sie herum ist ein weißes, wallendes Gewand. »Ich habe wieder Schmerzen«, höre ich Mutter in weiter Ferne sagen. »Schmerzen?«, rollt es durch meinen Kopf. Hat sie Schmerzen in den Füßen, die Meerjungfrau? Ja, sie kann nicht mehr schwimmen, sie kann nur noch laufen. »Ich kann auch nicht mehr aufstehen«, sagt Mutter. Der Mann, der den Mantel ausgezogen und den dunklen Hut meiner Schwester gegeben hat, ist das der Prinz? Er hat sich hingesetzt, dicht zur Mutter. Er hat schöne, schwarze Haare und so dunkle, dunkle Augen. Jetzt schlägt sie die Decke zurück und sagt: »Sehen Sie mal, es wächst wieder!« Die Worte dröhnen in meinem Kopf. Sie nehmen keine Notiz von mir. Trautel sitzt am Fußende von Mutter und ich stehe an die Tür gelehnt. Was wächst wieder? Ich hab es gesehen, ihr Leib ist ganz dick geworden. Aber was wächst dort in ihrem Bauch? Das Märchenbild ist längst verschwunden, die Meerjungfrau hat sich aufgelöst in weichen, schneeigen Schaum. In mir kriecht Angst hoch.

Neulich hatte Trautel im Bett geweint. Ich hatte in die Dunkelheit gefragt: »Was hast du?« »Ach, nichts.« Sicher hatte sie an Gerd gedacht. Jetzt weiß ich es, sie hat wegen Mutter geweint. Aber sie sagt nichts. Mutters Krankheit, irgendwas mit der Bauchspeicheldrüse ist schlimmer geworden. »Ja, die Operation hat nicht geholfen. Der Doktor hat es auch gesagt. Und die Spritzen, die machen mich so müde, auch wenn die Schmerzen dann nachlassen!«, hör' ich leise Mutter sagen. Der Pastor nickt, sagt aber nichts. Sein Gesicht ist ernst. Er hat auch abgewehrt, als Mutter die Bettdecke wegzog. Aber sie hat es ihm trotzdem gezeigt, so als könnte er etwas dagegen tun. »Wenn ich nun sterben muss?«, kommt es leise von Mutter. »Wie soll alles werden? Mein Mann ist auch krank. Er hatte im Krieg blutende Magengeschwüre, das ist noch längst nicht ausgeheilt. Er hat auch immer Schmerzen. Die Jungen, was werden sie sagen, wenn sie zurückkommen und ich nicht mehr da bin. Aber vielleicht ist Werner schon tot, in Holland umgekommen. Wenigstens hat Reinhard geschrieben.« Ihre Stimme wird kräftiger, der dunkle Mann nickt. Trautel sitzt steif auf ihrem Stuhl und zu mir dringt alles wie durch weiße Watte oder Nebel. Sterben? Mutter? Daran habe ich ja noch gar nicht gedacht, dass sie sterben könnte. Sie wissen mehr als ich, immer wissen die anderen mehr als ich. Sie sprechen mit mir nicht darüber. Warum? Wenn Mutter sterben soll, dann muss ich es doch wissen! Ich will fragen, ob ich aber dazu nicht zu feige bin? Was hat sie eben gesagt? Von mir hat sie gesprochen. »Und die Dorchen, sie ist noch so jung. Wird sie sich zurechtfinden ohne mich? Sie braucht mich noch!« Sie hat sich zurückgelegt. Sind da Tränen in Mutters Augen? »Und zu essen haben sie auch bald nichts mehr. Die Kartoffeln sind zu Ende.« In meinem Körper rauscht und braust es und das Herz tut so weh. Was sagt der Pastor, ich werde auf einmal ganz wach: »Frau Koch, um die Dorchen brauchen Sie sich keine Sorgen zu machen, die wird ihren Weg schon machen. Und sie ist ja nicht alleine. Ihre große Tochter wird schon helfen, so gut sie es kann.« Er wendet sich meiner Schwester zu und sieht sie ernst an. Sie nickt. Es ist eine Weile still. Mutter sagt dann leise: »Werden Sie wiederkommen?« »Ja, das verspreche ich Ihnen. Wir werden auf Gott hoffen und er wird es wohl mit uns machen.« Er hat ›uns‹ gesagt, wie meint er das?

Plötzlich wird Mutter wieder munter. »Ach, da hätte ich noch eine Frage. Ich kann ja nichts mehr essen, jedenfalls schmeckt mir nichts mehr. Wo könnte man ein bissel Buttermilch herbekommen? Buttermilch, darauf habe ich großes Verlangen. Ob es hier einen Bauern gibt, der uns welche verkaufen würde?« Das letzte hat sie wieder ganz leise und verlegen gesagt. »Ja, ich werde mal den Karl Müller fragen in Birlenbach, vielleicht kann er welche besorgen. Ich muss sowieso noch hin, er ist Presbyter«, er verbessert sich, wohl damit sie es besser verstehen soll, »Kirchenältester. Er kann dann selber mal Bescheid geben. Er arbeitet hier nebenan in der Schreinerei.« »Ach danke, das ist sehr freundlich von Ihnen.«

Der Pastor steht auf. Trautel bringt ihm Hut und Mantel. Er gibt ihr die Hand, dann beugt er sich zu Mutter. »Ich komme wieder. Spätestens nach dem Unterricht nächste Woche.« Er nimmt eine Weile meine Hand in die seine. Seine Hand fühlt sich gut und warm an. Er nickt mir zu und geht. Auf dem Treppenabsatz dreht er sich noch mal um und winkt. Wir schließen die Tür.

Wir stehen vor Mutter und wissen nicht so recht, was wir sagen sollen. »Du machst dir einfach zu viele Sorgen!«, meint Trautel schließlich. »Ja, und dann einfach dem Pastor den Bauch zu zeigen. Das macht man doch nicht, Mutter!«, sage ich ein wenig empört. Sie lacht schwach. Trautel bekräftigt mich noch. »Sie hebt einfach das Hemd und zeigt einem fremden Mann ihren Bauch!« Wir schütteln den Kopf über unsere unmögliche Mutter und müssen schließlich alle lachen. »Der Pastor ist kein fremder Mann. Der hat schon vieles gesehen, denke ich.« Sie legt sich zurück und schließt die Augen. Ganz erschöpft sieht sie aus.

Am anderen Tag steht gegen Abend ein blonder Mann in der Tür. Wir sitzen gerade bei unsern Bratkartoffeln, die wir mit Rizinusöl gebraten haben. Es stinkt fürchterlich. »Ich heiße Karl Müller.« Er dreht verlegen seine Mütze in den Händen. »Kommen Sie herein!«, sagt Vater, »Setzen Sie sich!« Er schiebt ihm seinen Stuhl hin. »Der Pastor Schmidt hat erzählt, dass die Mutter Buttermilch trinken möchte.« Vater guckt ganz erstaunt. »Ja, ich wollte nur sagen, wenn Sie kommen wollen und eine Flasche voll holen, dann können Sie welche haben. Wir werden es irgendwie möglich machen. Wir haben nicht viel. Ist ja nur eine Kuh, wohl.« Er spricht auch so aus dem Rachen und das »wohl« mahlt er besonders durch den Mund. Wenn ich »gelt« sage, lachen die Kinder über mich. »Wann können wir denn die Buttermilch holen?« »Ja, montags und donnerstags buttert die Frau. Nachmittags wird es passen. Das Mädel kann sie ja holen. Sie muss nur eine Flasche mitbringen.« Dann erzählt er noch, wo er in Birlenbach wohnt. »Pass gut auf, damit du es findest.« Mutter sieht mich an. Steht denn schon fest, dass ich die Milch holen soll? Warum geht Trautel nicht hin? »Ja, ich muss jetzt gehen und gute Besserung auch.« Er nickt Mutter zu und gibt Vater die Hand. Der sagt noch: »Wir bezahlen sie natürlich auch. Sind ja schlechte Zeiten«, fügt er noch verlegen hinzu.

349

Der Herr Müller sagt: »Sie brauchen sie nicht zu bezahlen.« Dann ist er aus der Tür. Jetzt erfährt Vater erst, wie der Herr Müller zu dem Auftrag gekommen ist. »Ich will aber nicht dorthin gehen und um Buttermilch betteln! Warum kann die Trautel nicht gehen?« »Das braucht ihr ja noch nicht zu entscheiden. Morgen ist auch noch ein Tag. Wir müssen erst mal an eine Flasche kommen. Das wäre schon das Beste, eine Flasche. Es ist so glatt draußen.« »Ich weiß«, sage ich, »was meint ihr, wie ich auf meinen glatten, hohen Schuhen ausrutsche. Der Fahrradgummi ist ganz schön abgelaufen.« Mir graut vor dem Gang. Ich war noch nie in Birlenbach. was sollte ich dort auch? Hin und wieder war ich bei Ruth, aber das Dorf liegt noch ein Stück weiter entfernt. Das wird sicher eine dreiviertel Stunde zum Laufen sein. Vor allem bei der vereisten und holprigen Straße. Mir reicht schon jeden Morgen der Schulweg und immer noch ist es so grimmig kalt. »Wie in Sibirien«, hat Vater gesagt.

Am anderen Tag suchten wir auf dem Speicher nach einer Flasche. Wir fanden schließlich auch eine mit einem Verschlussdeckel. Wir waren es so leid, nach allen möglichen Sachen zu fragen, zu bitten und uns welche zu leihen. Trautel wusch sie mit heißem Wasser, so gut wie möglich, aus. Aber ein bissel roch sie immer noch. Nach was eigentlich? Nach Petroleum? Mutter meinte, das schadet nichts, wenn du sie nur holst. Ich wollte nicht gehen, ich weinte. »Ich muss hier bei Mutter bleiben. Du hast doch Zeit. Der Doktor kommt auch noch. Da muss jemand zu Hause sein. Bitte geh doch und sei vernünftig.« »Nein, ich will nicht betteln gehen. Hier in Deutschland geht man nicht betteln.« Ich war finster und bockig. Mutter sah mich bittend an. »Ich hab so einen Durst!« Es wollte mir einfach nicht in den Kopf, warum es denn ausgerechnet Buttermilch sein musste.

Aber dann bequemte ich mich doch und trottete davon, die grüne Flasche in der Einkaufstasche. Am Straßenrand beim Bäcker Müller tummelte sich eine Horde Kinder. Ich blieb stehen und sah ihnen zu, wie sie über eine lange »Eis-Kaschel« rutschten. »Geht das Kascheln gut?«, fragte ich das kleine Breyermädchen. Sie sah mich verständnislos an und rutschte an mir vorbei, ohne mir zu antworten. Ach, ich hatte wieder ein Wort gebraucht, was man wohl nur in Schlesien sagt. Wie sagen sie denn hier dazu? Die lange Eisprelle ist eine »Kaschel« und wenn man darauf langrutscht, »kaschelt« man eben. Ach, hol sie der Teufel. Ich war sowieso noch verstockt, dass ich diese Reise wegen der Buttermilch antreten musste. Da sah ich wieder Mutters bittende Augen vor mir und ich setzte mich in Bewegung. Bis Böckings machte ich mir keine Gedanken mehr, dann kam die Kurve in der Straße und das kleine Dorf Birlenbach lag vor mir. Eigentlich sah es ganz hübsch aus, die weißen Häuser mit dem schwarzen Fachwerk leuchteten aus der weißen, weißen Schneelandschaft heraus. Ich tippelte weiter und fror schrecklich auf der offenen Straße. Mein blaues Jäckchen war mir inzwischen so eng geworden, dass ich nichts Dickeres mehr drunter tragen konnte, und die blauen Skihosen waren schon ziemlich abgewetzt. Neues gab es nicht zu kaufen. Es war ja schon eine Sensation, dass der Doktor erklärt hatte, ich sei unterernährt. Er hat mir eine Bescheinigung geschrieben. Jetzt bekomme ich auf Sondermarken täglich einen viertel Liter Milch.

Der Herr Müller hat gesagt, ich solle nur immer geradeaus laufen, dann käme eine Kurve nach links und dann eine Kurve nach rechts. Dort müsste ich aber links in das Dorf gerade hoch laufen, dann wäre es auf der rechten Seite von dem »Glockenhüsche« das erste Haus. Na, ob ich das finden würde? Die Straße zog sich ganz schön bis zu den ersten Häusern. Die Häuser lagen direkt an der Straße, es sah eigentlich alles ganz hübsch aus, einige hatten weißschwarzes Fachwerk. Aber dieses Dorf sah anders aus als zu Hause unser Dorf. Ach, es war mir auch so egal wie es hier aussah! Nicht mal eine Kirche hatte das Dorf! Ein »Glockenhüsche«? Da bin ich aber gespannt, was das für ein Glockenhäuschen ist. Ich näherte mich auf der eisglatten Straße den ersten Häusern. Ich rutschte mehr, als ich ging. Da in der Kurve lag auch so ein Fachwerkhaus. Über den Eingang stand auf einem Schild »Gasthof Vitt« zu lesen. Ich erschrak. Hoffentlich kam nicht eins von den Vitt-Mädchen gerade zum Haus heraus! Wenn die mich hier sahen, dann musste ich erzählen, was ich hier im Dorf wollte. Ich blieb stehen und überlegte. Mir war ganz warm geworden. Dieses blöde Betteln um Buttermilch. Aber Mutter ist so krank, wenn sie nun nicht mehr gesund wurde? Die Tränen kamen mir in die Augen. Ich hatte mich wieder in Bewegung gesetzt, ignorierte das Gasthaus und schob mich links auf der Straßenseite dran vorbei. Dann war es nicht mehr so weit. Ich sah schon die nächste Kurve und lief schnell die Straße hinauf. Das »Glockenhüsche« sah so tief verschneit ganz romantisch aus, dahinter dehnte sich finsterer Wald, aber eine Kapelle oder gar Kirche war es nicht. Na ja, Hauptsache sie hatten eine Glocke. Wenn sie in eine Kirche gehen wollten, konnten sie ja auch nach Klafeld gehen. Die Kirche war groß genug. Das Haus, wo Müllers wohnten, war ein modernes Haus, sie hatten es wohl noch vor dem Krieg gebaut. Tapfer lief ich drauf zu, öffnete die kleine Verandatür und schellte schließlich an der Haustür.

Eine ältere Frau öffnete. Sie war ziemlich dunkel angezogen und hatte das dunkle Haar streng am Kopf vorbei zu einem Knoten tief im Nacken zusammengebunden. Der Rock war ziemlich lang. Ich war ganz verblüfft, als sie sagte, sie sei die Frau Müller. Erst betrachtete sie mich eine Weile, sagte aber nichts mehr. Eine Weile standen wir voreinander. Der Herr Müller ist aber doch ein jüngerer Mann, ging es mir durch den Kopf. Da sagte sie: »Kaast in die Küche komm!« Das Platt wollte immer noch nicht in meine Ohren. Da winkte sie mir zu und ging vorneweg in die Küche. Sie gab mir zu verstehen, ich solle mich setzen. Vor den Fenstern stand ein großer Tisch mit allerlei Zeug drauf. Der große, blankgewienerte Ofen und ein Küchenbüfett fesselten meine Aufmerksamkeit. Es roch so eigenartig, vielleicht hing das mit den Tieren zusammen.

Sie holte eine Kanne und goss mir die Flasche voll Milch. Ich wollte ihr Geld geben, so wie es der Vater gesagt hatte. Aber sie winkte ab. »Der Karl hätt gesäht, ich soll ka Geld nehm!« So bedankte ich mich höflich, legte die Flasche in die Tasche und ging zum Haus hinaus. Sie sagte nichts mehr. »Auf Wiedersehen und darf ich noch mal kommen?« Sie nickte, dann schloss sie die Tür hinter mir. Ich stand wieder draußen in der Kälte und lief so schnell ich konnte nach Hause. »Auf der Halde«, so nannten sie das Stück Straße, kurz vor dem Ortseingang von

Klafeld, fiel ich dann der Länge nach hin. Die Einkaufstasche hatte ich hochgerissen. Zum Glück war der Milch nichts passiert. Ich war mit dem Schrecken davongekommen. Ich war sehr froh, als ich endlich zu Hause war. Während ich mich auszog und meine Eisfüße wärmte, goss Trautel der Mutter eine Tasse Buttermilch ein. Sie fieberte richtig danach. Ich war jetzt auch froh, dass ich gegangen war und konnte gar nicht verstehen, warum ich es den Frauen abgeschlagen hatte zu gehen. Es war gar nicht so schlimm gewesen. Ich schämte mich. Mutter setzte die Tasse an den Mund und trank gierig die weiße Milch in sich hinein. Aber plötzlich verzog sie das Gesicht. »Es schmeckt doch nach Petroleum!« Ach, war das ein Leid. Sie legte den Kopf auf die Seite und weinte. Mutter weinte. Wir waren betroffen, wir kosteten auch von der Milch. Tatsächlich, sie schmeckte nicht. »Aber ich hab doch die Flasche sauber gemacht!«, verteidigte sich Trautel. Es war furchtbar. Mutter setzte die Tasse noch mal an und trank tapfer, aber dann sagte sie: »Die Milch kann man nicht trinken.« Da saßen wir nun da mit unserm Talent. Ich begann zu schluchzen, es war unerträglich, das war die Strafe, dass ich mich so benommen hatte. Als ich aufsah von meinem Kummer, sah ich, dass Trautel auch weinte. Mutter sah ganz erschöpft aus, aber sie sagte nichts mehr. »Am Donnerstag gehe ich wieder hin und du gehst zu Frau Breyer und fragst nach einer anständigen Flasche«, sprach ich plötzlich wütend zu meiner Schwester.

Das Gelobte Land

Es war Ende Januar. Immer noch war es bitter kalt, immer noch hingen morgens die Eiszapfen an der Wand. Mutter wollte sich nicht mehr anziehen. Sie lag den ganzen Tag im Bett, aber sie nahm an allem teil. Längst schon hatten wir Vaters Bett, das über ihrem stand, heruntergenommen. Vater schlief auf dem Sofa. Für Mutter war es so bequemer. Wenn sie die Spritze bekam, wurde sie müde und schlief eine Weile. Der Arzt kam jeden Tag. Sie wurde unruhig, wenn er nicht zur Zeit da war. Das kannten wir gar nicht an ihr, dass sie drängelte. »Wann kommt der Doktor? Wie spät ist es denn?« Trautel sagte abends im Bett: »Sie hat Schmerzen, deshalb ist sie so unruhig!« Endlich hatte ich den Mut nachzufragen. Zögernd fragte ich in die Dunkelheit: »Muss sie sterben?« Trautel antwortete lange nicht. Dann stöhnte sie auf. »Sie ist sehr, sehr krank. Sie kann noch leben, wie lange weiß niemand.« Ich fasste mir noch einmal ein Herz und fragte: »Ihr Bauch ist so dick geworden, was ist das?« Da sagte Trautel tonlos: »Sie hat Krebs!« Lange waren wir still, dann fragte ich: »Was ist das, Krebs?« »Eine schlimme Krankheit. Es fängt an einem Organ an, das irgendwie krank geworden ist, und dann wuchert es. Mutter hat ein Gewächs im Bauch. Sie wollten es wegschneiden, aber es ging nicht ganz weg.« »Welches Organ ist denn bei ihr krank geworden?« Ich dachte daran, dass sie so gerne Buttermilch trank. »Die Bauchspeicheldrüse, das ist ein Organ, das mit Leber und Magen zusammenhängt. So ganz genau weiß ich es auch nicht.« Wir lagen nebeneinander in der Dunkelheit. Ich mit weit aufgerissenen Augen, damit ich nicht gleich losheulen musste. Jedenfalls war mir danach zumute. Es war so still, dass wir unsere Herzen schlagen hörten. »Ist es deins?« »Nein, es ist deins.« Wieder war es still. Dann konnte ich mich nicht mehr fassen. Die Tränen rannen mir einfach so aus den Augen, so wie ein Topf überläuft, in den man zuviel Wasser laufen lässt. Ich brauchte nicht einmal zu schreien und zu schluchzen. Trautel beugte sich über mich, da fielen ihre Tränen in mein Gesicht. »Du musst nicht weinen, noch haben wir sie ja und der Doktor meint, so schnell ginge es nicht.« Aber wie schnell geht es? »Nein, Mutter darf nicht sterben!« Nun schrie ich doch. Trautel erschrak. »Nicht doch, nicht so laut! Wenn sie uns hören! Weißt du, wir wollen beten. Vielleicht hilft es.« Wir waren wieder lange still, dann murmelten wir irgendetwas vor uns hin. »Gott, Hilf uns doch! Ist es nicht genug, dass alles so traurig ist und wir nicht mehr zu Hause sein dürfen? Mach doch Mutter gesund!« »Ja, mach unsere Mutter gesund!« Das Leid war so groß, es hatte uns fest in den Klauen. Aber dann schliefen wir doch ein. Hatte Gott uns gehört?

Der Konfirmandenunterricht war zu Ende. Eben hatte Pastor Schmidt mir noch zugerufen, er käme gleich kurz bei uns vorbei, um nach der Mutter zu sehen. Ich war heute froh gestimmt, es war eine sehr schöne Unterrichtsstunde gewesen. Ich nickte Ruth zu und ging die Straße hinunter.

Wir mussten viel auswendig lernen. Mir machte es nichts aus. Heute hatten wir den Psalm 42 aufgehabt. Der Pastor hatte von der Konfirmation gesprochen, die ja bald, am 30. März, stattfinden sollte. Wir hatten zu Anfang der Stunde einen Kanon gesungen. Der Pastor hatte ihn vorgesungen. Das musste man ihm lassen, er hatte eine schöne, tiefe Stimme. »Sende dein Licht und deine Wahrheit, dass sie mich leiten zu deiner Wohnung und ich dir danke, dass du mir hilfst.« Wir haben es sogar mit seiner Hilfe fertiggebracht, den Kanon zweistimmig zu singen. Dann hatte er über den Text des Kanons gesprochen: »Licht braucht man auf einem Weg, den man sich vorgenommen hat zu gehen, Wahrheit über das Ziel, über die Wohnung Gottes, in der wir nach der Konfirmation zu Hause sein sollten.« Aber das alles sei nur möglich, wenn unsere Seele nach Gott ruft und bereit ist, ihn auf dem Wege mitzunehmen. So ähnlich hatte er es erklärt. Im Psalm stand: »Wie der Hirsch schreit nach frischem Wasser, so schreit meine Seele Gott zu dir!« Ein seltsames Bild! Warum musste denn der Hirsch nach Wasser schreien? Ich dachte an zu Hause, da war immer genug Wasser im Wald. Vor den Hirschen hatte ich immer ein bißchen Angst und ich war froh, wenn wir aus dem dunklen Wald raus waren, auf einer Wanderung zur »Eule« oder so. Na ja, in Palästina war es anders, da war es wohl immer warm oder heiß. Bei uns röhrten die Hirsche im Herbst, wenn Brunftzeit war. Das hörte sich ganz schauerlich an. Aber trotzdem rührte mich das Bild vom Hirschen an. Er schreit laut und meine Seele darf auch schreien. Da hieß es noch: »Wenn die Seele betrübt ist, darf sie schreien.« »Harren« auf Gott, hieße »Warten auf seine Hilfe«.

Ich stieg die Treppe hinauf, nicht so schnell wie sonst. Ich wusste, Mutter liegt im Bett. Mutter ist krank, sterbenskrank. Meine Seele schreit wie ein dürstender Hirsch. Nur nicht weinen, wenn ich jetzt die Tür aufmache, eben war ich noch so froh gewesen.

Ich öffnete die Zimmertür leise, um Mutter nicht zu stören, wenn sie schlief. Mutter saß im Bett mir offenen Augen. Sie war allein, das Zimmer schön aufgeräumt. Ich wusste, Trautel war in der Waschküche, Wäsche waschen. »Wird er kommen?«, fragte sie. »Ja, er wird gleich hier sein.« Unten knarrte die Haustür, dann kam jemand leichtfüßig die Treppen herauf. Es klopfte. Ich öffnete die Tür und ließ den Pastor eintreten. »Wie geht es Ihnen heute, Frau Koch?«, fragte er Mutter ganz fröhlich. Ich hatte die Tür geschlossen und lehnte mich mit dem Rücken an. Mutter hatte sich in den Kissen etwas hochgesetzt. Sie saß mit gefalteten Händen da und sagte: »Herr Pastor, jetzt geht's ins Gelobte Land!« Eine Weile war es ganz still im Zimmer. Erschüttert stand ich vor meiner Mutter. Ein Strahlen lag um sie her und auf ihrem Gesicht. Ihre Augen waren ganz groß geöffnet. Sie sah mich an, aber sie sah mich wohl nicht. Ich hatte plötzlich das Gefühl, die Zimmerwand, die Tür, alles ist für Mutter nicht da. Dann hörte ich den Pfarrer sagen: »Ja, es ist ein herrliches Land, das Gelobte Land. Wenn wir bereit sind zu gehen, wird dort Gott sein und er wird alle Tränen abwischen von unseren Augen und wir werden uns freuen und fröhlich sein.« »Ja, dorthin werde ich gehen. Es ist dort sehr schön. Ich weiß es. Aber vorher möchte ich mit meiner Familie das Abendmahl feiern.« Sie sprachen noch eine Weile miteinander. Er hatte sich einen Stuhl geholt und saß neben Mutter. Ich lehnte immer noch an der Tür und rührte mich nicht. Ich war für die beiden, zumindest wohl für Mutter, gar nicht vorhanden. Sie waren im Gelobten Land, mich hatten sie draußen gelassen. Ich hatte dort nichts zu suchen. Aber Mutter hatte schön ausgesehen, so wie ich sie noch nie gesehen hatte. Heiß stieg es in mir hoch, meine Augen füllten sich mit Tränen. Weit riss ich sie auf, aber ich brauchte nicht zu weinen. Zum Glück kam Trautel die Treppe herauf und betrat schnell das Zimmer. Ich schlüpfte nach draußen, trat ans Flurfenster und starrte hinaus, hinaus in den verschneiten, kalten Garten und die grauen Wolken. Eben, da drin, war es ganz hell gewesen, so als wenn die Sonne plötzlich geschienen hätte, aber vor dem Fenster war es grau und kalt.

Ich hörte wie der Pastor sagte: »Ja, dann also bis Sonntag. So gegen neun Uhr werde ich hier sein.« Er verabschiedete sich, nickte mir zu und lief rasch die Treppe hinunter. Schnell ging ich zurück ins Zimmer. »Was wird Sonntag um neun Uhr sein?« Mutter hatte die Augen geschlossen. Ich trat zu ihr und legte meine Hand auf ihre Hände, die sie noch immer gefaltet auf der Bettdecke liegen hatte. Auf ihrem Gesicht lag noch immer so etwas wie ein Glanz. Ehrfürchtig schaute ich sie an.

Am Sonntag kam der Pastor wieder. Frau Breyer hatte uns ein weißes Tischtuch geliehen, darauf stellte der Pastor die Abendmahlsgeräte. Frau Breyer hatten wir eingeladen, dabei zu sein.

Ich saß an der Tür. Abendmahl durfte ich erst bei der Konfirmation empfangen. Wir hatten ein Lied gesungen. Der Pastor hatte aus der Bibel vorgelesen und über das Gelobte Land gesprochen. Dann hatte er gebetet, für Mutter und uns alle mit unseren Namen erwähnt. Schließlich sprach er die Einsetzungsworte für das Abendmahl. Er zeigte das Brot und zeigte den Kelch.

Mein Herz klopfte, ich war sehr aufgeregt. War Jesus jetzt hier bei uns? Mutter saß wieder in ihren weißen Kissen und schaute unverwandt auf alles, was vor ihren Augen geschah. Wieder war dieses Leuchten in ihrem Gesicht, in ihren Augen.

Mutter war immer gern in die Kirche gegangen, aber sonst hatte sie nie viel von ihrem Glauben gesprochen. Ich hatte auch nie gehört, dass sie Bibelworte sagte. An ihr war alles selbstverständlich und einfach gewesen, und mit diesem frohen, leuchtenden Gesicht nahm sie das Brot. Dann reichte es der Pastor dem Vater, der Trautel und der Frau Breyer. Dann kam er zu mir, lächelte mich an und hielt mir das Stückchen Brot entgegen. Ungläubig schaute ich ihn an. »Für dich gebrochen«, sagte er einfach, und ich nahm es, das Stückchen Brot, schob es in meinen Mund. Mein Mund war ganz trocken, dann begann ich zu kauen. Vater sagte in die Stille: »Nicht doch, sie ist noch nicht konfirmiert!« »Dann wird sie es heute.« Damit wandte er sich an den Tisch, nahm den Kelch und gab ihn Mutter, allen anderen und dann auch mir. Roter Wein war drin. Ich hielt den Kelch eine Weile in den Händen, während ich trank. »Das Blut Jesu Christi, für dich vergossen.« Für mich, für meine Bockigkeit und für mein Misstrauen, träge gingen die Gedanken durch meinen Kopf. »Vater unser im Himmel«, beteten sie und ich betete mit. Das Gelobte Land, wo war es? Es musste ein wunderbares Land sein! Kein Leid und keine Tränen, hatte er vorhin gesagt. Wirklich nicht? Ich hatte noch immer den säuerlichen Geschmack des Weines auf der Zunge.

Die weißen Kleider

Mutter schlief den ganzen Tag. Sie machte die Augen fast nicht mehr auf. Mit Mühe fütterten wir sie mit ein wenig Essen. Durst hatte sie immer. Trautel bettete und pflegte sie. Jeden Tag kam der Arzt. Ich fragte nichts mehr. Wie lange würde sie noch so leben? Wenn ich es nicht mehr ertragen konnte, rannte ich in das Zimmer des anderen Hauses und wühlte mein Gesicht in das Kopfkissen, betete und dachte über alles nach. Wenn ich genug geweint hatte, ging ich wieder zurück und erledigte die Dinge, die der Tag mir aufgetragen hatte, machte Schularbeiten, ging einkaufen und half der Trautel. Manchmal kam Frau Breyer herauf und besuchte die Mutter oder sie brachte uns etwas zu essen. So tat es auch Ruths Mutter.

Eines Morgens, Vater war zu seiner Arbeit gegangen, hatten wir Mutter frisch gebettet. Sie lag ganz erschöpft in den Kissen. Da hielten wir es nicht mehr aus. Wir saßen neben ihr, Trautel auf dem Bettrand und ich hockte auf dem Stuhl vor ihr. Wir streichelten ihre Hände und ihr Gesicht und es war so, als wenn sie es fühlte, und doch, sie war weit fort. Immer wieder streichelten wir sie und riefen: »Mutter, Mutter, mach doch noch einmal deine Augen auf! Bitte, bitte!« Uns rannen schließlich die Tränen durchs Gesicht. Da plötzlich, als wenn sie es endlich gehört hätte, wandte sie den Kopf zu uns und öffnete ihre Augen. Erst sah sie Trautel an und dann mich, es war ein warmer, stiller, liebevoller Blick. Dann stöhnte sie laut auf und schloss die Augen wieder. Die Anstrengung war sehr groß gewesen. Sie öffnete ihre Augen nicht mehr.

An einem Abend, es war der 7. Februar, saßen wir beim Abendbrot. Es war uns klar, dass bald der Ruf ins Gelobte Land kommen musste. Mutter war plötzlich sehr unruhig geworden und wir konnten es uns erst gar nicht erklären, was das zu bedeuten hatte. Ihre Hände wanderten ruhelos über die Bettdecke und aus ihrem geschlossenen Mund kamen Laute, so als wolle sie den Mund öffnen und etwas sagen. Wir drei, Vater, Trautel und ich, setzten uns schließlich an ihr Bett und hörten auf ihren schweren Atem und auf ihre Unruhe. Keiner sprach ein Wort. Schließlich nahm Vater ihre Hand in die seine. Wir beugten uns über sie, wir hatten das Gefühl, wir wollten ganz nahe bei ihr sein. Da plötzlich streckte sie sich aus, so als würde sie sich jetzt zum Schlafen niederlegen, nach einem langen, anstrengenden Tag. Sie atmete tief ein und aus. Ihr Gesicht entspannte sich, so als wollte sie sagen: »Lasst mich gehen! Lasst mich meine Wege gehen!« Dann atmete sie aus. Mit einem kleinen Laut und einem langen, langen Atemzug. Wir sahen uns an. Langsam und sehr leise sagte Vater: »Sie ist heimgegangen. Ein anderer hat sie an die Hand genommen.«

Lange noch saßen wir an ihrem Bett. Erst waren wir wie erstarrt, dann rannen die Tränen. Spät standen wir auf und räumten den Tisch ab. Sie hatte gewartet, bis wir aufgegessen hatten. Dann holte Trautel ein frisches Nachthemd und frische Bettwäsche. Vater und Trautel zogen sie um und legten sie gerade auf das frische Bettuch. Wer sollte uns jetzt auch helfen? Dann deckten wir sie mit einem Tuch zu. Ihr Gesicht war von Stunde zu Stunde schöner geworden, aber eigentlich auch unnahbar, so als wollte sie sagen: »Lasst mich jetzt allein! Ich möchte meinen Weg allein gehen.« Der Zopf aus ihrem vollen, braunen Haar rahmten ihr Gesicht ein.

Auch am nächsten Tag sah sie so schön aus. Als ich allein im Zimmer war, nahm ich nochmals das Tuch von ihrem Gesicht und sah sie an. Der hohe Leib war nicht mehr da und sie war kalt und starr. Meine Hände streichelten noch einmal ihr Gesicht. Aber sie war fortgegangen in ihr Gelobtes Land. Ich war allein mit meiner erstarrten Seele, aus der keine Träne mehr hervorkommen wollte.

Später trug Vater die Mutter auf seinen Armen die Treppe hinunter und legte sie in den Sarg, der in der Waschküche stand, weil die Türen und das Treppenhaus zu eng waren, um den Sarg nach oben zu bringen. »Das willst du tun?«, hatte ich staunend zu Vater gesagt. »Ja, sie war meine Frau, warum sollte ich mich vor ihr jetzt fürchten? Ich habe doch auch diese Tage neben ihr auf dem Sofa geschlafen.«

Ehe die Männer den Sargdeckel schlossen, sah ich sie noch einmal an. Trautel hatte ihr das Sträußchen Weidenkätzchen in die Hände geschoben, das ihr jemand gebracht hatte. Dabei hatte sie gesagt: »Mutter, bald ist Ostern.« Wieder lag der lange, braune Zopf ihrer Haare neben ihrem Gesicht auf ihrem mit Spitzen verzierten Nachthemd. Schneewittchen? Nein, für meine tote Mutter gab es keinen Vergleich. Sie war so unnahbar schön. Sie trugen sie fort, setzten den Sarg auf einen Lastwagen und fuhren zum Friedhof.

Draußen war es eisig und der Boden war hartgefroren. »Sie haben fast die Grube nicht schaufeln können!«, sagte Vater, als er zurückkam.

Der eisige Wind blies uns auf dem Friedhof ins Gesicht, als sie Mutters Sarg auf das Wägelchen hoben, nach der kleinen Feier in der Friedhofskapelle. Auf verschneitem Weg schoben die Männer den Wagen zur Grube. Wir liefen hinterdrein. Eiskalt und starr war mein Körper. Wie von weit her hörte ich die Worte des Pfarrers. »Siehe, diese sind gekommen aus großer Trübsal und haben ihre Kleider gewaschen und hell gemacht in dem Blut des Lammes. Sie werden vor Gott sein und ihm dienen. Es wird sie nicht mehr hungern noch dürsten und Gott wird abwischen alle Tränen von ihren Augen.« Diese Wortfetzen drangen in meine finstere Erstarrung. Der Wind heulte über den Friedhof. Weiße Kleider, sind Festkleider, hier ist kein Fest, hier wohnt der Tod. Weiße Kleider trägt man im Frühling, wenn die Sonne scheint. Ich soll mich bücken und eine Schaufel Erde auf Mutters Sarg werfen? Ich kann das nicht. Sie hat einmal gesagt: »Wenn ich gestorben bin, legt mir ja keinen Stein auf die Brust!« Ich kann keine Steine hineinwerfen. Trautel führt mich weg. Es hat so gepoltert auf Mutters Sarg. Der schwarze Talar von dem Pastor weht in dem kalten Wind. Er gibt uns die Hand, sie ist warm. Wir wenden uns und wandern nach Hause in ein unendlich leeres Zimmer.

Das weiße Kleid

Das weiße Kleid durfte nicht weiß sein. Im Siegerland ging man in einem schwarzen Kleid zur Konfirmation. Ein schwarzes Kleid hatten wir nicht. Trautel hatte ihr weißes Konfirmationskleid mitgebracht. Sie hatte es all die Jahre als Sommerkleid getragen. Weiße Baumwollspitze, Puffärmel und ein weiter Glockenrock an einer engen Taille. »Zieh es mal an«, sagte Trautel eines Tages, »vielleicht passt es dir. Dann lassen wir es färben. Mir ist es sowieso ein wenig eng.« »Du willst es mir geben?« Ich dachte an die vielen Gelegenheiten, wo sie glücklich darin von zu Hause weglief zu irgendeinem Fest. Es war auch gar zu schön. Ich hatte sie schon bei ihrer Konfirmation darin beneidet. Ihre langen, braunen Zöpfe waren damals nur kurz geflochten. Lange Korkenzieherlocken hatte Mutter ihr in die Zopfenden onduliert. Oben über der Stirn bauschten sich kleine Locken. Darin machte Mutter das Myrthenkränzchen fest. Ehe sie den hellgrünen Sommermantel über das wunderschöne, weiße Kleid zog, stand sie in der Stube wie eine junge, glückliche Braut. Sie nahm das Gesangbuch und das Myrthensträußchen in die Hand und sagte strahlend: »Wir können gehen, ich bin fertig.« Mutter hatte sie liebevoll angesehen. Dann waren sie fortgegangen zur Kirche. Mutter hatte ihr schwarzes Pelzjäckchen angezogen und ihren Hut aufgesetzt. Alle waren sie feierlich angezogen. Ich sollte zu Hause bleiben bei der Großmuttel, die in der Küche stand und kochte. Als alle fort waren, ging ich leise und traurig in die Küche und stahl der Großmuttel eines von den Sardellenbrötchen, die sie für das Sektfrühstück nach der Kirche vorbereitet hatte.

Ich kam zurück in die Wirklichkeit. Trautel hatte das Kleid eben über den Tisch gelegt. Sie war wohl auch eben aus Träumen zurückgekehrt. Sie seufzte tief. »Na los, zieh's doch mal an!« Zögernd legte ich meine Sachen ab und schlüpfte in ihr Kleid. Es roch noch nach ihr, vor allem unter den Ärmeln. »Das müssen wir aber erst waschen«, meldete ich an, während ich es an mir zurechtrückte und glattstrich. Trautel lachte. »Natürlich!« Es war mir viel zu weit. Die Taille stand richtig vom Körper ab. Ich strich an mir herum, es war mir nicht angenehm. Es war nicht mein Kleid, obwohl ich es so gerne mochte. Aber wo sollten wir ein anderes hernehmen? Vater hatte irgendwo eine Militärdecke organisiert. Die hatten wir färben lassen, schön braun, und Vater war dabei, mir daraus einen Wintermantel zu nähen. Das freute mich sehr. Mein Kindermäntelchen, rotschwarz kariert und unten an den Ärmeln inzwischen mit einem breiten, schwarzen Plüschstreifen verlängert, wollte mir nicht mehr passen. Es war einfach zu eng, ich war kein Kind mehr.

Aber das Kleid war mir zu weit. Trautel fasste mit ihren Händen unter meinen Armen an beiden Seiten das Kleid und legte es fest um meinen Körper. »So sieht es schon besser aus. Wir werden es einfach enger nähen. Vielleicht leiht uns Frau Breyer dazu ihre Nähmaschine.« Ich seufzte. »So werden wir es machen müssen. Wie wollen wir es denn färben? Die Mädchen tragen schwarz.« »Ach schwarz, das passt nicht zu dem Stickereistoff. Wie wäre es denn mit blau?« »Ja, blau, das ist schöner!«

Als der große Tag herankam, war ich krank. Der Arzt kam am Freitag. Ich hatte hohes Fieber und meine Beine waren über und über mit roten, heißen Flecken übersät. »Fleckrheumatismus«, sagte er und spritzte Bienenhonig. Ich lag da, völlig apathisch, alles tat mir weh und mir war unendlich heiß. Fast nahm ich gar nicht wahr, dass Tante Martha gekommen war. »So ein Madel! Soll ihr schönstes Fest feiern und is krank!«, hatte sie gesagt, als sie mich liebevoll begrüßt hatte. »Am Sunntig ist es weg, pass amal uff!« Es war so gut, ihre Stimme zu hören und ihr Schlesisch, das eigentlich jetzt mehr nach Hochdeutsch klang. »Ich wär alles richten und dann wärn wir ja sehn, wies am Sunntig iss. Der Vatel sagt, der Pastor ist ganz traurig, dass seine beste Konfirmandin krank is!«

Sie ließ sich nicht beirren, sie briet ein Stück Fleisch, das sie als Geschenk mitgebracht hatte. Sie machte einen Kartoffelsalat. Und vor allem, sie brachte mir immer was zu trinken. Sie war so lieb. Am Samstag Abend war ich erst mal wieder ganz klar und ohne Fieber. Nur die Flecken an den Beinen brannten noch. Aber der Doktor hat gesagt, wenn ich Sonntag ohne Fieber wäre, dürfte ich in die Kirche gehen. Alles lag bereit. Das Kleid, schön blau gefärbt, der Mantel braun mit schönen dunklen Knöpfen dran, und hinten sogar mit einer Kapuze. Die konnte ich gut gebrauchen, denn es war immer noch kalt, am 29. März. Morgen war Sonntag, der 30. März 1947.

Frau Breyer war auch sehr lieb zu mir. Sie hatte, als ich das Kleid noch mal anprobierte, gefragt, was ich denn für Schuhe hätte zu dem Kleid. Da hatte ich meine alten braunen Halbschuhe vorgeholt. Sie hat gelacht, dann ist sie weggelaufen. Zurück kam sie mit ihren schönen, dunkelblauen Lederschuhen. »Zieh sie mal an! Die müssten dir eigentlich passen. 39 ist das.« Gespannt schauten alle zu, wie ich sie anzog. Tatsächlich, sie passten. »Und hier schenk ich dir zur Konfirmation die schwarzen Strümpfe!« Sie legte ein Päckchen auf den Tisch. Wir bedankten uns, sie wurde ganz rot und lachte. »Na ja, ich hab' sie grade. Da dachte ich an dich!« Verlegen schob sie sich aus der Tür. Ja, alles lag bereit, nur ich lag matt im Bett und wusste einfach nicht, wie es morgen werden sollte. Aber in der Nacht hatte ich sehr gut geschlafen. Ich probierte aufzustehen. Tante Martha sagte: »Wir nehmen dich in die Mitte, da wird das Laufen schon gehen. Wär' doch gelacht, die eigene Konfirmation zu verpassen!« Sie hatte mit Trautel ein schönes Frühstück gemacht. Weiße Tischdecke und Geschirr von Breyers geliehen. Ich war ganz gerührt, dass sie mich alle so umsorgten. Dann gingen wir zur Kirche.

Noch nie hatte ich die Kirche so voll besetzt mit Menschen gesehen. 46 Konfirmanden sollte der Pastor Schmidt heute konfirmieren. Wir stellten uns im Vorraum der Kirche auf. Zuerst die Jungen, dann die Mädchen, immer schön zwei und zwei. Ruth durfte neben mir gehen, das freute mich. Der Pastor hatte sich gefreut, dass ich doch noch gekommen war. Dann öffneten sich die hohen Glastüren, die Orgel begann zu spielen, nein, es war ein einziges Jubeln, das die große Kirche ausfüllte. Die Gemeinde stand uns zu Ehren auf und der lange Zug von Konfirmanden, voran der Pastor in seinem schwarzen Talar, zog durch den Mittelgang zum Altar. Vorne teilte sich der Zug, die Jungen gingen links in die Bankreihen, die Mädchen rechts. Ich nahm alles irgendwie nur halb wahr, heiße Schauer liefen über meinen Körper. Ich fühlte mich immer noch elend. Ich musste den Mantel anbehalten. Es tat mir ein bisschen leid, denn ich sah in dem blauen Kleid doch ganz allerliebst aus. Ich fühlte mich irgendwie auf einmal erwachsen. Ich hatte mich gereckt und gestreckt, als ich es am Morgen angezogen hatte, und es war so ein Kribbeln in mir gewesen. Aber der Weg zur Kirche war doch sehr anstrengend. Wie durch Schleier erlebte ich alles, den Gesang, die Gebete. Schließlich nahm mich Ruth bei der Hand, um mit mir nach vorne zum Altar zu gehen. Die Predigt war auch längst vorbei. Sie sagten nicht Altar, sie sagten Tisch und meinten den Tisch, an dem das Abendmahl gefeiert wird. »Altar« ist lutherisch. »Tisch« ist reformiert.

Ich stand mit den andern am Altar, nein, am Tisch, ein rotes Polsterbänkchen stand davor, darauf sollten wir niederknien, wenn wir unsern Konfirmationsspruch gesagt bekommen hatten. Es brauste in meinen Ohren, als der Pastor mir die Hand gab und meinen Spruch vorlas. Den letzten Satz hörte ich erst klar, der hatte mich erreicht. »... Das Gesetz deines Mundes ist mir lieber als tausend Stück Gold oder Silber!« Was meinte er wohl damit? Reich waren wir nicht, waren wir nie gewesen. Das Gesetz ist etwas Schweres, vielleicht meint er die Bibel damit? Ich musste es zu Hause noch mal nachlesen. Wir knieten nieder. Die Hände das Pastors lagen abwechselnd auf unsern Köpfen. Er sprach irgendetwas von Segen und dass der Geist bewahrt werden müsse. In der Kirche war es ganz still. Wir standen auf und gingen zu den Presbytern und gaben ihnen die Hand. Ich war froh, dass ich wieder in der Bank saß, schwindelig war mir noch immer.

Dann wurde das Abendmahl gefeiert. Ich musste an Mutter denken, und es war so ein großer Trost für mich, dass ich es bei ihr schon mit feiern durfte. Ich hatte den anderen Kindern was voraus, darauf war ich ganz stolz. Aber Mutter fehlte heute, und als ich das Brot nahm und den Kelch, liefen die Tränen durch mein Gesicht.

Am Nachmittag war es dann ganz gemütlich in unserer kleinen Stube. Heinz war auch gekommen und Tante Martha hatte wirklich gezaubert. Es gab ein warmes Essen. Sie hatte zu Hause schon einen Kuchen gebacken. Unglaublich, ein richtiger Kastenkuchen! Er schmeckte wie früher bei ihr in Wüstewaltersdorf.

Wir erzählten uns allerlei von zu Hause und vor allem Heinz war darauf bedacht, nur Lustiges zu erzählen.

Gegen Abend klopfte es an die Tür. Auf unser »Herein« öffnete sie sich und eine Frau stand im Zimmer. Sie hatte ein Päckchen in der Hand. Verlegen legte sie es auf den Tisch. Sie gab mir die Hand und sagte: »Herzlichen Segenswunsch.« Wir waren auch ganz verlegen, weil wir die Frau gar nicht kannten. Vater versuchte mit ihr zu sprechen, wo sie wohne und woher sie wisse, dass ich Konfirmation hätte. »Ach, in der Straße spricht sich allerlei herum«, meinte sie. »Aber ihr habt ja zu essen! Wir dachten, ihr hungert«, setzte sie noch leise hinzu. Wir sahen sie verwundert an. »Na ja, unsere Tante hat uns was mitgebracht«, sagte Trautel erklärend. »Na, dann will ich wieder gehen.« Damit wandte sie sich zur Tür, grüßte noch einmal und verschwand. Wir öffneten das Päckchen. Ein halbes Brot kam zum Vorschein und darunter lag noch ein Briefumschlag, darin steckte eine Glückwunschkarte und zwei weiße, rosa und blau umhäkelte Taschentücher. Wir mussten lachen. Es war so rührend anzusehen, das halbe Brot und die feinen Taschentücher. »Nu lacht ock nich«, meinte Tante Martha, »viel zu assa is ja nu wirklich nich da.« »Jetzt wollen wir gleich deinen Kartoffelsalat probieren«, redeten wir durcheinander. Er schmeckte herrlich.

Abends dann besahen wir noch alte Fotos, die Mutter auch in ihrem Rucksack mitgebracht hatte. So verheimlichten wir alle voreinander unsere Trauer. Und vor allem Trautel und Heinz versuchten für mich fröhlich zu sein, denn es sollte mein schönster Tag sein.

1. Mai 1950 oder die Auferstehung

Drei Jahre sind vergangen, seit ich Konfirmation feierte. Drei Jahre voller Hunger und Krankheit. Asthma hatte mich gequält, und es war nur einer jungen Frau zu verdanken, die mich mit Hingabe massiert hatte, dass ich endlich genesen war und mich meiner Jugend ein wenig mehr freuen konnte.

Der Hunger hatte das Jahr 1947 schwer gemacht. Oft hatten wir nicht gewusst, wie es weitergehen sollte. Wir beiden jungen Mädchen mussten uns oft morgens schon wieder ins Bett legen, weil wir nicht in der Lage waren zu stehen oder etwas zu tun. Das Maisbrot, das wir nach stundenlangem Anstehen bekamen, schmeckte wie Stroh. Aber es half, dass wir nicht verhungerten.

Im Herbst dann hatte Vater gesagt, so ginge das nicht weiter. Für Geld ist nichts zu bekommen, und wenn man für »Naturalien« arbeiten würde, hätten wir wenigstens was zu essen. Er beantragte schließlich seine Selbständigkeit bei der Handwerkskammer und kaufte auf Kredit eine Nähmaschine. Ein klobiges Ding! Wir lachten darüber. Aber andererseits war es ein Wunder. Ich begann meine Lehre als Schneiderin und Trautel wusch und kochte für uns. Es begann besser für uns zu werden, obwohl es keinen Stoff zu kaufen gab und wir oft alte Kleider und Jacken auftrennen mussten, um für die Leute etwas Neues daraus zu machen. Vater arbeitete schwer. Aber wir bekamen eben hin und wieder statt Geld etwas Essbares oder auch einen Zinkeimer, den Trautel dann auf einer Hamsterfahrt in Esswaren umsetzen konnte. Aber das Hamstern lag uns nicht so wie manch anderen Zeitgenossen. Ich ging im Herbst mit Ruth Kartoffelnstoppeln. Sie nahm die Schubkarre und wir liefen die weite Strecke bis in das große Dorf Hünsborn. Abends dann kamen wir mit einem Säckchen Kartoffeln zurück. Die Bauern hatten gut geerntet und manchmal war für uns die Mühsal fast zu groß, über die leeren Felder zu laufen, um hier und da noch eine vergessene Kartoffel aufzulesen. Ruth nahm jeden Morgen zwei Äpfel mit von dem großen Apfelbaum in ihrem Garten. Das war unsere Wegzehrung. Ruth hatte schlechte Schuhe, unterwegs wechselten wir sie. Sie zog meine an und ich ihre. Wenn wir nicht mehr laufen konnten, ruhten wir uns ein wenig aus und dann durfte eine von uns auf dem Karrenbock Platz nehmen und die andere schob die Karre. Eigentlich war so die Wanderung ganz vergnüglich, wir waren jung, wir machten auch das Beste daraus. Aber die beladene Schubkarre war ja eigentlich viel zu schwer für uns. Was sollten wir machen? Die Not war ja für alle riesengroß!

Dann kam die Währungsreform. Jeder bekam vierzig Deutsche Mark »Kopfgeld«. In den Geschäften gab es plötzlich Ware, die nicht jeder kaufen konnte. Aber so langsam wurde es besser.

Ich lernte Hosen zu nähen, Westen, Ärmel und schließlich auch Jacken. Vater war manchmal zufrieden mit mir und manchmal nicht. Das Asthma hatte mich sehr geschwächt und manchmal träumte ich vor mich hin und vergaß die Arbeit. Dann war Vater böse mit mir, weil er den Auftrag nicht zur vereinbarten Zeit fertig bekam und ich nicht richtig lernte. Im Herbst 1950 sollte Gesellenprüfung sein, die ich dann zur allseitigen Freude doch »gut« bestand. Vater hatte sich ein großes Brett machen lassen. Das legte er jeden Tag nach dem Aufstehen auf seine Bettstelle. So hatte er einen großen Arbeitstisch. Auch einen Spiegel kauften wir, damit die Leute sich auch bei der Anprobe sehen konnten. Alles, alles in der kleinen Stube. Aber anderen Leuten ging es auch nicht besser.

So kam der Frühling 1950. In all der Zeit hatte Reinhard uns aus Russland, aus Sibirien, Karten geschrieben und wir hatten ihm treulich geantwortet. Aber ob er wiederkommen würde, dafür konnten wir nur beten oder es heiß und sehnsüchtig wünschen.

Die Männer von den jungen Frauen im hinteren Haus waren längst wiedergekommen. Aber sie waren krank und sie sahen zum Erbarmen aus, als sie vor dem Haus aus einem Auto stiegen. Wassersucht hatten sie, keine Haare auf dem Kopf. Sie tappten daher wie alte Männer und waren doch erst Mitte dreißig. Die Frauen weinten und wussten nicht, wie sie diese kranken Kerle gesund machen sollten.

Der 1. Mai war gekommen. Ein sonniger Tag mit blauem Himmel. Ich hatte mich mit Ruth verabredet, wir wollten in den Wald gehen, oben beim Kälberhof, da hatten wir unsere Geheimplätze. Dort saßen wir dann und träumten und erzählten uns was.

Es war früher Nachmittag, Gretel, die Tochter von Breyer, kam mit leichten Füßen die Treppe heraufgesprungen. Sie hatte stürmisch angeklopft und gerufen: »Es soll jemand ganz schnell ans Telefon kommen!« Dann war sie wieder hinuntergelaufen. Trautel stand gerade an der Tür, so lief sie schnell hinter der Gretel her. Es dauerte nicht lange, da war sie wieder oben. Verdutzt sahen wir sie an. Lange hatten wir sie nicht mehr so froh gesehen. Sie lachte und lachte, sie stieg sogar auf den Tisch, tanzte auf der Platte herum und klatschte in ihre Hände. Wir, Vater und ich standen fassungslos da. »Willst du nicht endlich sagen, was dich so fröhlich macht?« Er war fast ärgerlich, weil er solche Fisimatenten nicht leiden mochte. »Er kommt, er kommt zurück«, rief sie und tanzte weiter. »Wer kommt?« »Na, der Reinhard kommt zurück!«, rief sie überglücklich. Vater setzte sich und ich ließ wohl vor Aufregung den Mund offen stehen. »Woher weißt du es? Und dann komm endlich runter vom Tisch!« Sie wurde endlich ruhiger, setzte sich auf den Tisch und ließ die Beine baumeln. »Am Telefon war eine Frau von der Post, die hat mich nach unserm Namen gefragt und ob wir bei Breyers wohnten. Sie hätte ein Telegramm in der Hand, darauf steht »Bin in Friedland, komme in den nächsten Tagen, Reinhard.« Dann hat sie mir noch gesagt, dass wir es doch heute schon wissen sollten. Das Telegramm würde sie uns morgen zustellen, weil doch heute Feiertag sei. Dann hat sie eingehängt.«

Ich dachte, ich fall' um. Er kommt nach Hause! Ich sah zum Fenster hinaus. Nie war der Himmel so blau, nie hat die Sonne so hell geschienen wie an diesem 1. Mai. Wir wussten gar nicht, was wir tun sollten. Vater wollte ihm entgegenfahren. »Aber das geht doch nicht. Wie willst du denn nach Friedland kommen?« »Ja, da habt ihr auch wieder recht!« Wir können nur warten, bis er da ist.« Ich stürmte zur Tür. »Ich bringe was Grünes aus dem Wald mit, damit machen wir einen Kranz über die Tür oder eine Girlande, so wie es die Mollfrauen gemacht haben. Und dann schreiben wir oben drüber ›Herzlich willkommen‹!« »Ja, das machen wir.« Damit sprang ich die Treppe hinunter und zum Haus hinaus. Ruth wartete tatsächlich schon auf mich. Ich musste erst erzählen, sie freute sich aufrichtig mit mir und auch ihre Familie. »Wir werden aus dem Wald grüne Zweige holen und eine Girlande binden!« »Ja, das wollte ich auch machen!«

Wir zogen los, oben in den Wald. Aber wir setzten uns erst mal auf zwei Baumstümpfe. Die Sonne war so warm und ich war so glücklich wie nie. Ich musste allerlei von meinen Brüdern erzählen. Ruth hatte gesagt, sie wisse gar nicht, wie es ist, wenn man Brüder hat. Sie hat ja nur eine Schwester. »Aber Mutter sieht er nicht wieder.« Ein Schatten fiel wieder auf meine Freude. Wir begannen schweigend von den Birken Zweige zu brechen. Ganz zarte Blättchen waren von der warmen Sonne hervorgekommen. Sonst war es noch ziemlich grau im Wald. Ein großes Paket

Birkenzweige schleppten wir schließlich auf den Waldwegen nach Hause. Ruth kam gleich mit zu uns und wir setzten uns im Flur hin und wanden die Girlande. Trautel malte ein Schild, darauf stand »Herzlich willkommen in der Heimat!«. »Das stimmt nicht!«, meinte Vater. »Jetzt sind wir hier zu Hause und dann ist das auch unsere Heimat!«, entschied Trautel. Mir war das gleichgültig. Ich war immer noch sehr, sehr glücklich. Einer kommt wieder, Gott nimmt sie nicht alle fort! Einer kommt wieder von denen, die ich lieb habe. Immer dachte ich, alle sterben, die ich lieb habe. Usch und Ruthel in Dresden!? Lebten sie oder waren sie verbrannt?

Zwei Tage später kam er wirklich. Ich stand auf der Straße, als ein schmaler Mann, der unendlich alt aussah, die Straße langsam heraufkam. Er musste 27 Jahre alt sein, rechnete ich schnell nach. Er hatte eine graue, gesteppte Wattejacke an und sah eigentlich wie ein Russe aus, auf dem Kopf trug er ein feldgraues Schiffchen. Als er uns sah, nahm er es vom Kopf und steckte es umständlich in die Jackentasche. Der Kopf war kahlgeschoren. Trautel lief ihm entgegen und umarmte ihn. Sanft schob er sie von sich und sah sie schweigend an. Aber an den Armen hielt er sie ganz fest. Dann kam er zum Haus und begrüßte Vater. Der legte ihm die Hände auf die Schultern. Sein Rücken war gebeugt, aber er war doch noch größer als Vater. Er schwieg, und die Männer sahen sich stumm an. »Schön, dass du endlich da bist!«, sagte Vater mit belegter Stimme. Dann wandte Reinhard sich mir zu. Seine Augen machte er nur mit Mühe richtig auf und da sah ich, dass sie sehr hell, fast schneidend eisblau, in dem von Not und Wetter hart gegerbten Gesicht standen. Er zeigte mit der Hand, wie groß ich gewesen war, als er mich zum letzten Mal gesehen hatte. Ich war also sehr gewachsen. Dann nahm er meine langen Zöpfe in die Hand und lächelte mich lieb an. Ich kämpfte mit den Tränen. Vater sagte: »Komm, wir wollen raufgehen, da kannst du sitzen und dich ausruhen.« Im Hausflur stand die Familie Breyer und der Opa Moll. Sie grüßten und standen still da. Reinhard nickte ihnen zu. »Wir gehen nach oben«, damit stieg Vater die Treppe hinauf. Reinhard stieg langsam hinterher, wir folgten. Mein Herz schlug und klopfte. Oben blieb Reinhard vor der Tür stehen und besah die Girlande und das Schild. Leise sagte er: »Willkommen in der Heimat.« »Ja«, sagten wir mit fester Stimme, wie aus einem Munde, »Willkommen in der Heimat«. Er trat in unsere kleine Stube, sah sich um, sah in den Spiegel. Er reckte sich, nickte sich zu und sagte: »Die Stube ist groß genug zum Leben und zum Glücklichsein!«